Das Buch

Frauen sind anders als Männer. Sie haben oft ein bewußteres Verhältnis zu ihrem Körper und ihrer Psyche, und sie erkranken an anderen Organen und aus anderen Gründen. Die Schulmedizin nimmt darauf jedoch zu wenig Rücksicht. Viele Frauen wenden sich deshalb den sanfteren, ganzheitlichen Verfahren der Naturheilkunde zu. Margaret Minker beschreibt in diesem umfassenden Handbuch für Frauen viele Frauenleiden, setzt sich kritisch mit ihren Ursachen (und den schulmedizinischen Therapieangeboten) auseinander und nennt die wichtigsten Naturheilverfahren, ihre Wirkweise und Anwendungen. Dabei widmet sie sich auch den Grenzen und Risiken jedes Verfahrens und erläutert die Grundsätze der Naturheilkunde. Allein mit dem richtigen »Rezept« ist es auch in der Naturmedizin nicht getan; die Autorin rät Frauen deshalb, bei Beschwerden neben den körperlichen auch die psychosomatischen und typisch weiblichen Zusammenhänge zu beachten. Während einer Schwangerschaft, in den Wechseljahren, bei Abwehrschwäche, Menstruationsproblemen, Gallenleiden, Brusterkrankungen und vielen anderen gesundheitlichen Belastungen und Beschwerden bietet dieses Handbuch eine Vielzahl einander ergänzender Anregungen zur Selbsthilfe und zur Behandlung durch Fachleute. Die ›Naturheilkunde‹ ist ein einfühlsam geschriebenes Praxisbuch, mit dem Frauen sich wirksam helfen, bewußter leben und zu einem gesunden Selbst finden können.

Die Autorin

Margaret Minker, geb. 1948, arbeitet als Medizinjournalistin, Übersetzerin, Herausgeberin und Autorin. Ihre Themenschwerpunkte sind Frauen und Gesundheit, Sexualität, Psychosomatik und Naturheilverfahren. Sie ist Mitglied im »Arbeitskreis Frauengesundheit in Medizin, Psychotherapie und Gesellschaft e. V.«.

Das Buch

[illegible]

[illegible]

[illegible]

Margaret Minker: Naturheilkunde

Das Handbuch für Frauen
Verfahren, Beschwerden und Beratung von A bis Z

Mit Zeichnungen von Brigitte Borck
und Maja Ettinger-Cecic

Deutscher
Taschenbuch
Verlag

dtv

Wichtiger Hinweis:

Die hier genannten Rezepte, Ratschläge und Therapieempfehlungen wurden von der Autorin aufgrund eigener Erfahrungen und Recherchen mit größter Sorgfalt ausgewählt. Um eventuelle gesundheitliche Schäden, für die weder der Verlag noch die Autorin haften, auszuschließen, beachten Sie bitte die »Sieben Regeln zur Selbsthilfe« (ab S. 47). Im Zweifelsfall, z. B. bei unklarer Diagnose oder ausbleibendem therapeutischem Erfolg, wenden Sie sich bitte an eine erfahrene Fachkraft.

Originalausgabe
Oktober 1995

Umschlaggestaltung: Klaus Meyer
Umschlagbild: Bavaria Bildagentur
Satz: Design-Typo-Print GmbH, Ismaning
Druck und Bindung: C. H. Beck'sche Buchdruckerei, Nördlingen
Printed in Germany · ISBN 3-423-36011-9

Inhalt

Vorwort

Seit Jahrhunderten sind in unserer Kultur Frauen diejenigen, die am engsten mit Geburt, Krankheit und Sterben konfrontiert werden. Während der Schwangerschaft sind die Frauen es gewohnt, nach innen auf das heranwachsende Leben zu horchen; dem Baby müssen sie seine Kümmernisse vom Gesicht ablesen, kranke Kinder und Familienmitglieder müssen sie pflegen, und es ist selbstverständlich, daß in späteren Jahren auch die Versorgung der alten Eltern auf ihren Schultern ruht. Viele Hausmittel zur Linderung von Beschwerden werden über Generationen weitergegeben. Im Garten werden neben Küchenkräutern manchmal auch Heilkräuter angepflanzt. Durch ausgewogene Ernährung versuchen Frauen, die Gesundheit der Familienmitglieder zu erhalten.

Die Berücksichtigung körperlicher Rhythmen ist für die Frau nichts Ungewohntes. Regelmäßig nimmt sie bei sich selbst Veränderungen im Zusammenhang mit dem Eisprung, der Periode bzw. der Schwangerschaft wahr. Durch Eigenbeobachtung lernt sie, wie sie mit Unpäßlichkeiten am besten fertigwerden kann, ohne immer gleich einen Arzt hinzuziehen zu müssen. Diese Methoden werden oft individuell entwickelt und angewandt: Die Frau merkt rasch, ob z. B. eine Migräne im warmen Zimmer besser oder schlimmer wird, durch Lärm entsteht, bei Ruhe verschwindet, und so fort. Dieses große Potential von Fühlen, Wissen, Erkennen, das in jeder Frau liegt, wird in der heutigen Zeit jedoch viel zu wenig genutzt.

Durch die zweifellos hervorragenden Errungenschaften der Medizin in den letzten Jahrzehnten sind die Erfahrungen der Frauen mit Gesundheit und Krankheit in den Hintergrund gedränkt worden. Manche haben dabei ihr Vertrauen in die eigene Beobachtungsgabe und in die Möglichkeiten der Selbsthilfe eingebüßt, obwohl beides auch ärztliche Behandlungen bereichern kann. Ein Beispiel dafür ist die Therapie mit Antibiotika: Innerhalb kürzester Zeit können sie Fieber und Schmerzen zum Verschwinden bringen, und die Patientin atmet auf. Doch wie groß ist die Enttäuschung, wenn sie feststellen muß, daß sie anschließend Verdauungsprobleme hat, weil auch ihre gesunden Darmbakterien durch die Antibiotika abgetötet worden sind, oder erneut erkrankt und wieder mit diesen Mitteln behandelt wird, ohne daß sich der gleiche Erfolg einstellt: Die Zahl der Krankheitserreger, die gegen die gängigen Antibiotika resistent sind, steigt ständig. Auch in der konventionellen Medizin hat sich inzwischen herumgesprochen, daß Antibiotika aus diesen Gründen nicht immer die beste Behandlungsmethode sind und daß es für einen Menschen durchaus gut sein kann, wenn er sich mit eigenen Kräften mit einer Erkrankung auseinandersetzt oder das Immunsystem mit unschädlichen Mitteln stimuliert.

Im vorliegenden Buch motiviert die Autorin Margaret Minker ihre Leserinnen, sich mit allen körperlichen, seelischen, geistigen und spirituellen Kräften für die Gesundheit einzusetzen. Der Heidelberger Philosoph Hans-Georg Gadamer nennt diesen Zustand, in dem all diese Kräfte gut ausgeprägt und miteinander im Einklang sind, die »verborgene Gesundheit«. Damit bringt er zum Ausdruck, daß Gesundheit gegeben ist, wenn wir uns gerade *nicht* des besonderen Gefühls und Zustands bewußt sind, bei dem sie vorliegt. Vereinfacht gesagt: Wer gesund ist, denkt nicht ans Gesundsein.

Um so weit zu kommen, gibt es sehr viele Wege, und die Autorin zeigt eine Fülle davon auf. Es beginnt mit der Selbstbeobachtung, der Berücksichtigung der biologischen Rhythmen und der Individualität. Darüber hinaus muß die Frau, die ihre Selbsthilfe-Möglichkeiten ausschöpfen will, sich Wissen aneignen, das dieses Buch klar vermittelt. Und sie muß lernen, mit diesem Wissen schöpferisch umzugehen. Margaret Minker macht deutlich, daß Naturheilverfahren zwar effektive Methoden sein können, jedoch manchmal sehr viel Zeit und Geduld von der Patientin verlangen. Oft müssen ja erst Kräfte aufgebaut werden, ehe die Naturheilmittel wirken können. Die Autorin betont, daß Selbstvertrauen und täglich geübte Selbstliebe jeden Heilungsprozeß fördern.

Dieses Buch wendet sich nicht gegen die Ärzteschaft oder gegen die wissenschaftlich fundierte Medizin, sondern stellt klar heraus, wo die Möglichkeiten und Grenzen der angeführten Methoden liegen. Der Stellenwert der verschiedenen Verfahren wird sorgsam herausgearbeitet und dabei immer wieder betont, daß keine Therapie alleinseligmachend ist. Auch für das große Feld der Krankheitsvorbeugung finden sich zahlreiche wertvolle Tips. Das Buch ist für Nichtmedizinerinnen verständlich und trotzdem vom Medizinischen her kompetent geschrieben. Mit großer Einfühlsamkeit bemüht sich Margaret Minker, den Frauen ihre eigene Stärke klarzumachen und sie dazu zu motivieren, sich mit ihrer gesamten Welt auseinanderzusetzen, den Stellenwert von Krankheit zu erkennen und daran mitzuarbeiten, daß das menschliche Zusammenleben zu einem neuen, konstruktiven Gleichgewicht findet.

Prof. Dr. med. Ingrid Gerhard
Ambulanz für Naturheilkunde
der Carstens-Stiftung
Universitäts-Frauenklinik Heidelberg

1. Kapitel: Naturheilkunde und Tradition

Naturheilverfahren zum Nutzen der Menschheit gibt es seit Evas und Liliths Zeiten. Sie entstanden, als Frauen erstmals ihren Babys sanft den Leib rieben und auf den Rücken klopften, wenn die Kinder ein Bäuerchen machen oder eine Kolik überwinden sollten, als sie erstmals ihre vom vielen Laufen oder schweren Tragen geschwollenen Füße in kühles Wasser tauchten oder, um die Lebensgeister wieder zu wecken, in warmen, sprudelnden Quellen badeten, als sie Pflanzen fanden und mit Steinen zerstießen, die Wunden rascher heilen ließen, oder stark riechende Blätter und Blüten unter der Nase zerrieben, um sich von einem Schreck oder einer Kreislaufschwäche zu erholen.

Die Bindung zur Natur stärken

Naturheilweisen sind weit älter als die Menschheit und längst nicht nur auf sie beschränkt. Sehr viele Tiere besitzen Instinkte (»kollektives Erfahrungswissen«, in Äonen von Jahren erworben) für die Heilkräfte der Natur und nutzen sie für ihre Gesundheit. Beispielsweise, indem sie Gräser fressen, die nicht zu ihrer täglichen Nahrung gehören, um ihre Eingeweide zu reinigen: Das tut heute noch jede Hauskatze, und wenn sie dafür die Zimmerpflanzen rupfen muß. Tiere lecken instinktiv ihre Wunden, damit diese sauber bleiben und sich rascher schließen; sie lassen sich von Artgenossen Parasiten aus dem Fell zupfen oder leben in Gemeinschaft mit anderen Tierspezies, die sie zur Gesundheitsfürsorge brauchen – wie Krokodile, in deren Rachen Vögel hineinschlüpfen dürfen, um ihnen als »lebende Zahnbürsten« die Essensreste aus den Zähnen zu picken. Und die meisten Tiere fasten, sobald sie an einer akuten Erkrankung leiden: ganz als wüßten sie genau, daß ihr Körper dann alle Kräfte zur Selbstheilung braucht und nur wenig Energie für die Verdauung übrig hat.

Von der Natur, die uns umgibt, leben viele Menschen heute weit entfernt. Wer in der Großstadt wohnt, ist meist auf Parkanlagen oder die am Fensterbrett gezogenen Blumen angewiesen, um das Wachstum von Pflanzen beobachten zu können. Haustiere – falls ihre Haltung überhaupt erlaubt und möglich ist – sind häufig sterilisiert; die Familie kann daher nicht erleben, wie Junge geboren und aufgezogen werden. Mond und Sterne verschwinden hinter Smogschleiern, und ihr Licht wird von Straßenbeleuchtungen und Neonreklamen überstrahlt, so daß Lauf und Einfluß der Himmelskörper auf den menschlichen Organismus vielen von uns fremd geworden sind.

Naturheilverfahren helfen, den Kontakt mit der Natur wieder herzustellen, auch wenn sich die Lebensumstände nicht ändern. Selbst Frauen, die – zum Beispiel aus Krankheits- oder familiären Gründen – selten aus ihren vier Wänden und nie aus ihrer engeren Umgebung herauskommen, können die Wirkung natürlicher Heilmittel kennen- und schätzenlernen und sich der Natur auf diese Weise ein Stück näher wissen.

Zudem lehrt uns der Umgang mit natürlichen Heilverfahren, uns unserer eigenen Natur bewußter zu werden. Sie verlangen uns nämlich verstärkte Selbstbeobachtung ab. Wir lernen, mehr auf unsere Biorhythmen zu achten – die individuellen Rhythmen, in denen unser weibliches Leben sowie unsere Erkrankungs- und Gesundungsprozesse sich vollziehen. Wir entwickeln mehr Verständnis für unsere Individualität (die in der orthodoxen Schulmedizin so oft zu kurz kommt), für unsere grundlegenden Bedürfnisse und unsere persönliche Konstitution: »Some like it hot«, manche mögen's lieber kalt; die eine liebt den Sturm, die andere ist windempfindlich; einige essen gern Scharfes, andere kriegen Pickel davon. Auch solche Details haben Einfluß auf die Art und Weise, wie wir für unsere Gesundheit sorgen und sie im Krankheitsfall stabilisieren können.

Kultur und Umwelt

Bei der Anwendung natürlicher Heilverfahren begreifen wir schließlich auch besser, nämlich am eigenen Leibe, daß die Natur auch deshalb schützens- und erhaltenswert ist, weil sie uns wahre Reichtümer für unser höchstes Gut anzubieten hat, die Gesundheit. Um nur ein Beispiel zu nennen: Je mehr Regenwald im scheinbar so fernen Amazonasgebiet gerodet und dem Feuer anheimgegeben wird, desto mehr unersetzliche Heilpflanzen, mit deren Analyse die Wissenschaft gerade erst begonnen hat, verschwinden auf Nimmerwiedersehen von unserem Planeten. Wir haben die Wahl, das gleichgültig hinzunehmen – oder uns dagegen aufzulehnen und so vielleicht ein Stück Natur zu retten, das uns auch in unserem Lebensraum zu helfen vermag.

Jede Kultur hat ihre eigenen, ganz speziell auf ihre äußeren Lebensbedingungen (Klima, Fauna, Flora, Wasserverhältnisse usw.) und ihre soziokulturellen Gewohnheiten abgestimmten Naturheilverfahren hervorgebracht. Alle Völker der Welt besitzen Heilmethoden, die sich der natürlichen Elemente Wasser, Erde, Luft und Feuer bedienen und auf traditionellen Kenntnissen der regionalen Heilpflanzen beruhen.

In vielen Teilen der Welt konnte dieses Heilwissen trotz des Siegeszuges der westlichen Schulmedizin fortbestehen, wird neben ihr, ergänzend oder auch alternativ zu ihr weiterhin angewendet und von einer Generation zur nächsten weitergegeben. Und selbst wo die meisten Menschen selten oder nie mit etwas anderem konfrontiert worden sind als mit schulmedizinischen Verfahren, gibt es oft doch Bevölkerungsgruppen, die sich noch in ihren traditionellen natürlichen Heilverfahren auskennen und dieses Wissen nicht aussterben lassen.

In den USA sind das beispielsweise Indianerinnen und Indianer, Angehörige der verschiedenen Stämme, die den Kontinent als erste bewohnten. In Afrika sind es Medizinfrauen und -männer der schwarzen Völker. In China sind es sogenannte Barfußärztinnen und -ärzte, Heilkundige aus dem »einfachen Volk«, aber auch viele Fachleute, die westliche Medizin studiert haben, ohne dabei den Bezug zu ihren traditionellen Diagnose- und Heilverfahren zu verlieren. In Australien sind es die Traumzeit-Kundigen der sogenannten Aborigines, der Ureinwohnerinnen und Ureinwohner dieses Kontinents, die solches Wissen bewahren.

Unser Kontinent nimmt sich dagegen arm aus, denn die Wurzeln unserer regionalspezifischen traditionellen Heilkunden sind großenteils verschüttet, oder sie wurden im »Zeitalter der Finsternis«, das sich mit dem zweiten Jahrtausend unserer Zeitrechnung über Europa senkte, im Zuge der Inquisition verteufelt, verbrannt, ausgelöscht – zusammen mit den sechs Millionen Frauen, die dabei als sogenannte Hexen ihr Leben verloren. Viele von ihnen hatten sich nichts anderes als die den Frauen damals verbotene Ausübung der Heilkünste »zuschulden« kommen lassen, deren Erfolge den Männern als Stachel im Fleisch saßen. »Niemals wurde angedeutet«, schreibt Jeanne Achterberg in ihrem spannenden und erschütternden Buch ›Die Frau als Heilerin‹[1], »den Frauen mangle es hier an Kenntnissen oder Weisheit, im Gegenteil: Den Frauen wurde bestätigt, ihr Handwerk zu verstehen (...). Aber da sie Frauen waren – keine Männer, keine Philosophen, Priester, Ärzte –, wurde jede Manifestation ihrer Heilpraktiken als Werk der Dämonen betrachtet.«

Die Geschichte der Frauen-Heilkünste ist bei uns, wie übrigens auch in vielen anderen Ländern, eine von Ausgrenzung, Verächtlichmachung, Verboten, Verteufelung und Mord geprägte Geschichte. Wen sollten wir Frauen heute noch nach einer traditionellen, von Mutter zu Tochter weitergegebenen Kräuterkunde, zum Beispiel bei Menstruations- oder Schwangerschaftsbeschwerden, befragen? Wir haben auch keine ganzheitliche, durch lange Zeiten hindurch gewachsene Sub- oder Alternativkultur, die im Bewußtsein der Bevölkerung als stets vorhandenes Gegengewicht zur Schulmedizin existieren würde – von der deutschen Besonderheit eines sonst fast nirgends zugelassenen Berufsstandes, nämlich der Heilpraktikerschaft, einmal abgesehen (und auch sie erhielt erst Ende der dreißiger Jahre die offizielle Erlaubnis, den Heilberuf auszuüben). Unsere europäischen Naturheilkunde-Traditionen, wenn sie diesen Namen denn überhaupt verdienen, basieren zum größten Teil nicht auf »Volkes Wissen«, sondern auf den überlieferten Werken einzelner Personen – und das waren fast ausschließlich Männer.

Genannt werden in diesem Zusammenhang meist der griechische Arzt Hippokrates (er wirkte ca. vier Jahrhunderte vor unserer Zeitrechnung), der römische Arzt Galenus (129–199), der deutsche Naturarzt Paracelsus (1493–1541), der deutsche Arzt und Homöopathie-Begründer Dr. med. Christian Friedrich Samuel Hahnemann (1755–1843), der deutsche Pfarrer und »Wasserdoktor« Sebastian Kneipp (1821–1897) und andere Neuerer des jeweiligen Gesundheitswesens.

Ein einziger Frauenname leuchtet über fast 900 Jahre hinweg in unsere Zeit herüber: Hildegard von Bingen (1098–1179), die berühmte Äbtissin, Mystikerin, Komponistin und Naturärztin, die in ihrem großen Werk ›Causae et curae‹ das naturheilkundliche Wissen ihres Jahrhunderts erstmals systematisch zusammenfaßte und mit wesentlichen eigenen Beobachtungen ergänzte.

Die neue Heiltradition der Frauen

Da das europäische Patriarchat viele Jahrhunderte lang fest gegen die Frauen zusammenhielt und sie selbst aus den frauenspezifischen Nischen des Gesundheitswesens, etwa der Geburtshilfe, nach und nach verdrängte – in welchem Ausmaß und mit welch unglaublich »wissenschaftlichen« Begründungen, ist beispielsweise nachzulesen in Claudia Honeggers soziologischem Werk ›Die Ordnung der Geschlechter‹[2) –, sind wir heute auf unserem Kontinent um vieles ärmer als Frauen anderswo. Wir können uns kaum auf altbewährte, von Heilerinnen an ihre Schülerinnen weitergegebenen Erfahrungswerte und Heilkenntnisse stützen. Wir kennen kaum weibliche Vorbilder, die in unserem soziokulturellen Bewußtsein verankert wären – weder in der Medizin noch in anderen, für unsere Gesundheit und Kreativität wichtigen Bereichen. Es gab sie zwar zu allen Zeiten, doch wir werden mit ihnen keineswegs automatisch bekanntgemacht, so wie Männer mit ihren Vorfahren und Vorbildern. Unsere Wurzeln zu unseren Vorfahrinnen wurden gewaltsam durchtrennt.

Die Klage darüber hat schon sehr viele Seiten in wichtigen Veröffentlichungen der jüngeren Frauenbewegung gefüllt. Der Trauerprozeß über unsere Geschichte ist auch sicher noch nicht zu Ende, und die Leere läßt sich nicht von heute auf morgen füllen. Aber aus allem, was vergeht, kann irgendwann auch etwas Neues entstehen. Ich glaube, wir befinden uns im Augenblick an einem historischen Wendepunkt der Frauengeschichte: Indem wir uns dessen bewußt werden, was wir verloren haben und wovon wir abgetrennt wurden, können wir auch neue Wurzeln in den Boden senken, neues und altes Heilwissen sammeln und miteinander zu einer neuen Tradition verknüpfen. Und wir können erreichen, daß unsere Töchter und Enkeltöchter wieder über eine Tradition verfügen, die sich weiterzugeben lohnt.

Jede Frau, die sich mit natürlichen Heilverfahren näher beschäftigt, Bücher wie dieses dazu liest, in ihrem Garten oder auf ihrem Balkon heilkräftige Pflanzen anbaut, ihre Verbindungen zur Natur (wieder) herstellt und kräftigt, ihren Kindern den Wert von Naturheilmitteln vermittelt und einen gewissen Erfahrungsschatz für sich und andere sammelt – jede einzelne von Ihnen also trägt dazu bei, daß diese neue Tradition sich festigt.

Sie lernen dabei gleichzeitig für sich selbst und für andere: für Ihre engste Umgebung, die Sie bei Gesundheitsproblemen beraten können, und auch für die nächsten Generationen, denen Sie mit Ihrem naturheilkundlichen Wissen ein Vorbild sein werden – eines von sehr vielen weiblichen Vorbildern, wie ich zu hoffen wage.

Verbindung zum Ich schaffen

Es bedürfte einer vielbändigen Enzyklopädie, um für jede der hier genannten Gesundheitsstörungen alle auf der Welt bekannten Naturheilverfahren, Bräuche der traditionellen Volksmedizin, Ratschläge aus Erfahrungswissen, Selbsthilfetips sowie Ammengeschichten aufzuzählen (die übrigens oft durchaus keine »Märchen« sind, selbst wenn der Begriff seit Inquisitionszeiten nur noch in diesem negativen Sinn gebraucht wird). Meine Auswahl der Verfahren, die ich Ihnen hier vorstelle, ist in diesem Sinne durchaus zufällig. Sie stützt sich vor allem auf die derzeit bei uns geläufigen und erprobten Naturheilverfahren, ohne daß ich es deshalb an Respekt gegenüber den vielen weiteren, aus anderen Kulturkreisen stammenden Heilkunden fehlen lassen möchte.

Um Naturheilverfahren nutzbringend einsetzen zu können, müssen Sie nicht unbedingt Medizin studiert haben. Die meisten dieser Verfahren sind keineswegs elitär oder esoterisch (= einer Geheimlehre entstammend), sondern mit einiger Übung und Verstand von allen Interessierten anwendbar. Allerdings gibt es auch Ausnahmen. Manche naturnahen Heilverfahren bedürfen umfassender Kenntnisse der Anatomie und Physiologie, der psychosomatischen Zusammenhänge, der spezifischen Wirkmechanismen, der möglichen Wechsel-, Begleit- und auch schädlichen Wirkungen des Heilmittels. Sie eignen sich daher nicht unmittelbar zur Selbsthilfe, jedenfalls nicht ohne vorherige gründliche Anleitung. Bei bestimmten Verfahren ist die helfende Hand und der Blick einer anderen, fachkundigen Person sogar unabdingbar. Im Kapitel »Natürliche Heilverfahren von A bis Z« ab S. 56 stelle ich Ihnen eine Reihe von Heilverfahren vor und kennzeichne sie auch unter diesem Gesichtspunkt.

Jegliche Medizin – auch die orthodoxeste Schulmedizin – ist allerdings auf die *Mitwirkung* derjenigen angewiesen, denen sie zugute kommen soll. Bloßes Über-sich-ergehen-Lassen oder womöglich eine deutliche Aversion gegen die hinzugezogene Fachkraft oder die angewendete Methode bringen niemals den gleichen Heilerfolg wie aktives Mitgestalten des therapeutischen

Prozesses. Der Grund dafür lautet: *Eigenaktivität stärkt Ihren Bezug zu sich selbst.*

Handeln bedeutet immer, Verantwortung zu übernehmen. Wer im Heilprozeß am liebsten passiv bleibt, lehnt solche Selbstverantwortung ab – und muß sich dann nicht wundern, wenn Antworten aus dem eigenen Innern ausbleiben, Körper, Geist und Seele also nicht wie gewünscht auf die Heilversuche von außen reagieren. Aktive Kranke ver-antworten den Heilprozeß hingegen mit und suchen Antworten auf die Heilbemühungen aus sich hervorzulocken. Sie fördern damit die Kommunikation mit dem eigenen Ich, nehmen »den Dialog zu sich selbst wieder auf«, wie es die Diplompsychologin Catherine Herriger in ihrem Buch ›Die Kraft der Rituale‹[3] ausdrückt. Dieser Dialog, das Selbstgespräch im besten Sinne des Wortes, wird sehr oft im Vorfeld der Erkrankung vernachlässigt oder ganz eingestellt. Signale von Schmerz und Unbehagen werden überhört, bis die Beeinträchtigung so stark geworden ist, daß alle Scheuklappen, alles Verdrängen nichts mehr nutzen. Organbereiche, die immer wieder einmal unangenehme Beschwerden bereiten, werden mit Ärger, Ekel, Liebesentzug bestraft, bis sie schließlich völlig versagen. (Die »heilende« Operation, bei der das Organ herausoperiert wird, macht die Abspaltung dann perfekt.) Seelenschmerzen werden so lange mit Tabletten, Alkohol, Arbeitssucht betäubt, bis sie einen massiven, unübersehbaren Ausdruck in einer körperlichen Krankheit gefunden haben. Das alles sind Beispiele für den abgerissenen Dialog mit dem Ich, wie sie nur allzuhäufig vorkommen.

Natürliche Heilverfahren ermutigen Sie dazu, dieses Gespräch (wieder) aufzunehmen. Alles, was Sie dabei für sich tun, ja tun müssen, stärkt Ihre Verbindung zum Ich. Und das bringt Sie mit der Zeit auch fast zwangsläufig dazu, wieder mehr Zuneigung und Zärtlichkeit, zumindest aber mehr Respekt für sich zu empfinden – Gefühle, die Ihnen vielleicht abhandengekommen waren oder stets unterentwickelt geblieben sind.

Gerade Frauen, ohne deren Bereitschaft zur beruflichen wie häuslichen Krankenpflege unser Sozialsystem augenblicklich zusammenbrechen würde, kennen diese Zusammenhänge sehr gut: Je mehr Kraft, Zeit, innere Anteilnahme und Mühe sie auf die

Pflege eines kranken Lebewesens – ob Mensch, Tier oder Pflanze – verwenden, desto mehr wächst ihnen dieses Lebewesen auch ans Herz, und desto stärker wird ihr Verantwortungsgefühl dafür. Genau dasselbe passiert, wenn Sie sich mehr um sich selbst kümmern, wie es die meisten natürlichen Heilverfahren von Ihnen verlangen: sich ein Dampfbad bereiten, eine Hautpartie mit Salbe eincremen, die Beine massieren, Akupressurpunkte drücken, die Ingredienzien für Ihren Heiltee zusammenmischen, Ihr Aromatherapie-Öl aussuchen, Ihre Farben für die Farbtherapie auswählen, Ihre Organsprache entziffern lernen, und so fort. Das alles können Sie nicht tun, ohne sich selbst wahr- und ernstzunehmen. Und von da ist es dann nur noch ein ganz kleiner Schritt zur Selbstakzeptanz, ja Selbstliebe. In meinem Buch ›Mit eigenen Augen sehen‹[4] finden Sie viele Beispiele dafür: Selbstliebe, ebenso wie die Liebe zu einem anderen Menschen, ist nur dann kein bloßes Lippenbekenntnis, wenn sie auch aktiv verwirklicht wird.

Rituale helfen heilen

Heilrituale wie das tägliche Massieren, Salben, Inhalieren und die vielen kleinen Handgriffe, die zur Gesundheitsfürsorge und Selbstbehandlung notwendig sind, tragen wesentlich dazu bei, die Kommunikation mit uns selbst nicht abreißen zu lassen. Die Beschwörungskraft von Ritualen setzt außerdem oft ungeahnte Energien und Selbstheilungsfähigkeiten frei: als benutze die Psyche solche rituellen Verrichtungen wie eine Kletterwand, um Kräfte zu sammeln, sich daran emporzuranken und über sich hinauszuwachsen. Catherine Herriger sieht genau in dieser Beschwörungskraft den Grund, weshalb scheinbar unsinnige »magische Wundermittel« (z. B. siebenmal auf eine Warze spucken, sie mit einem Tuch abwischen und dieses dann bei Vollmond im Garten vergraben) oft tatsächlich zum Erfolg führen, auch wenn sich dafür keinerlei schulmedizinische Erklärung finden läßt.

Rituale sind, offenbar aus gutem Grund, in jeder Heilkunst – auch in der Schulmedizin – weit verbreitet. Nur selten jedoch werden sie als solche auch erkannt und benannt, und noch seltener wird ausdrücklich auf ihre psychodynamische (= die Seele beflügelnde) Heilkraft hingewiesen. In diesem Buch finden Sie unter den jeweiligen Behandlungsvorschlägen stets auch Anregungen dazu, wie Sie eigene Rituale mit Heilwirkung entwickeln können.

Den Selbstheilungskräften vertrauen lernen

Jeder Krankheits- und Gesundungsprozeß bietet Ihnen auf vielen Ebenen die Chance, aktiv ins Geschehen einzugreifen – zum Beispiel, Bücher zum Thema zu lesen, sich mit anderen über mögliche Hintergründe von Erkrankungen sowie über therapeutische Erfahrungen auszutauschen, sich in eine bestimmte Form der Selbsthilfe einzuarbeiten (etwa Heiltees oder Akupressur), genau auf die eigenen körperlichen und seelischen Signale zu lauschen und dann rechtzeitig zu handeln, heilkundige Anweisungen korrekt auszuführen, sie aber gegebenenfalls auch den individuellen Bedürfnissen anzupassen, auf Nebenwirkungen und Begleiterscheinungen zu achten und sie der betreuenden Fachkraft mitzuteilen. In der Schulmedizin wird so etwas mit dem englischen Begriff *Compliance* bezeichnet: Mit- oder Zusammenarbeit. Gemeint ist dort allerdings immer noch allzu oft das bloße Unterwerfen unter die ärztlichen bzw. pharmazeutischen Anweisungen. Viele Ärztinnen und Ärzte kommen gar nicht gut mit wirklich »mündigen Patientinnen« zurecht, die sich nicht nur vorab informieren und viele kluge Fragen stellen, sondern die auch Kritik äußern, skeptisch gegenüber Behandlungsvorschlägen sind, auf eigene Faust ein Therapiekonzept ihren Bedürfnissen entsprechend zu modifizieren versuchen, eventuell gar neben oder statt der ärztlich verordneten noch eine ganz andere Therapie ausprobieren. Eine solche Mündigkeit geht vielen Vertretern der Ärzteschaft denn doch zu weit.

Mit diesem Buch möchte ich vor allem Ihr *Vertrauen in Ihre eigenen Heilkräfte* stärken und Ihnen einige Wege aufzeigen, sie zu fördern und für sich nutzbar zu machen. Damit meine ich sowohl Ihre körperliche Immunabwehr als auch Ihre seelischen, geistigen und spirituellen Kräfte, die Sie für Ihren Heilprozeß mobilisieren können. Wenn Sie sich auf sich selbst einlassen, Geduld mit sich haben (wie Sie es mit jedem anderen kranken Lebewesen hätten) und Ihre Selbstheilungskräfte als Realität anerkennen, werden Sie mit Sicherheit neue, gute Erfahrungen machen, die wiederum Ihr Selbstbewußtsein und Ihr Gefühl für den eigenen Wert stärken.

Zu den heilkundigen Fachleuten, die Sie beim Heilprozeß unterstützen können, zähle ich selbstverständlich auch gut ausgebildete, erfahrene, einfühlsame Ärztinnen und Ärzte, gleich welcher Fachrichtung. Bei vielen Erkrankungen sind ärztlicher Rat, ärztliche Diagnostik und bestimmte lebensrettende Maßnahmen, etwa der Intensivmedizin oder der Chirurgie, unabdingbar. In den meisten anderen Fällen kann Ihnen die Schulmedizin wertvolle Hilfe leisten, ohne daß Sie deshalb auf Naturheilmittel verzichten müßten – und umgekehrt. Und manchmal muß eine Ärztin oder ein Arzt auch den Schaden wiedergutmachen, den ein schwarzes Schaf unter den Naturheilkundigen bei Ihnen angerichtet hat oder den Sie selbst unabsichtlich mit falschen bzw. falsch angewendeten Selbsthilfemaßnahmen verursacht haben.

Allerdings: Frauen gleichzeitig zu mehr Autonomie und Selbstbewußtsein zu ermutigen und von ihnen andererseits fraglose Unterwerfung unter Heilanweisungen zu erwarten, halte ich für absurd. Wenn ich also in diesem Buch viele Rezepturen, Verhaltensratschläge und andere heilkundige Weg-Weisungen an Sie weitergebe, bedeutet das nicht, daß Sie diese stets sklavisch befolgen müssen (andernfalls, diese Drohung stünde ja dahinter, würden Sie wohl nicht gesund). Bei all diesen Weisungen handelt es sich um *standardisierte Erfahrungen.* Sie als Individuum sind jedoch nicht standardisierbar. Es kann sein, daß die Weisungen Ihnen genau so und nicht anders zum größten Nutzen geraten. Es kann aber auch sein, daß Sie ab und zu ein Rezept verändern, eine Heilpflanzenmischung variieren müssen, damit sie Ihren Bedürfnissen entsprechen, oder ein »unerwünschtes« Nahrungsmittel durchaus weiterhin essen, dafür ein »erwünschtes« einfach nicht vertragen können.

Verfahren Sie in solchen Fällen, wie Ihre Natur es Sie lehrt: Lernen Sie, auf Ihre eigenen Signale zu horchen, und richten Sie sich im Zweifel nach ihnen, nicht nach einem vorgegebenen Rezept. Üben Sie aktive Mitgestaltung, indem Sie die Heilanweisungen nach Ihren individuellen Bedürfnissen modifizieren.

Dringend empfehlen möchte ich Ihnen allerdings, die Warnhinweise ernstzunehmen, die für einzelne Heilmittel oder -verfahren genannt werden. Solche Warnhinweise sind aus gründlicher Erfahrung mit diesen Mitteln entstanden und sollen Sie auf mögliche – und oft sehr reale – Gefahren aufmerksam machen, die Sie nicht kennen und denen Sie daher auch nicht ausweichen können, wenn Sie in der jeweiligen Methode nicht schon sehr bewandert sind. In jedem Zweifelsfall ist es daher besser, eine Fachkraft Ihres Vertrauens zu befragen, als irgend etwas auf eigene Faust und Gefahr ganz anders zu machen als vorgegeben.

Keine Therapie ist alleinseligmachend

Bei meiner langjährigen Beschäftigung mit naturheilkundlichen Verfahren – als Medizinjournalistin, als Ratgeberin im Privatbereich, als Patientin und Selbstanwenderin – ist mir klargeworden, daß sich nicht jede Heilmethode für jedes Temperament, für jedwedes »Geistes Kind«, jede Frau (oder jeden Mann) gleichermaßen eignet. Wir alle haben Vorlieben und Abneigungen – auch in Bezug darauf, was wir im Krankheitsfall gern haben oder nicht ausstehen können, was wir aushalten wollen oder (nicht) können, was uns schon in der Vorstellung ganz abscheulich scheint oder was zumindest unsere Neugier weckt.

In der Schulmedizin stehen uns oftmals nur wenige echte Behandlungs-Alternativen offen – falls wir überhaupt von ihnen erfahren bzw. geschult genug sind, zwischen ihnen wählen zu können. Oft bleibt uns höchstens die Möglichkeit, zwischen verschiedenen Medikamenten auszuwählen, zwischen Arznei und Operation, Normal- und Minimalchirurgie, Operation und Bestrahlung und dergleichen.

Die Naturmedizin hingegen stellt uns sehr viele unterschiedliche Therapieansätze und -ergänzungen zur Verfügung. Wir können aus ihnen auswählen, was unseren Bedürfnissen und Vorlieben besonders entgegenkommt, und haben höchstens die Qual der Wahl. Sicher ist, daß *jede* Methode bei korrekter Anwendung etwas zu unserer Gesundung beitragen kann, auch wenn vielleicht nur wenige für sich allein schon die Heilung einleiten. Was auch immer Sie also aus dem vielfältigen Naturheil-Angebot für sich aussuchen: Sie tun damit auf jeden Fall etwas für Ihre Gesundheit. Das ist ein Vorteil, der nicht übersehen werden sollte.

Sie müssen dabei nicht unbedingt eine »Kräuterfee« werden, die jede Heilpflanze mit Namen, Wachstumsort und Wirkstoff kennt. Sie brauchen auch keine schweißtreibenden Übungen oder krassen Diäten auf sich zu nehmen, wenn Sie es eigentlich vom Temperament her lieber ruhig angehen lassen oder jeder extremen Ernährungsumstellung abhold sind. Sie müssen keine Kräutertees trinken, wenn Sie so etwas verabscheuen, und auch nicht von einem Tag auf den anderen zum »totalen Naturfreak« werden, den Mondkalender auswendiglernen oder ständig ein homöopathisches Repertorium unterm Arm tragen, wenn das alles gegen Ihre Natur ist und Ihren Anschauungen, Wünschen oder Möglichkeiten zuwiderläuft.

In diesem Buch finden Sie zu jedem Beschwerdenkomplex viele ganz unterschiedlichen Möglichkeiten, das Problem anzugehen. Welche davon für Sie persönlich die beste, einfachste, angenehmste, glaubhafteste, wirkungsvollste ist, sollten Sie selbst entscheiden bzw. für sich ausprobieren.

Selbstverständlich können Sie auch mehrere Heilverfahren miteinander kombinieren. In den meisten Fällen ist das sogar sehr ratsam: zum Beispiel eine Umstellung der Ernährung, die das Immunsystem und die Verdauung stärken kann, dazu bestimmte Yogaübungen, die Sie flexibler und ruhiger machen, sowie ein Mittel der Pflanzenheilkunde, das akute Krankheitssymptome lindert. In der Schulmedizin kommt es oft vor, daß ein Therapieansatz sich nicht mit einem anderen verträgt, Medikamente miteinander unliebsame Wechselwirkungen eingehen, Ärztin und Patientin sich entweder für das eine oder das andere Konzept entscheiden müssen. Naturheilverfahren hingegen wirken in aller Regel synergistisch, das heißt, sie ziehen sozusagen am selben ganzheitlichen Strang. Oft geht ein Heilverfahren unmittelbar in ein anderes über (etwa →Licht- und →Farbtherapie), oder es wurde als spezieller Zweig einer umfassenden Methode entwickelt (z. B. die Elektro-Akupunktur nach Voll). Die Anwendung eines Naturheilverfahrens schließt die anderen also nicht aus, sondern verlangt sogar oft geradezu nach ihrer Einbeziehung. »Gemeinsam sind wir stark« – dieser richtige und wichtige Spruch aus der Frauenbewegung gilt auch für natürliche Heilverfahren.

Naturheilverfahren mit beweisbarer Wirkung

Die Frauenbewegung hat uns seit Mitte der siebziger Jahre wichtige Impulse für die Wiederentdeckung verschütteten Heilwissens von Frauen für Frauen gegeben. In vielen Städten sind Frauengesundheitszentren entstanden, in denen Alternativen zur orthodoxen Schulmedizin gelehrt und angewendet, Selbsthilfemöglichkeiten in die Tat umgesetzt und ganzheitliche Wege des Heilens und der Gesundheitsfürsorge diskutiert werden. Viele Frauen dieser neuen Gesundheitsbewegung haben durch das Sammeln empirischer Daten und Beobachtungen, durch Vorträge, Broschüren, Bücher etc. dazu beigetragen, die Fülle und Vielfalt natürlicher Heilverfahren darzulegen.

Ihre wichtige Arbeit wurde und wird ergänzt durch die zahlreicher (wenn auch sicher noch nicht ausreichend vieler) Ärztinnen, Ärzte und anderer, die im Gesundheitswesen arbeiten und sich sowohl von der praktischen als auch von der wissenschaftlich-forschenden Seite mit Naturheilverfahren auseinandersetzen. Die dabei anfangs entstandene Spaltung – hier Schulmedizin, dort Alternativmedizin – wird, denke ich, zunehmend überwunden.

Zum einen haben selbst eingefleischte Schulmedizinerinnen und -mediziner gemerkt, daß die orthodoxe Medizin oft an Grenzen stößt, die sich erweitern lassen, wenn auch Naturheilverfahren ins Behandlungskonzept eingebaut werden. Zum anderen sind für viele Mittel der Naturmedizin inzwischen wissenschaftliche Wirksamkeitsnachweise geführt worden. Dies nicht zuletzt dank des zweiten deutschen Arzneimittelgesetzes von 1976, das Herstellern phytotherapeutischer Arzneien bis zum Stichdatum Ende 1989 die Vorlage von Beweismaterial abverlangte, das Qualität, Wirksamkeit und Unbedenklichkeit der verwendeten Pflanzen bzw. ihrer Wirkstoffe darlegt. Für mehr als 200 Pflanzen ist das zweifelsfrei gelungen: ein großer Erfolg, wenn auch sicher noch nicht »das Ende vom Lied«.

Darüber hinaus wurden in verschiedenen Studien, etwa auf dem Gebiet der Psycho-Neuro-Immunologie, Wirkmechanismen mancher Heilverfahren offengelegt, die Skeptiker vorher ins Reich bloßen Glaubens und der Placebo-Effekte verwiesen hatten. Ein Beispiel: die tatsächlich meßbaren Auswirkungen von Entspannungs- und Streßabbaumethoden auf Blutdruck, Muskelspannung, Herzfunktion, Hirnströme und Immunsystem. Gaby Miketta hat in ihrem lesenswerten Buch ›Netzwerk Mensch‹[5] eine große Zahl solcher Studien zusammengetragen.

Im Dezember 1993 öffnete die erste deutsche Frauen-Ambulanz für Naturheilverfahren am Universitätsklinikum Heidelberg ihre Pforten. Unter der Leitung der Gynäkologin und Endokrinologin Prof. Dr. med. Ingrid Gerhard werden dort jährlich an die tausend Patientinnen, die unter Hormonstörungen, Unfruchtbarkeit, Zyklusbeschwerden, Myomen etc. leiden, sehr erfolgreich mit natürlichen Mitteln behandelt. Gleichzeitig werden verschiedene Naturheilverfahren wissenschaftlich auf ihre Wertigkeit hin untersucht: z. B. die →Homöopathie, die →Bach-Blüten-Therapie, die Kinesiologie (ein Muskeltestverfahren, das offenbar große diagnostische Möglichkeiten bietet), die →Pflanzenheilkunde, die →Akupunktur und die →Akupressur. Großangelegte

Studien, zahlreiche Doktorarbeiten sowie die von Frau Prof. Gerhard und anderen Fachleuten initiierten Ringvorlesungen an der Heidelberger Universität dienen dem erklärten Ziel, die Kenntnisse über wertvolle Naturheilverfahren zu vertiefen und allen Interessierten, vor allem dem medizinischen Nachwuchs, das nötige Wissen zu vermitteln.

Von einer breiten Öffentlichkeit noch nicht ausreichend wahrgenommen, werden auch an manchen anderen deutschen Universitäten, z. B. in Hannover, Ulm, Regensburg, München und Berlin, seit Jahren wissenschaftliche Studien zu diversen natürlichen Heilverfahren vorgelegt, nicht zuletzt zur angeblich so wissenschaftsfernen Homöopathie (und zwar sowohl in der Human- als auch in der Tiermedizin mit Wirksamkeitsnachweisen, die sich sehen lassen können). Die Fördergemeinschaft für Erfahrungsheilkunde »Natur und Medizin« der 1982 gegründeten Karl und Veronica Carstens-Stiftung hat ganze Stapel wissenschaftlicher Veröffentlichungen zu naturheilkundlichen Themen gesammelt, und alljährlich werden es Dutzende mehr: Unter dem Vorsitz der Ärztin und früheren First Lady der Bundesrepublik, Dr. med. Veronica Carstens, vergibt die Stiftung Fördergelder an Projekte, für deren Durchführung staatliche Stellen immer noch viel zu wenig Mittel lockermachen.

Mit zahlreichen Fachtagungen, einem umfangreichen Archiv und breit angelegter Öffentlichkeitsarbeit macht die Gesellschaft für Biologische Krebsabwehr e. V. mit Sitz in Heidelberg seit vielen Jahren auf wissenschaftliche Forschungen aufmerksam, die Beweise für die Wirksamkeit natürlicher Krebstherapien liefern. Breiter Raum wird der naturheilkundlichen Forschung auch an Deutschlands einziger Privatuniversität in Witten-Herdecke gegeben, die ihre Studentinnen und Studenten von Studienbeginn an gleichermaßen in schulmedizinischem wie in »alternativem« Denken und Handeln ausbildet. In Deutschland, Österreich und der Schweiz gibt es zahlreiche ärztliche und allgemeine Gesellschaften zur Erforschung und Förderung ganzheitlicher Methoden, in Essen auch ein Zentrum zur Dokumentation für Naturheilverfahren. Speziell den gesundheitlichen Belangen der Frauen widmet sich der 1993 gegründete »Arbeitskreis Frauengesundheit in Medizin, Psychotherapie und Gesellschaft e. V.«: ein Zusammenschluß von Ärztinnen, Psychologinnen, Psychoanalytikerinnen, Naturheilkundlerinnen, Frauentherapeutinnen, Wissenschaftlerinnen anderer Fachrichtungen sowie Wissenschaftsjournalistinnen, die sich zur Aufgabe gesetzt haben, frauenspezifische Aspekte der Heilkunde(n) herauszuarbeiten und ganzheitliche Therapiewege aufzuzeigen. (Anschriften siehe ab S. 710)

Von solchen in der Schulmedizin oft nur stirnrunzelnd oder gar nicht zur Kenntnis genommenen Entwicklungen in Forschung, Lehre und Praxis dürfen wir noch viel Interessantes und Wissenswertes erwarten. Und sicher wird dadurch so mancher »ungläubige Thomas« unter den orthodoxen Medizinern im Lauf der Zeit doch noch gezwungen, umzulernen und die bislang praktizierte Trennung zwischen Körperheilung und Seelenheilung zugunsten ganzheitlicher – und den Frauen besser gerecht werdender – Behandlungsformen aufzugeben.

Sprache und Gesundheits-Bewußtsein

Die uralte, jedoch immer wieder in Vergessenheit geratene Lehre, daß Körper, Geist und Seele jeder Person eine untrennbare Einheit bilden und daher sich auch Gesundheitsstörungen ausnahmslos auf allen diesen Ebenen abspielen, wird heutzutage unter dem medizinischen Begriff Psychosomatik zusammengefaßt. Der Begriff ist jedoch unzulänglich, wie ich schon in meinem Buch ›Mit Leib und Seele gesund werden‹[6] ausführlich diskutiert habe: Er benennt nur Psyche (= Seele) und Soma (= Körper), läßt aber den Geist, das Bewußtsein, außen vor.

Hinzu kommt: Weder das Wort Psyche noch der Begriff Geist wird dem gerecht, was mit der spirituellen Ebene unseres Seins gemeint ist – die Verbindung mit einer großen Ordnung außerhalb unseres Selbst, die auch weit über unseren Planeten Erde hinausreicht, mit einem kosmischen Ganzen, einer übergeordneten Harmonie (oder auch einem Chaos, das wiederum Harmonien enthält), einem schöpferischen oder göttlichen Prinzip, wie immer es auch im einzelnen genannt werden mag.

Daß Körper, Geist und Seele untrennbar verknüpft sind, haben wir inzwischen begriffen, auch wenn dieses Begreifen noch längst nicht in alle Einzelheiten naturnahen Heilens eingegangen ist (von der orthodoxen Schulmedizin ganz zu schweigen). Doch wir benutzen immer noch Redeweisen, die eine Spaltung zementieren, statt die Einheit zu betonen. Wir reden von *unserem Körper* – und beschreiben ihn damit als etwas, das wir haben, statt als etwas, das wir *sind*. Ich habe einen Kopf, Arme und Beine – aber ich *bin* auch dieser Kopf, dieses Paar Arme, dieses Paar Beine. Ich *bin* mein eigenes Immunsystem, und niemand anderes als ich kann *es sein*. Das gleiche gilt für den Geist, die Psyche: Ich *bin* dieser (und kein anderer) Geist/Verstand, ich *bin* diese Psyche, dieses Bewußtsein und dieses Unbewußte, mit den Erinnerungen, Erfahrungen und dem kollektiven Erfahrungswissen, die darin versammelt sind.

Natürliche Heilverfahren haben viel mit ganzheitlicher Medizin zu tun. In diesem Buch möchte ich deshalb einen Schritt weiter gehen als bisher, möchte Körper, Geist und Seele auch sprachlich nicht mehr vom Selbst abtrennen, wenn sich das irgend vermeiden läßt. Formulierungen wie »der Körper reagiert so und so« oder »die Psyche bewirkt, daß...« verankern ja lediglich eine künstliche Trennung in unserem Bewußtsein, die in Wirklichkeit keineswegs besteht.

Ich werde deshalb hier vom *Körperselbst* sprechen, wenn es um Vorgänge auf vorwiegend körperlicher Ebene geht, vom *Seelenselbst*, wenn vor allem die psychische Seite Ihres Ichs gemeint ist, vom *geistigen* und *spirituellen Selbst*, wenn das Bewußtsein und die spirituelle Ebene angesprochen sind. Dieser Sprachmodus, so hoffe ich, wird dazu beitragen, die Ganzheit des lebendigen Organismus deutlicher zum Ausdruck zu bringen.

Die spirituellen Heilkräfte

Alle großen Kulturen unseres Planeten haben Lehren hervorgebracht, in denen die spirituelle Welt beschrieben, gedeutet, tradiert wird. Je nach der Bedeutung, die dem weiblichen Teil der Menschheit in der jeweiligen Kultur zuerkannt wird, spielt darin das weibliche Prinzip eine mehr oder weniger große Rolle.
Unser antik-jüdisch-christliches Erbe hat, wie wir wissen, das männliche Prinzip zum einzig wahren, heilbringenden erhoben. Viele Frauen fühlen sich daher auch spirituell entwurzelt; andere suchen innerhalb dieses Erbes nach den weiblichen Grundlagen; wieder andere wenden sich vor-antiken, vor-jüdischen, vor-christlichen Mythen und Lehren zu, die von der Großen Muttergöttin sprechen. Manche Frauen haben auch überhaupt kein Gefühl mehr für ihre spirituellen Bedürfnisse und leben existentialistisch, rein aufs materielle Diesseits bezogen.

Die Existenz einer spirituellen Ebene zu leugnen, bedeutet nicht, daß diese nicht existiert. (Viele gelehrte Männer haben auch die Existenz der Seele geleugnet und hatten doch selber eine, zwangsläufig.) Welchen Namen das Spirituelle jeweils bekommt, ist zweitrangig, wenn auch keineswegs unwichtig. Wichtig ist in unserem Zusammenhang, daß sehr viele Gesundungsprozesse überhaupt nur dann in Gang kommen oder fortgeführt werden können, wenn wir uns auch auf einer spirituellen Ebene mit unserer Heilung auseinandersetzen.

Dafür gibt es sehr viele individuell verschiedene Möglichkeiten. Die einen schöpfen Kraft und Klarheit aus Meditationen oder aus Naturbeobachtungen. Die anderen finden sie im Gebet oder anderen religiösen Verrichtungen. Die nächsten bekommen übergeordnete, die materielle Realität transzendierende Einsichten in natürliche und kosmische Zusammenhänge, wenn sie ihre Kreativität ausleben, Musik hören, Gedichte lesen, auf ihre Träume achten oder – ja, auch das – bewußtseinserweiternde Drogen einnehmen. Für andere sind schamanistische Rituale, Zen-Buddhismus, die Teilnahme an spirituellen Frauen-Workshops oder Reisen zu den »Kraftplätzen« dieser Erde der richtige Weg. Frauen aller

Kulturkreise haben darüber hinaus noch die Möglichkeit, im Akt des Gebärens eine Transzendenz zu erleben, die Männern verwehrt ist.

Welchen Weg Sie persönlich auch wählen mögen, um mit Ihrem spirituellen Selbst Ihre Heilungsprozesse zu begleiten: Vergessen Sie nicht, daß es auch diese Seite Ihrer Persönlichkeit gibt. Lassen Sie sich nicht von ihr abspalten, und behalten Sie Ihre Bedürfnisse auch auf der spirituellen Ebene im Auge. Sie haben sehr viel mit der Natur im allgemeinen und Ihrer Natur im besonderen zu tun. Jede Heilmethode, die Ihnen spirituell – Sie würden vielleicht sagen: »instinktiv« – absolut zuwider ist oder Ihre ethische Auffassung verletzt, kann Ihnen zusätzlichen Schaden zufügen. Umgekehrt nützen Ihnen Verfahren, bei denen Sie sich auch geistig-seelisch wohl und geborgen fühlen, weit über das wissenschaftlich beweisbare Maß hinaus.

Was Sie in diesem Buch nicht finden – und warum

In diesem Buch werden vorrangig, wenn auch nicht ausschließlich, Heilpflanzen empfohlen, deren Wirksamkeit bereits wissenschaftlich abgesichert ist. Das hat leicht einsehbare Gründe: Der Arzneimittelmarkt wird zur Zeit stark bereinigt, und Sie werden bald keine Phytotherapeutika mehr in Apotheken vorfinden, die durch das gesetzliche Raster gefallen sind – mag das im Einzelfall berechtigt sein oder nicht. Christine Sengupta, Peter Grob und Hans Stüssi, die gemeinsam den aufschlußreichen kritischen Ratgeber ›Natur in Pillen und Tropfen‹[7] verfaßt haben, drücken diesen Sachverhalt so aus: »Pflanzenpräparate, die in ihrer pharmazeutischen Qualität klar ausgewiesen und nicht mit ausufernden Heilanzeigen versehen sind, werden den Markt der Zukunft prägen.« Das hat viel für sich.

Klar ist aber auch, daß wir noch längst nicht alles darüber wissen, was bestimmte Pflanzen, tierische Substanzen, Minerale und andere Naturstoffe denn nun tatsächlich auszeichnet, so daß wir sie für gesundheitliche Zwecke einsetzen können. Interessant ist zum Beispiel, daß manche Pflanzen *im ganzen* eine heilende Wirkung entfalten können; zerlegt man sie allerdings in ihre chemisch definierbaren Inhaltsstoffe, ist selbst ein Cocktail aus all diesen Stoffen gemeinsam nicht imstande, dieselbe Heilwirkung hervorzubringen.

Was ist den Chemikerinnen und Chemikern also entgangen? Haben sie bloß irgendeinen unscheinbaren, aber wichtigen Wirkstoff übersehen? Oder wirken in der ganzen Pflanze noch Stoffe bzw. Mechanismen mit, die beim chemischen Zerlegen unwirksam werden oder sich verflüchtigen? Gibt es eine Wirkung der ganzen Pflanze auf »feinstofflicher Basis«, also neben der stofflichen, pharmakologischen Basis oder über sie hinaus, wie viele meinen? Und wie könnte diese »feinstoffliche«, der lebenden Pflanze zugeschriebene Wirkmöglichkeit auch dann noch zustandekommen, wenn die Pflanze längst tot ist, nämlich abgeschnitten, getrocknet, pulverisiert oder zu einem heilenden Brei zerstampft?

Viele, durchaus ernsthaft zu stellende Fragen, auf die wir noch keine Antwort wissen. In diesem Buch versuche ich, die bislang vorliegenden wissenschaftlichen Nachweise zu verarbeiten, ohne sie jedoch als »ganze Wahrheit« überzubewerten.

Die empirische Seite der Naturheilkunde lehrt, daß vieles geschieht, was wir mit unseren begrenzten Wahrnehmungs- und Forschungsmöglichkeiten (noch) für unerklärlich halten. Es allein aus diesem Grund auch als unwahr, als kollektive Sinnestäuschung oder schlicht gelogen abzustempeln, ist meines Erachtens sehr arrogant und daher dumm. Und viele rufmörderische Spötter von einst, die beispielsweise die Psychosomatik als baren Unfug abtaten, können froh sein, wenn ihnen im Licht vieler neuer wissenschaftlicher Erkenntnisse ihr dummes Geschwätz von gestern nicht lebenslang öffentlich vorgehalten wird.

Ebenso dumm wäre es allerdings, alles unbesehen zu glauben, was mit dem modischen Etikett »Naturmedizin« versehen und von irgendwelchen – meist selbsternannten – Heilkundigen angepriesen wird. Die sogenannten New-Age-Medien sind voll davon. Oft ist es nicht leicht, die Spreu vom sicher ebenfalls vorhandenen Weizen zu trennen. In vielen Fällen bedarf es dazu langjähriger Erfahrung mit dem jeweiligen Heil- (oder Unheil-)System. Manches läßt sich aufgrund naturwissenschaftlich geführter Studien als Unsinn oder Schwindel entlarven; in anderen Fällen reichen die Methoden der Naturwissenschaft einfach (noch) nicht aus, um ein abschließendes Urteil zu begründen. Und manchmal entziehen sich die beobachtbaren Heilerfolge bestimmter Therapien jeglicher uns bekannter naturwissenschaftlicher Erklärung. Da die Heilungen jedoch trotzdem zustandekommen, müssen wir in solchen Fällen davon ausgehen, daß unser Natur- und Wissenschaftsbegriff zu eng gefaßt ist, sich beispielsweise zu stark an materiell definierbaren und zu wenig an energetischen Realitäten orientiert. (Denselben Schwierigkeiten, nämlich Realitäten, in denen unsere »normalen« Naturgesetze offenbar außer Kraft gesetzt sind, sehen sich Astro- und Quantenphysik gegenüber. Niemand käme jedoch auf die Idee zu behaupten, es handle sich hierbei um Phänomene, die keiner Erforschung wert sind.) Andere Heilverfahren »funktionieren« nur in bestimmten soziokulturellen Zusammenhängen, etwa mit Hilfe tiefer religiöser Überzeugungen, und sind für Menschen ganz anderen Glaubens oder mit anderer Erziehung schwer nachvollziehbar.

Ich möchte mir kein Urteil über Naturheilverfahren anmaßen, die ich nicht oder nicht ausreichend kenne oder zu denen ich keinen Zugang habe. Solche Verfahren – zu denen beispielsweise auch der zweifelsohne sehr interessante Schamanismus oder die Geistheilung (Pranotherapie) gehören – werden Sie in diesem Buch deshalb nicht finden.

Diese Subjektivität mag anfechtbar sein. Ich halte es jedoch für besser, sie offen zuzugeben, als den Fehler zu begehen, den leider so viele Kritiker alternativer Verfahren machen: vom Podest einer Scheinautorität, nämlich ohne sehr gut fundierte Kenntnisse der kritisierten Methode, herunter zu schimpfen und ihnen Unbekanntes zu verdammen. Ebensowenig halte ich von der Scheinobjektivität, alle möglichen Verfahren nur deshalb zu erwähnen oder gar enthusiastisch zu empfehlen, weil sie »alternativ« sind. In der New-Age-Bewegung ist das häufig anzutreffen und schadet meines Erachtens der Verbreitung ernstzunehmender Naturheilverfahren mehr, als es ihr nützt.

Nicht eigens aufgeführt finden Sie in diesem Buch bestimmte Naturheilverfahren, die längst fester Bestandteil der Schulmedizin geworden sind und zu denen Ihnen die allermeisten Ärztinnen und Ärzte oder auch die Mitarbeiterinnen und Mitarbeiter der gesetzlichen Krankenkassen alle gewünschten Auskünfte geben können. Zu diesen Verfahren zählen vor allem die **Physio-** und **Bewegungstherapie**, **Massagen** sowie **Kuren**. Bei den Behandlungstips im Kapitel »Beschwerdenkomplexe von A bis Z« habe ich jedoch immer wieder auf therapeutische Möglichkeiten aus diesen Bereichen hingewiesen.

Zur ärztlichen Reaktion auf alternative Methoden

Ohne das Interesse und den tatkräftigen Einsatz von Ärztinnen und Ärzten, die ihre Augen über den schulmedizinischen Horizont hinaus offenhalten, wären viele natürliche Heilverfahren niemals von ihrem Ruch als unbewiesene Außenseitermethoden befreit und in die Schulmedizin quasi eingemeindet worden. Das gilt zum Beispiel für die →Akupunktur, die →Chirotherapie, die →Lichttherapie oder weite Teile der →Ernährungstherapie. Manchen Methoden verhalf zu größerer Anerkennung, daß sie von einem Arzt entwickelt wurden (wie die →Homöopathie); anderen nützte dieser Hintergrund nichts, denn auf Außenseiter, die ja zugleich immer auch Kritik an der herrschenden Lehre üben, reagieren alle Wissenschaftszweige empfindlich.

Die Argumentationstaktik, mit der weite Teile der Ärzteschaft ihnen unerklärliche Erfolge alternativer Verfahren abschmettern, ist allerdings mehr als ärgerlich. Einschlägige Podiumsdiskussionen und Fernsehsendungen demonstrieren es mit irritierender Regelmäßigkeit: Die Diskussion verlagert sich sofort von der sachlichen auf die emotionale Ebene, sobald es um das Heilen abseits der Schulmedizin geht. Melden sich Menschen zu Wort, die mit solchen Methoden ausgezeichnete Erfahrungen gemacht haben, vielleicht sogar von einem langwierigen, schweren Leiden befreit worden sind, lautet die stereotype Erstreaktion der Schulmediziner: »Na, da müßte man wohl erst einmal die Diagnose überprüfen.« Denn bestimmt, so die einhellige Unterstellung, war die Person gar nicht so krank wie behauptet, litt wohl nur an einer ganz leichten Form von Rheuma, hatte gar keinen Krebs, kein Myom, keine »richtige« Blasenentzündung. Statt echten Interesses an Informationen, die möglicherweise auch für andere nutzbar zu machen wären, schlägt den Betreffenden Ungläubigkeit und Spott entgegen. Ihre Wahrnehmungen werden in Frage gestellt, ihre Erfahrungen als bloße Placebo-Effekte abqualifiziert, sie selbst öffentlich als unglaubwürdig abgetan. Und wenn das noch nicht reicht, folgt ein Schwall lateinischer Fachbegriffe, der klarmachen soll, wer hier die wirklich Gebildeten, Wissenden sind.

Kein Wunder also, wenn die derart abgekanzelten Patientinnen und Patienten es schließlich vorziehen, den Ärzten gegenüber zu schweigen – und sich heimlich oder ganz offen anderen Heilkundigen zuwenden, die ihnen aufgeschlossen gegenübertreten und sie bei ihrer Suche nach einer naturnäheren Medizin, die wenig oder gar keine Nebenwirkungen hat, unterstützen. Ein Großteil des Vertrauensverlustes, den die Ärzteschaft so vehement beklagt und für den sie mit Vorliebe »die Medien« (samt Büchern wie dieses) verantwortlich macht, ist iatrogen, also von solchem ärztlichen Verhalten selbst verschuldet.

Auch an der vielzitierten Verunsicherung der Patientinnen und Patienten stricken viele Ärzte fleißig mit. Anstatt zum Beispiel alternative Behandlungstips auf ihre prinzipielle Verwertbarkeit hin abzuklopfen und ihren Nutzen zumindest in größerem, ganzheitlichem Rahmen zu akzeptieren, wie sich das sehr oft anbietet, wird auf Details herumgeritten (von denen die Schulmediziner oftmals zugegebenermaßen selbst kaum etwas verstehen, denn vieles gilt ja nur deshalb als unbewiesen, weil es noch unerforscht ist). Ein aktuelles Beispiel unter vielen: Bei Pilzinfektionen raten Naturheilkundige, bis zur Ausheilung keinen Industriezucker, keine Weißmehl- und Hefeprodukte zu essen, da sich der Hefepilz *Candida albicans* in einem so »gefütterten« Stoffwechselmilieu besonders wohlfühle. Aufschrei der Schulmediziner auf Kongressen zum Thema: Das sei alles unbewiesen; Candida-Pilze hätten mit Nahrungshefen nichts gemein, und eine Ernährungsumstellung könne Pilzinfektionen nicht heilen.

Doch was, wenn sie wenigstens zur Besserung beitragen kann, wie viele Erfahrungsberichte eindeutig belegen? Und wie sieht es mit dem generellen Nutzen solcher Ernährungsratschläge aus? Eines ist nämlich längst höchstwissenschaftlich bewiesen: Zucker, Weißmehl- und Hefeprodukte sind alles andere als gesund. Sie enthalten eine Menge »leerer« Kalorien und – vom Vitamin-B-Komplex in Bierhefe einmal abgesehen – extrem wenig Nährstoffe. Sich darin einzuschränken, kann niemals schaden und vielen Menschen nur nützen. Vor allem, wenn sie neben ihrer Pilzinfektion auch noch übergewichtig sind oder eine gestörte Darmflora haben, was häufig der Fall ist.

Weshalb also die Aufregung? Ich meine, es geht hier keinesfalls, wie man uns glauben machen will, um die Verteidigung der hehren Wissenschaft, sondern um Eifersucht: auf Heilkundige, die Ärzten ihre Pfründe streitig machen (bei der derzeitigen »Ärzteschwemme« kämpfen viele niedergelassene Ärztinnen und Ärzte um jede Krankenkarte); auf Therapieerfolge, die die Schulmedizin gerade bei chronischen Leiden oft eben nicht vorweisen kann; auf Therapeuten, die nicht sechs Jahre und mehr auf der Universität verbracht haben und dennoch heilen; auf »wissenschaftlich Unbewiesenes«, das genauso gut oder besser wirkt als das, worauf Millionen Mark an Forschungsgeldern und Tausende von Studien-Stunden verwendet worden sind.

Ich bin deshalb der Meinung, Sie sollten sich von schulmedizinischen Meinungsäußerungen nicht verunsichern lassen, wenn Sie eine Zusatz- oder Alternativtherapie gefunden haben, die Ihnen persönlich hilft. Die Chancen stehen gar nicht so schlecht, daß auch diese Methode dereinst einmal von der Schulmedizin akzeptiert und »eingemeindet« wird, wenn auch vielleicht nicht in nächster Zukunft. Achten Sie nur gewissenhaft auf eines: Die Risiken und Nebenwirkungen, von denen auch natürliche Heilmethoden nicht frei sind, müssen deutlich geringer sein als der Nutzen, den Sie daraus ziehen. Tun Sie alles, um sie zu minimieren; folgen Sie Warnhinweisen, Gegenanzeigen – und Ihrer inneren

Stimme, die Ihnen sagt, wenn Sie etwas übertrieben haben. Die potentiellen Nebenwirkungen und Gefahren »Ihrer« Methode sollten möglichst auch kleiner sein als die der schulmedizinischen Therapien für Ihr Leiden. Denn mag auch vieles gegen arrogante Ärzte sprechen – die wissenschaftlich fundierte Medizin in jedem Fall rundweg abzulehnen, ist sicher ebenfalls kein Zeichen von Klugheit.

Die Anregungen, die Ihnen dieses Buch zum Umgang mit natürlichen Heilverfahren gibt, sind ihrer ganzheitlichen Bedeutung entsprechend ausgewählt, dem verfügbaren Platz angepaßt und auf ihre Nützlichkeit in der Selbsthilfe, vor allem für Frauen, betrachtet. Viele Fachleute haben mich dabei beraten; ihnen allen sei an dieser Stelle herzlich gedankt. Mein ganz besonderer Dank gilt meiner Mutter, der Yogalehrerin Anni Kraus, Mühldorf, Vollmitglied im Berufsverband Deutscher Yogalehrer e. V. (BDY), für die Zusammenstellung der Yoga-Übungen, die Sie im Kapitel ›Beschwerdenkomplexe und Beratung von A bis Z‹ finden, der Heilpraktikerin Stephanie Gödert-Müller, Pfarrkirchen, für viele wichtige Zusatzinformationen und das Gegenlesen wesentlicher Manuskriptteile, dem klassisch homöopathisch arbeitenden Heilpraktiker Oliver Müller, Vorstandsmitglied des Homöopathie-Forums Gauting, für wertvolle Anregungen sowie dem Augenarzt und Akupunkteur Dieter Höller, Dolcedo. Dank gebührt auch meiner Lektorin im Deutschen Taschenbuch Verlag München, Henriette Zeltner, die den Arbeitsprozeß sehr aufmerksam begleitete und deren scharfsinnige Kritik mir eine wichtige Hilfe war.

Sollten Sie Heilverfahren und Selbsthilfe-Tips vermissen, die Ihnen selbst bereits konkret weitergeholfen oder mit denen Sie beruflich gute Erfahrungen gemacht haben und die in unserem Kulturkreis entstanden oder auf ihn übertragbar sind, bin ich Ihnen für schriftliche Mitteilungen dankbar (bitte richten Sie sie an den Verlag). Gegebenenfalls können diese Anregungen bei einer späteren Aktualisierung des Buches berücksichtigt werden.

Weibliche Maßstäbe setzen

Neue weibliche Heiltraditionen entstehen nicht von einem Tag auf den anderen – und auch ganz sicher nicht durch ein Buch allein. Es braucht dazu viele und immer wieder neue Impulse und Erfahrungen, die an andere weitergegeben werden. Am wichtigsten erscheint mir dabei, daß Frauen im Umgang mit ihrer Gesundheit selbstbewußter werden und ihre spezifischen Eigenarten nicht länger zugunsten eines allgemeinen, im Prinzip aber am Männlichen orientierten Bildes verleugnen.

Frauen sind, trotz vieler Gemeinsamkeiten mit dem anderen Geschlecht, keine Männer (und umgekehrt). Frauen haben eine andere Geschlechtsidentität, ein anderes Körpererleben, teilweise völlig andere Organe und Organfunktionen, einen anderen Hormonhaushalt, ein anderes physisch-psychisches Selbstbild, eine andere Sozialisation von kleinauf, andere biologische Möglichkeiten und Erfahrungen (Menstruation, Schwangerschaft, Gebären, Stillen, aber auch z. B. Schwangerschaftsabbruch oder Fehlgeburt) als Männer. Ihre Lebenszusammenhänge sind von den männlichen verschieden, ihre Psyche wird großenteils anders geprägt.

Das alles beeinflußt, wie ich in meinem Buch ›Mit Leib und Seele gesund werden‹[6] schon ausführlich dargestellt habe, auch die Art und Weise, wie und warum Frauen krank werden, an welchen Organen sie besonders oft erkranken, welche Rolle ihr Seelenselbst dabei jeweils spielt, wie sie mit Erkrankungen umgehen und fertigzuwerden suchen, welche Heilmittel sie bevorzugen, und vieles mehr. Auf diese Zusammenhänge hinzuweisen, ist mir auch in diesem Buch besonders wichtig – wichtiger als das Darstellen der Beschwerdenkomplexe in allen medizinischen Einzelheiten. Informationen darüber finden Sie schließlich auch in vielen anderen Quellen. Und so manche von Ihnen, die etwa an einer chronischen Krankheit leidet, dürfte ohnehin bereits zu einer Expertin geworden sein, die mehr über ihr Leiden weiß als mancher Arzt, den sie deswegen konsultiert.

Mit den Informationen, die ich hier zusammengestellt habe, möchte ich Sie dazu ermutigen, spezifisches Wissen über sich zu sammeln und nutzbringend anzuwenden. Auf lange Sicht, das ist meine feste Überzeugung, kann nur die Stärke der Frauen ein neues, konstruktives Gleichgewicht im menschlichen Zusammenleben bewirken. Solche Stärke entsteht durch Wissen, Handeln, aktives Mitgestalten – auch und nicht zuletzt im Bereich der Gesundheit.

Genannte Literatur:

1) Achterberg, Jeanne: Die Frau als Heilerin. Die schöpferische Rolle der heilkundigen Frau in Geschichte und Gegenwart. Scherz Verlag, Bern, München, Wien 1993.
2) Honegger, Claudia: Die Ordnung der Geschlechter. Die Wissenschaft vom Menschen und das Weib. Campus Verlag, Frankfurt a. M. 1991.
3) Herriger, Catherine: Die Kraft der Rituale. Macht und Magie unbewußter Botschaften im Alltag. Wilhelm Heyne Verlag, München 1993.
4) Minker, Margaret: Mit eigenen Augen sehen. Selbstliebe lernen, Körpergefühl verbessern. Ein Handbuch für Frauen. Mosaik Verlag, München 1989.
5) Mikette, Gaby: Netzwerk Mensch. Den Verbindungen von Körper und Seele auf der Spur. Rowohlt, Reinbek 1994.
6) Minker, Margaret: Mit Leib und Seele gesund werden. Psychosomatik für Frauen. Mosaik Verlag, München 1993.
7) Sengupta, Christine/Grob, Peter/Stüssi, Hans: Natur in Pillen und Tropfen. Naturheilmittel. Ein kritischer Ratgeber für die Bundesrepublik. Deutscher Taschenbuch Verlag, München 1993.

Weitere Literaturempfehlungen:

Hungry Wolf, Beverly: Die weisen Frauen der Indianer. Scherz Verlag, Bern, München, Wien 1994.

Kummer, Irene: Wendezeiten im Leben der Frau. Krisen als Chance zur Wandlung. Deutscher Taschenbuch Verlag, München 1992.

Mulack, Christa: Natürlich weiblich. Die Heimatlosigkeit der Frau im Patriarchat. Kreuz Verlag, Zürich 1990.
Northrup, Dr. med. Christiane: Frauenkörper, Frauenweisheit. Bewußt leben – ganzheitlich heilen. Verlag Zabert Sandmann, München 1994.
Olbricht, Dr. med. Ingrid: Was Frauen krank macht. Der Einfluß der Seele auf die Gesundheit der Frau. Kösel-Verlag, München 1993.
Riedel, Ingrid: Hildegard von Bingen. Prophetin der kosmischen Weisheit. Kreuz Verlag, Zürich 1994.
Springer-Kremser, Marianne/ Ringler, Marianne/Eder, Anselm (Hrsg.): Patient Frau. Psychosomatik im weiblichen Lebenszyklus. Springer-Verlag, Wien, New York 1991 (vorwiegend an Fachleute gerichtet).
Stephan, Inge: Die Gründerinnen der Psychoanalyse. Eine Entmythologisierung Sigmund Freuds in zwölf Frauenporträts. Kreuz Verlag, Zürich 1992.

2. Kapitel: Naturheilverfahren richtig anwenden

Schulmedizin und ganzheitliche Naturheilkunde unterscheiden sich wesentlich in der Art und Weise, wie Krankheiten und Krankheitssymptome bewertet und angegangen werden. In der allopathischen Schulmedizin gilt es vorrangig, Krankheitserreger dingfest zu machen und zu bekämpfen, und wo das (noch) nicht möglich ist, werden wenigstens die Krankheitssymptome bekämpft. In der Naturheilkunde – zu der ich, im Gegensatz zu manchen anderslautenden Auffassungen, auch die Homöopathie zähle – wird weithin ein völlig anderer Ansatz vertreten.

Zur Bewertung von Krankheitssymptomen

Symptome, die sich aufgrund eines Erregerbefalls, einer Verletzung oder einer anderen Störung im System einstellen, werden vom naturheilkundlichen Standpunkt aus zunächst einmal als *Antwort des gesunden Organismus auf einen ungewöhnlichen Reiz* betrachtet: eine Abwehrreaktion, die zeigt, daß das körpereigene Immunsystem Alarmsignale erhalten hat und sich nun daranmacht, die Erreger zu eliminieren bzw. die Störung auszugleichen. Symptome wie Fieber, Schnupfen, Ausfluß, Entzündungen, Schwellungen, Juckreiz usw. sollten diesem Ansatz zufolge zunächst einmal nicht bekämpft, sondern zugelassen, ja unter Umständen sogar hervorgelockt werden: Der Organismus versucht damit schließlich nichts anderes, als sich selbst zu helfen.

Fieber tötet beispielsweise einen Großteil der Krankheitserreger ab, denn die meisten überstehen einen Temperaturanstieg auf 38,5 °C und darüber nicht lebend. Schnupfen, Hustenauswurf, Ausfluß, starkes Schwitzen, selbst Eiterbildung und Gewebewasser-Austritt bei Entzündungen und Verletzungen bedeuten, daß alle Möglichkeiten der *Ausleitung* mobilisiert werden. Die Internistin Dr. med. Dagmar Lanninger-Bolling, Bad Soden, drückte es bei einer Fachdiskussion so aus: »Wenn der Organismus seinen Müll nach draußen gebracht hat, kann er sich wieder regenerieren, und das Ganze heilt ab.« In diese erste Regulierungsphase mit Anti-Mitteln – also Antibiotika, Entzündungshemmern wie Cortison, fiebersenkenden Medikamenten usw. – einzugreifen, ist also in den meisten Fällen völlig verkehrt, weil dadurch die Immunkräfte lediglich blockiert und geschwächt werden. Außerdem wird ihnen verwehrt, neue Erfahrungen mit dem Störungsprozeß zu machen, zum Beispiel ausreichend Antikörper zu bilden, die beim nächsten Mal dann schon »wissen«, was zu tun ist. Die Folge einer solchen Immunsuppression (= Unterdrückung von Abwehrreaktionen) sind dann oftmals Rückfälle oder erneute Erkrankungen, denn der geschwächte Organismus hat bei der nächsten Attacke von außen nicht mehr genügend Kraft, mit den Eindringlingen fertigzuwerden. Und die Folgekrankheiten werden nicht selten chronisch.

Nach Ansicht vieler Naturheilkundiger ließe sich dieser oft zu beobachtende Ablauf vermeiden, wenn der Organismus von vornherein in seiner natürlichen Reaktionsarbeit unterstützt würde: beispielsweise mit ausleitenden Verfahren (dazu zählen unter anderem Lymphmassagen, ausschwemmende Heiltees, Schwitzkuren, Einläufe, manchmal sogar das künstliche Herbeiführen entzündlicher Prozesse, wie es beim Baunscheidtieren der Fall ist), mit Mitteln, die das Immunsystem stärken (Vitamine, Minerale, Spurenelemente, spezielle Pflanzenextrakte, aber auch psychotherapeutische Maßnahmen und Entspannungshilfen für die Immunkräfte der Seele), mit Visualisierungsübungen und Meditationen, bei denen die geistigen Kräfte konzentrativ für den Heilprozeß genutzt werden, schließlich auch mit Umstimmungsmitteln, die zum Beispiel elektromagnetische Vorgänge, wie sie zwischen den Zellen ständig ablaufen, im Störungsfall »zurechtrücken« und dem Organismus gezielte Informationen vermitteln, wie er sich am besten selbst helfen kann. Zu diesen Verfahren gehören bestimmte Ernährungsregeln ebenso wie die Neuraltherapie oder die Homöopathie. In der Abheilungsphase werden dann die Gewebe und Immunkräfte mit natürlichen Mitteln beim Regenerieren unterstützt.

Zu erkennen, wann Krankheitssymptome zu den natürlichen Abwehrreaktionen des Organismus gehören, die unterstützt werden sollten, und wann sie als Zeichen dafür gelten müssen, daß die Kräfte der kranken Person überfordert sind, ist eine der schwierigsten Entscheidungen in der Naturheilkunde. Die Schulmedizin geht hier den einfacheren (aber eben oft auch folgenschweren) Weg, indem sie dem Organismus von vornherein keine Autonomie zutraut, sondern gleich mit massiven Mitteln anrückt und eingreift. Da den Symptomen dann zumeist rasch der Garaus gemacht wird, die Kranken sich zumindest für einige Zeit erleichtert fühlen, gilt dieser Weg gemeinhin als erfolgreich.

Gerade bei chronischen Erkrankungen stößt die Schulmedizin jedoch sehr oft an ihre Grenzen, was kaum jemand besser weiß als die chronisch Kranken selbst. Und bei vergleichsweise banalen Alltagserkrankungen wird oft »mit Kanonen auf Spatzen geschossen«, was gar nicht nötig wäre und das Risiko der oben beschriebenen Konsequenzen birgt.

Wenn Sie für die Selbsthilfe mit natürlichen Mitteln optieren, wie sie in diesem Buch vorgestellt werden, bleibt Ihnen gar nichts anderes übrig, als immer wieder zu entscheiden:

- Will ich längerfristig gesund bleiben (oder werden), oder brauche ich im Moment vor allem möglichst rasche Symptomfreiheit?
- Sind meine Symptome Ausdruck eines gut funktionierenden, sich heftig wehrenden Immunsystems, oder sind sie ein Zeichen dafür, daß es zu schwach, zu träge, überreizt oder total überfordert ist?
- Kann ich es »riskieren«, es erst einmal mit naturheilkundlichen Mitteln zu versuchen, oder sollte ich mich besser sofort in schulmedizinische Behandlung begeben?

Um Ihnen die Antwort auf die letzte Frage zu erleichtern, nenne ich Ihnen im Kapitel »Beschwerdenkomplexe von A bis Z« stets die jeweils wichtigsten Symptome, bei denen eine ärztliche Untersuchung, gegebenenfalls auch schulmedizinische Behandlung, dringend geboten ist. Was die Bewertung Ihrer Krankheitssymptome anbelangt, so ist zwar noch keine Meisterin vom Himmel gefallen, doch wird Ihnen mit der Zeit immer besser gelingen, zu schwache Immunreaktionen und Überforderungs-Symptome von normalen, fördernswerten Abwehrreaktionen zu unterscheiden. (Wie eine Frau im Krankheitsfall reagiert, ist übrigens auch konstitutionell unterschiedlich: Manche haben beispielsweise kaum je Fieber, dafür ziemlich rasch Durchfall oder Brechreiz, andere haben sofort erhöhte Temperatur, tun sich aber schwer zu erbrechen.) Im Zweifelsfall befragen Sie am besten eine heilkundige Fachkraft Ihres Vertrauens. Allein entscheiden müssen Sie hingegen, ob Sie auf Ihren Organismus horchen und ihm die nötige Zeit und Ruhe geben wollen, um mit akuten Beschwerden selbst fertig zu werden, unterstützt von natürlichen Heilmitteln – oder ob Sie es aus beruflichen oder anderen Gründen vorziehen (müssen), Symptome und Immunsystem zu unterdrücken. Entscheiden Sie sich für letzteres, sollten Sie es nur sehr gelegentlich und mit schlechtem Gewissen sich selbst gegenüber tun. Denn die meisten Erkrankungen, ja sogar Unfälle sind auch ein Stopschild, das Ihre Psyche Ihnen ins Bewußtsein zu rücken versucht, weil Sie eigentlich dringend eine Pause brauchen.

Sieben Regeln zur Selbsthilfe

Die folgenden Punkte betreffen die wichtigsten Grundsätze, die Sie bei Ihrer Arbeit als Heilerin beachten sollten – ganz gleich, ob Sie noch »Azubi« sind oder schon eine recht erfahrene Heilkundige. Sie gelten für praktisch alle natürlichen Heilverfahren, mit denen Sie auch ohne medizinische bzw. fachliche Ausbildung umgehen können. Legen Sie sich an dieser Stelle ein Lesezeichen ins Buch, damit Sie nicht vergessen, sie sich immer wieder einmal ins Gedächtnis zu rufen.

1. Naturheilkunde will gelernt sein. Heilverfahren zur Selbsthilfe, die Ihnen besonders zusagen, sollten Sie nach und nach so gründlich erlernen wie nur möglich. Wenden Sie sie immer wieder an, auch bei kleineren Wehwehchen; machen Sie sich mit der Handhabung vertraut, so daß Sie sie im Notfall rasch und ohne viel nachschlagen zu müssen beherrschen. Informieren Sie sich zusätzlich bei Fachleuten, lesen Sie Bücher zur Methode, gehen Sie in Vorträge, belegen Sie einen Kurs, zum Beispiel in einem Frauengesundheitszentrum oder an der Volkshochschule. Vor jeder Meisterschaft steht eine Lehrzeit; haben Sie also Geduld mit sich selbst. Im Lauf der Zeit gewinnen Sie immer bessere Kenntnisse und mehr Selbstvertrauen, lernen die Feinheiten des jeweiligen Verfahrens kennen und können Ihr Wissen auch an andere weitergeben.

2. Auch natürliche Heilverfahren haben Grenzen, Risiken und Neben- bzw. Folgewirkungen. Die Natur hält hochwirksame Heilmittel, aber auch starke Gifte bereit – und oft trifft beides zusammen, vor allem in der Pflanzenheilkunde. Informieren Sie sich *vor* jeder Anwendung über Kontraindikationen (= Gegebenheiten, bei denen ein Mittel oder Verfahren nicht angewendet werden darf). Achten Sie *bei* der Anwendung auf nicht beabsichtigte Wirkungen aller Art, vor allem die unliebsamen. Lernen Sie fürs nächste Mal daraus, und setzen Sie ein Mittel oder Verfahren sofort ab, wenn die unangenehme Wirkung die beabsichtigte Heilwirkung übersteigt bzw. in keinem Verhältnis dazu steht. Fragen Sie Fachleute um Rat, wenn Ihnen etwas Besonderes auffällt. Bedenken Sie aber auch: Manche Nebenwirkungen gehören zur Methode. Entscheiden Sie dann, ob Sie sich damit abfinden wollen.

3. Erstverschlimmerungen müssen nichts Schlimmes sein. Oft reagiert der Organismus auf ein wirksames Heilverfahren mit einer sogenannten Erstreaktion: der akuten Verschlimmerung aller Symptome. Das bedeutet, die Umstimmung hat geklappt, und die Heilung kann nun beginnen, da etwas »in Fluß gekommen«, in Gang gesetzt worden ist. Nach längstens zwei bis drei Tagen sollte sich jedoch eine spürbare Besserung einstellen. Wenn nicht, war es das falsche Heilmittel, oder Sie sind für das gewählte Verfahren zu entkräftet und brauchen daher ein sanfter wirkendes, oder Sie haben bei der Anwendung übertrieben.

4. Mehr hilft nicht mehr. Auch wenn die Rezepturen natürlicher Heilmittel für *Durchschnittsmenschen* berechnet sind und Ihre persönlichen Besonderheiten nicht erfassen, sollten Sie in der Anwendung doch nie übertreiben. Zum einen kann Ihr Organismus dabei übermäßig belastet werden; zum anderen können sich bestimmte Heilmittel bei Überdosierung in ein Gift verwandeln. Und manchmal werfen Sie auch nur unnötig Geld zum Fenster hinaus. Faustregel: Wenn Sie glauben, Sie bräuchten mehr von einem Naturheilmittel als angegeben, dürfen Sie bei Mengen- und Einnahme- bzw. Anwendungs-Angaben maximal bis zu einem Drittel nach oben abweichen, nicht mehr (z. B. 13 statt 10 Gramm einer Teemischung, 4 statt 3 Tassen Tee am Tag). Abweichungen nach unten verhindern meist den gewünschten Erfolg.

5. Selbstbehandlung hat Grenzen. Wenn die Krankheit ansteckend, das Fieber mehr als 36 Stunden zu hoch, eine Blutung nicht stillbar ist oder die Patientin sich im lebensbedrohlichen Schock befindet, sollte unbedingt ärztlicher Rat eingeholt werden, ebenso natürlich bei Brüchen, Organverletzungen, schweren psychisch-geistigen Symptomen usw. Faustregel: Holen Sie in allen Situationen die Hausärztin bzw. den Notarzt, in denen Sie das auch ohne naturheilkundliche Kenntnisse getan hätten! Sie können ja bis zu ihrem Eintreffen oder zur Ergänzung einer ärztlichen Behandlung trotzdem noch Selbsthilfemethoden anwenden, brauchen also Ihre Autonomie deshalb keineswegs ganz aufgeben. Ansonsten können Sie sich nach folgender Regel richten: Bessert sich der Zustand bei Selbstbehandlung nach einer Woche – bei chronischen Leiden: nach 14 Tagen – nicht spürbar, war es entweder die falsche Heilmethode, oder Sie brauchen doch eine (zusätzliche) schulmedizinische Behandlung. Für die Homöopathie können Ausnahmen gelten; besprechen Sie das gegebenenfalls mit einer homöopathischen Fachkraft.

6. Kaum ein Naturheilverfahren hilft immer und in jedem Fall. In der Schulmedizin gilt es oft schon als Erfolg, wenn ein Mittel in 30 bis 40 Prozent der Krankheitsfälle nützt; je problematischer die Erkrankung, desto niedriger ist diese Quote meist. Das gleiche kann auch auf natürliche Heilverfahren zutreffen. Manche Menschen sprechen überhaupt nicht auf ein bestimmtes Verfahren an, andere weniger als erwartet (viele allerdings auch weit besser als gedacht). Faustregel: Wenn sich nach drei bis fünf Behandlungen bzw. Sitzungen gar nichts tut, sollte die Diagnose noch einmal gründlich überprüft, gegebenenfalls die Anwendung – etwa: die Auswahl der Druckpunkte bei der Akupressur – variiert oder aber das Verfahren gewechselt werden.

7. Naturheilkunde und Schulmedizin vertragen sich oft, aber nicht immer. Neben der Einnahme notwendiger Medikamente auch noch einen Heiltee zu trinken oder Yoga zu machen, ist in aller Regel kein Problem; schwierig wird es, wenn schulmedizinische Maßnahmen die Wirksamkeit naturheilkundlicher Mittel beeinträchtigen, zu sehr verstärken oder ihre Anwendung sich dann sogar verbietet (etwa, weil das Chemotherapeutikum den Organismus zu sehr schwächt, so daß ein Verfahren mit starker Reizwirkung nicht mehr vertragen wird). In solchen Fällen müssen Sie, gegebenenfalls mit Hilfe Ihrer Fachkraft, entscheiden, welche Behandlungsform Ihnen wichtiger ist. Ganz kompliziert wird es, wenn die schulmedizinische Arznei Symptome unterdrückt – und Sie deshalb die Wirksamkeit eines Naturheilverfahrens gar nicht mehr beurteilen können. Auch hier bleibt Ihnen nur »die Qual der Wahl«. Faustregel: Werden mit der schulmedizinischen Maßnahme lediglich Symptome bekämpft, können Sie am ehesten auf sie verzichten und statt dessen die Naturheilkunde zu Rate ziehen. Bei manchen natürlichen Heilverfahren (etwa der Homöopathie) ist es ratsam, die schulmedizinische Medikation abzusetzen, wenn das irgend geht. Sprechen Sie im Zweifelsfall stets mit einer naturheilkundigen Fachkraft, aber auch mit Ihrer Ärztin bzw. Ihrem Arzt darüber.

Der Zeitfalle entkommen

Die meisten Erkrankungen kommen nicht von heute auf morgen über uns, sondern bahnen sich über längere Zeit hinweg an. Das gilt auch für ansteckende Krankheiten, ja sogar für Verletzungen und Unfälle: Erst wenn das Immunsystem immer wieder geschwächt wurde und keine ausreichende Kraft und Zeit zum Regenerieren hatte, können uns Viren, Bakterien und andere Krankheitserreger gefährlich werden. Erst wenn Streß und Überforderung – auch auf psychischer und geistiger Ebene – unsere Anpassungsfähigkeit überstrapaziert haben, läßt unsere Konzentration und Motorik so nach, daß wir einen Unfall bauen, uns eine Verletzung zuziehen, uns bei einem »falschen Tritt« den Fuß verknacksen. Krankwerden braucht Zeit. Aus diesem Grund verhilft auch kaum ein Heilsystem (selbst die Schulmedizin nicht) zu »Wunderheilungen« von heute auf morgen – schon gar nicht mit vorhersehbarer Regelmäßigkeit. Viele natürliche Heilverfahren wirken langsam, stetig, bauen die verlorengegangenen Kräfte nach und nach wieder auf. Oft müssen Körper-, Geist- und Seelenselbst erst zum Einleiten des Gesundungsprozesses »überredet« werden. Das braucht Zeit, manchmal mehr, manchmal weniger.

Geben Sie daher den von Ihnen gewählten Heilmitteln und -verfahren die Zeit, die sie zum Entfalten ihrer Wirkung brauchen, und sich selbst die Zeit, darauf zu reagieren! Bei vielen Erkrankungen fehlt Ihnen tatsächlich kaum etwas anderes als eben Zeit, diese vierte Dimension, ohne die es weder Vergangenheit noch Gegenwart noch Zukunft gäbe. Zeitmangel, vor allem Mangel an Zeit für Sie selbst, kann Sie krankmachen. Die Zeit, die Sie im Bett verbringen müssen, um eine Erkrankung auszukurieren, oder die Zeit, die Sie für ein Naturheilverfahren brauchen, ist niemals verlorene Zeit. Sie können Sie zu sehr vielem Sinnvollen nutzen: beispielsweise dazu, einmal darüber nachzudenken, welche Lebenssituation mit für Ihre Erkrankung verantwortlich sein könnte und was sich daran ändern ließe. Lassen Sie sich nicht in der »Zeitfalle« fangen. Haben Sie Geduld beim

Kranksein und beim Gesundwerden, auch wenn Ihnen das manchmal schwerfällt.

Sich selbst vertrauen

Gerade Frauen, die sich selbst ziemlich gut kennen und zu ihrem Organismus eine enge und aufmerksame Beziehung haben (verstärkt durch die Vorgänge ihres Zyklus, durch Schwangerschaften, Entbindungen, Stillen, Selbstuntersuchungen usw.), wissen in vielen Situationen instinktiv, was sie eigentlich tun und lassen, essen oder nicht essen sollten, um sich besser zu fühlen. Sie haben beispielsweise plötzlich den Wunsch nach bestimmten Speisen, Getränken, Farben, Bewegungen, Körperhaltungen, Berührungen, Luftveränderungen, Wärme oder Kälte. Oder sie weichen auf einmal bestimmten Dingen aus, die sie sonst gern mochten oder die sie zumindest nicht störten, entwickeln neue Ekelgefühle, werden bei sonst gut ausgehaltenen Geräuschen nervös oder meiden als »Sonnenanbeterinnen« auf einmal helles Sonnenlicht.

Das alles sind Instinkte, die sich melden, wenn eine Störung im Verzug ist. In der Homöopathie werden solche Veränderungen des Befindens und Verhaltens oft als Leitsymptome in der Diagnostik und bei der Wahl des richtigen Homöopathikums genutzt. Vertrauen Sie auf diese Ihre Instinkte; akzeptieren Sie Ihre Wahrnehmungen, und versuchen Sie, die entsprechenden Dinge auch tatsächlich zu tun oder zu lassen – selbst wenn Ihnen von »Besserwissern« vorgehalten wird, das sei aber alles recht töricht. Niemand steckt in Ihrer Haut! Merken Sie sich für das nächste Mal gut, wo Ihre Instinkte recht hatten und es Ihnen tatsächlich besser ging, wenn Sie auf sie hörten. Sie brauchen Ihre Vorlieben, Abneigungen und Verhaltensweisen, die zu Ihrem Gesundheitsprozeß beitragen, vor niemandem zu rechtfertigen und sich auch nicht verunsichern lassen, wenn jemand behauptet, ein Zusammenhang mit Ihrem Befinden sei aber »wissenschaftlich überhaupt nicht bewiesen«. Ihnen haben Ihre Wahrnehmungen und Instinkte geholfen. Glück für Sie – und Pech für die Wissenschaft, wenn sie das nicht zur Kenntnis nimmt.

Selbsterkenntnis ist der erste Schritt zur Besserung

Je mehr Sie über sich und Ihre individuellen Krankheits- und Gesundungsprozesse wissen, desto leichter fällt Ihnen die Selbsthilfe und die bestmögliche Anwendung natürlicher Heilverfahren. Achten Sie einmal auf folgende Details, und schreiben Sie die Antworten auf diese Fragen vielleicht sogar für sich auf:

- In welchen Situationen werden Sie vorzugsweise krank? Gibt es Dinge, die Ihrer Erkrankung fast regelmäßig vorausgehen? Welche Faktoren – auch scheinbar noch so weit hergeholte – könnten für Ihr Kranksein jeweils eine Rolle spielen?
- In welchen Ihrer Organbereiche machen sich Schwächezustände und Erkrankungen am ehesten bemerkbar? War das immer schon so, oder hat irgendwann eine Symptomverschiebung stattgefunden? Hatte das irgend etwas mit Ihren äußeren Lebensumständen zu tun?
- Welcher Art sind Ihre Erkrankungen vor allem? Neigen Sie zum Beispiel eher zu Entzündungen, zu Kreislaufproblemen, zu Kräfteverfall, zu Knochenbrüchen oder Gelenkschäden, zu Kopfweh und Migräne, zu Magen-Darm-Störungen, zu infektiösen Erkrankungen, zu Hautleiden, zu psychischem Ein- oder Ausrasten, wenn Sie krank werden?
- Wonach sehnen Sie sich im Krankheitsfall ganz spontan am allermeisten?
- Wie würden Sie Ihre Konstitution am ehesten beschreiben? *Größe, Gewicht, Statur:* Sind Sie klein, mittelgroß, groß, hager, dünn, schlank, normalgewichtig, etwas mollig, rundlich, eckig, zart, knochig, biegsam usw.? *Gesundheitsstatus:* Sind Sie robust, belastbar, anfällig, kränkelnd, vor Gesundheit strotzend, chronisch krank, zu Hypochondrie neigend, flexibel,

»Gelegenheitskranke«? *Vorlieben und Abneigungen:* Mögen oder meiden Sie Wärme, Kälte, Zugluft, Frischluft, Wasser, Wind, Sonne, Dunkelheit, Licht, bestimmte Farben (→Farbtherapie), Süßes, Scharfes, Saures, Salziges usw.?
- Gibt es Tageszeiten, zu denen Ihre Symptome im Krankheitsfall sich zu verschlimmern oder besser zu werden scheinen? Sind Sie eher eine Morgenlerche oder eine Nachteule (→Chronobiotherapie)?

Das alles und noch vieles mehr kann großen, ja sogar entscheidenden Einfluß auf die Wahl des für Sie besten Naturheilverfahrens haben, denn nicht alle eignen sich gleich gut für jede Frau. Und auch Ihre Hausapotheke kann von solcher Selbsterkenntnis profitieren: Halten Sie natürliche Heil- und Hilfsmittel für Ihre häufigsten Beschwerden immer auf Vorrat bereit.

Selbsthilfe braucht Selbstliebe

Zur wirksamen Selbsthilfe braucht es ein gewisses Quantum Selbstliebe. Wenn Sie sich nicht leiden mögen – und schon gar nicht im kranken Zustand –, können Sie sich auch keine gute Ärztin, Krankenschwester, Ernährungsberaterin oder Physiotherapeutin sein. Mobilisieren Sie daher jegliche Zuneigung zu sich selbst, derer Sie habhaft werden können, vor allem, wenn es Ihnen gerade nicht besonders gut geht. Schieben Sie Frust- und Schuldgefühle, die Sie sich selbst gegenüber hegen mögen, bewußt von sich; sie können den Gesundungsprozeß nur stören. Konzentrieren Sie sich ganz auf Ihre Aufgabe, gesund (oder zumindest gesünder) zu werden und dafür etwas zu tun. Betrachten Sie sich als lebendiges Ganzes und nicht als Maschine, die gefälligst zu funktionieren hat. Wenn Sie einen Heiltee trinken, sich eine Massage oder Akupressur verabreichen, in ein warmes Bad mit Aromaölen steigen – tun Sie es voller Zuneigung zu sich selbst, reden Sie sich gut zu, verwöhnen Sie sich (ganz unabhängig davon, ob das außerdem noch jemand anderes tut oder nicht). Gewähren Sie sich Schutz vor anderen Menschen und vor Situationen, die dazu beitragen, daß es Ihnen schlechter geht. Stehen Sie für sich ein; achten Sie auf Ihre Wünsche und Bedürfnisse, Ihre körperlichen und geistig-seelischen Signale. Nehmen Sie sich selbst wahr und wichtig. Gönnen Sie sich Ruhe; pflegen Sie sich; essen Sie, was Ihnen Spaß macht und bekommt. Was Nächstenliebe ausmacht, dürfte Ihnen bekannt sein. Lassen Sie all die liebevollen Kleinigkeiten, Handreichungen, Bemühungen, Tröstungen auch sich selbst angedeihen! Tätige Selbstliebe fördert jeden Heilprozeß und macht zudem viel Freude. Gerade Frauen, die sich immer um andere kümmern, sollten sich selbst darüber nicht vergessen.

3. Kapitel: Natürliche Heilverfahren von A bis Z

Vorbemerkung

In diesem Abschnitt finden Sie Informationen zu 20 verschiedenen Methoden, die den Naturheilverfahren zuzurechnen sind oder sich – wie etwa die Übungen des Yoga – als natürliches Heilmittel nutzen lassen. Das soll keineswegs heißen, daß damit die Palette möglicher bzw. in anderen Kulturkreisen erfolgreich angewendeter Naturheilweisen bereits erschöpft wäre. Es gibt noch sehr viele weitere Therapieansätze, die das Prädikat »Natur« verdienen, weil sie sich natürlicher Mittel bedienen und/oder sich an der menschlichen Natur orientieren. Sie ausnahmslos alle hier vorzustellen, würde den Rahmen dieses Buches bei weitem sprengen. Ein Teil dieser Heilverfahren – etwa die therapeutische Lymphdrainage, Kälte- und Wärmetherapien, Kuren und Kuranwendungen verschiedener Art, Massagen oder Physiotherapien – können Ihnen ärztlich empfohlen und verschrieben werden, sind also einer breiten Öffentlichkeit bereits recht bekannt. In manchen Fällen sind erfahrene Fachkräfte, die mit bestimmten Therapieformen – etwa dem indischen Ayurveda, der traditionellen japanischen oder chinesischen Medizin, den indianischen Heilkünsten – umzugehen wissen, hingegen noch recht spärlich anzutreffen, und Sie müßten je nach Wohnort weite Reisen auf sich nehmen oder hohe Kosten veranschlagen, um sie in Anspruch nehmen zu können. Dies soll jedoch kein Buch für eine besonders zahlungskräftige Schicht sein, sondern ein praktisches Nachschlagewerk für möglichst viele Frauen. Ich habe mich daher auf diejenigen Methoden beschränkt, die bei uns gängig, vielerorts zugänglich und trotzdem noch nicht in allen Details bekannt sind.

Weitergehende Informationen zu den einzelnen Heilverfahren finden Sie in Sach- und Fachbüchern, die jede gutsortierte Buchhandlung vorrätig hält oder für Sie bestellen kann. Eine Auswahl empfehlenswerter Literatur zu einzelnen Themenbereichen habe ich dem jeweiligen Abschnitt angefügt.

Allgemeine Literaturempfehlungen:

Minker, Margaret/Scholz, Renate: Naturheilweisen. Vorbeugen, Helfen, Heilen. Wilhelm Goldmann Verlag, München 1994.

Minker, Margaret/Kunstmann, Antje (Hrsg.): Handbuch FRAU 2, Gesund leben. Vorbeugung und Behandlung körperlicher und seelischer Erkrankungen. Verlag Antje Kunstmann, München 1990.

Nissim, Rina: Naturheilkunde in der Gynäkologie. 8., erweiterte Auflage, Orlanda Frauenverlag, Berlin 1993.

Northrup, Dr. med. Christiane: Frauenkörper, Frauenweisheit. Bewußt leben – ganzheitlich heilen. Verlag Zabert Sandmann, München 1994.

Schwester Bernardines große Naturapotheke. Mosaik Verlag, München 1983.

Siemers, Magret: Gesund mit natürlichen Haus- und Heilmitteln. Kräutertees, Säfte und Tinkturen, Dämpfe, Aromaöle und Einreibungen, Umschläge, Waschungen und Bäder. Deutscher Taschenbuch Verlag, München 1995.

Storl, Wolf-Dieter: Von Heilkräutern und Pflanzengottheiten. Aurum Verlag, Braunschweig 1993.

Feichtinger, Wilfried/Kurt, Christa: Hilf Dir selbst. Frauensache. Orac Verlag, Wien 1989.

Messing, Norbert: Naturärzte-Wegweiser. ABC der Naturheilweisen. Verzeichnis von über 2 500 Ganzheitsmedizinern. Verlag Ganzheitliche Gesundheit, Wildberg 1988.

Akupressur
zur Selbsthilfe geeignet

Das Wort Akupressur bedeutet »Punktmassage«. Dabei werden ganz genau festgelegte Punkte auf der Haut mit Fingerdruck massiert, die zu den inneren Organen und dem Nervensystem in Beziehung stehen. Diese Verbindung erschöpft sich nicht in reflektorischen Reizen, wie sie in →Reflexzonentherapien genutzt werden, sondern betrifft das gesamte »Energiesystem Mensch«, wie es von der traditionellen chinesischen, japanischen, indischen und indonesischen Medizin begriffen wird: Nach fernöstlicher Lehre fließen im Körper jedes Menschen Energieströme entlang sogenannter Meridiane (Strombahnen), die bei Krankheit blockiert, gestaut, zu schwach, zu stark oder nicht im harmonischen Gleichgewicht miteinander sind. Das Zusammenspiel von Yin und Yang, wie die beiden einander ergänzenden Lebensenergien genannt werden, ist dann gestört.

Für die Akupressur wie auch für die →Akupunktur werden 32 solcher Meridiane im Körper angegeben, davon zwölf als Hauptmeridiane. Durch rhythmisches Reizen, Drücken oder Reiben bestimmter Punkte auf der Hautoberfläche, entlang der Meridiane, läßt sich der Energiezustand in der jeweiligen Strombahn günstig beeinflussen – allerdings nur, wenn der jeweils richtige Punkt (oder mehrere Punkte) auf die richtige Weise akupressiert wird, und zwar täglich mehrmals, auch einige Male hintereinander.

Wie die Punktmassage wirkt

Die *Wirksamkeit* der Akupressur wurde inzwischen ausführlich in Einzelfällen und Reihenstudien dokumentiert; ihre *Wirkweise* allerdings ist nach wie vor nicht völlig geklärt. Manche Meridiane verlaufen entlang bekannter Reflex-(Nerven-)Leitungen, andere offenbar nicht. Ein westlicher Erklärungsansatz lautet, bei der Akupressur werde die Ausschüttung von Hormonen oder Endorphinen (schmerzlindernden Substanzen, die im Körper erzeugt werden) angeregt; andere gehen von einer Art Lymphdrainage aus. In der orthodoxen Schulmedizin wird gelegentlich behauptet, bei der Akupressur handele es sich um Humbug oder einen »reinen Placebo-Effekt« (siehe S. 268f.). Oft haben solche Kritiker die Akupressur jedoch weder erlernt noch angewandt; ihr Urteil ist dann nur ein Vorurteil.

Richtig akupressieren will gelernt sein. Am besten lassen Sie es sich von einer guten Fachkraft zeigen, etwa einer darin geschulten Heilpraktikerin, Masseurin oder Ärztin für Naturheilverfahren. Auf dem Buchmarkt gibt es verschiedene Ratgeber zur Akupressur, die verständlich, praktisch und informativ bebildert sind (siehe Literaturhinweise). Akupressurpunkte am Rücken, die Sie selbst schlecht erreichen können (verrenken bringt nichts!), sollten Sie nur von einer Fachkraft behandeln oder sich am eigenen Körper genau zeigen, eventuell auch markieren lassen, damit Freundin oder Partner, die Sie dort akupressieren, nichts falsch machen können.

Akupressur eignet sich besonders für Frauen, die

- gerne selbst etwas (Zusätzliches) für ihre Gesundheit tun,
- ihr Körperselbst besser kennenlernen wollen,
- sich gerne berühren und massieren,
- täglich mehrmals einige Minuten ganz für sich erübrigen können,
- zuverlässig die nötigen regelmäßigen Behandlungen durchhalten.

Selbsthilfe

Hände in warmem Wasser waschen; Fingernägel am besten kurz schneiden. Die zum jeweiligen Leiden »gehörigen« Punkte ein paarmal hintereinander jeweils zehn bis zwanzig Sekunden lang mit Daumen, Zeige- oder Mittelfinger rhythmisch und leicht kreisend massieren (bei akuten Beschwerden so lange, bis diese nachlassen, in der Regel ca. drei bis fünf Minuten lang). Mehrmals täglich wiederholen.

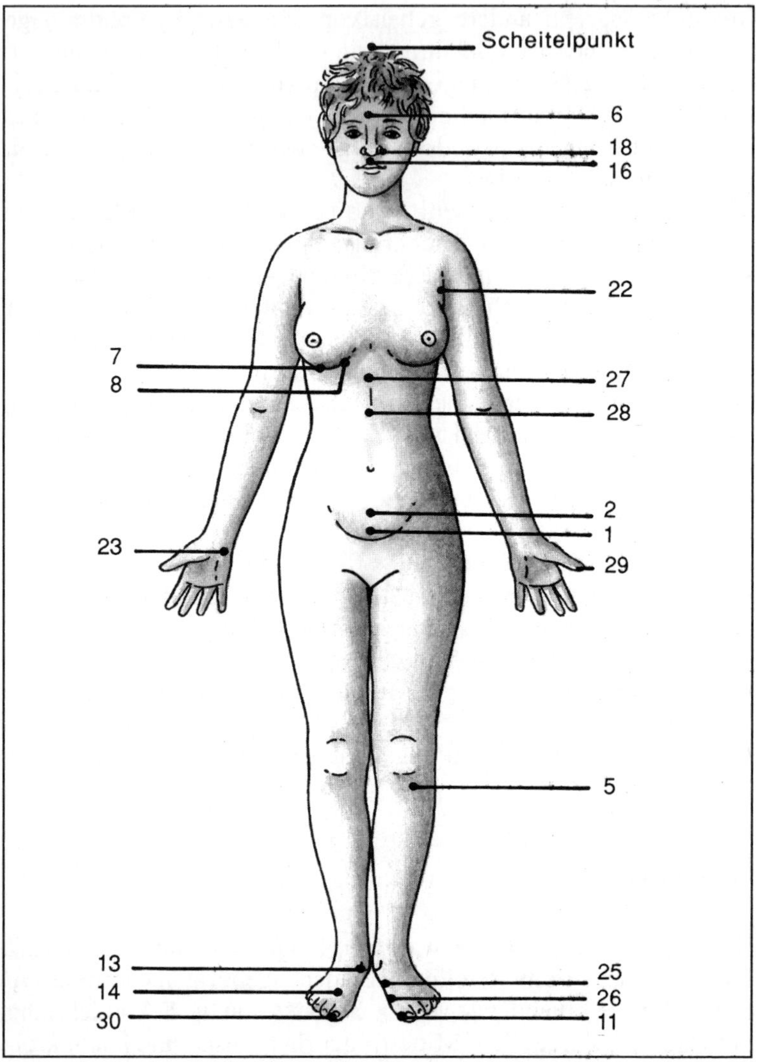

Wichtige Akupressurpunkte. Erläuterungen zu den einzelnen Punkten finden Sie bei den jeweiligen Beschwerdekomplexen in Kapitel 4. (1) Beckenneuralgie; (2), (3), (4) Eileiter/Eierstock; (5), (6) Erschöpfung; (7), (8) Galle; (9), (10), (11) Gebärmutter; (12), (13), (14) Harnwege; (15)

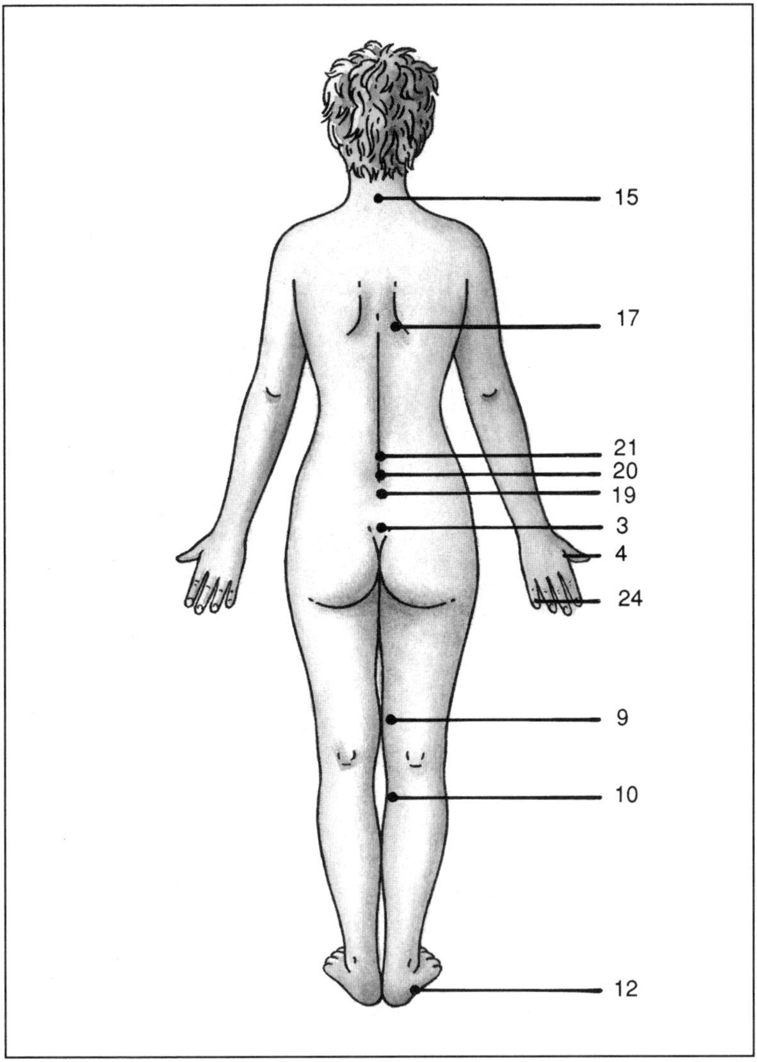

Kopfweh; (16) Menstruation; (17) Rücken; (18), (19), (20), (21) Scheide; (22), (23), (24) Schlafstörungen; (25), (26), (27), (28) Verdauung; (29), (30) Zyklus/Hypophyse. Alle Punkte haben ihre Entsprechung auch auf der anderen Körperseite.

Achtung!

Haben Sie den jeweils richtigen Akupressurpunkt getroffen, kann sich ein heller, schneidender oder auch ein tiefergehender dumpfer Schmerz einstellen, der bei Weiterbehandlung verschwinden muß. Wenn er nicht nachläßt, war es der falsche Punkt, oder Sie haben zu heftig gedrückt.

Nach reichlichem Essen, Alkoholgenuß, bei großer Erschöpfung oder Übermüdung muß die Akupressurbehandlung um ein paar Stunden verschoben werden. Nicht akupressiert werden darf bei fiebrigen Erkrankungen, auf entzündeten oder verletzten Hautstellen, bei schweren Herz-Kreislauf-Leiden (Gefahr der Überreaktion) sowie bei Schwangerschaft (zumindest keine Punkte, die Bauch und Unterleib beeinflussen).

Literaturempfehlungen:

Bahr, Frank R.: Akupressur. Erfolgreiche Selbstbehandlung bei Schmerzen und Beschwerden. Mosaik Verlag, München 1984.

Bernau, Lutz: Das große Akupressur-Buch. Ehrenwirth Verlag, München 1985.

Lie, Foen Tjoeng: Chinesische Punktmassage Akupressur. Falken-Verlag, Niedernhausen 1991.

Wagner, Dr. Franz: Akupressur. Energiefluß anregen und harmonisieren. Wirksame Selbsthilfe. Gräfe und Unzer Verlag, München 1994.

Weiterführende Anschriften →Akupunktur

Akupunktur

zur Selbsthilfe nicht geeignet

Dieses fernöstliche Heilverfahren ist wahrscheinlich schon an die 5000 Jahre alt. Die klassischen chinesischen Lehrbücher, nach denen die Akupunktur noch heute gelehrt wird, wurden zum größten Teil vor mehr als 600 Jahren geschrieben. Das Heilprinzip der Akupunktur entspricht dem der →Akupressur.

Jeder Akupunkturbehandlung bei einer erfahrenen Fachkraft muß eine gründliche Diagnose der zugrundeliegenden Störung(en) bzw. Erkrankung(en) vorausgehen – entweder mit Methoden der Schulmedizin oder mit solchen der traditionellen chinesischen Medizin, etwa der Zungen- und Pulsdiagnostik. Manche Fachleute legen dabei auch die Zen-Lehre von den sieben Zentren – den Chakren – zugrunde, in denen sich die menschliche Energie konzentriert und kreisend fließt: Das Sanskrit-Wort Chakra bedeutet »Rad« (siehe Abb. S. 65). Je nachdem, welches Chakra über- oder unterstimuliert erscheint und daher die Harmonie aller Chakren stört, werden die jeweiligen Punkte und die Art der Behandlung gewählt: anregende, hemmende, stauauflösende, abschwächende oder energieumleitende Akupunktur.

Wie die Nadel-Behandlung vor sich geht

Bei der Akupunktur wird mit sterilen Nadeln aus Edelstahl in die jeweiligen Akupunkturpunkte gestochen, je nach Körperstelle wenige Millimeter bis einen Zentimeter tief. Normalerweise tut das kaum weh und verursacht bei richtiger Punktwahl auch keine Blutung, kann aber ein unangenehmes, ziehendes Gefühl auslösen. Manchmal werden die Nadeln beim Einstechen rasch zwischen den Fingern gedreht (gezwirbelt) oder mit einem Elektrogerät verbunden, das Schwachstrom zur zusätzlichen Stimulation der Punkte hindurchschickt. Bei einer Sonderform, der **Ohr-Akupunktur** (Aurikulo-Therapie), werden ausschließlich Punkte an der Ohrmuschel behandelt. Eine weitere, in Deutschland von Dr. med. Reinhold Voll (1909–1989) entwickelte Form, die **Elektro-Akupunktur nach Voll,** bedient sich statt der Nadeln eines Elektrogeräts, das winzige elektrische Reize durch bestimmte Punkte schickt, deren meßbar veränderter Hautwiderstand auf bestimmte Störungen hinweist. Diese Punkte sind laut Voll mit den klassischen Akupunkturpunkten größtenteils identisch. Gelegentlich bedienen sich Akupunktur-Fachleute heute auch eines Laserstrahls mittlerer Intensität, der weder schneidet noch verbrennt, aber genügend Energie besitzt, um die Akupunktur-Punkte ausreichend zu stimulieren. Ob dieses nichtinvasive (d. h. nicht in den Körper eindringende) Verfahren die Methode der Zukunft werden wird, muß die Erfahrung zeigen.

Eine Akupunktursitzung dauert meist eine halbe Stunde. Wie lange die Therapie insgesamt dauert, hängt von der jeweiligen Erkrankung oder Störung ab. Manchmal sind es weniger als zehn Sitzungen; gelegentlich zieht sich die Behandlung aber auch über Monate hin. Genadelt wird meist über das bloße Verschwinden der Symptome hinaus, damit die Energieströme wirklich bleibend harmonisiert werden. Nach den ersten Sitzungen verschlimmern sich die Symptome gelegentlich: Diese Erstreaktion, auch Erstverschlimmerung genannt, zeigt an, daß »etwas in Fluß gekommen« ist. Faustregel: Wenn sich nach drei bis fünf Akupunkturbehandlungen überhaupt nichts verändert zu haben scheint, sprechen Sie sehr wahrscheinlich nicht auf diese Therapieform an. Weshalb manche sehr gut darauf reagieren und andere gar nicht, wissen übrigens auch chinesische Akupunkturfachleute nicht zu erklären.

Die sieben Chakren
(von unten nach oben)

1 Basis-Chakra, Wurzelzentrum (Muladhara-Chakra); Sexualorgane, vitale und sexuelle Energie, Kreativität; Farbe: Rot
2 Milz-Chakra, Sakralzentrum (Svadhistana-Chakra); Ausscheidungsorgane, Blutkreislauf, Aktivität; Farbe: Orange
1 + 2 gemeinsam: Hara-Raum, energetische »Mitte« von Frau und Mann
3 Solarplexus-Chakra, Sonnengeflechtzentrum (Manipura-Chakra); Oberbauchorgane, Vegetativum, Gefühlsbereich; Farbe: Gelb
4 Herz-Chakra (Anahata-Chakra); Herz, Kreislauf, Lungen, Liebesfähigkeit; Farbe: Grün
5 Kehlkopf-Chakra (Vishuda-Chakra); Schilddrüse, Luft- und Speiseröhre, Sprech- und Kontaktfähigkeit; Farbe: Hell-, Mittelblau
6 Stirn-Chakra (Ajna-Chakra, »Drittes Auge«); Sinnesorgane, Nervensystem, Intuition; Farbe: Indigoblau
7 Scheitel-Chakra (Sahasrara); obere Gehirnpartien, spirituelle Erkenntnis, »Tor zum Kosmos«; Farbe: Violett

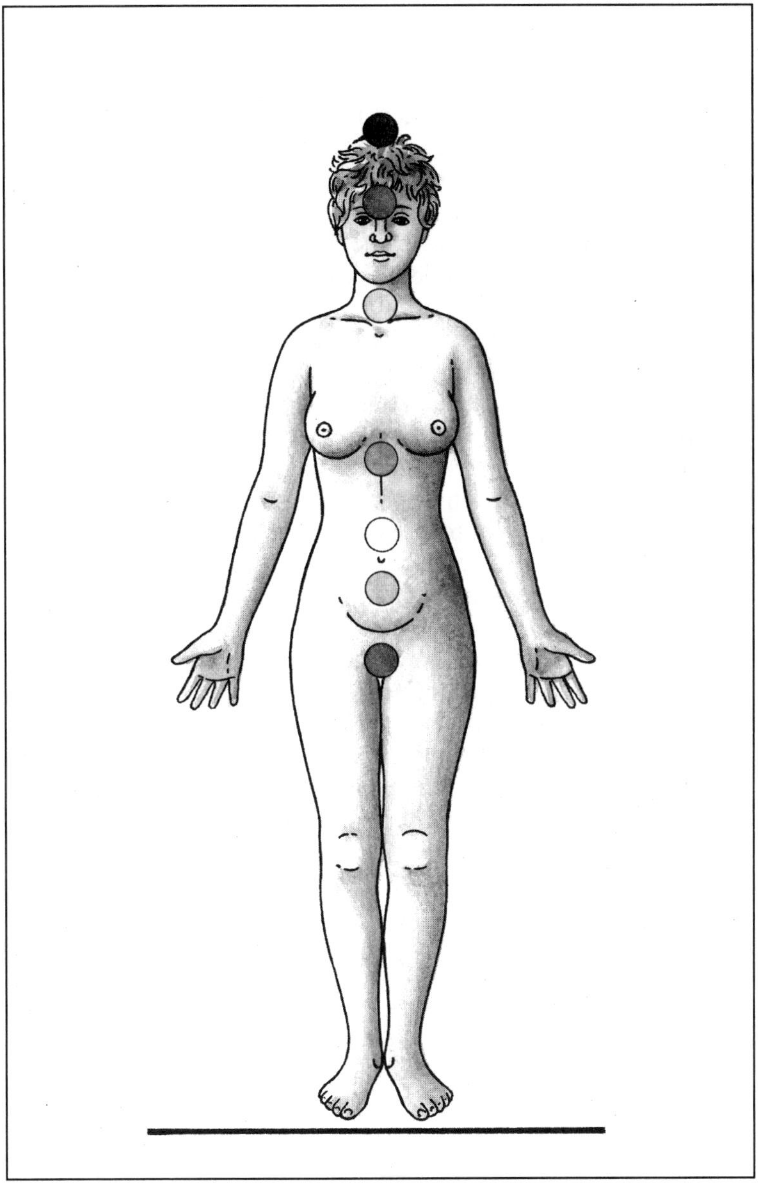

Wann hilft Akupunktur?

Die Akupunktur ist inzwischen auch aus der westlichen Medizin nicht mehr fortzudenken. Ihre Erfolge auf vielen medizinischen Gebieten, zum Beispiel in der Geburtshilfe, in der Schmerztherapie, bei der Anästhesie und auch in der Veterinärmedizin, sind sehr gut belegt. Nach Prüfung der weltweit gesammelten Dokumentationen hat die Weltgesundheitsorganisation WHO in Genf die Akupunktur bei folgenden Erkrankungen und Beschwerden als erfolgversprechend eingestuft:

- **Zur Schmerzlinderung bei:** Kopfschmerzen, Migräne, Zahnweh, Schmerzen nach Zahnoperationen, Zahnfleisch- und Rachenschleimhautentzündungen, Entbindungen, Trigeminus-Neuralgie und anderen Nervenschmerzen (nur wirksam in den ersten drei Wochen!), Tennisellenbogen, Schulter-Arm-Syndrom und Erkrankungen des rheumatischen Formenkreises.
- **Im akuten Stadium bei:** bakteriellen Darminfektionen und Verstopfung, bei Lähmungen nach Schlaganfall, Kinderlähmung, Nervenleiden an Armen und Beinen (nur wirksam innerhalb der ersten sechs Monate nach Beginn!).
- **Zur Behandlung des Grundleidens bei chronischen Erkrankungen und häufigen Rückfällen von:** Erkältungskrankheiten, Nebenhöhlen- und Mandelentzündung, Bronchitis, Asthma bronchiale, Binde- und Netzhautentzündung, Kurzsichtigkeit und Linsentrübungen (beides nur im Frühstadium!), Speiseröhren- und Magenkrämpfen, Magenschleimhautentzündung, Magenübersäuerung, Schluckauf, Kopfschmerzen und Migräne.

Die Akupunktur eignet sich besonders für Frauen, die

- keine Angst vor Nadeln haben,
- nicht übermäßig schmerzempfindlich sind,
- bereit sind, eine Weile nach einer guten Fachkraft zu suchen und dafür eventuell weite Anfahrten auf sich zu nehmen,
- bei Erstverschlimmerungen nicht sofort aufgeben,
- Behandlungstermine zuverlässig wahrnehmen können und wollen.

Achtung!

Während der Menstruation sollten sich Frauen nicht akupunktieren lassen; es könnte den Blutfluß verstärken oder hemmen (außer, genau das ist beabsichtigt). In der Schwangerschaft dürfen keine Punkte genadelt werden, deren Behandlung einen Abgang (Fehl- oder Frühgeburt) hervorrufen könnte. Nach Alkoholgenuß, einer größeren Mahlzeit, aber auch starkem Streß (Streit, Aufregung, Sexualverkehr) sollte ein paar Stunden lang keine Akupunktur erfolgen. Während eines Gewitters sollte ebenfalls nicht genadelt werden – wegen der dabei auftretenden starken elektromagnetischen Felder, die den Behandlungserfolg zunichte machen oder ins Gegenteil verkehren können.

Falls bei der Akupunktur etwas falsch gemacht wurde (etwa: die falschen Punkte behandelt oder die richtigen auf falsche Weise, z. B. anregend statt beruhigend, stauend statt stau-auflösend), kann sich die Erkrankung unter Umständen verschlimmern. Eine solche Verschlechterung muß von einer »normalen« Erstverschlimmerung abgegrenzt werden. Letztere tritt nur zu Beginn auf, kann recht heftig sein, gibt sich dann aber wieder. Behandlungsfehler haben eher schleichende, oft verzögert einsetzende Verschlimmerungen zur Folge.

Gute Akupunkturfachleute finden Sie in der Ärzte- wie auch in der Heilpraktikerschaft. Sie müssen allerdings sehr gut (am besten jahrelang) ausgebildet worden sein, denn einige wenige Wochenendkurse befähigen niemanden zu einer verantwortungsvollen Akupunkturbehandlung. Leider gibt es noch keinen allgemein gültigen, staatlich anerkannten Ausbildungsgang für dieses Heilverfahren. Fragen Sie im Zweifelsfall nach der Qualifikation, und lassen Sie sich Zertifikate zeigen! Eine gute Fachkraft, die Ihr Vertrauen verdient, wird dafür Verständnis haben.

Literaturempfehlungen:

Asshauer, Egbert: Die Akupunktur. Behandlungsmethoden, vollständiger Krankheitskatalog mit Krankheitsursachen und Akupunkturwirkung. Delphin Verlag, München/Zürich 1985.

Kaptchuk, Ted J.: Das große Buch der Chinesischen Medizin. Die Medizin von Yin und Yang in Theorie und Praxis. Wilhelm Heyne Verlag, München 1994.

Rossmann, Heinrich/Binder, Franz: Die Elektro-Akupunktur. Krankheitsursachen frühzeitig erkennen und wirkungsvoll behandeln. Kösel-Verlag, München 1994.

Seem, Mark/Kaplan, Joan: Geistkörper-Heilung. Das Handbuch zum Verständnis energetischer Heilverfahren traditioneller und alternativer Medizin. Wilhelm Heyne Verlag, München 1994.

Stux, Gabriel: Grundlagen der Akupunktur. Springer-Verlag Berlin, Heidelberg, New York 1988.

Voll, Reinhard (Hrsg.): 25 Jahre Elektroakupunktur nach Voll und Medikamententestung. Medizinisch-Literarische Verlagsgesellschaft Uelzen (o. J.).

Weiterführende Anschriften:

Deutsche Ärztegesellschaft
für Akupunktur e. V.
Zweibrückenstr. 1
80331 München

Deutsche Akademie für
Akupunktur und Aurikulomedizin
Conollystr. 26
80809 München

Internationale med.
Gesellschaft für Elektroakupunktur
nach Voll e. V.
Bismarckstr. 114
47799 Krefeld

Ludwig-Boltzmann-Institut
für Akupunktur
c/o Kaiserin-Elisabeth-Spital
Hugelgasse 1-3
A-1150 Wien

Schweizerische Ärztegesellschaft für Akupunktur
Haus am Sportplatz
Postfach 566
CH-8134 Adliswil

Schweizerische Ärztegesellschaft für Aurikulomedizin
und Akupunktur
Bubenbergplatz 10
CH-3011 Bern

Aromatherapie

zur Selbsthilfe geeignet

Dieses natürliche Heilverfahren dürfte zu den ältesten der Menschheit gehören, wie prähistorische und aus der Antike stammende Funde von kleinen Ölbehältern, Duftlämpchen usw. belegen. Klosterfrauen wie die berühmte Hildegard von Bingen (1098-1179) zogen im Mittelalter die dazu verwendeten Pflanzen in ihren Kräutergärten. Die moderne Aromatherapie erhielt wichtige Impulse von dem französischen Heilkundigen René Gattefosse, der sie vor mehr als fünfzig Jahren sozusagen wiederentdeckte, sowie von Marguerite Maury und Dr. Jean Valnet, die sie weiterentwickelten.

Hormonähnliche Duftstoffe und das Vegetativum

Für die Aromatherapie werden Kräuter, Hölzer, Blühpflanzen und tierische Substanzen (z. B. Ambra und Moschus) verwendet, deren ätherische Öle einen aromatischen Duft verströmen. Die Duftmoleküle gelangen über die Atemluft in die Nase; die winzigen Härchen der Riechzellen fangen ihre Botschaft auf und senden über die Riechnerven Impulse an den Riechkolben, einen Teil des Riechzentrums im Gehirn. Von dort aus gelangen die Geruchsreize direkt ins Limbische System, einem Bereich zwischen Großhirn und Hirnstamm, der auch das »Tor zum Bewußtsein« genannt wird. Dort werden ankommende Sinnesreize gefiltert und mit Emotionen gekoppelt: Ein Duft »stinkt uns«, weil wir damit etwas Unangenehmes verbinden, ein anderer erfreut unser Herz, weil wir in seiner Anwesenheit Schönes erlebt haben.

Das Limbische System und damit auch das Riechzentrum sind eng mit dem Gedächtnis verbunden. Das ist auch der Grund, weshalb oft der schwache Hauch eines Geruchs genügt, um selbst frühe Kindheitserinnerungen wieder ganz plastisch in uns aufsteigen zu lassen, spontane Sehnsucht, Geborgenheitsgefühle oder Aversionen hervorzurufen.

Der psychisch wirksamen Komponente von Duftstoffen ist es zu verdanken, daß bestimmte Parfums oder eben auch Mittel der Aromatherapie heiter stimmen, geistig erfrischen oder sogar sexuell stimulieren können. Manche Pflanzen besitzen ätherische Öle, die den Sexualhormonen chemisch ähneln: Östrogenähnliche Substanzen finden sich zum Beispiel in Anis-, Geranium- oder Fenchelöl, dem männlichen Sexualhormon Testosteron ähnliche etwa in Sandelholz und Moschus.

Eng an Riechzentrum und Limbisches System gekoppelt ist auch das vegetative Nervensystem. Es reguliert An- und Entspannung und reagiert auch auf belebende oder beruhigende Duftbotschaften der Aromatherapie. Über das Vegetativum lassen sich Atmung, Kreislauf, Herzschlag, Hormonproduktion, Muskelspannung, Magensaftproduktion und viele andere körperliche Funktionen heilsam beeinflussen – also je nach Bedarf anregen oder besänftigen. Daneben haben viele in der Aromatherapie verwendeten Substanzen auch eine chemisch-physikalische Wirkung auf den Organismus sowie auf eingedrungene Krankheitserreger (siehe Tabelle S. 73-78).

Selbsthilfe

Manchmal genügt der Duft allein; in anderen Fällen sollen Haut und/oder Schleimhäute die in Öl gelösten Wirkstoffe aufnehmen. Aromatherapeutika können auf folgende Weise verabreicht werden:

- **über die Raumluft:** aromatische Öle in Duftlämpchen, in wasser- oder blütengefüllten Keramikringen, als Räucher- oder Duftkerzen, als Kräutersäckchen (Sachets) oder auf einen Wattebausch geträufelt, den Sie auf oder unter das Kopfkissen legen;
- **als Badewasserzusatz:** aromatische Essenzen, die tropfen- oder meßbecherweise, eventuell auch als Badesalze ins Badewasser geschüttet werden, oder auch zerkleinerte Pflanzenteile oder ganze Blätter, deren Aromastoffe sich im heißen Wasser herauslösen;

- **als Inhalationen:** aromatische Öle, die in einem Riechfläschchen aufbewahrt, unter der Nase verrieben, in einen Topf mit heißem Wasser, in ein Inhalationsgerät oder einen Luftbefeuchter gegeben werden, aus dem sie dann im Dampf gelöst aufsteigen;
- **als innerlich anzuwendendes Mittel:** aromatische Öle, die tropfenweise oder auch in einem Heiltee gelöst einzunehmen sind, mit denen Sie Speisen würzen (Küchenkräuter!) oder die Sie beim Kauen aus Beeren herauslösen können und die dann z. B. auf die Mund- oder Magenschleimhäute wirken;
- **als äußerlich anzuwendendes Mittel:** aromatische Öle in Salben oder als Heilöle, die auf oder um Wunden und Ausschläge gestrichen oder als Massageöle, in Umschlägen oder Kompressen verwendet werden. Sie können Sie auch auf →Akupunktur- oder →Akupressur-Punkte oder ins Zentrum eines Chakras (siehe S. 65) reiben; das soll die dort konzentrierten Energien heilsam beeinflussen.

Aromatische Öle enthalten oftmals mehrere hundert Inhaltsstoffe, die chemisch-physikalisch oder über den Geruchssinn wirksam werden können und die längst noch nicht alle in Einzelheiten definiert sind. Die Angaben über wirksame Inhaltsstoffe lauten daher – wie auch bei vielen Mitteln der →Pflanzenheilkunde – nicht immer gleich und können auch nicht allesamt hier aufgeführt werden. Viele Inhaltsstoffe aromatischer Öle sind nur von der Parfumindustrie entschlüsselt worden, die sich aber weniger für Substanzen mit potentiell heilsamen Wirkungen interessiert. Andere wurden oder werden in pharmazeutischen Labors analysiert, teils mit dem Ziel, sie chemisch nachzubauen und daraus »reine« Arzneistoffe zu erhalten. Die Gesamtheit eines pflanzlichen oder tierischen Aromaöls wirkt jedoch natürlicherweise anders als der Extrakt von Einzelstoffen oder gar Substanzen, die im Labor synthetisiert wurden (siehe dazu auch ab S. 234).

Aromatherapie eignet sich besonders für Frauen, die
- gerne etwas (Zusätzliches) für die eigene Gesundheit tun,
- Düften große Bedeutung für ihr Wohlbefinden beimessen,

- nicht unter einem gestörten Geruchssinn (»Stinknase«) oder Geruchsunempfänglichkeit, allergischem Heuschnupfen oder Überempfindlichkeit gegen starke Düfte leiden (in diesen Fällen muß sich die Aromatherapie auf Mittel für die äußerliche und/oder innerliche Anwendung beschränken),
- mit der Raumanwendung aromatischer Öle ihren Mitmenschen nicht auf die Nerven gehen.

Achtung!

Beim Anwenden freiverkäuflicher Mittel zur Aromatherapie sollten Sie darauf achten, daß sie wirklich ausschließlich natürlicher (pflanzlicher oder tierischer) Herkunft sind. Heutzutage kann praktisch jeder Duftstoff chemisch imitiert werden. Heilergebnisse sind mit diesen Substanzen allerdings nicht zu erzielen – mit Ausnahme der psychischen Stimmungsaufhellung, die allein durch den angenehmen Duft zustandekommt.

Wie jede andere Substanz kann auch ein ätherisches Öl bei entsprechend disponierten Menschen **Allergien** oder Unverträglichkeitsreaktionen hervorrufen. Häufige Beispiele: das Blauöl (Azulen) der Kamille oder das stark schleimhautreizende ätherische Öl von Pfefferminze und Japanischer Minze. Sollten Sie zu Allergien neigen, empfiehlt sich vor der Anwendung von Aromatherapeutika ein Hauttest: Einen Tropfen Öl abends in der Armbeuge verreiben. Juckreiz, starke Rötung oder Quaddelbildung am nächsten Morgen spricht für eine Überempfindlichkeit.

Ansonsten gilt: Jede Übertreibung schadet! Richten Sie sich genau nach der auf der Packung angegebenen Dosierung oder der heilkundlichen Verordnung. Bei unangenehmen Begleiterscheinungen der Aromatherapie – Benommenheit, Magenreizung, Kopfweh, Tränenfluß oder ähnlichem – sollten Sie die Anwendung abbrechen und das nächste Mal die Dosis senken oder auf ein anderes ätherisches Öl mit ähnlichen Wirkungen ausweichen.

Aromaöle zum Einnehmen müssen stets verdünnt werden, sonst besteht die Gefahr, daß sie unerwünschte Nebenwirkungen hervorrufen. Träufeln Sie die Tropfen auf Honig, ein Zuckerstück, in Joghurt oder Tee. Aromatische Öle zum Auftragen auf die Haut sollten mit reinem, kaltgepreßten Weizenkeim-, Jojoba-, Sonnenblumen-, Soja- oder Süßmandelöl vermengt werden. Kühl und dunkel lagern, sonst verderben die Öle!

In der **Schwangerschaft** sollten Sie wegen der Gefahr unliebsamer Nebenwirkungen auf folgende aromatische Öle zur innerlichen oder äußerlichen Anwendung verzichten: Basilikum, Fenchel, Klee, Majoran, Myrrhe, Salbei, Thymian, Wacholder, Ysop, Zedernholz. Öle dieser Pflanzen dürfen dann allenfalls als Raumduft, die Pflanzen selbst in kleinen Mengen auch als Küchenkraut verwendet werden.

Epileptikerinnen sollten keine aromatischen Öle von Fenchel, Kampfer, Salbei und Ysop anwenden (am besten auch nicht als Raumduft).

Frauen mit **hohem Blutdruck** sollten Rosmarin-, Thymian-, Salbei- oder Ysopöl weder innerlich noch äußerlich benutzen.

Zimtöle eignen sich *nicht* zum Auftragen auf die Haut. Öle von Zitrusfrüchten aller Art sowie Bergamott- und Melissenöl sollten nie vor dem Sonnenbaden auf die Haut gelangen – das könnte zu phototoxischen Reaktionen (Ausschlag) oder dunklen Hautverfärbungen führen, die nur sehr langsam wieder verschwinden.

Tabelle 1:
Auswahl wichtiger Pflanzen der Aromatherapie*

Pflanze	**Inhaltsstoffe (u.a.)**	**Wirkungen**	**Heilanzeigen**	**Warnhinweise**
Anis (Pimpinella asinum)	äther. Öl mit Anethol, Fettöl, Proteine, Zucker, organ. Säuren	krampf- und schleimlösend, blähungswidrig, sekretanregend	Blähungen Husten Stillprobleme Koliken	
Baldrian (Valeriana officinalis, V. mexicana, V. wallichii)	äth. Öle, Valepotriate	beruhigend, entspannend, schlaffördernd	Schlafstörung Streßleiden Nervosität	

* siehe auch Tabelle »Pflanzenheilkunde« Seite 246-251

Pflanze	**Inhaltsstoffe (u.a.)**	**Wirkungen**	**Heilanzeigen**	**Warnhinweise**
Basilikum (Ocimum basilicum)	äther. Öl, Gerbstoffe, Glykoside, Saponine	belebend, stimmungshebend, appetitanregend, krampflösend, magenstärkend, fiebersenkend, schweißtreibend, sekretanregend	Angstzustände Depressionen Nervosität Übelkeit Magenkrämpfe Insektenstiche Stillprobleme	in der Schwangerschaft meiden
Bergamotte (Citrus bergamia)	äther. Öl mit Linalool und Linaloolacetat, Terpene (Bergamoten, Caryophyllen), Guajenol, Bergamotenal	angstlösend, beruhigend, blähungswidrig, krampflösend, stark antiseptisch, wundheilend	Angstzustände Nervosität Streßleiden Blähungen Darminfekte Koliken Magenkrämpfe Wundheilung Scheideninfektionen	nicht vor dem Sonnenbad auf die Haut auftragen
Eukalyptus (Eucalyptus globulus)	äther. Öl mit Cineol (Eucalyptol), Citralaldehyd, Furocumarine, Gerbstoffe, Bitterstoffe	stark antiseptisch, keimtötend, fiebersenkend, schmerzstillend, anregend, hautreizend, auswurffördernd, schleimlösend, harntreibend	Atemwegsleiden, Erkältungen Fieber Harnwegsinfekte Zystitis Herpesbläschen Wundheilung Muskelschmerz Nierenentzündung Unterzuckerung	schleimhautreizend, nur in geringen Mengen verwenden
Fenchel (Foeniculum vulgare)	äther. Öle, Zucker, Kieselsäure, Mineralsalze, Vitamin C	krampflösend, sekretfördernd, blähungswidrig, appetitanregend	Blähungen Erkältungen Atemwegsleiden Magendrücken Nierensteine Menstruationsbeschwerden Stillprobleme	in der Schwangerschaft oder bei Epilepsieneigung meiden

Pflanze	Inhaltsstoffe (u.a.)	Wirkungen	Heilanzeigen	Warn-hinweise
Geranium (Pelargonium odorantis-simum)	äther. Öl mit Geraniol und Geranylacetat, Citronellol, Saponine	erfrischend, adstringierend, aufmunternd, harmonisierend, antiseptisch, blutzucker-senkend	Angstzustände Depressionen Nervenschwäche Streßleiden Hautleiden Wundheilung Diabetes	
Jasmin (Jasminum grandi-florum)	äther. Öl mit Benzylalkohol, -acetat, -benzoat, Jasmon, Indol, Proteine, essen-tielle Fettsäuren	beruhigend, aufheiternd, sexuell stimulierend, krampflösend, wärmend	Atemwegsleiden Nervosität Gebärmutter-krämpfe Menstruations-beschwerden Libidomangel	
Koriander (Coriandrum sativum)	äther. Öl mit Linalool und Geraniol, Pektin, Proteine, Zucker, Gerbstoffe, Vitamin C	beruhigend, auf-hellend, stark keimtötend, aus-wurffördernd, krampflösend, blähungswidrig, verdauungs-anregend	Nervosität Depressivität Atemwegsleiden Blähungen Verstopfung Magenschmerzen	
Lavendel (Lavandula officinalis)	äther. Öl mit Linalylacetat, Bitterstoffe, Gerbstoffe	beruhigend, blähungswidrig, krampflösend, durchblutungs-anregend, haut-reizend, harn-treibend, regt Appetit und Stoffwechsel an, hält Insekten fern	Appetitmangel Atemwegsleiden Blähungen Erkältungen Magen-Darm-Beschwerden Nervenschmerzen Nervosität Schlafstörungen Streßleiden Kopfschmerzen Schockzustände	
Majoran (Origanum majoranum)	äther. Öl mit Terpinenol, Cymol, Linalool, Cineol, Phenole	beruhigend, krampflösend, keimtötend, blutdruck-senkend, sexuell dämpfend,	Atemwegs leiden, Blut-hochdruck Migräne Nervosität Verstopfung	in der Schwanger-schaft meiden

Pflanze	Inhaltsstoffe (u.a.)	Wirkungen	Heilanzeigen	Warnhinweise
		verdauungsfördernd, schleimlösend, wundheilend	Koliken Menstruationsbeschwerden Schlafstörungen Muskelkater Gebärmutterkrämpfe Rheuma Wundheilung	
Melisse (Melissa officinalis)	äther. Öl mit Terpenen (u. a. Citral, Citronellal), Hydroxyterpensäure, Saponine	beruhigend, blähungswidrig, krampflösend Gerbstoffe,	Blähungen Nervosität nervöse Magenleiden Menstruationsbeschwerden Kopfweh Schlafstörung	nicht vor dem Sonnenbad auf die Haut auftragen
Nelke (Eugenia caryophyllata)	äther. Öl mit Caryophyllen, Humulen und Eugenol, Phenole	anregend, stark keimtötend, schmerzlindernd, blähungswidrig, magenstärkend, adstringierend, wundheilend, luststeigernd	Geburtsvorbereitung Blähungen Wundschmerzen Libidomangel Magenschwäche Durchfall Zahnweh	
Pfefferminze (Mentha piperita)	äther. Öl mit Menthol, Bitterstoffe, Gerbstoffe	desinfizierend, kühlend, anregend, krampflösend, muskelentspannend, hemmt Magensäure, regt Galle und Leber an	Atemwegsleiden Kopfweh Magen-Darm-Infektionen Menstruationsbeschwerden	schleimhautreizend, nur in geringen Mengen verwenden
Rose (Rosa centifolia, R. damascena, R. gallica)	äther. Öl mit Citronellol, Geraniol, Linalool, Rosenoxyd und Damascone, Beta-Karotine,	sexuell anregend, nervenstärkend, abführend, durchblutungsfördernd,	Gefäßleiden Gebärmutter- u. Eierstockerkrankungen Menstruationsbeschwerden	

Pflanze	Inhaltsstoffe (u.a.)	Wirkungen	Heilanzeigen	Warnhinweise
	Gerbstoffe, Glykoside, Farbstoffe	hormonell regulierend	Nervosität Magenschwäche Gallenleiden Verstopfung Unfruchtbarkeit	
Rosmarin (Rosmarinus officinalis)	äther. Öl mit Borneol, Cineol, Rosmarinsäure, Kampfer, Harze, organ. Säuren	belebend, entzündungshemmend, wärmend, durchblutungsfördernd, kräftigend	Appetitmangel Libidomangel Erschöpfung Muskelkater Krämpfe Kreislaufschwäche Leberleiden Übermüdung Depressivität Wechseljahrsbeschwerden	bei hohem Blutdruck nicht verwenden
Sandelholz (Santalum album)	äther. Öl mit Santalol, Phenole, Furfurylpyrrol, Andostenon	stimmungsaufhellend, sexuell anregend, entzündungshemmend, auswurffördernd	Depressivität Libidomangel Entzündungen trockener Husten Hautleiden	
Thymian (Thymus vulgaris)	äther.Öl Thymol, Carvacrol, Saponine, Gerb- u. Bitterstoffe	bakterizid, hautreizend, erwärmend, schleimlösend, sekretfördernd	Atemwegsleiden Krampfhusten Erkältung Rheuma Fußpilzbefall Lymphstauung	in der Schwangerschaft meiden
Ylang-Ylang (Cananga odorata)	äther. Öl mit Benzylbenzoat, Benzylsalizylat, Farnesol, Linalool, Geraniol	euphorisierend, sexuell anregend, nervenstärkend, blutdrucksenkend, kräftigend, antiseptisch	Depressivität Libidomangel Nervenschwäche Bluthochdruck Wundheilung Übererregbarkeit, Akne	

Pflanze	Inhaltsstoffe (u.a.)	Wirkungen	Heilanzeigen	Warnhinweise
Zitrone (Citrus limonum)	äther. Öl mit Citral, Fettaldehyde, Terpene, Bitterstoffe, Pinen, Zitronensäure, Vitamin C	stark keimtötend, abwehrsteigernd, regt Kreislauf und Lymphfluß an, verdauungsfördernd, hautfettregulierend, adstringierend	Depressivität Abwehrschwäche Erkältungen Lymphstauungen Venenleiden Verstopfung Akne, Pickel Gicht Gefäßleiden Leber- und Milzleiden	nicht vor dem Sonnenbad auf die Haut auftragen

Literaturempfehlungen:

Arcier, Micheline: Die Wohltat der Düfte. Schön und gesund durch Aromatherapie. Mosaik Verlag, München 1992.

Asjes, Ellen: Heilende Öle und Essenzen. Aromatherapie leicht gemacht. Aurum Verlag, Braunschweig, 3. Aufl. 1993.

Faber, Stephanie/Furdek, Anita: Geheimnisse der Heilkosmetik. Ganzheitlich schön mit ätherischen Ölen und Pflanzen. Wilhelm Heyne Verlag, München 1993.

Kraus, Michael: Ätherische Öle für Körper, Geist und Seele. Verlag Simon & Wahl, Gaimersheim 1990.

Ohloff, Günther: Irdische Düfte, himmlische Lust. Eine Kulturgeschichte der Duftstoffe. Birkhäuser Verlag, Basel, Boston, Berlin 1992.

Schutt, Karin: Aromatherapie. Gesundheit und Entspannung durch ätherische Öle. Falken-Verlag, Niedernhausen 1990.

Weiterführende Anschrift:

Forum Essenzia e. V.
Panoramastr. 17
Moosbach
87477 Sulzberg im Allgäu

Atemtherapie

nach Anleitung zur Selbsthilfe geeignet

Damit wir richtig atmen können, muß unser Atemzentrum im Gehirn korrekt funktionieren, müssen unsere Lungen ausgereift sein (das ist erst nach mehreren Lebensmonaten der Fall), die Atemwege frei und unbelastet, die am Atemvorgang beteiligte Muskulatur elastisch und nirgends eingeschränkt. Atmen wir falsch, nämlich zu flach, zu hektisch, in zu kurzen Zügen, gelangt nicht genügend lebenswichtiger Sauerstoff in unsere Lungen und damit in unseren Blutkreislauf. Die Folge: Alle unsere Gewebe und Organe werden schlechter durchblutet, der Zellstoffwechsel und die Immunabwehr werden beeinträchtigt; wir erkranken leichter und können uns weniger gut regenerieren. Zudem legt sich Sauerstoffmangel aufs Gemüt und auf die Gehirnleistung.

Den Gefühlspanzer lösen

Viele Faktoren tragen dazu bei, daß das Körperselbst – und vor allem der wichtigste Atemmuskel, das Zwerchfell – sich verkrampft und damit die Atmung beeinträchtigt. Auf der körperlichen Ebene sind das angeborene oder erworbene Skelettmißbildungen, vor allem der Wirbelsäule und des Brustkorbs, ständige Fehlhaltungen, einschnürende Kleidung, zu enges oder zu hochhackiges Schuhwerk, Bewegungsmangel, starkes Übergewicht sowie Atemwegserkrankungen und chronische Schmerzleiden.

Auf der seelisch-geistigen Ebene gehören dazu Verspannungen und Verkrampfungen aufgrund von Dauerstreß, Fanatismus jeder Art, tiefsitzenden Lebensängsten und Verstörungen, mangelndem Selbstbewußtsein, angst- oder schmerzgeprägten Erinnerungen und Situationen. Auch Menschen, die Emotionen möglichst abwehren, sich niemals »Schwächen« gestatten (etwa, über eine Verletzung zu weinen), und sich eine Art Gefühlspanzer zulegen, um ihr verletzbares Seelenselbst zu schützen, bekommen nach und nach einen regelrechten Muskelpanzer im gesamten Rumpfbereich, der ihnen das freie Durchatmen sehr erschwert.

Für die kundigen Hände einer erfahrenen Atemtherapeutin sind solche Muskelverspannungen gut ertastbar – und mit entsprechenden Atem- und Körperübungen wieder auflösbar (→Bewußtseinstraining/Körpertherapie). Die Klientin muß allerdings bereit sein, ihren schützenden Muskelpanzer los- und sich auf die Emotionen einzulassen, die sich darunter gestaut haben und in der Therapie hervorbrechen können. Das tut oft weh und ist nicht leicht auszuhalten, jedoch notwendig für den ganzheitlichen Heilungsprozeß. Atemtherapien werden daher oft im Rahmen von Psychotherapien mit Körperarbeit angeboten.

Wie jede Frau weiß, die schon einmal schwere Menstruationskrämpfe gehabt hat oder in Wehen gelegen ist, krümmen wir uns bei starken Schmerzen instinktiv zusammen, was aber das Atmen behindert. Tief Luft holen und entspannen fällt dann viel schwerer. In Kursen zur Geburtsvorbereitung lernen werdende Mütter deshalb bestimmte Formen des Atmens, mit denen sie sich entspannen und beruhigen, die Wehen begleiten, die Schmerzen abschwächen und besser durchhalten und die Preßphase beschleunigen können. Das ist eine wichtige Form der Atemtherapie.

Von atemtherapeutischen Übungen können außerdem all jene profitieren, die prämenstruelle Spannungen und Krämpfe abbauen, Menstruationsbeschwerden lindern, chronische Atemwegserkrankungen heilen, psychosomatische Beschwerden und seelisch-körperliche Verspannungen abbauen und sich nicht mehr so leicht ducken (lassen) wollen. Eine gute Atemtherapie wirkt nämlich niemals nur auf das Körperselbst, sondern immer auch auf seelisch-geistiger Ebene: Eine Frau, die gelernt hat, ihre Bauchatmung zu entfalten, geht nicht mehr mit gesenktem Kopf, eingezogenen Schultern und krummem Rücken einher, sondern strafft ihre Haltung und strahlt mehr Würde und Selbstachtung aus.

Die erste und noch heute bedeutendste Atemtherapie-Schule des deutschsprachigen Raums wurde in den dreißiger Jahren von Prof. Ilse Middendorf in Berlin gegründet. Sie erkannte und lehrte den Wert der sogenannten Vokalatmung, des Atmens mit bestimmten Summlauten und Vokalen, die ein wichtiger Bestandteil der meisten Atemtherapie-Formen sowie der Stimmbildung wurden (siehe auch →Musik- und Tanztherapie). Dr. med. J. Ludwig Schmitt, München, entwickelte die sogenannte Atemmassage, die vor Beginn der eigentlichen Atemübungen und -gymnastik sämtliche Muskeln, Sehnen und Bänder der Atemmuskulatur lockert, erwärmt und besser durchblutet. Die Atemmassage hat vor allem in den krankengymnastischen und bewegungstherapeutischen Bereich Eingang gefunden. Auch Prof. Dr. Johannes H. Schultz, Berlin, der das Autogene Training entwickelte, lehrte die richtige Tiefenatmung, die zur Entspannung führt. Die Krankengymnastin Katharina Schroth, Sobernheim, erfand die »Dreidimensionale Skoliose-Behandlung« für Menschen mit angeborenen Rückgratverkrümmungen, die vor allem aus Atem- und Bewegungsübungen besteht. Bei täglichem Üben unter fachkundiger Leitung lassen sich damit schon nach einigen Monaten ganz erstaunliche Erfolge erzielen: Atemluft gibt Raum, dehnt und begradigt. Und schließlich spielen auch beim →Yoga die entspannenden, durchblutungsfördernden, wärmenden, geistig erfrischenden Wirkungen von Atemübungen eine wichtige Rolle. In diesem Sinn kann Yoga als eine Form der Atemtherapie angesehen werden.

Selbsthilfe

Atemtherapeutische Übungen können Sie bei einer guten Fachkraft erlernen und dann zu Hause weiter üben. Vom Lernen allein durch Zusehen (etwa bei Fernseh- oder Videofilmen) oder Lektüre von Sach- und Fachbüchern ist abzuraten, denn Sie können dabei zu viel falsch machen, ohne es zu merken. Dann verschlechtern Sie Ihre Atmung womöglich noch, statt sie zu verbessern.

Eine sehr einfache Grundübung kann Ihnen allerdings in vielen Situationen, in denen Sie sich entspannen wollen oder Ärger bewältigen müssen, sehr nützlich sein. Sie zeigt Ihnen außerdem, ob Sie überhaupt richtig aus dem Bauchraum heraus atmen können oder fälschlicherweise nur oberhalb des Zwerchfells, also viel zu flach, Luft holen:

Legen Sie sich flach und möglichst locker auf den Rücken, und packen Sie sich ein nicht zu schweres Buch auf den Bauch, direkt unterhalb des unteren Rippenbogens. Atmen Sie nun tief aus, dann ebenso tief ein. Senkt und hebt sich das Buch dabei deutlich? Wenn nicht, bewegen Sie beim Atmen nur die obere Brustkorbpartie. Atmen Sie weiterhin mehrmals tief aus und ein und versuchen Sie dabei, sich besonders auf das Luftablassen und Aufblähen Ihres Bauches zu konzentrieren. Spüren Sie, wie Ihr Zwerchfell sich dabei auf und ab bewegt und zu den Seiten hin ausdehnt? Bemerken Sie, daß es irgendwo blockiert zu sein scheint? Versuchen Sie, beim nächsten Atemzug genau in diese Bereiche »hineinzuatmen«, sie quasi mit Ihrem Atem zu massieren. Sie werden lockerer und beweglicher, wenn Sie diese Übung häufig machen. *Für Streßsituationen:* Auch im Sitzen oder Stehen zunächst tief durch die Nase ausatmen, dann zehn tiefe Atemzüge mit der Bauchatmung machen – am besten im Freien oder am offenen Fenster. Danach sind Sie mit Sicherheit gelassener und haben wieder frische Energie getankt.

Atemtherapie ist besonders für Frauen geeignet, die

- beruflich auf guten Atemgang angewiesen sind (z. B. viel sprechen oder singen müssen),
- ihr Selbstvertrauen stärken wollen,
- bereit sind, eine Therapeutin oder einen Therapeuten ziemlich nahe an das eigene Selbst herankommen zu lassen,
- bereit sind, mit ihren eigenen Emotionen und Ängsten engen Kontakt aufzunehmen und sich mit ihnen auseinanderzusetzen,
- täglich mindestens eine ruhige Viertelstunde für ihre Atemübungen erübrigen können und wollen.

Achtung!

Richtig atmen zu lernen, kann zeitraubend sein, denn nach langjähriger Fehlatmung sind oft sehr viele Bereiche des Körperselbst fehlreguliert, falsch tonisiert, verhärtet und verkrampft, und es dauert seine Zeit, bis all das gelockert, entspannt und elastischer wird. Sie brauchen also unter Umständen viel Geduld und sollten nicht zu früh aufgeben.

Manche Übungen der Atemgymnastik und bestimmte Atemmassagen können über Ihre Schmerzgrenze hinausgehen. Teils ist das beabsichtigt, denn die Therapeutin merkt an Ihren Schmerzäußerungen, wo noch Verspannungen bestehen und intensiver gearbeitet werden muß. Teils kann es aber auch an falschen Griffen oder für Sie ungeeigneten Übungen liegen. Besprechen Sie so etwas ohne Scheu mit Ihrer Fachkraft.

Atemtherapien können an Ihren innersten Kern rühren. Wenn Ihnen die Therapeutin unsympathisch ist oder Sie kein Vertrauen zu ihr haben, sollten Sie sich an jemand anderen wenden. Es besteht sonst die Gefahr, daß Sie sich erneut verkrampfen und die an sich gute Therapie nicht so viel nützt, wie sie könnte.

Sängerinnen, Musikerinnen, die ein Blasinstrument spielen, Schauspielerinnen, Rundfunksprecherinnen und andere, die ihre Stimme und die richtige Atemtechnik zur Ausübung ihres Berufs benötigen, müssen bei der Wahl ihrer atemtherapeutischen Fachkraft besonders aufpassen: Falsche Übungen können ihre Karriere ruinieren. Lassen Sie Ihre Fortschritte deshalb gelegentlich von anderen Fachleuten überprüfen!

Literaturempfehlungen:

Cardas, Elena: Atmen – Lebenskraft befreien. Gräfe und Unzer Verlag, München 1988.

Kia, Romeo Alavi: Stimme, Spiegel meines Selbst. Ein Übungsbuch. Aurum Verlag, Braunschweig 1992.

Lehnert-Schroth, Christa: Dreidimensionale Skoliose-Behandlung. Gustav Fischer Verlag, Stuttgart/New York 1980.

Michel, Francois-Bernard: Der geraubte Atem. Asthma und andere Lungenkrankheiten. Kreuz Verlag, Zürich 1991.

Speads, Carola: Atmen. Eine illustrierte Anleitung zur natürlichen Atmung. Kösel-Verlag, München 1983.

Schutt, Karin: Heilatmung. Ein Weg zu Lebenskraft und innerer Harmonie. Falken-Verlag, Niedernhausen 1991.

Weiterführende Anschriften:

Arbeits- und Forschungsgemeinschaft für Atempflege e. V. (AFA)
Grabenstr. 39
12209 Berlin

Ilse-Middendorf-Institut für den erfahrbaren Atem
Viktoria-Luise-Platz 9
10777 Berlin

Atemschule Wolf
Wildenrainweg 20
CH-5200 Brugg

Bach-Blüten-Therapie

nach Anleitung zur Selbsthilfe geeignet

Viele Frauen fühlen sich von der Vorstellung einer sanften, absolut unschädlichen und selbst bei hoher Dosierung keinerlei unliebsame Nebenwirkungen hervorrufenden Heilmethode sehr angezogen. Die Bach-Blüten-Therapie, entwickelt von dem englischen Arzt und anerkannten Bakteriologen Dr. med. Edward Bach (1886-1936), kommt dieser – von Schulmedizinern oft als utopisch abgetanen – Idee unter allen natürlichen Heilverfahren am nächsten.

Die Lehre des Dr. med. Edward Bach

Bachs Lehre gründet sich auf die Einsicht, daß jeder Mensch Teil eines »höheren Ganzen« ist, jede Seele Teil einer »übergeordneten Lebensenergie«. Krankheiten, so meinte er, entstehen vor allem dann, wenn die Seele negiert wird, sich nicht frei entfalten kann und/oder nur ihre negativen, dunklen Seiten zum Tragen kommen. Gelänge es, die Seele eines Menschen vom negativen Ballast zu befreien, die guten Seiten ans Licht treten zu lassen und ihre Energie wieder in positive Schwingungen zu versetzen, würden viele Erkrankungen von selbst verschwinden oder zumindest leichter werden, andere gar nicht erst entstehen.

Bachs Lehre zufolge gibt es eine Reihe von Pflanzen, deren Lebensenergien auf feinstofflicher Ebene die gleichen Schwingungsmuster aufweisen wie bestimmte Aspekte der menschlichen Seele; wir würden heute sagen: Pflanze und Gemüt(szustand) sind auf der gleichen Wellenlänge. Wird Kranken oder seelisch Leidenden diese pflanzliche Energie zugeführt, bekommt ihr Seelenselbst laut Bach einen entscheidenden Heilimpuls; die Symptome – Ausdruck einer Disharmonie – lassen nach.

Im Selbstversuch fand Bach insgesamt 37 Pflanzen, die seines Erachtens verblüffend genau zu 37 verschiedenen »dunklen Seelenregungen« passen, durch die eine Persönlichkeit sich nach außen hin charakterisieren läßt (Beispiele siehe Tabelle 2, S. 87–90). Zwölf dieser Pflanzen, die therapeutisch besonders häufig einsetzbar sind, bezeichnete Bach als »Heiler«, die übrigen als »Helfer«. Auch in der Lebensenergie reinen Quellwassers sah er eine Entsprechung zu einer bestimmten seelischen Haltung, nämlich »Härte gegen sich selbst und andere«. Alle 38 »dunklen« Seelenzustände, so Bach, sind grundsätzlich in jeder Persönlichkeitsstruktur latent vorhanden, also durchaus nichts Anomales. Krankhaft bzw. krankmachend werden sie erst dann, wenn sie das Übergewicht gegenüber anderen, positiveren Seelenregungen bekommen. Bei kranken Menschen, so Bach, neigen die negativen Seiten der Persönlichkeit dazu, verstärkt oder sogar überhaupt erstmals deutlich hervorzutreten (ein Grund, weshalb viele Menschen sich selbst nicht leiden mögen, wenn sie krank sind). Nehmen sie dann das genau ihrem Zustand entsprechende Mittel der Bach-Blüten-Therapie ein, können sie wieder positiv umgestimmt werden.

Die Bach-Diagnostik geht also nicht von schulmedizinischen Krankheitsbegriffen aus, sondern von einer möglichst exakten Beschreibung des *vorherrschenden Seelenzustands*, dem dann ein Mittel der Bach-Blüten-Therapie zugeordnet wird. Da sich der psychische Zustand im Verlauf eines Genesungsprozesses mehrmals verändern kann (und unter dem Einfluß des Bach-Blüten-

Mittels auch verändern soll), können unter Umständen mehrere Mittel nacheinander, manchmal auch nebeneinander nötig sein, bis es der Person wirklich besser geht. Aus diesem Grund ist es ratsam, wenn Sie sich Ihre ersten Bach-Diagnosen von einer erfahrenen Fachkraft stellen und sich gut in der Methode unterweisen lassen, bevor Sie sie auf eigene Faust anwenden: Selbsterkenntnis kann weh tun und ruft oft Abwehr hervor. Außenstehenden gelingt es oft besser, die vorherrschende Gemütslage richtig zu deuten.

Bis heute werden Bach-Blüten-Essenzen genau nach Bachs Anweisungen hergestellt: Die Blüten der jeweiligen Pflanze werden vorsichtig gepflückt und sofort in ein Gefäß mit frischem, sauberen Quellwasser gegeben, das anschließend einige Stunden in der Sonne stehenbleibt. Dabei empfangen die Pflanzen laut Bachscher Lehre Energie aus dem Sonnenlicht (→Lichttherapie) und geben ihre Energie an das Wasser ab. Die Blütenessenzen werden dann in sogenannten *Stock Bottles* (Vorratsflaschen) abgefüllt, aus denen sich immer wieder kleine Mengen für handliche Arzneifläschchen entnehmen lassen. Als Konservierungsstoff wird den Essenzen eine fünzigprozentige Alkohol-Wasser-Lösung zugesetzt. Ein Sondermittel für Notfälle sind die sogenannten *Rescue-Tropfen*, die gegen psychische Schockzustände entwickelt wurden und mehrere Blütenessenzen kombiniert enthalten.

Selbsthilfe

Im Normalfall genügen wenige Tropfen des passenden Bach-Blüten-Mittels täglich, in einem Glas Wasser eingenommen. Selbst bei Überdosierung ist nicht mit unliebsamen Nebenwirkungen zu rechnen, da die Essenzen keine Giftstoffe enthalten. Allerhöchstens stellt sich gar keine Wirkung ein. Bach-Blüten-Mittel können Sie nach Anleitung (siehe Buchtips S. 90) selbst herstellen, oder Sie ordern sie über homöopathische Apotheken bzw. direkt beim Hamburger Bach Centre (Anschrift siehe S. 90). Die korrekte Aufbereitung der richtigen, von Schadstoffen unbelasteten Blüten ist dann garantiert. Die Mittel werden meist mit ihren englischen Pflanzennamen bezeichnet.

Die Bach-Blüten-Therapie eignet sich besonders für Frauen, die
- sehr sanften Verfahren den Vorzug geben,
- sich selbst gut beobachten, ihre Seelenzustände korrekt diagnostizieren *und auch zugeben* können (dies vor allem bei Selbstbehandlung),
- Geduld haben.

Achtung!

Bei schweren psychischen und/oder geistigen Erkrankungen kann die Bach-Blüten-Therapie bestenfalls unterstützend wirken, nicht aber Heilung bringen. Das gleiche gilt für schwerere körperliche Erkrankungen und Verletzungen.

Tabelle 2:
Die »zwölf Heiler« der Bach-Blüten-Therapie

Pflanze	dazu passende Persönlichkeitsstruktur	Schlüsselsymptome
Agrimony Odermennig (Agrimonia eupatoria)	harmoniebedürftig, sensibel, gesellig, lustig, wenig Durchhaltevermögen, spielt oft den Friedensengel, verdrängt Probleme, stürzt sich gern in Aktivitäten, neigt zu Genußmittel-/Drogenabhängigkeit	fröhliche Maske trotz Sorgen oder Krankheit, gibt wenig von sich preis, nach außen locker, doch innerlich angespannt, trinkt heimlich oder nimmt Tabletten, evtl. Eß-Brech-Sucht
Centaury Tausendgüldenkraut (Centaurium umbellatum)	gutmütig, ruhig, schüchtern, fügsam, sensibel für die Wünsche anderer, passiv, willensschwach, leicht ausnutzbar und beeinflußbar	kann nicht nein sagen, kennt die eigenen Bedürfnisse kaum, wirkt unterwürfig, verleugnet sich oft selbst, ist passiv statt aktiv, ermüdet leicht, ist blaß, ausgelaugt (Burn-out-Syndrom)

Pflanze	dazu passende Persönlichkeitsstruktur	Schlüsselsymptome
Cerato Bleiwurz, Hornkraut (Cerato-stigma Willmot-tiana)	wißbegierig, doch voller Selbstzweifel, autoritätsgläubig, leicht beeinflußbar, sprunghaft, Neigung zum Vielreden und -fragen, aber auch zu unklugem Handeln	wirkt manchmal einfältig, fragt um Rat, ohne ihn jedoch zu befolgen, ahmt Verhaltensweisen anderer nach, zeigt wenig Selbstbewußtsein, hortet Informationen, klagt oft über Kreislaufschwäche
Chicory Wegwarte (Cichorium intybus)	beeinflußt andere gern, kann gut taktieren, (über-)fürsorglich, fordernd, willensstark, herrschsüchtig, nachtragend, Angst vor Liebesverlust, abhängig von-Liebesbezeugungen, Typ dominante Mutter	Wehleidigkeit, Selbstmitleid, Hypochondrie, leicht beleidigt, evtl. Flucht in Krankheit, um Zuwendung zu bekommen oder etwas durchzusetzen, klagt oft über Herzschwäche, Asthma, Rheuma
Clematis Weiße Waldrebe, Greisenbart (Clematis vitalba)	liebt Tagträumerei, oft geistesabwesend, baut Luftschlösser, künstlerisch-begabt, doch ohne das Talent auszuleben, ruhig, freundlich, aber desinteressiert an anderen, Neigung zu Illusionen	vitalitätsarm, oft sehr blaß, braucht viel Schlaf, kalte Hände und Füße, Neigung zu Seh- und Hörstörungen, schwacher Selbsterhaltungstrieb, daher lange Rekonvaleszenz, vergißt Heilanweisungen, ist teilnahmslos oder benommen
Gentian Herbst-enzian (Gentiana amarella)	pessimistische Grundhaltung, skeptisch, (selbst)zweifelnd, kleingläubig, oft deprimiert, leicht entmutigt und enttäuscht	Depressivität, voll quälender Zweifel, von Fehlschlag oder oder Nichtgesundwerden überzeugt, Schwarzseherei
Impatiens Springkraut (Impatiens glanduli-fera)	ungeduldig, starkes Unabhängigkeitsbedürfnis, jähzornig, nicht nachtragend, hyperaktiv, rasch auffassend, denkend, handelnd, überdurchschnittlich fähig undiplomatisch, innerlich hochgespannt	rasche Bewegungen, hohes Tempo, kann Heilerfolge kaum abwarten, Neigung zu Streßleiden, kurzfristigen Erschöpfungszuständen, Spannungskopfweh, nervlich bedingten Schmerzen und Unfällen

Pflanze	**dazu passende Persönlichkeitsstruktur**	**Schlüsselsymptome**
Mimulus Gefleckte Gauklerblume (Mimulus guttatus)	schüchtern, zurückhaltend, sensibel, körperlich sehr empfindlich, errötet oft, Neigung zu Lebensängsten und Phobien	innerliche Anspannung, gerät zweitweise ins Stottern, Flucht in Krankheit aus Angst vor schwierigen Situationen, überempfindlich gegen Kälte, Licht, laute Geräusche, starke Gerüche, übervorsichtig bei der Rekonvaleszenz
Rock Rose Gelbes Sonnenröschen (Helianthemum nummularum)	sehr verschiedene Persönlichkeitstypen, die aber in Notsituationen über sich hinauswachsen können, sonst eher labil, mit schwachem Nervenkostüm *wichtigste Essenz der Rescue-Tropfen*	Todesangst, Panik, Terror, heftige Angstzustände, Starre, Ohnmachtsanfall, nervlich bedingtes Zittern
Scleranthus Einjähriger Knäuel (Scleranthus annus)	vielseitig, flexibel, unkonzentriert, sprunghaft, starken Stimmungsschwankungen unterworfen, innere Ruhelosigkeit, fällt von einem Extrem ins andere	wechselt zwischen Apathie und Aktivität, wirkt zerfahren, lehnt Ratschläge ab, hat mal Heißhunger, dann Appetitmangel, häufige Symptomverschiebungen, Neigung zu Gleichgewichtsstörungen, Reisekrankheit, Schwangerschaftserbrechen, Durchfall, Verstopfung
Vervain Eisenkraut (Verbena officinalis)	leicht zu begeistern, mitreißend, impulsiv, energisch bis hyperaktiv, idealistisch bis fanatisch, starkes Empfinden für Ungerechtigkeiten, reizbar, andere antreibend, hat Zivilcourage, neigt aber auch zu Übertreibungen	treibt Raubbau mit den eigenen Kräften, ist überdreht, nervlich am Ende, Muskeln, Augen und Kopf oft extrem angespannt, hastige Gestik, rasches Sprechen, Neigung zu Übereifer und zur Überdosierung von Therapeutika

Pflanze	dazu passende Persönlichkeitsstruktur	Schlüsselsymptome
Water Violet Sumpfwasserfeder (Hottonia palustris)	zurückhaltend, stolz, auch herablassend, verschlossen, macht die eigenen Probleme mit sich selbst ab, ist aber oft Ratgeberin für andere, um innere und äußere Haltung bemüht, liebt Ruhe und Häuslichkeit, findet schwer emotionalen Kontakt, läßt Gefühlen selten freien Lauf	wirkt isoliert, innerlich auf Distanz, eventuell arrogant, jedoch verletzlich, bei emotionalen Auseinandersetzungen leicht erschöpft, Neigung zu Spannungskopfweh, Verkrampfungen der Muskulatur, weint auch bei Schmerz nur selten und ungern

Literaturempfehlungen:

Bach, Edward: Gesammelte Werke. Von der Homöopathie zur Bach-Blütentherapie. Aquamarin-Verlag, Grafing 1988.

Bach, Edward: Blüten, die heilen. Gedanken zur Heilkraft von Pflanzen. Wilhelm Heyne Verlag, München 1993.

Chancellor, Philip M.: Das große Handbuch der Bach-Blüten. Aquamarin-Verlag, Grafing 1987.

Howard, Judy: Bach-Blütentherapie für Frauen. Aurum Verlag, Braunschweig 1994.

Scheffer, Mechthild: Selbsthilfe durch Bach-Blüten-Therapie. Wilhelm Heyne Verlag, München 1993.

Schmidt, Sigrid: Innere Harmonie durch Bach-Blüten. Verlag Gräfe und Unzer, München 1994.

Wichtige Anschriften:

Dr. Edward Bach Centre
Deutschland
Eppendorfer Landstr. 32
20249 Hamburg

Dr. Edward Bach Centre
Schweiz
Alte Landstr. 57
CH-8700 Küsnacht

Dr. Edward Bach Centre
Österreich
Grinzinger Allee 15
A-1190 Wien

Bewußtseinstraining/Körpertherapien

nach Anleitung teilweise zur Selbsthilfe geeignet

Viele unserer Lebensregungen laufen ab, ohne daß sie uns recht bewußt sind: Wir atmen, ohne groß darüber nachzudenken; unsere Organe arbeiten ohne unser bewußtes Zutun; unsere Muskeln bewegen, entspannen oder verkrampfen sich auch dann, wenn wir sie nicht willentlich in Gang setzen; unsere Haltung unterliegt unseren Stimmungen, ohne daß wir das immer merken, und so weiter. Eingespannt in Alltagsablauf und Arbeitsleben überschreiten wir dabei häufig die Grenzen dessen, was gut für uns ist, und gewöhnen uns an schädliche Reize, Fehlhaltungen, Fehlatmung, Mangeldurchblutung, ja selbst an immer wiederkehrende Schmerzen, die wir dann nicht mehr als Warnsignale erkennen, sondern am liebsten nur unterdrücken möchten, zum Beispiel mit Schmerztabletten oder Alkohol. Zudem steckt das Bild vom Körper als Maschine, die stets gleichmäßig und reibungslos zu funktionieren habe, in allzu vielen Köpfen fest. Der Preis dafür sind Störungen, Erkrankungen, Schmerzzustände, chronische Verspannungen und andere Beschwerden, die nur deshalb auftreten konnten, weil der Kontakt zwischen dem Körperselbst und dem Bewußtsein verlorengegangen ist oder »um des besseren Funktionierens willen« unterdrückt wurde.

Diesen Kontakt zur körperlichen Ebene des eigenen Selbst wiederherzustellen, kann mit verschiedenen sogenannten Körpertherapien gelingen, die über den Körper auf die Psyche einwirken und umgekehrt. Mit dieser Bezeichnung, die den Körper in den Vordergrund stellt, soll klargemacht werden, daß es sich dabei nicht um eine herkömmliche Form der Psychotherapie handelt. Ich ziehe den Ausdruck »Bewußtseinstraining« vor, denn genau darum geht es bei den nachstehend genannten – und vielen weiteren, ähnlichen – Therapieformen: das Bewußtsein für körperliche bzw. körperlich-seelische Vorgänge wiederherzustellen und so zu verankern, daß es unserer Gesundheit stets helfend zur Seite stehen kann. Hier einige Beispiele dafür:

Alexander-Technik:

Sie wurde entwickelt von dem tasmanischen Schauspieler Frederick Matthias Alexander (1868–1955) und dient vor allem dazu, Fehlhaltungen und -spannungen aufzuspüren, sie im Ansatz zu unterbinden (Hemmphase) und schließlich eine freie, gesunde Haltung zu erlernen. Bestimmte Übungen dazu können nach fachkundiger Anleitung auch zu Hause gemacht werden.

Besonders nützlich ist die Alexander-Technik für Frauen mit Bewegungsschmerzen, Haltungsschäden, Streßleiden, Atem- und Stimmschwierigkeiten.

Bioenergetik:

Sie wurde im Ansatz bereits von Wilhelm Reich (1897–1957) erarbeitet und von seinen Schülern Alexander Lowen und John Pierrakos weiterentwickelt. Die Bioenergetik beruht auf dem Konzept, die innere Struktur einer Person – und damit auch ihre Leiden und Beschwerden – von den grundlegenden bioenergetischen Prozessen des Körpers her zu begreifen, nämlich der Energieaufnahme (Atmung, Stoffwechsel) und der Energieentladung (Bewegung). Jede seelisch-geistige Regung macht demnach eine körperliche Bewegung geradezu notwendig, da sonst die nötige Entladung nicht stattfinden kann. Die Energie bleibt dann sozusagen im Körper stecken und staut sich. Das hat zunächst unmerkliche, dann immer stärker werdende Muskel- und Gefäßverkrampfungen zur Folge, die den gesamten Organismus blockieren können. Eine bioenergetische Blockade-Diagnostik und -Therapie beginnt beim Körperselbst, setzt im Lauf der Zeit aber immer tieferliegende Emotionsschichten und unausgelebte Gefühle frei, die nie in Bewegungsimpulse umgesetzt, sondern unterdrückt wurden. Diese Gefühle werden dann tiefenpsychologisch analysiert und aufgearbeitet; insofern ist die Bioenergetik den Psychotherapien zuzurechnen. Im Rahmen der Körperarbeit wird gleichzeitig das Bewußtsein dafür trainiert, welche Emotionen zu welchen Bewegungsimpulsen führen und auf welche Weise Bewegungen sich wiederum auf die Psyche auswirken (Beispiel: fest auf beiden Füßen zu stehen und den Kopf hoch zu tragen, stärkt das Selbstbewußtsein). Einige Grundübungen der Bioenergetik, etwa das »Erden« (die Kontaktaufnahme mit dem Boden und dadurch mit dem eigenen Selbst) sowie Atemübungen, eignen sich nach Anleitung auch zur Selbsthilfe, z. B. vor oder nach Streßsituationen.

Besonders nützlich ist die Bioenergetik für Frauen mit sogenannten funktionellen psychosomatischen Erkrankungen (d. h. ohne erkennbare organische Ursachen), mit Sexualproblemen oder mit neurotischen Störungen. Sie kann auch aktuelle Lebenskrisen besser bewältigen helfen.

Eutonie:

Sie wurde von der dänischen Therapeutin Gerda Alexander entwickelt und in Deutschland von Dr. med. Volkmar Glaser, Freudenstadt, bekanntgemacht. Die Übungen der Eutonie sollen vor allem helfen, den gesamten muskulären Spannungszustand wohltuend zu beeinflussen, also eine Wohlspannung hervorzurufen (*Eutonie*, im Gegensatz zur *Dystonie* und nicht zu verwechseln mit völliger Entspannung, also *Atonie*). Dazu werden, in Einzel- oder Gruppenstunden, verschiedene Körperübungen gelehrt, teils mit Geräten wie Seilen, Bällen, Rundhölzern, die das Raumempfinden und die Selbstwahrnehmung schärfen. Sie können nach Anleitung auch zu Hause weitertrainieren.

Besonders nützlich ist diese Form des Bewußtseinstrainings z. B. für Frauen mit Streßleiden, Rückenschmerzen, Menstruationskrämpfen oder auch großer Scheu vor zwischenmenschlichen Kontakten.

Feldenkrais-Methode:

Sie wurde von dem Kernphysiker und Judomeister Moshe Feldenkrais (1904–1984) entwickelt, der wissenschaftliche Erkenntnisse über das Nervensystem mit seinen praktischen Erfahrungen in Bezug auf angeborene und erlernte Bewegungsabläufe zu einer Therapieform verband. Seine Methode setzt am spielerischen, in früher Kindheit noch selbstverständlichen Ausprobieren vielerlei Bewegungen an. In einem Umlernprozeß werden eingeschliffene, Schmerzen bereitende, zu Verspannungen führende Bewegungsabläufe bewußt gemacht und an ihrer Stelle gesündere, entkrampfte, den natürlichen Körperbedürfnissen entsprechende neu gelernt, bis sie »in Fleisch und Blut übergegangen« sind. Auch Feldenkrais ging davon aus, daß es keine seelische oder geistige Regung gibt ohne ihr körperliches Äquivalent, nämlich zumindest den Impuls zu einer Bewegung. Die Übungen sollen daher den Bewegungs- und Handlungsspielraum nach und nach erweitern, die Wahrnehmungsfähigkeit erhöhen und die Ausdrucksmöglichkeiten für Gefühle verbessern. Nach Anleitung kann auch zu Hause weitergeübt werden.

Besonders nützlich ist die Feldenkrais-Methode für Frauen, die sich in ihrer körperlichen – aber auch geistigen und seelischen – Beweglichkeit eingeschränkt fühlen, für Sportlerinnen, die mit einer Verletzung besser fertigwerden wollen, für körperbehinderte oder nach einem Schlaganfall teilweise gelähmte Frauen sowie für alle, die ihr Bewußtsein für die eigenen Möglichkeiten schärfen und ihre Grenzen erweitern wollen.

Funktionelle Entspannung:

Sie wurde in den fünfziger Jahren von der Körpertherapeutin Marianne Fuchs entwickelt und kann als eine Form der →Atemtherapie angesehen werden, denn Atemübungen, vor allem die »rhythmisierte Atemdynamik«, spielen dabei eine wesentliche

Rolle. Mit dieser Methode ist es möglich, ein gesundes Gleichgewicht zwischen Anspannung und Erschlaffung zu finden, das sich positiv auf Muskel- und Gefäßverkrampfungen aller Art auswirkt, also auch auf die breite Palette der Streßleiden und psychosomatischen Erkrankungen. Die Übenden lernen ihr Körperselbst besser kennen und werden für Minimalverspannungen sensibilisiert, die Kettenreaktionen in anderen Körperbereichen – etwa im Darm, in den Harnwegen, in der Genitalregion – auslösen. Beim Üben werden anspannende, krankmachende Haltungen und Atemführungen »verlernt« und funktionell in »Wohlspannung« (→Eutonie) versetzende eingeprägt. Nach Anleitung kann zu Hause weitergeübt werden.

Besonders nützlich ist die Funktionelle Entspannung für Frauen, die unter Menstruationsbeschwerden und Sexualstörungen, gestörter Verdauung, Spannungskopfschmerzen, Rückenschmerzen, Schulter-Arm-Syndrom, Beckenneuralgie, Beklemmungsgefühlen im Brustkorb, Asthma, psychosomatischen Magen- oder Gallenerkrankungen etc. leiden oder lernen wollen, sich vor Streßkrankheiten zu schützen.

Konzentrative Bewegungstherapie:

Ansatzweise wurde sie bereits in den zwanziger Jahren von der Gymnastik-Pädagogin Elsa Gindler entwickelt und später als eine Form der körperbezogenen Psychotherapie auch in psychiatrische Therapiekonzepte aufgenommen. Bei dieser Methode wird vor allem die Selbstwahrnehmung geschult und den Erinnerungen, Prägungen, Erlebnissen nachgespürt, die mit bestimmten Haltungen und Bewegungen verbunden sind: So kommt manche tief im Seelenselbst verborgene Ursache für bislang unerklärliche Spannungsgefühle, Angstzustände, Abwehrreaktionen und psychische wie psychosomatische Erkrankungen zum Vorschein und kann anschließend im Gespräch mit der therapeutischen Fachkraft be- und verarbeitet werden. Die Wahrnehmungsübungen dieser Form des Bewußtseinstrainings lassen sich später jederzeit, in allen möglichen Situationen, auch allein durchführen und sollen helfen, den klaren Blick für das eigene Selbst zu bewahren und Botschaften des Körperselbst zu entschlüsseln, bevor sich Erkrankungen entwickeln.

> Die Konzentrative Bewegungstherapie ist prinzipiell für alle interessierten Frauen geeignet. Besonders nützlich ist sie für jene, die ihr Selbstbild oder das Bild, das sie nach außen abgeben, korrigieren bzw. eine Fassade abbauen wollen, deren Aufrechterhaltung sie immer wieder äußerst anstrengt.

Tai Chi Chuan:

Das ist eine altchinesische und heute auch zunehmend im Westen gelehrte Form der Heilgymnastik, die gleichzeitig die psychischen, geistigen und körperlichen Kräfte stärkt. Der Name bezeichnet das bekannte Yin-Yang-Symbol, das die Einheit der Gegensätze symbolisiert. Tai Chi Chuan soll dazu befähigen, in allen Situationen die Lebensenergie (genannt ch'i) besser fließen zu lassen und das gesamte Körperselbst als Einheit zu bewegen. Etwa ein Jahr dauert das Erlernen der grundlegenden Bewegungsfolgen. Sie bestehen aus drei Teilen, die Erde, Himmel und Mensch symbolisieren, und dauern im Ablauf etwa eine gute Viertelstunde. Wer sie regelmäßig ein- bis zweimal täglich übt, kann damit bereits vielen Erkrankungen vorbeugen, die Gesundheit allgemein kräftigen, Haltung und Selbstbewußtsein wesentlich verbessern. Des weiteren gibt es sechs Vertiefungsstufen, die Interessierte tiefer in das Wesen dieser Form des Bewußtseinstrainings – manchmal auch als »Schattenboxen« bezeichnet – eindringen lassen, sowie Partnerübungen, in denen der Wechsel von Yin und Yang zu zweit geübt wird. Darüber hinaus gibt es Tai Chi Chuan auch als defensive Kampfkunst, mit 37 Bewegungsformen, durch die sich Angriffe abwehren lassen. Wer will, kann außerdem Angriffsübungen erlernen.

Tai Chi Chuan nützt prinzipiell allen interessierten Frauen bei allen Arten von Gesundheitsstörungen. Besonders zu empfehlen ist es für diejenigen, die Ängste und Verkrampfungen abbauen und ihr Selbstbewußtsein stärken, eventuell auch die Kunst der Selbstverteidigung erlernen wollen.

All diese und andere vergleichbare Formen des Bewußtseinstrainings bzw. der Körpertherapie stehen prinzipiell allen offen. Besonders nützlich sind sie für Frauen, die

- eine engere Beziehung zu ihrem Körperselbst aufnehmen wollen,
- mit anderen Entspannungs- oder Psychotherapie-Verfahren nicht weitergekommen sind, weil dabei nur ihr »Kopf« angesprochen wurde,
- keine Angst vor Gruppen haben oder solche Ängste auflösen möchten (Einzelstunden bzw. -sitzungen sind bei den genannten Verfahren eher die Ausnahme),
- Termine regelmäßig einhalten können,
- eventuell täglich eine viertel bis halbe Stunde für das Üben zu Hause erübrigen können und wollen.

Achtung!

Bei jeder Form von Bewußtseinstraining bzw. Körpertherapie besteht die Gefahr, daß falsch oder ungenügend geschulte »Fachkräfte« Ihnen mehr Schaden als Nutzen bereiten. Erkundigen Sie sich deshalb vor Beginn eines Kurses stets nach den Qualifikationen und Zielsetzungen der Fachkraft. Stellen Sie Preisvergleiche an. Achten Sie darauf, ob Sie in die Arme einer Sekte, einer fragwürdigen, weil mehr oder minder »selbstgebastelten« Psychotherapie-Schule oder ganz einfach in die Fänge von Scharlatanen gelockt werden sollen, die es einzig auf Ihr Geld und nicht auf Ihre körperliche, geistige, seelische und spirituelle Gesundheit abgesehen haben. Vereinbaren Sie stets eine kostenlose Probestunde, und wechseln Sie die Fachkraft bzw. die Therapieform, falls sie Ihnen nicht zusagt.

Davon ganz abgesehen, kann es für jede der genannten Formen von Bewußtseinstraining und Körpertherapie bestimmte Gesundheitsstörungen (z. B. akute Entzündungen, Verletzungen) oder Situationen geben, in denen Sie nicht üben oder bestimmte Übungen lieber weglassen sollten. Fragen Sie im Zweifelsfall Ihre Fachkraft.

Literaturempfehlungen:

Alexander, F. M.: Der Gebrauch des Selbst. Wilhelm Goldmann Verlag, München 1993.

Barlow, Wilfred: Die Alexander-Technik. Kösel-Verlag, München 1983.

Flury, Hans: Die neue Leichtigkeit des Körpers. Grundlagen der normalen Bewegung, Übungen und Selbsthilfe für Alltag und Freizeit. Deutscher Taschenbuch Verlag, München 1995.

Hoffmann, Bernt: Handbuch des autogenen Trainings. Grundlagen, Technik, Anwendung. Deutscher Taschenbuch Verlag, München 11. Aufl. 1995.

Lowen, Alexander: Bioenergetik als Körpertherapie. Scherz Verlag, München 1990.

Lowen, Alexander und Leslie: Bioenergetik für jeden. P. Kirchheim Verlag, München 1990.

Minker, Margaret: Mit eigenen Augen sehen. Selbstliebe lernen, Körpergefühl verbessern. Ein Handbuch für Frauen (mit körpertherapeutischen Übungen). Mosaik Verlag, München 1989.

Reiz, Monika: Was dir dein Körper zu sagen hat. Verlag Peter Erd, München 1990.

Seifert, Theodor/Waiblinger, Angela (Hrsg.): Die 50 wichtigsten Methoden der Psychotherapie, Körpertherapie, Selbsterfahrung und des geistigen Trainings. Kreuz Verlag, Zürich 1993.

Triebel-Thome, Anna: Feldenkrais. Bewegung – ein Weg zum Selbst. Gräfe und Unzer Verlag, München 1989.

Zemach-Bersin, David und Kaethe/Resse, Mark: Gesundheit und Beweglichkeit. 10 Feldenkrais-Lektionen. Kösel-Verlag, München 1992.

Weiterführende Anschriften:

Deutsche Gesellschaft für
Biofeedback
Max-Planck-Institut für
Psychiatrie
Kraepelinstr. 2
80804 München

Gesellschaft der Lehrer der
Alexander-Technik e. V.
(GLAT)
Postfach 5312
79020 Freiburg

Münchner Gesellschaft für
bioenergetische Analyse
Richard-Wagner-Str. 9
80333 München

Norddeutsches Institut für
bioenergetische Analyse
Postfach 1422
32588 Vlotho

Eutonie-Zentrum
Kaulbachstr. 38 a
80539 München

Feldenkrais Gilde
Postfach 810362
81903 München

Rolf-Institut
Herzogstr. 40
80803 München

Alexander-Technik
c/o Michael Parkinson
Salisianergasse 15
A-1030 Wien

Gerda Boysen Institut für
Biodynamische Psychotherapie
Kochgasse 22/2
A-1080 Wien

Deutsche und Österreichische
Gesellschaft für Bioenergetik
und körperorientierte Psycho-
therapie
Rauchstr. 4
81679 München

Schweizer Verband der Lehrer
der Alexander-Technik
Postfach A 72
CH-8032 Zürich

Schweizerischer Feldenkrais-
Verband
Hotzestr. 29
CH-8006 Zürich

Biologische Krebsabwehr

nach Anleitung teilweise zur Selbsthilfe geeignet

Beim Wort Krebs zucken die meisten Frauen zusammen: Kaum eine, die nicht eine (un)heimliche Angst davor hätte, an bösartigen Zellwucherungen zu erkranken. Das ist auch kein Wunder, denn mit kaum einer Krankheit werden wir – sowohl seitens der Medizin als auch der Medien – seit Jahrzehnten so ausführlich (und dabei oft widersprüchlich) konfrontiert wie mit Krebs. Kaum eine tägliche Verrichtung, bei der wir uns nicht vor potentiell kanzerogenen (= krebsauslösenden) Substanzen in acht zu nehmen hätten, von Nahrungsmittelzusätzen bis zu Shampoo- oder Baustoff-Bestandteilen. Kaum ein Tag, an dem wir nicht etwas über die neuesten Ansätze in der Krebsforschung, die neuesten Krebsentstehungstheorien, Krebsvorbeugungsmaßnahmen und Krebstherapien vorgesetzt bekommen. Krankenkassen schicken uns regelmäßig Aufforderungen ins Haus, den nächsten Arzttermin zur Krebsfrüherkennung doch bitte keinesfalls zu versäumen. Ja, wir Frauen werden sogar aufgefordert, uns allmonatlich selbst zu untersuchen, um schon den leisesten Hinweis auf eine mögliche Krebserkrankung zu entdecken – ein sehr ungewöhnliches Vorgehen in der Schulmedizin, in der es ansonsten nicht gerade zur Normalität gehört, Frauen zu autonomen Selbstuntersuchungen zu ermuntern.

Von der Aufklärung zum Schuldgefühl

Angeblich geschieht das alles nur zu unserem Besten, zu unserer Aufklärung und größeren Sicherheit. Tatsächlich hat die allgegenwärtige Krebsdiskussion jedoch eher dazu beigetragen, das Gefühl der Verunsicherung zu vergrößern – und das wiederum vor allem bei uns Frauen. Sehr viele können beispielsweise kaum noch unbefangen ihre Brüste betrachten, vor allem dann nicht, wenn sie gerade wieder einmal prämenstruell schmerzen, Knötchen oder Verhärtungen darin zu ertasten sind. Ein heimliches

Grauen kommt auf: Ob der »Todfeind Krebs« sich schon darin eingenistet hat und nun unbemerkt sein Zerstörungswerk vollzieht?! Auf einmal erscheinen die Brüste nicht mehr als lebensvolle, lustspendende, nährende, erotische, geliebte Teile des Körperselbst, sondern als Zeitbomben, in denen es unerbittlich tickt... Bei jeder Störung, jedem gynäkologischen Symptom lauert die potentielle Krebsdiagnose im Hinterkopf. Sie überschattet das weibliche Körperselbstbild: Es wird durch mißtrauisches Beobachten nicht besser, sondern schlechter. Manche besonders stark verängstigten Frauen gehen so weit, sich die Brüste oder die Gebärmutter »vorsorglich« amputieren zu lassen, und sie finden Ärzte, die bei solchen Verstümmelungen mitmachen, ja die Patientinnen sogar noch dazu ermuntern. Eine Garantie, nun niemals Krebs zu bekommen, ist damit jedoch nicht verbunden, denn schließlich werden nicht Organe krebskrank, sondern Personen...

Etwa jede zwölfte Frau, heißt es in Donna Dawsons bemerkenswertem Ratgeber ›Krebs bei Frauen‹[1)], muß damit rechnen, irgendwann in ihrem Leben an Brustkrebs zu erkranken. »Umgekehrt«, so Dawson, »bedeutet das aber, daß 92 Prozent aller Frauen *niemals* daran erkranken werden.« Damit acht Prozent von uns im Fall des Falles möglichst frühzeitig in ärztliche Behandlung kommen (was natürlich längst nicht heißt: vor Brustkrebs bewahrt oder davon geheilt werden können), ist es offenbar nötig, den allermeisten von uns Angst zu machen – eine Angst, die uns unserem Selbst entfremdet und unsere Abwehrkräfte schwächt, statt sie zu stärken. An die Stelle liebevoller Zuwendung zum Körperselbst treten Furcht, Verdrängung, Argwohn, Abwehr. Ganzheitlich gesehen, sind das die besten Voraussetzungen, den »gekränkten« Organen die Lebenskraft zu entziehen, so daß sie irgendwann tatsächlich erkranken.

Ähnlich schwächend wirkt die *Schuldzuweisung,* die mit der Aufklärung über potentiell krebsauslösende Faktoren unterschwellig sehr oft verbunden ist. Je mehr unsere Aufmerksamkeit auf individuell vielleicht vermeidbare Krebsauslöser in Essen, Getränken, Genußmitteln, Medikamenten, Baustoffen, Einrichtungsgegenständen usw. gelenkt wird, desto stärker bekommen wir gleichzeitig das Gefühl vermittelt, irgendwie *selbst schuld* zu sein, falls wir krebskrank werden: Hätten wir die Kanzerogene doch nur rechtzeitig gemieden, dann wäre uns das nicht passiert. Hätten wir uns nur richtig ernährt, genügend Vitamin- und Mineralstoffpräparate geschluckt, ausreichend »Radikalenfänger« zu uns genommen, wären unsere Körperzellen wohl nicht entartet. Hätten wir Frauen uns nur allmonatlich die Brust abgetastet, wäre der Krebsknoten früher entdeckt worden und leichter behandelbar gewesen. Hätten wir nur unsere Gefühle immer offen geäußert, dann wären wir keine verklemmten »Krebspersönlichkeiten« geworden. Und der Tag scheint nicht fern, an dem es heißen mag: Hätten wir vor dem Kinderkriegen einen genetischen Test machen lassen, hätten wir verhüten können, daß unser Nachwuchs »Krebsgene« von uns mitbekommt.

Schuldgefühle sind ein beliebtes Mittel der sozialen Kontrolle. Wer sich selbst schuldig wähnt, wird es kaum wagen, andere Ursachen und Verursacher weit größeren Ausmaßes anzuprangern und zu bekämpfen: krebserzeugende Industriegifte, Kanzerogene am Arbeitsplatz, krebsfördernde Strahlen in der Nähe von Kernkraftwerken, um nur einige Beispiele zu nennen. Und wer sich selbst Schuld zuschreiben muß, wenn eine Krebserkrankung relativ spät entdeckt wird, traut sich wohl kaum, über die Behandlungsmaßnahmen selbst mitzubestimmen. Die Autonomie der Selbstuntersuchung ist nur eine scheinbare; sie endet spätestens mit der ärztlichen Diagnose.

Sich im schulmedizinischen Betrieb als »mündige Patientin« zu behaupten, ist schon bei vergleichsweise harmloseren Erkrankungen schwierig genug (Beispiel: Frauen, die Myome haben und eine Gebärmutteroperation abzulehnen versuchen). Geht es um Krebs, scheint Auflehnung fast aussichtlos. Wer sich angesichts einer Krebsdiagnose aktiv um Alternativen zur Schulmedizin bemüht, wird ärztlicherseits allzuoft als verrückt, verantwortungslos, unbelehrbar bezeichnet – und gilt als »selbst schuld« am etwaigen Mißerfolg, ganz als hätte die Schulmedizin irgend einen sicheren Erfolg versprechen können.

Über Alternativen informieren

Das alles legt den Verdacht nahe, daß es der Schulmedizin durchaus nicht immer und nicht nur um das Beste für die Patientinnen und Patienten geht, sondern um die Propagierung allein *ihrer* Maßnahmen, Diagnostika, Therapeutika und Behandlungskonzepte. Kranken, gar Schwer- oder Todkranken aber Informationen über mögliche Alternativen vorzuenthalten, auch wenn diese noch nicht hundertprozentig wissenschaftlich abgesegnet sind, halte ich vom heilkundlichen wie vom menschlichen Standpunkt aus für höchst anfechtbar. Vollends unverantwortlich ist es meines Erachtens, wenn in Krebs-Diskussionen nicht einmal diejenigen naturheilkundlichen Therapie-Ansätze, deren Wirksamkeit in größeren Studien bestätigt oder durch zahlreiche gut dokumentierte Einzelberichte belegt ist, entweder gar nicht erwähnt oder als unwirksam, gar schädlich abqualifiziert werden. Verschweigen ist ebenso Lüge wie das Behaupten einer Unwahrheit. Und wer sich als Arzt oder Ärztin schlicht weigert, andere als die orthodoxen Krebstherapien überhaupt zur Kenntnis zu nehmen, handelt meines Erachtens wider den Berufseid.

Größter Nachteil aller schulmedizinischen Methoden der Krebstherapie ist die Tatsache, daß sie die Immunkräfte der krebskranken Person aufs Äußerste strapazieren. Operationen, Zytostatika und Bestrahlungen können zwar in vielen Fällen Gutes bewirken, den Gesamtorganismus aber auch bis an den Rand des Todes schwächen. Bei biologischen Krebsabwehr-Maßnahmen ist genau das *grundsätzlich nicht* der Fall. Sie dienen vielmehr dazu, die Lebenskräfte aufzubauen und den Organismus möglichst so weit zu bringen, daß er sich (doch wieder) selbst helfen kann. Und auch wenn keine vollständige Gesundung mehr möglich sein sollte, kann die Lebensdauer doch oft weit über die ursprüngliche Prognose hinaus verlängert, die Lebensqualität in der verbleibenden Zeit sehr verbessert werden.

Das bedeutet nicht, daß biologische Verfahren den orthodoxen immer als *alleinige* Therapiemethoden vorzuziehen wären. Die meisten naturheilkundigen Fachleute arbeiten Hand in Hand mit den schulmedizinischen; die »alternativen« Verfahren werden nur selten allein, meist eher komplementär, also ergänzend zur Schulmedizin angewendet. Oftmals muß operiert werden, damit der Primärtumor so weit wie irgend möglich abgetragen wird: Das erleichtert dem körpereigenen Immunsystem die Arbeit. Manchmal können Bestrahlungen helfen, trotz ihrer immensen Nebenwirkungen; manchmal haben Chemotherapeutika wirklich große und gute Erfolgschancen. Doch können natürliche Mittel zur Krebstherapie *in allen Fällen* zusätzlich angewendet werden – zum Nutzen der Kranken, denen es damit besser geht.

Diese Einsicht setzt sich, wenn auch noch sehr zögernd, in vielen an sich schulmedizinisch orientierten Behandlungszentren durch. Zum großen Teil ist das den Bemühungen der 1982 gegründeten Gesellschaft für biologische Krebsabwehr (GfBK) zu verdanken, der unter anderem viele namhafte Ärztinnen und Ärzte für Naturheilverfahren angehören (Adresse siehe S. 115). Mit wissenschaftlichen Kongressen, Seminaren und Kursen sowie umfassender Aufklärungs- und Beratungsarbeit hat die GfBK – neben anderen Organisationen mit ähnlicher Zielrichtung – bereits sehr viel dazu beigetragen, daß krebskranken Menschen heute überhaupt Alternativen zur Schulmedizin bekannt sind und offenstehen.

Was besonders wichtig ist: Für ganzheitlich orientierte Krebstherapeutinnen und -therapeuten ist Krebs durchaus keine Diagnose, die zu Passivität und bloßem Erdulden ärztlicher Behandlungsversuche zwingt. Ganz im Gegenteil: Die Kranken lernen eine Reihe von Selbsthilfemöglichkeiten kennen und werden dazu ermutigt, ihren Heilprozeß aktiv mitzugestalten, ihren Überlebenswillen zu mobilisieren, ihre Menschenwürde zu bewahren und ihre Entscheidungsfreiheit – auch für oder gegen eine vorgeschlagene Therapieform – in Anspruch zu nehmen.

Die folgende Übersicht über naturheilkundliche Verfahren der Krebstherapie erhebt weder einen Anspruch auf Vollständigkeit, noch handelt es sich um genaue Anweisungen für das Vorgehen im Einzelfall. Jede Krebserkrankung unterscheidet sich von einer anderen ebensosehr wie eine erkrankte Frau von einer anderen. Immerhin können Sie daraus aber ersehen, welche Möglichkeiten und Alternativen es – theoretisch und praktisch – gibt, welche davon vielleicht auch für Sie selbst oder andere Krebskranke in

Ihrem Umkreis in Frage kämen und wo Sie mehr darüber erfahren können (siehe dazu auch Anschriften ab S. 115).

Die Säulen der naturheilkundlichen Krebstherapie

Zu den wichtigsten Komponenten einer Krebstherapie, wie sie die Gesellschaft für biologische Krebsabwehr, die Anthroposophische Medizin, die Homöopathie und zahlreiche andere große »Alternativbewegungen« in der Heilkunde von heute propagieren, gehören im wesentlichen folgende vier Säulen:

1. Stärkung der Psyche. Ängste, Trauer und Dauerstreß, die nach der Krebsdiagnose die Seele zermürben, schwächen erwiesenermaßen das Immunsystem; positive Gedanken und Erlebnisse stärken es. Die Patientin wird dazu ermuntert, nicht zu resignieren, sondern Mut zu fassen und die Auseinandersetzung mit ihrer Krankheit aktiv aufzunehmen, statt sie nur den ärztlichen Fachleuten zu überlassen. Mit Hilfe intensiver, einfühlsamer Gespräche, begleitender Psychotherapie, Meditation, kreativer Gestaltung (etwa Malen, Modellieren, Gedichte- oder Tagebuchschreiben) und Gesprächen mit Schicksalsgenossinnen kann sie lernen, im Symptom Krebs einen Sinn und in ihrer Erkrankung eine Chance zur Weiterentwicklung zu entdecken. Ablenkung und Entspannung in Zeiten der Depression oder des Schmerzes gehören ebenfalls zum ganzheitlichen Therapiekonzept. Ein besseres Körperempfinden und das Gefühl, aktiv etwas für das erkrankte Körperselbst tun zu können, werden beispielsweise vermittelt durch Autogenes Training, Biofeedback, →Atemtherapie, Übungen des →Yoga oder der Feldenkrais-Methode (→Bewußtseinstraining/Körpertherapien). Beim →Visualisieren lernt die Patientin, ihr Immunsystem quasi vor dem inneren Auge erstehen zu lassen und ihm durch gezielte gedankliche Impulse unmittelbar zu helfen, Krebszellen abzuwehren. Sehr wichtig für den alltäglichen, praktischen Umgang mit den vielen kleinen und großen Widrigkeiten, die eine Krebserkrankung mit sich bringt, ist darüber hinaus die Einbindung in eine Selbsthilfegruppe. Sie kann stützen, wo Fachleute oder Familie nicht genügen, kann Verständnis, Trost und Ermutigung bieten, das Selbstwertgefühl wieder aufbauen und über Perioden der Einsamkeit und Angst hinweghelfen. Auch eine →Lachtherapie wird oftmals in der Selbsthilfegruppe initiiert.

2. Aktivierung des Stoffwechsels. Leichte sportliche Betätigungen wie Wandern, Schwimmen, Tanzen, Gymnastik in der Gruppe, →Kneippen, Massagen usw. – alles, was den Stoffwechsel der gesunden Zellen anregt, kann die Immunkräfte stärken und das Selbstbewußtsein verbessern.

3. Ernährungsumstellung. In vielen Fällen hilft es enorm, wenn der Organismus durch eine Umstellung der gewohnten, doch leider auch krankheitsfördernden Ernährung erst einmal entgiftet und entschlackt wird (→Heilfasten) und anschließend alle Mineralstoffe, Vitamine, Spurenelemente, Ballaststoffe, hochwertige Proteine und ungesättigte Fettsäuren bekommt, welche die körpereigenen Abwehrkräfte fürs optimale Funktionieren so dringend brauchen (→Ernährungstherapie). Auch wenn es vielleicht keine regelrechte »Anti-Krebsdiät« gibt, mit deren Hilfe allein es gelänge, die krebsig entarteten Zellen in ihre Schranken zu verweisen, kann die richtige Ernährung doch sehr viel zum Wohlbefinden von Seelen-, Geist- und Körperselbst beitragen. Zudem ist bewußtes Auswählen und Zubereiten der Nahrungsmittel eine sehr gute Möglichkeit, aktiv zum therapeutischen Prozeß beizutragen.

Besonders empfohlen werden Krebskranken unter anderem:

- Nahrungsmittel mit hohem Vitamin-C-Gehalt, etwa Zitrusfrüchte, schwarze Johannisbeeren, Sanddorn-Konzentrate;
- Nahrungsmittel mit hohem Gehalt an Beta-Karotinen, etwa grüne und gelbe Gemüse, Aprikosen, Mangos (siehe auch Tabelle S.143), vor allem aber der Saft von Roten Beten;
- Öle mit hohem Gehalt an Vitamin E und ungesättigten Fettsäuren, also Sonnenblumen-, Weizenkeim- und Olivenöl *extra vergine,* außerdem Samen, Kerne und Nüsse;
- ballaststoffreiche Nahrungsmittel mit hohem Gehalt an Mineralstoffen und Spurenelementen, etwa Vollgetreidekörner, Schrote, Flocken, frische Salate, rohe Gemüse; als gesündeste Getreidesorte gilt biologisch angebauter Dinkel (Grünkern);

- Nahrungsmittel mit hochwertigem Eiweiß, also Frisch- und Sauermilch, Molke mit rechtsdrehender Milchsäure, Quark, Käse, Sojaprodukte und Hülsenfrüchte;
- Nahrungsmittel mit bakterienhemmenden, antibiotischen Eigenschaften, z. B. rohe Zwiebeln, Knoblauch, Brunnenkresse;
- dazu als Getränke ungezuckerte, am besten frischgepreßte Frucht- und Gemüsesäfte, Mineralwässer sowie Heilkräutertees, vor allem Zinnkraut-, Brennessel- und Salbeitee (je nach Bedarf auch Heiltees, die bestimmte Organe zu verstärkter Funktion anregen).

Abgeraten wird Krebskranken (wie im übrigen auch Gesunden!) von tierischen Fetten, Fleisch – vor allem Schweinefleisch – und Wurstwaren, raffiniertem Zucker sowie Weißmehl, außerdem von den Genußgiften Nikotin und Alkohol. Das sind sehr allgemeine Ratschläge – die im übrigen auch nicht sklavisch befolgt werden müssen. Der Lustgewinn, den ein gelegentliches Gläschen Sekt oder ein köstliches Stück Schokolade bescheren kann, ist nach naturheilkundlicher Meinung manchmal durchaus wichtiger als das strikte Einhalten einer gesundheitsfördernden Diät.

4. Stärkung der zellulären Immunkräfte. Dazu gehört in der biologischen Krebsabwehr zum Beispiel die Kräftigung der gesunden Darmflora (sie wird durch Abführmittel aller Art, Antibiotika-Einsatz, aber auch Zytostatika schwer geschädigt). Darmspülungen, vor allem auch leberentgiftende Kaffee-Klistiere (maximal 500–600 Milliliter, in den Enddarm eingeführt), und die anschließende Einnahme von Milchsäure- und Bakterienpräparaten helfen, die Flora wiederherzustellen; das beeinflußt den gesamten Stoffwechsel günstig. Neben dieser *Darmsanierung* ist oft auch eine sogenannte *Herdsanierung* notwendig: Vereiterte Zähne, entzündete Mandeln und andere Infektionsherde müssen aufgespürt und bereinigt werden, denn sie entziehen dem Organismus viel Kraft, die er für die Krebsabwehr benötigt.

Abgeraten wird in der biologischen Krebsabwehr auch von der Einnahme aller nicht unbedingt nötigen Medikamente – seien es Antibabypille oder Abführmittel, chemisch hergestellte Venenpräparate oder Schmerztabletten gegen Kopfweh. Wenn irgend möglich, sollten die Frauen lieber zu naturheilkundlichen Hilfsmitteln greifen, die ihre Immunkräfte nicht (zusätzlich) unterdrücken, zum Beispiel zu Mitteln der →Aromatherapie, →Akupressur, Heiltees (→Pflanzenheilkunde), oder im Bereich der Familienplanung zu natürlichen Methoden bzw. Kondomen.

Darüber hinaus setzen Fachleute für biologische Krebsabwehr auf unterschiedliche Mittel, mit denen die Immunabwehr zusätzlich gestärkt und der Selbstheilungsprozeß unterstützt werden kann. Der österreichische Fastenspezialist Rudolf Breuß (1899–1991) entwickelte z. B. eine spezielle Saftfastenkur für Krebskranke, die sechs Wochen dauert und Krebstumoren quasi »aushungern« soll (Näheres dazu →Heilfasten ab S. 161).

Immunstärkende Mittel

Zu den gebräuchlichsten Verfahren, die auch bei chronischen →Abwehrschwächen eingesetzt werden, gehören:

- Hohe Gaben von *Vitamin C* (3–10 g pro Tag, je nach Magen-Darm-Verträglichkeit).
- *Enzympräparate* zur Verbesserung des gesunden und Hemmung des entarteten Zellstoffwechsels, vor allem aber als Oxydationshemmer und »Fänger« der gefährlichen freien Radikale (hoch reaktive Moleküle, die im Körper als Zellgifte wirken). Die wichtigsten dieser Enzyme sind die Superoxyd-Dismutase, die Katalase, die Glutathion-Peroxidase, die Methionin-Reduktase sowie das Coenzym Q 10. Weizenkeime sind besonders reich an oxydationshemmenden Enzymen und wirken zudem als Quellstoffe im Darm (reichlich dazu trinken!).
- *Sauerstofftherapien* zur Verbesserung des Sauerstoffangebots im Blut (siehe ab S. 295, nur von speziell geschulten Fachleuten durchführbar).
- *Mistelextrakt,* auch unter dem Namen Iscador bekannt, ein stark wirksames Immunstimulans, das gleichzeitig die Krebszellen selbst angreift und die Abkapselung des Tumors vom übrigen Gewebe fördert; es wird daher oft als Kur vor Krebsoperationen verabreicht, kann aber auch die Nachsorge maßgeblich unterstützen. Mistelextrakt zählt zu den wissenschaftlich am besten dokumentierten Mitteln der biologischen Krebs-

abwehr. Die Präparate sind allerdings sehr teuer, müssen privat bezahlt und dürfen nur von erfahrenen Fachleuten verabreicht werden. In geringerem Maße hilft auch ein selbst hergestellter Misteltee: ca. 50 g Mistelwurzeln und -rinde in knapp einem Liter Wasser aufkochen, 20 Min. sieden lassen, abseihen, über 25 g Mistelblätter gießen, über Nacht verschlossen stehenlassen, erneut abseihen, dann täglich etwa 25 ml schlückchenweise einnehmen.

- *Laetril*, auch *Amygdalin* genannt, eine Nitrilverbindung (Vitamin B 17), die vor allen in Aprikosenkernen, aber auch in den Kernen von Äpfeln, Trauben, Pfirsichen, Birnen, Nektarinen, Pflaumen und Kirschen zu finden ist, außerdem in frischem Buchweizen, Hirse, Kichererbsen, Brunnenkresse, Nüssen, Brombeeren, Stachel- und Himbeeren. Die Substanz wird durch ein Enzym der Krebszellen in zwei Zuckermoleküle aufgespalten, nämlich Benzaldehyd und Wasserstoffcyanid, die sehr wahrscheinlich beide für Krebszellen giftig sind, gesunden Zellen aber weniger oder gar nicht schaden. Die Wirksamkeit von Laetril-Präparaten ist auch unter Naturheilkundigen umstritten; möglicherweise helfen sie nur bei bestimmten Krebsarten. Unschädlich und preiswert ist es, die Substanz aus der Nahrung aufzunehmen: Obstkerne knacken, Inhalt zu Pulver zermahlen, 4–5 Kerne dreimal täglich auf nüchternen Magen zusammen mit dem Obst essen (mehr hilft nicht mehr!).
- *Bromelin,* ein Konzentrat aus eiweißspaltenden Enzymen, die in Ananasfrüchten vorkommen. Bromelin soll die Proteinhülle von Krebszellen angreifen, die der normalen Zellen jedoch unangetastet lassen, und den Blutkreislauf günstig beeinflussen. Empfohlene Dosierung: viermal täglich 100 mg als Tabletten vor den Mahlzeiten. (Um die gleiche Menge aus frischen Ananasfrüchten aufzunehmen, müßten Sie mehrere hintereinander essen!) Die Wirksamkeit ist wissenschaftlich noch nicht sicher erwiesen.
- *Gamma-Linolensäure,* eine essentielle Fettsäure, die auch bei der Behandlung des →Prämenstruellen Syndroms eine Rolle spielt und im Öl der Nachtkerze, in Schwarzen Johannisbeeren sowie im Borretschkraut vorkommt. Diese Fettsäure fördert die

körpereigene Prostaglandinproduktion sowie die Entwicklung bestimmter Immunzellen und hemmt – zumindest im Tierversuch – die Vermehrung von Krebszellen. Empfohlen werden vor allem Johannisbeerkapseln, 1–3 Dosen täglich, bis zu maximal 500 mg pro Tag.

Weitere Krebsabwehr-Maßnahmen

Neben den oben bereits genannten pflanzlichen Stoffen hat die →Pflanzenheilkunde noch zahlreiche weitere Mittel anzubieten, die bei verschiedenen Krebsformen als hilfreich gelten – wenn sie auch noch nicht alle wissenschaftlich überprüft bzw. auf ihre wirksamen Inhaltsstoffe hin durchgetestet wurden. So werden von Kräuterkundigen beispielsweise folgende Heilpflanzen zur unterstützenden Krebstherapie empfohlen: *Phytolacca americana,* ein Kermesbeerengewächs, bei Eierstockkrebs, roter Klee und Spitzwegerich bei Gebärmutter- und Gebärmutterhalskrebs, *Petasites officinalis*, Gemeine Pestwurz, bei Brusttumoren sowie die Rinde des südamerikanischen Baumes Lapacho (auch Pau d'Arco genannt) bei Leukämie.

Der Ethnobotaniker Dr. Mark J. Plotkin, Autor eines überaus lesenswerten Werkes über die Heilpflanzen und -traditionen südamerikanischer Schamanen[2)], weist darauf hin, daß viele schulmedizinisch verwendeten Anti-Krebs-Medikamente auf den Inhaltsstoffen von Pflanzen basieren: so etwa Taxol, 1992 in den USA als Mittel bei Eierstockkrebs zugelassen; es enthält ein stark wirksames Alkaloid aus Rinde und Nadeln der Pazifischen Eibe; oder Vinblastin, das wie mehrere andere Alkaloide zur Krebsbehandlung aus *Catharanthus roseus,* einem Hundsgiftgewächs, stammt. Opiate und Morphium-Präparate schließlich, die in der Schmerztherapie bei als unheilbar geltenden Krebserkrankungen eingesetzt werden, werden bekanntlich aus Schlafmohn gewonnen.

Pflanzenheilkundliche Mittel, die gegen Krebs helfen können, sind meist zugleich auch starke Gifte; es kommt daher sehr auf die exakte Zubereitung und Dosierung an. Auf gar keinen Fall sollten Krebskranke daher auf eigene Faust mit Heilkräutern »herumdoktern«: Solche Behandlungen sollten immer mit erfahrenen Heilkundigen abgesprochen oder ganz ihnen überlassen werden. Und natürlich ist es auch nicht sehr sinnvoll, solche Mittel erst im Endstadium einer Krebserkrankung auszuprobieren, wenn alle anderen Verfahren bereits fehlgeschlagen sind und der gesamte Organismus bereits stark geschwächt ist. Dann kann selbst die beste pflanzliche Medizin keine »Wunderheilungen« mehr bewirken (die ohnehin so rar sind wie weiße Raben).

Das gleiche gilt für →Akupunktur-Behandlungen oder Mittel der →Homöopathie, die in der Krebstherapie begleitend zu schulmedizinischen Verfahren (etwa vor oder nach einer Krebsoperation) angewendet werden. Beide Methoden können die Immunkräfte stärken und Chemotherapeutika einsparen helfen, Schmerzen lindern und die Psyche aufhellen. Als alleinige Krebstherapeutika – womöglich in sehr spätem Stadium – reichen sie jedoch keinesfalls aus.

Eine naturheilkundliche Theorie zur Krebsentstehung besagt, daß Radongase aus dem Erdboden, wie sie sich in schlecht lüftbaren Häusern ansammeln, sowie Erdstrahlen bzw. deren Zusammenwirken mit Wasseradern für Krebserkrankungen zumindest mitverantwortlich sein können. Zur Krebs-Vorbeugung wie auch zur Unterstützung des Heilprozesses wird daher dringend empfohlen, Wohn- und Kellerräume regelmäßig und ausgiebig zu lüften und Betten, Sessel usw., in denen man täglich viele Stunden verbringt, so zu verstellen, daß sie nicht mehr über potentiell gefährlichen geopathischen Kreuzungen stehen. Begabte können solche Punkte selbst auspendeln (gute Anleitungen dazu gibt beispielsweise Dr. Anton Stangl in seinem einschlägigen Ratgeber[3)]) oder sich an eine Rutengängerin bzw. einen Rutengänger wenden.

Maßnahmen der biologischen Krebsabwehr eignen sich prinzipiell für alle Frauen, vor allem aber für diejenigen, die

- gerade eine Krebserkrankung diagnostiziert bekommen haben,
- chronisch an Krebs erkrankt sind und sich im Remissionsstadium befinden,

- sich von stark belastenden schulmedizinischen Krebstherapien erholen müssen,
- nicht an Krebs erkrankt, doch aufgrund ihrer Zugehörigkeit zu einer besonderen Risikogruppe stärker krebsgefährdet sind als andere,
- biologische Therapiemethoden den schulmedizinischen bei jeder Art von Erkrankung vorziehen.

Selbsthilfe

Die meisten Maßnahmen zur biologischen Krebstherapie – mit Ausnahme natürlich der medikamentösen – eignen sich auch zur Krebsvorbeugung: Jede Frau, die möglichst gesund zu leben versucht und die obengenannten Tips zur Entschlackung, gesunden Ernährung usw. beherzigt, kann bereits sehr viel für das gute Funktionieren ihres Immunsystems tun, das dann auch mit Krebszellen – die nach einer weithin akzeptierten Theorie wahrscheinlich in uns allen gelegentlich entstehen – leichter fertig wird. Eine hundertprozentige Garantie, niemals Krebs zu bekommen, gibt es jedoch nicht. Sollte also bei Ihnen irgendwann einmal eine Krebserkrankung diagnostiziert werden, oder sollten Sie kürzlich erfahren haben, daß Sie an Krebs erkrankt sind, können Sie folgendermaßen vorgehen:

Erster Schritt: Erkundigen Sie sich danach, welche Zeit zur *Entscheidung über therapeutische Wege* Ihnen zur Verfügung steht. Bei rasch wachsenden, sehr bösartigen Tumoren ist die Zeit knapp; bei vielen anderen Krebsformen haben Sie durchaus einige Wochen Zeit zum Überlegen und Einholen aller für Sie wichtigen Informationen. Also nicht in Panik geraten – meistens brauchen Sie nichts überstürzen.

Zweiter Schritt: Informieren Sie sich über begleitende, unterstützende und alternative Krebstherapien, wo Sie nur können: bei Ärztinnen und Ärzten für Naturheilverfahren (siehe Gelbe Seiten im Telefonbuch), einer Heilpraktikerin, einem Heilpraktiker Ihres Vertrauens, bei der Gesellschaft für biologische Krebsabwehr (frankierten Rückumschlag beilegen!), bei der naturheilkundlichen Abteilung eines Krankenhauses oder einer Klinik in Ihrer Nähe, bei psychosomatisch orientierten Krebskliniken, im Klinikum der Privatuniversität Witten-Herdecke, außerdem in guten Sachbüchern (siehe Literaturliste), bei Frauen-Selbsthilfegruppen Krebs und last but not least bei Frauen aus Ihrem Bekanntenkreis, die eine Krebserkrankung überstanden haben und möglicherweise auch naturheilkundlich behandelt wurden.

Dritter Schritt: Beginnen Sie sofort mit einer Entgiftungsaktion für Ihren Organismus. Geben Sie augenblicklich das Rauchen auf; lassen Sie die Finger von Alkohol und jeglichen, für Ihre Gesundheit nicht unabdingbaren, ärztlich verschriebenen Tabletten; hören Sie mit der Einnahme der Antibabypille auf; falls Sie eine andere Hormontherapie machen, sprechen Sie mit Ihrer Ärztin oder Ihrem Arzt darüber, ob Sie sie nicht besser abbrechen sollten. Machen Sie einige Tage lang eine entschlackende Fastenkur (→Heilfasten), und stellen Sie Ihre Ernährung dann auf gesunde Vollwertkost um (→Ernährungstherapie und die oben genannten Empfehlungen). Wenn möglich, machen Sie drei Tage lang je einen Kaffee-Einlauf zur Darmreinigung, und essen Sie viel Biojoghurt mit Milchsäurebakterien zum Aufbau Ihrer Darmflora. Auf diese Weise bereiten Sie sich optimal auf eine eventuell nötige Operation, Chemotherapie oder Strahlenbehandlung vor. Je besser Ihr Organismus – also Sie selbst, mit all Ihren körperlichen, geistigen und seelischen Abwehrsystemen! – für die Krebstherapie gerüstet ist, desto eher verkraften Sie auch möglicherweise nötige, aggressive Maßnahmen der Krebsbekämpfung.

Vierter Schritt: Überlegen Sie gemeinsam mit den Sie behandelnden Ärztinnen und Ärzten, welche naturheilkundlichen und psychisch kräftigenden Maßnahmen für Sie zusätzlich in Frage kommen. Lassen Sie nicht locker, und lassen Sie sich auch nicht davon abschrecken, daß Krankenkassen sich oft zunächst weigern, für bestimmte Therapieverfahren (mit) aufzukommen. Informieren Sie sich genau über alle Ihre Rechte; suchen Sie sich Unterstützung, wo Sie nur können, bleiben Sie aktiv. Depressiv werden können Sie immer noch (das bleibt unter dem Einfluß schulmedizinischer Behandlungsmaßnahmen ohnehin kaum aus und ist auch völlig normal). Nutzen Sie jeden positiven Augenblick, um sich darüber klarzuwerden, welche Art der Therapie Sie für sich wollen, und setzen Sie dann alles daran, sie auch zu bekommen! Je mehr Sie von einer Behandlungsform überzeugt sind und je wohler Sie sich im ganzheitlichen Sinne dabei fühlen, desto besser bekommt sie Ihnen, vor allem auf längere Sicht.

Genannte Literatur:

1) Dawson, Donna: Krebs bei Frauen. Alles, was Sie über Vorsorge, Therapie und Nachsorge wissen müssen. Wilhelm Heyne Verlag, München 1994.
2) Plotkin, Mark J.: Der Schatz der Wayana. Abenteuer bei den Schamanen im Amazonas-Regenwald. Scherz Verlag, Bern, München, Wien 1994.
3) Stangl, Anton: Pendeln. Grundlegung, Persönlichkeit, Gesundheit, Lebensalltag, Geopathie. Econ Taschenbuch Verlag, Düsseldorf 1987.

Weitere Literaturempfehlungen:

Berg, Lilo: Brustkrebs: Wissen gegen Angst. Verlag Antje Kunstmann, München 1995.

Beyersdorff, Dieter: Biologische Wege zur Krebsabwehr. Mittel und Möglichkeiten zur Vorbeugung und Verbesserung der Heilungschancen. Verlag für Medizin Dr. Ewald Fischer, Heidelberg, 3. erw. Aufl. 1984.

Breuß, Rudolf: Krebs, Leukämie und andere scheinbar unheilbare Krankheiten mit natürlichen Mitteln heilbar. Selbstverlag R. Breuß, Winkelweg 6, A-6700 Bludenz/Vorarlberg, erw. Aufl. 1989.

Feuerabendt, Sigmund: Lachen heilt Krebs. Eine Anregung zur Heilung einer unheilbaren Krankheit. Verlag Wilhelm Ennsthaler, Steyr 1984.

Gawler, Dr. Ian: Krebs – ein Signal der Seele? Vorbeugen und heilen ist möglich. Verlag Peter Erd, München 1985.

Köhnlechner, Manfred: Leben ohne Krebs. Wege zum Ziel. Droemer Knaur, München 1980.

Lange-Ernst, Maria-Elisabeth: Krebs… und danach? Hädecke Verlag, Weil der Stadt 1984.

Leibold, Gerhard: Krebsangst und Krebs behandeln. Vorwort von Prof. Dr. med. Friedrich Douwes. Falken-Verlag, Niedernhausen 1986.
Lorde, Audre: Auf Leben und Tod. Krebstagebuch. Orlanda Frauenverlag, Berlin 1984.
Ohrendorf, Marion/Sonntag, Dieter: Krebs und Abwehrschwäche: Selbstbehandlung durch Ernährung. Jungjohann Verlagsgesellschaft, Neckarsulm/München 1988.
Roud, Paul C.: Diagnose: unheilbar, Therapie: Weiterleben. Kreuz Verlag, Zürich 1992.
Verres, Rolf: Die Kunst zu leben. Krebsrisiko und Psyche. Piper Verlag, München/Zürich 1991.

Weiterführende Anschriften:

Frauenselbsthilfe
nach Krebs e. V.
Bundesverband
B6, 10/11
68159 Mannheim

Gesellschaft für Biologische
Krebsabwehr
Hauptstr. 27
69117 Heidelberg

Gesellschaft für Angewandte
Erfahrungsheilkunde
und Biologische Krebsbekämpfung
Internat. Kooperation e. V.
Hildastr. 55
77654 Offenburg

Arbeitskreis Hyperthermie
Gerstenweg 11
73733 Eßlingen

Frauenselbsthilfe nach Krebs
Medizinisches Selbsthilfezentrum
Obere Augartenstr. 26-28
A-1020 Wien

Österreichische Krebsliga
Spitalgasse 17 a
A-1090 Wien

Krebshilfe Beratungszentrum
Wien
Theresiengasse 46
A-1180 Wien

Schweizerische Krebsliga
Monbijioustr. 61
CH-3001 Bern

Krebstelefon Schweiz (gratis):
Montag bis Freitag 16–19 Uhr
0 31–1 55 88 38

Telefonberatung Krebsinformationsdienst (KiD)
Mo. bis Fr. 8–20 Uhr
Tel. (Deutschland)
0 62 21 – 41 01 21

»Leben wie zuvor«
(Frauen nach Brustkrebs)
c/o Susi Gaillard
Unterer Rebbergweg 96
CH-4153 Reinach

Chirotherapie

zur Selbsthilfe nicht geeignet

Die Chirotherapie, auch Chiropraktik oder Manuelle Medizin genannt, geht auf den amerikanischen Heilkundigen Daniel David Palmer zurück, der 1895 einem Patienten die schmerzende Halswirbelsäule wieder zurechtrückte – und damit dem seit 17 Jahren unter Taubheit Leidenden das Gehör zurückgab. Palmer beschäftigte sich daraufhin näher mit der schon dem altgriechischen Arzt Hippokrates bekannten Kunst des »Rückeneinrenkens« und dem, was damals über die Funktion der Wirbelsäule, der Muskulatur und der Nerven bekannt war. Trotz vieler anatomischer und funktioneller Irrtümer Palmers konnte sich die Chirotherapie bald auch innerhalb der Ärzteschaft etablieren. Sie wird heute vielfach von Orthopäden, aber auch von speziell darin geschulten Heilpraktikern und Masseuren angewendet (zumeist Männern, denn sie verlangt den Fachleuten manchmal relativ viel Kraft ab; auch eine gewisse Körpergröße ist bei manchen therapeutischen Griffen von Vorteil).

Wie die Behandlung vor sich geht

In der Chirotherapie werden die an der Wirbelsäule ansetzenden Muskeln, Sehnen und Bänder zunächst mit bestimmten Handgriffen gewärmt, gelockert und geschmeidig gemacht. Im Verlauf der Behandlung können Wirbel, die von Muskelverkrampfungen in eine falsche Lage gezerrt worden sind und dabei auf schmerzleitende Nerven gedrückt haben, wieder in die richtige Position gerückt werden. Das entlastet die Nervenstränge, verbessert die Durchblutung – auch der Wirbelkörpergewebe – und verhindert, daß sich die Muskeln sofort wieder in einem anatomisch falschen Muskelzug verkrampfen. Den Abschluß der chirotherapeutischen Sitzung bildet meist eine heilsame Massage für Nacken, Schultern, Rücken, Gesäß und Beine, oftmals mit einem durchblutungsfördernden Öl der →Aromatherapie.

Manchmal ist bereits nach einer einzigen Sitzung ein jahrelanger Rücken- oder Schulterschmerz oder ein akuter sogenannter Hexenschuß wie weggeblasen (→Rückenschmerzen). Gelegentlich sind mehrere Sitzungen notwendig, um die gesamte Wirbelsäule wieder ins Lot zu bringen und die zugehörige Muskulatur zu entspannen.

Die Chiropraktik eignet sich besonders für Frauen, die

- unter chronischen oder akuten Spannungskopfschmerzen, Schmerzen in der Halswirbelsäule oder dem Nacken-Schulter-Bereich, Kreuzweh, Hexenschuß, Ischiasleiden oder allgemein stark verspanntem Rücken leiden,
- nicht wehleidig oder geräuschempfindlich sind (manchmal knackt oder kracht es hörbar beim Zurechtschieben der Wirbel),
- Manipulationen an ihrem Körperselbst ertragen können.

Wer darf nicht behandelt werden?

Frauen mit Osteoporose (Knochenbrüchigkeit), degenerativen Skelettveränderungen (etwa abgenutzten Bandscheiben), Rückgratverletzungen oder Knochentumoren dürfen sich nicht chirotherapeutisch behandeln lassen. Solche Leiden sollten vorher mittels Röntgendiagnostik ausgeschlossen worden sein. Auch eine entzündliche Infektion im Rückenbereich muß vor der chiropraktischen Behandlung ausgeheilt sein, desgleichen akute Infektionskrankheiten aller Art. Wenn Sie Fieber haben, müssen Sie den Behandlungstermin verschieben.

Achtung!

Chirotherapeutische Behandlungen sollten nicht zu häufig hintereinander durchgeführt werden, sonst kann es passieren, daß die Bänder überdehnt werden und die Wirbelsäule regelrecht ausleiert.

Besonders kritisch sind Manipulationen an der Halswirbelsäule und das früher recht beliebte kurzfristige »Aufhängen« (Hochheben am Kopf, so daß die Halswirbelkörper wieder in die richtige Lage gleiten). Ein falscher Griff kann hier sogar den Tod verursachen; solche Praktiken sollten Sie daher allenfalls von einem chiropraktisch geschulten Orthopäden vornehmen oder sicherheitshalber ganz bleiben lassen. Zum Strecken der Halswirbelsäule gibt es heute Geräte, deren fachgerechte Anwendung weit weniger gefährlich ist.

Literaturempfehlungen:
siehe →Rückenschmerzen

Weiterführende Anschriften:

Arbeitsgemeinschaft für
Chiropraktik, Osteopathie
und Neuraltherapie
Hochstr. 15
58119 Hagen

Arbeitsgemeinschaft für
Chiro-Gymnastik e. V.
Gartenstr. 8
56414 Dreikirchen

Deutsche Gesellschaft für
Manuelle Medizin e. V.
Ostenallee 80
59071 Hamm

Österreichische Ärztegesellschaft für manuelle Medizin
e. V.
Speisinger Str. 109
A-1134 Wien

Schweizerische Ärztegesellschaft für Manualmedizin
c/o Klinik Schulhess
Neumünsterallee 10
CH-8008 Zürich

Chronobiotherapie

zur Selbsthilfe geeignet

Leben ohne Rhythmen ist undenkbar: Vom kleinsten Bakterium bis zum hochkomplizierten menschlichen Organismus ist alles Lebendige ganz bestimmten, immer wiederkehrenden Rhythmen unterworfen, die sein Leben bestimmen. Zu diesen in genau definierbaren Zeitabständen ablaufenden Vorgängen gehören beispielsweise Zellteilungs-, Vermehrungs- und Fortpflanzungszyklen, Herzschlag, Stoffwechselaktivitäten, Hormonausschüttungen, Schlaf-Wach-Rhythmen und vieles mehr. In der Natur erleben wir unter anderem die Zyklen der Jahreszeiten, des Erdumlaufs um die Sonne (er dauert ca. 365,25 Tage), des Mondumlaufs um die Erde (29,5 Tage = Lunarmonat) und der Erddrehung um die eigene Achse (ca. 24 Stunden). Jeder Frau bestens bekannt ist ein biologischer Rhythmus, der sie die ganze, rund 35 bis 40 Jahre dauernde Phase ihrer Fruchtbarkeit hindurch begleitet: der Menstruationszyklus. Im Idealfall dauert auch er von einer Blutung bis zur nächsten genau 29,5 Tage, mit einer als normal angesehenen Schwankungsbreite von plus/minus vier Tagen. Frauen aus frühgeschichtlichen Kulturen, die ihre Menstruationstermine berechneten, verdanken wir die Zeitrechnung mittels Kalender, die Metrik (altgriechisch für »Mutter« wie auch für »Messung«) sowie die Grundlagen der Mathematik, wie Barbara G. Walker in ihrem einzigartigen Lexikon ›Das geheime Wissen der Frauen‹ feststellt[1)]. Da die Menstruation in diesen Zyklen unübersehbare Zeichen setzt, gehört der weibliche Zyklus zu den am besten erforschten aller Biorhythmen*, mit denen sich die sogenannte Chronobiologie als Lehre von den biologisch bedingten Rhythmen und Zyklen beschäftigt.

Andere biologische Rhythmen zeigen sich weniger deutlich, sind daher schwerer aufspürbar und oft nur unter Einsatz kompli-

* Als Biorhythmen werden hier wissenschaftlich nachweisbare biologische Rhythmen bezeichnet. Mit der »Biorhythmik«, den Vorausberechnungen von Körper-, Seelen- und Geistrhythmen, wie Dr. med. Wilhelm Fliess (1858 bis 1928) sie entdeckt zu haben glaubte, haben diese Rhythmen nichts zu tun.

zierter Apparaturen erforschbar. Dazu gehören zum Beispiel die periodisch ablaufenden Schlafphasen (und darin die Phasen des Träumens), die im Tagesverlauf zyklisch zu- und abnehmenden Ausschüttungen vieler Hormone, die wiederum bestimmte Organe zur Arbeit oder Ruhe anhalten, die mehrmals täglich an- und abschwellende Intensität der Schmerzempfindung oder die in etwa neunzigminütigem Takt auftretenden Tagesphasen der Ermüdung und des Harndrangs. Die meisten unserer Lebensäußerungen laufen rhythmisch ab, und die meisten ändern periodisch ihre Intensität, auch wenn uns diese Zyklen in den seltensten Fällen deutlich bewußt sind.

Biologische und soziale Zeitgeber

Jeder biologische Rhythmus benötigt einen oder mehrere »Dirigenten«, sogenannte Zeitgeber, um richtig ablaufen zu können. Eine besonders wichtige Zeitgeberin ist die Sonne, deren Licht eine Fülle organischer Vorgänge in Gang setzt bzw. verhindert: Das sogenannte Schlafhormon Melatonin zum Beispiel wird erst dann vermehrt in unserer Zirbeldrüse (Epiphyse) gebildet, wenn es abends wieder dunkel geworden ist; seine Konzentration im Blut steigt nachts auf das Fünf- bis Zehnfache des Tageswertes an. Wachstumshormone werden verstärkt in den Sommermonaten, in erheblich geringerem Maß in den dunklen Wintermonaten ausgeschüttet. Die Blutspiegel der Sexualhormone steigen im Herbst und sinken im Frühjahr, einer Zeit, in der viele Menschen unter Frühjahrsmüdigkeit leiden.

Ein besonderer Zeitgeber ist auch der Mond mit seiner periodisch, je nach Mondentfernung von der Erde an- und abschwellenden magnetischen Anziehungskraft, die unter anderem Ebbe und Flut auslöst. Seine elektromagnetischen Wellen – genauer: die Sonnenstrahlen, die von diesem Himmelskörper reflektiert werden – sind wahrscheinlich mit dafür verantwortlich, daß sich überall auf der Welt Geburten zu Vollmond häufen.

Rhythmusbestimmend und -verfestigend wirken daneben aber auch zahlreiche Gewohnheiten, die unseren Tagesablauf bestimmen: gesellschaftlich sanktionierte Aufsteh-, Arbeits-, Pausen-, Essens- und Schlafenszeiten, denen die meisten von uns unterworfen sind, ob sie wollen oder nicht.

Sobald unsere biologischen Rhythmen und die gesellschaftlich vorgegebenen – oder auch individuell gewählten – Zeitgeber über längere Zeit nicht übereinstimmen, kann das nach den Erkenntnissen der Chronobiologie üble Folgen für die Gesundheit haben. Das ist dann so, als würde ein Orchester von mehreren Personen gleichzeitig, doch mit unterschiedlichem Taktschlag dirigiert: steigende Verwirrung, schließlich Kakophonie und Chaos. Ähnlich ergeht es dem zentralen und dem vegetativen Nervensystem, wenn seine genetisch verankerten, über Millionen Jahre Evolution den natürlichen Gegebenheiten angepaßten biologischen Rhythmen durch unnatürliche, von außen aufgezwungene Rhythmen aus dem Takt gebracht werden. Der Organismus reagiert schließlich mit Störungen, Beschwerden, Krankheiten – je starrer seine rhythmische Koordination, desto heftiger. Da das weibliche Geschlecht in vielen Bereichen anpassungsfähiger und flexibler ist als das männliche, können Frauen solche Rhythmusstörungen oftmals länger aushalten als Männer. Irgendwann werden jedoch auch sie unweigerlich krank davon.

Viele Menschen fühlen sich ihr Leben lang »biorhythmisch vergewaltigt«, weil ihre innere Uhr nicht mit den äußeren Anforderungen übereinstimmt. Genetisch verankert und daher bei aller Willensanstrengung nur schwer veränderlich ist nämlich eine weitere Taktgeberin, die sich auf den Rhythmus aller biologischen, psychischen und geistigen Funktionen auswirkt: die offenbar angeborene Eigenschaft, eine »Morgenlerche« (Frühaufsteherin) oder eine »Nachteule« zu sein, die lange aufbleibt und morgens länger schläft. Frauen mit Kindern, vor allem aber Stillende haben sehr oft damit zu kämpfen, daß ihr eigener Schlaf-Wach-Rhythmus nicht mit dem des Kindes übereinstimmt: Es hat Hunger, wenn sie gerade im Tiefschlaf liegen, reißt sie frühmorgens aus dem Bett, wenn sie noch völlig schlaftrunken sind, oder hält sie abends lange wach, wenn ihr ganzer Organismus nach Ruhe lechzt.

Auch Schichtarbeiterinnen, die sich in wöchentlichem Wechsel – oft sogar in noch kürzeren Abständen – an unterschiedliche

Arbeitszeiten gewöhnen müssen, tun ihrem Organismus damit auf längere Sicht Gewalt an. Für Schwangere sind daher in vielen Ländern Schicht- und Nachtarbeit gesetzlich verboten: Schwangerschaft ist zwar alles andere als eine Krankheit, in jedem Fall aber eine Belastungsprobe, die nicht auch noch durch künstliche Rhythmusverschiebungen verschärft werden sollte.

Vielen Frauen wohlbekannt ist auch das körperlich-geistig-seelische Chaos, das sich bei raschem Reisen durch mehrere Zeitzonen einstellt: *Jet-lag*, zu deutsch etwa »hinter dem Flugzeug zurückbleiben«, heißt das Phänomen, das bei besonders empfindlichen Menschen sogar bis zur Jet-lag-Krankheit gehen kann. Tagelange Desorientiertheit, Schwindelgefühl, Erbrechen, Schlaflosigkeit oder bleierne Müdigkeit mit entsprechendem Leistungsabfall setzen Sie außer Gefecht, wenn Sie doch gerade fit auf eine wichtige Konferenz oder urlaubshungrig auf Entdeckungsstreifzüge gehen wollen. Selbst für Stewardessen, Geschäftsfrauen oder Politikerinnen, die häufig Fernflüge über Zeitzonengrenzen zu absolvieren haben, ist es unmöglich, sich völlig an den Jet-lag zu gewöhnen. Allenfalls können sie ihren Organismus mit ein paar Tricks, etwa bestimmten Veränderungen ihrer Schlaf- und Eßgewohnheiten vor, während und nach der Reise überlisten. Auf Dauer tragen aber auch sie Gesundheitsschäden davon.

Eine wichtige soziale Zeitgeberin ist die weltweite Einteilung des Tages in 24 Stunden. Diese Vorgabe weicht allerdings vom chronobiologisch ermittelten Zeittakt des menschlichen Organismus ab: In einer Höhle oder einem unterirdisch gelegenen Raum ohne Uhr sich selbst überlassen, zeigten Versuchspersonen meist einen Tagesrhythmus von ca. 24,8 Stunden, der interessanterweise der Mondumdrehung um die Erde genau entspricht. Etwa zehn Prozent aller Menschen haben einen solchen »langen« Rhythmus auch im normalen Leben (oder hätten ihn, wenn sie denn dürften); weitere zehn Prozent haben bzw. hätten eigentlich einen kürzeren von ca. 23 Stunden oder weniger. Der 24-Stunden-Tag ist also im Grunde nur ein »mehrheitsfähiger Konsens«, ein gemeinsamer Nenner für möglichst viele. Und wie bei allen von Menschen ersonnenen Zeitgebern müssen diejenigen unter ihm leiden, die chronobiologisch nicht in das Mehrheitskorsett passen.

Sehr viele Erkrankungen – von Winterdepressionen, Frühjahrsmüdigkeit, Erkältungsanfälligkeit, Libidoproblemen bis hin zu Menstruations- und Schlafstörungen – haben ihre tiefere Ursache darin, daß biologische Rhythmen nicht beachtet, von gesellschaftlich vorgegebenen Rhythmen überlagert oder durch Gewohnheiten, Arbeitsbedingungen und individuelle Störmanöver außer Kraft gesetzt werden (siehe Tabelle 3). Mit Hilfe eines Therapieansatzes, der auf den Erkenntnissen der Chronobiologie beruht, lassen sich solche krankmachenden Rhythmusverschiebungen aufspüren und großenteils auch wieder zurechtrücken.

Tabelle 3: Biologische Rhythmen im Frauenleben

Vorgang	Intervalldauer	Einflußfaktoren
Hirnwellen	Sekundenbruchteile	kürzer z. B. bei geistiger Aktivität, Streß; länger bei Tiefenentspannung, Meditation, Tiefschlaf
Herzschlag	knapp 1 Sekunde	kürzer z. B. bei Erregung, Fieber, Streß, Anstrengung; länger bei Entspannung, Schlaf, Unterkühlung
Atmung	ca. 6 Sekunden	kürzer z. B. bei Atemwegsleiden, Streß, Anstrengung, Erregung, Schmerzen, »Hecheln« bei Entbindung; länger im Schlaf, bei Tiefenentspannung, Unterkühlung, bewußter Atemführung
Aktivitäts-Ermüdungs-Zyklus	ca. 90 Minuten	kürzer z. B. bei Streß, Sauerstoffmangel, Lichtmangel, schwächenden Erkrankungen; länger bei Eutonie (»Wohlspannung«), Sonnenschein, guter allgemeiner Durchblutung, großem Interesse

Vorgang	Intervalldauer	Einflußfaktoren
Traumphasen während des Schlafs	ca. alle 90 Minuten	kürzer z. B. bei Übererregtheit, Schlafstörungen; unterdrückt bei Einnahme von Schlaftabletten
Blutzuckerabfall/ Hungergefühle	ca. 90 Minuten	kürzer z. B. bei Zuckerkrankheit, großer körperlicher Anstrengung, Zufuhr »leerer«, zu rasch abbaubarer Kalorien; länger bei Vollwerternährung, Heilfasten, fiebrigen Erkrankungen
zirkadianes (tägliches) Auf und Ab der Körpertemperatur	ca. 24 Stunden; morgens um ca. 3–4 Uhr am tiefsten, abends gegen 20–21 Uhr am höchsten	kürzere Wellenbewegung z. B. bei Streß; veränderte Wellen u. U. bei fieberhaften Erkrankungen; längere Wellen bei Dauer-Aufenthalt »unter Tage«
zirkatrigintane (monatliche) Körpertemperatur-Schwankungen	je nach Zyklusdauer ca. 24–33 Tage, Anstieg um 1–2 °C kurz vor dem Eisprung in der Zyklusmitte, später Absinken	kürzer oder länger z. B. bei Streß, Operationen, Störungen im Hormonhaushalt, Leben ohne Sex; Ausbleiben bei Schwangerschaft, bei Einnahme der Antibabypille oder Ausbleiben des Eisprungs
Schlaf-Wach-Zyklus	ca. 24 Stunden, davon 7–8 Stunden Schlaf	kürzer z. B. bei Babies, Heranwachsenden, Bettlägerigkeit; länger bei Dauer-Aufenthalt »unter Tage«, bei Schlafstörungen, in Gefahrensituationen
Immunabwehr-Rhythmus	ca. 1 Woche (z. B. bei Erkältung, Lungenentzündung, Malaria, Organtransplantation)	kürzer oder länger je nach Erkrankung und Immunlage

Vorgang	**Intervalldauer**	**Einflußfaktoren**
Menstruations-zyklus	»ideal«: 29,5 Tage; »normal«: 24–33 Tage	kürzer oder länger z. B. in der Pubertät, in den Wechseljahren, bei Streß, Radikaldiät, Leistungssport, chronischem Eisenmangel, Schilddrüsenüber- oder -unterfunktion, Hypophysentumoren, Endometriose, schwerem Kummer, Störungen der Geschlechtshormon-Rhythmik, Reisen durch Zeitzonen; unterdrückt bei Einnahme der Antibabypille, Magersucht, lebensbedrohlichem Streß; natürliches Aufhören bei Schwangerschaft und nach der Menopause
Schwangerschaft	263–273 Tage, Durchschnitt: 266 Tage = 9 Lunarmonate	kürzer bei Frühabgang, Fehl-, Frühgeburt, künstlicher Geburtseinleitung; länger (Übertragung) bei Gebärmutterschwäche
maximale Empfängnis-fähigkeit	ca. 1 Jahr	bei 25–39jährigen Frauen am häufigsten im Spätsommer; bei Teenagern: zur jährlichen Wiederkehr des Menarche-Zeitpunkts; bei 20–24jährigen: im Spätherbst bis zum Jahresende; bei Frauen ab 40: zwischen April und Juni
Winter-depressionen	je nach Aufenthaltsort alljährlich 4–7 Monate	kürzer bei erhöhter Sonnenscheindauer oder Lichttherapie; länger bei verringerter Sonnenscheindauer oder Dauer-Aufenthalt »unter Tage«

Vorgang	Intervalldauer	Einflußfaktoren
Fruchtbarkeitsphase	durchschnittlich 35 (5x7) Jahre	kürzer z. B. bei Spätpubertät, Hormonstörungen, Vielraucherinnen, Gebärmutterentfernung; länger bei Frühpubertät, vielen Schwangerschaften, künstlichen Hormonbehandlungen
Lebensphasen	Sieben-Jahres-Rhythmen: Kindheit 2x7, Reifezeit 1x7, Fruchtbarkeit 5x7, Wechsel 1x7, Alter 2x7 (teils Überschneidungen)	kürzer z. B. bei bestimmten Erkrankungen, vorzeitigem Energieverschleiß; länger u. U. bei genetisch bedingter Langlebigkeit

Zeittherapie im Schlaflabor

Eine Möglichkeit, verschobene zeitliche Zyklen zu normalisieren, wird in Schlaflabors und -kliniken realisiert, in denen sich Menschen mit schweren Schlafstörungen behandeln lassen können. Sie werden beispielsweise zuerst 24 bis 36 Stunden lang wachgehalten (ein Trick, der sich auch bei starken Depressionen oft bewährt) und dann allmählich an ihre normalen Einschlafzeiten herangeführt. Ein solches Vorgehen ist Teil der *Chronotherapie,* die aus der Schlafforschung heraus entwickelt wurde. Um Verwechslungen mit diesem Fachausdruck zu vermeiden, habe ich die große Palette der Biorhythmus-Behandlungen hier *Chronobiotherapie* getauft. Zu ihr gehören auch viele Anwendungen der →Lichttherapie, der →Farbtherapie, des →Kneippens und anderer ganzheitlicher Naturheilverfahren.

Selbsthilfe

Für eine Chronobiotherapie, die als Selbsthilfe praktiziert wird, ist vor allem zweierlei nötig: die Erkenntnis, welcher biologische Rhythmus jeweils aus dem Takt gekommen ist und wodurch, sowie der feste Wille, alles nur irgend mögliche zu tun und durchzusetzen, damit dieser Rhythmus wieder zu seinem natürlichen Takt zurückfinden kann. Besonders passiven, autoritätsgläubigen, ängstlichen oder in ihrer Lebensenergie geschwächten Frauen mag es schwerfallen, diese Willenskraft aufzubringen. Aktive, durchsetzungsfreudige, unerschrockene »Energiebündel« wiederum tun sich vielleicht besonders schwer, überhaupt zu akzeptieren, daß auch sie in bestimmte übergeordnete Rhythmen und Zyklen eingebunden sind, die sie nicht ungestraft über längere Zeit durchbrechen können. Beispiel: Leistungssportlerinnen, die sich immerzu Höchstleistungen abverlangen und dafür ihren Monatszyklus, der sie angeblich schwach macht, mit künstlichen Hormonen jahre- bis jahrzehntelang unterdrücken. Sobald sie von der Sportbühne abtreten oder eine »Kinderwunschpause« einlegen, soll ihr Zyklus wieder wunschgemäß funktionieren. Aber das klappt dann natürlich meistens nicht. Also werden wieder Hormone geschluckt... In meinem Buch ›Hormone und Psyche‹[2] habe ich mich eingehend mit den Folgen solcher Zyklus-Vergewaltigungen auseinandergesetzt. Sie mögen kurzfristig zu sportlichen, tänzerischen, beruflichen Erfolgen beitragen. Stärke gewinnt daraus auf Dauer jedoch keine Frau.

Sollten Sie also den Verdacht haben – oder von einer chronobiologisch geschulten Fachkraft bestätigt bekommen –, daß Ihre Erkrankungen und immer wiederkehrenden Beschwerden mit Biorhythmus-Störungen zusammenhängen, ist es zunächst einmal wichtig, daß Sie sich über das Zustandekommen, die zeitlichen Abläufe, die Periodik (= zyklische Wiederkehr) und die möglichen Störfaktoren der Rhythmen informieren, die bei Ihnen durcheinandergeraten sind (siehe dazu auch Literaturempfehlungen S. 131). Dann können Sie sich neu in Ihre Biorhythmen »einschwingen«.

Sollten Sie Medikamente einnehmen müssen, erkundigen Sie sich bei Ihrer Ärztin bzw. Ihrem Arzt nach den entsprechenden Erkenntnissen der *Chronopharmakologie*: Die allermeisten Arzneimittel wirken qualitativ besser und/oder länger, wenn sie zu ganz bestimmten Tageszeiten eingenommen werden. Auch ihre Toxizität, also ihr Nebenwirkungsrisiko, kann je nach Einnahmezeit sehr unterschiedlich sein. Richten Sie sich nach den jeweiligen Empfehlungen. Falls Ihre Ärztin oder Ihr Arzt dazu nichts zu sagen weiß, schreiben Sie die Herstellerfirma an und bitten um Auskunft, oder beobachten Sie selbst Ihre Reaktionen auf unterschiedliche Einnahmezeiten. Sie können dabei Medikamente einsparen lernen sowie ihren Wirkungsgrad und damit Ihre Lebensqualität sehr verbessern.

Für jede Chronobiotherapie sollten Sie außerdem wissen, welcher »biorhythmische Typ« Sie sind, eine »Morgenlerche« oder »Nachteule«, in welchen zeitlichen Abständen Ihre Leistungsspitzen und Ermüdungstiefs auftreten, wie Ihr Menstruationszyklus verläuft, welche Ihrer Beschwerden diesem Zyklus zuzuordnen (und deshalb vielleicht als →Prämenstruelles Syndrom diagnostizierbar) sind, welche jahreszeitlichen Schwankungen Ihre Beschwerden aufweisen, und so weiter.

Aufzeichnungen über drei Zeiträume helfen Ihnen, sich chronobiologisch besser kennenzulernen:

- über sieben Tage hinweg (**Tages- oder Zirkadianrhythmus**), am besten stundenweise,
- über drei bis vier Monate hinweg (**Monats- oder zirkatrigintaner Rhythmus**) und
- über zwei bis drei Jahre hinweg, auch im Nachhinein (**Jahres- oder zirkannueller Rhythmus**).

Der erste Punkt ist meist am leichtesten nachvollziehbar: Ob Sie regelmäßig frühjahrsmüde, sommerwach, winterdepressiv, im Herbst und Frühjahr erkältet sind oder unter einer Pollenallergie leiden, wissen Sie sicherlich recht genau. Schreiben Sie es möglichst Monat für Monat auf!

Ihre zyklischen Besonderheiten von einer Menstruation zur nächsten zeichnen Sie am besten mit Hilfe eines Zykluskalenders auf (in jeder Apotheke oder gynäkologischen Praxis erhältlich).

Vermerken Sie darin mehrere Monate lang täglich Ihr Befinden: Menstruationsbeginn und -ende, Krämpfe, Kopfweh, Migräne, Brustspannen, schlechte Laune, gute Laune, Lust auf Sex, Libidomangel usw. So sehen Sie selbst, welche Störungen periodisch wiederkehren und welche arrhythmisch auftreten, also offenbar nicht mit dem Monatszyklus zusammenhängen. Für eine Diagnose des →Prämenstruellen Syndroms ist diese Selbstbeobachtung unabdingbar; sie kann Ihnen aber auch sonst viele Aufschlüsse über Ihr Leben geben.

Zur Bestimmung Ihrer Tagesrhythmen sind Aufzeichnungen über eine Woche bereits sehr aufschlußreich. Machen Sie eine Tabelle mit 7 Quer- und 24 Längsspalten. Quer tragen Sie die Wochentage ein, längs die Stunden des Tages. Beobachten Sie sich jetzt Stunde für Stunde, Tag für Tag (und tragen Sie morgens für Ihre Schlafenszeiten nach):

- Waren Sie in der jeweiligen Stunde sehr müde oder haben fest geschlafen (x), mäßig müde (/), geistig frisch (–)?
- Markieren Sie außerdem die linke obere Ecke jedes Stundenkästchens schwarz, wenn Sie in der jeweiligen Stunde etwas gegessen oder getrunken haben: ein Glas Milch oder Alkohol, ein Snack, eine Hauptmahlzeit, ein Stück Schokolade – alles zählt, mit Ausnahme von Wasser.
- Legen Sie sich verschiedene Farbstifte zurecht, mit denen Sie Ihre Stundenfelder Ihrem Gemütszustand entsprechend markieren. Wählen Sie beispielsweise folgende Farben: *Rot* für Stunden, in denen Sie sich fröhlich, kreativ, euphorisch, herausfordernd fühlten; *Grün* für Stunden, in denen Sie sich entspannt, beschaulich, ruhig, sanft fühlten; *Blau* für Stunden, in denen Sie erschöpft, ausgelaugt, verärgert, depressiv oder gereizt waren, und schließlich *Violett* für die Stunden, in denen Sie – wie unruhig oder traumlos auch immer – geschlafen haben.

Die Auswertung nach einer Woche gibt Ihnen schwarz auf weiß beziehungsweise farbig Antworten auf folgende Fragen:

- Sind Sie eine »Morgenlerche« (morgens hellwach, Schlafbedürfnis ab 21 Uhr)?
- Sind Sie eine »Nachteule« (Morgenmüdigkeit, Schlafbedürfnis nach 23 Uhr)?

- Zu welchen Zeiten sind Sie gewöhnlich besonders gut drauf und leistungsfähig?
- Zu welchen Zeiten sind Sie gewöhnlich besonders schlecht drauf und brauchen eine Pause?
- Stimmen Ihre inneren Rhythmen mit Ihrem Arbeitsprogramm und Ihren tatsächlichen Schlafenszeiten überein? Falls nicht, überlegen Sie: Wie ließen sich Ihre Arbeit und auch Ihr Privatleben umorganisieren, damit es mehr Übereinstimmungen gibt?
- Neigen Sie dazu, über den Tag verteilt zu selten bzw. zu oft etwas zu essen? Sehen Sie Zusammenhänge mit Ihrer Stimmung (etwa: schlechte Laune infolge von Blutzuckerabfall), Ihrer Müdigkeit und Ihren Leistungstiefs?

Je mehr Sie sich mit Ihren natürlichen Rhythmen und lebensbestimmenden Zyklen beschäftigen, desto mehr Möglichkeiten werden Ihnen auf- und einfallen, wie sie Sie zur Wiederherstellung Ihrer Gesundheit oder zur Krankheitsprävention nutzen und auf welche Weise Sie Störfaktoren ausschalten können. Lassen Sie sich dabei nicht von Statistiken irritieren, die vom »weiblichen Bevölkerungsquerschnitt« sprechen – etwa bei Ihrem Monatszyklus oder Ihrem Schlafbedürfnis. Statistiken, in denen Sie nicht vorkommen, müssen für Sie nicht gültig sein.

Manchmal helfen bereits ganz leicht durchzuführende Tricks – etwa das Verlegen besonders energieaufwendiger Lern- und Arbeitsvorgänge in Ihre leistungsstarken Stunden –, um Ihre Konzentrationsfähigkeit zu steigern und Sie zufriedener und ausgeglichener zu machen. Manchmal ist aber auch eine drastischere Maßnahme nötig, etwa ein Berufs-, Arbeitsplatz- oder Ortswechsel, damit Sie Ihren biorhythmischen Bedürfnissen gerecht werden und Ihre Krankheitsanfälligkeit abstreifen können. Fassen Sie Mut: Lebensumstellungen sind möglich, in beinahe jeder Situation. Seien Sie erfinderisch, und geben Sie nicht zu rasch auf.

Die Chronobiotherapie eignet sich vor allem für Frauen, die
- zeitkrank im weitesten Sinne sind,
- ihr Leben in Zusammenhang mit zyklischen Abläufen des ganzen Kosmos begreifen,

- willens sind, sich gegen unnatürliche, sozial bedingte Zeitgeber und aufgezwungene Rhythmen zur Wehr zu setzen,
- sich selbst besser kennenlernen wollen,
- die nötige Kraft zur Rhythmus-Umstellung aufbringen können und wollen.

Genannte Literatur:

1) Walker, Barbara G.: Das geheime Wissen der Frauen. Ein Lexikon. Deutscher Taschenbuch Verlag, München 1995.
2) Minker, Margaret: Hormone & Psyche. Im Wechselbad der Gefühle. Verlag Antje Kunstmann, München 1990.

Weitere Literaturempfehlungen:

Cutler, Dr. Winnifred B.: Rhythmus der Liebe. Die Zyklen der weiblichen und männlichen Hormone und ihr Einfluß auf eine erfüllte Sexualität. Wilhelm Heyne Verlag, München 1994.
Laerum, Prof. Dr. med. Ole D.: Natürlicher Zeitgeber Biorhythmus. Hippokrates Verlag, Stuttgart 1985.
Lemmer, Björn: Chronopharmakologie – Tagesrhythmen und Arzneimittelwirkung. Wissenschaftl. Verlags-GmbH, Stuttgart 1983.
Paungger, Johanna/Poppe, Thomas: Vom richtigen Zeitpunkt. Die Anwendung des Mondkalenders im täglichen Leben. Heinrich Hugendubel Verlag, München 1991.
Perry, Susan/Dawson, Jim: Chronobiologie – die innere Uhr Ihres Körpers. Entdecken und nutzen Sie den eigenen Rhythmus. Ariston Verlag, Genf 1990.
Rose, Kenneth Jon: Die menschliche Uhr. Von der Geburt bis zum Tod – die Abläufe in unserem Körper. Deutscher Taschenbuch Verlag, München 1994.

Weiterführende Anschrift:

Institut für Chrono-Biologie
Rainweidstr. 15 b
CH-6630 Cham

Ernährungstherapie

zur Selbsthilfe geeignet

Alle Naturheilkundigen zählen die Art der Ernährung (Essen und Trinken) zu den wichtigsten potentiell krankmachenden Faktoren – und schreiben ihr gleichzeitig einen hohen Stellenwert beim Vorbeugen von Krankheiten, Gesundwerden und Gesundbleiben zu. Welche Ernährungsratschläge aber jeweils gegeben werden, hängt von vielen Dingen ab: von der philosophischen und religiösen Einstellung der oder des Heilkundigen, vom Gesundheitszustand der zu behandelnden Person, von kulturellen Bräuchen, regionalen Eß- und Trinkgewohnheiten sowie von den im jeweiligen Land oder Gebiet wachsenden beziehungsweise erhältlichen Nahrungsmitteln und Heilpflanzen.

Nicht zuletzt spielt auch eine Rolle, was die beratende Person über die Heilwirkungen bestimmter Diäten, Nahrungsmittel und Ernährungs-Alternativen weiß und was nicht. Ärztinnen und Ärzte beispielsweise lernen im Verlauf ihres Medizinstudiums und während des Praktischen Jahres im Krankenhaus meistens viel zu wenig über Ernährung, um ihren Patientinnen und Patienten dann wirklich hilfreiche Ratschläge geben zu können – und das, obgleich ihr Berufsstand neueren Umfragen zufolge am häufigsten deswegen um Rat gefragt wird.

Frauen ernähren sich meist bewußter als Männer. Zum einen liegt das daran, daß sie in der Familie traditionell für die Nahrungsbeschaffung (Einkauf), Nahrungszubereitung (Kochen), Gesundheitsfürsorge (dazu gehört auch die Ernährung) und die Gästebewirtung zuständig sind. Zum anderen aber wird das weibliche Geschlecht, anders als das männliche, schon von Kindesbeinen an darauf getrimmt, auf die sogenannte schlanke Linie zu achten und sich dem gängigen Aussehensideal anzupassen, das Frauen seit Jahrzehnten mal mehr, mal weniger unverfroren den Verzicht auf ihre natürlichen Körperrundungen abverlangt. Das bedeutet: Kaum eine westlich erzogene Frau hat nicht schon irgendwann einmal in ihrem Leben eine Abmagerungskur gemacht; sehr viele halten angstvoll ständig Diät, und Hunderttausende sind allein in Deutschland durch diese von allen Medien kräftig unterstützte Gehirnwäsche krank geworden, haben Eßstörungen bis hin zur Magersucht entwickelt oder können keinen einzigen Bissen mehr zu sich nehmen, ohne schuldbewußt Kalorien zu zählen.

Angesichts der Tatsache, daß wir in einer Überflußgesellschaft leben, in der fast alle Nahrungsmittel der Welt zu fast allen Jahreszeiten überreichlich angeboten werden, nimmt sich diese den Frauen abverlangte Nahrungskarenz besonders absurd aus. Vollends zynisch wird sie, sobald wir einen Blick in benachbarte Länder und Kontinente werfen, in denen Krieg und Hungersnöte an der Tagesordnung sind.

Weibliche Krankheitsfaktoren

Die unheilvollen und oft äußerst frauenfeindlichen (Körper-)Modediktate der letzten Jahrzehnte dürfen meines Erachtens in keiner Diskussion um gesunde Ernährung außer acht gelassen werden. Sie haben nämlich das Eßverhalten vieler Frauen in einem Maße geprägt, wie es die Psychoanalyse sonst höchstens tief verstörenden Kindheitserlebnissen zuschreibt. Die gesamte Gesundheit der Betroffenen kann dabei Schaden nehmen.

- **Krankheitsfaktor 1: Selbstverleugnung.** Viele Frauen haben nie lernen dürfen oder längst verlernt, Essen und Trinken gelegentlich einfach nur uneingeschränkt zu genießen. Stets ans Körpergewicht denken zu müssen, ist jedoch ein Enthaltsamkeitsgebot für die Sinne, das der Nötigung zu sexueller Kasteiung gleichkommt. Fehlt der Genuß, bleibt die Psyche selbst bei gesündester Ernährung des Körpers hungrig.
- **Krankheitsfaktor 2: Schuldgefühle.** Jede Übertretung verinnerlichter Karenzregeln bei der Nahrungsaufnahme führt dazu, daß die Frau sich heimlich schuldig fühlt – weil sie »wider besseres Wissen« gehandelt hat, weil sie gegen die Empfehlungen einer Autorität (Frauenzeitschrift, Partner, Mutter, Aerobic-Trainerin, Arzt) verstoßen hat, weil sie sich »nicht zusammengenommen hat«, und so fort. Viele psychosomatische Erkrankungen gründen sich auf nicht anderes als Schuldgefühle.

- **Krankheitsfaktor 3: Selbstablehnung.** Frauen, die sich ihres Eßverhaltens und/oder ihrer vom Modediktat abweichenden Körperformen wegen schuldig fühlen, werden böse auf sich selbst, halten sich für schwach und willenlos und untergraben damit ihr Selbstbewußtsein und ihre Selbstachtung. Mangelnde Selbstliebe macht psychisch und psychosomatisch krank.
- **Krankheitsfaktor 4: Wahrnehmungsschwäche.** Viele Frauen haben nie gelernt oder längst verlernt, ihre körperlichen Hunger- und Durstsignale zu beachten und sich jemals satt zu essen und zu trinken. Ihre Fähigkeit, ihr Körperselbst und ihre Bedürfnisse wahrzunehmen, ist infolgedessen drastisch eingeschränkt. Das hat krankheitsfördernde Auswirkungen, denn ihre gesamte Selbstwahrnehmung stimmt dann nicht.
- **Krankheitsfaktor 5: Abwehrschwäche.** Die gesündeste Ernährung kann die Gesundheit nicht stützen, wenn immer zu wenig davon gegessen und getrunken wird. Das Immunsystem braucht auf körperlicher, seelischer und geistiger Ebene eine bestimmte Energiezufuhr, um optimal arbeiten und sich regenerieren zu können. Frauen, die ständig mit ihrem Körpergewicht oder den Fettpölsterchen an bestimmten Körperteilen kämpfen, schwächen ihre Psyche und damit einen wesentlichen Teil ihres Immunsystems. Oft schwächen sie durch krasse Diäten auch ihr Körperselbst, z. B. ihre körperlichen Abwehrkräfte, ihre Muskulatur, ihren Hormonhaushalt oder ihr Verdauungssystem.

Eine Frau braucht also nicht unbedingt eß-brech-süchtig, magersüchtig oder von einer anderen medizinisch definierbaren Krankheit ergriffen zu sein, um im ganzheitlichen Sinne an einer Eßstörung zu leiden. Es genügt bereits, wenn sie einem der obengenannten Krankheitsfaktoren erlegen ist (oder gar allen zugleich).

Ernährungsempfehlungen, die vorbeugend oder heilend wirken sollen, dürfen diesen gesellschaftlich bedingten Formen von Eßstörungen nicht noch in die Hände spielen. Das heißt zum Beispiel: Allgemeinverbindliche Angaben zu Kalorienbedarf, Normal- oder Idealgewicht kann es nicht geben. Eine von ihrer

Konstitution her dünne, zarte Frau braucht unter Umständen eine geringere Zufuhr bestimmter Nahrungsmittel als eine kräftig gebaute, hochgewachsene. Oder aber sie braucht aus genau diesem Grund sogar mehr, denn sie muß vielleicht regelrecht »aufgepäppelt« werden, um mit einer akuten Gesundheitsstörung fertigwerden und sich danach regenerieren zu können.

Das heißt auch: Fanatismus und gesunde Ernährung vertragen sich nicht. Fanatismus jeder Art führt zu Verkrampfungen und kann wiederum krank machen.

Ernährungsregeln für Gesunde und Kranke sind so zahlreich wie Sandkörner am Meeresstrand; es ist daher unmöglich, sie alle einzeln aufzuführen oder auch nur eine Auswahl anzuführen, die besonderen Ansprüchen gerecht wird: Jede Leserin würde irgend etwas vermissen, von dem sie schon einmal gehört oder das ihr selbst in bestimmten Situationen geholfen hat. Der Buchmarkt hält ein – selbst für Fachleute kaum noch überschaubares – Angebot von Ernährungsratgebern bereit, die Ihnen nützen können, wenn Sie sich über bestimmte Themen oder Ernährungsschulen näher informieren wollen (siehe auch Literaturempfehlungen). Ich beschränke mich im folgenden auf die wesentlichsten Regeln für gesunde Ernährung, wie sie im Westen heute gelehrt werden. Weitere wichtige Hinweise finden Sie in den Abschnitten über →Heilfasten sowie über die →Biologische Krebsabwehr.

Die Vollwertkost

Sie kann uns mit allen notwendigen Nährstoffen versorgen, vorausgesetzt, sie wird richtig zubereitet, in ausgewogener Zusammensetzung und in ausreichenden Mengen gegessen. Vollwertige Ernährung hilft, vielen Zivilisationskrankheiten (etwa Gefäß- und Herzleiden, Diabetes, Verdauungsstörungen, aber auch Darmkrebs) vorzubeugen, baut starkes Übergewicht auf gesunde Weise ab und unterstützt die Regeneration nach kräftezehrenden Erkrankungen. Sie ist für jede Art der Lebensführung geeignet. Zu den wichtigsten Regeln der Vollwertkost gehören folgende:

- Die Lebensmittel sollten aus kontrolliertem biologischem Anbau stammen und möglichst wenig industriell verarbeitet sein (das heißt beispielsweise: kein Dosen-, sondern Frischgemüse; kein gekaufter, sondern selbstgebackener Kuchen, am besten aus selbstgemahlenem Vollkornmehl).
- Getreideprodukte (etwa Mehl, Brot, Gebäck, aber auch Reis und Nudeln) sollen aus ganzen Körnern stammen, nicht aus geschälten. Am besten ist es, die Körner frisch zu kaufen und alsbald selbst zu mahlen bzw. zu verarbeiten. Dann bleiben alle wertvollen Inhaltsstoffe erhalten.
- Rohbelassene Lebensmittel (etwa Obst und Gemüse) sind wertvoller als erhitzte Nahrung. Die Hälfte der täglichen Nahrungsmenge sollte aus Rohkost bestehen: Salate, geraspeltes Gemüse, Früchte, Frischkorn-Müsli, frische Obst- und Gemüsesäfte.
- Zum Kochen, Backen, Braten, Grillen usw. sollten ausschließlich kaltgepreßte Pflanzenöle mit mehrfach ungesättigten Fettsäuren verwendet werden, ebenso für den Brotaufstrich (hochwertige Margarine statt Butter).
- Weißer und brauner Industriezucker sollte stets durch Naturprodukte wie Naturhonig, Ahornsirup oder Fruchtzucker ersetzt werden. (Auch Süßstoffe und Zuckeraustauschstoffe sind erlaubt; sie sind nach neueren Erkenntnissen gesundheitlich unbedenklich und werden meist nicht einmal verstoffwechselt, also unverändert wieder ausgeschieden.)
- Fleisch und Geflügel sollten aus kontrollierter biologischer Aufzucht stammen und nicht öfter als zweimal wöchentlich als Beilage verzehrt werden, desgleichen Fisch und Meeresfrüchte. (Von Wildgerichten ist wegen der teilweise immer noch hohen radioaktiven Belastung abzuraten.)
- Den größten Teil jeder warmen Mahlzeit sollten sanft gegarte Gemüse, Kartoffeln, Vollkornnudeln, ungeschälter Reis oder Sojaprodukte (z. B. Tofu) bilden.
- Eier (aus biologischer Geflügelaufzucht), Butter, Sahne, Käse, Joghurt und andere Milchprodukte sollen je nach Kalorien- und Aminosäurenbedarf maßvoll gegessen werden (keine festen Regeln).

- Die Nahrungszubereitung sollte so schonend wie möglich erfolgen, damit alle Nährstoffe weitestgehend erhalten bleiben: Gemüse und Salate erst im letzten Moment putzen und schneiden (an der Luft zersetzen sich manche Vitamine), Blattsalate säubern, aber nicht lang »auswaschen«, Gemüse nur kurz bißfest garen, nicht »totkochen«; viel mit frischen Kräutern würzen, weniger mit Salz.

Die vegetarische Ernährung

Sie gilt medizinisch als sehr gesund, falls sie tatsächlich alle benötigten Nährstoffe in ausreichenden Mengen enthält (siehe Tabelle 3, S. 123–126). Vegetarierinnen und Vegetarier haben nachweislich niedrigere Cholesterin- und Harnsäurewerte, leiden weitaus seltener an Bluthochdruck, Übergewicht und den damit verbundenen Zivilisationskrankheiten und erkranken kaum je an chronischer Darmverstopfung und bösartigen Geschwülsten des Dick- oder Dünndarms.

Zu unterscheiden ist zwischen drei Formen fleischloser Ernährung:

- Beim **Ovo-Lacto-Vegetarismus,** der häufigsten Form, wird nur auf Fleisch und Fleischprodukte jeder Art, meistens auch Fisch und Meeresfrüchte, verzichtet. Eier, Milch und Milchprodukte können jedoch, da sie nicht von getöteten Tieren stammen, durchaus verzehrt werden. Oft wird diese Ernährungsform mit den Regeln der **Vollwertkost** gekoppelt.
- Beim **Lacto-Vegetarismus** müssen neben Fleisch und Fleischprodukten jeder Art, Fisch, Meeresfrüchten und Geflügel auch Eier weggelassen werden, nicht aber Milchprodukte.
- Beim **Veganismus** werden lediglich Obst, Gemüse und Salate sowie Pilze verzehrt, ergänzt durch Vollkornprodukte, Nüsse, Samen usw., in der strengen Form sogar ausschließlich Rohkost. Der gesundheitliche Wert dieser Ernährungsform ist umstritten, weil allzu leicht Mangelerscheinungen auftreten können. Als zeitlich begrenzte Heildiät und zum Umstimmen des Organismus zu Beginn einer allgemeinen Ernährungsumstel-

lung kann der Veganismus jedoch in vielen Fällen ausgesprochen nützlich sein. Er kommt dann den Effekten des →Heilfastens nahe.

Die folgende Tabelle zeigt Ihnen, was Sie im Normalfall täglich zum gesunden Leben benötigen und welche Symptome und Erkrankungen sich einstellen können, wenn die entsprechenden Nährstoffe fehlen oder im Überangebot vorhanden sind.

Dazu ein allgemeiner **Warnhinweis**:

Wenn Sie sich großenteils nach den Regeln gesunder Vollwertkost ernähren, nehmen Sie genügende Mengen aller Nährstoffe, Vitamine, Minerale und Spurenelemente auf. Eine erhöhte Zufuhr bestimmter Substanzen brauchen Sie dann nur, wenn Sie akut erkranken (welche Stoffe das sind, können Sie im Kapitel ›Beschwerdenkomplexe und Beratung‹ jeweils unter dem Stichwort Ernährung nachlesen). Nehmen Sie diese Substanzen – ob als Fertigpräparate oder in Nahrungsmitteln – jedoch *nur so lange* in erhöhter Menge zu sich, bis Sie Ihre akute Erkrankung überwunden haben! Mehr hilft nicht mehr, sondern kann Ihnen unter Umständen eher schaden.

Ähnliches gilt bei der Krankheitsvorbeugung sowie bei chronischen Erkrankungen: Jede besondere Nährstoff-Zufuhr (vor allem in Form von Fertigpräparaten), die über das normale, vollwertige Nahrungsangebot hinausgeht, sollte maximal 3–4 Wochen dauern; danach müssen Sie eine Pause von mindestens einem Monat einlegen. Faustregel: die Zeitintervalle der erhöhten Zufuhr und der Pause sollten etwa gleich lang sein. Der Grund dafür: Ihr Organismus gewöhnt sich unter Umständen zu sehr an die zusätzlichen Nährstoffe und »verlernt«, sie selbständig aus der Nahrung aufzunehmen. Sie geraten dann möglicherweise sogar in einen Mangelzustand, obgleich Sie doch meinen, besonders viel für Ihre Gesundheit zu tun. Dieser Warnhinweis gilt auch für die Vorbeugung oder Eindämmung der →Osteoporose.

Tabelle 4: Was Sie täglich zum gesunden Leben brauchen

Ballaststoffe, Eiweiß, Fett, Kohlenhydrate

Substanz	Tagesbedarf	Symptome bei Überangebot	Hinweise
Ballaststoffe (Faserstoffe)	ca. 50 g, je nach Darmfunktion auch etwas weniger	Blähungen, Durchfall, Darmentzündungen, spastische Darmverstopfung	Faserstoffe regeln den Stuhlgang, doch Übertreibung schadet; stets genügend viel trinken (ca. 2 Liter/Tag)
Eiweiß (Proteine)	50–70 g	Gicht, Bluthochdruck, Nieren- und Leberleiden; fördert evtl. Krebserkrankungen	das biologisch wertvollste Eiweiß ist das von Molke und Eiern; tierische Proteine sind nicht lebensnotwendig
Fett	70–90 g	starkes Übergewicht, Gefäßleiden, Herzinfarkt, Gehirnschlag	kaltgepreßte, naturbelassene Pflanzenfette sind wegen ihres hohen Gehalts an mehrfach ungesättigten Fettsäuren unbedingt zu bevorzugen
Kohlenhydrate	hängt stark vom Energiebedarf ab; bei Diabetes: ca. 200–250 g täglich, bei Gesunden das Doppelte, manchmal auch mehr	Übergewicht und Folgeleiden	Fast Food, Zucker, Weißmehl usw. enthalten »leere«, Vollwertprodukte »reiche« Kohlenhydrate

Mineralstoffe und Spurenelemente

Substanz	gut für	Tagesbedarf	Nahrungsquellen	Mangelsymptome	Hinweise
Eisen	Blutbildung, Wachstum, Regeneration	18–20 mg, in der Schwangerschaft, bei Eisenmangelanämie und evtl. wegen starker Menstruationsblutungen auch mehr	Eigelb, Walnüsse, Hülsenfrüchte, Hirse, Spinat, vollfettes Sojamehl, Haferflocken, Petersilie, Schnittlauch, Rindfleisch, Wild, Innereien, Mineralwässer, Rotwein	Blässe, Müdigkeit, Konzentrationsmangel, zu wenig rote Blutkörperchen	Vitamin C steigert die Eisenaufnahme; Kaffee, Schwarztee, Alkohol und Milchprodukte behindern sie
Fluor	Knochenaufbau, Zähne	1 mg	Fisch, Vollwertgetreide, Eier, Walnüsse, Fleisch, Leber, fluoridiertes Speisesalz, Mineralwässer, außerdem fluorhaltige Zahnpflegemittel	Karies, weiche und brüchige Knochen, →Osteoporose	Überangebot kann zu Vergiftungserscheinungen führen
Jod	Schilddrüse, Stoffwechsel, Muskeln, Regeneration	0,15–0,20 mg (bei gesunder Schilddrüse)	Algen, Seefisch, Meeresfrüchte, Meersalz, jodiertes Speisesalz, Eier, Brunnenkresse, manche Mineralwässer	Kropf, Müdigkeit, Konzentrationsmangel, brüchige Haare und Nägel, matte Haut, schlecht heilende Verletzungen	Kohl, Senf, Rettich und alle Arten von Rüben behindern die Jodaufnahme; bei Schilddrüsenproblemen ärztlichen Rat beachten!

Substanz	gut für	Tagesbedarf	Nahrungsquellen	Mangelsymptome	Hinweise
Kalium	Herz, Kreislauf, Lungen, Nerven, Nieren	2–3 g, bei Mangelzustand auch mehr	Sojaprodukte, Aprikosen, Milch, Käse, Fisch, Fleisch, Geflügel, Vollwertgetreide, Hefe, Samen, Nüsse, Gemüse, Pilze	Störungen der Atmung und der Herzfunktion (Arrhythmien), Muskelschwäche und -zittern	Kochsalz kann die Kaliumaufnahme behindern, daher den Salzkonsum verringern
Kalzium	Muskeln, Herz, Knochenaufbau, Zähne, Blutgerinnung, Nerven	0,8–2 g, in der Kindheit, bei Schwangerschaft, in und nach den Wechseljahren mehr	Milch, Käse, Joghurt, Quark, Eier, Sojabohnen, Fisch, Vollwertgetreide, Samen, Nüsse, mit Kalzium angereicherte Säfte	Muskel- und Herzschwäche, brüchige Knochen (→Osteoporose), Zahnausfall, schlecht heilende Wunden	phosphathaltige Nahrungsmittel und Getränke (Cola) sowie schwarzer Tee behindern die Kalziumaufnahme
Magnesium	Blutgefäße, Fortpflanzungsorgane, Muskeln, Nerven, Stoffwechsel	260–500 mg	Sojabohnen, Milch, Milchprodukte, Eier, Fisch, Hefe, Vollwertgetreide, Samen, Nüsse, Mineralwässer	Muskelzittern und -krämpfe, Menstruationsbeschwerden, Migräne, Nervosität	in seltenen Fällen (bei Nierenschäden oder Einnahme von magensäurebildenden Präparaten) kann ein Magnesiumüberschuß im Blut auftreten

Substanz	gut für	Tagesbedarf	Nahrungsquellen	Mangelsymptome	Hinweise
Natrium	Wasserhaushalt, Blutgefäße, Muskeln, Nerven, Stoffwechsel	3–6 g, bei Erbrechen oder Durchfall kurzfristig mehr	Käse, Fisch, Brot, Gebäck, Mariniertes, Wurst- und Fleischwaren, Fertigprodukte aller Art, Mineralwässer	Muskelschwäche, Stoffwechselstörungen, Appetitverlust, Austrocknung der Gewebe	Kochsalz = Natriumchlorid; Salzkonsum stark senken bei Bluthochdruck, Wassereinlagerungen, →Prämenstruellem Syndrom
Phosphor	Knochenaufbau, Zähne, Stoffwechsel	0,7–1,2 g	Eier, Sahne, Käse, Sojabohnen, Fisch, Geflügel, Fleisch, Vollwertgetreide, Hefe, Mineralwässer	Gewichtsabnahme, Appetitverlust, Zahnausfall	die Phosphoraufnahme konkurriert mit der Kalziumaufnahme, daher Phosphor nicht im Übermaß zuführen

Vitamine

Vitamin	gut für	Tagesbedarf	Nahrungsquellen	Mangelsymptome	Hinweise
Vitamin A (Retinol, Retinal, Retinsäure; Vorstufe: Beta-Carotin)	Augen, Haut, Schleimhaut, Immunsystem, Keimdrüsen, Wachstum, Fortpflanzungsorgane, Zähne	ca. 3000 IE (Internat. Einheiten), ab 4. Schwangerschaftsmonat 3700 IE, in der Stillzeit 6000 IE, ebenso bei Fruchtbarkeitsstörungen	Karotten, Paprika, Aprikosen, Sanddornbeeren, Hagebutten, Mangofrüchte, Brokkoli, Spinat, Getreidekeime, Mais, Milch und Milchprodukte, Eigelb, Innereien (Vitamin-A-Aufnahme kann nur mit Fett zusammen erfolgen!)	Abwehrschwäche, Sehstörungen, Nachtblindheit, Hautleiden, Karies, Unfruchtbarkeit, schlechte Wundheilung	bei Überdosierung Schwindel, Schmerzen, Haarausfall, Kopfschmerzen, Erbrechen, schmerzhafte Brustkorbschwellungen, Blutungen, Reizbarkeit; in der Frühschwangerschaft: Mißbildungsgefahr
Vitamin B1 (Thiamin)	Stoffwechsel, Leber, Hirnfunktion, Nerven, Wasserhaushalt	1,2–1,7 mg, bei Erschöpfung und Nervosität bis 3 mg	Sojabohnen, Hülsenfrüchte, Hefe, Kartoffeln, Getreidekeime, Vollkornprodukte, Bananen, Nüsse, Samen, Kerne, Milch, Eier, Geflügel, Seetang, Algen, Knoblauch, Petersilie	Neuralgieneigung, Depressivität, Erschöpfung, Nervosität, Mangelkrankheit Beriberi	alle B-Vitamine (bis auf B12) können bei Überdosierung Nervenschäden verursachen! Alkohol ist ein Vitamin-B-»Räuber«

Vitamin	gut für	Tagesbedarf	Nahrungsquellen	Mangelsymptome	Hinweise
Vitamin B2 (Riboflavin, Laktoflavin)	Stoffwechsel, Haut, Haare, Nägel, Gewebe-regeneration, Fettverdauung im Darm	1,5–2,6 mg, bei Mangel, in Schwangerschaft und Stillzeit bis zu 4 mg	Champignons, Bananen, grüne Salate und Gemüse, Vollweizen, Getreidekeime, Sojabohnen, Nüsse, Samen, Milch, Milchprodukte, Eier, Geflügel, Fleisch, Leber	Anämie, Sehstörungen, Hautausschläge, trockene Haut, glanzloses, brüchiges Haar, spröde Nägel, eingerissene Mundwinkel, Zungenbrennen, Nervosität, Abwehrschwäche; in der Frühschwangerschaft Mißbildungsgefahr	siehe Vitamin B1
Nikotinamid (B2-Faktor, Niazin)	Stoffwechsel, Zellatmung, Haut, Magen, Darm, Leber, Nerven	15–25 mg, bei Mangel bis zu 40 mg	Hafer, Hefe, Weizenkleie, Vollkornprodukte, Milch, Milchprodukte, geröstete Kaffeebohnen, Sojabohnen, Fisch, Fleisch, Leber, Gartenkresse, Petersilie, Odermennig, Wegerich	Hautausschläge, Verdauungs- und Schlafstörungen, Depressionen, Kopfweh, Mangelkrankheit Pellagra; oft auch bei Tryptophanmangel (z.B. durch vorwiegende Ernährung mit Mais)	siehe Vitamin B1

Vitamin	gut für	Tagesbedarf	Nahrungsquellen	Mangelsymptome	Hinweise
Vitamin B3 (Pantothensäure)	Darm, Leber, Haut, Haare, Geweberegeneration	6–8 mg, bei Mangel bis zu 15 mg	fast alle pflanzlichen und tierischen Gewebe, vor allem Hefe, Kleie, Vollkornprodukte, grüne Salate und Gemüse, Hülsenfrüchte, Eier, Leber	Gewichtsabnahme, Reflexstörungen, trockene Haut, spröde Haare, Pigmentstörungen, brennende Füße	siehe Vitamin B1
Vitamin B6 (Pyridoxin)	Stoffwechsel, Blutbildung, Haut, Muskulatur, Nerven	1,5–3 mg, bei Mangel bis 5 mg	Hafer, Mais, Bananen, Vollkornprodukte, Hefe, Weizenkeime, grüne Gemüse, Milch, Eigelb, Fisch, Knoblauch, Odermennig	Anämie, Brustschmerzen, Hautausschläge, Muskelkrämpfe, Nervosität, Depressionen, Schlafstörungen, Prämenstruelles Syndrom	siehe Vitamin B1 Mangel ist oft durch Langzeit-Einnahme der Antibabypille bedingt
Vitamin B10 (Folsäure)	Blutbildung, Phosphorstoffwechsel, Zellwachstum, Regeneration	0,03–0,25 mg, bei Mangel, in Schwangerschaft und Stillzeit bis zu 1 mg	Karotten, grüne Salate und Gemüse, Hefe, Milch, Milchprodukte, Fleisch, Leber, Niere	Anämie, verzögerte Wundheilung und Regeneration, Abwehrschwäche, Verdauungsstörungen	siehe Vitamin B1 Mangel oft bei Langzeit-Einnahme von Antibabypille oder Tuberkulosemittel

Vitamin	gut für	Tagesbedarf	Nahrungsquellen	Mangelsymptome	Hinweise
Vitamin B12 (Cobalamin)	Reifung der roten Blutkörperchen, Geweberegeneration (DNS- und RNS-Biosynthese)	0,003 mg, bei Anämie bis zu 0,01 mg	Hefe, Vollkornprodukte, grüner Salat, Spinat, Eigelb, Fleisch, Leber	perniziöse (bösartige) Anämie, Blässe, Gewichtsabnahme, Müdigkeit, Schwächezustände	in seltenen Fällen allergische Reaktionen auf käufliche Präparate; B-12-Mangel oft nach Darmparasitenbefall
Vitamin C (Ascorbinsäure)	Blutbildung, Knochen- und Gewebewachstum, Regeneration, Immunsystem, Streßabwehr (»Radikalenfänger«), Funktion der Nebennierenrinde	50–100 mg, zur Abwehrstärkung, bei Streß, bei Raucherinnen mehr, in Schwangerschaft und Stillzeit 150 mg, zur →Biologischen Krebsabwehr evtl. mehr als 10 g	Beeren, Hagebutten, Rote Bete, Salat, grüne Gemüse, Kartoffeln, Kohl, Meerrettich, Paprika, Zitrusfrüchte, Berberitze, Brennessel, Kresse, Petersilie, Sanddorn	Abwehrschwäche, Erkältungskrankheiten, Frühjahrsmüdigkeit, Gelenkschmerzen, Zahnfleischbluten, Mangelkrankheit Skorbut	bei Überdosierung extreme Durchfälle, Magenbeschwerden, Schlaflosigkeit, Harnsteinbildung; Dosis auf verträgliches Maß reduzieren; Anpassungszeit nötig
Vitamin D (Calciferol)	Kalziumaufnahme und -stoffwechsel, Knochen- und Zahnwachstum, Regeneration nach Brüchen	in der Wachstumsphase 400 IE, später ca. 200 IE, in Schwangerschaft, Stillzeit, Wechseljahren, Alter 400–600 IE	Vollwertgetreide, grünes Gemüse, kaltgepreßtes Pflanzenöl, Butter, Margarine, Milchprodukte, Eier, Fisch, Leber, Pilze	Rachitis, weiche, bruchanfällige Knochen, Knochenentkalkung (Osteoporose, Osteomalazie)	bei Überdosierung Erbrechen, längerfristig Nierenschäden, Knochenentkalkung durch zu starke Kalziumausfällung

Vitamin	gut für	Tagesbedarf	Nahrungsquellen	Mangelsymptome	Hinweise
Vitamin E (Tokopherol)	Fruchtbarkeit, Blutbildung und -gefäße, Hormone, Haut, Herz, Muskulatur, Nerven, Leber, Streß- und Umweltschadstoff-Abwehr (»Radikalenfänger«)	15–20 mg, in Schwangerschaft und Stillzeit, bei Raucherinnen, Streß, hoher Schadstoffbelastung bis zu 30 mg	grüne Salate und Gemüse, kaltgepreßte Pflanzenöle, Margarine, Milch, Milchprodukte, Sojabohnen, Vollkornprodukte, Getreidekeime, Hefe, Eigelb, Fleisch, Leber, Brunnenkresse	Unfruchtbarkeit, Abwehrschwäche, Gefäß- und Streßleiden	bei Überdosierung Magen- und Muskelschmerzen, Durchfall
Biotin (Vitamin H)	Blutgefäße, Fettstoffwechsel, Haut, Haare, Nerven	0,3 mg, bei geschädigter Darmflora mehr	Gemüse, Salate, Hefe, Nüsse, Kerne, Samen, Milch, Milchprodukte, Eigelb, Champignons, Innereien	Hautentzündungen, Haarausfall, Müdigkeit, Reaktionsschwäche, Erbrechen, hohe Cholesterinwerte	keine Nebenwirkungen bei Überdosierung bekannt; Mangel oft nach Antibiotika-Einnahme und Abführmittelmißbrauch
Phyllochinon (Vitamin K)	Blutgerinnung	1–2 mg	alle grünen Gemüse und Salate, Tomaten, Sojabohnen, Pflanzenöle, Vollwertgetreide, Leber	schlecht stillbare Blutungen	bei Überdosierung Gefahr der Blutverdickung; Mangel vor allem bei geschädigter Darmflora (Antibiotika, Abführmittel)

Die Ernährungsumstellung

Ein paar praktische Tips erleichtern Ihnen die Umstellung auf eine gesunde Ernährung, ob vegetarisch oder nicht:

- Sie brauchen nichts überstürzen. Wenn es Ihnen gelingt, im kommenden Monat wenigstens die Hälfte aller Ihrer Nahrungsmittel durch Vollwertkost im oben beschriebenen Sinne zu ersetzen, haben Sie bereits viel gewonnen: zum Beispiel Vollkorn- statt Weißbrot, ungeschälten statt polierten Reis, einen großen Salatteller als Vorspeise statt eines kleinen Salats zum Hauptgericht, Suppe aus Frischgemüsen statt aus der Tüte, frische Früchte zum Nachtisch statt Pudding, und so weiter. Gehen Sie Schritt für Schritt vor; fangen Sie bei den Änderungen an, die Ihnen am leichtesten fallen. An manchen Vollwert-Geschmack müssen Sie und Ihre Familie sich erst gewöhnen, werden ihn aber wahrscheinlich nach einiger Zeit nicht mehr missen wollen, wie die Erfahrung lehrt. (Wenn Ihnen etwas jedoch gar nicht schmecken sollte, quälen Sie sich mit diesem Produkt nicht lange ab, sondern suchen Sie sich einen ebenfalls vollwertigen Ersatz!) Das gleiche gilt für das Verdauungssystem: Bis es nicht mehr mit Blähungen, Völlegefühl oder Durchfall auf ungewohnte – auf lange Sicht aber viel gesündere – Kost reagiert, kann es ein paar Wochen dauern. Lassen Sie Ihrem Enzymhaushalt, Ihrer Bauchspeicheldrüse, Magensäure, Darmflora usw. die nötige Zeit, sich umzustellen und wieder ins Gleichgewicht zu kommen.
- Fast Food jeder Art sollte immer die Ausnahme bleiben, auch beim kleinen Snack zwischendurch oder mittags am Arbeitsplatz. Lieben Sie Pizza? Dann gönnen Sie sich gelegentlich eine, die mit frischen Tomaten, Auberginen, Zwiebeln, Zucchini usw. belegt ist (aber ohne Schinken oder Salami). Sie können Sie auch aus Vollkornmehl selber backen!
- Weihen Sie Ihre Familie in die Kunst des Vollwert-Einkaufens und -Kochens ein. Gemeinsam geht vieles leichter – und vor allem Kinder lernen oft sehr rasch, worauf es ankommt, und sind gute »Kontrollorgane«. Der Buchmarkt ist reich an guten Kochbüchern für Vollwert- und vegetarische Küche

(siehe auch Literaturempfehlungen). Lassen Sie sich inspirieren!
- Sollte es Sie einmal ganz heftig nach »Ungesundem« gelüsten, machen Sie sich kein schlechtes Gewissen, sondern erlauben Sie sich den Genuß. Schuldgefühle stören Ihr Gleichgewicht unter Umständen mehr als ein ungesunder Happen zwischendurch. Sie werden wahrscheinlich ohnehin feststellen, daß Sie sich bereits sehr an die bessere Kost gewöhnt haben und Ihnen die alte viel zu schwer oder leer erscheint (was sie ja auch ist: nämlich leer an energieaufbauenden Nährstoffen).
- Wenn die Ernährungsumstellung schnell gehen soll oder muß, helfen ein bis maximal drei Tage Obst-, Gemüse- oder Saftfasten vorweg ganz ausgezeichnet (→Heilfasten).

Besondere Hinweise zum Essen und Trinken bei bestimmten Krankheiten finden Sie im Kapitel ›Beschwerdenkomplexe und Beratung von A bis Z‹ jeweils unter dem Stichwort Ernährung.

Literaturempfehlungen:

Anemueller, Dr. med. Helmut: Richtig essen. Die Grundlagen der Vollwerternährung. Deutscher Taschenbuch Verlag, München 1994.

Binder, Franz/Wahler, Josef: Handbuch der gesunden Ernährung. Von Ahornsirup bis Zusatzstoffe. Deutscher Taschenbuchverlag, München 1994.

Carper, Jean: Wundermedizin Nahrung. Wie Sie durch richtige Ernährung über 100 Krankheiten und Beschwerden vorbeugen und sie heilen können. Econ Verlag, Düsseldorf 1994.

Fuchs, Kathrin: Meine Mutter, meine Pfunde. Eßzwänge und Erziehung. Wilhelm Heyne Verlag, München 1991.

Furtmayr-Schuh, Dr. Annelise: Postmoderne Ernährung. Georg Thieme Verlag, Stuttgart 1993.

Gerlinghoff, Monika/Backmund, Herbert: Magersucht. Anstöße zur Krankheitsbewältigung. Deutscher Taschenbuch Verlag, München 1994.

Gilbert, Sara: Morgen werde ich schlank sein. Diät und Psyche. Deutscher Taschenbuch Verlag, München 1994.

Lange, Elisabeth: 100 Fragen zur Ernährung. Goldmann Verlag, München 1995.

Katalyse e.V. (Hrsg.): Das Ernährungsbuch. Lebensmittel und Gesundheit. Verlag Kiepenheuer und Witsch, Köln 1986.

Lange-Ernst, Maria Elisabeth: Bio-Element Magnesium. Beruhigung aus der Natur. F. A. Herbig Verlagsbuchhandlung, München 1986.

Orbach, Susie: Anti-Diätbuch I und II. Verlag Frauenoffensive, München 1982 und 1984.

Rias-Bucher, Barbara: Fleischlos glücklich. Mosaik Verlag, München 1991.

Weiterführende Anschriften:

Akademie für
Ernährungsmedizin
Postfach 5250
Reichsgrafenstr. 11
70102 Freiburg

Deutsche Gesellschaft für
Ernährung e. V. (DGE)
Feldbergstr. 28
60323 Frankfurt am Main

Verband Deutscher Diät-
assistenten e. V.
Bismarckstr. 96
40210 Düsseldorf

Eltern für unbelastete
Nahrung e. V.
Königsweg 7
24103 Kiel

Vegetarier-Bund
Deutschlands e. V.
Munzeler Str. 18 b
30459 Hannover

Aktionsgemeinschaft A.U.G.E.
Umwelt, Gesundheit,
Ernährung e. V.
Christian-Förster-Str. 19
20253 Hamburg

Farbtherapie

zur Selbsthilfe geeignet

Stellen Sie sich für einen Augenblick vor, die ganze Welt wäre grau, und es gäbe keine Farben. Würden Sie gern in einer solchen Welt leben wollen? Wo im wörtlichen Sinne Ein-Tönigkeit herrscht, also ein einziger Farbton die gesamte überschaubare Landschaft bestimmt, ermüdet nicht nur das Auge, sondern auch die Seele rasch. Unser Gehirn verlangt und sucht überall nach Abwechslung, neuen Impulsen. Es bekommt sie durch das Wechselspiel von Formen und von Farben.

In der modernen Psychologie (und vor allem der Werbepsychologie) steht der enorme Einfluß, den Farben auf das menschliche Gemüt ausüben, längst außer Zweifel. Leuchtende Farben haben eine anregende, aufhellende, eventuell auch aggressiv machende Wirkung, matte Farben eine dämpfende, dunkle Farben sogar oft eine depressionsauslösende. Farben können auch das Wärme- und Kälteempfinden beeinflussen: In »warmen« Farben (Gelb, Orange, Rot, Erdfarben) gestrichene Räume werden wärmer empfunden als Räume, die in »kalten« Farben (Grün, Blau, Türkis, Weiß) gestrichen sind.

Die Anwendung von Farben zu Heilzwecken hat eine Jahrtausende alte Tradition. Viele große Kulturvölker – etwa im Inkareich, in Ägypten, Tibet, Indien, China – behandelten ihre Kranken, indem sie sie mit bestimmten Farben einrieben, in Räume mit Wandfarben legten, die den Heilungsprozeß beschleunigen sollten, sie in Kleidungsstücke einer bestimmten Farbe hüllten, und so fort. Auch der römische Arzt Galenus (129–199) schätzte den Wert farbtherapeutischer Maßnahmen bei vielen Erkrankungen. Die wissenschaftlich geprägte Schulmedizin, wie sie sich seit der Zeit der Aufklärung allmählich entwickelte, schenkte hingegen der potentiellen Heilkraft von Farben nur noch wenig Aufmerksamkeit. Das änderte sich, mit fortschreitender Technik und physikalischem Wissen, erst in diesem Jahrhundert wieder, als man begann, den Einfluß einzelner Farben auf Körperfunktionen gezielt zu erforschen.

Farbe ist Energie

Physikalisch gesehen geht von einer Farbe jeweils eine Welle mit einer ganz bestimmten Wellenlänge aus, die im Auge einen visuellen Reiz auslöst. Licht aussstrahlende Körper, etwa die Sonne, senden mehrere solcher Farbwellen zugleich aus: »Weißes« Sonnenlicht läßt sich in Strahlen mit den Farben Rot, Orange, Gelb, Grün, Blau, Indigo und Violett zerlegen – das Farbspektrum des Regenbogens. Jede dieser Wellen besteht außerdem aus schwingenden Energiepartikelchen, den Photonen. Von Körpern, die nicht selbst leuchten, etwa dem Mond, werden auftreffende Lichtwellen zurückgeworfen (reflektiert). Schwarz erscheinende Gegenstände »schlucken« (absorbieren) das gesamte aufgestrahlte Licht; farbige absorbieren nur einen Teil der aufprallenden Wellen und reflektieren die anderen, die in unserem Auge dann als die jeweilige(n) Farbe(n) ankommen.

Wie naturwissenschaftlich nachgewiesen wurde, senden alle lebenden Organismen ständig Energiewellen aus, von denen ein Teil im Spektrum des sichtbaren Lichts liegt. Diese sogenannte *Aura* ist bis zu ca. 20 Zentimeter um den Körper herum meß- und fotografierbar (Kirlian-Fotografie). Die farbige Strahlung ist jedoch so schwach, daß nur besonders dafür Begabte sie ohne Hilfsmittel wahrnehmen können. In der Aura-Diagnostik werden aus dem farbigen Strahlungsmuster der Aura Rückschlüsse auf körperliche, seelische und geistige Störungen und Blockaden gezogen, denn die Erfahrung hat gezeigt, daß sie sich bei Erkrankungen auf eine bestimmte Weise verändert.

Jeder Farbstrahl, ob direkt ausgesendet oder reflektiert, besitzt eine charakteristische, meßbare elektromagnetische Energie. Das gleiche gilt für Strahlen außerhalb des Spektralbereichs, der für das menschliche Auge sichtbar ist, beispielsweise Infrarot-, Ultraviolett-, Laser-, Röntgen- oder Gammastrahlung. Die Energien dieser Strahlungsformen werden in der Schulmedizin täglich diagnostisch und therapeutisch eingesetzt. Mit den Wellen des sichtbaren Farbspektrums gehen Schulmediziner jedoch noch vergleichsweise zögerlich um – als könne etwas derart »Gewöhnliches« wie eine Farbe, ohne die zusätzliche energetische Wirkung einer Wärmeabstrahlung, doch kaum etwas bringen, außer vielleicht im psychologisch-psychosomatischen Bereich. Die moderne Farbtherapie ist daher weitgehend immer noch eine Außenseitermethode.

Schulmedizinische Farbtherapien

Eine Ausnahme bilden Rot- und Blaulichtbestrahlungen: Ihre Wirkungen auf Gewebedurchblutung, Wundheilung und auch Blut«reinigung« sind wissenschaftlich gut erforscht und schulmedizinisch allgemein anerkannt. So setzt man beispielsweise in vielen geburtshilflichen Klinikabteilungen Blaulicht ein, um Säuglinge mit Neugeborenen-Gelbsucht (Hyperbilirubinämie) zu behandeln. Diese Stoffwechselstörung tritt bei sehr vielen Frühgeborenen auf; dabei reichert sich der gelbe Gallenfarbstoff Bilirubin stark in der Haut und anderen Körpergeweben an, weil die kindliche Leber es nicht schafft, ihn ordnungsgemäß abzubauen. Unbehandelt drohen den Kindern Gehirnschäden. Mehrtägige Blaulichtbestrahlungen zerlegen den Farbstoff in ungiftige Bestandteile, die problemlos ausgeschieden werden können. Auch mit Vollspektrumlicht – d. h. Bestrahlung mit Speziallampen, die das ganze Farbspektrum des Sonnenlichts aussenden – können ähnlich gute Erfolge erzielt werden. Solche Farbbehandlungen ersparen den Frühgeborenen die komplizierte, anstrengende und mit Risiken verbundene Prozedur eines Blutaustauschs. (Weitere Anwendungen des Vollspektrumlichts siehe →Lichttherapie.) Auch bei bestimmten Formen rheumatischer Arthritis und anderen entzündlichen Erkrankungen werden Blaulichtbestrahlungen in vielen Arztpraxen – wenn auch längst nicht überall oder gar routinemäßig – zur Schmerzlinderung erfolgreich eingesetzt.

Rotlichtbehandlungen sind bei Muskel- und Nervenschmerzen verschiedenster Art inzwischen kaum noch wegzudenken (siehe auch Tabelle 5, S. 158ff.). Die meisten Ärztinnen und Ärzte benutzen dazu allerdings keine bloßen Rotlichtfilter, sondern koppeln das Rotlicht mit einem Wärmestrahler, auf den sie dann auch die hauptsächliche Wirkung zurückführen. Eine gewisse

Skepsis gegenüber der Therapie mit Farbstrahlen (oder bloße Unwissenheit?) ist u. a. an der Tatsache ablesbar, daß erwachsene Leberkranke, die oftmals einen stark erhöhten Bilirubinwert aufweisen und sich quittegelb verfärben, kaum je mit Blaulicht bestrahlt werden, obgleich sich diese Therapie doch auch bei ihnen anbieten würde. Gelbes, grünes oder violettes Licht werden in der Schulmedizin praktisch überhaupt nicht eingesetzt.

Blinde können von Farbbestrahlungen übrigens ebenso profitieren wie Sehende: ein Beweis dafür, daß Farbe keineswegs nur über den Gesichtssinn und die Farbempfindung, also über die Psyche wirkt. Sie hat vielmehr wissenschaftlich nachweisbare Einflüsse auf den Zellstoffwechsel, die Ausschüttung von Hormonen, die Enzymtätigkeit, den Sauerstofftransport und viele andere Körperfunktionen. Bei direkter Farbbestrahlung erkrankter Körperbereiche richtet sich der Wirkungsgrad nach der Wellenlänge und der Eindringtiefe des Farbstrahls in die Haut. Rotlicht gilt als besonders tiefen- und rasch wirksam bei akuten Erkrankungen, Blaulicht als »flacher« wirksam und gut für den kontinuierlichen, längerfristigen Energieaufbau.

Was Pflanzenfarbstoffe im Essen bewirken

Nur im Sonnenlicht bildet die menschliche Haut Vitamin D und vermehren sich die pigmentbildenden Epithelzellen im Auge. Dabei spielen offenbar bestimmte Farbwellen des sichtbaren Sonnenlichtspektrums eine besondere Rolle. Aus der Pflanzenforschung ist bekannt, daß viele Pflanzen unter Blaulichteinstrahlung besonders gut wachsen, unter Rotlicht jedoch verkümmern. Die in den Pflanzen zu Nährstoffen umgewandelte Farbenergie, ja sogar die Pflanzenfarbstoffe selbst haben meßbare Auswirkungen auf den menschlichen Stoffwechsel, wenn sie mit der Nahrung in den Körper gelangen: *Carotine* und *Carotinoide* (rote und orange Farbstoffe) werden in Vitamin A umgewandelt; *Flavone* (gelb) wirken als Atmungsfermente, vermindern die Kapillardurchlässigkeit der Blutgefäße und verstärken die Harnausscheidung; *Chlorophyll* (grün) fördert die Blutbildung und Geweberegeneration; rot-blau-violette Pflanzenfarbstoffe verbessern vor allem die Sauerstoffversorgung der Zellen und fördern Heilungsprozesse. Alle pflanzlichen Farbstoffe führen dem Organismus außerdem verschiedene Spurenelemente und Minerale zu. Die Abwesenheit solcher Farbstoffe wirkt sich negativ auf den Stoffwechsel aus: Wer sich einige Zeit ausschließlich mit »weißen« Nahrungsmitteln ohne natürliche Farbstoffe ernährt – etwa Spargel, Schwarzwurzeln, Kartoffeln, Milch, Hühnereiweiß –, bekommt nachweislich Magen-Darm-Störungen, auch wenn die Ernährung vom sonstigen Nährwert her nichts zu wünschen übrig läßt.

Grundsätzlich können alle Farben des sichtbaren Spektrums zur Farbtherapie verwendet werden. Die meisten, die damit heilerisch arbeiten, konzentrieren sich jedoch auf die sogenannten Grundfarben Rot, Gelb, Blau sowie ihre »Mischfarben erster Ordnung« Orange, Grün und Violett. Manche nehmen noch Indigoblau, Türkis oder Magenta hinzu. Weiß und Schwarz gelten in der Farbtherapie als »Unfarben«, weil Weiß alle Lichtwellen gemeinsam zurückwirft, also keine Einzelfarbwirkung zuläßt, und Schwarz alle Lichtwellen absorbiert.

Selbsthilfe

Vor jeder Farbtherapie steht zunächst einmal eine gründliche Diagnostik der bestehenden Störung(en). Eine ärztliche Untersuchung ist daher anzuraten, bevor Sie sich einer Farbtherapie unterziehen oder sie – unter Anleitung einer erfahrenen Fachkraft oder guter Selbsthilfebücher (siehe Literaturempfehlungen) – zu Hause machen.

Wichtig ist auch, sich der eigenen Vorlieben für oder Abneigungen gegen bestimmte Farben bewußt zu werden: Oft hat Ihr Instinkt recht, denn die »falschen« Farben können für sich bereits Störungen auslösen oder bestehende Dysfunktionen verschlimmern, die »richtigen« hingegen können bewirken, daß es Ihnen besser geht. Manche Frauen folgen allerdings eher der Mode als ihrem Instinkt, oder sie »verstecken« sich hinter bestimmten, farbtherapeutisch für sie ungünstigen Farben. Frauen, die sich mit

Grau, Schwarz, Dunkelbraun, Dunkelblau und anderen düsteren Farben umgeben, sollten sich über Depressionen, Kältegefühl und schlechte Laune nicht wundern. Wer allzuviel Rot, Orange oder Leuchtfarben um sich hat bzw. trägt, putscht sich unter Umständen künstlich damit auf. Allein solche Gewohnheiten zu ändern, kann schon heilsam für Körper-, Geist- und Seelenselbst sein.

Zu den gebräuchlichsten Möglichkeiten, Farben heilsam einzusetzen, gehören folgende Verfahren der Farbtherapie:

- **über den Gesichtssinn:** z. B. Wand-, Vorhang-, Möbel-, Teppich-, Kleidungsfarben;
- **als Lichttherapie:** zehn- bis zwanzigminütige Farbbestrahlungen (»Farbduschen«) mit farbigen Glühbirnen oder Lampen, denen farbige Filter vorgesetzt werden, oder auch Bestrahlung mit »weißem« Licht hoher Intensität, etwa zur Depressionsbehandlung;
- **über die Haut:** farbige, auf der Haut getragene Kleidungsstücke oder Bettwäsche, die auch im Dunkeln Heilungsprozesse fördern soll, sowie Badewasser, dem Farbsubstanzen zugegeben werden oder das zuvor 10–15 Minuten lang mit farbigem Licht bestrahlt wurde; außerdem Auflegen von Edelsteinen der therapeutisch wirksamen Farbe auf bestimmte →Akupunktur-Punkte oder Chakren (→Akupunktur);
- **über Schleimhäute und Verdauungstrakt:** Aufnahme von Nahrungsmitteln und Getränken, die eine bestimmte natürliche Farbe aufweisen bzw. verstärkend vor dem Verzehr 15–30 Minuten mit ihrer Eigenfarbe bestrahlt wurden, z. B. Rote Bete, Karotten, grüne Salate und Gemüse, gelbe Paprika, Orangensaft; außerdem mit Farblicht bestrahltes Trinkwasser;
- **über die innere Vorstellungskraft:** mit geschlossenen Augen →Visualisieren der jeweils heilsamen Farbe oder einer Naturszene, in der diese Farbe vorherrscht, etwa blaues Meer, grüne Wiesen, gelbe Sonne, roter Mohn, eventuell auch längeres Meditieren über die jeweilige Farbe.

Wird das Farblicht ausgeschaltet, erlischt die Energiequelle. Farbige Gegenstände – etwa farbige Kleidung oder Bettwäsche – können nach Ansicht von Fachleuten für Farbtherapie durchaus auch im Dunkeln weiterwirken: Die Farbe wird dann nicht durch

Licht, sondern durch andere Energieformen, etwa die Körperwärme, aktiviert.

Über die oben genannten Möglichkeiten hinaus können Sie farbtherapeutisch folgendes für sich tun:

- Achten Sie auf Ihre Gemütsverfassung, wenn Sie morgens aufstehen, und richten Sie Ihre *Kleidungsfarben* danach. Sind Sie müde, schlecht gelaunt, depressiv oder geistig träge, wählen Sie freundliche, helle, warme Farben. Wachen Sie wütend, knurrig, voll überschüssiger Energie auf, ziehen Sie etwas Grünes (es beruhigt) oder kühlend Blaues an.
- Gestalten Sie den Ort, an dem Sie sich tagsüber am längsten aufhalten, mit Ihren *anregenden Lieblingsfarben,* und sei es nur mit einem Plakat an der Wand oder einem kleinen Gegenstand, an dessen Farbe Sie Kraft tanken können.
- Wann immer Sie ein paar Minuten allein sind, und sei es auf der Toilette, machen Sie *Visualisierungsübungen* mit der Farbe, die Sie Ihrem Gefühl nach gerade besonders nötig haben (siehe Tabelle 5, S. 158ff.). Malen Sie mit einem gedachten Pinsel den ganzen Raum um Sie herum in dieser Farbe aus; schwelgen Sie darin.

Farbtherapie eignet sich prinzipiell für alle Frauen, vor allem aber für solche, die

- bei jeder, auch schulmedizinisch behandelten Krankheit noch etwas Zusätzliches für ihre Gesundheit tun möchten,
- bereit sind, sich mit ihren Vorlieben für und Abneigungen gegen bestimmte Farben gründlich auseinanderzusetzen,
- bereit sind, ihrer Gesundheit zuliebe bestimmte Farben für Kleidung oder Raumausstattung zu wählen, auch wenn diese gerade nicht in Mode sind oder ihnen angeblich »nicht stehen«,
- ihre Ernährung farbtherapiegerecht umstellen wollen,
- die Kosten für farbtherapeutische Mittel (Glühbirnen, Filter, Wandfarben, Bettwäsche, Kleidungsstücke usw.) aufbringen können,
- sich für Farbbestrahlungen und -behandlungen regelmäßig etwa eine viertel bis halbe Stunde Zeit nehmen können und wollen,

- im Falle von Sehschwäche, Blindheit oder Farbenblindheit eine Person zur Verfügung haben, die ihnen hilft, die therapeutisch wichtigen Farben nicht zu verwechseln.

Tabelle 5: Therapeutische Farbwirkungen

Farbe	Wirkung	Anwendungsbereich	Gegenanzeigen
Rot	wärmend, vitalisierend, stimulierend für Drüsen, Blutbildung, Kreislauf, Sinnesorgane, gefäßerweiternd, durchblutungsfördernd, steigert die Schmerzbereitschaft	Anämie, chronisches Blasenleiden, Depressivität, Durchblutungsstörungen, niedriger Blutdruck, Energiemangel, Hormonmangel, Ischiasleiden, Ausbleiben der Menstruation, Schwäche nach Entbindung oder in den Wechseljahren, Herz-, Lungen-, Muskelerkrankungen, Stoffwechsel- und Verdauungsstörungen	akute Entzündungen, Schwellungen, Geschwüre, Bluthochdruck, Hyperaktivität, Fieber, starke Schmerzen, Aggressivität, Übererregbarkeit
Orange	leicht stoffwechsel- und kreislauffördernd, anregend für Nieren, Galle, Lymphe, Darm, Drüsen, stimuliert den Appetit	Allergien, Appetitlosigkeit, Hormonmangel, Libidoschwäche, Nierenschwäche, Muskelkrämpfe, Durchblutungsstörungen, Kreislaufschwäche, Verstopfung	akute Entzündungen, Fieber, Nervosität, Unruhe
Gelb	stark drüsenanregend, stärkend für Magen, Darm, Leber, Milz, Blase, Nervensystem (kräftige Tiefenwirkung), antidepressiv, schleimhautaktivierend	Asthma, Nahrungsmittel-Allergien, Diabetes, Magen-, Darm-, Leber-, Milz- und Blasenleiden, Erkrankungen der Fortpflanzungsorgane, Hormonstörungen, Gallensteine, Muskelverspannungen, Schilddrüsenunterfunktion, »vegetative Dystonie«	starke Nervosität, Unruhe (dann nur 5 Min. bestrahlen)

Farbe	Wirkung	Anwendungsbereich	Gegenanzeigen
Grün	harmonisierend, ausgleichend, beruhigend, stärkend, regenerierend, bei hohem Blauanteil leicht kühlend, bei hohem Gelbanteil leicht wärmend	zur Farbtherapie-Einleitung, bei Atemschwierigkeiten, Ärger, Nervosität, Erschöpfung, Depressionen, Bluthochdruck, Herzschmerzen, Schlafstörungen, Krebsleiden	keine bekannt
Blau	stark antiseptisch, kühlend, adstringierend, fiebersenkend, beruhigend, schmerzstillend, blutdrucksenkend, fördert Zellregeneration und Schlafbereitschaft	akute Entzündungen, Verbrennungen, Hautinfektionen, Ekzeme, Fieber, Magengeschwüre, Koliken, Schilddrüsenüberfunktion, Hämorrhoiden, Bluthochdruck, Vergiftungserscheinungen in der Schwangerschaft, Scheidenentzündungen, zu starke Menstruationsblutungen, entzündliche Reizzustände der Fortpflanzungsorgane, Hyperaktivität, Übererregbarkeit, Schlafstörungen	Erkältungen, Muskelverspannungen, Lähmungen, Durchblutungsstörungen, Energiemangel
Indigoblau	harmonisierend für Augen, Nase, Ohren, Atemwegsorgane, Nervensystem, Bewußtsein, schmerzstillend, leicht betäubend	Atemwegsleiden, Hals-Nasen-Ohren- und Augenerkrankungen, Tuberkulose, Schlafstörungen, geistig-seelische Erkrankungen, Nervenleiden, Hypophysen-Unterfunktion (Hormonschwäche), alle Schmerzleiden, Darmbeschwerden, Durchfall	Unterkühlung, starke Erschöpfung, Depressionen, Psychosen

Farbe	Wirkung	Anwendungsbereich	Gegenanzeigen
Violett	antibakteriell, schwellungsmindernd, geistig-seelisch entspannend, dämpfend, hypnotisierend, schlaf- und trancefördernd, regt die Hypophyse an	Migräne, Kopfschmerzen, Parasitenbefall, Schuppenbildung, Schlafstörungen, zur Einleitung von Meditationsübungen, Trance, Hypnose	Debilität, geistig-seelische Mangelentwicklung (bei Kindern und Erwachsenen), Gewalttätigkeit

Achtung!

Farben können heilend wirken, aber auch schaden, wenn sie falsch oder zu lange eingesetzt werden. Die Gegenanzeigen (Kontraindikationen) in Tabelle 5 weisen auf wichtige Zustände hin, in denen bestimmte Farben keinesfalls therapeutisch eingesetzt werden dürfen. Sollten Sie sich darüber hinaus bei einer Anwendung besonders unwohl fühlen, brechen Sie sie unbedingt ab und holen Sie sich Rat bei einer Farbtherapie-Fachkraft (meist sind das speziell ausgebildete Heilpraktikerinnen oder Heilpraktiker). Es kann nämlich passieren, daß die Farbtherapie eine tieferliegende Störung mobilisiert und sich dann Beschwerden bemerkbar machen, die vorher durch eine andere Erkrankung überlagert wurden.

Farbtherapie zu Hause muß prinzipiell nicht viel kosten; lassen Sie sich also keine teuren Geräte oder Speziallampen aufschwätzen, wenn es einige farbige Glühbirnen genauso tun. Statt einer Menge neuer Kleidungsstücke genügt es auch, sich für die Dauer der Anwendung in Baumwoll-, Woll- oder Seidentücher der heilsamen Farbe zu hüllen.

Literaturempfehlungen:

Brantschen, Roman: Heilen mit Licht und Farben. Wie Sie diese Energie für sich entdecken und nutzen. Ariston Verlag, Genf 1994 (für Fachleute und physikalisch Vorgebildete).

Eberhard, Prof. L.: Heilkräfte der Farben. Farben als Heilmittel Anwendung in der Praxis. Drei Eichen Verlag, Ergolding, 8. Aufl. 1990.
Faber, Stephanie: Mein Farbenbuch. Goldmann Verlag, München 1987.
Libermann, Dr. med. Jacob: Die heilende Kraft des Lichts. Der Einfluß des Lichts auf Psyche und Körper. Scherz Verlag, München 1993.
Lüscher, Prof. Dr. med. Max: Die Lüscher-Farben zur Persönlichkeitsbeurteilung und Konfliktlösung. Mosaik Verlag, München 1989.
Muths, Christa: Farbtherapie. Mit Farben heilen – der sanfte Weg zur Gesundheit. Farben als Schlüssel zur Seele. Wilhelm Heyne Verlag, München 1991.
Schiegl, Heinz: Colortherapie. Heilung durch Farbenkraft. Bauer Verlag, Freiburg/Breisgau (o. J.).
Wills, Pauline: Wie Farben heilen. Aurum Verlag, Braunschweig 1994.

Weiterführende Anschrift:
Deutsche Akademie für Farbpsychologie e. V.
Jahnstr. 9
52249 Eschweiler

Heilfasten

zur Selbsthilfe geeignet

Was Diät ist, weiß fast jede Frau: Kaum eine, die in ihrem Leben nicht schon mindestens eine Abmagerungskur gemacht hat (→Ernährungstherapie). Mit Diäthalten zum Zweck einer dauerhaften Gewichtsreduktion hat das Heilfasten, vor allem als Selbsthilfemethode, allerdings relativ wenig zu tun. Für stark Übergewichtige, die auf medizinischen Rat hin unbedingt viele Kilogramm abnehmen müssen, damit sie nicht krank bzw. kränker werden oder die Risiken einer geplanten Operation sich verringern – die einzigen wirklich vernünftigen Gründe fürs Abspecken –, kommt eine Fastenkur zum Einleiten der Abmagerungskur nur unter fachlicher Aufsicht in Frage: Die Gefahr eines Kreislaufzusammenbruchs wäre andernfalls zu hoch.

Naturmedizinisches Heilfasten im strengen Sinne ist der *zeitlich begrenzte Verzicht auf die Zufuhr fester und flüssiger Nahrung mit Nährwert;* Wasser oder Kräutertee darf, ja muß dabei hingegen täglich in großer Menge (bis zu drei Liter) getrunken werden, damit die Nieren weiterhin arbeiten und der Organismus die Möglichkeit hat, Stoffwechsel-Abbaustoffe über den Urin und mit dem Schweiß über die Haut auszuscheiden. (Eine Ausnahme von dieser Regel ist die *Schroth-Kur,* bei der maximal drei Dursttage mit eingeplant werden können. Diese Kur ist nur unter fachlicher Aufsicht zu empfehlen.) Als Begründer des modernen Heilfastens gilt der amerikanische Arzt Dr. med. Edward H. Dewey (1840–1904), der das schon von Heilerinnen und Heilern früher Kulturen angewandte Voll- und Morgenfasten als Mittel der Naturheilkunde wiederentdeckte.

Prinzipiell gibt es zwei Formen des Fastens: das Kurzfasten, das einen Tag bis maximal vier Tage dauert, sowie das Langfasten über mehrere Wochen, das am besten in einer Fastenklinik oder einem anderen geeigneten Kurheim durchgeführt wird. Kurzfasten können Sie jedoch jederzeit auch zu Hause.

Was das Fasten bewirken kann

- **Anregung aller Ausscheidungsorgane.** Von zu vielen Kohlenhydraten, Fetten, Proteinen, nicht-natürlichen Nahrungsmittelzusätzen, Umweltschadstoffen, Krankheitserregern und giftigen Stoffwechsel-Abbauprodukten übermäßig belastet, funktionieren die Stoffwechsel- und Ausscheidungsorgane Haut, Nieren, Galle, Leber, der Magen-Darm-Trakt, die Blase und auch die Gebärmutter (Ausscheidungsorgan des Menstrualblutes) oft nicht optimal. Nahrungskarenz entlastet diese Organe und bringt ihre Funktionen wieder in Schwung.

- **Entgiften und Ausleiten von Stoffwechsel-Abbauprodukten.** Ohne weitere Nahrungszufuhr hat der Organismus Gelegenheit, ungestört alles abzubauen und auszuschwemmen, was den Stoffwechsel bislang belastete und eventuell ernährungs(mit)bedingte Krankheiten entstehen ließ bzw. verschlimmerte, etwa Stoffwechselstörungen, rheumatische Beschwerden, Gicht, Arteriosklerose, Altersdiabetes, Pilzbefall, chronische Entzündungen und Geschwüre.
- **Verbesserung der Blutzusammensetzung und der Gewebedurchblutung.** Auch dem Blut werden beim Fasten Stoffwechsel-Abbauprodukte und Giftstoffe entzogen. Es kann dann die über die Atemluft zugeführten Sauerstoffmoleküle vermehrt aufnehmen und in die Gewebe transportieren. Da es gleichzeitig »dünnflüssiger« wird, erreicht es feinste Blutgefäße (Kapillaren) wieder leichter. Blutstauungen können sich auflösen; erhöhter Blutdruck sinkt, zu niedriger steigt oft wieder auf den Normalwert an (je nach Dauer des Fastens), und die zirkulierende Blutmenge wird insgesamt besser verteilt. Das erleichtert auch die Arbeit des Herzmuskels und regt die blutbildenden Organe zu vermehrter Tätigkeit an.
- **Abschmelzen der Fettdepots.** Bekommt der Organismus keinen Energienachschub von außen, muß er sich auf eine andere Form der Energiegewinnung umstellen, um die lebensnotwendigen Hirn-, Herz- und Stoffwechselfunktionen aufrechterhalten zu können. Zunächst greift er die Glykogenreserven in der Leber und den Muskeln an (Glykogene sind leicht in Energie umwandelbare Kohlenhydrate). Nach zwei bis drei Fastentagen kommen die Fettdepots verschiedener Körpergewebe an die Reihe – bei Frauen vorrangig die Pölsterchen an den Knien, den Oberschenkeln, am Gesäß, an den Hüften, am Bauch und Rücken, an den Brüsten, den Oberarmen, am Hals und im Gesicht. Wo was zuerst abgebaut wird, ist Veranlagungssache und hängt außerdem davon ab, ob die jeweilige Körperregion durch Gymnastik, Sport oder Yoga-Übungen zusätzlich mobilisiert wird oder nicht.
- **Reinigung der Gefäß-Innenwände.** Durch Fasten und viel Trinken wird das Blut dünnflüssiger; es fließt daher etwas

rascher durch die Adern und kann Cholesterin- und Eiweißablagerungen an den Innenwänden der Blutgefäße, die sich beim Fasten zu lockern beginnen, leichter wegschwemmen. Bewegung während der Fastentage verstärkt diesen Effekt. Die Gefäßwände werden dabei gereinigt und durchlässiger für alle Nähr- und Regenerationsstoffe, die beim Fasten selbst (z.B. mit Obst- und Gemüsesäften oder Molke) sowie danach mit der Nahrung zugeführt werden. Solche Fastenkuren sind daher auch für Frauen mit Herz-Kreislauf-Problemen sehr empfehlenswert.

- **Abbau von überschüssigem Gewebewasser**. Der weibliche Körper besteht zu zirka 60–70 Prozent aus Wasser. In Zeiten vermehrter Wassereinlagerungen – etwa kurz vor der Menstruation, manchmal auch während der Schwangerschaft –, bei eingeschränkter Nierenfunktion und anderen Stoffwechselstörungen, Bewegungsmangel, zu hohem Salzkonsum, mangelhafter Magnesium- und Kaliumaufnahme und ungenügenden Trinkgewohnheiten (weniger als ein Liter Flüssigkeit am Tag) wird mehr Wasser als nötig in den Geweben gespeichert. Die Lymphe staut sich, das Blut wird zu dickflüssig, und die Ausscheidungsorgane arbeiten mangels stimulierender Flüssigkeits-Reize immer schlechter. Daher ist es durchaus nicht paradox, daß zum Abbau von Gewebewasser mehr Flüssigkeit aufgenommen werden muß! Mindestens zwei, manchmal sogar drei Liter Wasser, Mineralwasser, ungesalzene Gemüsebrühe, Kräutertees oder (bei Saftfasten) Obst- und Gemüsesäfte pro Tag stabilisieren den Wasserhaushalt, regen die Ausscheidungsorgane kräftig an und schwemmen überschüssiges Wasser aus den Geweben aus. Sie verlieren allein dadurch mindestens ein bis drei Kilo Gewicht, je nach Fastendauer.
- **Stärkung des Immunsystems.** Entgiften, Entschlacken und Ausleiten der überschüssigen festen und flüssigen Stoffe gibt allen körpereigenen Abwehrkräften die Möglichkeit, sich zu erholen. Es werden zahlreiche neue Immunzellen gebildet; die gesunde Darmflora kann sich regenerieren (vor allem, wenn das Fasten zu Beginn mit einer speziellen Darmreinigungskur, etwa Einläufen oder der Einnahme von Bifidobakterien aus

Bio-Joghurt oder apothekenpflichtigen Präparaten, gekoppelt wird); der Sauerstofftransport und die Gewebedurchblutung werden verbessert – alles Faktoren, die den Abwehrkräften »auf die Beine helfen«, so daß sie mit Krankheitserregern besser fertig werden. Der Effekt hält oft weit über die Fastenkur hinaus an.

- **Entschlackung von Geist und Seele.** Falsch zusammengesetzte, mit Umweltgiften angereicherte und/oder im Übermaß aufgenommene Nahrung blockiert nachweislich auch die Gehirnfunktionen: Die Konzentration läßt nach, ebenso das Gedächtnis, die Denk- und Reaktionsfähigkeit, die Kreativität. Sie werden depressiv, müde, übelgelaunt, langsam oder auch nervös und hyperaktiv, schlafen und träumen schlecht. Hände- oder Gliederzittern, Kopfschmerzen und andere Störungen des Nervensystems können sich einstellen. Beim Heilfasten kann sich Ihr Geist- und Seelenselbst erholen und von »Schlacken« (z.B. allzu negativen Gedanken, Grübeleien, Aggressionen, Selbstvorwürfen) befreien. Es öffnet den Weg zu größerer seelischer, gedanklicher und spiritueller Klarheit (was Sie besonders deutlich spüren, wenn Sie das Fasten mit →Visualisierungsübungen verbinden). Achtung: Nach einigen Fastentagen stellt sich meist die berüchtigte *Fastenkrise* ein, die diesen Behauptungen Hohn zu sprechen scheint. Fastenbedingte Schwindelgefühle, Kopfschmerzen, Müdigkeit, Niedergeschlagenheit usw. sind jedoch lediglich ein Zeichen dafür, daß der Organismus mit der Entgiftungsaktion begonnen hat. Die Beschwerden gehen nach wenigen Tagen vorbei und machen dann einem Wohl-, ja Hochgefühl Platz, falls Sie das Fasten nicht vorzeitig abbrechen.
- **Regulierung der Wahrnehmung von Hunger und Sättigung.** Frauen haben oft eine gestörte Selbstwahrnehmung, was ihr Hunger- und Sättigungsgefühl anbelangt. Zum Teil sind frühkindliche Erziehungsmechanismen (z. B. rigide Fütterungszeiten) dafür verantwortlich, zum Teil auch das Auf und Ab von Diäten, Schlankheitskuren, Eßanfällen und krampfhafter Gewichtskontrolle. Beim Heilfasten lernen viele Frauen erstmals wieder, was es heißt, echten Hunger und nicht nur

Appetit auf etwas Bestimmtes zu haben, z. B. Schokolade oder andere »Psychokost«. Und: Das Hungergefühl stimmt mit den tatsächlichen organischen Gegebenheiten überein. Je länger das Heilfasten dauert, desto leichter wird es psychisch wie körperlich, das Hungergefühl auszuhalten; manchmal verschwindet es sogar für eine Weile ganz. (Bei Magersucht ist das übrigens *nicht* der Fall – und bedeutet für diese Kranken eine weitere Herausforderung, auf deren »Überwindung« sie glauben, stolz sein zu können.) Wird das Fasten dann gebrochen und wieder Nahrung zugeführt, scheint der Magen förmlich geschrumpft zu sein, denn er meldet dem Gehirn viel früher als erwartet »Sättigung«. Tatsächlich aber wurde sonst einfach über dieses Signal hinweg weitergegessen – es war zu schwach ausgeprägt oder erschien unwichtiger als die psychischen Bedürfnisse, die mit Essen gestillt werden sollten. Heilfasten reguliert das Hunger- und Sättigungsgefühl, fördert die Kommunikation mit sich selbst und stärkt daher das Selbstvertrauen.

- **Krebsbekämpfung:** Es gibt eine Theorie, nach der mehrwöchiges strenges Saftfasten die Krebsgeschwülste selbst so stark auszehrt, daß sie erheblich schrumpfen, so daß den Krebszellen dann von der körpereigenen Immunabwehr der Garaus gemacht werden kann – falls sie nicht durch Operationen, Zytostatika- und Strahlenbehandlungen schon zu schwach dazu ist. Der bekannte österreichische Fastenspezialist Rudolf Breuß (1899–1991) empfahl Krebskranken eine insgesamt 42 (!) Tage dauernde Kur, während derer sie ausschließlich fein durchgeseihte Säfte aus Roten Beten, Karotten, Sellerieknollen, Rettich und Kartoffeln zu sich nehmen sollten, daneben Heiltees aus Salbei, Ringelblume, Storchenschnabel und Zinnkraut zur Anregung der Ausscheidungsorgane und zur Entzündungshemmung. Bei sehr kleinen Tumoren, entsprechend besserem Allgemeinzustand und größerem Hungergefühl sind zudem 1–2 Teller Zwiebelbrühe (ohne die Zwiebel) pro Tag erlaubt. Bei dieser praktisch eiweiß-, fett- und kohlenhydratfreien Saftkur muß der Organismus laut Breuß alle seine Energiereserven angreifen – und das bedeute in erster Linie: die sehr energiereichen, wild wuchernden Krebszellen, die im Ver-

lauf der Fastenkur sozusagen aufgezehrt würden, noch bevor das gesunde Gewebe seine Reserven abgeben müsse. Selbst eine geringfügige Nährstoffzufuhr über die Säfte und Heiltees hinaus, warnte Breuß, mache den Erfolg der Fastenkur wieder zunichte. Entgegen der Meinung vieler Schulmediziner führe so langes Heilfasten auch keineswegs an den Rand des Hungertods, da der Wasser-, Mineral- und Vitaminhaushalt stets bestens in Gang gehalten würde.
Anmerkung der Autorin: Ob diese Kur im Einzelfall eine aussichtsreiche Alternative zu anderen Formen der biologischen Krebsabwehr oder zu schulmedizinischen Behandlungen darstellt, entzieht sich meiner Beurteilung. Da es jedoch immerhin möglich erscheint, daß sich der Allgemeinzustand durch eine solche höchst vitamin- und mineralstoffreiche Fastenkur bessert und die Kur zudem bei ausbleibendem Erfolg bzw. Verschlechterung des Befindens jederzeit abgebrochen werden kann, halte ich einen Hinweis auf diese Fastenkur für vertretbar. Krebskranke, die als unheilbar bzw. inoperabel aufgegeben wurden und es nach Abwägung aller Argumente pro und contra – etwa den Faktor Zeit – mit einer solchen Kur versuchen wollen, sei die gründliche Lektüre von Breuß' strikten Anweisungen dazu empfohlen.[1)]

Heilfasten eignet sich besonders für Frauen, die
- sich nicht regelmäßig mit Vollwertkost ernähren (können),
- unter chronischen Erkrankungen leiden und ihren Organismus auf eine naturheilkundliche Behandlung umstimmen wollen,
- an einer akuten, fieberhaften oder entzündlichen Erkrankung leiden,
- chronische Verdauungsbeschwerden haben,
- seelisch-geistig sehr unausgeglichen oder schlapp sind,
- auf gesunde Weise abnehmen wollen oder müssen,
- in bestimmten Zeitabständen (wöchentlich, monatlich, alljährlich im Frühjahr) etwas Besonders für ihr Wohlbefinden tun wollen,
- ein wenig Willensstärke und Durchhaltevermögen besitzen.

Selbsthilfe

Vor jeder Fastenkur, die länger als einen Tag dauert, sollten Sie mit einer heilkundigen Fachkraft abklären, ob Ihr Gesundheitszustand eine Nahrungskarenz verträgt.

Völlig kalorienfrei ist das Fasten mit ungesüßten Kräutertees, Mineralwässern (am besten ohne Kohlensäure), einwandfreiem Quell- oder Leitungswasser. Täglich mindestens 2 Liter, besser 3, auf mehrere Portionen verteilt trinken. Dauer: maximal 3 Tage, dann Umstellung auf leichte Mischkost, Gemüsebrühe, Tomatensaft, 2–3 Tage später erneut normale Vollwertkost.

Bis zu 300 Kalorien pro Tag, dazu alle nötigen Vitamine, Mineralstoffe und Spurenelemente nehmen Sie beim **Saftfasten** zu sich: dreimal täglich je 100 g Obst- oder Gemüsesaft plus 50 g Frischpflanzensaft plus 2 Eßlöffel Honig, mit Mineralwasser oder Kräutertee auf 2–3 Liter Flüssigkeitsmenge pro Tag ergänzt, maximal 3–4 Tage lang, dann Umstellung der Ernährung wie oben beschrieben.

Rund 30 g biologisch sehr hochwertiges Eiweiß pro Tag nehmen Sie beim **Molke-Fasten** mit Diät-Kurmolke (aus dem Reformhaus) zu sich und bauen dabei täglich rund 400 g Fettgewebe ab. Die Molke muß zu mindestens 90 Prozent rechtsdrehende L(+)-Milchsäure enthalten. 1 Liter Molke, in kleinen Portionen über den Tag verteilt, ergänzt durch 1–2 Liter Mineralwasser oder ungesüßten Kräutertee, dazu noch ca. 80 g ausleitenden Löwenzahn- oder Brennesselsaft (Reformhaus), eßlöffelweise über den Tag verteilt, evtl. mit Wasser verdünnt. Maximal eine Woche lang Molkefasten; bei Fasten über mehr als 2 Tage die Pflanzenfrischsäfte im täglichen Rhythmus abwechseln. Gut für Übergewichtige, bei erhöhten Cholesterinwerten sowie Bluthochdruck.

Entschlackend wirken außerdem eine mehrtägige **Obstkur** (nur Früchte und Fruchtsäfte), eine **Kartoffelkur** (nur gekochte Kartoffeln ohne Fettzugabe) oder eine **Apfel-Reis-Diät** (ungeschälter, gekochter Reis und ungespritzte Äpfel nach Belieben).

Achtung!

Nikotin und Alkohol sind während des Fastens streng untersagt. Sollten Sie Tabletten einnehmen müssen, holen Sie ärztlichen Rat ein, ob Sie die Medikation während der Fastentage abbrechen dürfen oder modifizieren können (manche Mittel werden auf leeren Magen schlecht vertragen). Fasten kann (zu) anstrengend sein, wenn Sie daneben körperlich oder geistig schwer arbeiten müssen. Zudem kann in den ersten paar Tagen, wenn die Ausscheidungsorgane mobilisiert sind, unangenehmer Haut- und Mundgeruch auftreten. Kalkulieren Sie all das in Ihre Fastenplanung ein.

Keinesfalls dürfen Sie es mit dem Fasten übertreiben, wenn Sie ohnehin ziemlich mager sind: Dann kommt ausschließlich Kurzfasten von maximal drei Tagen in Frage; andernfalls würden Ihre Energiereserven zu stark angegriffen. Gar nicht oder nur auf ausdrücklichen medizinischen Rat und unter fachlicher Aufsicht fasten dürfen Diabetikerinnen (Gefahr der Unterzuckerungskrise), Tuberkulosekranke, Frauen mit schweren Herz-Kreislauf- oder Nierenleiden, Schilddrüsenüberfunktion und zehrenden Leiden, etwa Tuberkulose oder AIDS. Beim Fasten schüttet das Gehirn nach einigen Tagen vermehrt Endorphine aus, die euphorisch, ja »high« machen können. Darin liegt eine gewisse Suchtgefahr. Ein Fastentag pro Woche oder eine Mehrtagekur pro Monat sind in jedem Fall ausreichend! Längere Fastenkuren sollten Sie nur unter ärztlicher Aufsicht durchführen.

Ganz wichtig: Nach dem Fasten dürfen Sie nicht sofort wieder »voll zuschlagen«, sondern für einige Tage nur leichte, nicht allzu ballaststoffreiche Kost essen und müssen weiterhin viel trinken. Wer diesen Rat nicht befolgt, macht unter Umständen die wohltuenden Wirkungen des Fastens wieder zunichte und muß von vorn anfangen! Am wirksamsten ist es, zwischen den letzten Fastentag und der erneuten Zufuhr vollwertiger Mischkost eine Übergangsperiode von 7 Tagen einzulegen, in denen Sie jeden Tag ein wenig mehr feste und etwas weniger flüssige Nahrung zu sich nehmen. Grundsätzlich sollten Sie sich zur Gewohnheit machen, rund einen bis anderthalb Liter (alkoholfreie) Flüssigkeit pro Tag zu trinken, auch wenn Sie nicht fasten.

Genannte Literatur:
1) Breuß, Rudolf: Krebs, Leukämie und andere scheinbar unheilbare Krankheiten mit natürlichen Mitteln heilen. Eigenverlag R. Breuß, Winkelweg 6, A-6700 Bludenz/Vorarlberg, erw. Aufl. 1989.

Weitere Literaturempfehlungen:
Buchinger, Maria (Hrsg.): Heilfasten. Die Buchinger-Methode. Der natürliche Weg zu körperlicher und seelischer Gesundheit. Deutscher Taschenbuch Verlag, München, 2. Aufl. 1995.
Das, Sigrid: Entgiften und Entschlacken. Die Abwehrkräfte stärken und die natürliche Selbstreinigung des Körpers aktivieren. Deutscher Taschenbuch Verlag, München 1995.
Dürselen, Helga: Heilfasten. Entschlackung und Entgiftung nach der Buchinger-Methode. Econ Verlag, Düsseldorf 1986.
Gerhard, Hermann: Saftfasten. Georg Thieme Verlag, Stuttgart 1989.
Leibold, Gerhard: Heilfasten. Entschlacken, Regenerieren, Abnehmen. Falken-Verlag, Niedernhausen 1991.
Mehler, H. A./Keppler, H.: Fastenkuren. Wege zur gesunden Lebensführung. Falken-Verlag, Niedernhausen 1991.
Wallbaum, Rainer: Heilfasten mit Leib und Seele. Mosaik Verlag, München 1989.

Weiterführende Anschriften:

Ärztlicher Arbeitskreis Heilfasten e. V.
Wilhelm-Beck-Str. 27
88662 Überlingen

Gesellschaft der Mayr-Ärzte
Fritz-Frey-Str. 21
69121 Heidelberg

Schrothverband e. V.
Postfach
87528 Oberstaufen

Gesellschaft der Mayr-Ärzte e. V.
Postfach
A-9082 Maria Wörth – Dellach

Verein natürlichen Lebens
Postfach 114
A-6300 Wörge

Volksgesundheit Schweiz (VGS)
Splügenstr. 3
CH-8027 Zürich

Homöopathie

zur Selbsthilfe bedingt geeignet

»Ähnliches möge mit Ähnlichem geheilt werden«, lautet die berühmte Simile-Regel, die der deutsche Arzt Dr. med. Friedrich Christian Samuel Hahnemann (1755–1843) nach vielen Selbstversuchen mit pflanzlichen, tierischen und mineralischen Substraten aufstellte. Sein Konzept: Eine Substanz, die bei einer gesunden Person bestimmte Veränderungen, ja Krankheitssymptome auslöst, kann bei einer kranken Person genau diese Symptome beseitigen. Dieses therapeutische Vorgehen, Kranken eine dem Leiden sozusagen *gleichgerichtete*, ähnliche Arznei zu verabreichen, nannte Hahnemann Homöopathie (nach griechisch homoio = das gleiche). Sie steht damit im Gegensatz zur Schulmedizin, die meist allopathisch vorgeht, also *gegen* ein Leiden gerichtete Mittel verordnet. Ziel der Homöopathie ist, den Organismus mit Hilfe homöopathischer, in kleinsten Dosierungen verabreichter Arzneien so umzustimmen, daß er sich quasi selbsttätig heilen kann. Das gelingt nach Hahnemanns Beobachtungen um so besser, je genauer das sogenannte Arzneimittelbild der verordneten Medizin – er nannte es »den Inbegriff aller Symptome, die ein Mittel bei Gesunden hervorruft« – mit dem Beschwerdebild übereinstimmt.

Homöopathika werden aus sogenannten Ursubstanzen, etwa reinen Pflanzenextrakten oder pulverisierten Substanzen tierischen und mineralischen Ursprungs, hergestellt und dabei in Zehner- oder Hunderterschritten mit Alkohol bzw. Milchzucker verdünnt und verschüttelt. Die Angabe D1 auf einem Homöopathikum bedeutet: Ein Teil Ursubstanz wurde mit neun Teilen Lösungsmittel zur Dezimal-Dilution D1 verdünnt. D2 heißt: Ein Teil D1 wurde mit neun Teilen Lösungsmittel verdünnt; und so weiter. (Die Centesimal-Dilution C1 bedeutet: ein Teil Ursubstanz plus 99 Teile Lösungsmittel, usw.) Dieser Prozeß heißt Potenzierung, denn Hahnemanns Lehre zufolge sind die verdünnten und verschüttelten Mittel um ein Vielfaches potenter, also heilkräftiger als die reine Ursubstanz.

Humbug oder Heilverfahren?

Genau an dieser Behauptung scheiden sich bis heute die Geister: Für die einen, etwa die frühere bundesdeutsche First Lady und Ärztin Dr. med. Veronica Carstens, ist die Homöopathie wegen ihrer Sanftheit, Ganzheitlichkeit, Präzision und vielfach dokumentierten Heilerfolge »die Königin unter den Naturheilverfahren«. Für andere ist sie ein rotes Tuch: In hochverdünnten Mitteln sind nämlich nur noch wenige bis gar keine Wirkstoffmoleküle (ab D23) mehr vorhanden. Eine Arznei ohne Wirkstoff, höhnen viele Schulmediziner, sei jedoch Humbug oder aber ein reines Placebo-Präparat, das höchstens hilft, wenn man fest daran glaubt.

Wer so argumentiert, muß allerdings umlernen. Mit modernsten naturwissenschaftlichen Methoden, etwa der Kernresonanzspektrographie, wurde inzwischen nachgewiesen, daß hochpotenzierte Homöopathika sehr wohl meßbare Veränderungen in und um Körperzellen hervorrufen. Sie regen unter anderem die Ausschüttung von Enzymen und anderen körpereigenen Substanzen an und verändern die Energiezustände der Zellmoleküle auf atomarer Ebene. Ein Erklärungsmodell der Informatik lehrt, wie das vor sich geht: Beim Verschütteln hinterläßt der Arzneistoff Informationen im Lösungsmittel (der Trägersubstanz), ähnlich wie ein Befehl in einer Computerdatei. Diese elektromagnetische Information bleibt darin bestehen, selbst wenn der Informant (Arzneistoff) die Trägersubstanz verläßt, weil er »herausverdünnt« wird. Auch die Mikrochips im Computer speichern ja nicht etwa Buchstabenreihen, sondern nur ihre aufs Wesentliche reduzierten Informationen, nämlich elektromagnetische Impulse. Deshalb findet etwa eine ganze Buchseite voller Wörter auf unvorstellbar kleinem Speicherraum Platz. Ähnlich im Homöopathikum: Ein Tropfen oder Globulum enthält alle nötigen Heilinformationen, auch ohne daß die Wirkstoffmoleküle (Wörter) darin noch vorhanden sein müssen. Beim Einnehmen der Arznei werden die Informationen an den Zellen abgerufen und verändern deren Funktionsmöglichkeiten.

Wissenschaftlich wurde inzwischen außerdem nachgewiesen: Homöopathika wirken bei vielen Erkrankungen ebenso gut, manchmal sogar besser als Allopathika. Richtig eingesetzt, haben sie erheblich weniger Nebenwirkungen, sind meistens sehr viel billiger als schulmedizinische Therapeutika und wirken darüber hinaus auch bestens bei Babies und Tieren (bei denen ein »fester Glaube« an das Homöopathikum keinerlei Rolle spielt).

Die homöopathische Diagnose

Etwa 3000 verschiedene Substanzen stehen heute für die homöopathische Behandlung zur Verfügung. Ihr korrekter Einsatz bedarf zunächst einmal einer umfassenden Diagnostik. Die Erstuntersuchung kann deshalb ungewöhnlich lange, nämlich mindestens eine bis anderthalb Stunden dauern. Jedes homöopathische Mittel muß nämlich, zumindest nach den strengen Hahnemannschen Regeln, ganz individuell ausgewählt werden. Entscheidend dafür sind nicht nur objektivierbare Befunde, sondern auch persönliche Eigenarten sowie auffällige Veränderungen, die sich im Erkrankungszeitraum zugetragen haben: etwa eine besondere Wetterfühligkeit, Abneigungen gegen oder plötzliche Vorlieben für bestimmte Speisen und Getränke, Wärme- oder Kälte-, Geräusch- oder Lichtempfindlichkeit, gesteigertes Ruhe- und Rückzugsbedürfnis und vieles mehr. Alle Besonderheiten zusammengenommen ergeben ein bestimmtes, für die ratsuchende Person typisches Beschwerdebild. Die homöopathische Fachkraft sucht nun dasjenige Mittel heraus, dessen Arzneimittelbild am besten zu dem Beschwerdebild paßt. Vereinfacht ausgedrückt: Diagnostiziert wird nicht eine Krankheit, sondern das jeweils heilsamste Homöopathikum. Die nachfolgende Tabelle gibt dafür einige Beispiele, die Ihnen zeigen, auf welche Einzelheiten die homöopathische Fachkraft bei der Verordnung des richtigen Mittels achten muß. Sollten Sie die Tabelle bei einer Blasenentzündung zur Selbsthilfe nutzen wollen, lesen Sie bitte die Anwendungshinweise ab S. 184.

Tabelle 6:
Homöopathische Behandlung bei Blasenentzündung

Krankheitsverlauf	Beschwerde-/ Arzneimittelbild	Homöo-pathikum
Akute Entzündung, plötzlicher Beginn, Folge von trocken-kaltem (Ost-)Wind	Stürmischer Anfang mit Fieber ohne Schwitzen; unerträgliche, brennende Schmerzen am Blasenhals und in der Harnröhre; ständiger Harndrang; nächtliche Verschlimmerung, dabei Unruhe und Angst; Furcht (vor Schmerzen) zu Beginn des Harnlassens; Urin wird als heiß empfunden, kommt anfangs spärlich und rötlich; evtl. Harnverhalten mit Schmerzensschreien und Unruhe	Aconitum napellus (Blauer Eisenhut), D12 oder C6
Akute Entzündung, rascher Beginn, Folge von Abkühlung durch Wechsel von Wärme zu Kälte	Entzündung setzt kurz nach den ersten Symptomen ein, mit fiebriger Hitze und Schwitzen; Kopf gerötet, mit pulsierenden Blutgefäßen und geweiteten Pupillen; reichliche Schweißabsonderung am Körper; kalte Extremitäten; Patientin will zugedeckt bleiben, weil sie sonst friert; brennende Schmerzen im Blasenhals; Blasenkrämpfe; sehr berührungsempfindliche Blasengegend; Schmerzen verstärken sich bei körperlicher Erschütterung; evtl. Harnverhalten oder auch reichlicher Harnabgang	Belladonna (Tollkirsche), D12 oder C6
Akuter, heftiger Verlauf; starke, brennende Schmerzen	Unerträgliches Brennen; ständiger Harndrang; Schmerzen vor, während und nach dem Harnlassen; Harn geht nur tropfenweise ab und enthält reichlich Blasenepithelzellen, Schleim und Eiweiß, evtl. auch Blut; Kaffeetrinken verstärkt die Schmerzen; häufiges, brennendes Durstgefühl, dabei jedoch Abneigung gegen Trinken, manchmal auch unstillbarer Durst	Cantharis (Spanische Fliege), D12 oder C6

Krankheitsverlauf	Beschwerde-/ Arzneimittelbild	Homöo-pathikum
Akuter, heftiger Verlauf, Folge von Kälte, Nässe, Abkühlung in nasser Kleidung	Reizblase bei Kälte; Schmerzen beim Harnlassen mit Brennen an der Harnröhrenmündung; Harn ist trüb und enthält Schleim, evtl. auch Eiter; Harnverhalten nach Waten in kaltem Wasser; alle Beschwerden bessern sich bei Wärme, vor allem im warmen Bett	Dulcamara (Bittersüß), D4 oder C6
Akuter, heftiger Verlauf, Folge von kalten Füßen und Durchnässung, wechselnde Symptome	Druckgefühl oder kolikartiger Schmerz vor dem Harnlassen; Krampfschmerz im Blasenhals nach dem Harnabgang, ausstrahlend zur Dammgegend und zu den Oberschenkeln; vermehrter Harndrang auch noch nach dem Urinieren; wenig Durstgefühl; die Patientin ist launisch, weinerlich, verlangt Trost und Zuspruch; trotz Frösteln Gefühl der Besserung an frischer Luft	Pulsatilla (Wiesen-küchen-schelle) D4
Akuter, heftiger Verlauf, Folge von Verkühlung, vor allem an kalten Abenden nach Tageswärme; Krampfschmerzen, die sich zu Koliken steigern	Häufiger Harndrang mit krampfartigen Schmerzen; beim Harnlassen Schmerzen im ganzen Bauch, die sich durch Vornüberkrümmen bessern; Urinabgang nur in kleinen Mengen; dieser riecht sehr stark und schlecht, weist evtl. ein rotes Sediment auf; klebrige Absonderungen an der Harnröhre; die Patientin ist rasch empört, ärgerlich, heftig im Verhalten	Colocynthis (Bitterapfel, Koloquinte), D12 oder C6
Akuter, heftiger Verlauf, Folge von nervlich belastender Lebensweise	Reizblase schon bei leichter Verkühlung, vor allem der Füße, sowie nach Genuß von Bier und Most; Harndrang, der aber erfolglos bleibt; Krampfschmerzen im Blasenbereich; starke Empfindlichkeit gegenüber Kälte und Luftzug; typische Konstitution der Patientin: aktiv, rasch, nervös, reizbar, heftig, dazu sitzende Lebensweise, zu schwere	Nux vomica (Brechnuß), D12 oder C6

Krankheitsverlauf	Beschwerde-/ Arzneimittelbild	Homöo-pathikum
	Nahrung, Hast, Neigung zu Genuß- und Arzneimittel-Mißbrauch, mangelhafte Warm-/ Kalt-Anpassung, unausgeglichene Schlaf-Wach-Rhythmen	
Akuter, heftiger Velauf, Folge von Verletzungen im Harnsystem, etwa Operationen, Katheterisierung, Quetschung, Abgang von Nieren- bzw. Blasensteinen, nach kleinen Verletzungen der Harnröhrenmündung oder nach Entbindung	Symptome im Urogenitalbereich wenig charakteristisch, von leicht bis stark, auch wechselnd; Ätiologie (Erkrankungsauslöser) entscheidend	Arnica D12 oder C6
Akuter, heftiger Verlauf, Auslöser wie unter Arnica	Verstärkter Harndrang; Blutspuren im Urin, evtl. auch stärkere Blutungen; Krampfschmerzen der Harnröhre beim Harnlassen	Hamamelis (Virginische Zaubernuß), D6
Akuter Verlauf, Folge erheblicher Verletzungen, etwa durch Entjungferung, Vergewaltigung, Operation am Harnsystem, Entbindung, sexuelle Exzesse	Häufiger, oft vergeblicher Harndrang, manchmal Harnverhalten; evtl. nur tropfenweiser Harnabgang, vor allem bei Entzündung nach Nierensteinoperation oder Entbindung; Verschlechterung der Symptome nach Sexualverkehr	Staphisagria (Stephanskraut), C30, evtl. auch höher

Die Tabelle zeigt: Das jeweils genau passende Mittel zu finden, ist gar nicht so einfach. Was einer Frau guttut, mag anderen wenig nützen, unter Umständen sogar schaden, denn auch Homöopathika können, allen anderslautenden Gerüchten zum Trotz, durchaus unerwünschte Wirkungen haben. Werden sie zum Beispiel falsch dosiert oder zu lange eingenommen, besteht die Gefahr, daß sie die Lebenskraft schwächen, statt sie zu stärken. Es ist daher wichtig, sich immer ganz genau an die Einnahme-Anweisungen zu halten.

Oft wird mit einem Mittel in einer Potenz an- und in einer anderen Potenz weiterbehandelt, je nach Ihrer Reaktionsweise und der Veränderung Ihres Beschwerdebilds evtl. auch mit einem anderen Homöopathikum. Dieser Arzneimittelwechsel wirkt auf Unerfahrene manchmal verwirrend, ist aber für Homöopathie-Fachleute ein normaler Vorgang. Erfahrene Homöopathie-Fachleute kennen eine Reihe von Homöopathika, die sich bei Personen eines bestimmten Konstitutions-Typs (Konstitutionsmittel) oder allgemein als Mittel der ersten Wahl bei bestimmten Erkrankungen bewährt haben. Auf diesen Erfahrungen beruhen gelegentliche Verordnungen auch »ohne Ansehen der Person«, die Verordnung von Komplexmitteln (rezeptfrei in Apotheken erhältlich) sowie die Ratschläge zum Zusammenstellen einer homöopathischen Hausapotheke, mit der Sie sich auf Reisen, bei Notfällen oder in Abwesenheit Ihrer homöopathischen Fachkraft selbst weiterhelfen können (siehe S. 183). Therapeuten, die jedoch immer nur zu Komplexmitteln »gegen eine Erkrankung« greifen, ohne Sie individuell zu behandeln, sind mit Sicherheit nicht gut in klassischer Homöopathie ausgebildet, sondern denken noch immer schulmedizinisch-allopathisch. – Arzneien, die neben homöopathisch zubereiteten Substanzen noch normale Pflanzenextrakte oder gar synthetische Wirkstoffe enthalten, haben mit Homöopathie überhaupt nichts mehr zu tun, auch wenn sie vielleicht durchaus Symptome lindern können.

Die Biochemie nach Schüßler

Bei diesem Verfahren handelt es sich um eine Sonderform der Homöopathie, so benannt nach seinem Begründer, dem deutschen Arzt Dr. med. Wilhelm Heinrich Schüßler (1821–1898). Er war einerseits Homöopath, hielt andererseits aber auch viel von der – zu jener Zeit gerade erst entwickelten – Lehre der Zellularpathologie, derzufolge Erkrankungen aller Art nur deshalb zustandekommen würden, weil irgend etwas mit der Zellfunktion nicht in Ordnung sei. Vereinfacht gesagt: Nicht Viren oder Bakterien verursachen dieser Lehre zufolge eine Erkrankung; schuld sei vielmehr eine Störung auf Zellebene, die es den Krankheitserregern ermögliche, in die Zellen einzudringen, ohne von ihnen abgewehrt zu werden. Schüßler übernahm diesen Erklärungsansatz, der von der Schulmedizin später zwar nicht gänzlich verlassen, aber doch zurückgestellt wurde.

Wegen der überragenden Bedeutung, die Minerale und ihre Salze für den Zellstoffwechsel haben, ging Schüßler davon aus, man könne die allermeisten Erkrankungen durch Zufuhr der jeweils fehlenden biochemischen Stoffe beheben (daher auch die Bezeichnung »Biochemie nach Schüßler« für seine Therapieform). Schüßlers Theorie zufolge ist es dabei nicht unbedingt nötig, daß dieser Mineralstoffmangel sich auch in Blut- oder Urinproben widerspiegelt. Die Zellverbände (Organe) könnten dennoch außerstande sein, die vorhandenen Minerale richtig zu nutzen – so als seien sie gar nicht da. Mit homöopathisch zubereiteten Mineralstoffen läßt sich laut Schüßler ein solcher Mangel im Zellstoffwechsel gezielt beheben und die Erkrankung heilen.

Tabelle 7:
Mittel der Schüßlerschen Biochemie

Biochemische Bezeichnung	deutsch	vorrangig wirkend auf (Organspezifität)
Calcium carbonicum (Hahnemannii)	kohlensaurer Kalk (Austernschalenkalk; Aufbereitung nach Hahnemann)	Zentralnervensystem, Lymphdrüsen, Epithelkörperchen, Schilddrüse, Keimdrüsen, Knochen, Magen-Darm-Trakt, Haut, Schleimhäute, Muskeln
Calcium fluoratum	Kalziumfluorid, Flußspat	Sehnen, Kapseln, Bänder, Venen, Lymphdrüsen, Knochen

Biochemische Bezeichnung	**deutsch**	**vorrangig wirkend auf (Organspezifität)**
Calcium sulfuricum	schwefelsaurer Kalk, gefälltes Kalziumsulfat	Haut, Schleimhäute, Drüsen, Magen-Darm-Trakt, Bronchien (vor allem bei eiterbildenden Prozessen)
Ferrum phosphoricum	phosphorsaures Eisen, Eisenphosphat	Blut (Hämoglobin), Blutgefäße, Bindegewebe von Muskeln und Gelenken, Magen-Darm-Trakt, Eierstöcke (vor allem bei Fieber und Entzündungen)
Jodum	Jod	zentrales und vegetatives Nervensystem, Schild- und andere Drüsen, Atemwege, Lungen, Augen, Knochen, Gelenke, Verdauungsorgane, Keimdrüsen
Kalium bromatum	Kaliumbromid, Bromkali	Zentralnervensystem, Haut, Schleimhäute, Genitalorgane, Herzmuskel, Skelettmuskulatur
Kalium chloratum (K. muriaticum)	Kaliumchlorid	Rachen, Rachenmandeln, Nase, Augen, Ohren, Lymphdrüsen, Bronchien
Kalium iodatum	Kaliumjodid, Jodkali	Zentralnervensystem, Schleimhäute der Atemwege, Blutgefäße, Bindegewebe der Muskeln und Gelenke, Knochen, Lymphe, Schilddrüse, Brust

Biochemische Bezeichnung	**deutsch**	**vorrangig wirkend auf (Organspezifität)**
Kalium phosphoricum	phosphorsaures Kalium, Kalium-dihydrogenphosphat	Zentralnervensystem, Muskelzellen, Magen-Darm-Nerven
Kalium sulfuricum	schwefelsaures Kalium, Kaliumsulfat	Augenbindehaut, Haut, Schleimhäute der Atemwege, des Magens und der Gebärmutter
Magnesium phosphoricum	phosphorsaure Magnesia, Bittererde	Zentralnervensystem, glatte Muskulatur, periphere Nerven
Magnesium sulfuricum	trockenes Magnesium-sulfat, Bittersalz	Zentralnervensystem, Leber, Gallengänge, Gallenblase, Magen-Darm-Trakt
Manganum sulfuricum	Mangansulfat	Zentralnervensystem, Stammhirn, Knochenmark (Blutbildung), Gelenke, obere Atemwege
Natrium chloratum (N. muriaticum)	Natriumchlorid, Kochsalz	vegetatives Nervensystem, Atemwege, Herz, Schilddrüse, Leber, Magen-Darm-Trakt, Haut, Genitalorgane
Natrium phosphoricum	phosphorsaures Natrium, Natriummonohydrogenphosphat	Magen-Darm-Trakt
Natrium sulfuricum	entwässertes Natrium-sulfat, Glaubersalz	Leber, Gallenblase, Magen-Darm-Trakt
Selenium	Selen	Zentralnervensystem, periphere Nerven, Haut, Kehlkopf

Biochemische Bezeichnung	**deutsch**	**vorrangig wirkend auf (Organspezifität)**
Silicea, Acidum silicicum	Kieselsäure	Bindegewebe, Knochen, Lymphdrüsen und -gänge, Haut, Schleimhäute, Nägel, Haare, Zentralnervensystem
Stannum iodatum	Zinnjodid	Zentralnervensystem, periphere Nerven, Muskulatur, Bronchien, weibliche Sexual- und Fortpflanzungsorgane

Je nach den vorrangigen Aufgaben, welche die Mineralstoffe im Organismus zu erfüllen haben, ordnete Schüßler allen Präparaten bestimmte Krankheitsbilder zu und verabreichte die Mittel dann in der Potenz D6, gelegentlich auch D12.

Für die Wirkweise und Anwendung der Schüßlerschen biochemischen Mittel gilt das gleiche wie für alle anderen Homöopathika. Fachleute für Homöopathie wenden sie gleichrangig mit anderen Homöopathika an; Fachleute für die Biochemie nach Schüßler sind oftmals, aber nicht notwendigerweise auch in Homöopathie ausgebildet (manche halten allein die Mineralstoffe für heilsam bzw. haben sich nur damit gründlich beschäftigt). Alle Schüßler-Mittel sind rezeptfrei in homöopathischen Apotheken erhältlich.

Die Homöopathie eignet sich prinzipiell für alle Frauen, vor allem aber für solche, die

- an chronischen Krankheiten leiden, bei denen schulmedizinische Mittel versagt haben oder nicht genug bringen,
- eine Heilmethode suchen, die mit dem Organismus statt gegen die Krankheit arbeitet,
- sanfte, weitgehend nebenwirkungsfreie Heilverfahren vorziehen,

- eine gut ausgebildete Fachkraft für Homöopathie zu suchen bereit sind und dafür eventuell auch weitere Wege auf sich nehmen wollen und können,
- gewillt sind, die Einnahmevorschriften genau zu befolgen,
- sich für die Selbsthilfe in eine etwas komplizierte, aber wirksame und preiswerte Heilmethode einarbeiten wollen,
- die für den Heilprozeß u. U. nötige Geduld aufbringen.

Selbsthilfe

Homöopathie ist eine Heilkunst, die eine gute Beobachtungsgabe, beträchtliche Lernbereitschaft, Einarbeitung und Erfahrung voraussetzt. Grundsätzlich ist die Behandlung bei einem Arzt bzw. einer Ärztin oder einem gut ausgebildeten Mitglied der Heilpraktikerschaft jeder Selbstbehandlung vorzuziehen. Sollten Sie sich jedoch in die Homöopathie zur Selbsthilfe einarbeiten wollen, gehen Sie am besten folgendermaßen vor:

- Lassen Sie sich von einer guten homöopathischen Fachkraft eine Konstitutions-Analyse und eine Anamnese Ihrer Krankheiten und Anfälligkeiten seit der frühen Kindheit erstellen. So lernen Sie Ihre diagnostisch wichtigen persönlichen Eigenarten und »Schwachpunkte« bzw. Reaktionsorgane kennen.
- Sollten Sie an einer chronischen oder auch akuten Störung bzw. Erkrankung leiden, unterziehen Sie sich zunächst einmal einer homöopathischen Behandlung, deren Verlauf Sie sich genau erklären lassen und chronologisch aufzeichnen. Oft müssen z. B. die Mittel oder die verwendeten Potenzen gewechselt werden. Beobachten Sie die Wirkungen (und Nicht-Wirkungen) an sich selbst; sammeln Sie persönliche Erfahrungen mit dem jeweils verordneten Mittel.
- Lesen Sie sich in die homöopathische Heilkunst so weit wie möglich ein (siehe auch Literaturempfehlungen). Lernen Sie die Arzneimittelbilder und Haupt-Anwendungsbereiche der Ihnen verordneten Mittel kennen, und fragen Sie Ihre Fachkraft, wenn Ihnen etwas unverständlich ist. Erweitern Sie nach und nach Ihren Wissens- und Erfahrungsschatz.

- Stellen Sie mit Hilfe Ihrer Fachkraft eine homöopathische Hausapotheke für Notfälle und Reisen zusammen, die Ihren besonderen Bedürfnissen entspricht, oder nehmen Sie entsprechende Zusatzmittel in die nachstehend empfohlene Liste auf. Unabdingbar ist dazu außerdem ein gutes Homöopathie-Buch für die Selbsthilfe, in dem Sie Arzneimittelbilder und Anwendungsbereiche nachschlagen können.
- In allen Zweifelsfällen oder bei ungewöhnlichen bzw. unerwarteten Veränderungen im Befinden sollten Sie stets Ihre homöopathische Fachkraft zu Rate ziehen.

Die homöopathische Hausapotheke

Anfangs genügen: Aconitum, Apis mellifica, Arnica, Arsenicum album, Belladonna, Cantharis, Carbo vegetalis, Chamomilla, Hypericum, Ledum, Nux vomica, Pulsatilla, Rhus toxicodendron, Ruta, Staphisagria.

Potenzen: sämtliche Mittel in der Potenz D6 oder D12 für akute Leiden, D30 oder C30 für chronische Erkrankungen, falls nicht anders verordnet.

Darreichungsformen: als Tinkturen (nicht für Kinder und bei Alkoholabhängigkeit!), als Globuli oder Tabletten (bei Laktose-Unverträglichkeit auch auf Sojabasis erhältlich), als Granulat (für Kinder leicht dosierbar) oder Salben (zur äußeren Anwendung).

Zusätzlich: alle Ihnen persönlich oder Ihrer Familie verordneten Homöopathika in den jeweiligen Dosierungen.

Erweiterungen: Bryonia, Ferrum phosphoricum, Allium sativum, Alumina, Argentum nitricum, Calcium carbonicum, Colocynthis, Euphrasia, Gelsemium, Hamamelis, Hepar sulfuris, Ignatia, Ipecacuanha, Lachesis, Lycopodium, Magnesium phosphoricum, Natrium muriatricum, Phosphorus, Silicea, Sulfur, Urtica, Veratrum album (sämtlich in der Potenz D6, falls nicht anders verordnet) sowie eventuell die weiteren, hier noch nicht genannten Mittel der Biochemie nach Schüßler (siehe Tabelle 7, S. 178–181).

Anwendung

Am besten eine halbe Stunde vor oder nach jeglichem Essen, Trinken, Zähneputzen oder anderen, die Mundschleimhaut verändernden Aktivitäten (z. B. Zahnarztbesuch) die verordnete Dosis einnehmen. Falls dazu keine genauen Anweisungen bestehen: Eine Dosis entspricht 5 Tropfen, direkt auf die Zunge oder in etwas Wasser gegeben, oder 1–3 Globuli oder 1 Tablette oder 1/2 Mokkalöffel (einer Messerspitze) Granulat. Vor dem Schlukken etwas im Mund behalten; den Mund vorher ausspülen, falls er nach Zahnpasta, Süßigkeiten, Tabak, starken Gewürzen usw. schmeckt.

Falls nicht anders verordnet, bei akuten Erkrankungen einmal eine Dosis des Mittels in der Potenz D6 oder D12 einnehmen, dann abwarten, was passiert. Oft wirkt das Mittel innerhalb kürzester Zeit. Tritt zunächst eine Besserung, dann aber wieder eine leichte Verschlechterung ein, müssen Sie noch einmal eine Dosis einnehmen. Im akuten Fall dürfen Sie maximal morgens, mittags und abends je eine Dosis des Mittels einnehmen. Ist danach keine Besserung zu verzeichnen, muß ein besser passendes Mittel gesucht werden. Auch davon dürfen Sie nicht mehr als maximal drei Dosen D12 einnehmen, denn mehr hilft nicht mehr, sondern kann eher schaden!

Im Notfall, bei Lebensgefahr – z. B. schwerem Schock oder Unfall – verabreichen Sie zunächst das Mittel Aconitum in der Potenz D30, alle 10 Minuten eine, maximal drei Dosen. Dann wechseln Sie zu Arnica D30, drei Stunden lang stündlich eine Dosis. So können Sie z. B. die Zeit bis zum Eintreffen des Notarztwagens sehr gut nutzen oder eine gefährliche Situation auf Reisen, abseits jeder medizinischen Hilfe, in den Griff bekommen.

Bei chronischen Erkrankungen müssen Sie das passende Mittel in der Potenz D30 oder C30 wählen und dreimal täglich eine Dosis einnehmen, maximal zwei Wochen lang. Hier heißt es stets Geduld haben, denn die Wirkung kann bei langdauernden Leiden nicht sofort einsetzen. Nach ca. 14 Tagen sollten Sie Ihr Beschwerdebild – das sich bis dahin verändert haben kann – erneut überprüfen und ggf. zu einem anderen, dazu passenden Mittel überwechseln (oder sich von einer homöopathischen Fachkraft beraten lassen, wie die Weiterbehandlung aussehen kann).

Achtung!

Während der Therapie müssen Sie auf Kaffee verzichten, sollten weniger (am besten gar nicht) rauchen und nur wenig schwarzen Tee und Alkohol zu sich nehmen, jedenfalls nichts Hochprozentiges trinken.

Wichtig ist es außerdem, in der Behandlungszeit keine Mittel der →Aromatherapie innerlich einzunehmen (vor allem keinen Kampfer) und auch bei der äußerlichen Anwendung zurückhaltend zu sein: Die ätherischen Öle könnten die Wirkung des Homöopathikums aufheben oder zu unerwünschten Nebenwirkungen führen. Erlaubt ist die gelegentliche Verdunstung von Aromaölen in der Raumluft.

Auch Mittel der Bach-Blüten-Therapie sollten Sie nicht gemeinsam mit Homöopathika anwenden; sie können sich gegenseitig stören oder in ihrer Wirkung aufheben.

Falsch ausgewählte Homöopathika nutzen bestenfalls gar nichts; schlimmstenfalls stellen sich die für das jeweilige Arzneimittelbild typischen Symptome als »Nebenwirkungen« ein, und Ihre Immunkräfte werden geschwächt statt gestärkt. Das kann auch vorkommen, wenn Sie das Homöopathikum zu oft bzw. zu lange einnehmen – deshalb nie übertreiben!

Bei Störungen bzw. Erkrankungen, die zeitlich nacheinander aufgetreten sind und sich überlagert haben, passiert es oft, daß nach dem Verschwinden der zuletzt aufgetretenen Symptome die der vorherigen Erkrankung zutage treten, und so fort. Dann muß mit einem anderen Homöopathikum weiterbehandelt werden. Das kann Ihre Selbsthilfe-Möglichkeiten unter Umständen übersteigen. Ziehen Sie im Zweifelsfall stets Ihre Homöopathin bzw. Ihren Homöopathen zu Rate.

Literaturempfehlungen:
Homöopathie – das große Hausbuch. Orbis Verlag, München 1990.
Geddes, Dr. med. Nicola/Lockie, Dr. med. Andrew: Frauen-Handbuch der Homöopathie. Körperliche und seelische Störungen erkennen, behandeln, dauerhaft heilen (Übersetzung und Bearbeitung der dt. Ausgabe: Margaret Minker). Verlag Zabert Sandmann, München 1994.
Gemmell, David M.: Homöopathie für alle Tage. Georg Thieme Verlag, Stuttgart 1992.
Hess, Walter: Homöopathisches Denken und Behandeln. Georg Thieme Verlag, Stuttgart 1988.
Kreuter, Josef Heinrich P.: Homöopathie, die sanfte Art des Heilens. Praktische Anwendung und Arzneimittellehre. Falken-Verlag, Niedernhausen 1989.
Roy, Ravi und Carola: Selbstheilung durch Homöopathie. Verlag Droemer Knaur, München 1988.
Stumpf, Werner: Homöopathie. Anleitung zur Selbstbehandlung. Gräfe und Unzer Verlag, München 1990.

Weiterführende Anschriften:

Karl und Veronica
Carstens-Stiftung
Natur und Medizin
Fördergemeinschaft für
Erfahrungsheilkunde
Am Michelshof 6
53177 Bonn

Homöopathie-Forum
klassisch-homöopathisch arbeitender Heilpraktiker e. V.
Grubmühlerfeldstr. 14 a
82131 Gauting

Biochemischer Bund
Deutschlands e. V.
Arenzheide 8
41541 Dormagen

Biochemischer Verein
(nach Dr. Schüßler)
Buschkogelgasse 10
A-8020 Wien

Österreichische Gesellschaft
für homöopathische Medizin
Mariahilferstr. 110
A-1070 Wien

Deutscher Zentralverein
homöopathischer Ärzte e. V.
und Verein zur Förderung
der Homöopathie e. V.
Linkenheimer Landstr. 113
76149 Karlsruhe

Deutsche Gesellschaft für
Klassische Homöopathie
Guntherstr. 7
80639 München

Internationale Liga homöopathischer Ärzte
Sieglindenweg 2
51469 Bergisch-Gladbach

Verein für angewandte Biochemie nach Dr. Schüßler
Rüteli 242
CH-5224 Unterbözberg/Aargau

Schweizer Verein
homöopathischer Ärzte
Zürichstr. 85
CH-6004 Luzern

Kneippen

zur Selbsthilfe geeignet

Mit einer wahrhaften Roßkur heilte sich der Pfarrer Sebastian Kneipp (1821–1897) in jungen Jahren von einer schweren Tuberkulose, indem er in der eiskalten Donau sekundenlange Bäder nahm, sich naß wieder ankleidete und anschließend warmlief. Das war die Geburtsstunde eines ganzheitlichen Therapieverfahrens, das als Kneipp-Therapie oder kurz Kneippen in die Naturheilkunde eingegangen und auch fester Bestandteil der Schulmedizin geworden ist. Allein in Deutschland gibt es mehr als 50 Kneipp-Heilbäder (einschließlich Bad Wörishofen, dem Stammsitz des Kneipp-Ärztebundes), in denen jährlich Hunderttausende von Menschen durch die Methoden des sogenannten Wasserdoktors Kneipp Hilfe und Heilung finden.

Wasserkuren (Hydrotherapie) – allerdings nicht in der oben beschriebenen, überaus drastischen Form – gehören ebenso zum

Kneippen wie Bewegungstherapie, →Pflanzenheilkunde, Diätetik (Ernährungsregeln) und die sogenannte Ordnungstherapie, das Leben nach den natürlichen Biorhythmen. Abhärtungs-Fanatiker und Moralapostel, die Kneipps Wasseranwendungen im späten 19. Jahrhundert und bis in die vierziger Jahre des 20. Jahrhunderts zur Ertüchtigung »harter Männer« und als Abgewöhnungsmaßnahme für pubertäre sexuelle Regungen mißbrauchten (die Heranwachsenden mußten unter die kalte Dusche, bis ihnen jede Lust verging), brachten das Kneippen zeitweise in Verruf, vor allem beim weiblichen Geschlecht. Eine richtige Kneipp-Therapie hat jedoch mit derlei Auswüchsen nichts zu tun, und sie ist in aller Regel auch weitaus angenehmer, als manche befürchten. Viele ihrer Bestandteile eignen sich ausgezeichnet für die Selbsthilfe – sowohl zur Vorbeugung als auch zur Heilung bzw. zur Unterstützung eines Regenerationsprozesses.

In anderen Fällen wiederum ist es ratsam, eine Kneipp-Kur unter ärztlicher Aufsicht in einem darauf spezialisierten Kurort zu machen: Frauen, die durch eine Krankheit geschwächt oder allgemein sehr erschöpft sind, an Herz-Kreislauf-Beschwerden leiden oder aus anderen Gründen kontinuierlich fachlicher Hilfe bedürfen, könnten sich beim Kneippen zuhause zu viel zumuten und sich dabei mehr schaden als nützen. Oft ist es auch nötig, die individuelle Reaktion auf eine Kneipp-Anwendung genau abzuschätzen und gegebenenfalls die Dosierung bzw. Anwendungsform zu wechseln. Fachkundige Beobachtung ist dazu unabdingbar.

Die stärksten heilsamen Stimuli gehen von den Kneippschen Wasseranwendungen aus (siehe Tabelle 8, S. 189). Unter Bewegungstherapie verstand Kneipp etwa das, was wir heute als gemäßigtes Fitness-Training bezeichnen: regelmäßiges Joggen, Wandern, Schwimmen, Radfahren und andere, auch in der Rehabilitation nach Herz-Kreislauf-Krankheiten wohlbekannte dynamische Ausdauerübungen. Sie verbessern die Durchblutung, den Stoffwechsel, die Blutbildung, die Funktionen des vegetativen Nervensystems, der Hormondrüsen sowie des Bewegungsapparats, und sie haben einen positiven Einfluß auf Geist und Gemüt.

Die in der Kneipp-Therapie verwendeten pflanzlichen Arzneien gehören zu den sogenannten Mite-Phytotherapeutika, wirken

Tabelle 8: Die Kneippschen Wasseranwendungen (Auswahl)

Methode	Anwendung	Wirkungen	Hinweise
Abreibung	50x50 cm großes Leintuch, vierfach gefaltet, in kaltes Wasser oder Essigwasser tauchen, auswringen und damit den ganzen Körper oder einzelne Körperteile abreiben. Reihenfolge: rechter Handrücken, Armaußenseite bis Schulter, Arminnenseite bis Schulter, Brustinnenseite, rechter Teil des Rückens; dann links in gleicher Reihenfolge; dann rechter Fußrücken, Bein-Außen- und Innenseite, Fußsohle, rechte Gesäß- und Bauchseite; dann links in gleicher Reihenfolge. Reibintensität der Empfindlichkeit anpassen; Dauer: ca. 5 Min. Nach Bedarf mehrmals täglich, maximal 4–5 Mal alle 30 Min., wiederholen. Abschließend in trockenes Tuch einschlagen, 20–30 Min. im Bett nachdünsten.	stärkt Kreislauf und Atemfunktionen, fiebersenkend, beruhigend, schlaffördernd	während der Anwendung vor jeglicher Zugluft schützen, Raum angenehm temperieren! Der Körper muß vor der Abreibung warm sein.
Bäder			
Kaltbad	In kaltes Wasser (See, Meer, Badewanne) unter 15 ° C sofort ganz eintauchen, 5–25 Sek. drinbleiben, bis der Kälteschmerz einem wohligen Wärmegefühl Platz macht. Dann augenblicklich aus dem Wasser; gut abtrocknen, anziehen, warmlaufen.	anregend für Nerven, Durchblutung, Stoffwechsel, stark abhärtend, löst venöse Blutstaus auf	der Körper muß vor der Anwendung warm sein! Nichts für Kälteempfindliche und bei akuten Erkrankungen.
Warmbad	Badewasser mit ca. 33–35 ° C einlaufen lassen, evtl. mit aromatischen Essenzen anreichern (siehe Seite xxx), 15–20 Min. drinbleiben; Bad mit kurzem Kaltguß beenden.	beruhigend, entspannend, krampflösend, schlaffördernd	nicht anwenden bei Bluthochdruck und Venenleiden

Methode	Anwendung	Wirkungen	Hinweise
Wechselbad (Arm-, Fuß-, Sitzbad)	Zuerst 5 Min. Warmbad mit Wassertemperatur von 33–35 ° C, dann 10–20 Sek. Kaltbad (in zweitem Behälter), Temperatur ca. 10–15 ° C, beides dreimal hintereinander; dann gut abtrocknen und warm anziehen.	abhärtend, ableitend, anregend, löst Blut- und Energiestaus auf	nicht bei akuter Entzündung der Unterleibsorgane oder während der Menstruation anwenden (außer, der Blutfluß soll angeregt werden). Relativ anstrengend, daher anschließend nur mäßige Aktivität.
Ansteigendes Halbbad	Etwa 35 ° C warmes Badewasser bis maximal in Nabelhöhe einlaufen lassen, hineinsetzen, heißeres Wasser nachlaufen lassen, bis höchstens 41 ° C erreicht sind. Bei Schweißausbruch Bad sofort beenden; in trockenes Tuch hüllen oder kühle Abwaschung machen. Auch als Arm- oder Fußbad geeignet.	sehr gut bei beginnender Erkältung oder Unterkühlung, am besten ergänzt durch Badeessenzen wie Fichtennadeln, Eukalyptus, Heublumen	nicht anwenden bei Kreislaufschwäche, Herzerkrankung, Bluthochdruck
Bürstenbad	Halbbad von 30–35 ° C einlaufen lassen; mit weicher Bürste oder festem Schwamm freien Körper stets herzwärts abbürsten; kühles Wasser (ca. 30 ° C) nachlaufen lassen, doch nicht über unteren Rippenrand hinaus. Ca. 7–10 Min. baden, dann aussteigen und gut abtrocknen.	durchblutungsfördernd, wärmend, stoffwechselanregend, ausleitend, löst Lymphstaus auf	nicht anwenden bei Asthma und Herzkrankheit; niemals in Stau- oder Entzündungsgebiete hineinbürsten!

Methode	Anwendung	Wirkungen	Hinweise
Güsse			
Armguß	Mit einem Schlauch kühles Wasser mit sehr wenig Druck vom rechten Handrücken bis zur Schulter hinauf gießen, ca. 10 Sek. lang das Wasser breit über den ganzen Arm fließen lassen, dann Guß entlang der Arminnenseite bis zur Hand zurückführen; anschließend das gleiche links. Sehr sanft abtrocknen, keinesfalls rubbeln.	gut bei Kopfschmerzen und Migräne, stärkend für Herz, Kreislauf, Atmung, Stoffwechsel	bei kalten Armen erst warm vorspülen; nicht auf vollen Magen anwenden (nach Hauptmahlzeit 2 Std. warten)
Knieguß/ Schenkelguß	Mit Schlauch (oder Dusche: Duschkopf entsprechend einstellen oder abschrauben!) kühles, fast druckloses Wasser von den rechten Zehen über den Fußrücken zur Ferse laufen lassen, dann die Wade hinauf bis knapp über die Kniekehle (Knieguß), dort 5 Sek. leicht schwenkend verweilen, an der Innenseite zurück zur Ferse; das gleiche beim linken Bein. Abschließend die Fußsohlen begießen. Reihenfolge stets einhalten! Beim Schenkelguß nicht am Knie, sondern am Gesäß bzw. in der Leistenbeuge kurz verweilen. Sehr sanft abtrocknen, warm anziehen, warmlaufen.	durchblutungsfördernd, ableitend bei Erkrankungen und Stauungen im Kopf-, Brust-, Bauchbereich, umstimmend für alle oberhalb der Gußhöhe gelegenen Organe	Falls Ihnen die Selbstanwendung schwierig erscheint, lassen Sie sich helfen!
Gesichtsguß	Mit Schlauch oder druckregulierbarer Dusche (sanft) kühles Wasser von der rechten Schläfe abwärts zum Kinn, dann aufwärts zur linken Schläfe leiten, dann zurück; dann die Stirn von rechts nach links langsam begießen, schließlich das ganze Gesicht senkrecht mehrmals von der	ableitend bei Kopfschmerzen, Migräne, Gesichtsneuralgien, durchblutungsfördernd, erfrischend, hautreinigend, stärkt das	nicht anwenden bei Neuralgie und großer Kälteempfindlichkeit

Methode	Anwendung	Wirkungen	Hinweise
Gesichtsguß Fortsetzung	Stirn zum Kinn; mit kreisendem Guß im Uhrzeigersinn enden; sanft trockentupfen. Hautcreme, falls erwünscht, erst nach ca. 15 Min. sehr sanft auftragen.	Bindegewebe und den Gewebetonus	
Tautreten/ Wassertreten	Barfuß im tau- oder regennassen Gras (nicht bei Regen, Schnee, Reif, Eis!) 3–5 Min. herumlaufen; dann dicke Wollsocken und Schuhe anziehen, warmlaufen. Oder: Badewanne ca. 30 cm hoch mit kühlem Wasser füllen, rutschfeste Badematte hineinlegen, im „Storchenschritt" (Bein jedesmal ganz herausziehen) darin herumstaksen, 1–2 Min. lang; das Wasser dann nur abstreifen, nicht abtrocknen, dicke Woll- oder Baumwollsocken anziehen, warmlaufen. Oder: morgens an See- oder Meerufer im seichten Wasser laufen oder waten, mindestens 10 Min. lang.	bei regelmäßiger Anwendung, am besten täglich: abhärtend, durchblutungsfördernd, Kopfweh ableitend, löst Venenstaus auf, gut gegen kalte Füße	nicht anwenden bei akuter Entzündung der Unterleibsorgane oder im akuten rheumatischen Schub!
Duschen *Kaltdusche*	Bei den Füßen (erst rechts, dann links) beginnen, dann Dusche nach oben führen, so weit Ihnen lieb ist, am besten Ganzkörperdusche; immer herzwärts duschen, maximal 20–30 Sek.; sobald die Wärme-Gegenreaktion eintritt, aufhören und trockenrubbeln.	bei regelmäßiger Anwendung, am besten täglich: stark abhärtend, durchblutungsfördernd, gewebestraffend	nicht anwenden bei großer Kälteempfindlichkeit, akuten Erkältungskrankheiten und Entzündungen innerer Organe; Vorsicht bei niedrigem Blutdruck! Dann lieber warm duschen, danach kalten →Beinguß bis zum Knie oder Oberschenkel machen.

Methode	Anwendung	Wirkungen	Hinweise
Wechseldusche	Rascher Wechsel zwischen etwa 38–40 ° C heißem und leitungskaltem Wasser (kalt maximal 10 Sek.), mindestens dreimal hintereinander, kalt aufhören. Wem die Ganzkörper-Kaltdusche zu unangenehm ist: nur Füße und Beine bis zum Oberschenkel kalt abduschen, erst rechts, dann links.	stark abhärtend, gutes Gefäßtraining, erfrischend, stoffwechsel- und durchblutungsfördernd, heftiger Reiz aufs Nervensystem	erhöhte Vorsicht bei akuter Schilddrüsenüberfunktion und Herzleiden; am besten vorher ärztlichen Rat einholen
Waschungen	Wie bei Abreibungen, nur sehr viel sanfter, nicht rubbeln oder reiben; Tuch zwischendurch frisch anfeuchten und auswringen; bei Teilwaschungen (Arme, Beine, Ober-, Unterkörper) den restlichen Körper bekleidet lassen; danach nicht abtrocknen, sondern in 2 Badetücher oder Baumwoll-Nachtwäsche plus Badetuch hüllen und 20 Min. im Bett nachdünsten.	siehe Abreibung	am besten nur morgens, bei Schwäche nicht öfter als zweimal täglich anwenden

also allesamt mild. Sie sind z. B. als Tropfen, Tinkturen, Tabletten, Granulate, Bade- und Duschextrakte, Sprudeltabletten fürs Wannenbad und zur Inhalation erhältlich (als Fertigpräparate in Apotheken, Drogerien und Reformhäusern). Meist handelt es sich dabei um Einzelwirkstoffe, wie sie auch in der →Aromatherapie bestens bekannt sind. Die von Kneipp aufgestellten Ernährungsregeln decken sich mit denen der gesunden Vollwertkost. Bei der Ordnungstherapie schließlich geht es darum, nicht gegen den individuellen Lebensrhythmus, sondern mit ihm zu leben – genauso, wie es auch die moderne →Chronobiotherapie empfiehlt, die vor allem für Frauen zahlreiche Ratschläge bereithält.

Selbsthilfe

Kneippen zuhause kann viel Spaß machen und ist ein wirksames Immunstärkungs-Programm für die ganze Familie. Am besten ist es, Sie gewöhnen sich bestimmte Kneipp-Anwendungen regelmäßig an, so daß sie wie das Zähneputzen zu Ihrer täglichen Gesundheitsfürsorge gehören. Besonders gut eignen sich dafür Wechselduschen, Arm-, Bein- und Gesichtsduschen sowie Tau- oder Wassertreten.

Zur Kneipp-Therapie bei verschiedenen Erkrankungen gehören darüber hinaus auch **Wickel, Kompressen, Packungen, Auflagen und Umschläge** jeder Art. Der berühmteste Wickel ist sicherlich der Wadenwickel, der eines der besten Naturheilmittel bei hohem Fieber darstellt. Aus Platzgründen können hier nicht alle bekannten und bewährten Anwendungen dieser Art dargestellt werden. Wenn Sie sich mit den einzelnen Formen noch besser vertraut machen wollen, um sie im Krankheitsfall jederzeit anwenden zu können, sollten Sie sich einen speziellen Ratgeber zur Selbsthilfe besorgen (siehe Literaturempfehlungen). In der folgenden Tabelle finden Sie die gängigsten Anwendungen.

Tabelle 9: Die wichtigsten Wickel, Packungen und Kompressen

Methode	Anwendung	Wirkungen	Hinweise
Feuchte Wickel			
Halswickel	Leinen- oder Baumwollschal der Länge nach falten, in kaltes oder handwarmes Wasser tauchen, gut auswringen, zweimal nicht zu fest um den Hals wickeln; darüber ein Trocken- und ein Wolltuch. Dranlassen, bis der Wickel gut durchgewärmt ist (oder über Nacht), dann evtl. wiederholen.	hervorragend bei Heiserkeit, Halsentzündung, überanstrengten Sprechorganen; kalt: entzündungshemmend, abwehrsteigernd, ableitend; warm: durchblutungsfördernd, ausleitend, sekretlösend	starker Reiz, deshalb nicht öfter als zweimal hintereinander am gleichen Tag anwenden
Brustwickel	Auf dem Bett ein Wolltuch ausbreiten, das von den Achselhöhlen bis zum unteren Rippenrand reicht, darauf ein trockenes, gleich großes Zwischentuch, darauf ein in kaltes oder warmes Wasser getauchtes, einmal ausgewrungenes Leinen- oder Baumwolltuch gleicher Größe, in das sich die Kranke legt; alle Tücher nacheinander faltenfrei über der Brust zusammenschlagen, ohne die Atmung zu behindern; mit Sicherheitsnadeln feststecken; die Arme müssen freibleiben. Dann Bettdecke überlegen und 20–30 Min. ruhen; anschließend Wickel entfernen. Kombinierbar mit Einreibungen der →Aromatherapie, etwa Bronchialsalbe, Japanischer Heilsalbe usw.	heilsam bei allen Erkrankungen der Atemwege; durchblutungsfördernd, sekretlösend, durchwärmend; bei Fieber: kühle Brustwickel zum Ableiten der Temperatur	wegen Kollapsgefahr keine kalten Wickel bei Herz-Kreislauf-Krankheiten

Methode	Anwendung	Wirkungen	Hinweise
Leibwickel	Tücher siehe Brustwickel; sie müssen vom unteren Rippenbogen bis zum Oberschenkelansatz reichen. Innentuch kalt oder warm anfeuchten, einmal auswringen. Rumpf fest einwickeln, jedoch ohne die Atmung zu behindern; die Beine bleiben geschlossen. 20–30 Min. unter der Bettdecke ruhen, warme Wickel auch über Nacht lassen.	kalter Wickel: entzündungshemmend, fiebersenkend, ableitend; warmer Wickel: anregend für alle Verdauungs- und Unterleibsorgane, menstruationsfördernd, krampflösend, gut gegen Koliken	Kaltwickel nur bei hohem Fieber oder fieberhafter Entzündung und nicht länger als 1 Stunde einwirken lassen! Bei Druckbeschwerden im Leberbereich Wickel lockern oder ganz abnehmen (manche angegriffene Leber verträgt den Reiz nicht).
Wadenwickel	Tuch aus Leinen oder Baumwolle in kaltes oder warmes Wasser tauchen, einmal auswringen, ums Bein legen (vom Knöchel bis zur Kniekehle); darüber ein Trocken- und ein Wolltuch. Im Bett ruhen; Wickel nach Bedarf erneuern, auch mehrmals hintereinander. Kombinierbar mit kühlender Quarkauflage oder hautheilender Lehm- bzw. Heilerdepackung, z. B. bei Schwellungen oder Verletzungen.	hervorragend bei Fieber, das gesenkt werden muß (ab ca. 40° C bzw. bei mehr als 36 Stunden dauerndem, schwächenden Fieber), sowie bei beginnender Gelenkentzündung, nach Verstauchungen, Zerrungen, Verrenkungen; kalter Wickel: ableitend, entzündungshemmend, fiebersenkend; warmer Wickel: durchblutungsfördernd, umstimmend, immunstärkend	bei Venenleiden keine Warmwickel und kein wärmendes Wolltuch verwenden

Methode	Anwendung	Wirkungen	Hinweise
Packungen			
Heublumensack	Fertigen Heublumensack aus der Apotheke (oder größeren Leinensack, locker mit Heublumen gefüllt) in geschlossenem Topf mit siedendem Wasser 15–20 Min. ziehen lassen, mit einer Küchenzange vorsichtig herausheben, zwischen zwei Holzbrettern auspressen, je nach Verträglichkeit auf ca. 38-42 ° C abkühlen lassen und auf die zu behandelnde Körperstelle legen, darüber ein Trocken- und ein Wolltuch. Maximal 1 Std. wirken lassen, danach noch 30-60 Min. im Bett nachdünsten, abschließend kühle Waschung.	sehr hilfreich bei Darmkatarrh, Menstruationskrämpfen, schmerzhafter Blasenentzündung, Bronchitis, Rippenfellentzündung, Magen- und Muskelkrämpfen; ableitend, wärmend, durchblutungsfördernd, aromatherapeutisch wirksam	nicht anwenden bei akuter Entzündung von Eileitern, Eierstöcken, Gebärmutter oder Blinddarm
Kartoffelbreisack	Gekochte, ungeschälte, heiße Pellkartoffeln in ein Leinentuch wickeln, grob mit einem Stampfer zerquetschen und ca. 40–42 ° C heiß auf die zu behandelnde Körperstelle packen.	durchblutungsfördernd, krampflösend, durchwärmend, abwehrsteigernd, gut gegen Koliken und chronischen Gelenkschmerzen im subakuten Stadium	nicht anwenden bei akuten Entzündungen
Heilkräuterpackung	Zwei Handvoll frischer oder 2 Eßlöffel getrockneter Heilkräuter, je nach Indikation ausgewählt, in 1/4 Liter Wasser kurz aufkochen und 5–10 Min. ziehen lassen; ein Tuch in diesem Auszug vollsaugen lassen, leicht auswringen und warm auf die zu behandelnde Körperstelle legen; 10–15 Min. einwirken lassen.	je nach Heilwirkung der verwendeten Pflanzen; gut für örtlich begrenzte Anwendungen, etwa Augen-, Brust- oder Wundpackungen	Warnhinweise zu den verwendeten Heilpflanzen beachten!

Methode	Anwendung	Wirkungen	Hinweise
Kompressen	Waschlappen oder kleineres Tuch in kaltem oder warmem Wasser gut durchfeuchten, ausdrücken, auf die Stirn, in den Nacken, um die Hand- bzw. Fußgelenke oder in die Armbeugen legen (Pulskompresse); erneuern, sobald die Haut ihre Normaltemperatur erreicht, bei Bedarf mehrmals.	kalte Kompressen: ableitend, kühlend, fiebersenkend, beruhigend, schmerzlindernd; warme bis heiße Kompressen: gefäßerweiternd, erwärmend, durchblutungsfördernd, entkrampfend, entspannend	auf individuelle Verträglichkeit achten, nicht übertreiben

Kneippen eignet sich vor allem für Frauen, die
- ihre Gesundheitsfürsorge gern in die eigenen Hände nehmen,
- auf bewährte Hausmittel schwören,
- nicht ausgesprochen wasserscheu sind,
- vergleichsweise kräftige Heilstimuli vertragen, d.h. nicht völlig erschöpft sind oder an einer zehrenden Krankheit (z. B. Tuberkulose) leiden,
- sich die nötige Zeit für die Anwendungen nehmen können und wollen,
- sich gelegentlich eine mehrwöchige Heilkur gönnen wollen und können.

Achtung!

Wie alle Heilverfahren mit vergleichsweise kräftigen stimulierenden oder umstimmenden Reizen müssen beim Kneippen alle Warnhinweise, die Ihnen die Kneipp-Fachkraft gibt oder die auf den Kneipp-Packungen und -Beipackzetteln stehen, sorgsam beachtet werden. Sollten Sie nicht sicher sein, ob eine Kneipp-Anwendung für Sie in Frage kommt oder wie sie am besten ausgeführt wird, fragen Sie lieber eine kneipperfahrene Ärztin bzw. einen Arzt, bevor Sie einfach draufloskneippen. Sie könnten Ihrer Gesundheit unter Umständen sonst mehr schaden als nützen.

Literaturempfehlungen:

Bachmann, Dr. med. Robert/Burghardt, Lothar: Kneippen. Gesundheit und Lebensfreude tanken. Gräfe und Unzer Verlag, München 1994.

Brüggemann, Wolfgang (Hrsg.): Kneipp-Therapie. Ein bewährtes Naturheilverfahren. Springer-Verlag, Berlin, Heidelberg, New York, 2., überarbeitete Aufl. 1986 (für Fachleute und besonders Interessierte)

Peschek-Böhmer, Flora: Natürlich heilen mit Wasser. Südwest-Verlag, München 1995.

Weiterführende Anschriften:
Ärztliche Gesellschaft für Physiotherapie/ Kneippärztebund e. V.
Baumgartenstr. 4
86825 Bad Wörishofen

Kneipp-Bund e. V.
Adolf-Scholz-Allee 6
86825 Bad Wörishofen

Verband Deutscher Kneipp-Heilbäder und Kneipp-Kurorte
c/o Städtische Kurverwaltung
65520 Bad Camberg

Österreichischer Kneippbund
Kunigundenweg 10
A-8700 Leoben/Steiermark

Schweizer Kneippverband
Mattenweg 17
CH-6467 Schattdorf

Lachtherapie

zur Selbsthilfe bestens geeignet

Lachen ist eine elementare Äußerung menschlicher Lebensfreude. Und sie ist die beste Medizin, wie der Volksmund weiß – wenn auch leider keine, die es auf Rezept gibt. Ausnahme: die Kinderheilkunde. Kinderlachen wird offenbar als etwas besonders Kostbares angesehen, das hervorgelockt werden muß, wenn es fehlt. Ein krankes Kind ist schon schlimm genug; ein Kind, das nicht (mehr) lacht, zerreißt uns das Herz. Kinderärztinnen und -ärzte wissen, wie segensreich und gesundheitsfördernd es ist, wenn es gelingt, kranke Kinder fröhlich zu stimmen. In gut geführten Kinderkrankenhäusern versucht man daher alles, um die kleinen Patientinnen und Patienten zum Lachen zu bringen: Schauspieltruppen vom Jugendtheater geben Extravorstellungen, Clowns treiben ihre Späße, Marionettenbühnen führen lustige Puppenspiele vor, Schwestern und Eltern heitern die Kleinen mit Spielen, Musik, komischen Geschichten und sogar mit dem Besuch von Tieren auf und lenken sie damit vom grauen Klinikalltag ab.

Wenn Erwachsene hingegen ins Krankenhaus müssen, haben sie meistens nichts zu lachen. Als gäbe es ein stillschweigendes Abkommen über eine Altersgrenze, ab der die Fröhlichkeit sich gefälligst von allein einzustellen hat (oder auch wegbleiben kann), tun Kliniken und Krankenhäuser in aller Regel recht wenig dafür, erwachsene Kranke systematisch aufzuheitern. Ein lachender Arzt, eine fröhliche Schwester – das zählt bereits zu den seltenen Lichtblicken. Oft sind es eher die Kranken selbst, die Ärzte und Pflegepersonal aufzuheitern versuchen.

Deren gute Laune, so hoffen sie natürlich, strahlt dann auch wieder auf sie selbst zurück und hilft ihnen, ihre Heiterkeit zu bewahren. Denn Lachen ist ansteckend – die einzige Infektion, die wirklich außerordentlich gesund ist und der Sie sich so oft wie möglich aussetzen sollten! Psychosomatisch bewanderte Ärztinnen und Ärzte halten schallendes Lachen sogar für eine der besten Therapiehilfen, die es überhaupt gibt. Wer ordentlich losprusten muß, vergißt für – manchmal entscheidende – Momente Schmerzen, Kummer, Sorgen, schlechte Laborwerte, Einsamkeit und alles andere, was im kranken Zustand die Seele belastet und den Körper verkrampft.

Die Heilwirkung des Lachens

Griesgrämig schauen ist viel anstrengender als lachen: Für einen richtig miesepetrigen Gesichtsausdruck müssen mehr als dreißig Muskelzüge in verkrampfte Stellung gebracht werden. Beim Lachen verziehen (und entspannen!) sich nur sieben. Ein Lächeln, und sei es nur ein gedachtes (!), reicht bereits aus, damit sich die Gesichtsmuskulatur in Wohlspannung (Eutonie) versetzt, schreibt die Schweizer Körpertherapeutin Heidy Lambelet in ihrem schönen Übungsbuch ›Hinter den Augen lächeln‹[1]. Noch gesünder ist es, aus vollem Herzen zu lachen: Es massiert das Zwerchfell und damit den wichtigsten Atemmuskel – je tiefer aus dem Bauch das

Lachen kommt, um so besser. Nicht umsonst gehören lachähnliche, rhythmische Übungen auf »hahaha« im Gesangs-, Sprech- und Schauspielunterricht zu den wichtigsten Lockerungsübungen. Herzhaftes Lachen lockert zudem die Mund- und Gesichtsmuskulatur, bringt neue Spannung in die Stimmbänder, fördert die Durchblutung, jagt Hormonwellen durch den Körper, bringt das Blut in Wallung, treibt Sauerstoff ins Gehirn, powert Sie gleichzeitig an und auf höchst angenehme Weise aus. Wenn Sie so sehr lachen müssen, daß Ihnen die Tränen kommen, Sie sich zusammenkrümmen, sich den Bauch halten und schließlich nach Luft japsen müssen, haben Sie die beste Heilgymnastik für sich gemacht, die sich denken läßt.

In der Psycho-Neuro-Immunologie – der jungen Wissenschaft, die sich mit den Wechselwirkungen zwischen Psyche, Nervensystem und Immunabwehr beschäftigt – ist es in einer Studie sogar gelungen, Laborwerte dingfest zu machen, die sich nach ausgiebigem Lachen meßbar verändern: Bei Kranken, die erfolgreich aufgeheitert wurden, stieg die Konzentration von Immunglobulin A im Blut deutlich an.

»A big laugh a day keeps the doctor away« – zu deutsch ungefähr: einmal am Tag herzhaft gelacht, und der Arzt hat keine Rechnung gemacht – sagt der amerikanische Arzt Dr. med. Raymond Moody, bei uns vor allem durch seine Bücher über Grenzerfahrungen an der Schwelle zwischen Leben und Tod bekannt. Die Erfahrungen Moodys und anderer Ärztinnen und Ärzte zeigen: Selbst Schwerkranken geht es sicht- und spürbar besser, wenn es gelingt, sie jeden Tag zum Lachen zu bringen.

In seinem Buch ›Denk dich gesund‹[2] beschreibt der englische Arzt Dr. med. Vernon Coleman einen Fall, der in den siebziger Jahren weltweite Berühmtheit erlangte: Der Arzt Norman Cousin erfuhr, daß er an einer unheilbaren, tödlichen Bindegewebskrankheit litt. Statt zusammenzubrechen, nahm er sich ein Hotelzimmer, stellte sich einen Fernseher samt Videogerät hinein und sah sich alles an, was nur an lachmuskelreizenden Filmen aufzutreiben war. Dazu las er jede Menge witziger Bücher. Und wenn ihn trotzdem Selbstmitleid und Traurigkeit überkamen, raffte er sich zu halbstündigen Lachübungen auf. Als er nach ein paar durchlachten Wochen das Hotel wieder verließ, waren seine Laborbefunde auf wundersame Weise verändert. Norman Cousin hatte sich gesundgelacht.

Der Psychotherapeut Michael Titze lehrt Menschen durch »Therapeutischen Humor«, auch einmal über sich selbst zu lachen[3)]. Der österreichische Arzt, Yogalehrer und Psychosomatiker Sigmund Feuerabendt geht noch einen Schritt weiter: »Lachen heilt Krebs«, erklärt er in seinem gleichnamigen, mit Fallgeschichten und Anregungen zu heilsamer Heiterkeit gespickten Buch[4)] – einer der ungemein raren Veröffentlichungen, die sich ausführlich mit dem Lachen als Behandlungsform befassen. Feuerabendt ist Lachtherapeut – möglicherweise der einzige der Welt, der ausdrücklich als solcher tätig ist. Als er bemerkte, wievielen Menschen das Lachen unendlich schwerfällt, führte er etwas Außerordentliches ein: Wochenend-Lachseminare, bei denen Frauen und Männer das Lachen wieder lernen können.

Haben Frauen nichts zu lachen?

Frauen lächeln häufig, auch wenn ihnen gar nicht danach zumute ist: Das Hochziehen der Mundwinkel, auch in demütigenden, ärgerlichen oder zutiefst langweiligen Situationen, ist vielen zur zweiten Natur geworden – eine Lächelmaske, hinter der sie ihre wahren Gefühle oft ebenso geschickt verbergen wie die sprichwörtliche Geisha aus dem »Land des Lächelns«. Denn Lächeln gehört zur Frauenrolle. Gesellschaftlich wird erwartet, daß Frauen Freundlichkeit ausstrahlen, für Harmonie sorgen, die allgemeine Stimmung aufbessern, sich lächelnd fügen und möglichst den Mund halten: Wer lächelt, kann nicht gleichzeitig aufsässig, zornig oder fordernd sein. Markante Grimmigkeit gilt ausschließlich bei Männern als attraktiv. Frauen müssen lächeln, wenn sie geliebt werden wollen.

Viele Frauen wissen zudem überhaupt nicht mehr, wie richtiges Lachen geht: Schallendes Gelächter, hat die Erziehung sie gelehrt, gilt bei Frauen als ordinär. Eine Dame lacht nicht aus vollem Halse und schlägt sich schon gar nicht prustend auf die

Schenkel. Dröhnendes oder stürmisches Gelächter, wie es zum Beispiel in reinen Frauenrunden gelegentlich ausbrechen kann, empfinden Männer meist als bedrohlich. Was es da wohl ohne sie, womöglich über sie zu lachen gibt?! Kurz, eine »richtige« Frau hat fröhlich zu wirken, aber sich nicht unziemlich vor Lachen zu schütteln. Vielen Frauen ist daher das Lachen buchstäblich in der Kehle stecken geblieben, und alles, was bei Lachanstrengungen herauskommt, ist ein kleinmädchenhaftes Kichern oder ein schrilles Lachgeräusch mit leicht hysterischer Note.

Mit richtigem Gelächter hat das allerdings so viel zu tun wie eine Makrele mit einem Blauwal. Solchem Lachen ist deutlich anzuhören, daß es keine echte Basis hat, weder aus wirklicher Fröhlichkeit noch aus elastischer, kräftiger Bauchmuskulatur aufsteigt. Bauch dürfen Frauen heutzutage ja ohnehin nicht zeigen, außer wenn sie schwanger sind…

»Humor ist, wenn man trotzdem lacht«, behauptet ein deutsches Sprichwort. Das läßt sich erweitern: Freiheit ist, wenn frau trotzdem lacht. Auch wenn manche Frau im täglichen Leben nicht viel zu lachen hat, ist Lachen doch oft die einzig heilsame Reaktion. Es verblüfft, bricht Spitzen ab, klärt Machtpositionen (oder stellt sie auf verblüffende Weise in Frage), stärkt das Selbstwertgefühl und die Abwehrkräfte. So wie es im richtigen Moment nötig und heilsam ist, wütend zu werden und mit der Faust auf den Tisch zu schlagen, ist es zu anderen Gelegenheiten nötig, in herzhaftes Gelächter auszubrechen. Lachen befreit. Lernen Sie also wieder, lauthals zu lachen, wenn Ihr letztes Lachen schon ewig her zu sein scheint! Worüber Sie lachen, ist zunächst einmal nicht so wichtig – Hauptsache, daß.

Die Lachtherapie eignet sich für alle Frauen, vor allem aber für diejenigen, die

- schon lange nicht mehr von Herzen gelacht haben,
- oft das Gefühl bekommen, ihnen bliebe das Lachen im Halse stecken,
- glauben, in ihrem Leben gäbe es nichts mehr zu lachen,
- nicht selten in Verzweiflung oder Selbstmitleid versinken,
- das Leben für eine überaus ernste Sache halten,

- an psychosomatischen Erkrankungen leiden, vor allem der ans Zwerchfell grenzenden Organe (Lungen, Bauchspeicheldrüse, Magen, Galle, Leber),
- ihr weibliches Selbstbewußtsein stärken wollen,
- wieder neuen Lebensmut schöpfen möchten, doch nicht recht wissen, wie.

Selbsthilfe

Für Ihre persönliche Lachtherapie ist es zunächst einmal wichtig, daß Sie wissen – oder sich daran erinnern –, was Sie so unwiderstehlich finden, daß es unweigerlich Ihre Lachmuskeln reizt. Worüber haben Sie als Kind, als Teenager, als junge Frau am ehesten, meisten und heftigsten gelacht? Lieben Sie Dick und Doof, Asterix und Obelix, Tick, Trick und Track samt ihrem bauernschlauen Onkel Donald, Ostfriesen- oder Bayernwitze, vertrackte Wortspiele, die komische Poesie von Mascha Kaleko, Wilhelm-Busch-Verse, Blödel-Otto, Sahnetortenschlachten, Vorsicht Kamera, Politkabarett, Don Camillo und Peppone, Woody-Allen-Gags, Filmkomödien, Comicstreifen, den Butler im Neujahrs-Kultfilm »Dinner for One«, den Komödienstadel, Lachsäcke, witzige Sticker, herumbalgende junge Kätzchen, singende Hunde, Zirkusclowns, Roncalli-Nummern? Könnten Sie insgeheim doch Tränen lachen über blödsinnige Schwiegermutter- oder schlüpfrige Herrenwitze? Oder fällt Ihnen noch etwas ganz anderes ein, das Ihre Lachmuskeln zum Beben bringt?

Machen Sie eine Liste und schreiben Sie alles auf, so absurd oder peinlich es Ihnen auch erscheinen mag. Sie brauchen diese Liste ja niemandem zeigen, der Ihren Sinn für Humor nicht teilt. Besorgen Sie sich dann Ihr persönliches Lachmaterial in rauhen Mengen. Stapeln Sie Ihre Lieblingscomics. Leihen, kaufen oder überspielen Sie sich die komischsten Videos, die Sie kennen. Halten Sie örtliche Kino- und Theaterprogramme bereit, damit Sie wissen, wer wann wo Ihre Lieblingskomödien spielt. Legen Sie sich eine »Lachkiste« zu – einen Karton oder Koffer, in den Sie alles bereitlegen, was Sie, wie Sie aus Erfahrung wissen, aufheitern oder zum Lachen bringen kann, wenn Sie das mal dringend nötig haben. Schwelgen Sie dann darin, lassen Sie sich von niemandem dabei stören, und lachen Sie sich einmal richtig aus. Jede Minute, die Sie damit verbringen, gibt Ihnen Kraft, Dinge anzugehen, die vielleicht überhaupt nicht zum Lachen sind.

Ganz für sich alleine zu lachen, ist übrigens ebenso wirksam wie Lachen in fröhlicher Runde. Schön ist es schon, wenn Sie Mitmenschen haben, die Ihre Lachstunden teilen. Aber nötig ist es nicht. Ganz im Gegenteil kann es sogar störend wirken, wenn jemand schon längst ausgelacht hat, während Sie sich noch in Lachkrämpfen am Boden winden. Machen Sie sich lieber unabhängig von der Laune und Lachbereitschaft anderer Leute. Meist ist ohnehin gerade niemand und keinefrau zur Hand, wenn Sie Ihre Lachtherapie gerade am dringendsten brauchen.

Dieser Rat steht durchaus nicht im Widerspruch zum nächsten: Suchen Sie so oft wie möglich erheiternde Gesellschaft. Umgeben Sie sich, wo immer Sie können, mit Menschen, deren Art und Ausstrahlung Sie fröhlich stimmt und zum Lachen bringt. Griesgrämigkeit und Pessimismus sind ansteckend, gute Laune und Optimismus jedoch ebenfalls. Eine zum Gähnen gelangweilte Gesellschaft, in der Sie immer nur den Clown spielen müssen, damit sich überhaupt etwas rührt, ist ebenso wenig gesund für Sie wie eine Runde ewig verdrossener oder alles bis zum bitteren Ende zergrübelnder Kopfmenschen.

Trennen Sie sich von Menschen, die Ihr Lachen ständig abwürgen, statt es hervorzulocken. Wechseln Sie notfalls Ihren Bekanntenkreis; schließen Sie sich einer fröhlichen, aktiven Gruppe an, die etwas unternimmt, das Ihnen allen Spaß macht. Viele Frauen stellen übrigens – oft zu ihrem Erstaunen – fest, daß es ihnen in Gesellschaft anderer Frauen besser gelingt, ausgelassen zu sein, als wenn auch Männer dabei sind. Einmal nicht ständig um die Attraktivität besorgt sein, flirten oder einen Flirt abwehren zu müssen, kann ungeahnte Energien freisetzen, die das ungehemmte Lachen nur fördern.

An manchen Tagen bringen selbst fröhliche Gemüter die Mundwinkel nicht mal zum Lächeln hoch. Dann können zumindest *Lachübungen* für die nötige Wohlspannung sorgen: Machen

Sie ein paar Atemzüge in tiefer Bauchatmung, gähnen Sie herzhaft, atmen Sie durch die Nase tief ein, und lassen Sie dann den Atem rhythmisch und lautstark erst auf »hohohoho«, dann auf »hahahaha« aus den Lungen strömen. Mehrmals hintereinander, so lange Sie Zeit haben! Zum Abschluß versuchen Sie einmal, die Schauspielerin in Ihnen zu mobilisieren: Lachen Sie aus voller Lunge, als hätten Sie gerade etwas sehr Komisches erlebt.

Eigenartigerweise werden Sie sich nach solchen Lachübungen tatsächlich heiterer fühlen. Das Seelenselbst läßt sich vom Körperselbst nämlich quasi dazu überreden, das körperlich ausgedrückte Gefühl tatsächlich zu übernehmen. Umgekehrt passiert Ihnen das oft: Wenn Sie fröhlich sind, können Sie unmöglich lange mürrisch die Brauen runzeln und den Mund verziehen – Sie müssen dann entweder lachen, oder Sie werden wirklich mürrisch. Desgleichen stimmt Gelächter Sie innerlich auf Heiterkeit um und macht Sie lockerer. Wenn es Ihnen damit auch nur gelingt, nicht mehr ganz so arg Trübsal zu blasen wie zuvor, hat sich die Übung ja schon gelohnt.

Achtung!

Lachen und Weinen liegen oft dicht beieinander. Wenn Ihr herzhaftes Gelächter gelegentlich in dicken Tränen endet, ist das etwas völlig Normales: Das Lachen hat dann Ihren Gefühlspanzer ums Zwerchfell so aufgeknackt, daß die Schleusen brechen und sich ein lange zurückgehaltener Tränenstrom den Weg bahnen kann. Nutzen Sie die Gelegenheit, weinen Sie sich richtig aus. Diese Art Weinen befreit ebenso wie das Lachen zuvor. Sie werden sich danach vielleicht durchgerüttelt, aber deutlich entspannter und besser fühlen.

Je weiter Sie in Ihrer Lachtherapie kommen, desto eher werden Sie übrigens bemerken, daß Sie nicht mehr über alles und jedes gleichermaßen lachen können. Manches, was Ihre Lachmuskeln vorher stark gereizt hat, erscheint Ihnen auf einmal öde, lächerlich oder gar peinlich. Zum Teil liegt das daran, daß sich Lachreize, wie alle Stimuli, über kurz oder lang durch Wiederholung abnutzen: Ein Übersättigungseffekt tritt ein. Zum anderen werden Sie mit der Zeit aber auch anspruchsvoller. Da Sie nun gelernt haben, sich selbst zum Lachen zu bringen, lachen Sie nicht mehr dankbar über jeden kleinen Witz, den andere Leute reißen. Sie können nun viel genauer hinhorchen, was hinter manchen Späßen steht. Dabei werden Sie feststellen: Viele von ihnen sind nur seicht oder dümmlich, andere ziemlich frauen- oder sonstwie menschenfeindlich, und es ist Ihnen unangenehm, sie zu hören oder gar mitzulachen. Wenn Sie sich solchem Lachen verweigern können, zählen Sie in der Lachtherapie schon zu den weit Fortgeschrittenen!

Ein letzter Warnhinweis: Hartnäckig hält sich das Gerücht, es habe sich schon mal jemand totgelacht. Allerdings soll das auch ein besonders glücklicher Tod gewesen sein.

Genannte Literatur:

1) Lambelet, Heidy: Hinter den Augen lächeln. Körperübungen zum Entspannen und Wohlfühlen. Mit Zeichnungen von Matthias Wagner. Rowohlt Verlag, Reinbek 1994.
2) Coleman, Vernon: Denk dich gesund. Die Macht des Geistes über den Körper. Verlag Droemer Knaur, München 1990.
3) Titze, Michael: Die heilende Kraft des Lachens. Mit therapeutischem Humor frühe Beschämungen heilen. Kösel Verlag, München 1995.
4) Feuerabendt, Sigmund: Lachen heilt Krebs. Eine Anregung zur Heilung einer unheilbaren Krankheit. Ennsthaler Verlag, Steyr/Österreich 1984.

Lichttherapie

zur Selbsthilfe geeignet

Wasser, Erde, Luft und Feuer (= gleichzeitig Licht *und* Wärme) sind die vier Lebenselemente, auf denen alle natürlichen Heilverfahren der Welt basieren. Die bedeutendste Spenderin von Licht wie von Wärme ist die Sonne, die in vielen alten Kulturen als mächtige Gottheit, der Fruchtbarkeits-Mondgöttin gleich- oder gar höhergestellt, verehrt wurde – selbst in jenen Teilen der Welt, in denen ihre Hitze immer wieder auch Leben verdorren läßt.

Nur vergleichsweise wenige Lebewesen in der Tiefsee und unter der Erdoberfläche kommen vollkommen ohne Sonnenlicht aus; alle anderen brauchen regelmäßig zumindest ein Minimum davon, sowohl für das Überleben der Individuen als auch für den Fortbestand der ganzen Spezies. Der regelmäßige Wechsel von Sonnenlicht und Dunkelheit hat unsere wichtigsten biologischen Rhythmen ausgeprägt (→Chronobiotherapie). Er reguliert unseren Hormonhaushalt, bestimmt Wachstum, Schlafen, Wachen, Zellregeneration, Sexualtrieb, Zeitempfinden, Gemütszustand... Kurz: kein Bereich menschlichen Lebens, der vom Sonnenlicht bzw. dem Wechsel von Hell und Dunkel nicht in irgendeiner Form maßgeblich beeinflußt würde.

Sonnenlicht und künstliche Beleuchtung

Seit Thomas Alva Edison (1847–1931) im Jahr 1879 die elektrische Glühbirne erfand, hat sich unser Verhältnis zum Licht dramatisch verändert. Hunderttausende von Jahren hindurch gültige Lebensordnungen und -gewohnheiten, die mit Sonnenlichteinfall und dem naturgegebenen Tag-Nacht-Rhythmus zusammenhingen, wurden innerhalb weniger Jahrzehnte radikal auf den Kopf gestellt. Wo auch immer es nötig schien, ließ fehlender Sonnenschein sich plötzlich durch Kunstlicht ersetzen. Heute ist es schon so weit gekommen, daß viele Menschen beim Wort »Licht« zuallererst einmal an elektrisches Licht denken. Ganze Generationen verbringen einen früher undenkbar großen Teil ihres Lebens ausschließlich bei künstlicher Beleuchtung. Allenfalls im Urlaub streben sie noch der Sonne entgegen und versuchen dann innerhalb weniger Tage und Wochen wettzumachen, was ihr Organismus den Rest des Jahres hindurch so sehr entbehren muß.

Ironischerweise vergällt uns der zivilisatorische »Fortschritt« inzwischen selbst diese kurze Erholung: Sonnenlicht, warnen Wissenschaftler seit ein paar Jahren, macht eher krank als gesund.

Das Ozonloch, von den chemischen Ausdünstungen all dessen geschaffen, was wir bei künstlicher Beleuchtung produzieren, läßt immer mehr der ultravioletten Sonnenstrahlung ungefiltert zu uns durch, die unsere Zellen verbrennt und zu wildem Wachstum (Krebs) anregen kann. Aus der Lebensspenderin ist die Todesbringerin geworden, vor der wir uns durch Kleidung, Sonnenbrillen und (Anti-)Sonnencremes mit immer höheren Lichtschutzfiltern abschirmen sollen, wenn wir denn überhaupt noch in die Sonne gehen.

Noch vor wenigen Generationen wuchsen viele Kinder rachitisch, mit schwachen Lungen und mangelnder Lebenskraft auf, weil gesellschaftliche Arroganz den höheren Kreisen »vornehme Blässe« vorschrieb, die sozial Schwachen hingegen kaum aus ihren lichtlosen Hinterhofwohnungen und oft miserabel beleuchteten Arbeitsräumen herauskamen. Nach dem Zweiten Weltkrieg schwang das Pendel zum anderen Extrem: Ein neuer Sonnenkult ließ an allen südlichen Stränden die berüchtigten »Teutonengrills« entstehen, an denen sich vor allem Menschen aus sonnenärmeren nördlichen Ländern drei Wochen jährlich braten ließen. Ganzjährige Bräune hingegen, notfalls auf der künstlichen Sonnenbank erworben, signalisierte bis in höchste Managerkreise, daß man über genügend Zeit und Geld verfügte, sich die Sonne auf den Pelz brennen zu lassen, während sozial Tieferstehende arbeiten und blaß bleiben mußten. Heute sind es erneut die weniger Gebildeten, weniger gut Verdienenden, die das Sonnenlicht stigmatisiert: Wissen sie denn immer noch nicht, daß Sonne der Haut nur schadet? Können sie sich etwa keinen guten UV-Schutz leisten?

Die Sonne bringt es an den Tag: Der gesellschaftliche Umgang mit der Lebensspenderin wird durchaus nicht nur von rein gesundheitlichen Erwägungen und Erkenntnissen bestimmt. Auf der Strecke bleibt, bei aller berechtigen Hautkrebs-Vorsorge, das *gesunde Mittelmaß,* das Naturheilkundige seit Jahrtausenden unverändert empfehlen – der lebenswichtige, heilungsfördernde, mäßige, aber regelmäßige Aufenthalt an der Sonne.

Die Heilkräfte des Lichts

Ständiger Mangel an Sonnenlicht, das wußten die Heilkundigen aller Kulturen schon immer, macht Menschen schwach und krank. Und auch Kranke mit Leiden, die nicht unmittelbar durch Lichtmangel bedingt sind, können durch das Licht der Sonne wieder genesen. Im antiken Griechenland wurde die Heilkraft des Sonnenlichts zur *Heliotherapie* eingesetzt (nach griechisch *helios* = Sonne). Sie bildet noch heute die Grundlage jeder Lichttherapie.

Lichtwellen dringen vor allem auf zwei Wegen in den menschlichen Organismus ein: über die Haut, in der sie verschiedene Stoffwechselvorgänge in Gang setzen, sowie über die Augen, je nach Lichtintensität sogar noch bei geschlossenen Lidern oder stark verminderter Sehfähigkeit. Die Lichtimpulse gelangen dort zum einen in die Sehzentren der rechten und linken Gehirnhälfte, zum anderen aber auch in die Zirbeldrüse (Epiphyse), die das sogenannte Schlafhormon Melatonin ausschüttet (→Chronobiotherapie). Ob Blinde, deren Melatoninspiegel ja ebenfalls dem üblichen Tag-Nacht-Rhythmus folgen, die dazu notwendigen Lichtimpulse über noch intakte Teile ihrer Sehbahnen, über die Haut oder über dritte, weniger erforschte Empfangswege bekommen, steht bislang noch nicht fest. Möglicherweise dringt ein Teil des Lichts über die Scheitelfuge des Schädelknochens (Fontanelle, nach der Geburt noch offen) zur Epiphyse, wie das etwa bei Reptilien – mit denen wir ja einen Teil unseres Evolutions-Stammbaums gemeinsam haben – der Fall ist. Die Bedeutung des Scheitel-Chakras (→Akupunktur) als »Zentrum der Erleuchtung« könnte auch unter diesem Aspekt zu betrachten sein. Tatsache bleibt, daß Blinde ebenso wie Sehende das Sonnenlicht brauchen und aufnehmen können: ein weiterer Beweis dafür, wie überlebenswichtig diese Energie für alle Menschen ist.

»Weißes« Sonnenlicht ist im Grunde eine Sinnestäuschung. Es besteht aus Lichtwellen unterschiedlicher Wellenlänge, die sich in Wellen aller Farben des Regenbogens aufspalten, wenn sie durch ein Prisma fallen. Gesunde Augen nehmen diese Wellen gewöhnlich nur gemeinsam wahr; der Lichtstrahl erscheint dann weiß.

Der größte Teil der Sonnenstrahlung besteht allerdings aus Wellen, die außerhalb des sichtbaren Spektrums liegen und für deren Einzelwahrnehmung wir keine (oder nur verkümmerte) Sinnesorgane besitzen: Radiowellen, Mikrowellen, mittel- und kurzwellige Infrarotstrahlung, ultraviolette A-, B- und C-Strahlung, Röntgen- und Gammastrahlung, dazu die kosmische Strahlung, die nicht nur von der Sonne, sondern aus dem gesamten Weltraum zur Erde dringt.

In der →Farbtherapie werden die Einzelkomponenten des sichtbaren Lichtspektrums gezielt zu Heilzwecken verwendet. In der Lichttherapie hingegen geht es vorwiegend um das Vollspektrumlicht, außerdem oftmals noch um die unsichtbaren Anteile des Sonnenlichts. In diesem Buch werden daher beide Therapieformen getrennt voneinander behandelt, auch wenn sie natürlich sehr viel miteinander zu tun haben.

Was Sonnenlichtmangel bewirkt

Auch wenn der Einfluß des Sonnenlichts auf den menschlichen – oder differenzierter: auf den weiblichen – Organismus in verschiedenen Situationen und Lebensphasen noch längst nicht ausreichend erforscht ist, gibt es doch schon einige wesentliche Erkenntnisse:

- Die ultravioletten Strahlen der Sonne setzen in der Haut einen photochemischen Prozeß in Gang, bei dem die Provitamine Ergosterol und 7-Dehydrosterol zu Vitamin D (Calciferol) umgebaut werden. Dieses Vitamin ist für den Kalziumhaushalt und damit u. a. für das Knochenwachstum unabdingbar. Mangel an UV-Licht bzw. an Vitamin D führt zur Kalkmangelkrankheit Rachitis bzw. zur Knochenentkalkung (Osteomalazie). Künstliche UV-Bestrahlungen und Vitamin-D-Präparate können diesen Erkrankungen vorbeugen; ausreichend in die Sonne zu gehen, ist jedoch natürlicher und angenehmer, als Tabletten einzunehmen oder sich auf die Sonnenbank zu legen.
- Sonnenlicht provoziert die Epithelzellen der Augen zur Zellteilung, also zum Wachstum und zur Regeneration. Lichtmangel

schwächt die Sehkraft und macht die Augen krankheitsanfälliger. Von den künstlichen Lichtquellen haben nur Lampen, die Vollspektrumlicht emittieren, eine dem Sonnenlicht vergleichbare Wirkung, normale Glühbirnen oder Leuchtstoffröhren nicht.

- Die ultravioletten Strahlen der Sonne aktivieren die Pigmentzellen der Haut, mehr Pigment – den Farbstoff Melanin – zu produzieren, und sie regen die Hornschicht der Haut zur Verdickung an. Dabei ensteht eine sogenannte Lichtschwiele, die zusammen mit der Hautbräunung vor Sonnenbrand und photochemischen Umweltbelastungen schützt. Völlig sonnenentwöhnte Haut reagiert oft schon nach einer Viertelstunde Sonneneinwirkung mit Verbrennungserscheinungen. Hautmittel mit chemischen Lichtschutzfaktoren (LF) verhindern bis zu einem gewissen Grad sowohl Bräunung und Lichtschwiele als auch Sonnenbrand. Der LF gibt dabei an, wieviel mal länger man sich *im Durchschnitt* ohne Verbrennungserscheinungen in der Sonne aufhalten kann, im Vergleich zu Personen, die solche Mittel nicht benutzen. Der Grad der Sonnenempfindlichkeit ist erblich bedingt (Hellhäutige sind meist empfindlicher als Dunkelhäutige), hängt aber auch von anderen Faktoren ab (manche Medikamente zum Beispiel, u. U. auch die Antibabypille, machen lichtempfindlicher). Mäßige Sonneneinstrahlung bis zum Aufbau einer schützenden Lichtschwiele, dann Aufenthalt im Halbschatten oder Schatten ist natürlicher als das ständige, oft übermäßige Auftragen chemischer Mittel auf die Haut. Nur bei manchen Haut- bzw. Stoffwechselkrankheiten, extremer Photosensibilität sowie längerem Aufenthalt in starker Sonne ist ein solcher Lichtschutz therapeutisch notwendig.
- Sonnenlicht beeinflußt die Aktivität verschiedener Hormondrüsen, unter anderem die der Zirbeldrüse (Epiphyse), die wiederum mit dem Hypothalamus und der Hirnanhangdrüse (Hypophyse) in Kontakt steht. In der Zirbeldrüse wird das »Schlafhormon« Melatonin gebildet, das den Schlaf-Wach-Rhythmus steuert und auf noch nicht völlig geklärtem Wege auch mit guter Laune bzw. Depressivität zu tun hat. In weiblichen Eierstöcken wurden in einigen Studien drei- bis fünfmal höhe-

re Melatoninkonzentrationen festgestellt als im übrigen Körpergewebe; der Grund dafür ist bislang unbekannt. Sonnenlichtmangel läßt in vielen Gegenden der Welt die Rate saisonaler →Depressionen, sogenannter Winterdepressionen, stark ansteigen. In Ländern mit kurzen Sommern und sehr langen, beinahe sonnenlichtlosen Wintern, beispielsweise Finnland, ist dieser Effekt besonders deutlich zu beobachten. Die Betroffenen – zwischen 80 und 90 Prozent davon sind Frauen! – weisen meist sehr hohe Melatonin-Tageswerte auf. Regelmäßige, mehrstündige Lichttherapie mit Vollspektrum- oder zumindest sehr hellem Licht läßt die Depressionen abklingen.
- Sonnenlicht beeinflußt die Sexualität und die Fruchtbarkeit in jahreszeitlich wechselnden Rhythmen (→Chronobiotherapie).
- Sonnenlicht stärkt das körperlich-seelisch-geistige Immunsystem, indem es den Hautstoffwechsel, die Durchblutung, die Blutneubildung, die Zellregeneration, den Hormonhaushalt, die Gemütslage, die geistige Frische und Konzentrationsfähigkeit und viele weitere Faktoren positiv beeinflußt. Sonnenlichtmangel, auch übermäßiger Aufenthalt in Räumen mit künstlicher Beleuchtung, läßt die Abwehrkräfte schwinden und macht allgemein krankheitsanfälliger – nach neueren Studien übrigens auch für Zahnkaries.

Sonnenlicht ist also geradezu ein Nährstoff, ein Nahrungsmittel für den Organismus, wie der amerikanische Lichtforscher und -therapeut Dr. Jacob Libermann es nennt. Lichtmangel ist demnach mit jedem anderen Nährstoffmangel gleichzusetzen und hat auf Dauer ähnlich schlimme Auswirkungen. Die Diskussionen um das Ozonloch haben viel dazu beigetragen, das (einstmals vergöttlichte) Sonnenlicht zu verteufeln. Im Zuge dieser Negativpropaganda werden seine heilsamen Wirkungen zunehmend in den Schatten gerückt. Schuld am zunehmenden Auftreten von Hautkrebs ist jedoch nicht die immer gleich scheinende Sonne, sondern die Menschheit, die das Ozonloch zu verantworten hat!

Schulmedizinische Lichttherapien

Lichttherapien verschiedener Art gehören in einigen Bereichen der Schulmedizin bereits zur Routine oder werden zumindest zunehmend verordnet. So steht etwa die positive Auswirkung von Sonnen- bzw. ultraviolettem Licht auf zahlreiche Hautleiden bis hin zur Neurodermitis und Psoriasis (Schuppenflechte) außer Zweifel. Frauen, die von solchen Leiden chronisch geplagt werden, können bei ihrer Krankenkasse eine spezielle, mehrwöchige Kur in Israel am Toten Meer beantragen (Beratung siehe Anschriften S. 219). In diesem weltweit einzigartig gelegenen Gebiet, knapp 400 m unter dem normalen Meeresspiegel, filtert die entsprechend dickere Luftschicht die risikoreichen UV-B-Strahlen weitgehend weg, läßt hingegen die nützlichen UV-A-Strahlen an die kranke Haut. Das Baden im höchst mineralreichen Toten Meer tut ein übriges zur Hautgenesung, vom Kureffekt des Ausstiegs aus dem Alltag ganz abgesehen.

Mit dem Kürzel PUVA wird eine Lichttherapie bei Psoriasis, Vitiligo (Weißflecken-»Krankheit«) und hartnäckigen Pilzerkrankungen abgekürzt: Psoralene (ein hautheilendes Medikament) plus UV-A-Strahlen, eventuell noch ergänzt durch eine Salbe oder Arznei mit Wirkstoffen, die die Haut lichtempfänglicher machen. Eine weitere schulmedizinische Lichttherapie ist die Phototherapie bei Neugeborenen-Gelbsucht (→Farbtherapie).

Relativ neu in der Behandlungspalette ist die Lichttherapie bei saisonal bedingten Depressionen. Dazu werden die Patientinnen mindestens eine, manchmal auch bis zu vier Stunden täglich mit Vollspektrumlicht – ohne UV-B-Anteile – bestrahlt, bis sich ihre Stimmung erheblich aufhellt (→Depressionen). Diese naturheilkundliche Behandlungsform erspart den Frauen große Mengen Antidepressiva und wirkt sich auch günstig auf ihre meist gleichzeitig vorhandenen →Schlafstörungen aus.

Lichttherapie nützt prinzipiell allen Frauen, die nicht gerade hochgradig lichtempfindlich sind, vor allem aber denjenigen, die

- an Erkrankungen leiden, die mit Lichtmangel zu tun haben,
- sich viel in Räumen mit künstlicher Beleuchtung aufhalten,

- konstitutionell lichthungrig sind, ohne dieses Bedürfnis ausreichend zu stillen bzw. stillen zu können,
- den Wert des Sonnenlichts für ihre Abwehrkräfte und ihren Allgemeinzustand kennen,
- sich die Kosten für spezielle Bestrahlungsmodule (siehe unten) leisten können und wollen.

Selbsthilfe

Für bestimmte, schulmedizinische Lichttherapien (siehe oben) benötigen Sie eine entsprechend geschulte ärztliche Fachkraft, die auch die nötigen Apparaturen zur Verfügung stellen kann.
Selbsthilfe ist auf folgende Weise möglich:

- **Regelmäßige Sonnenbäder.** Gehen Sie jeden Tag mindestens eine Viertelstunde in Luft und Sonne spazieren oder nehmen Sie ein Sonnenbad, am besten am ganzen Körper, wenn Klima und Aufenthaltsort das zulassen. (Manche Expertinnen empfehlen maximal 50 kurze Sonnenbäder pro Jahr, andere sehen das – je nach Hauttyp – nicht so eng, vorausgesetzt, Sie holen sich dabei niemals einen Sonnenbrand.) Bleiben Sie so lange ungeschützt (!) in der Sonne, bis Ihre Haut sich etwas bräunt oder eine leichte Rötung zeigt – niemals länger! Je nach Hauttyp kann das 5 oder auch 15–20 Minuten dauern. Wiederholen Sie diese Sonnengewöhnung, so oft es geht. Übrigens: Auch bei bedecktem Himmel dringen Sonnenstrahlen zu Ihnen durch.
- **Sonnenurlaube im Halbschatten.** Sonnenanbeterinnen haben wesentlich mehr von der Sonne, wenn sie sie in »homöopathischen Dosen« genießen: nie zuviel auf einmal. Sie bräunen auch im Halbschatten, zudem auf sehr gesunde Weise. Fahren Sie so oft wie möglich ins Grüne, an die Sonne, ans Meer, in die Berge. Achten Sie dabei auf Ihren individuell nötigen Sonnenschutz.
- **Sonnenzimmer.** Richten Sie sich zu Hause ein Sonnenzimmer ein, wenn das irgend möglich ist: mit großen, nach Südosten oder Südwesten gerichteten Fenstern (bei Hausbau oder -aus-

bau auf bestmögliche Sonnenlage achten sowie darauf, daß Ihr Arbeitsraum sehr viel Sonne erhält!), leichten Vorhängen oder Rollos, die viel Licht hereinlassen, dazu hellen Wände, Teppiche, Möbel usw., die wenig Licht schlucken. Legen Sie Ihren Arbeits- oder Erholungsplatz so dicht ans Fenster, wie es nur geht. Trennen Sie sich von Ihrer »Bärenhöhle«, in der Sie nur die Lust auf Winterschlaf überkommt! Übrigens: Dem Haus vorgesetzte Glas-Wintergärten sind ideale Sonnenplätze und haben zudem hohen Wärmedämmungswert. Gestalten Sie Ihren Garten, Balkon etc. so, daß ein gemütlicher Sonnenplatz entsteht, und *genießen Sie ihn auch,* so oft im Herbst und Winter ein wenig die Sonne scheint!

- **Sonnenspiegel.** In dunklen Wohnungen läßt sich jeder Sonnenstrahl besser ausnutzen, wenn Sie ihn in geschickt aufgehängten Spiegeln vervielfachen (auch sehr schön für indirekte und Kerzenbeleuchtung).
- **Vollspektrum-Lampen.** Wenn Ihnen Lichtmangel sehr auf die Nerven und aufs Gemüt geht, besorgen Sie sich im Fachhandel spezielle Vollspektrum-Leuchtkörper (auch ohne UV-B-Anteil erhältlich). Sie brauchen 6–8 dieser ca. 1,20 m langen Leuchtstoffröhren à 40 Watt, die zusammen etwa so viel Licht erzeugen wie 16 normale Glühbirnen à 75 Watt. Diese Röhren müssen so angebracht bzw. aufgestellt werden, daß ihr Licht Sie knapp über Augenhöhe erreicht; es darf Sie aber nicht blenden. Setzen Sie sich täglich mindestens zwei, besser drei bis vier Stunden vor dieses Bestrahlungsmodul; halten Sie dabei etwa einen bis anderthalb Meter Abstand. Steigern Sie die Bestrahlungsdauer jeweils in 15-Minuten-Schritten, falls der Effekt aufs Gemüt Ihnen nicht ausreicht. *Schauen Sie dabei niemals direkt ins Licht* – aber setzen Sie auch keinesfalls eine Sonnenbrille auf!
- **Augentraining.** Gewöhnen Sie Ihre Augen wieder ans Licht, falls sie zu lichtempfindlich geworden sind. Setzen Sie drinnen, im Dämmern und im Dunkeln niemals Sonnenbrillen oder Brillen mit selbst nachdunkelnden Gläsern auf! Auch in der Sonne nur bräunliche, möglichst helle, aber keine verspiegelten, blauen oder grünen Sonnengläser benutzen.

Achtung!

Lichttherapien nutzen nur dann längerfristig, wenn Sie sich dem (Sonnen-)Licht nicht nur einmal alle paar Monate, sondern relativ regelmäßig aussetzen. Beachten Sie beim Anwenden von Bestrahlungsmodulen aller Art sorgsam alle Herstellerhinweise, die sich auf Hauttyp, Bestrahlungsdauer, Schutzmaßnahmen usw. beziehen. Sogenannte Sonnenbänke – Geräte zur künstlichen Bräunung – sind ins Kreuzfeuer ärztlicher Kritik geraten, weil Sie üble Sonnenbrände davontragen können, wenn Sie sich zu oft oder zu lange darunterlegen oder gar unter dem Gerät einschlafen. Das gilt auch für die »Heimsonne« – lassen Sie stets große Vorsicht dabei walten! Für Urlaube in warmen Sonnenländern sind Frühjahr und Sommer besser geeignet als Spätherbst und Winter: Für den Organismus kann es sehr belastend sein, sich mitten in der »Winterschlaf-Zeit« auf Hitze und lange Sonnenscheindauer umstellen zu müssen – und dann wieder zurück. So mancher anfängliche Erholungseffekt wird dabei zunichte gemacht. Gesünder ist das Sonnetanken zu diesen Jahreszeiten in Wintersportgebieten oder gemäßigten Zonen. Und: Sommerliche Ozon-Warnungen gelten sowohl für Lichtempfindliche wie für Menschen mit problemlos bräunender Haut oder dunkler Hautfarbe und sollten stets ernstgenommen werden.

Literaturempfehlungen:

Libermann, Jacob: Die heilende Kraft des Lichts. Der Einfluß des Lichts auf Psyche und Körper. Scherz Verlag, München, 2. Aufl. 1994.

Mersmann, Susanne: 100 Fragen zu Sonne und Haut. Goldmann Verlag, München 1995.

Whybrow, Robert/Bahr, Peter: »Winterschlaf«. Warum wir uns in der grauen Jahreszeit lustlos, unausgeglichen und zu dick fühlen und was wir dagegen tun können. Rowohlt Verlag, Reinbek 1992.

Weiterführende Anschriften:

Aktion Gesundheit und
Umwelt (AGU) e. V.
Friedenstr. 101
75173 Pforzheim

Europäische Akademie für
Umweltfragen
Derendinger Str. 41–45
72072 Tübingen

Klima-Bündnis der
Europäischen Städte
mit den Indianervölkern
Amazoniens zum Erhalt
der Erdatmosphäre
c/o Umwelt-Forum
Philipp-Reis-Str. 84–86
60486 Frankfurt am Main

Kur- und Klimareisen
Gustav-Weihrauch-Weg 20
22359 Hamburg
(Beratung bei Klimakuren und
Kassenzuschüssen)

Arbeitsgemeinschaft
heilklimatischer Kurorte
Postfach 440
72234 Freudenstadt

Österreichischer Heilbäder-
und Kurorte-Verband
Josefsplatz 6
A-1090 Wien

Verband Schweizer Badekurorte
Postfach 1456
CH-5041 Baden

Musik- und Tanztherapie

zur Selbsthilfe geeignet

Jedes Wiegenlied, das eine Mutter für ihr Kind singt, ist ein Stück Musiktherapie, jedes beruhigende Schaukeln und ausgelassene Herumschwenken ein Aspekt der Tanztherapie. In den Anfängen der Geschichte dürfte die Musik – und damit auch im weiteren Sinne die Musiktherapie – zunächst eine Domäne der Frauen gewesen sein: Daß sie die Sprache als Kommunikationsmittel »erfanden« und an den Nachwuchs weitergaben, gilt in der Sprachforschung als gesichert. Vom Sprechen zum Summen und Singen ist nur ein winziger Schritt (ja, es fragt sich sogar, was zuerst da war). In späteren Zeiten weisen außerordentlich viele Darstellungen musizierender Frauen auf frühgeschichtlichen und antiken Vasen und Fresken auf die bedeutende kultische Rolle der Frau als Priesterin und Musikerin hin. Das älteste schriftlich erhaltene Musikstück der Welt stammt von einer Frau, nämlich der ägyptischen Priesterin Enheduanna, die es vor ca. 4500 Jahren zu Ehren der Mondgöttin komponierte.

Ob zuerst Frauen oder Männer das Tanzbein schwangen, ist nicht bekannt. Möglicherweise waren es zuerst Männer, die Jagd- und Kriegstänze tanzten. Der Heiltanz der Schamanin und der heilige Tempeltanz sind frühe Beispiele für die kultische Bedeutung des Frauen-Tanzes. Die moderne Tanztherapie wurde praktisch ausschließlich von Frauen begründet: Franziska Boas, Lilian Espenak, Marian Chace, Mary Whitehouse, Trudi Schoop. In Deutschland gründete Wally Kaechele in Monheim die erste Ausbildungsstätte für Tanztherapie.

Musik und Tanz gehören zusammen, und sie haben viele Elemente gemeinsam. Musik besteht, vereinfacht gesagt, aus dem Zusammenwirken von Ton, Klang(farbe), Rhythmus, Melodie(bewegung) und Vibration. Tanz besteht, ebenso vereinfacht, aus dem Zusammenwirken von Bewegung, Gestus (»Farbe« der Bewegung, etwa anmutig, weich oder marionettenhaft, hart), Rhythmus, Ausdruck und Vibration. Als weitere, vom Verstand her erfaßbare Komponenten kommen außerdem noch der Aufbau – Komposition, Choreographie – und die dem Musikstück oder Tanz zugrundeliegenden symbolischen Bedeutungen hinzu. Letztere sind stark kulturell geprägt und daher auch von Epoche zu Epoche verschieden.

Gehörlose können von Musik nur die Vibration wahrnehmen – vom Anblick der Musizierenden, der ihnen weitere Aufschlüsse über die gespielte Musik vermittelt, einmal abgesehen. Blinde hören vom Tanz ebenfalls nur die Vibration, das Geräusch der tanzenden Füße und das rhythmische Schwingen der Körper und der Kleidung – von der Musik, zu der gegebenenfalls getanzt wird, einmal abgesehen. Vibrationen führen uns zur allerersten Musik zurück, die wir schon im Mutterleib wahrnehmen: den mütterlichen Herzschlag, ein rhythmisches Pochen, das sich selbst zu tauben Ungeborenen über den Tastsinn der Haut fortpflanzt.

Heilwirkungen von Musik, Gesang und Tanz

Akustische Musikreize wirken unmittelbar auf das vegetative Nervensystem, das im wesentlichen aus zwei einander ergänzenden Funktionskreisen besteht. Mobilmachende Musik wie Märsche, Rap oder Rock reizen das Geflecht des *Nervus sympathicus,* der für die Energieentladdung und die abbauenden Stoffwechselvorgänge zuständig ist. Entspannende Musik, vom Wiegenlied bis zu Meditationsklängen, wirkt auf den *Nervus parasympathicus,* der dem Speichern von Energie, der Regeneration und den aufbauenden Funktionen des Stoffwechsels dient.

Nicht anders verhält es sich mit den Bewegungsstimuli, die diese beiden Nervensysteme beim Tanzen erhalten: Heftiges, stark rhythmisches, rasches Tanzen mit ungewohnten Bewegungsabläufen reizt den Sympathicus – im Extrem bis zu einem epilepsieähnlichen Anfall oder sogar zum Tod durch Überreizung. Weiches, schwingendes, schaukelndes, langsames, harmonisch fließendes Tanzen stimuliert hingegen den Parasympathicus – im Extrem bis zur hypnotischen Trance.

Was als mobilisierend und was als entspannend empfunden wird, ist durchaus nicht in allen Kulturkreisen und zu allen Zeiten dasselbe; Hör- bzw. Bewegungsgewohnheiten und auch die jeweils herrschenden Moralvorstellungen, also die Bewertung der dabei jeweils ausgedrückten oder ausgelösten Gefühle, spielen eine sehr wichtige Rolle. Sowohl Musik als auch Tanz haben mit Emotionen zu tun, die dabei ausgedrückt, angedeutet, sublimiert, bloßgestellt, versteckt oder hervorgelockt werden sollen. Beides spricht unsere eigenen Gefühle unmittelbar an, sowohl beim passiven Zuhören/Zuschauen als auch beim aktiven Musizieren, Singen und Tanzen. Deshalb eignen sich alle diese Ausdrucksformen auch so gut zur ganzheitlichen Therapie für Körper-, Geist- und Seelenselbst, zur Mobilisierung der inneren Heilkräfte. Musik bzw. Tanz schaffen dabei Brücken der Kommunikation – zum einen zwischen den Behandelnden und den Behandelten, zum anderen zwischen dem Bewußtsein der Klientinnen und Klienten und ihrem Unbewußten, ihrer Gefühlswelt und ihren Erinnerungen.

So gelingt es zum Beispiel mit musiktherapeutischen Mitteln oft, autistische oder schwer depressive Menschen aus ihrer Rückzugswelt hervorzulocken. In der Tanztherapie wiederum finden psychosomatisch Kranke – etwa chronisch Magenleidende oder Migränepatientinnen – neuen Zugang zu ihrem Körperselbst, das sie endlich einmal wieder als Quelle der Freude statt immer nur als Quelle des Leids erleben lernen.

Jedem Menschen, so entdeckte der bekannte New Yorker Neurologe Dr. med. Oliver Sacks, wohnt darüber hinaus eine Art »Körpermusik« inne, ohne die kein koordinierter Bewegungsablauf möglich ist. Er selbst erlebte nach einem schweren Unfall am eigenen Leibe, wie sie funktioniert: Obgleich von Kollegen bestens operiert und nach medizinischem Ermessen wieder gehfähig, konnte er sein lädiertes Bein einfach nicht zum Gehen bewegen. Auch die beharrlichste Krankengymnastik änderte nichts an diesem »Taubheitszustand«. Erst als er zufällig eine bestimmte Sinfonie im Radio hörte, sprang sein »innerer Motor« wieder an, und sein Bein gehorchte seinem Bewegungswillen. Schaltete er die Musik ab, erlosch der zündende Funke erneut; das Bein knickte wie erlahmt ein, schrieb er in seinem Buch ›Der Tag, an dem mein Bein fortging‹[1]. Es fehlte also der Stimulus, der das unbewußte Taktempfinden, die »Bewegungsmelodie« in Gang setzte.

Musik kann dem Gehirn offenbar diesen entscheidenden Anstoß zur Bewegung geben. Aus der Musikforschung ist inzwischen auch bekannt, welche musikalischen Elemente eine solche verhaltensauslösende Wirkung haben – und zwar über alle kulturellen Grenzen hinweg. Im Rhythmusbereich ist das zum einen der Herzschlag, zum anderen die Synkope, das Ausbrechen aus dem vorgegebenen Takt. Im tonalen Bereich ist das der Sextsprung, beispielsweise von c nach a. Jagdhörner, Militärmusik und Polizeisirenen mit ihrem Tatü-tatü bedienen sich oft dieses Tonsprungs mit starkem Aufforderungscharakter.

Musik gräbt sich außerdem tief ins Langzeitgedächtnis ein. Sie hören ein Lied aus Ihrer Kinder- oder Jugendzeit – und schon wird ein ganzer Schwall sinnlicher Erinnerungen in die obere Bewußtseinsebene gespült. Daher gelingt es oft gerade mit Musik, an verborgene und verdrängte Inhalte des Unbewußten heranzukommen, zum Beispiel im Rahmen einer Psychotherapie. Auch Bewegungen bleiben im Gedächtnis oft weit besser gespeichert als das bewußt abrufbare Können: Haben Sie einmal radfahren gelernt, verlernen Sie es nie mehr, und die Hände einer Pianistin behalten viele Läufe auf dem Klavier, die sie nach langer Spielpause meint, vergessen zu haben. In der Bewegungs- und Tanztherapie wird versucht, das motorische Gedächtnis sowie den angeborenen (wenn auch später oft verschütteten) Bewegungsdrang jedes Menschen wieder zu wecken und heilsam einzusetzen: bei Bewegungsbehinderungen und Verkrampfungen aller Art, bei Ausdrucks- und Kommunikationsstörungen, auch dem eigenen Selbst gegenüber, bei erlahmtem Lebenswillen, Depressivität, Übererregbarkeit, geistig-seelischer Disharmonie, psychosomatischen Leiden, in der Herz-Kreislauf-Rehabilitation und in der Krebsnachsorge.

Mit Stimmübungen Blockaden lösen

Als Sonderform der Musiktherapie kann die **Stimmtherapie** bzw. therapeutische Stimmbildung betrachtet werden. Die Stimme ist der »Spiegel meines Selbst«, wie es der Stimm- und Yogalehrer Romeo Alavi Kia in seinem gleichnamigen Übungsbuch nennt[2)]. In der Sing- und Sprechstimme offenbaren sich »Gefühlspanzerungen«, die stets auch mit körperlichen Verkrampfungen einhergehen: etwa im *okkularen Segment* von Stirn-Augen-Jochbein (Maskengesicht, Kurzsichtigkeit, Unfähigkeit zu weinen), im *oralen Segment* von Mund-Kiefer-Nacken (Nackensteife, Zähnezusammenbeißen, Lippenverspannung), im *Halssegment* (Kloß im Hals, »Knödelstimme«, Unbeweglichkeit der Zunge, Stimmbandknötchen), im *Brust-Rücken-Bereich* (Fehlhaltungen, vor allem Schultervorbeugen und Brusteinziehen, Rückenverspannungen, starre Haltung), im *Zwerchfellsegment* (unflexibles Zwerchfell, Atemstörungen, nervöse Magenleiden, Übelkeit), im *Bauchsegment* (Bauchmuskelverhärtungen, starre »Mitte«, Stoffwechsel- und Magen-Darm-Störungen) sowie im *Beckensegment* (nach hinten gezogenes Becken, zusammengekniffenes Gesäß, sinnliche bis sexuelle Blockaden, Erkrankungen der Unterleibsorgane, Waden-, Oberschenkel- und Scheidenkrämpfe).

Mit geeigneten Massagen, →Yoga, Stimm- und Atemübungen (→Atemtherapie) lassen sich diese Blockaden nach und nach aufheben, die Resonanzräume erweitern, die Durchblutung verbessern und damit nicht nur die Sing- bzw. Sprechstimme selbst, sondern auch viele mit diesen Segmentverkrampfungen zusammenhängende Erkrankungen sehr günstig beeinflussen. Ein spezielles Programm von Atem-, Körper- und Koordinationsübungen, das sich besonders für Sängerinnen und Instrumentalistinnen eignet, entwickelte die Wiener Pianistin und Stimmbildnerin Prof. Hilde Lange-Rühl (1910–1990).

Sprech- und Singtherapie sind vor allem für Frauen interessant, die ihre Stimme beruflich viel einsetzen müssen. In irgend einer Form Musik machen – zum Beispiel mit Rhythmusinstrumenten – kann jede Frau, mag sie auch stumm, taub, blind oder an den Rollstuhl gefesselt sein. Auch tanzen kann jede – wenn nicht mit den Füßen, dann mit Oberkörper, Kopf und Händen. Tänzerische Bewegung und Musizieren gehören zu den ursprünglichsten, sinnlichsten und am breitesten einsetzbaren natürlichen Ausdrucks- und Heilmitteln überhaupt.

Selbsthilfe

Für fachlich geführte Musik-, Sprech-, Sing- und Tanztherapie, z. B. als Teil einer Rehabilitations- oder Psychotherapie, gibt es entsprechend ausgebildete, diplomierte Fachkräfte unterschiedlicher Schulen und Richtungen. Musik und Tanz lassen sich jedoch auch im Alltag bestens zur Selbsthilfe nutzen: als natürliches Entspannungsmittel und Antidepressivum, zur heilsamen Gymnastik, als →Atemtherapie und -training, zum Aufbau der Selbstheilungskräfte bei den unterschiedlichsten Störungen und Erkrankungen, als Mittel zur Kommunikation mit anderen (beim Tanzen oder Musizieren in der Gruppe verfliegt die Einsamkeit), zur geistigen Erfrischung, zur Schmerzlinderung, zur Kontaktaufnahme mit dem Körperselbst oder bestimmten, im Bewußtsein ausgegrenzten Körperbereichen sowie zur Stärkung des weiblichen Selbstwertgefühls. Hier einige Beispiele, wie Sie Musik oder Tanz – oder beides – heilsam in Ihr Leben integrieren können:

- **Musikhören zur Entspannung bzw. zur Energieentladung.** Welche Art von Musik Sie fröhlich, heiter und gelassen macht, wohlig entspannt, angenehm anregt oder innerlich ordnet und beruhigt, wissen Sie sicher bereits aus Erfahrung. Besorgen Sie sich Kassetten, Platten, CDs oder Videos Ihrer Lieblingsmusiken, und hören Sie sich *gezielt und ungestört,* notfalls über Kopfhörer etwas davon an, wenn Sie gestreßt oder traurig sind. Bloße Musikberieselung hat keinen therapeutischen Effekt, sondern reizt Ihr Nervenkostüm nur zusätzlich.
- **Für die spirituelle Heilung:** Musik von Mozart, Bach und Vivaldi gilt in unserer Kultur als besonders harmonisierend, ordnend und ausgleichend. Gerade für Frauen kann es jedoch spirituell und im ganzheitlichen Sinne heilsam sein, sich mit ihren eigenen kulturellen Wurzeln und den von Frauen geschaffenen Musikwerken zu beschäftigen. Bedeutende Tonschöpferinnen gab es zu allen Zeiten. Im Kasseler Archiv des Internationalen Arbeitskreises Frau und Musik e. V. sind Werke und Lebensdaten von vielen tausend Komponistinnen aller Epochen zu finden. Zahlreiche ihrer Werke gibt es inzwischen auf Tonträgern, so etwa geistliche Musik von Hildegard von Bingen (1098–1179), Sonaten und Sinfonien von Franziska Lebrun (1756–1791), Louise Farrenc (1804–1875), Sofia Gubaidulina (geb. 1931), Chorwerke der genialen Lili Boulanger (1893–1918), Klavierwerke von Clara Schumann (1819–1896) und Fanny Mendelssohn-Hensel (1805–1847), Madrigale von Barbara Strozzi (1619–1664?), Messen und Oratorien von Mozarts einstmals hochberühmter Zeitgenossin Marianna Martinez (1744–1812), um nur einige wenige Namen zu nennen.
- **Den inneren Rhythmus finden.** Schlag- und Percussionsinstrumente (Rasseln, Trommeln, Kastagnetten usw., auch Xylophon) eignen sich hervorragend dafür, Spannungen und Wut abzulassen, Puls und Herzschlag zu normalisieren oder

anzuregen und dem eigenen inneren Rhythmus nachzuspüren. Besorgen Sie sich solche Instrumente und trommeln, schlagen, klopfen Sie darauf herum, wenn Sie Ihren Gefühlen mal lautstark Ausdruck geben wollen. (Ein Topf mit zwei Kochlöffeln tut's auch!)

- **Chorsingen.** Gemeinsames Singen gehört zu den anregendsten, schönsten und entspannendsten Hobbys; es nützt gleichzeitig Ihrer Gesundheit, Ihrem Zwerchfell (und durch dessen Massage Ihren Bauchorganen) sowie Ihrer Atmung. Gerade in Deutschland gibt es Amateurchöre zuhauf, für fast jeden Anspruch und jedes musikalische Genre. Die meisten sind heilfroh um neue Mitglieder, so lange sie einigermaßen gut (nicht einmal unbedingt vom Blatt) singen können, zuverlässig zu Proben erscheinen und Teamgeist zeigen. Wenn Sie Lust zum Singen und auf die Gesellschaft Gleichgesinnter haben – vergessen Sie, daß Sie »eigentlich ja gar nicht singen können« (das stimmt in den allermeisten Fällen nicht, siehe unten), und schließen Sie sich einem Chor an.
- **Instrumentalmusik.** Ein Instrument zu spielen, lenkt nicht nur vom Alltagsstreß ab, sondern trainiert auch die Fingerbeweglichkeit, den Atemgang (vor allem bei Blasinstrumenten), schult Gehör und Sensibilität, verschafft ein emotionales Ventil und erfrischt den Geist. Viele Frauen haben in ihrer Kindheit oder Jugend einmal ein Instrument zu spielen begonnen, es aber dann »aus Zeitgründen« beiseitegelegt. Oder sie durften nie das Instrument erlernen, das ihnen wirklich gefiel: Posaune, Schlagzeug, Trompete oder andere »männerbesetzte« Instrumente. Greifen Sie Ihren Wunsch wieder auf; nehmen Sie privaten oder Musikschulunterricht, leihen Sie sich ein Instrument aus, suchen Sie sich Gleichgesinnte. Spielen Sie »Ihr« Instrument zu Ihrem eigenen Vergnügen; es muß ja nicht auftrittsreif sein. Aber es stärkt Ihr Selbstbewußtsein und damit auch Ihre Immunkräfte.
- **Singen, Summen, Tongeben.** Alle nur denkbaren Emotionsnuancen lassen sich über die Stimme ausdrücken. Bestimmte Töne und Klänge haben zudem gezielten Einfluß auf bestimmte Resonanzbereiche des Körpers, lockern sie, fördern ihre

Durchblutung und geben ihnen neue Energie, so etwa die *Mantra-Übungen* tibetanischer Mönche, die auf Silben wie »Omm« und »Ann« singen, damit ihr Zwerchfell lockern und ihre Atemenergie lenken. Singen oder summen Sie, so oft Sie nur können! Praktisch jede Person, die nicht gerade taubstumm oder stumm ist, kann auch singen, lautet die einhellige Meinung von Stimmbilderinnen und Stimmbildnern – nur wird es den meisten irgendwann ausgetrieben. Sammeln Sie eigene Erfahrungen mit Ihrer Stimme, lassen Sie sich nicht entmutigen, singen Sie aus voller Kehle, wenigstens unter der Dusche! »Sie singt und singt, und keinEr schränkt sie mehr ein«[2)], schilderte eine Frau ihr neues Freiheitsgefühl, das sie durch Singübungen erreichte.

Auch Gähnen mit Tongebung ist befreiender als unterdrücktes, tonloses Gähnen. Gewöhnen Sie sich an, den Tag mit herzhaft-lautem Gähnen und ein paar Lockerungsübungen für die Stimme zu beginnen: eine halbe Tonleiter rauf- und runtersingen, jedesmal einen Halb- oder Ganzton höher ansetzen; beim Zähneputzen stimmhaft, mit Tongebung gurgeln; Lachübungen machen (→Lachtherapie). Singen oder summen Sie Lieder im Radio mit; trällern Sie selbsterfundene Melodien; singen Sie Ihre Haustiere an, wenn Sie welche haben. *Für Fortgeschrittene:* Achten Sie darauf, wie sich Ihre Sprech- und Singstimme verändert, wenn Sie aufgeregt, angstvoll, wütend, verletzt sind. Verschlägt es Ihnen dann die Stimme, oder wird sie unangenehm höher und flacher? Üben Sie, Ihre Stimme in den Bauchraum abzusenken – je tiefer und runder, desto entspannender und eindrucksvoller. Atmen Sie einmal tief aus und ein, und gehen Sie absichtlich in diese tiefere Stimmlage, wenn Sie jemandem die Meinung sagen oder sich wehren müssen. Das macht Sie zugleich ruhiger und verschafft Ihnen mehr Durchsetzungsvermögen.

- **Trauergesang.** Zu allen Zeiten war es eine frauenspezifische Aufgabe (und eine psychotherapeutische Leistung), Trauer durch Klagegesänge zu verarbeiten. In manchen Kulturen werden bei einem Todesfall heute noch »Klageweiber« herbeigerufen, die traditionelle Totenklagen anstimmen. Trauer ist jedoch nicht auf den Tod beschränkt; jeder große Verlust, jeder Abschied, jede nicht in Erfüllung gegangene Hoffnung kann Trauer hervorrufen. Wird sie nicht angemessen verarbeitet, schlägt sie sich über kurz oder lang in psychosomatischen Erkrankungen nieder. Singen Sie sich Ihre Trauer aus dem Leib; klagen und wimmern, jammern und heulen Sie wenigstens einmal aus Leibeskräften, wenn Ihnen etwas Schlimmes widerfahren ist! Sie knüpfen damit an uralte weibliche Traditionen und Rituale mit Heilwirkung an.

- **Ausdrucks- und Entspannungstanz.** Sie müssen keine Tanzmeisterin sein, um mit Ihren Bewegungen, rhythmischem Drehen, Schreiten, Biegen, Springen und Tanzschritten Ihren Gefühlen Ausdruck zu verleihen oder sich einfach nur »auszuzappeln«, zum Beispiel in der Disco. Tanzen Sie in der Wohnung herum, wenn Sie keine Leute kennen, mit denen Sie Ihre Tanz- und Bewegungsfreude teilen können. Schließen Sie sich einer Volkstanz-, Frauen-, Senior(inne)n- oder sonstigen Tanzgruppe ihres Wohnorts an, oder besuchen Sie einen Tanzkurs oder Ballettunterricht. Auch tänzerische Gymnastik, Stepdance, Aerobic Dance und andere stark rhythmisch betonte regelmäßige Bewegung hilft Ihnen, Ihre »Körpermusik« (wieder) zu finden, gelenkig zu bleiben, Streß abzubauen, fröhlich stimmende Endorphine im Gehirn zu produzieren und Ihr Körperselbst fit zu halten. Tänzerische Bewegung ist zudem mit die beste Vorbeugung gegen →Osteoporose, die gefürchtete Knochenbrüchigkeit nach den Wechseljahren.
- **Bauchtanz.** Eine Frauendomäne ersten Ranges ist diese aus dem Orient stammende Tanzkunst. Sie wurde und wird auch heute noch von Orientalinnen als eine der besten Körperübungen für Frauen überhaupt angesehen – als Vorbereitung auf die Menstruationszyklen, auf die Sexualität, auf Schwangerschaft, das Gebären, das Reifer- und Älterwerden. Der Bauchtanz war ursprünglich für die Frauen selbst da, erst viel später (und bis heute in zweiter Linie) zum Ergötzen des Mannes. In seiner angestammten Kultur gilt dieser Tanz keineswegs als »anrüchig«, wenn auch natürlich als erotisch und kraftvoll: Hervorragende Bauchtänzerinnen sind in orientalischen Ländern so gesucht

und hoch bezahlt wie bei uns eine Star-Ballerina. Die besondere Form des weiblichen Beckens erlaubt es Frauen, ihr Becken in alle Richtungen zu kippen und zu schwingen. Dabei findet die Frau ihre »Mitte«, den Schwerpunkt ihres Ichs (nicht nur in körperlicher Hinsicht), um den ihr ganzes Wesen kreist.
Ohne Bauch kein Bauchtanz: Frauen, die diesen Tanz erlernen möchten, dürfen und sollen ein weibliches Polster um Hüften und Bauch aufweisen, das gleichzeitig weich mitschwingen und ihre innere Fülle ausdrücken kann. Auch füllige Brüste sind beileibe kein Nachteil. Bauchtanz löst Blockaden im Beckenbereich, massiert und durchblutet alle Unterleibsorgane und beugt dadurch Erkrankungen in diesem »Zentrum der Weiblichkeit« vor. Er löst Stauungen und Beklemmungen, macht die gesamte Bauch- und Beckenmuskulatur flexibel (ähnlich wie das Beckenbodentraining, siehe S. 415 f.) und hilft, zur eigenen Sexualität und Sinnlichkeit zu finden. Füllige Frauen können sich bei dieser Art Tanz – vielleicht zum ersten Mal – besonders wohl und in ihren Formen akzeptiert fühlen; dabei lernen sie auch, sich selbst so zu mögen, wie sie sind. Dünne Frauen spüren, wie beweglich, flexibel und gleichzeitig kräftig ihre Mitte sein kann. Bauchtanz wird in reinen Frauengruppen gelehrt; das lockert die Atmosphäre zusätzlich und läßt manche gute Frauenfreundschaft entstehen.

Musik- und Tanztherapie eignet sich für alle Frauen, vor allem aber für solche, die

- sich bislang immer für unmusikalisch/tänzerisch unbegabt/zu wenig anmutig gehalten haben,
- lernen wollen, ihre Sing- und Sprechstimme besser einzusetzen,
- an chronischen psychosomatischen Erkrankungen leiden,
- Klänge, Rhythmen und Bewegung lieben,
- auf ganzheitliche Weise Spannungen und Blockaden abbauen wollen,
- bereit sind, näher an ihre Gefühlswelt heranzukommen.

Achtung!

Wer lange Zeit weder musiziert noch gesungen oder getanzt hat, braucht unter Umständen eine gewisse Zeit, um »loszulassen«, Vorurteile und Ängste zu überwinden – vor allem die durch Erziehungsfehler geschürte Angst, sich beim Singen, Tanzen oder Musizieren vor anderen zu blamieren. Zur erfolgreichen Selbsthilfe gehört der Mut, solche Konditionierungen zu überwinden (Sie stehen damit keineswegs allein da!) und sich von ihnen nicht mehr die Lust am Singen, Musizieren und Tanzen vergällen zu lassen.

Körperlicher und stimmlicher Ausdruck sind eine ganz besonders direkte Art der Kommunikation mit sich selbst und mit anderen. Diese Nähe, ja sogar Distanzlosigkeit auszuhalten, ist vor allem anfangs nicht immer leicht. Manchmal lösen sich dabei auch Blockaden um Regionen Ihres Seelenselbst, die Sie bislang immer vor den Blicken anderer (und vor den eigenen) verborgen gehalten haben. Vielleicht müssen Sie sogar weinen. Gestehen Sie sich solche Gefühlsregungen zu; geben Sie nicht zu früh auf, und laufen Sie nicht vor sich selbst davon.

Genannte Literatur:

1) Sacks, Oliver: Der Tag, an dem mein Bein fortging. Rowohlt Verlag, Reinbek 1989.
2) Kia, Romeo Alavi: Stimme – Spiegel meines Selbst. Ein Übungsbuch. Vorwort von Joachim-Ernst Berendt. Aurum Verlag, Braunschweig 1992.

Weitere Literaturempfehlungen:

Musiktherapie/Komponistinnen:

Alvin, Juliette: Musiktherapie. Ihre Geschichte und ihre moderne Anwendung in der Heilbehandlung. Deutscher Taschenbuch Verlag, München 1984.

Hörmann, Karl (Hrsg.): Musik- und Kunsttherapie. Musik im Diskurs. Gustav Bosse Verlag, Regensburg 1986.

Rieger, Eva: Frau, Musik und Männerherrschaft. Furore Verlag, Kassel 1988.

Rieger, Eva: Frau und Musik. Fischer Taschenbuch-Verlag, Frankfurt am Main 1980.

Rueger, Christoph: Die musikalische Hausapotheke. Musik tut gut – Ein neuartiges Vademecum bietet Arznei anhand von 500 Kompositionen. Ariston Verlag, Genf 1991.

Schulz, Johanna v.: Heilende Kräfte in der Musik. Drei Eichen Verlag, München 1981.

Tiltz, Werner J.: Sing dich frei! Das Geheimnis des Liederbaums. Ariston Verlag, Genf 1995.

Weissweiler, Eva: Komponistinnen aus 500 Jahren. Eine Kultur- und Wirkungsgeschichte in Biografien und Werkbeispielen. Fischer Taschenbuch-Verlag, Frankfurt am Main 1981.

Weissweiler, Eva: Clara Schumann – Eine Biographie. Verlag Hoffmann und Campe, Hamburg 1990.

Tanztherapie:

Ghazal, Eluan: Bauchtanz. Wellen des Körperglücks. Ariston Verlag, Genf 1995.

Kaechele, Wally: Tanz und Spiele für Bewegungsbehinderte. Falken-Verlag, Niedernhausen 1982.

Marta: Anmutig und fit durch Bauchtanz. Falken-Verlag, Niedernhausen 1987.

Reichelt, H.: Atem, Tanz und Therapie. Schlüssel des Erkennens und Veränderns. Verlag Brandes und Apsel, Frankfurt am Main 1990.

Rick, Cary: Tanztherapie. Eine Einführung in die Grundlagen. Gustav Fischer Verlag, Stuttgart 1989.

Schoop, Trudi: …komm tanz mit mir! Verlag Musikhaus PAN, Zürich (o. J.).

Siegel, Elaine V.: Tanztherapie. Seelische und körperliche Entwicklung im Spiegel der Bewegung. Verlag Klett-Cotta, Stuttgart 1986.

Weiterführende Anschriften:

Internationaler Arbeitskreis
Frau und Musik e. V.
Naumburger Str. 40
34127 Kassel

Deutsche Gesellschaft für
Musiktherapie e. V.
Postfach 101224
69002 Heidelberg

Bundesverband klinischer Musiktherapeuten in der Bundesrepublik Deutschland e. V.
Schäferkampsallee 61
20357 Hamburg

Musiktherapie e. V.
Von Esmarch-Str. 111
48149 Münster

Pflanzenheilkunde

zur Selbsthilfe geeignet

Keine Naturheilkunde ohne Heilpflanzen: Das Wissen um die heilsamen Wirkungen von Wurzeln, Blättern, Rinden, Blüten, Fruchtstöcken, Samen, Kernen, Früchten, Hölzern und ganzen, etwa zu einem Brei zerstampften oder in Wasser eingelegten Pflanzen dürfte zu den ältesten medizinischen Kenntnissen der Menschheit gehören. Da es in früheren Kulturen vor allem die Frauen waren, die sich um das Sammeln von Pflanzen zur Nahrungsbeschaffung, später dann auch die gezielte Pflanzenaufzucht und den Ackerbau kümmerten, sind sie sehr wahrscheinlich auch die ersten gewesen, die den Heilwert vieler Pflanzen in ihrer einheimischen Umgebung erkannten und anwendeten. Die Pflanzenheilkunde ist somit eine wahrhaft weibliche Errungenschaft, die viele tausend Jahre lang von Heilerinnen an ihre Schülerinnen und auch Schüler weitergegeben wurde (siehe dazu auch ab S. 15). In diesem Jahrhundert erlebte die Pflanzenheilkunde, nicht zuletzt durch die moderne Frauenbewegung, die unter anderem mehr Autonomie der Frauen in Gesundheitsfragen forderte, einen enormen Aufschwung. Texte der »Klostermedizin«, von kräuterkundigen Nonnen und Mönchen hinterlassen, wurden nach brauchbaren Ratschlägen für den Umgang mit Heilpflanzen durchforstet, von denen viele noch existieren, andere aber unüblich geworden, ausgerottet oder unter Naturschutz gestellt worden sind. Insbesondere die Kräutermedizin der Hl. Hildegard von Bingen (1098–1179) kam in letzter Zeit, neu aus dem Lateinischen übersetzt und für unsere Bedürfnisse überarbeitet, zu neuen Ehren. Frauen erinnerten sich der vereinzelt erhalten gebliebenen natürlichen Heilmethoden ihrer Großmütter, faßten sie zusammen und ergänzten sie mit eigenen Erfahrungen. Heilpraktikerinnen und Heilpraktiker – und auch manche Ärzte und Ärztinnen – machten sich kräuterkundig. Auf dem Markt rezeptfreier Mittel, in dem die pharmazeutische Industrie immer mehr Lücken entdeckte, begann ein Boom sondersgleichen. Mittlerweile werden mit pflanzlichen Produkten jährlich Milliardenumsätze gemacht, und es gibt eine schier unübersehbare Zahl von Selbsthilfe-Ratgebern, die sich ausschließlich den Heilpflanzen widmen. (Die nachfolgenden Literaturempfehlungen nennen eine kleine Auswahl.)

Pharmaindustrie und Phytotherapie

In gewissem Sinn haben wir es heute leichter als unsere Vorfahrinnen und Vorfahren, wenn wir uns der Pflanzenheilkunde bedienen wollen: Etwa 5000 der rund 250000 bekannten Pflanzen wurden bereits wissenschaftlich auf ihre möglichen Heilwirkungen untersucht (siehe dazu auch Anmerkungen ab S. 239); ihre Inhaltsstoffe wurden und werden chemisch analysiert, extrahiert, allein oder in Kombinationen zu – größtenteils rezeptfrei erhältlichen – Pulvern, Tabletten, Tinkturen, Salben, Fertigtees, Granulaten und anderen Arzneien verarbeitet. Der Ethnobiologe Dr. Mark J. Plotkin weist darauf hin, daß in den USA etwa ein Viertel aller rezeptpflichtigen Arzneien pflanzliche Wirkstoffe enthalten, knapp die Hälfte davon übrigens aus tropischen Pflanzen[1]. Rund 120 »große« Arzneimittel der Schulmedizin basieren auf Wirkstoffen aus 95 verschiedenen Pflanzenspezies. Bekanntestes Beispiel sind Digitalis-Präparate aus dem Blauen Fingerhut.

Die Mühe des Suchens und Sammelns, der Zubereitung und des Ausprobierens verschiedener Dosierungen (samt ihrer möglichen unerwünschten Nebenwirkungen) bleibt uns also erspart, wenn wir uns dieser *Phytotherapeutika* bedienen: Auf dem Beipackzettel ist alles Wissenswerte erläutert. Das riesige Ange-

Frauenmantel (Alchemilla vulgaris)

bot solcher freiverkäuflichen Mittel ist heute kaum noch überschaubar (und wird derzeit per Gesetz ausgedünnt, d. h. von »Wildwüchsen« ohne naturwissenschaftlich beweisbare Wirkung befreit).

Industriell gefertigte Mittel der Phytotherapie haben also durchaus einige Vorteile. Die dafür verwendeten einheimischen Pflanzen stammen meist aus kontrolliertem, oft aus streng biologischem Anbau (das gilt übrigens auch stets für Mittel der →Homöopathie und der →Bach-Blüten-Therapie); sie sind daher weitgehend frei von Umweltschadstoffen, was bei selbstgesammelten Pflanzen leider immer seltener wird; sie haben strengen Qualitätskontrollen zu genügen; ein bestimmtes Produkt weist immer die gleichen Mengen und Mischungsverhältnisse auf; Dosierung und Anwendung sind relativ einfach.

Grundsätzlich ist gegen die Anwendung solcher pharmazeutisch hergestellter Präparate, die uns die Selbsthilfe erleichtern, daher wenig einzuwenden – wenn, ja wenn die Mittel tatsächlich noch auf den natürlichen Pflanzenwirkstoffen basieren und diese nicht bloß chemisch nachgebaut (synthetisiert) und womöglich noch mit anderen, rein chemischen (= in der Natur nicht vorkommenden) Substanzen gekoppelt sind. Chemikerinnen und Chemiker mögen es noch so sehr bestreiten und auf ihre Meßergebnisse verweisen, doch in einem Punkt sind sich alle Heilkundigen in der ganzen Welt, die mit der traditionellen Pflanzenheilkunde arbeiten, einig: *Die natürlichen, durch Wachstum entstandenen Wirk-*

stoffe einer Pflanze sind nicht mit ihren chemisch hergestellten Molekülgeschwistern identisch. Etwas fehlt, das sich in Laborwerten nicht darstellt, die Pflanze jedoch auszeichnet: ihre Lebensenergie, die sich in ihren natürlich zustandegekommenen Inhaltsstoffen vermittelt. (Siehe dazu auch die Homöopathie-Diskussion ab S. 172f.) In lebenden Pflanzen geht die Stoffbildung, um nur ein Argument unter vielen anzuführen, unter normalen Temperaturen und Druckverhältnissen vor sich. Im Labor benötigt man zur künstlichen Herstellung der gleichen Stoffe große Hitze und oft den Druck mehrerer Atmosphären. Das und vieles andere »verfälscht« die Wirkstoffe. Sie mögen durchaus wirksam sein – doch nicht so gut und nicht so umfassend wie natürlich entstandene pflanzliche Substanzen.

Beim Kauf von Phytotherapeutika sollten Sie also darauf achten, daß sie nicht nur irgendwie »auf der Basis pflanzlicher Wirkstoffe« hergestellt sind, sondern echte Pflanzenextrakte enthalten. Das gilt vor allem auch für Mittel der →Aromatherapie. Bestimmte Firmen – deren Namensnennung die Gesetze über fairen Wettbewerb hier verbieten – produzieren nur solche Mittel; andere reiten lediglich auf der Biowelle mit, ohne wirklich Biotisches = lebendig Gewachsenes anzubieten. Erkundigen Sie sich genau, und treffen Sie Ihre Wahl sorgfältig. Sie helfen damit auch all jenen in ihrer Arbeit, die sich darum mühen, den großen Schatz noch unentdeckter, wissenschaftlich noch nicht untersuchter Heilpflanzen in aller Welt zu heben – nicht zuletzt im höchst bedrohten Amazonasgebiet, in dem nach ethnobiologischen Schätzungen im Zuge der Brandrodungen täglich (!) 30 bis 40 Heilpflanzenspezies auf Nimmerwiedersehen von unserer Erde verschwinden.

Im Kapitel ›Beschwerdenkomplexe und Beratung von A bis Z‹ finden Sie gelegentlich Hinweise auf nützliche Fertigpräparate, allerdings – aus Platz- und Wettbewerbsgründen – ohne Nennung der Markennamen. Ratgeber wie ›Natur in Pillen und Tropfen‹[2] oder ›Was hilft? Medikamentenführer für Frauen‹[3] geben Ihnen detaillierte Auskünfte und Orientierungshilfen für den großen Markt der Phytotherapeutika.

Die Heilenergie der Pflanzen

Da Pflanzen etwas Lebendiges sind, unterliegen sie – und mit ihnen ihre Wirkstoffe – bestimmten biologischen Rhythmen, die beim Sammeln der Heilpflanzen mitbedacht werden müssen. Bei Nachtschattengewächsen etwa konzentrieren sich die Wirkstoffe nachts oder sehr früh morgens am stärksten in den nutzbaren Pflanzenteilen. Bei bestimmten Pflanzen sollten die Blätter zu Sonnenaufgang, manche Blüten noch mit dem Morgentau darin, andere zu Sonnenuntergang gesammelt werden. Auch Mondphasen können eine Rolle spielen. All diese Erfahrungen und die mit dem Zubereitungsprozeß verbundenen Rituale verliehen der Pflanzenheilkunde immer schon etwas Magisches, Geheimnisvolles. In vielen Kulturen mit reichem Naturheilwissen ist es der Geist der Pflanze, der die Heilung bringt, der deshalb um Hilfe gebeten und dem für sein Wirken gedankt werden muß – sonst wirkt die Medizin nicht.

Rein materialistisch eingestellte Menschen können den Geist von Pflanzen ebensowenig entdecken wie Pathologen einst die Seele in den Strukturen der Körper, die sie sezierten. Wer eng mit Pflanzen lebt, weiß jedoch ganz genau, daß sie ebenfalls eine Seele, ja mitunter gar eine besondere Persönlichkeit besitzen, und zwar über die gewöhnlichen Wachstumseigenschaften und Bedürfnisse ihrer Spezies hinaus. Nachgewiesenermaßen reagieren Zimmerpflanzen beispielsweise auf Menschen, die sich ihnen liebevoll zuwenden und sie gut pflegen, völlig anders als auf solche, die ihnen gleichgültig oder gar zerstörerisch begegnen: Sie wenden sich meßbar zu oder ab, wenn die jeweilige Person ihnen nahekommt. Die energetische Ausstrahlung der Pflanzen ist mit Hilfe der Kirlian-Fotografie vielmals dokumentiert worden; reißt man ihnen ein Blatt ab, bleibt diese Aura um die Blattform herum noch eine ganze Weile (in »Schmerzfarben«) erhalten, bevor sie verblaßt.

Mit der »feinstofflichen« Energie der Pflanzen, auf der Ebene von Elektronenbewegungen und jenseits materieller Vorgänge, arbeiten nicht nur Fachleute für Homöopathie und Bach-Blüten, sondern auch viele andere Pflanzenheilkundige. »Kräuterkundig, das heißt fähig, die verborgenen Eigenschaften der Heilpflanzen zu erkennen und in Bezug zum Menschen zu bringen, wird man nicht einfach durch ein Botanik- oder Pharmakologiestudium«, meint dazu der Ethnobotaniker und Kulturanthropologe Wolf-Dieter Storl in seinem Buch ›Von Heilkräutern und Pflanzengottheiten‹[4]. Man muß, wie in jeder Kunst, eine besondere Begabung dafür mitbringen und sie entwickeln lernen. Falls Sie für Ihren »grünen Daumen« im Umgang mit Pflanzen bekannt sind, haben Sie sicherlich eine solche Begabung.

Melisse
(Melissa officinalis)

Aber auch weniger Begabte können die pflanzliche Energie kennenlernen, wenn sie mit frischen und getrockneten Heilpflanzen umgehen. Wichtig ist, daß Sie sich dabei gut auf das konzentrieren, was Sie gerade tun: Das »heilige Geschäft« des Teeaufgießens und Salbenmischens sollte ruhig und bedächtig vor sich gehen – schon allein deswegen, weil es ja auch gilt, die potentiell heilsamen und die potentiell schädlichen, giftigen Pflanzen, Bestandteile und Zubereitungsarten nicht zu verwechseln und alle Heilpflanzen so schonend wie möglich aufzubereiten. Heilrituale mit Pflanzenarzneien haben stets auch diesen Sinn.

Von der Heil- zur Giftpflanze

Jede Heilpflanze kann grundsätzlich zur Giftpflanze werden – und umgekehrt: Es kommt ganz darauf an, welche Teile von ihr genutzt, wie sie zubereitet und in welchen Dosierungen sie verwendet werden. Die Grenzen sind fließend, denn auch die weithin nützlichste, »harmloseste« Heilpflanze kann für diejenigen Giftwirkung entfalten, die gegen einen oder mehrere ihrer Inhaltsstoffe allergisch sind. Gleiches gilt auch für tierische Substanzen, etwa Schlangengifte, die Tod oder aber Heilung bringen können, je nach Menge und Anwendung. Wahrzeichen frühgeschichtlicher Heilerinnen, die zugleich meist auch Priesterinnen waren, ist die Schlange, die sich um einen (Eichen-)Ast windet. Später vereinnahmten männliche Ärzte dieses Symbol und machten daraus den Äskulapstab.

Eine Pflanze kann in manchen Organbereichen heilsam, in anderen unheilvoll wirken. Kamille beispielsweise gehört in den Mund oder auf die Haut, niemals aber ins Auge, wo sie üble Schleimhautreizungen verursachen kann, statt Entzündungen zu lindern. Und was für manche Kranke genau das richtige Kraut sein mag, ist für andere sozusagen ein Nagel zu ihrem Sarg: Bei stark eingeschränkter Nierenfunktion wäre beispielsweise ein harntreibender Tee unter Umständen lebensgefährlich, weil die geschädigten Nieren auf diesen starken Reiz nicht mehr reagieren könnten und überfordert »den Geist aufgäben«. Achten Sie also bei allen pflanzenheilkundlichen Anwendungen immer auf die jeweiligen Warnhinweise und Kontraindikationen (= Gegenanzeigen)!

Viele Pflanzen haben mehrere Anwendungsgebiete, und für die meisten Erkrankungen und Beschwerden stehen eine ganze Reihe von Pflanzen zur Verfügung. Sich in alledem genau auszukennen, ist schwierig und bedarf langjähriger Erfahrungen. Im Kapitel ›Beschwerdenkomplexe und Beratung von A bis Z‹ finden Sie meist alternativ mehrere Pflanzen und Pflanzenmischungen genannt. Nehmen Sie diejenigen, die Ihnen am ehesten vertraut und am leichtesten zugänglich sind – vielleicht aus Ihrem eigenen

Gänsefingerkraut
(Potentilla anserina)

Garten oder einem guten Kräuterladen. Sie haben mehr davon, wenn Sie sich mit einer Pflanze oder Mischung gut auskennen lernen, als wenn Sie immer wieder Neues und nichts wirklich gründlich ausprobieren.

Heilkräftige Pflanzeninhaltsstoffe

Ohne die moderne Biochemie, auch das muß einmal gesagt werden, wüßten wir sehr viel weniger über heilsame Inhaltsstoffe von Pflanzen. Es wäre angesichts der unüberschaubaren Vielfalt der Flora wesentlich schwieriger, die für Heilzwecke unbrauchbaren von den potentiell nützlichen Pflanzen zu unterscheiden, und manche große phytotherapeutische Arznei kam nur deshalb zustande, weil die Chemikerinnen und Chemiker wußten, wonach sie suchen mußten.

Auch Ihnen erleichtert es die Beurteilung pflanzlicher Präparate und Heilpflanzen, wenn Sie etwas über ihre *wirksamen Inhaltsstoffe* wissen. Darüber hinaus besteht jede Pflanzen natürlich noch aus sehr viel mehr Molekülverbindungen, die zwar für die Pflanze wichtig, für die Heilanwendung aber vielleicht eher belanglos sind, weggeschnitten oder herausgefiltert werden können – oft sogar müssen –, ohne daß der therapeutische Effekt dadurch geschmälert wird. Und, auch das ist wichtig, manche potenten Heilpflanzen haben im Labor erstaunlich wenig nachweisbare Inhaltsstoffe aufzuweisen, deren Wirkungen sich womöglich noch gegenseitig aufheben. In unserer naturwissenschaftlich-materialistisch geprägten Gesellschaft werden solche Pflanzen nicht als heilkräftig anerkannt. Das hat Vorteile – es bewahrt uns unter anderem vor Schwindelunternehmen –, aber für die Heilkunde sicher auch Nachteile.

Bei den als wirksam anerkannten Inhaltsstoffen geht es vorrangig um Substanzen aus dem *primären Stoffwechsel* der Pflanzen, im Prinzip um verschiedene Zucker, Eiweiße (Proteine), Stärken und Fette, sowie um Abbauprodukte aus dem *sekundären Stoffwechsel.* Organische Säuren wie Vitamin C (Ascorbinsäure), Oxal-, Zitronen- oder Kieselsäure etc. nehmen eine Mittelstellung ein. Da Pflanzen nicht über Organe verfügen, die unserer Leber oder den Nieren bzw. Harnwegen vergleichbar wären, können sie ihre Stoffwechsel-Abfallstoffe auch nicht einfach ausscheiden. Sie sammeln sie vielmehr in bestimmten Zellverbänden oder besonderen Hohlräumen (Vakuolen) zwischen den Zellen, wo sie anschließend biochemisch umgewandelt und als Hydroxyl-, Methyl-, Methoxyl- oder Ringverbindungen für die Pflanze unschädlich aufgehoben werden – eine Art innere Mülldeponie. Für die Anwendung als Heilmittel sind meist gerade diese »Abfallstoffe« besonders bedeutsam, denn die Verbindungen ergeben genau die Harze, Gerb- und Schleimstoffe, Öle und anderen Substanzen, die für die Heilpflanzenwirkung so charakteristisch und notwendig sind.

Lavendel
(Lavandula officinalis)

Folgende Inhaltsstoffe sind besonders bedeutsam:

Glykoside
Das sind Verbindungen von Pflanzenzuckern mit zuckerfremden Bestandteilen, die in unserem Organismus beim Verdauungsprozeß aus den Pflanzen(-präparaten) herausgelöst werden.
Wichtige Untergruppen sind:

- Die *Blausäuren-Glykoside*, wie sie etwa in Mandelkernen vorkommen. Sie sind in vergleichsweise kleinen Mengen höchst giftig, in winzigen Spuren jedoch stark verdauungsanregend.
- Die *Phenol-Glykoside*, die säurebildende, antiseptische Wirkungen haben; zu ihnen gehört das Salicin der Weidenrinde, Vorbild der Acetylsalicylsäure im Aspirin.
- Die *Anthra-Glykoside*, aus denen rote und orange Pflanzenfarbstoffe gewonnen werden. Sie sind beispielsweise in Sennesblättern, Aloe und Rhabarber enthalten, wirken stark anregend auf die Peristaltik (= rhythmischen Bewegungen) des Darmtrakts und werden daher als Abführmittel geschätzt.
- Die *Saponin-Glykoside*, auch Seifenstoffe genannt, weil sie die Wasseroberfläche so entspannen, daß man darin Schaum schlagen kann. Pflanzliche Saponine wurden und werden für Waschmittel genutzt, reizen jedoch auch die Schleimhäute und werden daher, je nach Pflanze, als Brechmittel, harntreibendes Mittel, Hustenlöser oder Verdauungsförderer verwendet. Starke Saponine können das Blut zersetzen – daher solche Mittel nie überdosieren!
- Die *Flavon-Glykoside*, gelbe Pflanzenfarbstoffe mit ganz unterschiedlichen Wirkungen, z. B. blutdrucksenkend, gefäßerweiternd, herzstärkend (Weißdorn), gerinnungshemmend, galleanregend oder schweißtreibend (Lindenblüten). Einige dieser Glykoside unterstützen die Wirkung von Vitamin C.
- Die *Cumarin-Glykoside*, teils höchst gefährliche, weil nervenlähmende Gifte, teils aber auch besonders würzige, duftende und heilkräftige Verbindungen, z. B. im Steinklee, einem thrombosehemmenden Mittel, oder im beruhigenden und schlaffördernden Lavendel.
- Die *Solanine*, giftige Glyko-Alkaloide, die in den unreifen Tei-

len von Nachtschattengewächsen zu finden sind (beim Schälen bzw. Kochen gehen sie meist verloren). Innerlich dürfen sie nicht angewendet werden; äußerlich eignen sich Pflanzen mit diesen Inhaltsstoffen beispielsweise zur Behandlung von Ekzemen.

- Die *Senföl-Glykoside*, die sich in Senf, Meerettich und Zwiebelgewächsen finden und als Schwefelstoffe stark antiseptische sowie verdauungsfördernde Wirkungen haben. Sie können auch die Schilddrüse positiv beeinflussen.

Ätherische Öle
Das sind nicht wasserlösliche, flüchtige Substanzen, die in Alkohol, Fetten (Salbengrundlagen) oder Ölen konserviert werden müssen. Sie eignen sich besonders zum Inhalieren, zum Einreiben, als Badezusätze, aber auch zur innerlichen Anwendung, wobei ihre Abbauprodukte und Duftmoleküle über Atemwege und Harn wieder ausgeschieden werden. Ätherische Öle wirken auf viele Organbereiche (auch und nicht zuletzt auf das olfaktorische Gedächtnis im Gehirn) und sind meist bakterienhemmend.

Alkaloide
Das sind potentiell suchterzeugende und hochwirksame, oft auch sehr giftige Substanzen, bei denen es besonders auf die Dosierung ankommt. Sie entstehen als basische Stickstoffverbindungen in Pflanzen mit ungewöhnlichem Stickstoff-Stoffwechsel, etwa den Nachtschatten-, Hundsgift- und Mohngewächsen. Aus Pflanzenalkaloiden werden hochpotente Sucht-, aber auch Arzneimittel entwickelt: etwa pupillenerweiternde Präparate aus *Atropin*, dem Gift der Tollkirsche, über das Gehirn wirkende Schmerz- und Hustenmittel mit *Codein* aus Mohngewächsen, Schmerz- und Betäubungsmittel mit *Morphin* aus dem Saft des Schlafmohns.

Gerbstoffe
Sie werden auch *Tannine* genannt. Es handelt sich dabei um organische Säuren aus Wurzeln, Rinden und Blättern vieler Pflanzen, die vor allem adstringierende (= zusammenziehende) Wirkungen auf Schleimhäute und andere Gewebe haben, sie austrocknen und Eiweiße ausflocken (daher sind sie auch als Gegenmittel für

Alkaloidvergiftungen einsetzbar). Verwendet werden gerbstoffhaltige Heilpflanzen für Waschungen, Sitzbäder, zum Gurgeln, für Scheidenspülungen und Einläufe. Für die Leber sind sie relativ schwer verdaulich, daher Vorsicht bei Leberschäden!

Bitterstoffe
Lateinisch werden diese bitter schmeckenden Substanzen *Amara* genannt. Sie regen den Stoffwechsel und die Verdauungsorgane stark an – falls sie nicht überdosiert werden: Dann haben sie den gegenteiligen Effekt. (»Wermutbrüder« müssen auf Absinth verzichten: Wegen der Gefahr schwerer Nervenschäden wurde der Likör aus dieser Bitterdroge bei uns vor Jahren verboten.) Tees, Magenliköre usw. mit Bitterstoffen sollten in kleinen Schlucken eine halbe Stunde *vor* der jeweiligen Mahlzeit eingenommen werden; nur so entfalten sie ihre volle Wirkung.

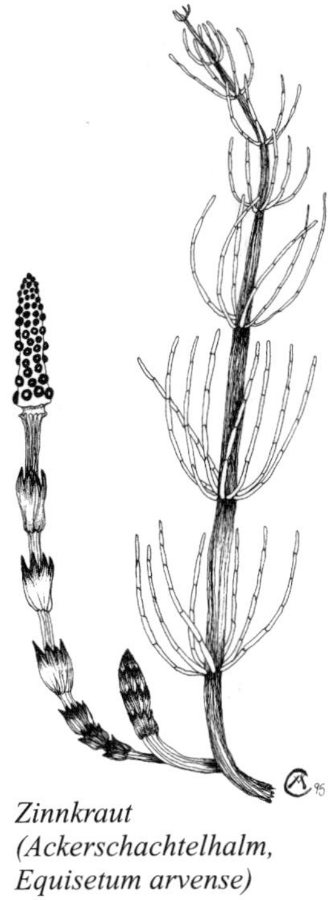
Zinnkraut (Ackerschachtelhalm, Equisetum arvense)

Schleimstoffe
Das sind sogenannte Polysaccharide (= Mehrfachzucker) mit Quell- und Gleitwirkung im Verdauungstrakt sowie entzündungs- und reizhemmender Wirkung in den Atemwegen. Sie werden als Abführ-, Husten- und Wundheilungsmittel eingesetzt. Meist enthalten die Pflanzen neben Schleimstoffen noch andere heilsame Wirkstoffe.

Phytohormone
Hierbei handelt es sich um pflanzliche Hormone mit komplizierter chemischer Zusammensetzung, die auch auf den menschlichen Hormonstoffwechsel regulierend einwirken können. Sie entfalten ihre Effekte meist als Biokatalysatoren, erleichtern also anderen

Substanzen die Verstoffwechselung bzw. regen die hormonproduzierenden Organe zu verstärkter Eigentätigkeit an. Besonders bekannt sind Mönchspfeffer (Agnus castus, das »keusche Lamm«), Frauenmantel und die Kerne von Granatäpfeln: In ihnen entdeckten Chemiker das höchste natürliche Vorkommen pflanzlicher Östrogene, den Östrogenen von Frauen chemisch sehr nahe verwandt. In der Frühzeit wurden zerstoßene Granatapfelkerne unter anderem zur Empfängnisverhütung verwendet.

Phytoinsuline
Diese Wirkstoffe werden auch *Glukokinine* genannt. Sie sind chemisch mit unserem Bauchspeicheldrüsenhormon Insulin verwandt und können den menschlichen Zuckerhaushalt und damit den Blutzuckerspiegel beeinflussen. Die Süßkartoffel Topinambur spendet beispielsweise diese Hilfsstoffe bei Diabetes.

Phytozide
Diese Wirkstoffe heißen auch »pflanzliche Antibiotika«. Phytozide sind meist an ätherische Öle gekoppelte und daher gut zum Inhalieren sowie zum Einnehmen geeignete Bakterienhemmer und -killer. Sie sind beispielsweise in Petersilie, Knoblauch, Meerrettich, Zwiebelgewächsen, Eukalyptus, Minze und Senf enthalten. Die »echten« Antibiotika werden aus bestimmten Pilzkulturen gewonnen (wobei umstritten ist, ob Pilze der Tier- oder der Pflanzenwelt zuzurechnen sind).

Fettöle
Das sind pflanzliche Öle (in Wasser nicht löslich) mit sehr unterschiedlicher Wirkung, je nach ihrem Gehalt an mehrfach ungesättigten Fettsäuren. Zur hochwertigen Ernährung mit günstigem Einfluß auf den Cholesterinhaushalt zählen beispielsweise reines Olivenöl (kaltgewonnene Erstpressungen), Sonnenblumen- und Leinsamenöl. Andere Öle wirken abführend, eignen sich also als Gleitmittel bei Darmproblemen, oder sie besitzen kaum eine Eigenwirkung, lassen sich aber gut als Salbengrundlage benutzen. Aromatische Öle, wie sie in der →Aromatherapie verwendet werden, haben meist einen viel geringeren Fettanteil; dafür sind

sie reich an Duftmolekülen, die den Gesundungsprozeß anregen bzw. beschleunigen können.

Die folgende Tabelle gibt Ihnen einen Überblick über wichtige Heilpflanzen, die Sie bei unterschiedlichsten Erkrankungen einsetzen können. Sie erleichtert Ihnen auch die Beurteilung freiverkäuflicher Phytotherapeutika: Finden Sie eine oder mehrere der genannten Pflanzen in einem Präparat mit derselben Indikation, können Sie davon ausgehen, daß es tatsächlich wirksam ist.

Informationen zu den Zubereitungsformen finden Sie ab S. 253.

Zum Sammeln von Heilpflanzen

Um Heilpflanzen für sich nutzbar zu machen, haben Sie viele Möglichkeiten. Sie unterscheiden sich in Zeitaufwand, Kosten und nötiger Erfahrung.

Am einfachsten, wenn auch nicht unbedingt am preiswertesten ist der **Kauf von Fertigpräparaten,** z. B. als lose Tees bzw. Teemischungen, Teebeutel, Tinkturen, Extrakte oder Salben. In Apotheken, Reformhäusern, Kräuterläden und Drogerien werden Sie dazu meistens gut beraten. In (naturheilkundlich orientierten) Apotheken erfahren Sie am ehesten Genaues über Inhaltsstoffe, Nebenwirkungen, Risiken, Darreichungsformen und Anwendung bzw. Dosierung. Falls Sie das Phytotherapeutikum nicht sofort verbrauchen, können Sie es meist, bei entsprechender Lagerung, auch angebrochen aufheben (Verfallsdatum beachten).

Ordnungsliebe und einen dunklen, ungeziefersicheren Platz zum Aufbewahren brauchen Sie, wenn Sie sich **getrocknete Heilpflanzen aus dem Kräuterladen** besorgen. Sie müssen genau wissen, was und wieviel Sie wollen (oder sich sehr gut beraten lassen), und können die Trockenpflanzen dann zu Hause nach Bedarf selbst zubereiten. Auch hier gelten Verfallsdaten; falls nicht anders angegeben, sollten Sie sie innerhalb eines Jahres aufbrauchen bzw. dann wegwerfen. Ihre Aromastoffe haben sich dann verflüchtigt, und auch andere Wirkstoffe nehmen mit der Zeit ab.

Tabelle 10: Welche Pflanze hilft wobei?

Einsatzbereich	Zielorgane	Wirkung	Heilpflanzen (Beispiele)
Angstzustände	vegetatives Nervensystem, Blutgefäße, Herz	nervenberuhigend, gefäßerweiternd, herzstärkend	Baldrian, Herzgespann, Schwarznessel
Appetitmangel	Magen, Schleimhäute, Darm	magensaftbildend, nervenberuhigend, schleimlösend, verdauungsfördernd	Gemeiner Andorn, Dost (Origanum), Echtes Eisenkraut, Estragon, Majoran
Arteriosklerose-Vorbeugung	Blutgefäßsystem, Cholesterinstoffwechsel	blutdrucksenkend, ablagerungs- und thrombosehemmend	Artischocke, Knoblauch, Mistel, Sonnentau, Weißdorn
Augenprobleme	Augenbindehaut, Lider	beruhigend, abschwellend, entzündungshemmend	Augentrost
Nervosität, Unruhe	vegetatives Nervensystem	nervenberuhigend, schlaffördernd	Baldrian, Heidekraut, Hopfen, Lavendel, Melisse, Passionsblume
Blähungen	Darm, Gärungsbakterien	muskelentspannend, bakterienhemmend, gaslösend	Anis, Fenchel, Kamille, Kümmel, Pfefferminze, Salbei, Steinklee, Ysop
Blasenentzündung	Blase, Harnröhre	beruhigend, entzündungshemmend, schmerzlindernd	Bärentraube, Eberraute, Eisenkraut, Erdbeerblätter, Heidekraut, Heidelbeerblätter, Hirtentäschel, Schwarze Johannisbeere (Blätter), Kamille, Liebstöckel, Meerrettich (Saft), Schwarzdorn, Weiße Taubnessel

Einsatzbereich	Zielorgane	Wirkung	Heilpflanzen (Beispiele)
Blutdruckregulierung	Blutgefäße	blutdrucksenkend, beruhigend	Baldrian, Hafer, Honigklee, Hopfen, Knoblauch, Weißdorn
Diabetes	Bauchspeicheldrüse, Zuckerstoffwechsel	insulinregulierend	Habichtskraut, Heidelbeere, Klette, Preiselbeere, Topinambur (Süßkartoffel)
Depressivität	vegetatives Nervensystem	stimmungsaufhellend, harmonisierend	Johanniskraut (Vorsicht, macht lichtempfindlich!), Schwarznessel
Durchfall	Darmtrakt	beruhigt die Darmmuskulatur, gasbindend, adstringierend	Aktivkohle, Brombeere, Eichenrinde, Fingerkraut, Heidelbeere, Salbei, Schwarzer Tee, Wiesenknopf
Entwässerung, Ödeme	Nieren, ableitende Harnwege	regt die Ausscheidung an, baut Wasseransammlungen ab (nicht bei stark eingeschränkter Nieren- oder Herzfunktion anwenden!)	Bärentraube, Birke, Benediktenkraut, Brennessel, Bruchkraut, Hauhechel, Heidekraut, Heidelbeere, Hirtentäschel, Kapuzinerkresse, Petersilie (Wurzel), Wacholder, Schwarzer Holunder (Blüten)
Entzündungen, Wunden	Haut, Schleimhäute, Wundgewebe	bakterienhemmend, wundheilend, schmerzlindernd, regt die Gewebeneubildung an	Erdbeerblätter, Heidekraut, Kamille, Ringelblume, Rosmarin, Steinklee

Einsatzbereich	Zielorgane	Wirkung	Heilpflanzen (Beispiele)
Erkältung	obere Atemwege, Schleimhäute	ausleitend, schnupfenlösend, abwehrstärkend	Basilikum, Brennessel, Brombeerblätter, Gänsefingerkraut, Himbeerblätter, Schwarzer Holunder (Blüten), Huflattich, Lungenkraut, Salbei, Zwiebel (Sirup)
Erschöpfung	vegetatives Nervensystem	anregend, tonisierend, abwehrstärkend	Dost (Origanum), Saathafer, Sumpfschafgarbe
Fiebermittel	Schweißdrüsen, Körpertemperaturregelung	schweißtreibend, fiebersenkend	Ehrenpreis, Kamille, Klette, Königskerze, Lindenblüte, Pestwurz, Quecke, Schwarze Johannisbeere
Gallen- und Leberbeschwerden	Galle, Leber	gallensaftbildend, regt die Gallenausscheidung an	Apfel, Artischocke, Berberitze, Löwenzahn, Mariendistel, Odermennig, Rettich, Rhabarber, Pfefferminze, Zwiebel (Frischsaft)
Hautausschlag, Ekzem	Haut, Schleimhäute	ausleitend, bakterienhemmend, abschwellend	Ackerschachtelhalm, Echter Alant, Beinwell, Brombeerblätter, Huflattich, Kamille, Labkraut, Leinkraut, Malve, Odermennig, Ringelblume, Wundklee, Schwarzer Senf (stets als Umschläge)

Einsatzbereich	Zielorgane	Wirkung	Heilpflanzen (Beispiele)
Husten	obere und untere Atemwege, Schleimhäute	hustenlösend, auswurffördernd, zum Teil krampflösend und leicht desinfizierend	Anis, Fenchel, Eibisch, Hauhechel, Huflattich, Isländisch Moos, Malve, Quitte (Samen), Schlüsselblume (Wurzel), Spitzwegerich, Süßholz
Kopfschmerzen	vegetatives Nervensystem, Blutgefäße	ausleitend, beruhigend, gefäßtonisierend, schmerzlindernd	Augentrost, Schwarzer Holunder, Waldweidenröschen
Magenbeschwerden (I)	Magen-Darm-Trakt	verdauungsfördernd	Beifuß, Bitterklee, Enzian (Wurzel), Tausendgüldenkraut, Wermutpflanze (Tee nie überdosieren!)
Magenbeschwerden (II)	Magenmuskulatur und -schleimhaut	säurehemmend, muskelberuhigend, krampflösend	Bohnenkraut, Engelwurz, Frauenmantel, Gänsefingerkraut, Labkraut, Melisse, Sanikel, Schwarzkümmel, Walnußblätter
Menstruationsbeschwerden	Gebärmuttermuskulatur und -schleimhaut	krampflösend, ausleitend, tonisierend, zum Teil hormonell regulierend	Frauenmantel, Gemeiner Andorn, Gänsefuß, Schafgarbe, Wiesenknopf
Nervenschmerzen	vegetatives Nervensystem, Nervengewebe	beruhigend, entzündungshemmend, schmerzlindernd	Augentrost (Tee), Heilziest, Schwarzer Holunder, Koriander (Aufguß), Silberweide, Sonnentau, Waldweidenröschen

Einsatzbereich	Zielorgane	Wirkung	Heilpflanzen (Beispiele)
Nierenkolik und -steine	Nieren, ableitende Harnwege	ausleitend, entzündungshemmend, steintreibend	Ampferknöterich, Bärentraube, Birkenblätter, Bruchkraut, Färberginster (Vorsicht: färbt die Sekrete rosa!), Preiselbeere, Ruprechtskraut, Ysop
Rheuma	Gelenke, Weichteile	ausleitend, entzündungshemmend, schmerzlindernd	Ehrenpreis, Esche, Huflattich, Kiefer, Rote Pestwurz, Quecke, Saathafer, Schwarzer Senf, Silberweide, Wacholder, Winterlinde, Zitterpappel
Schlaflosigkeit	vegetatives Nervensystem	nervenberuhigend, tonisierend, schlaffördernd	Baldrian, Eisenkraut, Schwarzer Holunder, Hopfen, Weiße Taubnessel, Waldweidenröschen
Schwitzen, Hitzewallungen, Schweißausbrüche	Schweißdrüsen, Haut, Schleimhäute	drüsenberuhigend, sekretionshemmend	Baldrian, Eichenrinde, Nußbaum, Salbei
Stillprobleme	Brustdrüsen	regt die Milchbildung und den Milchfluß an	Anis, Bockshornklee, Dill, Fenchel, Habichtskraut, Kreuzblume, Schwarzkümmel
Unterleibskrämpfe	Gebärmutter, Beckenmuskulatur, Harnwege	krampflösend, nervenberuhigend	Gundelrebe, Hartheu, Hirtentäschel, Raute, Vogelknöterich

Einsatzbereich	Zielorgane	Wirkung	Heilpflanzen (Beispiele)
Verstopfung	Darmmuskulatur	regt die Peristaltik an, abführend	Bucheckern, Faulbaumrinde, Feldstiefmütterchen, Kreuzkraut, Leinsamen, Rhabarber, Sennesblätter, Süßholz, Winde, Zwergholunder (Kraut)
Wunden	Haut, Schleimhäute	zusammenziehend, austrocknend, entzündungshemmend, die Geweberegeneration anregend	Bärentraube, Beinwell, Blutwurz, Ehrenpreis, Eichenrinde, Gänsefingerkraut, Heidelbeere, Lungenkraut, Odermennig, Salbei, Weidenrinde, Vogelknöterich, Ysop
Würmer	Darm	wurmaustreibend, -tötend	Erdrauch, Gänsefuß, Karotte, Kürbis, Rittersporn, Tüpfelfarn, Zwiebel
Zahnfleischbluten	Zahnfleisch, Schleimhäute	adstringierend, blutungsstillend, wundheilend	Heckenrose, Leberblümchen (Spülung), Wiesenknopf

Lust und Zeit zum Ziehen, Ernten und Trocknen, gute Pflanzenkenntnisse (damit Sie nicht die falschen oder gar Giftpflanzen pflücken), Platz zum Trocknen und Aufheben sind nötig, wenn Sie **Heilpflanzen selber sammeln** wollen. So lange sich Ihre Kräuterheilkunde auf den eigenen Küchengarten beschränkt, können Sie relativ wenig falsch machen. Komplizierter ist das Sammeln von Wildpflanzen. Zum einen dürfen Sie nichts sammeln, was im jeweiligen Gebiet unter Naturschutz steht (bei einer Umweltschutzbehörde bzw. im Rathaus erkundigen!). Zum anderen können Sie auch nicht einfach Bäume entlauben, Baumrinden abschälen, Sträucher oder Blumen in eingezäunten Gebieten plündern; da gibt es Besitzrechte und Hegepflichten zu wahren. Drittens müssen Sie darauf achten, daß die gesammelten Pflanzen keine Schadstoffbelastungen durch Autoabgase, Schwermetalle, Radioaktivität (Tschernobyl-Folgen!), Überdüngung und andere Umweltsünden aufweisen, sonst schaden Sie Ihrer Gesundheit unter Umständen mehr, als ihr zu nützen. Die Pflanzen müssen darüber hinaus gesund und kräftig aussehen und ohne Schädlingsbefall sein. Und schließlich sind bei allen Pflanzen bestimmte Sammelzeiten zu beachten; ziehen Sie dafür ein gutes Kräuterbuch zu Rate, etwa ›Schwester Bernardines große Naturapotheke‹[5]. Gehen Sie beim Sammeln stets vorsichtig und behutsam zu Werke, und schützen Sie den Pflanzenbestand!

Zum Trocknen werden die Pflanzen zu Sträußen gebunden und in einem Raum mit niedriger Luftfeuchtigkeit, ohne direkte Sonnenbestrahlung, am besten an die Decke gehängt. Wenn Sie viele Pflanzen trocknen, kann sich die Anschaffung eines speziellen Trockenofens (Darrgerätes) lohnen; fragen Sie im Fachhandel danach. Übelriechende, verschimmelte, verfaulte oder von Schädlingen befallene Pflanzen und verdorbene Präparate müssen stets weggeworfen werden.

Selbsthilfe: So bereiten Sie Tees und Tinkturen zu

Aufguß (Heiltee):
Falls nicht anders verordnet, von der Pflanze oder Pflanzenmischung (Blätter, Kraut, Blüten, Rindenteile, nach Bedarf etwas zerkleinert, aber möglichst ohne winzig kleine »Staubteilchen«) etwa 1 Eßlöffel voll oder 3 bis 4 Gramm je Tasse Wasser berechnen, bei Tees oder Teegemischen aus Wurzeln, Rinde oder Früchten etwa 1 Teelöffel (1,5 bis 2 Gramm) pro Tasse. Der Topf zur Teebereitung sollte aus Steingut, Porzellan oder Glas sein; andere Materialien reagieren unter Umständen mit den pflanzlichen Inhaltsstoffen.

Gießen Sie kochendes Wasser über die Pflanzenteile (Daumenpeile: 10 Teile Wasser auf 1 Teil Pflanzen) und lassen Sie das Gemisch 5 bis 10 Minuten ziehen – *zugedeckt,* sonst verflüchtigen sich die Aromastoffe, und der Tee wird zu kühl! Danach durch ein Sieb abseihen. Trinken Sie von diesem Tee täglich 2–3 Tassen in kleinen Schlucken zwischen den Mahlzeiten bzw. vor dem Schlafengehen (falls nicht anders angeordnet).

Abkochung (Absud):
Sie ist nützlich bei gerb-, schleim- oder bitterstoffhaltigen Heilpflanzen, bei denen Aromastoffe (ätherische Öle) weniger wichtig oder nicht vorhanden sind, denn sie würden sich beim Abkochen verflüchtigen. Blätter, Wurzeln oder Rindenteile mit kaltem Wasser in Steinguttopf ansetzen, unter Rühren zum Kochen bringen, Temperatur zurückdrehen und etwa 15 bis 20 Minuten köcheln lassen; verdampfendes Wasser immer wieder nachfüllen. Dann in ein anderes Gefäß abseihen; wie Tee anwenden oder auch als Absud für Umschläge und Packungen benutzen.

Kaltauszug:
Er eignet sich für Pflanzen, deren Wirkstoffe beim Erhitzen zerstört würden, etwa Baldrianwurzeln, Hagebutten, Leinsamen. Pflanzenteile einige Stunden, längstens über Nacht, in kaltem Wasser einweichen – auch in Wein, Alkohol (Grappa, Wodka) oder kaltgepreßtem Pflanzenöl –, dann im Wasserbad auf Körper-

temperatur anwärmen und in ein Aufbewahrungsgefäß mit Deckel abseihen. Nach Bedarf entnehmen.

Tinktur:
Sie eignet sich für Pflanzen, deren Inhaltsstoffe ganz oder teilweise wasserunlöslich sind (Öle, Harze). Die Pflanzenteile werden über Nacht in höherprozentigem Alkohol (Grappa, Wodka) eingelegt und morgens in ein Aufbewahrungsgefäß abgeseiht. Tinkturen sind stets tropfenweise einzunehmen bzw. zum Gurgeln oder äußerlich zu verwenden. Bei dunkler, kühler Lagerung halten sie sich auch länger als ein Jahr.

Saft:
Damit sind frisch gepreßte Pflanzen- oder Fruchtsäfte gemeint. Am schonendsten ist die Handpressung; aber auch Mixer bzw. Entsafter, in denen kein hoher Temperaturanstieg stattfindet, eignen sich zum Auspressen. Säfte sollten möglichst rasch getrunken werden, falls nicht anders verordnet, dreimal täglich 1 Glas.

Sirup:
Das sind Säfte, Kaltauszüge oder Absude, denen unter ständigem Rühren so viel Zucker bzw. Honig beigefügt wurde, daß die Flüssigkeit ziemlich dick (und süß) wird. Diese Zubereitungsart eignet sich für sehr bittere oder sonstwie unangenehm schmeckende Pflanzenextrakte, etwa Zwiebelsaft. Sirup wird teelöffelweise eingenommen.

Salben:
Sie bestehen aus fettlöslichen Pflanzentinkturen oder -auszügen in einer Fettgrundlage, etwa Lanolin, reinem Schweinefett oder kaltgepreßtem Pflanzenöl, und werden für Einreibungen, Wundbehandlungen, Massagen usw. verwendet. Die Fettgrundlagen können Sie in Apotheken kaufen. Salben ohne Konservierungsmittel sollten im Kühlschrank oder an einem anderen dunklen, kühlen Ort gelagert werden, sind aber trotzdem nur begrenzt haltbar. Bei ranzigem Geruch sofort wegwerfen.

Pulver:
Getrocknete Pflanzenteile – Blüten, Blätter, Kraut und andere »weichere« Teile sowie Samen – werden mit dem Mörser fein zerkleinert oder in einer Mühle zermahlen. Geeignet ist diese Zubereitungsform für Pflanzen mit geringem Ölanteil. Das Pulver muß trocken und dunkel in einem gut verschlossenen Glas aufbewahrt werden und findet in Salben, als Zusatz zu Moor- oder Heilerde-Packungen sowie mit etwas Wasser zu Brei vermischt in Auflagen und zum Einnehmen Verwendung.

Achtung!

Heiltees und -tinkturen sind, wie ihr Name schon sagt, zur Heilanwendung bei Störungen und Erkrankungen gedacht; sie sind jedoch *keine* Nahrungsmittel für den täglichen Gebrauch. Eine Kur mit Pflanzentees, Tinkturen, Kaltauszügen etc. sollte, falls nicht ausdrücklich anders verordnet, in der Regel nicht weniger als eine Woche, aber auch nicht länger als 3, maximal 4 Wochen dauern. Dann sollten Sie eine Pause von mindestens 4 Wochen einlegen, wenn möglich auch mehr, bevor Sie wieder zu einer pflanzlichen Arzneizubereitung für die gleiche Indikation greifen (dann am besten mit anderen, ähnlich wirkenden Pflanzen). Treten Ihre Beschwerden ca. einmal im Monat auf, wie das beim →Prämenstruellen Syndrom der Fall ist, haben Sie zwei Möglichkeiten: entweder eine drei- bis vierwöchige Naturheilmittel-Kur in einem Stück durchzuziehen und dann zu sehen, ob sie Ihnen auch dauerhaft geholfen hat, oder aber den Heiltee oder die Tinktur nur während der Beschwerden einzunehmen und danach wieder abzusetzen.

Diese Vorsichtsmaßnahmen gelten auch dann, wenn Sie an einer chronischen Krankheit leiden, die Sie ihr Leben lang nicht mehr ganz loswerden. Der Grund dafür: Wenn Sie pflanzliche Wirkstoffe – auch in Pulvern, Heilsalben usw. – über längere Zeit zu sich nehmen, gewöhnt sich Ihr Organismus an diese Zusatzstoffe. Sie reagieren dann nicht mehr genügend darauf, und Ihre Organe »verlernen« es, auch ohne die Wirkstoffe auszukommen, werden also träge (berüchtigtes Beispiel: Darmträgheit durch langdauernde Anwendung pflanzlicher Abführtees). In manchen Fällen können Sie sogar, ohne es recht zu merken, von den Pflanzenpräparaten abhängig werden.

In vielen Fällen genügt die kurzzeitige, wenige Tage bis 3 Wochen dauernde Anwendung vollauf, um einen Heilprozeß einzuleiten bzw. zu fördern. Lassen Sie den Tee oder Extrakt wieder weg, sobald es Ihnen bessergeht – auch wenn er Ihnen noch so gut schmecken mag! Selbst allgemein übliche Teezubereitungen, etwa aus Pfefferminze oder Kamille, sollten nicht jeden Tag getrunken werden. Es gibt viele verschiedene erfrischende bzw. beruhigende Kräutertee-Mischungen; wechseln Sie also im Rotationsverfahren immer wieder ab.

Frisch gepreßte Obst- und Gemüsesäfte können Sie täglich trinken; für Kräuterfrischsäfte gilt dasselbe wie für Heiltees.

Falls Sie gegen Pollen und Gräser bzw. bestimmtes Obst oder andere pflanzliche Nahrungsmittel allergisch sind, sollten Sie darauf achten, daß die von Ihnen verwendeten Heilpflanzen(-präparate) diese Substanzen nicht enthalten. Im Zweifelsfall machen Sie vor der Anwendung einen Allergie-Hauttest: Geben Sie etwas von dem Heiltee, der Tinktur oder dem Pflanzenbrei auf einen Wattebausch, den Sie über Nacht in der Armbeuge mit einem Pflaster befestigen (Sie können auch ein leicht zerriebenes Blatt der zu testenden Pflanze unters Pflaster legen). Sollte die Hautstelle morgens gerötet sein oder einen Ausschlag zeigen, dürfen Sie diese Heilpflanze nicht verwenden.

Die individuelle Bekömmlichkeit von Heilpflanzen bzw. Fertigpräparaten läßt sich auch mit der Elektroakupunktur nach Voll (→Akupunktur) oder mit Hilfe der Kinesiologie (siehe S. xxx) austesten.

Genannte Literatur:

1) Plotkin, Mark J.: Der Schatz der Wayana. Abenteuer bei den Schamanen im Amazonas-Regenwald. Scherz Verlag, München 1994.
2) Sengupta, Christine/Grob, Peter/Stüssi, Hans: Natur in Pillen und Tropfen. Naturheilmittel. Ein kritischer Ratgeber für die Bundesrepublik. Deutscher Taschenbuch Verlag, München 1993.

3) Bopp, Annette/Glaeske, Gerd: Was hilft? Medikamentenführer für Frauen. Verlag Antje Kunstmann, München 1994.
4) Storl, Wolf-Dieter: Von Heilkräutern und Pflanzengottheiten. Aurum Verlag, Braunschweig, 2. erw. Aufl. 1993.
5) Schwester Bernardines große Naturapotheke. Mosaik Verlag, München 1983.

Weitere Literaturempfehlungen:

Bingen, Hildegard von: Heilkunde. Causae et curae. Das Buch von dem Grund und Wesen der Heilung von Krankheiten. Nach den Quellen übersetzt und erläutert von Heinrich Schipperges. Salzburg 1981.

Bingen, Hildegard von: Wisse die Wege. Baseler Hildegard-Gesellschaft, Basel 1991.

Bingen, Hildegard von: Heilkraft der Natur – Physica. Übersetzt von Marie-Louise Portmann. Herder Verlag, Augsburg 1991.

Boland, Maureen und Bridget: Was die Kräuterhexen sagen. Ein magisches Gartenbuch. Deutscher Taschenbuch Verlag, München, 10. Aufl. 1995.

Faber, Stefanie: Hildegard von Bingen. Metaphysik der Seele. Wilhelm Heyne Verlag, München 1989.

Kraus, Dr. Ljubomir/Carstens, Dr. Jutta: Heilpflanzen. Kleine Teekunde für den Hausgebrauch. Alltagsbeschwerden selbst behandeln. Georg Thieme Verlag, Stuttgart 1993.

Leibold, Gerhard: Heiltees und Kräuter für die Gesundheit. Falken-Verlag, Niedernhausen 1982.

Minker, Margaret/Scholz, Renate: Das große Buch der Naturheilweisen. Vorbeugen, helfen, heilen. Goldmann Verlag, München 1994.

Siemers, Magret: Gesundheit mit natürlichen Haus- und Heilmitteln. Kräutertees, Säfte und Tinkturen, Dämpfe, Aromaöle und Einreibungen, Umschläge, Waschungen und Bäder. Deutscher Taschenbuch Verlag, München 1995.

Thurzova, L., und andere: Lexikon der Heilpflanzen. Mit 112 Farbtafeln. Lingen Verlag, Köln 1986.

Ullmann, Dr. Marcela: Knaurs große Hausapotheke: Heilpflanzen. Knaur Taschenbuch-Verlag, München 1988.

Weiterführende Anschriften:

Arbeitsgemeinschaft für
Phytotherapie
Vogelherd
88319 Aitrach

Gesellschaft für
Phytotherapie e. V.
Siebengebirgsallee 24
50939 Köln

Förderkreis Hildegard von
Bingen e. V.
St.-Gebhard-Platz 2
78467 Konstanz

Internationale Gesellschaft
Hildegard von Bingen
Jean Egli
Einfangstr. 16
CH-8530 Amriswil

(weitere Anschriften
im Anhang ab S. 710)

Reflexzonentherapien

zur Selbsthilfe bedingt geeignet

Reflexe sind körperliche Reaktionen, die auf einen bestimmten Reiz hin ohne unser bewußtes Zutun ablaufen, beispielsweise der Lidschlagreflex, wenn Ihnen ein Staubkorn ins Auge fliegt, oder der Saugreflex des Neugeborenen, der einsetzt, sobald Sie ihm die Brust geben oder einen Finger in den Mund stecken. Reflexe finden aber auch unaufhörlich statt, ohne daß wir die auslösenden Reize unmittelbar bemerken. So teilt sich z. B. eine Erkrankung oder Verletzung eines inneren Organs über bestimmte Nervenbahnen – die sogenannten parasympathischen und sympathischen Nervenfasern – den Partien der Haut und den darunterliegenden Gewebeschichten mit, in die diese Nerven münden. Das können die direkt über dem Organ befindlichen Gewebe sein – oder aber solche, die vergleichsweise weit entfernt liegen, je nachdem, wie die Reflex-Nervenbahnen verlaufen. Massieren Sie nun die entsprechende Hautstelle, oder reiben Sie sie mit heilsamen Ölen der

→Aromatherapie ein, werden diese Heilstimuli auf umgekehrtem Wege dem erkrankten Organbereich zugeleitet. Auf diese Weise ist es möglich, innere Organe von außen her zu beeinflussen.

Schulmedizinisch anerkannte Reflexzonen

Als erster Schulmediziner studierte der englische Neurologe Dr. Henry Head (1861–1940) systematisch die Reflexbahnen und die zugehörigen Hautzonen des Rumpfbereiches und stellte fest: Die Nervenbahnen, die zwischen einem inneren Organ und dem zugehörigen, ganz klar umgrenzbaren Hautabschnitt (medizinisch Dermatom genannt) verlaufen, entspringen jeweils dem gleichen Rückenmarksabschnitt, gehören also zum spinalen Nervensystem. Die von Head auf einer Art »Landkarte des Körpers« verzeichneten Reflexzonen werden nach ihm *Headsche Zonen* genannt und gehören heute zum ärztlichen Standardwissen. Massagen und andere physiotherapeutische Behandlungen dieser Reflexzonen bei verschiedenen inneren Erkrankungen sind schulmedizinisch anerkannte und häufig verordnete Therapien.

Der schottische Chirurg Sir Stephen Mackenzie (1844–1909) machte um die Jahrhundertwende bestimmte Muskelgruppen ausfindig, in die bei inneren Erkrankungen Schmerzen »hineinprojiziert« werden, obwohl die Muskeln selbst nicht erkrankt oder geschädigt sind. Ein Herzinfarkt z. B. hat oft starke Schmerzen in Muskeln des linken Arms zur Folge; dieser seitlich abstrahlende Schmerz gilt nachgerade als Erkennungszeichen für einen Infarkt. Auch die nach ihrem Entdecker benannten *Mackenzie-Zonen* und ihre therapeutische Beeinflussung gehören zu den schulmedizinisch anerkannten Reflexzonen-Behandlungen. In aller Regel eignet sich keine von ihnen zur Selbsthilfe.

Bindegewebsmassage

Schulmedizinisch anerkannt ist auch die Wirksamkeit der Bindegewebsmassage, die im Jahr 1929 von der deutschen Krankengymnastin Elisabeth Dicke im Selbstversuch entdeckt und später von ihr und der Ärztin Dr. med. Hede Teirich-Leube an der Medizinischen Universitätsklinik Freiburg weiterentwickelt wurde. Die beiden Expertinnen stellten fest: Chronische innere Erkrankungen machen sich in Reflexzonen am Rücken bemerkbar, die sich teilweise nicht mit den Headschen Hautzonen decken. Sie lassen sich vielmehr an einer unnormalen – meist zu hohen – Gewebespannung in den tiefergelegenen Bindegewebsschichten erkennen. Jeder dieser im Fall einer Störung ungewöhnlich eingezogenen, manchmal auch aufgequollenen Bindegewebszonen läßt sich laut Dicke und Teirich-Leube eine ganz bestimmte innere Erkrankung zuordnen. Was dem ungeschulten Auge wie streifig verspannte Muskelpartien am Rücken erscheinen mag, sind in Wirklichkeit oftmals solche reflektorischen Bindegewebszonen – je nach Intensität der Erkrankung oder Organschwäche mal mehr, mal weniger stark ausgeprägt.

Die krankhafte Gewebespannung kann mit einer ganz speziellen Massagetechnik, die in vielen kurzen, ruckartigen oder auch ziehenden, streichenden Fingergriffen besteht, wieder normalisiert werden; diese heilsame Wirkung pflanzt sich dann bis zu dem erkrankten oder geschwächten Organ fort. Die Bindegewebsmassage einer Zone über dem Kreuzbein beispielsweise kann →Menstruationsbeschwerden abklingen lassen und die Gebärmutter dauerhaft tonisieren (= in einen gesunden, unverkrampften Spannungszustand versetzen). Mit welcher medizinischen Diagnose die Patientin zur Bindegewebsmasseurin kommt, ist dabei nicht allein ausschlaggebend: Geschulte Masseurinnen erkennen oft neben der hauptsächlich betroffenen auch noch andere Bindegewebszonen, deren Spannung auf eine Organschwäche hindeuten. Sie müssen im Sinne einer ganzheitlichen Therapie stets mitbehandelt werden. Die Behandlung kann ziemlich weh tun. Die Qualität und Intensität der dabei entstehenden Schmerzen (z. B. dumpfer, heller, spitzer oder ziehender

Schmerz) geben jedoch der Masseurin wichtige Aufschlüsse darüber, ob sie an der richtigen Stelle arbeitet und was dabei passiert. Zur Selbsthilfe ist diese Methode ungeeignet.

Fuß-Reflexzonen-Massage

Zu Beginn des 20. Jahrhunderts stellte der New Yorker Arzt Dr. med. William H. Fitzgerald eine Reflexzonenlehre auf, die sich von der seines Vorgängers Head unterschied und bis heute von den meisten Schulmedizinern nicht als wissenschaftlich fundiert anerkannt wird. Fitzgerald teilte den menschlichen Körper in zehn senkrecht von Kopf bis Fuß verlaufende Zonen ein, von denen er meinte, daß sie reflektorisch miteinander in Verbindung stünden. Seine Veröffentlichungen und Behandlungserfolge machten die amerikanische Diplom-Masseurin Eunice D. Ingham aufmerksam, die ähnliche Zusammenhänge schon bei ihrer eigenen Arbeit beobachtet hatte. Sie entwickelte in der Folgezeit eine Spezialmassage, die heute als Fuß-Reflexzonen-Massage weithin bekannt (jedoch ebenfalls nur von wenigen Schulmedizinerinnen und -medizinern anerkannt) ist. Ob vergleichbare Therapieverfahren schon in früheren Jahrhunderten in der indianischen Heilkunde oder in der traditionellen fernöstlichen Medizin bekannt waren, ist heute nicht sicher nachweisbar, aber durchaus möglich.

Bei der Fuß-Reflexzonen-Massage werden klar umgrenzte Zonen an der Fußsohle, den Fußinnen- und Außenseiten bis zum Knöchel, dem Fußrücken und den Zehen mit leichtem bis festem Finger- oder Daumendruck massiert. Dabei entsteht meist ein starker Druckschmerz oder auch ein stechender Schmerz, der bis in den zugehörigen Organbereich hinaufzuschießen scheint – und das, obgleich bis heute keine direkten Reflexbahnen von den Fuß-Reflexzonen zum Rumpf oder Kopf gefunden werden konnten. Der Schmerz steht oft in keinem Verhältnis zum leichten Fingerdruck, den die Masseurin ausübt, und ist gerade deshalb ein sicheres Zeichen dafür, daß in dem zugehörigen Organbereich tatsächlich etwas nicht in Ordnung ist. Eine medizinische Diagnose – z. B. »Sie haben eine Leberentzündung« – wird dabei jedoch *nicht* gestellt; die Masseurin oder der Masseur können stets nur angeben, daß es sich um eine Schwäche, Überlastung oder Erkrankung des betreffenden Organbereichs handelt. In mehreren Sitzungen wird dann versucht, durch gezielte Massage den Lymph- und Blutfluß anzuregen, die Ausscheidung von Stoffwechselschlacken zu beschleunigen und dem erkrankten bzw. geschwächten Organ neue Energien (und Immunzellen) zuzuführen. Eine Fuß-Reflexzonen-Behandlung dauert gewöhnlich 10 bis 15 Sitzungen zu je einer halben Stunde.

Ähnliche Reflexzonen sind auch an den Händen, an den Ohren, an der Nase und anderen Körperstellen zu finden. Von allen Verfahren konnte sich bislang jedoch die Reflexzonenbehandlung der Füße am weitesten durchsetzen. Sie ist nach Anleitung teilweise auch zur Selbsthilfe geeignet (siehe S. 264 f.).

Reflexzonentherapien eignen sich besonders für Frauen, die
- an chronischen Stoffwechsel- oder Hormonstörungen leiden,
- keine Angst vor einer möglicherweise schmerzhaften Behandlung haben und die Schmerzen auch auszuhalten gewillt sind, damit es ihnen anschließend dauerhaft besser geht,
- nichts gegen therapeutische Berührungen einzuwenden haben,
- evtl. weite Fahrten zu einer Massage-Fachkraft auf sich nehmen können und wollen,
- gewillt und in der Lage sind, feste Termine einzuhalten,
- sich eine solche privat zu bezahlende Behandlung leisten können und wollen.

Achtung!

Reflexzonenbehandlungen nützen nur, wenn sie in Abständen von mehreren Tagen (mit Pausen, in denen der Organismus Zeit zum Reagieren und Erholen hat) mehrmals durchgeführt werden. Sollten Sie dabei Schmerzen empfinden, was sehr wahrscheinlich ist, müssen Sie sie der behandelnden Fachkraft mitteilen: Sie kann daraus wichtige Schlüsse für die Behandlung und den Heilverlauf ziehen.

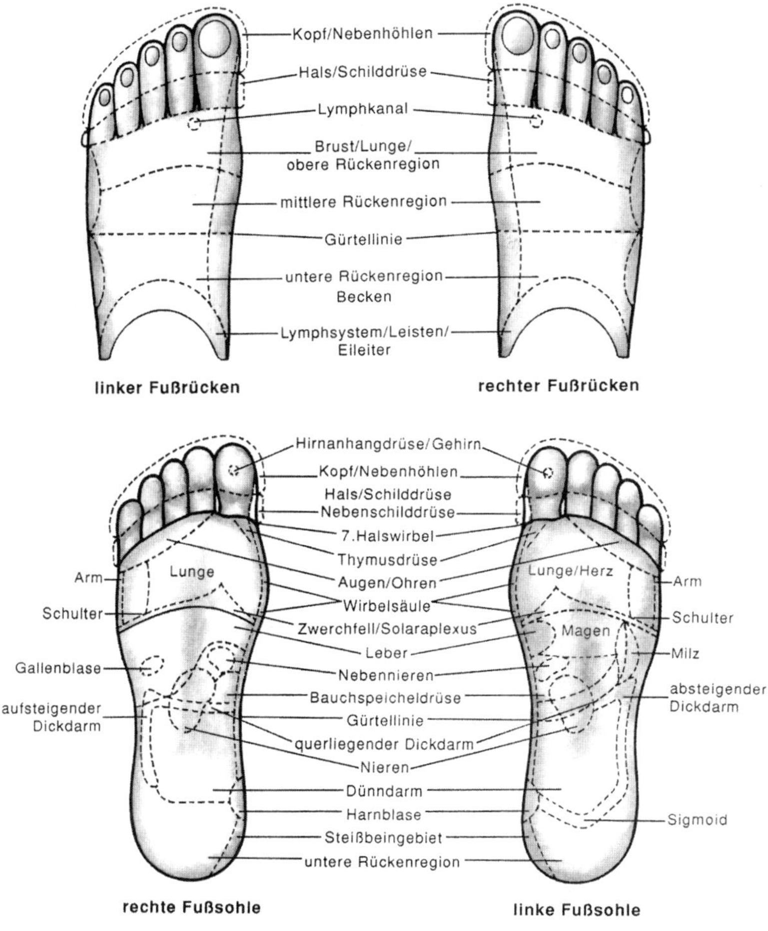

Reflexzonen am Fuß

Spätestens nach zwei bis drei Sitzungen kann es passieren, daß die zugrundeliegende Erkrankung sich kurzzeitig verschlimmert, die Nase läuft, verstärkter Harndrang auftritt, usw.: Das ist gewöhnlich eine harmlose sogenannte Erstreaktion, die anzeigt, daß »etwas in Fluß gekommen« ist. Sollte die Erstreaktion allerdings nach ein paar Tagen nicht abgeklungen sein, besteht auch die

Möglichkeit, daß bei der Behandlung Fehler gemacht wurden. Sprechen Sie auf jeden Fall offen mit der Masseurin bzw. dem Masseur darüber.

Schwangere sowie Frauen, die an organischen Herzschäden oder aber einer akuten, womöglich fieberhaften Entzündung leiden, sollten sich keiner Reflexzonentherapie unterziehen, es sei denn, sie wird ärztlich ausdrücklich angeordnet und überwacht. Ungünstig ist die Reflexzonentherapie auch unmittelbar nach dem Essen, nach Alkoholgenuß, starkem akuten Streß und während der Menstruation (sie kann den Blutfluß unliebsam verstärken).

Selbsthilfe

Die therapeutische Fuß-Reflexzonen-Massage eignet sich nur bedingt zur Selbsthilfe – zum einen, weil Sie sich ziemlich anstrengen müssen, um überhaupt gut an die entsprechenden Fußzonen heranzukommen (es sei denn, Sie sind geübte Yogin oder besonders sportlich und gelenkig), zum anderen aber auch, weil Sie sich bei der Selbstmassage nicht richtig entspannen können. Außerdem besteht die Gefahr, daß Sie sich um die richtige Zone herummogeln, falls sich beim Massieren Schmerzen oder andere Mißempfindungen bemerkbar machen. Sie sind erfahrungsgemäß eher auszuhalten, wenn sie im Rahmen einer fachlich durchgeführten Therapie auftreten.

Darüber hinaus erfordert die Fuß-Reflexzonen-Massage, wie jedes Heilverfahren, eine gründliche Ausbildung und längere Erfahrung. Sie können sich die nötigen Kenntnisse natürlich bei einem guten Kurs oder aus Büchern aneignen. Dabei müssen Sie allerdings auch lernen, Begleiterscheinungen, eventuell neu auftretende Symptome und Erstreaktionen einzuschätzen sowie Kontraindikationen (= Gegenanzeigen, bei denen Sie nicht behandeln dürfen) zu erkennen.

Die Reflexzonentherapie an der Hand ist vergleichsweise leichter durchzuführen; doch auch hier sind die entsprechenden Griffe, Symptome und Warnhinweise zu beachten.

Vorbeugend können Sie aber in jedem Fall folgendes für sich tun: Besorgen Sie sich einen Massage-Fußroller oder ein Paar größere Holzkugeln bzw. Klangkugeln aus Metall, und rollen Sie sie täglich mit nicht zu leichtem Druck unter Ihren nackten oder bestrumpften Füßen. Das massiert alle Reflexzonen der Fußsohlen ausgezeichnet und hilft, die inneren Organbereiche zu tonisieren. Darüber hinaus können Sie nach dem morgendlichen Duschen oder auch abends vor dem Schlafengehen Ihre Fußrücken, Außen- und Innenseiten massieren (eine gute Einschlafhilfe, weil die Füße dabei warm werden) und auch die Zehen kräftig durchwalken. Sollten Sie dabei auf bestimmte Zonen großer Druck- oder Schmerzempfindlichkeit stoßen, können Sie diese Partien alle 2–3 Tage gesondert massieren oder sich eine gute Fuß-Reflexzonen-Masseurin suchen, die Sie fachgerecht behandelt. Auch Tautreten (→Kneippen) und Barfußlaufen schicken gesundheitsfördernde Reize durch die Fuß-Reflexzonen ins Körperinnere.

Hilfreich ist außerdem die tägliche Bürstenmassage der Reflexzonen am Rücken; benutzen Sie dazu eine Bürste aus Naturborsten mit langem Stiel.

Eine andere Form der Massage, bei der auch – aber nicht vorrangig Reflexzonen massiert werden, ist das aus Japan stammende *Shiatsu*. Die Massagegriffe und -streichungen erfolgen hauptsächlich entlang der Meridiane (→Akupressur, →Akupunktur) und erfassen auch die Reflexzonen an Händen und Füßen. Nach Anleitung können Sie Shiatsu auch zur Selbsthilfe nutzen.

Literaturempfehlungen:

Dougans/Ellis: Die Kunst der Reflexzonentherapie. Therapeutische Anwendungen unter Einbeziehung des Meridiansystems. Knaur Taschenbuch Verlag, München 1993.

Ingham, Eunice D.: Geschichten, die die Füße erzählt haben. Drei Eichen Verlag, München 1981.

Kunz, Kevin und Barbara: Das große Buch der Reflexzonenmassage. Selbstbehandlung an Hand und Fuß. Ariston Verlag, Genf/München 1987.

Leibold, Gerhard: Reflexzonen-Therapie. Massagetechniken und Heilanzeigen. Falken-Verlag, Niedernhausen 1988.

Lundberg, Paul: Die heilende Kraft des Shiatsu. Mehr Energie, Gesundheit und Wohlbefinden durch die Kunst des Berührens. Mosaik Verlag, München 1992.
Teirich-Leube, Hede: Grundriß der Bindegewebsmassage. Gustav Fischer Verlag, Stuttgart 1986.

Weiterführende Anschriften:

Fachverband Europäischer Reflexologen
Deutsche Sektion
Hauptstr. 37
36166 Haunetal-Neukirchen

Arbeitsgemeinschaft für manuelle Therapie nach Meridiandiagnostik e. V.
Holzstr. 10
74072 Heilbronn

Deutscher Zentralverband der Krankengymnasten e. V.
Verband für Physiotherapie
Deutzer Freiheit 72–74
50679 Köln

Europäisches Shiatsu-Institut
Freiligrathstr. 32
80807 München

Shiatsu-Institut Basel
Schützenmattstr. 83
CH-4051 Basel

Visualisieren

zur Selbsthilfe geeignet

Wachträume kennen wir wohl alle. Oft drehen sie sich um etwas, das uns besonders erstrebenswert und schön erscheint: ein Urlaub unter Palmen am Meer oder in der klaren Luft des Hochgebirges, ein Traumhaus, das wir uns irgendwann bauen wollen, ein hochgestecktes berufliches Ziel. Oder wir denken an eine geliebte Person, rufen sie uns in allen Einzelheiten ins Gedächtnis, und der Klang ihrer Stimme scheint lebhaft an unser Ohr zu dringen. Je intensiver und aufregender die Phantasie, desto stärker reagiert unser Organismus dabei auf das innerlich Vorgestellte: Das Herz klopft, das Blut fließt schneller, der Atem verändert sich, die Hormone wallen. Wenn der Wachtraum uns für kurze Zeit glücklich macht und entspannt, fällt uns der Alltag anschließend wieder leichter, oder wir gleiten gelockert in sanften Schlaf.

Solche Wachträume sind nichts anderes als Visualisieren: sich etwas so genau wie möglich vorstellen, es sich bildlich, räumlich, farbig, womöglich mit den zugehörigen Klängen, Düften, Bewegungen *und den Auswirkungen auf uns selbst* vors innere Auge rufen. Im Wachtraum liegen Sie selbst unter Palmen und fühlen die leichte Brise, das kristallklare Wasser auf Ihrer Haut. Sie sind die Ärztin, die Tänzerin, die den dankbaren Blick der Geheilten, den Applaus des Publikums entgegennimmt. Zu Ihnen beugt sich die geliebte Person, und Sie spüren fast körperlich ihren Kuß.

Ein bestimmtes Ziel zu visualisieren, während wir darauf hinarbeiten, kann uns wesentlich dabei helfen, es auch tatsächlich zu erreichen. Seit die Psychologie die Kraft solcher positiven Vorstellungen erkannt hat, werden beispielsweise zuhauf Managerkurse angeboten, in denen die Teilnehmerinnen und Teilnehmer lernen, ihre geistigen Energien verstärkt auf ihr Berufsziel zu lenken – offenbar mit gutem Erfolg. »Think positive« – denk positiv, heißt eine psychologische Welle, die in den achtziger Jahren aus den USA zu uns herüberschwappte. Ihre Botschaft: Positive Selbstsuggestionen bringen uns voran, negative schwächen unser Selbstbild und unsere körperlichen, seelischen, geistigen und spirituellen Energien.

Innere Vorstellungen können nämlich stets eine helle und eine dunkle Seite haben. Die helle wird vom Licht der Hoffnung, des Mutes, der Zuversicht, des (Selbst-)Vertrauens und anderer positiver, zukunftsgerichteter Gefühle erleuchtet. Die dunkle nährt sich aus negativen Gefühlen wie Hoffnungs- und Mutlosigkeit, Angst, Verzweiflung, Mißtrauen, Selbstunterschätzung oder Ohnmachtsempfinden. Je nachdem, von welchen Gefühlen eine innere Vorstellung begleitet ist, welche sie also zum Leuchten bringen oder einen dunklen Schatten über sie legen, wirkt sich das Vorgestellte positiv (ermutigend, beflügelnd, kräftigend) oder negativ (entmutigend, lähmend, schwächend) auf den Menschen aus, dessen Geist das innere Bild entwirft. In Kursen für Positives Denken wird gelehrt, wie Sie es am besten anstellen, die ständigen negativen Selbstsuggestionen (»Das schaffe ich doch nicht!«) durch positive (»Jeden Tag komme ich meinem Ziel ein Stück näher!«) zu ersetzen und dabei nach und nach eine schier ungeahnte Fülle positiver Energie zu mobilisieren, die die niederdrückende negative Energie schließlich überflügelt.

Heilglaube und Vorstellungskraft in der Medizin

Positives Denken und Fühlen hat auch in allen Heilkünsten einen hohen Stellenwert. Das beginnt schon beim Glauben an die Heilkenntnisse und -kräfte der Therapeutin bzw. des Therapeuten: Gelingt es ihr oder ihm, Ihnen Vertrauen einzuflößen, werden Sie in der Vorstellung bestärkt, hier wirklich Hilfe zu finden, und sind eher bereit, den ärztlichen Anordnungen Folge zu leisten und aktiv an Ihrer Heilung mitzuarbeiten. Können Sie kein Vertrauen zu der behandelnden Fachkraft entwickeln, mißtrauen Sie gleichzeitig auch den therapeutischen Weisungen, halten sie für unzureichend, warten argwöhnisch auf Nebenwirkungen (die sich dann vielleicht auch prompt einstellen) und brechen die Behandlung womöglich vorzeitig ab. Neben der narzißtischen Kränkung, die Ihr Mißtrauen für die Ärztin bzw. den Arzt darstellt, ist dies der wesentlichste Grund, weshalb die Ärzteschaft allgemein so empfindlich auf jede vermutete »Vertrauensstörung« im sogenannten Arzt-Patient-Verhältnis reagiert: Sie weiß ganz genau, daß Heilerfolge auch vom Heilglauben abhängen. Allerdings sagt sie das nicht immer laut, denn es könnte sie ja in unliebsame Nähe zu »unwissenschaftlich« arbeitenden Medizinmännern und -frauen rücken. Und das Argument, mit dem sie schulmedizinisch nicht anerkannte Heilverfahren oft lächerlich zu machen versucht (»Das hilft höchstens, wenn Sie fest dran glauben!«), verlöre seinen Stachel.

In Wahrheit aber ist die Erkenntnis, daß Glaube Berge versetzen kann, längst als wissenschaftliche Tatsache in schulmedizinisches Handeln eingegangen. So zum Beispiel in der Medikamententestung: Für jedes Mittel muß heute der Beweis erbracht werden, daß es besser wirkt als ein sogenanntes Placebo-Präparat.

Das Wort *placebo* stammt aus dem Lateinischen und bedeutet »Ich werde gefallen«. So werden Präparate ohne jeglichen Wirkstoff genannt, die dem zu testenden Medikament äußerlich zum Verwechseln ähnlich sehen. Man verabreicht sie einer Kontrollgruppe freiwilliger Versuchspersonen, die an der gleichen Krankheit leidet wie die eigentliche Testgruppe – natürlich ohne zu erklären, daß es sich lediglich um ein Placebo handelt –, und verzeichnet die Erfolgsquoten. Nur dann, wenn das *Verum-Präparat* (mit echtem Wirkstoff) mehr oder rascher Beschwerden lindert als das Placebo, wird ihm eine Wirksamkeit über den bloßen Glauben an die Heilkraft der verabreichten Medizin und des behandelnden Arztes hinaus zugesprochen.

In einem jungen Zweig der Wissenschaft, der Psycho-Neuro-Immunologie, wird heute erforscht, wie es kommt, daß fröhliche, positiv denkende Kranke bessere Genesungschancen haben als traurige, mutlose, die sich selbst aufgegeben haben (→Lachtherapie). Viele Forschungsergebnisse weisen darauf hin, daß die geistig-seelische Einstellung ganz handfeste Auswirkungen auf körperliche Vorgänge hat: Bei steigender Laune steigt beispielsweise auch die Konzentration bestimmter Immunfaktoren im Blut; nach einem Trauerfall hingegen sinkt die Zahl der Immunzellen – auch bei bislang gesunden Menschen – meßbar ab. Bei Krebskranken, die ihrer Angst und Wut offen Ausdruck verleihen können, wachsen die Tumoren oft deutlich langsamer als bei sehr zurückhaltenden, gehemmten Menschen. Und die Deutsche Gesellschaft zum Studium des Schmerzes stellte kürzlich auf einem Fachkongreß zum Thema Rückenschmerzen Studien vor, die belegen: Wer nicht (mehr) ans Gesundwerden glaubt, bleibt in der Tat viel länger krankgeschrieben als andere; und wer einen sozial niedrig eingestuften Arbeitsplatz hat, bekommt eher Kreuzweh als Menschen mit genau der gleichen rückenschädlichen Arbeitshaltung, die einen sozial höheren Rang bekleiden. In meinem Buch ›Mit Leib und Seele gesund werden‹[1)] habe ich viele Beispiele dieser Art zusammengetragen.

Die Imaginationen vom Körperselbst

Wenn innere Ein- und Vorstellungen gesund- oder krankmachen können, liegt es sehr nahe, sie ganz gezielt zur Gesunderhaltung bzw. im Heilungsprozeß einzusetzen. Viele psychologisch geschulte Therapeutinnen und Therapeuten haben bereits entsprechende Visualisierungs-Programme entworfen. Einfühlsame Imaginationen finden Sie etwa in dem Buch ›Die Kraft der Vorstellung‹[2] des Psychologen Dr. Volker Friebel. Auch in der →Farbtherapie werden Visualisierungsübungen, hier mit der bildlichen Vorstellung heilkräftiger Farben, empfohlen. Die alternative *Augentherapie nach Bates* enthält Anleitungen zu Imaginationen, die das Seh- und Wahrnehmungsvermögen verbessern. Bei vielen Formen von →Bewußtseinstraining/Körpertherapien und auch bei der →Atemtherapie spielt die innere bildliche Vorstellung dessen, was gerade geübt wird, eine große Rolle. Frauenspezifische Meditations- und Visualisierungsübungen sind zum Beispiel die schon berühmt gewordenen »Reisen zur Gebärmutter« (siehe S. 274) oder zu anderen Organbereichen des weiblichen Körpers, wie sie etwa in Frauengesundheitszentren gelehrt werden. Auch bei Meditations-, Atem- und Körperübungen des →Yoga werden einzelne Körperbereiche visualisiert und das harmonische – oder auch gestörte – Zusammenwirken der Energien im gesamten Organismus fühlbar gemacht.

Im wesentlichen haben alle diese Übungen und Bilder, die Ihre innere Vorstellungskraft beflügeln sollen, folgendes zum Ziel:

- tiefenwirksame *Entspannung*,
- *Vertrautheit mit dem Körperselbst,* damit Sie diesen Teil Ihres Ichs im Lauf der Zeit gedanklich und emotional immer intensiver und rascher erreichen können (zehn Übungsbeispiele dieser Art, mit deren Hilfe jede Frau ihr Körperselbst besser kennen- und liebenlernen kann, finden Sie in meinem Buch ›Mit eigenen Augen sehen‹[3]; die Hamburger Körpertherapeutin Uschi Niemann und ich haben sie speziell für Frauen zusammengestellt, deren Körperselbstbild bislang eher von Fremdeinschätzungen als vom eigenen, liebevollen Blick auf sich selbst bestimmt wurde);

- *gezieltes Einkreisen von Problemfeldern* und *Entwickeln persönlicher Visualisierung-Bilder,* die geeignet sind, Ängste vor dem »unheimlichen Wirken im Körperinnern« aufzulösen,
- *Imagination und gedankliche Unterstützung des Immunsystems* mit seinen vielen Mitwirkenden (Freßzellen, Killerzellen, Immunglobuline, Antikörper usw.),
- *Mobilisierung und Konzentration aller inneren Kräfte,* so daß sie für den Gesundungsprozeß zur Verfügung stehen,
- *Sammeln von Heilenergie* in und um erkrankte oder funktionsgestörte Organbereiche; das bedeutet, sie beispielsweise in der inneren Vorstellung zu kühlen (bei Entzündungen) oder zu wärmen (bei Verspannungen), ihnen gezielt Immunzellen zu schicken (z. B. bei einer Infektion) oder die Immunabwehr zu beruhigen und die Zellen aus dem gestörten Bereich fortzulocken (etwa bei Allergien und Autoimmunleiden).

Darüber hinaus sind Visualisierungen noch in vielen weiteren besonderen Situationen sehr sinnvoll und nützlich, zum Beispiel wenn es gilt, den Organismus bzw. einen bestimmten Organbereich auf eine notwendige Operation vorzubereiten und anschließend beim Heilprozeß zu unterstützen. Vor einem geplanten Schwangerschaftsabbruch sind intensive Innenschau und Visualisierungen eine Möglichkeit, den Entschluß dazu noch einmal zu überprüfen und/oder von dem Ungeborenen Abschied zu nehmen, ihm dabei auch in Gedanken zu erklären, weshalb dieser Abschied nötig ist, und die kleine Seele liebevoll, aber bestimmt wieder fortzuschicken. (Bei manchen Frauen im Schwangerschafts-Frühstadium kann das sogar den Effekt haben, daß der »Nestling« von allein abgeht, als habe er sich selbst dazu entschlossen.) Droht einer Schwangeren eine Fehl- oder Frühgeburt, kann sie mit Visualisierungsübungen dem Ungeborenen in der Gebärmutter Kraft zum Bleiben schicken. In der Gebärphase hilft gezieltes Visualisieren, die Geburt vorzubereiten und weniger schmerzhaft bzw. unkomplizierter zu gestalten.

Je genauer eine Frau dabei über ihr Körperselbst und seine vielen verschiedenen Funktions- und Regelkreise, die Lage der Organe, den Verlauf der Reflexzonen (→Reflexzonentherapien) und andere Einzelheiten Bescheid weiß, desto leichter fällt es ihr unter Umständen, sich ganz konkrete, plastische Vorstellungen von den Abläufen in ihrem Innern zu machen. Unbedingt notwendig sind solche Sachkenntnisse allerdings nicht! Auch wer nur sehr ungefähre physiologische Kenntnisse, dafür aber Phantasie und Einfühlungsvermögen besitzt, kann sich beim Visualisieren heilende Impulse schicken. Sie kommen trotzdem an der richtigen Stelle an. Das Unbewußte weiß schließlich genau, was gemeint ist, auch wenn die räumliche Zuordnung von Organen in der Visualisierung nicht ganz stimmt oder die Meditierende sich beispielsweise in den Verästelungen des Blutgefäßsystems nicht auskennt.

Selbsthilfe

Die folgenden Übungen sind auch für Anfängerinnen auf dem Gebiet gezielten Wachträumens geeignet. Sie brauchen dazu nur zweierlei: den Willen, sich einmal ausschließlich in sich selbst zu versenken, und einen Zeitraum von mindestens zehn Minuten, in denen Sie das auch ungestört tun können (beispielsweise abends vor dem Einschlafen).

Wer häufig intensiv wachträumt oder beruflich viel mit inneren Vorstellungen arbeitet, wird mit der gezielten Visualisierung sicher keine Probleme haben. Ungeübten seien einige **Vorübungen** zur Anregung ihrer Kreativität und Verbesserung ihres Vorstellungsvermögens empfohlen:

- Schließen Sie die Augen und stellen Sie sich den Raum vor, in dem Sie sich gerade befinden, mit Möbeln, Fenstern, Lichteinfall, Gegenständen usw. Es macht nichts, wenn Sie dabei etwas übersehen; verweilen Sie jedoch möglichst detailliert bei allem, was Ihr Gedächtnis Ihnen liefert, so als könnte Ihr Geist dieses Bild anschließend ausdrucken. Öffnen Sie dann in Gedanken die Tür und gehen Sie hinaus. Verfolgen Sie mit dem inneren Auge den Weg, den Sie nehmen, ganz genau: die Gänge, Treppen, Türen, Straße… Dann imaginieren Sie eine schöne Landschaft, in die Ihr Weg Sie führt, vielleicht mit Wanderstegen, einem Bachlauf, dem Sie folgen, einem grünen Tal.

Setzen Sie sich dort in Gedanken auf eine Bank, genießen Sie ein paar Atemzüge lang die Sonne, entspannen Sie sich. Schließlich nehmen Sie Abschied von der Szenerie, strecken sich, ballen die Fäuste, schütteln die Hände kräftig aus und machen die Augen auf. – Sie sollten diese oder eine ähnliche Übung täglich praktizieren – sie wird mit der Zeit immer detailreicher und konzentriert, entspannt und erfrischt Ihren Geist.

- Nehmen Sie einige Fotos zur Hand, betrachten Sie jede Einzelheit darauf. Schließen Sie dann die Augen und versuchen Sie, die Fotos so wiederzugeben, als müßten Sie einer Freundin am Telefon erklären, was genau darauf zu sehen ist. Zusatztip: Sprechen Sie in einen Kassettenrecorder, woran Sie sich bei geschlossenen Augen erinnern, und vergleichen Sie es anschließend mit den Fotos (die Reihenfolge der Einzelheiten spielt keine Rolle). Sie werden sehen, das optische Erinnern klappt bei jedem Versuch – natürlich jeweils mit neuen Fotos – besser als zuvor.
  Hinweis: Frauen mit starken Sehproblemen oder Blinde haben unter Umständen größere Schwierigkeiten mit dem inneren Visualisieren, weil sie ihrem Sehorgan nicht vertrauen (können). Dennoch fehlt es auch ihnen natürlich nicht an innerer Vorstellungskraft. Aus dem Gedächtnis müssen dann lediglich verstärkt andere sensorische Erinnerungen abgerufen werden, die ein inneres »Bild« mit Leben erfüllen, nämlich Berührungs-, Schwingungs-, Geruchs-, Geschmacksreize, motorische und akustische Eindrücke, und so fort.

Folgende **Visualisierungsübungen** sind Beispiele, die Ihnen helfen, Ihre Gesundheit zu fördern bzw. wiederherzustellen. Weitere Anregungen finden Sie im Kapitel ›Beschwerdenkomplexe und Beratung von A bis Z‹ jeweils unter dem Stichwort Visualisieren.

- **Zaubersee.** Stellen Sie sich einen wunderschönen, klaren See vor, dessen Wasser seit alters her für seine große Heilkraft bekannt ist. Sie ziehen sich aus und lassen sich in die angenehmen Fluten gleiten. Spüren Sie, wie das Wasser Sie umspült und sich eine große Entspannung in Ihnen ausbreitet. Je mehr

Sie sich entspannen, desto deutlicher spürbar wird die Heilenergie des Zaubersees. Er scheint all Ihre Gewebe von außen nach innen zu durchdringen, überflutet sie mit neuen Kräften, spült Krankes aus ihnen heraus und läßt Sie verjüngt und gestärkt zurück. Sie lassen sich noch eine Weile im Zaubersee treiben; dann steigen Sie aus dem Wasser, schütteln sich im warmen Sonnenlicht, atmen tief durch und fühlen sich frisch, erholt, durch und durch gereinigt und wie neugeboren.

- **Abwehrkampf.** Eine akute Erkrankung schwächt Sie, so daß Sie Ihr Immunsystem mobilisieren müssen. Stellen Sie sich Ihr Immunsystem als Ritterschar in blitzenden Rüstungen vor, und statten Sie sie mit allen Waffen aus, die sie braucht, um die Eindringlinge zu bekämpfen; Ihrer Phantasie sind dabei keine Grenzen gesetzt. Imaginieren Sie dieses Kraftbild intensiv; verfolgen Sie, wie die Ritterschar den »Gegner« trifft und ihn, vielleicht nach längerem Hin und Her, schließlich überwältigt. Immer, wenn die Abwehrkräfte zu erlahmen drohen, schicken Sie weitere Reserven in den Kampf – Sie finden immer wieder neue in entfernteren Regionen Ihres Selbst, und während »vorn« gekämpft wird, wachsen in Ihrem Inneren stets neue Kräfte nach. Irgendwann zieht sich der »Feind« vernichtet zurück, und Ihr Immunsystem kann triumphieren.
  Hinweis: Unter dem Elektronenmikroskop betrachtet, hat der Abwehrkampf der Immunzellen gegen fremde Eindringlinge tatsächlich große Ähnlichkeit mit einem Kriegsgeschehen. Frauen, denen solche Kriegsbilder unangenehm sind oder die Krankheiten bzw. Krankheitserreger grundsätzlich nicht als »Feinde«, sondern allenfalls als Warner betrachten, können ihre Visualisierungen aber auch variieren: etwa das Vordringen eines Blumenteppichs (Immunkräfte) auf kargem Boden, das Anfluten heilsamer Wellen an eine Felswand (Tumor), die schließlich ausgehöhlt wird und abbröckelt, usw. Wichtig ist, das positive Kraftbild immer wieder neu mit Energie zu füllen.
- **Reise zur Gebärmutter.** Legen Sie beide Hände auf den Unterleib, schließen Sie die Augen und begeben Sie sich in Gedanken zu Ihrer Gebärmutter, dem babyfaustgroßen Hohlorgan in Ihrer Mitte, das Ihnen Schmerzen bereitet oder erkrankt ist.

Betrachten Sie es mit liebevoller Aufmerksamkeit; stellen Sie sich vor, was es alles schon Gutes für Sie getan hat (die allmonatliche Arbeit beim Auf- und Abbau des »Nestes«, das Dehnen, Nähren, Schützen, wenn ein Kind darin wuchs). Umspülen Sie Ihre Gebärmutter mit Wellen der Anteilnahme, wenn sie Narben, harte Verspannungsknoten, Entzündungsherde, Myome oder andere Wucherungen aufweist. Betupfen Sie ihre Wunden, aus denen sie blutet, im Geist mit einem blutstillenden Naturheilmittel; legen Sie ihr einen Verband aus Liebe und Zuversicht an. Zum Schluß hüllen Sie das ganze Organ bis über den Muttermund in ein dichtes, funkelndes Netz heilsamer Energie. Versprechen Sie ihm, bald wieder einen »Krankenbesuch« zu machen, und ziehen Sie sich dann langsam zurück, als wollten Sie es nicht beim Erholungsschlaf stören. Bleiben Sie noch einen Moment liegen, und lassen Sie die »Reise« in sich nachklingen. Dann Fäuste ballen, Hände ausschütteln, aufsetzen.

Umstritten ist, ob es günstiger ist, sich bei den Visualisierungen gleich eine Heilung vorzustellen oder aber Schritt für Schritt vorzugehen: von der allmählichen Besserung über die Schmerzlinderung und den Organaufbau usw. bis zur Gesundung. Ungeduldige werden vielleicht eher zur ersten, Bedächtige eher zur zweiten Art des Visualisierens neigen. Auf jeden Fall sollte sich an die Visualisierung des Krankheitsgeschehens und der heilsamen Einflüsse bzw. der Heilung noch eine zweite Visualisierung anschließen: die positive Vorstellung vom *Leben ohne das Problem.* Konzentrieren Sie also abschließend Ihre Phantasie darauf, wie froh Sie sein werden, wie erleichtert, wie dankbar, was Sie alles wieder tun, verwirklichen, sich gönnen können, wenn Sie diese Krankheitsbelastung endlich losgeworden sind. Imaginieren Sie ein Leben ohne Krankheit. Möglicherweise fällt Ihnen bei dieser Übung erstmals auf, wie verwurzelt Sie bereits mit Ihrer Gesundheitsstörung sind – und daß Sie zusätzliche Energie darauf verwenden müssen, sich innerlich wirklich von ihr loszusagen.

Visualisieren ist für alle Frauen geeignet, vor allem aber für solche, die

- gern und intensiv wachträumen,
- lernen wollen, ihre Selbstheilungskräfte zu sammeln und gezielt zu lenken,
- jede Chance ergreifen möchten, selbst etwas für ihre Gesundheit zu tun,
- geistig und seelisch die Konzentration zum Visualisieren aufbringen können,
- geduldig weiterüben, wenn das Visualisieren nicht gleich gelingt.

Achtung!

Wie alle Arten von Meditation gelingt auch das heilsame Visualisieren schlechter, wenn Sie gerade besonders erschöpft und müde sind oder hohes Fieber haben, wenn Sie gerade viel gegessen oder Alkohol getrunken haben, unter der Einwirkung bewußtseinsdämpfender Medikamente stehen oder sich in einer besonders ablenkenden, geräuschvollen Umgebung befinden. Verschieben Sie die Visualisierungsübung dann, bis es Ihnen besser geht bzw. Sie ungestört sind.

Schwangere sollten darauf achten, bei ihren Heil-Imaginationen das Ungeborene in ihrem Leib nicht auszulassen, sondern positiv einzubeziehen! Es könnte sonst vom Energiefluß »abgeschnitten« werden und womöglich darunter leiden.

Genannte Literatur:

1) Minker, Margaret: Mit Leib und Seele gesund werden. Psychosomatik für Frauen. Mosaik Verlag, München 1993.
2) Friebel, Volker: Die Kraft der Vorstellung. Mit Visualisierung die Selbstheilung anregen (mit Übungskassette erhältlich). Georg Thieme Verlag, Stuttgart 1993.
3) Minker, Margaret: Mit eigenen Augen sehen. Selbstliebe lernen, Körpergefühl verbessern. Ein Handbuch für Frauen. Mosaik Verlag, München 1989.

Weitere Literaturempfehlungen:

Ernst, Heiko: Die Weisheit des Körpers. Kräfte der Selbstheilung. R. Piper Verlag, München 1993.

Friedman, Howard S.: Die Selbstheilungskräfte der Psyche. So beeinflussen seelische Faktoren Organismus und Immunsystem. Wilhelm Heyne Verlag, München 1993.

Kast, Verena: Imagination als Raum der Freiheit. Dialog zwischen Ich und Unbewußtem. Deutscher Taschenbuch Verlag, München 1995.

Roud, Paul C.: Diagnose: unheilbar, Therapie: Weiterleben. Zwölf Geschichten von Menschen, die als unheilbar galten. Kreuz Verlag, Zürich 1992.

Ryborz, Heinz: Wie Sie die universellen Kräfte Ihrer Psyche nutzen. Der Weg zu einem neuen Leben. Ariston Verlag, Genf 1980.

Weber, Walter: Der Mensch ist mehr als sein Körper. Psychosomatische Beschwerden sind heilbar. F. A. Herbig Verlagsbuchhandlung, München, 3. Aufl. 1991.

Yoga

nach Anleitung zur Selbsthilfe geeignet

Wer sich in westlichen Yoga-Kursen umsieht, gewinnt rasch den Eindruck, Yoga sei vor allem Frauensache: Mindestens 80 Prozent der Teilnehmenden sind Frauen; in vielen Kursen sind sie sogar ganz unter sich. Ähnlich ist es bei den Lehrkräften: Im Berufsverband Deutscher Yogalehrer e. V. (BDY) beispielsweise, dessen Mitglieder bundesweit Kurse in Volkshochschulen und in eigenen Instituten abhalten, liegt das Geschlechterverhältnis seit vielen Jahren bei zirka 4:1. In Indien und Tibet, wo der »Yoga-Weg zur Erkenntnis, menschlichen Reifung und Gesundheit« vor Tausenden von Jahren entwickelt wurde, war und ist das großenteils anders. Der Yoga war dort lange Zeit eine Geheimlehre, die nur von männlichen Gurus (= Lehrern) vermittelt und überwiegend nur an Jungen und Männer weitergegeben wurde – mit einer großen Ausnahme, nämlich dem hinduistischen Nath-Orden, der zwischen dem 13. und 17. Jahrhundert auch viele Frauen zu Yoga-Meisterinnen ausbildete und wesentlich dazu beitrug, die Yoga-Lehre im ganzen Volk zu verbreiten.

Der Begriff Yoga stammt, ebenso wie das deutsche Wort Joch, von dem uralten Sanskrit-Wort *yuj* ab, das so viel wie »sammeln, konzentrieren, gemeinsam wirken lassen« bedeutet. Yoga zu üben, gilt als ganzheitlicher Weg, die körperlichen, geistigen, seelischen und spirituellen Energien zu sammeln, so daß sie mit den kosmischen Energien in harmonischem Einklang schwingen. Als »Wanderschuhe« auf diesem Weg sieht die Yoga-Lehre folgende Mittel vor:

- ethische Weisungen zur Persönlichkeitsbildung (den christlichen Zehn Geboten eng verwandt),
- Hygieneregeln zur Reinhaltung und Gesundheitsvorsorge,
- Ernährungsregeln (sie entsprechen im wesentlichen denen für gesunde Vollwertkost, →Ernährungstherapie),
- Körperübungen (indisch *Asanas*, Betonung auf der ersten Silbe) als beste Einstimmung auf das Meditieren, zur Entspannung, Kräftigung, Steigerung des Körperbewußtseins und zur Heilung,
- Atemübungen zur körperlich-geistig-seelischen Reinigung, zur Erweiterung des Selbst und zur Gesundung,
- Meditationsübungen zur geistig-seelischen Erfrischung, Steigerung der Konzentrationsfähigkeit und spirituellen Erkenntnis.

In allen traditionellen Yoga-Lehren, die sich im Lauf der Jahrhunderte entwickelten, spielen Bewußtseinsbildung und Philosophie eine wesentliche Rolle. Im pragmatischer eingestellten Westen haben sich vor allem die eher körperbezogenen Übungen des *Hatha-Yoga* durchgesetzt – ein Weg zu Entspannung, Gesundheit, Harmonie und (Selbst-)Erkenntnis, der gerade Frauen außerordentlich viel zu bieten hat. *Hatha* ist eine Zusammensetzung der Sanskrit-Wörter *ha* (Sonne) und *tha* (Mond) und symbolisiert das Zusammenwirken der beiden dualistischen, doch stets einander ergänzenden Energieströme, die nach fernöstlicher Lehre den ganzen Kosmos und alles Lebendige darin durchdringen.

Der Weg ist das Ziel

In einem guten Hatha-Yoga-Kurs – Voraussetzung für das Erlernen der Übungen – wird den Teilnehmenden beigebracht, ihre Aufmerksamkeit auf das Körperselbst zu lenken und zu spüren, wie sich die Gewebespannung, die Durchblutung, die Körperwärme, die Elastizität des Zwerchfells, die Bodenhaftung, der eigene Schwerpunkt und vieles andere verändern, sobald sie bestimmte Atem- und Körperübungen durchführen. Der Yoga kann daher als eine Form von →Bewußtseinstraining/Körpertherapie angesehen werden, geht allerdings weit über andere Verfahren dieser Art hinaus. Yoga-Übende lernen unter anderem, gezielt in verschiedene Körperbereiche »hineinzuatmen« (das fördert die Selbstwahrnehmung und die Durchblutung in diesen Gebieten) und ihren wichtigsten Atemmuskel, das Zwerchfell, zu lockern und zu weiten. Mit besonderen Dehnungs- und Entspannungsübungen, den Asanas, bringen sie nach und nach ihre Muskeln, Bänder, Sehnen und Gelenke dazu, geschmeidiger, elastischer und kräftiger zu werden. Alle Übungen erhöhen außerdem die Konzentrationsfähigkeit und erfrischen den Geist. Alltagsstreß und -sorgen rücken für die Zeit des Übens in weite Ferne – und können anschließend mit neuer Kraft, neuem Mut und vielleicht auch einigen, bei der Yoga-Meditation gewonnenen neuen Einsichten besser bewältigt werden.

Manche der beim Yoga einzunehmenden Körperpositionen sind uns aus dem Turnunterricht bestens bekannt, etwa Kerze oder Wippe (im Yoga haben sie oft indische Namen). Viele andere Asanas muten hingegen wie seltsame Verrenkungen an. Unnatürlich wirken diese Positionen aber nur deshalb, weil wir im Laufe des Heranwachsens immer mehr Haltungen und Bewegungsabläufe verlernt haben, die wir im Babyalter noch völlig natürlich fanden – beispielsweise, am großen Zeh zu knabbern oder Hals, Rücken, Arme und Beine in Schlangenlinien zu winden.

Beim Yoga werden die Übenden langsam zu dieser sehr natürlichen Beweglichkeit zurückgeführt, so weit es ihnen jeweils möglich ist: Die eigenen Elastizitäts- und Schmerzgrenzen müssen dabei stets respektiert werden. Oft genügt schon eine leichte, sonst nie vorgenommene Drehung des Bein- oder Armgelenks, das Dehnen eines Rückenmuskels in eine nicht mehr gewohnte Haltung, und jahrelange Verkrampfungen und Fehlspannungen lösen sich auf behutsame Weise. Blut, Lymphe und mit ihnen die blockierten Energien können wieder spürbar besser fließen.

Im klassischen Yoga ist das Ziel dieser Übungen, schließlich eine Meditationshaltung – den »guten, festen Sitz« – zu erreichen, bei der die meditierende Person sich stundenlang versenken kann, ohne noch weiter auf ihre Körperhaltung achten zu müssen und ohne sich anschließend verkrampft, steif, mit schmerzenden oder »eingeschlafenen« Gliedern von der Matte zu erheben. Für westliche Yoga-Übende geht es meist nicht um ein Meditations-Marathon, das unseren Lebensgewohnheiten eher fernliegt, sondern um allgemeine Gesundheitsfürsorge, Streßabbau, Linderung von Haltungsschäden und ähnliches. Welchen Zweck die Übungen schließlich haben, ist jedoch zweitrangig: Der Weg dorthin ist bereits ein Ziel an sich, und jede bewußt, achtsam und sorgfältig ausgeführte Yoga-Übung ist ein Schritt auf diesem Weg.

Darauf, wie »perfekt« eine Übung aussieht, kommt es dabei am allerwenigsten an. Wichtig ist – und darin unterscheidet sich Yoga von Gymnastik oder Turnen –, die Übungen niemals mechanisch, sondern mit gesammelter Konzentration auszuführen, dabei den eigenen Rhythmus zu finden und sich von anderen Übenden nicht beirren zu lassen. Leistungsdruck irgendeiner Art gibt es beim Yoga nicht.

Das bedeutet auch: Grundsätzlich kann jede Frau zu jedem Zeitpunkt ihres Lebens damit beginnen, Yoga zu erlernen und zu üben, ganz gleich, wie ungelenk, wie wenig elastisch, wie gesund oder krank, schmerzfrei oder schmerzbelastet, rückengeschädigt, jung oder alt sie auch sein mag! Mit der Zeit wachsen der Yoga-Übenden neue, oftmals ganz unerwartete Kräfte und Fähigkeiten zu. Schließlich kann sie bei einzelnen Übungen viel weiter gehen, als es ihr anfangs möglich war, beziehungsweise sich an Asanas für Fortgeschrittene heranwagen, die ihr ursprünglich viel zu kompliziert erschienen. Und auch wenn eine Frau bestimmte Übungen niemals ausführen kann (oder darf, denn auch im Yoga gibt es gesundheitliche Vorschriften, siehe unten), macht das überhaupt nichts aus. Selbst erfahrene Lehrkräfte sind oft nicht zu allen Übungen in der Lage – und brauchen das auch nicht zu sein. Allein schon diese Besonderheit des Yoga hat auf streßgeplagte und beruflichem Konkurrenzdruck ausgesetzte Europäerinnen oftmals einen ausgesprochen beruhigenden Einfluß.

Gesundheitliche Auswirkungen des Yoga-Übens

Daß Yoga ein hervorragender Weg ist, Streßbelastungen zu vermindern und damit verbundene Gesundheitsstörungen abzubauen, hat sich auch in der Schulmedizin bereits weithin herumgesprochen. Viele Ärztinnen und Ärzte betreiben selbst Yoga oder lehren ihn sogar, und noch mehr schicken ihre streßgeplagten, erschöpften, haltungsgeschädigten oder psychosomatisch leidenden Patientinnen in gute Yoga-Kurse, wie sie zum Beispiel an Volkshochschulen abgehalten werden, oder bieten sie im Rahmen ganzheitlicher Klinikbehandlungen an. In unserem gemeinsam verfaßten Buch ›100 Fragen zu Yoga‹[1)] hat meine Mutter Anni Kraus, erfahrene Yogalehrerin und BDY-Mitglied, neben sehr vielen praktischen Tips zur Kursauswahl und zum Yoga-Üben mehrere Dutzend gesundheitliche Störungen zusammengestellt, bei denen das Yoga-Üben nachweislich großen Nutzen bringt. Für Frauen sind, neben der Entspannungshilfe, folgende Bereiche besonders bedeutsam:

Rückenbeschwerden
Yoga ist eine hervorragende Art der Rückenschule (siehe hierzu auch ab S. 539): Viele Yoga-Übungen dienen speziell dazu, die Rückenmuskulatur so zu kräftigen, daß sie (wieder) eine tragende Funktion übernehmen und die durch Fehlhaltungen und -belastungen geschädigte, schmerzende Wirbelsäule spürbar entlasten kann. Zudem wird die Wirbelsäule selbst dabei allmählich elastischer; Spannungen lösen sich, und der Druck auf die Bandscheiben und die ins Rückenmark mündenden Nerven läßt nach (ähnlich wie bei einer guten →Chirotherapie). Atemübungen bewirken zudem, das sich das Zwerchfell lockert; das befreit auch

die damit verbundene Rückenmuskulatur von Verspannungen, die vielfach für Rückenschmerzen verantwortlich sind. Wer regelmäßig übt, kann sich sogar Bandscheibenoperationen oder orthopädische Korsetts ersparen, die zuvor für unabdingbar erklärt worden waren! Außerdem lernt die Yoga-Übende, wie sie einem Hexenschuß und ähnlichen plötzlichen →Rückenschmerzen mit sanften, einfachen Übungen entgegenwirken oder Kreuzschmerzen bei der Menstruation und in der Schwangerschaft lindern kann. *Hinweis:* →Osteoporose und andere Knochen- bzw. Wirbelerkrankungen schränken allenfalls Zahl und Art der möglichen Yoga-Übungen ein. So manche heilsame Übung ist unter fachkundiger Anleitung dennoch durchführbar, ja kann sogar bei regelmäßigem Üben die Knochendichte wieder steigern. Frauen, denen ärztlicherseits von Gymnastik oder Sport abgeraten wurde, weil die Verletzungsgefahr zu hoch wäre, können im Yoga eine gute Alternative finden.

Menstruationsprobleme
Sowohl für akute Krämpfe und unangenehmes Ziehen im Unterleib vor und während der Menstruation als auch bei zu starken oder zu schwachen Blutungen gibt es heilsame Atem-, Körper- und Meditationsübungen. Hinzu kommt, daß Yoga-Üben das Körpergefühl für die weibliche »Mitte«, den Bereich der Sexual- und Fortpflanzungsorgane, ganz wesentlich verbessern kann. Viele Frauen erleben allein schon aus diesem Grund, daß ihre →Menstruationsbeschwerden abklingen bzw. ihr →Prämenstruelles Syndrom verschwindet und ungesunde Spannungen im Unterleib sich lösen.

Hormonhaushalt
Bestimmte Atemübungen des Yoga wirken anregend und sanft massierend auf die Hirnanhangdrüse, die unmittelbar hinter den Atemräumen der Nase liegt. Diese Drüse steuert zusammen mit dem Hypothalamus wesentliche Regelkreise des Hormonhaushalts, vor allem das Zusammenspiel der Sexualhormone. Starke Effekte auf alle Körperdrüsen haben auch die sogenannten *Umkehrübungen* (das sind alle Körperpositionen, bei denen der

Rumpf höher gelagert ist als der Kopf, etwa Kerze oder Kopfstand). Andere Asanas wirken durchblutungsfördernd und kräftigend auf Eierstöcke, Bauchspeicheldrüse, Nebennieren, Schilddrüsen sowie die hormonabbauende und den Organismus entgiftende Leber. Mit Meditationsübungen wird außerdem die gedankliche Konzentration auf die entsprechenden Organbereiche gelenkt. Das verstärkt nachweislich die rein physiologischen Effekte der Körperübungen (→Visualisieren) und hilft, den Hormonhaushalt auf natürliche Weise ins Gleichgewicht zu bringen. Frauen mit starken Hormonschwankungen, Zyklusunregelmäßigkeiten oder Beschwerden in den Wechseljahren können davon ebenso profitieren wie etwa Schilddrüsenleidende – regelmäßiges Üben vorausgesetzt.

Fruchtbarkeitsprobleme
Organische Fehlbildungen oder Gewebeverklebungen, etwa infolge ständiger Entzündungen der Eileiter, lassen sich durch Yoga-Übungen nicht beheben, wohl aber eine Reihe anderer Störungen, die verhindern, daß eine Frau empfängnisbereit ist bzw. ein Kind richtig austragen kann (→Unfruchtbarkeit). Zum einen haben Yoga-Übungen einen wohltuenden Einfluß auf den Hormonhaushalt (siehe oben) und damit auf den Monatszyklus, der sich allein mit ihrer Hilfe manchmal schon so gut einpendelt, daß Eisprung und Empfängnis stattfinden. Zum anderen gibt es Atem- und Körperübungen, die gezielt auf die Sexualorgane einwirken, die Energiezentren dieser Bereiche öffnen, Blockaden beseitigen, Verspannungen lösen und die Libido, also die Lust auf Sex, fördern. Auch dies sind wesentliche Voraussetzungen für die Empfängnis. Solche Übungen entstammen vor allem dem *Kundalini-Yoga* (es weckt die »Schlangenkraft« der kreativen und reproduktiven Energie) und dem *Tantra-Yoga* (dem Yoga-Weg des Paares). Darüber hinaus sind bestimmte Asanas so angelegt, daß sie speziell die Haltebänder und Bindegewebe der weiblichen Unterleibsorgane straffen und stärken. So manche Frau, die zuvor wegen einer Bindegewebsschwäche immer wieder Fehlgeburten erlitt, hat durch konsequentes Yoga-Üben bereits gesunde Babies zur Welt gebracht! Last but not least finden viele unfruchtbare

Frauen in der Yoga-Meditation auch Antworten auf die Frage, weshalb sie sich trotz Kinderwunsch unbewußt bislang gegen eine Schwangerschaft gesperrt und dabei innerlich bis in die Eileiter und Eierstöcke hinein so verkrampft haben, daß keine Empfängnis zustandekam oder ein befruchtetes Ei immer wieder aus der Gebärmutter ausgestoßen wurde. Diese Erkenntnis ist oft der erste Schritt zur heilsamen Veränderung.

Schwangerschaft
Ähnlich wie die Übungen, die Frauen in Kursen zur Geburtsvorbereitung erlernen, sind auch die Atem- und Körperübungen des Yoga sehr gut geeignet, den gesunden Verlauf der Schwangerschaft zu fördern, →Schwangerschaftsbeschwerden zu verhüten oder zu lindern und die Schwangere körperlich, geistig, seelisch und spirituell auf die Anstrengung des Gebäraktes vorzubereiten. Oft empfinden Yoga-geübte Frauen die Entbindung nun weit weniger schmerzhaft und leichter als eine frühere, bei der ihnen diese Erfahrungen noch nicht zugute gekommen waren. Zudem lernen sie beim Yoga, ihren Wahrnehmungen und Körperempfindungen zu vertrauen und Warnsignale eher wahrzunehmen, so daß sie auch genauer spüren, wann etwas nicht ganz in Ordnung ist und sie ärztlicher Hilfe bedürfen. *Hinweis:* Schwangere dürfen bis zum Entbindungstag Yoga üben, wenn sie dabei besonders achtsam und vorsichtig mit sich und dem Ungeborenen umgehen und bestimmte Regeln beachten; jede gute Yogalehrerin kann sie dabei beraten.

Verdauungsprobleme
Über →Verdauungsstörungen klagen viele Frauen, insbesondere über einen angeblich zu trägen Darm (siehe hierzu ab S. 657). Die Yoga-Lehre hält nicht nur viele verdauungsfördernde Ernährungsregeln für sie bereit, sondern auch Körper- und Atemübungen, die gezielt auf die Verdauungsorgane einwirken, sie massieren – beispielsweise alle das Zwerchfell bewegenden Übungen, ihre Durchblutung, ihren Zellstoffwechsel und ihre Mobilität fördern. Verdauungsstörungen lassen sich dadurch auf einfache und gesunde Weise beseitigen.

Regelmäßiges Üben macht übrigens oftmals auch schlanker und schöner, denn Figur und Haut straffen sich dabei, überflüssige Fettpolster nehmen ab, und die gewonnene Elastizität läßt Haltung, Gang und Ausstrahlung anmutiger erscheinen. Und das kann so bleiben bis ins hohe Alter, denn fürs Yoga-Üben gibt es nach oben keine Altersgrenze.

Yoga eignet sich prinzipiell für alle Frauen, speziell aber für diejenigen, die

- einen ganzheitlichen Weg zu Streßabbau, Entspannung und geistig-seelischer Lockerung suchen,
- sich in jedem Sinne den Rücken stärken wollen,
- ihr Körperbewußtsein, ihre Selbstwahrnehmung und ihr Selbstbewußtsein verbessern wollen,
- Gymnastik oder Sport nicht mögen oder machen dürfen,
- gern in einer (Frauen-)Gruppe üben,
- es schaffen, sich auf sich selbst zu konzentrieren,
- die Zeit erübrigen können und wollen, mindestens zweimal wöchentlich eine Kursstunde wahrzunehmen und darüber hinaus regelmäßig, am besten täglich, mindestens 15 bis 30 Minuten Yoga zu üben,
- sich die Kosten eines Yoga-Kurses leisten können (weitere Anschaffungen sind dazu nicht notwendig).

Selbsthilfe

Yoga läßt sich nicht allein aus Büchern erlernen; die Gefahr, daß Sie dabei unwissentlich etwas falschmachen und ungesunde Atem- oder Haltungsfehler sich noch verfestigen, ist zu groß. (Die im Kapitel ›Beschwerdenkomplexe und Beratung von A bis Z‹ erläuterten Yoga-Übungen gehören zu den vergleichsweise einfachen Asanas, zu denen es schwierigere Erweiterungen und Variationen gibt.) Wer an Yoga interessiert ist, sollte daher unbedingt zunächst einen guten Kurs in einem Yoga-Institut, bei einer privat unterrichtenden Lehrkraft oder an der Volkshochschule belegen. Vielfach zahlen die Krankenkassen Zuschüsse zu solchen Kursen;

erkundigen Sie sich nach den Bedingungen! Vereinbaren Sie eine kostenlose Probestunde, in der Sie abschätzen können, ob Ihnen die angebotene Art des Yoga-Unterrichts gefällt – es gibt viele verschiedene »Wege nach Rom«. Im BDY organisierte Lehrkräfte sind nach strengen Richtlinien ausgebildet und geprüft worden; die meisten von ihnen lehren das vergleichsweise ruhige, sanfte Hatha-Yoga und/oder die dynamischeren Übungen nach Iyengar, einem berühmten indischen Yogalehrer, dessen Tochter Gita kürzlich ein interessantes Yoga-Buch für Frauen herausgegeben hat[2)].

Die Atem-, Körper- und Konzentrations- bzw. Meditationsübungen, die Sie im Kurs erlernen, können Sie jederzeit und an fast allen Orten, zu Hause und auf Reisen, weiter betreiben. Voraussetzungen sind lediglich eine viertel bis halbe Stunde Zeit und Ruhe, ein Teppichboden oder eine Yoga-Matte zum Darauflegen, eine Decke zum Zudecken am Ende der Übungen (Sie dürfen danach nicht auskühlen) und Ungestörtheit während des Übens. Zusatztip für Mütter: Kinder lernen oft ganz spielerisch Yoga – und verstehen dann auch besser, daß Mama dabei eine Weile nicht gestört werden darf.

Vielen hilft es beim Üben zuhause, sich den Ablauf einer Yoga-Übung oder einer ganzen Übungsfolge mit Hilfe von guten Übungskassetten (evtl. auch Videokassetten) wieder ins Gedächtnis zu rufen. Solche Kassetten gibt es im Fachhandel; fragen Sie eventuell Ihre Lehrkraft danach, oder sprechen Sie sich Ihre Übungen selbst auf Band. Gute Yoga-Bücher können den Einstieg in die Yoga-Lehre und -Philosophie erleichtern, als Erinnerungsstütze beim Üben zuhause dienen und Fortgeschrittenen weitere Anregungen geben.

Ganz wichtig bei allen Yoga-Übungen ist der richtige Atemgang: Er soll stets fließen, niemals stocken; Luftanhalten ist in aller Regel ausdrücklich verboten, denn es erzeugt nur neue Spannungen und blockiert das Zwerchfell. Etwas anderes ist die »Atem-Pause«, das Ausklingenlassen des Atmens oder das sogenannte »Schweben auf dem Atem«, bevor wieder ein- bzw. ausgeatmet wird. Spätestens wenn Ihre Lungen nach Luft verlangen, müssen Sie ruhig weiteratmen. Alle Atemübungen beginnen übrigens mit dem *Ausatmen*, denn erst wenn die Lungen geleert sind,

Halber Lotus

kann tief eingeatmet werden. Zu den ersten Atemübungen gehört im Yoga wie in der →Atemtherapie das Erlernen der tiefen Bauchatmung, bei der sich der Bauch – nicht der Brustbereich! – deutlich hebt und senkt.

Sollte Ihnen eine Körperübung nicht so gelingen, wie Sie es gern hätten, seien Sie nicht ungeduldig mit sich, sondern versuchen Sie, den Signalen nachzuspüren, die Ihr Körperselbst dabei sendet. Wahrscheinlich brauchen Sie an diesem Tag ausgedehntere Vorübungen, vielleicht sogar eine ganz andere Übungsabfolge als gewohnt. Richten Sie Ihre Übungen nach

Ihren Möglichkeiten und Grenzen – und nicht umgekehrt! Viele Yoga-Übende stellen nach einiger Zeit fest, daß sie zu bestimmten Tageszeiten geradezu ein Bedürfnis nach Yoga verspüren. Die Übungen sind dann Teil einer persönlichen →Chronobiotherapie geworden. Planen Sie sie regelmäßig in Ihren Alltag ein.

Achtung!

Yoga-Übungen helfen gesundheitlich um so besser, je öfter sie ausgeführt werden. Von einer oder zwei Übungsstunden pro Monat sind keine besonderen Erfolge zu erwarten! Frauen mit größeren gesundheitlichen Problemen müssen unter Umständen ein halbes Jahr oder länger regelmäßig Yoga üben, bevor sich ihr Zustand deutlich bessert. Spürbare Entspannung kann sich allerdings schon nach der allerersten Yogastunde einstellen.

Bei vielen Erkrankungen dürfen bestimmte Übungen nicht oder nur in abgewandelter bzw. eingeschränkter Form durchgeführt werden; besprechen Sie das jeweils mit einer Yoga-Fachkraft Ihres Vertrauens. Ärztlicher Rat nützt Ihnen in diesem Zusammenhang nur, wenn sicher ist, daß die Ärztin bzw. der Arzt auch etwas von Yoga versteht! Diese Einschränkung ist leider notwendig, weil sich immer wieder herausstellt, daß Frauen (und Männer) ärztlicherseits vom Yoga abgehalten werden, obwohl dafür kein Grund besteht oder Yoga-Üben ihnen sogar sehr guttäte.

Wer unbedingt Yoga üben *will*, wird auch einen Weg finden, es zu tun und davon gesundheitlich zu profitieren – und sei es nur durch Atemübungen oder auch rein gedanklich ausgeführte Körperübungen (sie wirken unter Umständen fast genau so gut wie die physisch ausgeführten!). Meditieren kann jede Person, deren Bewußtsein nicht getrübt ist. Von Körper- oder Meditationsübungen absehen sollten Sie lediglich dann, wenn Ihre letzte Mahlzeit weniger als zwei Stunden zurückliegt, Drogen, Alkohol oder starke Medikamente in Ihrem Blut kreisen, wenn Sie Fieber haben oder physisch völlig erschöpft und ausgelaugt sind. Bei entzündlichen Prozessen müssen Körperübungen unterlassen werden, die in den betroffenen Bereich hineinwirken, bei Krebserkrankungen solche, die zur Streuung von Krebszellen beitragen können. Schwangere sollten im Frühstadium keine Übungen machen, die einen Abgang zur Folge haben könnten (z. B. Kraftübungen), und mit Fortschreiten der Schwangerschaft die gewohnten Übungen ihrem wachsenden Leibesumfang sowie dem Ungeborenen darin anpassen. Wie das geht, erklärt Ihnen jede gute Yoga-Lehrkraft.

Genannte Literatur:

1) Kraus, Anni/Minker, Margaret: 100 Fragen zu Yoga. Goldmann Verlag, München 1995.
2) Iyengar, Gita S.: Yoga für die Frau. Der Weg zu Gesundheit, Entspannung und innerer Kraft. O. W. Barth Verlag/Scherz Verlag, Bern, München, Wien 1993 (nicht für Anfängerinnen; zur Kursbegleitung sehr gut geeignet).

Weitere Literaturempfehlungen:

Bolesta-Hahn, Verena: Yoga für Schwangere. Der Weg zur sanften Geburt. Falken-Verlag, Niedernhausen 1991.

Harf, Anneliese/Rohr, Wulfing v.: Yoga – Wege zur Harmonie. Falken-Verlag, Niedernhausen 1991.

Leboyer, Frederick: Weg des Lichtes. Yoga für Schwangere. Texte und Übungen. Rowohlt Taschenbuch Verlag, Reinbek, Neuaufl. 1993.

Seel, Wolfgang: Yoga für Autofahrer. Hinder und Deelmann Verlag, Gladerbach, 3. Aufl. 1990.

Vogel, Werner/Dorschner, Marlies: Yoga mit Heilwirkungen. Schnitzer Verlag, Köln 1983.

Weiterführende Anschriften:

Berufsverband Deutscher
Yogalehrer e. V. (BDY)
Heinrich-Grob-Str. 48
97250 Erlabrunn

Himalaya-Institut e. V.
Hagener Allee 70 d
22926 Ahrensburg

Institut für Yoga-Forschung
Dr. Christian Fuchs
Löwenstr. 29
70597 Stuttgart

Deutsches Yoga-Institut
Wolfgang Seel
Steinlachallee 34
72072 Tübingen

Europäische Yoga-Union (EYU)
Mme. Dina Riguette
29, en Gerardrie
B-4000 Liège
Belgien

Zusätzliche Verfahren

Neben den in diesem Buch vorgestellten natürlichen Heilverfahren gibt es noch eine ganze Reihe weiterer, die zusätzlich bzw. alternierend zu den genannten oder auch als alleinige Heilmethode genutzt werden können. Sie eignen sich jedoch in aller Regel nicht zur Selbsthilfe, und der deutsche Sprachraum ist mit Therapeutinnen und Therapeuten, die mit diesen Methoden vertraut sind, auch nicht gerade reich bestückt (einige weiterführende Anschriften finden Sie ab S. 298). Manche Verfahren eignen sich auch nur für ganz bestimmte Erkrankungen und Beschwerden, werden also relativ selten eingesetzt. Eine kurze Übersicht möchte ich Ihnen dennoch geben, denn möglicherweise ist genau das Verfahren darunter, das Ihnen Ihr persönliches Problem (mit) lösen hilft.

Aderlaß

zur Selbsthilfe nicht geeignet

Beim Aderlaß wird aus der Armvene eine kleine oder größere Menge Blut entnommen (0,2 Liter bei einem »kleinen«, bis zu 0,5 Liter bei einem »großen« Aderlaß). Heilpraktiker tun dies gelegentlich bei Blutüberladung in einzelnen Organbereichen, chronisch erhöhtem Blutdruck, drohendem Schlaganfall sowie Blutvergiftung, Ärzte hin und wieder auch bei beginnendem Lungenödem, Schwangerschaftskrämpfen, Eisenspeicherkrankheit, krankhafter Vermehrung der roten Blutkörperchen (Polyzythämie), drohender Harnvergiftung oder Herzinfarktgefahr. Schwache, unterernährte, unter starken Menstruationsblutungen leidende oder schwangere Frauen sollten (außer bei Schwangerschaftskrämpfen) nicht zur Ader gelassen werden.

Baunscheidtieren
zur Selbsthilfe nicht geeignet

Das Baunscheidtieren ist ein Ausleitungsverfahren, so genannt nach seinem Erfinder, dem Bonner Mechanikermeister Karl Baunscheidt (1809–1874). Dabei wird eine kleine Scheibe mit ca. 30 feinen, sterilisierten Stahlnadeln auf Rücken, Brustkorb, Arme oder Beine gedrückt. In die winzigen Wunden wird dann ein besonderes Hautreizöl (Pustulanzium) gerieben. Innerhalb weniger Tage entwickeln sich dort kleine Bläschen – eine künstliche Entzündung, durch die die Immunzellen zu verstärkter Tätigkeit angeregt, über Reflexzonen (→Reflexzonentherapien) heilsame Reize ausgeübt und Giftstoffe über die Pusteln ausgeleitet werden. Ähnliche Hautreizungen können auch mit dem *Kantharidenpflaster* erzeugt werden, das Kantharidin, den Wirkstoff der Spanischen Fliege, enthält. Diese Verfahren werden von Heilpraktikerinnen und Heilpraktikern gelegentlich bei →Abwehrschwächen angewendet.

Bioresonanzverfahren
teilweise zur Selbsthilfe geeignet

Hierbei handelt es sich um Heilverfahren der sogenannten Quantenmedizin, die sich einer wichtigen Erkenntnis der Quantenphysik bedienen: Jeder Körper, jede Materie ist »zusammengeballte« Energie und sendet elektromagnetische Wellen aus. Diese Wellen können durch äußere oder innere »Störsender« durcheinandergebracht werden, die ihrerseits Wellen aussenden, was beim Menschen zu Erkrankungen führt. Spiegelt man diese »Störwellen« auf sich selbst zurück, sendet man also Wellen dieser »falschen« Wellenlänge in den Körper, werden die störenden Wellen damit ausgelöscht (ein bekannter physikalischer Vorgang). Eine solche Bioresonanz kann mit verschiedenen Verfahren erzielt werden, u. a. mittels Neural- oder Magnettherapie (siehe S. 295) oder mit kleinen Chips, die auf der Haut getragen werden und elektromagnetische Wellen einer bestimmten Wellenlänge aussenden. Auch die Elektro-Akupunktur nach Voll (→Akupunktur), die →Homöopathie und die Edelsteintherapie basieren auf diesem Prinzip. Bioresonanzverfahren werden, auch von darin geschulten Ärzten, vor allem bei chronischen Erkrankungen und →Abwehrschwächen eingesetzt.

Blutegel-Behandlung
zur Selbsthilfe nicht geeignet

Speziell gezüchtete, medizinische Blutegel können in Apotheken gekauft und an Venenknoten bzw. Krampfadern angesetzt werden, wo sie sich rasch festbeißen und zu saugen beginnen. Der Speichel dieser Tiere enthält das stark wirksame Hirudin, eine Substanz, die das Blut dünnflüssiger macht, also Blutgerinnsel (Thromben) auflösen und zudem Entzündungen hemmen kann. Eine solche Behandlung kann sehr wirkungsvoll sein, sollte aber nur von Fachleuten durchgeführt werden. Da viele Menschen sich vor den Tierchen ekeln, kommt diese Therapieform eher selten zum Zuge. Der Heilpraktiker Peter Pukownik hat sie in seinem Buch[1] ausführlich beschrieben.

1) Pukownik, Peter: Blutegel-Therapie. Den Körper entgiften. Südwest Verlag, München 1995.

Eigenblut-Therapie

zur Selbsthilfe nicht geeignet

Bei der Eigenblut-Therapie wird der Patientin eine kleine Menge Blut aus der Armvene entnommen und dann entweder sofort wieder in den Gesäßmuskel eingespritzt (bei Entnahme rechts Einspritzung links, und umgekehrt), oder das Blut wird kurzzeitig zwischenbehandelt, etwa mit UV-Licht bestrahlt oder mit Gold- oder Ameisensäure-Präparaten oder →Homöopathika versetzt und erst dann wieder intramuskulär injiziert. Dabei soll zum einen das körpereigene Abwehrsystem einen heilsamen Anstoß erhalten, zum anderen ein Arzneistoff direkt ans Blut gekoppelt werden. (Manchmal ein guter »Trick« für Heilpraktiker, da sie keine intravenösen Spritzen verabreichen dürfen). Naturheilkundige benutzen dieses Verfahren gelegentlich bei Allergien, →Rheumatischen Beschwerden und anderen Stoffwechselstörungen sowie →Abwehrschwächen.

Kinesiologie

nach Anleitung auch zur Selbsthilfe geeignet

Der Begriff Kinesiologie bedeutet Bewegungslehre. Sie wurde Anfang der sechziger Jahre von dem amerikanischen Chiropraktiker Dr. George Goodheart entwickelt und basiert auf seinen Beobachtungen, daß bestimmte Muskeln sich in Muskeltestprüfungen als besonders schwach erweisen, wenn die Testperson an inneren Erkrankungen leidet (bei Magenkranken z. B. der große Brustmuskel). Es gelang ihm, jedem Organbereich die »zugehörigen« Muskeln zuzuordnen, die entweder über Reflexzonen (→Reflexzonentherapien) oder über Meridiane (→Akupunktur) mit den entsprechenden Organen in Verbindung stehen. Die Kinesiologie wurde in naturheilkundlichen Fachkreisen rasch als wertvolle Diagnosehilfe anerkannt. Mit speziellen Massagetechniken, Ernährungsumstellung, →Homöopathie und anderen Methoden der Naturheilkunde wird im Anschluß an die Diagnose sowohl die betreffende Muskelpartie als auch das Immunsystem gestärkt; das wirkt sich heilsam auf die jeweiligen inneren Organe und deren Erkrankung aus. Mit bestimmten Muskeltests und Übungen, wie sie in dem Ratgeber ›Kinesiologie‹[1] beschrieben sind, können Sie auch selbst Ihre Streßfaktoren bestimmen und Ihr Energieniveau anheben.

1) Lesch, Matthias/Förder, Gabriele: Kinesiologie. Aus dem Streß in die Balance. Gräfe und Unzer Verlag, München 1994.

Lasertherapie

zur Selbsthilfe nicht geeignet

Mit Lasertherapie sind hier nicht chirurgische, also schneidende oder brennende bzw. gewebe»verschmelzende« Laserstrahlen gemeint, sondern Laserstrahlen einer ganz bestimmten, im mittleren Wellenbereich liegenden Energie (Middle-Power-Laser), die nur wenige Millimeter bis Zentimeter tief und kaum spürbar unter die Haut eindringen. Dort setzen sie nachweislich verschiedene biologische Prozesse in Gang, regen z. B. die Enzymbildung an, beeinflussen den Sauerstoff-Stoffwechsel der Zellen, fördern die Durchblutung und Geweberegeneration. Gute Erfolge haben ärztliche Fachleute – auch an Universitätskliniken – damit bei diabetischer Gangrän und Geschwüren, Verstauchungen, Prellungen, Knochenbrüchen und bei der Wundheilung erzielt.

Moxa-Behandlung (Moxibustion)

nach Anleitung auch zur Selbsthilfe geeignet

Der Begriff Moxibustion bedeutet »Brennbehandlung«, denn dabei werden kleine kegelförmige Hütchen aus einem brennbaren Material der →Aromatherapie, meist Beifuß, über →Akupunktur-Punkten auf der Haut langsam abgebrannt und entfernt, wenn sie zu heiß werden. Bei der indirekten Moxa-Behandlung legt man eine Scheibe frischen Knoblauch, Ingwer oder eine Lage Salz unter. Diese altchinesische Therapieform kann die →Akupressur oder Akupunktur ergänzen; sie übt einen starken Reiz auf den jeweiligen Hautpunkt bzw. Meridian aus.

Neuraltherapie

zur Selbsthilfe nicht geeignet

Die Neuraltherapie wurde in den zwanziger Jahren von dem deutschen Arzt Dr. med. Ferdinand Huneke entwickelt. Dabei werden meist mehrere Injektionen eines örtlichen Betäubungsmittels (Procain) in Körperstellen verabreicht, in denen sogenannte Störherde vermutet werden, welche die normalen elektromagnetischen Prozesse, die zwischen den Zellen ablaufen, wie kleine »Störsender« unterbrechen. Das können zum Beispiel alte Narben, devitalisierte Zähne oder chronisch entzündete Rachenmandeln sein. Mit den Injektionen wird versucht, solche »Störsender« zum Verstummen zu bringen. Wenn das glückt, hören oft auch Schmerzen und Beschwerden in anderen, über Reflexzonen mit dem Störherd verbundenen Körperbereichen auf – manchmal sogar schlagartig (»Sekundenphänomen«). Die Neuraltherapie ist oft erfolgreich bei →Kopfschmerzen, →Rückenschmerzen und anderen chronischen Schmerzzuständen, aber auch bei Neigung zu Epilepsie. Sie muß von gut geschulten Fachleuten, am besten einer Ärztin oder einem Arzt, durchgeführt werden. (Siehe auch Bioresonanzverfahren S. 291 f.)

Sauerstofftherapien

zur Selbsthilfe nur zum Teil geeignet

Unter diesem Begriff werden verschiedene Verfahren zusammengefaßt:

- Die *hämatogene Oxydationstherapie* (HOT) wurde von dem Schweizer Arzt Dr. med. Fritz Wehrli entwickelt. Dabei wird eine kleine Menge Blut aus der Armvene entnommen, mit Sauerstoffgas aufgeschäumt, ultraviolett bestrahlt (dabei entsteht natürliches Ozon) und wieder in die Vene gespritzt oder in den

Gesäßmuskel injiziert (siehe auch Eigenblutbehandlung S. 293).

- Die *Oxyvenierungstherapie* nach Dr. H. S. Regelberger ist eine mehrwöchige Kur mit kleinen Mengen reinen Sauerstoffs, die von einer ärztlichen Fachkraft bei mehreren Sitzungen direkt in die Armvene infundiert werden; gute Erfolge sollen vor allem bei Hörsturz, Drehschwindel, Ohrensausen, durchblutungsbedingter Schwerhörigkeit, arteriellen Durchblutungsstörungen (»Raucherbein«), Krampfadern (→Venenleiden) und chronischer Mangeldurchblutung des Gehirns zu erzielen sein.
- Bei der *Ozontherapie* wird dieses stark keimtötend wirkende Gas, mit Sauerstoff vermischt, auf erkrankte Hautpartien geleitet oder – in Bade- oder Trinkwasser gelöst – zur äußerlichen oder innerlichen Behandlung von Entzündungen benutzt. Man kann es auch in Arterien, Venen oder Muskeln einspritzen. Ozonbehandlungen haben sich bei arteriellen Durchblutungsstörungen, Neuralgien, Herz-Kreislauf-Krankheiten, manchmal auch bei Allergien und Asthma bewährt, sollten jedoch nur von gut ausgebildeten Fachleuten, am besten Ärztinnen oder Ärzten, angewandt werden, denn Ozon kann in höheren Dosierungen auch giftig sein.
- *Sauerstoff-Bäder* mit in Wasser gelösten Sauerstofftabletten (aus der Apotheke) dienen zur Kreislaufanregung sowie zur Erfrischung und Belebung der Haut, vor allem bei →Hautproblemen. Solche Bäder sind das einzige Sauerstoff-Verfahren, das sich zur häuslichen Selbsthilfe eignet.
- Bei der *Sauerstoff-Mehrschritt-Therapie* nach Prof. Dr. Manfred von Ardenne wird zunächst ein »Cocktailgetränk« aus Mineralwasser, Vitaminen und Magnesium verabreicht, das die Sauerstoffaufnahme des Blutes verbessert; anschließend werden in 15 bis 18 Sitzungen insgesamt bis zu 7500 Liter Sauerstoff über eine Nasensonde inhaliert, was jeglichen Sauerstoffmangel (zumindest für eine gewisse Zeit) beseitigt. Hilfreich soll diese Therapie bei →Erschöpfungszuständen, chronischen Infektionen und →Hautproblemen, Durchblutungsstörungen aller Art sowie zur →Biologischen Krebsabwehr sein. Ob sie dauerhafte Erfolge zeitigt, ist umstritten. Auch diese Behandlung muß unter ärztlicher Aufsicht durchgeführt werden.

- Die *Sauerstoff-Überdruck-Therapie*, die in speziellen Überdruckkammern durchgeführt werden muß, hilft u. a. bei der gefährlichen Taucherkrankheit (nach Tauch-Unfällen), bei Kohlenmonoxyd-Vergiftungen, Luftembolie, Gasbrand sowie schlecht heilenden Wunden und Knochenentzündungen. Sie wird nur in Spezialkliniken angewendet.

Schröpfen

zur Selbsthilfe nicht geeignet

Das Schröpfen ist eine allgemeine (unspezifische) Reiztherapie zum Umstimmen und Ausleiten, bei der gläserne Schröpfköpfe auf die Haut (meist den Rücken oder bestimmte Reflexzonen) aufgesetzt und luftleer gemacht werden; durch das entstehende Vakuum saugen sie sich am Körper fest. In den eingesogenen Hautpartien bilden sich dem Histamin ähnliche Gewebshormone, die das Immunsystem kräftig anregen; außerdem werden über die Reflexzonen (→Reflexzonentherapien) heilsame Reize auf andere Organbereiche ausgeübt. Manchmal tritt auch Blut beim Schröpfen aus; das wirkt dann wie ein Aderlaß (siehe S. 290). Dieses Verfahren wird gelegentlich bei →Abwehrschwächen und anderen chronischen Leiden angewendet.

Zelltherapien

zur Selbsthilfe nicht geeignet

Als Entdecker der Zelltherapie gilt der Schweizer Chirurg Prof. Dr. med. Paul Niehans (1882–1971). Bei diesen Verfahren werden frische, getrocknete oder gefriergetrocknete Zellen von Tieren, Tierembryos, bestimmten tierischen Organen (etwa der Thymusdrüse), gelegentlich auch Zellen des menschlichen Mutterkuchens (der Plazenta oder von Embryos) in den Gesäßmuskel eingespritzt. Die dabei eingeschleusten Aminosäuren und anderen Zellbausteine sollen die Abwehrkräfte des Immunsystems stärken und die Gewebe-Regeneration verbessern. Zelltherapien werden u. a. zur →Biologischen Krebsabwehr, bei chronischen →Abwehrschwächen und Infektionsneigung, bei Hirnschäden und Multipler Sklerose eingesetzt, sind jedoch schulmedizinisch sehr umstritten – u. a. wegen der nicht unbeträchtlichen Gefahr einer Allergie gegen die Fremdzellen, die auch bei hochgereinigten Präparaten nicht ganz auszuschließen ist. (Andererseits verwenden Schulmediziner selbst neuerdings menschliche Fetalzellen, um sie Alzheimer-Kranken ins Gehirn zu injizieren – ein auch ethisch höchst umstrittenes Verfahren, denn die Zellen dazu werden aus abgetriebenen Feten gewonnen mit denen in manchen Ländern, z. B. Rußland, bereits ein schwunghafter Handel betrieben wird.) Zelltherapien jeder Art gehören ausschließlich in ärztliche Hand und sind in Deutschland nicht in jeder Form und nicht in allen Bundesländern gesetzlich gestattet.

Nicht mit diesen Zelltherapien zu verwechseln sind Behandlungen mit Arzneien zum Einnehmen, die bestimmte Zellpräparate enthalten, etwa das bei →Wechseljahrsbeschwerden empfohlene, hormonell wirksame Kälbermilz-Dialysat. Solche Mittel können Sie auch selbst in der Apotheke kaufen bzw. sich ärztlich verordnen lassen.

Weiterführende Anschriften:

Internationale Gesellschaft
für Biologische Medizin e. V.
Postfach 115
76481 Kiel

Baunscheidt-Gesellschaft e. V.
Schumannstr. 11
53113 Bonn

Arbeitskreis Magnettherapie
Hauptstr. 179 und 185
67473 Lindenberg/Pfalz

Internationale ärztliche Arbeitsgemeinschaft für HOT e. V.
Am Rathenaupark 5
22763 Hamburg

Ärztliche Gesellschaft für
Ozontherapie e. V.
Klagenfurter Str. 4
70469 Stuttgart

Ärztegesellschaft für Sauerstoff-Mehrschritt-Therapie e. V.
Harburger Ring 10
21073 Hamburg

Hamburger Moxa-Therapie
Postfach 1520
22805 Norderstedt

Internationale med. Gesellschaft für Neuraltherapie nach Huneke e. V.
Bismarckstr. 3
72250 Freudenstadt

Deutsche Medizinische Arbeitsgemeinschaft für Herd- und Regulationsforschung e. V.
Scharnhorststr. 21
52351 Düren

Akademie für Neuraltherapie und diagnostisch-therapeutische Lokalanästhesie e. V.
St. Guido-Stiftsplatz 6
67346 Speyer

Österreichische med. Gesellschaft für Neuraltherapie-Regulationsforschung
Simmeringer Hauptstr. 147/9
A-1110 Wien

Deutsches Zentrum für Sauerstoff-Therapie
Beethovenstr. 1
94072 Bad Füssing

Institut für Sauerstoff-Mehrschritt-Therapie
Zeppelinstr. 7
01324 Dresden

Bundesverband deutscher Ärzte für Frischzellentherapie
Postfach 244
83700 Rottach-Egern

Deutsche Gesellschaft für Organo-Biotherapie e. V.
Niedenau 39
60325 Frankfurt am Main

Internationale Gesellschaft für Thymologie und Immuntherapie e. V.
Am Stadtpark 18
38667 Bad Harzburg

4. Kapitel: Beschwerdenkomplexe und Beratung von A bis Z

Suchwort-Verzeichnis

Informationen über weitere Beschwerden finden Sie in den Tabellen (siehe Inhaltsverzeichnis) und im Abschnitt »Zusätzliche Verfahren« ab S. 290.

Abwehrschwächen

Dazu gehören unter anderem:

häufige Erkältungen
allgemeine Infektanfälligkeit →Erschöpfungszustände
allergie-ähnliche Überempfindlichkeitsreaktionen
medikamentös oder operativ bedingte Immunschwäche
HIV-Infektion/AIDS

Allgemeines

Seit AIDS, das *allgemeine Immun-Defizienz-Syndrom*, zur neuen Seuche dieses Jahrhunderts geworden ist, sind Immunschwächen sozusagen in aller Munde. Kaum eine andere Erkrankung führt uns so drastisch vor Augen, was es bedeutet, wenn das Immunsystem zusammenbricht und uns dadurch schließlich sogar dem Tod ausliefert. Und bei kaum einer Erkrankung konnten – und mußten – Wissenschaftlerinnen und Wissenschaftler verschiedener Fachgebiete so rasch so viele Einzelheiten über das menschliche Immunsystem lernen.

Eines ist inzwischen gerade durch AIDS klargeworden: Ob und wann Menschen nach einer Infektion mit HIV, dem *humanen Immunschwäche-Virus*, tatsächlich krank werden oder gar sterben, hängt zu einem hohen Maße davon ab, wie kräftig ihr Immunsystem ist, wie sehr ihnen beim Aufbau ihrer Abwehrkräfte geholfen wird, wie viel (oder wie wenig) Unterstützung sie von außen erfahren, wie stark sie weiterhin in den Familien-, Freundes- und Kollegenkreis integriert bleiben (oder ausgegrenzt werden) und wie offen (oder angstvoll versteckt) sie mit ihrer Infektion umgehen können bzw. müssen. Das bedeutet: Die Immunabwehr umfaßt grundsätzlich den *ganzen* Menschen in allen seinen körperlichen, seelischen, geistigen, spirituellen und sozialen Bezügen. In der Erfahrungsheilkunde und der psychosomatischen Medizin ist das zwar schon seit langem bekannt, wird aber nun, angesichts der AIDS-Tragödie, auch von der Schulmedizin immer mehr akzeptiert – ein Fortschritt, der nun vielleicht auch vielen Patientinnen und Patienten mit anderen Erkrankungen zugute kommt.

Da die ersten AIDS-Fälle in der *gay community*, amerikanischen Homosexuellen-Kreisen, und später in der Drogenszene auftraten, hielt sich einige Jahre lang der Glaube, so lange jemand keine homosexuellen Beziehungen anknüpfe und nicht mit HIV-verseuchten Nadeln hantiere, sei er oder sie ziemlich sicher vor einer HIV-Infektion. Das hat sich aus vielen Gründen als Trugschluß herausgestellt. Neben Jungen und Männern mit Hämophilie (der Bluterkrankheit) sowie Tausenden anderer Menschen, die sich über verseuchte Blutkonserven und -transfusionen angesteckt haben, sind heute vor allen Dingen Frauen und Neugeborene von diesem Immunschwäche-Syndrom betroffen. Am schlimmsten ist die Situation in afrikanischen Ländern, in denen Prostitution gang und gäbe ist (z. B. Kenia), sowie in den ostasiatischen Ländern, vor allem Thailand, in denen täglich ganze Jumboladungen von Sextouristen aus Europa und den USA eintreffen. Sehr viele Frauen und Mädchen, die keinen anderen Weg sehen, als mit dem Verkauf ihres Körpers die Familie zu ernähren (oder brutal dazu gezwungen werden), infizieren sich dabei mit dem eingeschleppten HI-Virus und geben die Infektion an die Freier weiter, die dann zu Hause wiederum ihre nichtsahnenden Frauen anstecken. Neben den homosexuellen Kontakten, die viele sonst heterosexuell lebende Männer gelegentlich eingehen (und dabei kein Kondom benutzen), und der Infektion über HIV-positive Drogenabhängige ist dieser Ansteckungsweg über den eigenen, im Ausland »fremdgehenden« Partner inzwischen zur Hauptgefahr für Frauen in Europa geworden. Manche Frauen infizieren sich allerdings auch nur deshalb, weil sie alle Warnungen in den Wind schlagen und ohne Kondom mit Männern sexuell verkehren, die sie kaum kennen. Ungefähr bei der Hälfte aller Schwangerschaften HIV-positiver Frauen, so neuere Schätzungen, wird auch das Ungeborene im Mutterleib angesteckt.

Doch obwohl die Zahl HIV-positiver Frauen und Kinder ständig steigt, stehen ihnen noch längst nicht so viele Beratungsstellen und Hilfsangebote zur Verfügung wie den HIV-positiven

Homosexuellen, Blutern und Drogenabhängigen. In vielen Regionen sind sie sogar einzig auf deren Beratungsstellen angewiesen – eine absurde Situation, die dazu führt, daß Frauen sich (wieder einmal) als »Randgruppe« behandelt fühlen und als HIV-positive heterosexuelle Frauen oder als infizierte Schwangere von Männern beraten werden, die sich wohl sehr gut in Hämophilie-, Drogen- oder Homosexuellen-Problemen, aber wenig in weiblichen Lebenszusammenhängen auskennen. So manche Frau, die Beratung und Trost dringend nötig hätte, traut sich schon aus »Schwellenangst« nicht zu einer solchen Informationsstelle oder hat das Gefühl, dort nicht hinzugehören.

Für viele naturheilkundige Fachleute war die HIV-Infektion bzw. AIDS zunächst ein Schock: Da das Retrovirus die gefährliche Eigenschaft hat, geradewegs in bestimmte Zellen des körpereigenen Immunsystems einzudringen, sich dort als Zellbestandteil zu maskieren und dann die Zellen von innen her anzugreifen, schien es um die bewährten immunschützenden und -aufbauenden Naturheilkunde-Maßnahmen zunächst schlecht bestellt. Viele fürchteten, dem vertrackten Virus damit nur neue Nahrung zu liefern: Je mehr Immunzellen vorhanden sind, glaubte man anfangs, desto besser könne sich das Virus im Körper ausbreiten. Das hat sich inzwischen glücklicherweise als Fehlinterpretation herausgestellt. Wie bei jeder anderen Abwehrschwäche gilt offenbar auch bei der HIV-Infektion: Möglichst viele gesunde, ständig nachproduzierte Immunzellen können dazu beitragen, das Virus bzw. seine gefährlichen Auswirkungen in Schach zu halten.

Frauen haben eine Körperöffnung mehr als Männer, durch die Krankheitserreger in ihren Organismus eindringen können (für das HI-Virus ist die Scheide sogar die häufigste »Eintrittspforte«). Doch sieht es ganz so aus, als besäßen sie insgesamt einen sehr viel besseren Schutz gegen die Ansteckung mit vergleichsweise weniger gefährlichen Keimen. Wie wäre es sonst zu erklären, daß bei einer Erkältungswelle oder anderen Epidemien nicht gleich das gesamte soziale Pflegesystem zusammenbricht? 95 Prozent der in Kinder-, Kranken-, Alten- und Behindertenpflege Tätigen sind Frauen. Das heißt, sie haben prozentual und faktisch sehr viel häufiger als Männer hautnah mit Menschen zu tun, die gerade an einer ansteckenden Erkrankung leiden – ob an Schnupfen oder Schlimmerem. Die Kraft zum Durchhalten und Nicht-Krankwerden gibt ihnen weniger ihr körperliches Immunsystem (das sich vom männlichen allenfalls durch einige hormonelle Schutzfaktoren unterscheidet), sondern eher ihre seelisch-geistige Abwehrstärke: Sie wissen sehr gut, daß es ohne sie nicht geht, und sind darüber hinaus meist von Kindesbeinen an zum Helfen erzogen worden. Gebraucht zu werden, sich nützlich zu wissen und mit der anerzogenen Rolle in Einklang zu leben, scheint ihnen einen psychischen Schutz vor Erkrankung zu verleihen, der nicht zu unterschätzen ist. (Gleichzeitig jedoch hindern sie diese Gefühle auch oft daran, auf adäquater sozialer Anerkennung ihrer Leistungen zu bestehen, zum Beispiel anständig für ihre Pflegedienste bezahlt zu werden oder eine Rente zugesichert zu bekommen.)

Weniger geübt sind die meisten Frauen im Lasten-Abgeben, wie die Selbstbehauptungs-Trainerin Barbara Berckhan in ihren Seminaren oft bemerkt[1)], sowie im Hilfe-Annehmen. So kommt es, daß sie schließlich doch oft zusammenbrechen, wenn Mann und Kinder mit ihrer Erkältung oder den Masern »durch« sind, die betagten Eltern sich von einer Lungenentzündung erholt haben oder der ganze Betrieb von der Grippewelle zurückkehrt, die fast alle erfaßt hat mit Ausnahme der berufstätigen Mütter, die einfach nicht krankwerden durften. Hinzu kommt: Frauen kurieren sich meist auch nicht richtig aus, wenn sie denn einmal auf der Nase liegen. Weder bekommen sie die gleiche gute häusliche Pflege, die sie selbst zu geben gewohnt sind, noch nehmen sie sich die nötige Zeit zum Gesundwerden. Irgendwann kann es dann passieren, daß sie in eine chronische Abwehrschwäche hineingeraten. Die daraus entstehenden Leiden sind, wie ich in diesem Buch an vielen Beispielen darstelle, bei Frauen erheblich häufiger als bei Männern.

Abwehrschwächen können sich in sehr vielen verschiedenartigen Symptomen und Erkrankungen äußern – von der Anfälligkeit, jedes herumfliegende Erkältungsvirus sofort aufzuschnappen, bis hin zu chronischen Leiden. →Erschöpfungszustände, →Harnwegserkrankungen, →Hautprobleme, →Pilz- und →Scheideninfektionen, →Rheumatische Beschwerden und bestimmte →Verdauungsstörungen – um nur einige Beispiele zu nennen – sind immer auch Zeichen einer Abwehrschwäche. Vorbeugend wie auch während der Behandlung muß das Immunsystem auf allen Ebenen gestärkt werden. Ratschläge dazu finden Sie sowohl unter den in diesem Buch genannten Einzelstichworten als auch auf den folgenden Seiten. Lesen Sie bitte vorab noch einmal die Seiten 44 bis 47, wo es um die naturheilkundliche Bedeutung von Krankheitssymptomen geht. Denn nicht jedes Symptom ist ein Zeichen von Schwäche; es kann auch ein Zeichen dafür sein, daß Ihre Abwehr gerade auf vollen Touren läuft, also gesund und mobil ist, und Sie sie bei dieser Arbeit nur zu unterstützen brauchen.

Körperliche Gründe von Abwehrschwächen

Bei Neugeborenen ist das Immunsystem noch nicht völlig ausgereift; das ist erst nach neun bis zwölf Monaten der Fall. Kinder, die gestillt werden, haben einen großen Vorteil gegenüber Flaschenkindern: Sie nehmen über die Muttermilch viele schützende Antikörper der Mutter auf und sind deshalb auch besser gegen Allergien bzw. allergie-ähnliche Überempfindlichkeitsreaktionen auf die vielen körperfremden Substanzen gefeit, mit denen sie in unserer Umwelt zwangsläufig in Berührung kommen. (Ein Tip am Rande: Naturheilkunde-Fachleute raten, Säuglinge im ersten Lebensjahr nicht mitten in blühende Wiesen zu setzen. Der Pollen-Ansturm kann ihr Immunsystem überlasten und Allergien, z. B. Heuschnupfen, den Weg bahnen.) Schadstoffbelastungen durch Schwermetalle, giftige Chemikalien, Abgase, künstliche Nahrungsmittelzusätze und viele andere Stoffe schwächen jedes Immunsystem, desgleichen Rauchen, Drogen- und größerer Alkoholkonsum, Schmerz-, Abführ- und Beruhigungsmittel-Mißbrauch (aber auch viele ärztlich verschriebenen und potentiell nützlichen Medikamente, etwa Zytostatika oder Antibiotika; siehe dazu S. 563). Geschwächt wird das Immunsystem außerdem durch Anästhesien und Operationen, Strahlenbehandlungen und -unfälle, Verletzungen oder Erkrankungen der blutbildenden Organe (Knochenmark, Milz), der Thymusdrüse (sie »trainiert« Immunzellen für ihre Spezialaufgaben), der Rachenmandeln (Erreger-Abfangorgane des Rachenraums), der Lymphbahnen, der Atemwege (von der Nase bis zu den Bronchien ein Filtersystem, das Eindringlinge auffangen und durch Husten und Niesen herausschleudern soll), der Haut (Schutzhülle gegenüber der Außenwelt), der Schleimhäute, der am Stoffwechsel beteiligten Organe – kurz, aller Organsysteme, die in irgend einer Weise mit dem Instandhalten, Verteidigen und Reinigen des Organismus zu tun haben. Aus naturheilkundlicher Sicht zählen zu solchen Immunsuppressoren (= die Abwehr unterdrückenden Faktoren) auch alle Arten von Störherden, die über längere Zeit winzige elektrische Störsignale in die umliegenden Gewebe senden und dabei die herbeieilenden Immunzellen erschöpfen bzw. von wichtigeren Abwehraufgaben ablenken. Dazu zählen z. B. chronische Entzündungsherde, devitalisierte Zähne oder alte Narben.

Sofort zur ärztlichen Untersuchung/Behandlung bei:
- der Sorge oder dem Verdacht, Sie könnten sich mit HIV infiziert haben (ein anonymer Test beim Gesundheitsamt kann Ihnen Gewißheit verschaffen),
- Verdacht auf eine Tropenkrankheit bzw. Parasitenbefall,
- schweren Symptomen wie starken Kopfschmerzen, häufigem Durchfall und Erbrechen, Koliken, Lähmungs- oder Taubheitserscheinungen in den Gliedmaßen usw.,
- Infektionen während der Schwangerschaft,
- hohem Fieber, das nicht von selbst oder mit naturheilkundlichen Maßnahmen zurückgeht (siehe Kasten).

Info: Fieber senken oder nicht?

Erhöhungen der Körpertemperatur können ganz verschiedene Ursachen haben. Kinder und Heranwachsende bekommen manchmal während eines Wachstumsschubs erhöhte Temperatur (bis 38°C) oder Fieber (höher als 38°C); offenbar muß sich dabei auch ihr Körpertemperaturregler im Gehirn neu einstel-

len. Diese Temperaturerhöhungen sind völlig harmlos und gehen meist innerhalb weniger Tage von selbst zurück. Manche Menschen reagieren auf psychischen Streß mit Temperaturerhöhungen oder Fieber. In den meisten Fällen ist Fieber jedoch zunächst einmal nichts anderes als eine normale, gesunde Reaktion des körpereigenen Abwehrsystems auf eingedrungene Krankheitserreger: Die meisten Bakterien, Viren, Pilze, Chlamydien etc. sind sehr hitzeempfindlich und sterben ab, wenn sie eine gewisse Zeit – mindestens aber 24 Stunden lang – einer Wirts-Temperatur von mehr als 39°C ausgesetzt sind.
Fieber künstlich mit fiebersenkenden Mitteln zu unterdrücken oder sogar gleich zu Antibiotika zu greifen, ist in aller Regel daher ganz falsch. In amerikanischen Krebsstudien hat sich herausgestellt: Wer anlagebedingt sehr selten Fieber bekommt oder Temperaturerhöhungen jedesmal künstlich unterdrückt, hat ein deutlich höheres Risiko, irgendwann einmal an Krebs zu erkranken. Offenbar benötigt das Immunsystem gelegentlich ein »Fieber-Training«, um in Schwung zu bleiben und auch Krebszellen bzw. potentielle Krebserreger richtig abwehren zu können.
Bei Erhöhungen der Körpertemperatur gehen Sie am besten folgendermaßen vor:

- Unterstützen Sie **erhöhte Temperatur** bis 38°C auf jeden Fall durch eine Schwitzkur, z. B. mit Lindenblütentee oder einem heißen Bad (Vorsicht ist nur bei Kreislaufproblemen oder in stark geschwächtem Zustand angebracht). Die Temperatur darf dabei ruhig steigen. Kinder halten höhere Temperaturen meist noch besser aus als Erwachsene.
- Bei **Fieber bis zu 40°C**, bei erfahrungsgemäß guter Fieberverträglichkeit auch bis 41,5°C, sollten Sie 36 bis 48 Stunden lang gar nichts Besonderes unternehmen (außer ggf. eine heilkundige Fachkraft für die Diagnose hinzuziehen). Erst danach sollten Sie mit Maßnahmen beginnen, die das Fieber ab- und ausleiten, z. B. kalten Wadenwickeln (nur, wenn die Beine warm sind!), kalten Stirnauflagen usw. Hilfreich ist auch die auf S. 456 beschriebene Wechselatmung. Senken Sie das Fieber **pro Tag nicht um mehr als 1°C** ab.

- Bei Fieber ab 41,5°C, bei Bewußtseinsstörungen oder Fieberkrämpfen sowie bei großem Schwächezustand (auch in niedrigeren Temperaturbereichen) sollten Sie Ihre Ärztin bzw. Ihren Arzt oder Ihre behandelnde naturheilkundige Fachkraft um Rat fragen.

Fieberkrämpfe treten neuesten amerikanischen Studien zufolge anlagebedingt auf und haben nicht direkt etwas mit der Höhe der Körpertemperatur zu tun. Sie verschwinden bei leichter Fiebersenkung gleich wieder und hinterlassen diesen Studien zufolge praktisch nie Folgeschäden (es sei denn, sie treten im Zusammenhang mit Hirn- oder Hirnhautentzündungen auf; dann ist jedoch die Krankheit gefährlich, nicht der Fieberkrampf).

Psychosomatik

Körperliches und seelisch-geistiges Befinden beeinflussen einander stark. Was in der Psychosomatischen Medizin und der Erfahrungsheilkunde schon seit langem bekannt ist, wird von der modernen Psycho-Neuro-Immunologie derzeit Zug um Zug bestätigt: Lebensfreude, Optimismus, Hoffnung, Gelassenheit und andere positive Gefühle und Haltungen wirken sich direkt auf die Zellen des Immunsystems aus. Kurz gesagt: Fröhliche, entspannte Menschen haben auch körperlich mehr und bessere Abwehrkräfte zur Verfügung als erschöpfte, verzweifelte, verkrampfte, depressive. Diese positiven Kräfte in sich zu mobilisieren, ist allerdings gar nicht so einfach. Frauen treffen dabei oft auf ein besonderes Problem: Ihre weibliche Erziehung fordert von ihnen zwar, *für andere* alles an Mut, Kraft, Durchhaltevermögen, Fürsorglichkeit usw. aus sich herauszuholen; für sich selbst gelingt ihnen dies aber nicht. Im Gegenteil, sie haben Schuldgefühle, weil sie »nicht funktionieren« oder »anderen zur Last fallen«, wenn sie krank werden; sie sind es viel zu wenig gewöhnt, ihre Bedürfnisse wahrzunehmen und dann auch durchzusetzen, und sie haben vielfach das (antrainierte) Gefühl, gar keiner besonderen Beachtung und Fürsorge wert zu sein. Ihre Selbstabwertungsstrategien, wie

Berckhan diese typisch weibliche Tendenz, sich klein zu machen und nicht wichtig zu nehmen, nennt, funktionieren auch im Krankheitsfall oft perfekt. All das führt dazu, daß ihre Abwehrkräfte bei weitem nicht so stark sind, wie sie sein könnten.

Natürliche Heilverfahren

Allgemeinverhalten:
Nehmen Sie häufige oder chronische Gesundheitsstörungen, Erkrankungen, Unfallneigung usw. stets als Warnsignal dafür, daß Ihr Energiekonto in den roten Zahlen steckt und ausgeglichen werden muß. Horchen Sie auf Ihr Körperselbst (es kann nicht lügen), und gönnen Sie sich alles, was Sie brauchen, um wieder auf die Beine zu kommen. Vorbeugend sollten Sie die fünf Säulen der Immunkräftigung beachten: gesunde Ernährung (→Ernährungstherapie), ausreichende Bewegung, genügend Schlaf und Entspannung, ein gutes Selbstwertgefühl und erfüllende, aber nicht überfordernde Lebensaufgaben – in jeder beliebigen Reihenfolge, denn alles ist gleich wichtig. Ein →Bewußtseinstraining bzw. eine Körpertherapie kann Ihnen dabei helfen, den Kontakt zum Ich zu verbessern. Mit Hilfe von →Atemtherapie, →Lachtherapie, →Musik- und Tanztherapie, →Visualisieren oder →Yoga (um nur einige mögliche Wege zu nennen) können Sie Ihre seelischen, geistigen und spirituellen Kräfte aufbauen. Auch die →Pflanzenheilkunde bietet Ihnen viele Möglichkeiten zur Selbsthilfe. Lernen Sie außerdem, Streß zu reduzieren, Schadstoffbelastungen in Grenzen zu halten – und auch mal »alle fünfe gerade sein« zu lassen. »Gesund ist, was Spaß macht«, meint Heiko Ernst, Chefredakteur der Zeitschrift ›Psychologie heute‹, sehr zu Recht[2)]. Wenn Sie ab und zu fröhlich und ohne Gewissensbisse etwas für sich tun, das eigentlich als ungesund gilt, kräftigen Sie Ihr Immunsystem sehr wahrscheinlich mehr, als wenn Sie sich unentwegt mit gesundheitlichen Soll-Vorschriften unter Druck setzen.

Nachfolgend finden Sie zahlreiche Tips dazu, wie Sie bei bestimmten Abwehrschwäche-Symptomen vorgehen und Ihre Selbstheilungskräfte unterstützen können.

Akupressur:
Bei chronischer Abwehrschwäche ist eine energielenkende →Akupunkturbehandlung sehr sinnvoll. Eine Fachkraft kann Ihnen dabei auch zeigen, welche speziellen Punkte Sie zu Hause akupressieren sollten, um diese Therapie zu unterstützen oder sich bei akuten Beschwerden selbst zu helfen. Welche Punkte das jeweils sind, hängt ganz von der Art Ihrer Erkrankung und den ihr zugrundeliegenden energetischen Störungen ab.

Aromatherapie:
Bei Erkältungen und anderen Atemwegsinfektionen: Zimt, Eukalyptus, Bergamotte und Pfefferminze wirken antiseptisch; Myrrhe und Bergamotte sind gut bei Bronchialkatarrh; Anis und Zitrone wirken schleimlösend; Fenchel, Lavendel, Melisse, Rose, Thymian oder Zypresse entkrampfen die Lunge und sind bei Krampfhusten hilfreich. Melisse, Pfefferminze und Kamille öffnen verstopfte Nasen; nervöses Asthma reagiert oft auf Lavendel. Bei nervöser Abgespanntheit ist Rosmarin am hilfreichsten; Zitrusöle wirken generell anregend und belebend. Anwendungen siehe ab S. 70.

Atemtherapie:
Zur Fiebersenkung und zur geistigen Erfrischung ist die Wechselatmung sehr nützlich. Sollte Ihr Atem bei Schock oder Aufregung sehr schnell und flach gehen (Gefahr der Hyperventilation), nehmen Sie die Hände schalenförmig zusammengelegt vor Mund und Nase und atmen Sie 1–2 Minuten Ihre eigene Atemluft wieder ein; die Atmung beruhigt sich dabei. Langfristig hilft eine Atemtherapie bei einer guten Fachkraft, mit chronischen Atemwegsleiden und anderen Abwehrschwächen besser fertigzuwerden; auch die Atemübungen des →Yoga sind dabei sehr nützlich.

Bewegung:
Jede regelmäßige Bewegung, die Ihnen Spaß macht und zugleich ein Ausdauertraining ist (also Sportarten ohne Leistungsspitzen mit nachfolgendem Leistungsabfall!), stärkt Ihr Immunsystem. Wenn Sie nicht sicher sind, was für Sie bei Ihrer persönlichen chronischen Abwehrschwäche in Frage kommt und was nicht,

lassen Sie sich von einer Physiotherapeutin beraten. Achten Sie darauf, Ihre Kondition langsam zu steigern, wenn Sie gerade eine schwächende Krankheit durchgemacht haben. Das gilt auch bei →Erschöpfungszuständen. →Yoga können Sie in jedem Alter und (fast) jedem Gesundheitszustand erlernen und üben.

Chronobiotherapie:
Alle Medikamente und auch Naturheilmittel, die Sie bei einer Infektions- oder anderen Abwehrschwäche-Krankheit einnehmen, wirken zu bestimmten Tageszeiten stärker und rascher als zu anderen. Das gilt ganz besonders für Schmerzmittel, deren Wirkungsgrad von der Höhe Ihrer Schmerzschwelle bestimmt wird – und die ist zu unterschiedlichen Tageszeiten mal höher, mal niedriger. Fragen Sie Ihre Ärztin bzw. Ihren Arzt oder Ihre Naturheilkunde-Fachkraft nach den chronotherapeutisch günstigsten Einnahmezeiten; das hilft Ihnen, Medikamente einzusparen und die Wirkung der eingenommenen Mittel so gut auszunutzen wie nur möglich. Weitere, auch bei Abwehrschwäche gültige Ratschläge entnehmen Sie bitte dem Abschnitt →Chronobiotherapie ab S. 119.

Ernährung, Vitamine, Mineralstoffe, Spurenelemente:
Die Versorgung mit allen organisch benötigten Nährstoffen ist das A und O jeder Immunstärkung. Im Prinzip reicht dazu die gesunde Vollwertkost (→Ernährungstherapie). Bei akuter oder chronischer Abwehrschwäche können Sie folgendes zusätzlich tun: zur Umstimmung des Organismus erst einmal 1–3 Tage viel trinken und wenig essen (→Heilfasten), außerdem viel Vitamin C einnehmen (bis 3 g täglich – Dosis langsam steigern und aufhören, wenn sich Durchfall oder andere Magen-Darm-Symptome einstellen); die Vitamin-E-Zufuhr 4 Wochen lang auf 800–1000 IE pro Tag steigern, dann wieder reduzieren; täglich 3–4 Wochen lang eine Brausetablette mit Multivitaminen oder ein Präparat mit Vitamin-B-Komplex (zur Nervenstärkung) einnehmen, dazu (nach Verordnung) Eisenpräparate, Kalzium, Kalium, Mangan, Selen und andere Mineralstoffe bzw. Spurenelemente, die Ihnen evtl. fehlen. Bei Entkräftung: täglich ein Eigelb mit etwas Rotwein und Honig

verrührt trinken, unter jedes Essen Sojaflocken rühren, reines Süßmandelmus als Brotaufstrich oder in Biojoghurt essen. Wer nicht vegetarisch lebt, kann auch täglich mehrmals 1 Tasse schwach gesalzene, mit frischen Kräutern (Petersilie, Majoran, Brunnenkresse) gewürzte Fleischbrühe trinken. Abwehrsteigernd und keimtötend sind frischer Knoblauch, Kresse, Meerrettich, Zwiebeln, Senf und scharfe Gewürze (Vorsicht bei Hämorrhoiden!). Bei Fieber, allergischen Symptomen und allen Infektionskrankheiten sollten Sie den Organismus durch ausleitende, ausschwemmende Kost unterstützen: täglich mindestens 2 Liter Mineralwasser, Tees, Obstsäfte und Gemüsebrühe, dazu Rohkost, Vollkornreis, Pellkartoffeln, Spargel, Brokkoli, Lauchgemüse. Als allgemein abwehrsteigernd gelten alle roten und blauen Säfte, vor allem aus Roten Beten, Heidelbeeren, schwarzen und roten Johannisbeeren, Himbeeren und Holunderbeeren. Weitere Hinweise finden Sie im Abschnitt →Biologische Krebsabwehr.

Farbtherapie:
Blau hilft bei entzündlichen Infektionskrankheiten, Rosa bei Herzschwäche, Grün nützt der allgemeinen Tonisierung und Entspannung. Rot ist ein kräftiger Reiz bei niedrigem Blutdruck und Schwächezuständen, doch Vorsicht: bei Entkräftung die Farbdosis langsam steigern, nicht übertreiben. Anwendungen siehe ab S. 155.

Heiltees und -tinkturen:
Bei den allerersten Symptomen einer Erkältung bzw. Infektion sofort eine Stoßtherapie mit Echinacea-Extrakt (Roter Sonnenhut) machen: stündlich 50 Tropfen, drei- bis viermal, danach stündlich 20 Tropfen bis zum Schlafengehen. Bei ersten Husten- oder Heiserkeitssymptomen: 1–2 Echinacea-Lutschtabletten unter der Zunge zergehen lassen. Echinacea nützt nur im Anfangsstadium, später kaum noch! Bei chronischer Abwehrschwäche hilft auch eine Tinktur aus Isländisch Moos (dreimal täglich 20 Tropfen) oder ein Gingkobaum- oder Ginsengextrakt (Einnahme je nach Herstellerangabe). Allgemein abwehrsteigernd sind Propolis, Bienenpollen, Honig sowie Tees und Teemischungen

aus Brennessel, Zinnkraut, Salbei, Ringelblumenblüten, Schafgarbenkraut und Pfefferminze. Bei Erkältungen empfehlen sich Tees oder Teemischungen aus Lindenblüten (sie fördern das Schwitzen), Weidenrinde, Holunderblüten, Hagebutten und Blättern der Schwarzen Johannisbeere, mehrmals täglich 1 Tasse. Bei Husten hilft eine Teemischung aus Huflattich, Eibischwurzeln, Spitzwegerich, Thymian, Isländisch Moos, zerstoßenen Fenchelsamen und geriebener Süßholzwurzel; bei Heiserkeit ist Salbei- oder Huflattichtee sehr heilsam. Bei Bronchitis wirkt eine Teemischung aus Malve, Stiefmütterchen, Thymian, zerstoßenen Anis- und/oder Fenchelsamen und Lindenblüten. Zum Gurgeln und Mundspülen – auch bei streßbedingten Zahnfleischentzündungen – eignet sich eine Tinktur aus Salbei, Blutwurz, Kamille oder Arnika, je 20 Tropfen auf 1/4 Liter Wasser. Einfach, aber höchst wirksam zur Vorbeugung und Heilung von Racheninfekten: eine winzige Prise Salz (einige Körner genügen) in 1 Glas lauwarmes Wasser geben und mehrmals kräftig damit gurgeln. Bei Neigung zu verstopfter Nase bzw. Schnupfen: täglich 1 Eßlöffel Wasser, in dem 2-3 Salzkörner gelöst sind, durch die Nase hochziehen (Vorsicht, nicht zu kräftig, sonst gelangt die Flüssigkeit in die Nebenhöhlen). Bei Appetitlosigkeit tut ein Tee oder eine Tinktur aus Engelwurz, Enzianwurzel, Wermutkraut, Tausendgüldenkraut oder Hopfen gut. Weiteres unter →Erschöpfungszustände, →Hautprobleme, →Pilzinfektionen, →Scheideninfektionen.

Kälte- oder Wärmetherapie:
Fieber unter 38°C sollte auf jeden Fall gefördert werden, z. B. mit Bettwärme, Wärmeflasche oder einem kurzen, heißen Bad (Vorsicht bei Herz-Kreislauf-Problemen!). Belastendes höheres Fieber kann mit Kälteanwendungen (kalten, feuchten Wadenwickeln, Eisbeuteln auf Stirn und Nacken, Pulskühlung) abgeleitet werden; falls es nach 1-2 Tagen nicht sinkt oder über 40°C steigt, sollten Sie ärztlichen Rat einholen. Chronisch Abwehrschwache sind oft sehr wärmebedürftig; besser als (zu viel) lasch machende Wärme sind jedoch abwehrsteigernde heiß-kalte Anwendungen, z. B. →Kneippen oder Saunagänge, dazu abhärtende Klimakuren und viel Spazierengehen an der frischen Luft (auch bei Wind und

Wetter – packen Sie sich warm ein, und gehen Sie mindestens 15 Minuten hinaus!).

Massagen:
Jede Massage, die Ihnen Spaß macht, regt Ihre Durchblutung und damit Ihre Abwehrkräfte an und lockert verkrampfte Muskeln (am besten mit Massageölen der →Aromatherapie). Eine therapeutische Lymphdrainage kann Lymphstaus beseitigen und die Abwehr auf Trab bringen. Anregend und ausleitend wirken auch eine gute Fuß-Reflexzonen-Massage oder eine gezielte Bindegewebsmassage (→Reflexzonentherapien). Tägliches Hautbürsten von Kopf bis Fuß trainiert die Immunkräfte der Haut und der Blutgefäße; am besten eingeseift unter der Dusche oder nach dem sanften Abtrocknen als Trockenbürstmassage. Verwenden Sie eine nicht zu harte Bürste aus Naturborsten, und bürsten Sie um Hautwunden bzw. -unreinheiten herum, stets herzwärts und nie in Entzündungsgebiete hinein.

Lichttherapie:
Sonnenlicht ist unbedingt nötig, damit Ihre Haut Vitamin D sowie eine abhärtende »Lichtschwiele« bilden kann. Gehen Sie jeden Tag, auch bei Wolkenhimmel, eine Viertelstunde an die frische Luft; lassen Sie sich aber niemals in der Sonne braten (auch im Halbschatten bekommen Sie genügend Sonnenstrahlen ab). Weitere Empfehlungen zur Lichttherapie ab S. 216.

Psychosomatische Hilfe:
Bei akut einsetzenden Erkältungs- und anderen Abwehrschwäche-Symptomen sollten Sie vor allen Dingen Ruhe bewahren und sich erst einmal eine Liste aller Dinge machen, die Sie organisieren bzw. besorgen müssen, bevor Sie sich ins Bett legen und auskurieren. Zögern Sie nicht, andere um Hilfe zu bitten; Sie erholen sich rascher, wenn Sie wissen, daß andere für Sie einspringen und das Wichtigste erledigen. Gehen Sie lieber eine Stunde zu früh als zu spät vom Arbeitsplatz nach Hause. Manche Frauen (ich gehöre auch dazu) müssen ab und zu »ihre Grippe nehmen«, um ein oder zwei Tage von allen Lasten befreit zu sein

und wieder zu sich zu kommen. Gönnen Sie sich diese Pause, wenn Ihr Körperselbst mit Symptomen ankündigt, daß Sie sie dringend brauchen.

Bei chronischer Abwehrschwäche sollten Sie – eventuell mit Hilfe einer therapeutischen Fachkraft – versuchen, dahinterzukommen, was in Ihrem Leben Sie so schwächt, lähmt, unbeweglich macht, erschöpft, entmutigt, Ihr Selbstwertgefühl am Boden zerstört hat, Ihnen die Lebensfreude vergällt oder immer mehr auf die Nerven geht. Für jede derart belastende Situation gibt es einen Ausweg; Sie müssen nur wirklich gewillt sein (und genügend Leidensdruck fühlen), ihn zu suchen. Stecken Sie eventuell mitten in einer Reifungskrise – Schwangerschaft, Wochenbett, Wechseljahre und andere Lebenskrisen, wie ich sie in meinem Buch ›Mit Leib und Seele gesund werden‹[3] dargestellt habe -, und sind Sie deshalb körperlich, geistig und seelisch sehr im Streß, ohne sich das bislang recht bewußt gemacht zu haben? Lesen Sie dazu die Tabelle weiblicher Streßfaktoren ab S. 379. Versuchen Sie auch, sich darüber klarzuwerden, mit welchen eigenen Verhaltensweisen Sie Ihren Streß noch fördern. Wichtige Erkenntnishilfen dazu finden Sie in Berckhans Buch sowie in den bei →Erschöpfungszuständen genannten Titeln (S. 392).

Rituale mit Heilwirkung:
Alles, was Sie ganz bewußt für Ihre Gesundheit tun, ist ein kleines Heilritual. Suchen Sie sich etwas davon aus, das Sie besonders gern machen, und nehmen Sie sich täglich (!) ein paar Minuten Zeit dafür – oder so lange Sie eben brauchen. Das kann genüßliches Hautbürsten sein, ein entspannendes Kräuterbad, das Zubereiten eines Heiltees, das Anzünden einer wunderbar duftenden Aromalampe… Sollten Sie außerdem von Sorgen und »giftigen« Emotionen belastet sein, machen Sie sich die auf S. 331 beschriebenen Rituale zur Gewohnheit.

Visualisieren:
Nehmen Sie täglich ein erfrischendes, reinigendes, heilsames Bad im »Zaubersee« (siehe S. 273). Machen Sie die Übung am besten morgens vor dem Aufstehen, wenn Sie Kräfte für den Tag

sammeln wollen, und abends, falls Sie eine Entspannungshilfe brauchen. Dann sollte die imaginierte Wassertemperatur höher, das Baden beruhigend statt belebend sein.

Wasseranwendungen:
Viele Güsse, Bäder, Waschungen und andere Wasseranwendungen, die Sie in der Tabelle S. 189 beschrieben finden, eignen sich zur Stärkung der Immunabwehr. Sie können sie großenteils auch zu Hause machen. Faustregel: Je schwächer Sie sich fühlen, desto schwächer sollten anfangs die dabei ausgeübten Reize sein; dann die Intensität von Tag zu Tag steigern. Bei an sich guter Abwehrlage, aber akuten Infektsymptomen dürfen die Reize aufs Immunsystem auch kräftiger sein. Achten Sie auf Ihre Reaktionen, und unter- oder übertreiben Sie nicht. Bei chronischer Abwehrschwäche kann eine Bade- und Trinkkur in einem Frauenheilbad sehr wirksam sein (auch, weil Sie sich dabei einmal mindestens drei Wochen aus dem Alltag ausklinken).

Wickel:
Bei Heiserkeit und Beschwerden im Rachenraum empfiehlt sich ein Wickel, den auch Sängerinnen und Sänger oft sehr erfolgreich anwenden: ein dünnes Baumwoll- oder Seidentuch in kaltes Wasser tauchen, leicht auswringen und faltenfrei (nicht einengend) um den ganzen Hals wickeln, darüber ein dünnes Geschirrhandtuch, zuletzt ein Woll- oder Baumwollschal. Über Nacht einwirken lassen; bei Husten oder Schnupfen ein paar Tropfen Pfefferminzextrakt aufs innere Tuch träufeln. Bei Anwendung tagsüber: Wenn der innere Schal ganz warm und/oder trocken ist, Anwendung wiederholen.

Bei hohem Fieber helfen kalte, feuchte Wadenwickel, nach ca. 20 Minuten erneuern, so oft wie nötig; bei fieberbedingten Kopfschmerzen: Eisbeutel auf Stirn und Nacken legen oder Stirn und Schläfen mit Pfefferminz- bzw. Eukalyptus-Auflage kühlen. Bei Ohrenschmerzen: feuchtwarme Packung aufs Ohr, getränkt mit entzündungslinderndem, frisch gepreßten Zwiebel- oder Knoblauchsaft, ein heißes Heublumensäckchen auflegen oder einen Wattebausch, mit Rosmarin- oder Johanniskrautöl getränkt, in den erkrankten Gehörgang legen (nicht hineindrücken!). Bei überreizten Augen und Bindehautentzündung hilft eine kühlende Packung mit Augentrost-Tee. Weitere Hinweise finden Sie unter den einzelnen Beschwerdekomplexen.

Yoga:
Bei Heiserkeit, Mandelentzündung und anderen Beschwerden des Rachenraums hilft eine Yoga-Übung, die den Rachenraum kräftig durchblutet, nämlich das *Löwengesicht*: tief aus-, dann wieder einatmen, im Ausatmen den Mund weit aufreißen, die Zunge so weit es irgend geht herausstrecken und eine richtige »Löwenfratze« schneiden. Dann Gesicht und Halsbereich völlig entspannen, ein paarmal tief durchatmen und die Übung mehrmals hintereinander machen. Auch gut zur Aggressionsabfuhr!

Zusätzliche Verfahren:
Im Abschnitt →Biologische Krebsabwehr finden Sie viele weitere Verfahren, mit denen sich die Abwehrkräfte stärken lassen. Dazu gehört auch eine gründliche Konstitutionsbehandlung mit Mitteln der →Homöopathie. Bei chronischer Abwehrschwäche ist sie oft komplizierter als bei akuten Symptomen; Sie sollten sich daher lieber an eine gutausgebildete Fachkraft wenden, als sich durch evtl. nicht sachgerechte Selbsthilfe (noch mehr) entmutigen zu lassen. Eine Reihe zusätzlicher Verfahren zur Immunkräftigung sind außerdem im letzten Abschnitt ab S. 290 dargestellt. Bei einer HIV-Infektion sollten Sie sich unbedingt eine vertrauenswürdige naturheilkundige und ärztliche Fachkraft suchen, die Ihre Immunkräfte aufbauen hilft und Sie bei allen auftauchenden Fragen und Problemen berät.

Genannte Literatur:
1) Berckhan, Barbara: Die etwas gelassenere Art, sich durchzusetzen. Ein Selbstbehauptungstraining für Frauen. Kösel-Verlag, München 1995.
2) Ernst, Heiko: Gesund ist, was Spaß macht. Kreuz Verlag, Zürich 1992.

3) Minker, Margaret: Mit Leib und Seele gesund werden. Psychosomatische Hilfe für Frauen. Mosaik Verlag, München 1993.

Weitere Literaturempfehlungen:

Dorstewitz, Hartmut: Erkältungskrankheiten natürlich behandeln. Gräfe und Unzer Verlag, München 1984.

Friedlander, Mark P./Phillips, Terry M.: Für ein starkes Immunsystem. So wecken Sie Ihre natürlichen Abwehrkräfte. Hallwag Verlag, Bern/Stuttgart 1987.

Friebel, Volker (Hrsg.)/Ledvina, Ilse/Roßmeier, Armin: So arbeitet das Immunsystem. Funktionsweise, Störungen, natürliche Stärkung. Falken-Verlag, Niedernhausen 1992.

Hochenegg, Leonhard/Höhne, Anita: Die Kunst, nicht krank zu werden. So stärken Sie die Immunabwehr Ihres Körpers. Ariston Verlag, Genf 1988.

Jäger, Hans: Therapiechancen bei AIDS. Behandlungsmöglichkeiten der Immunschwäche. Mosaik Verlag, München 1990.

Juchheim, Jürgen K./Poschet, Jutta: Immun. Das Ernährungsprogramm zur Stärkung des Immunsystems. BLV Verlagsgesellschaft, München, Wien, Zürich 1988.

Kirch, Karl M.: Sauna. Gesundheitsvergnügen für Körper und Seele. Gräfe und Unzer Verlag, München 1994.

Lange-Ernst, Maria-Elisabeth: Unser Immunsystem. Was es für uns leistet und wie wir es stärken können. Goldmann Verlag, München 1990.

Richardson, Diane: Frauen und die AIDS-Krise. Das Handbuch. Orlanda Frauenverlag, Berlin 1987.

Siemers, Magret: Gesund mit natürlichen Haus- und Heilmitteln. Kräutertees, Säfte und Tinkturen, Dämpfe, Aromaöle und Einreibungen, Umschläge, Waschungen und Bäder. Deutscher Taschenbuch Verlag, München 1995.

Weiterführende Anschriften:

Arbeitskreis Immuntherapie
Bahrenfelder Steindamm 10
22761 Hamburg

Verein zur Förderung der ganzheitlichen Behandlung allergischer Erkrankungen in Europa e. V.

Internationale Gesellschaft
für Thymologie
und Immuntherapie e. V.
Am Stadtpark 18
38667 Bad Harzburg

Internationale Gesellschaft
für ganzheitliche Zahn-
medizin e. V.
Franz-Knauff-Str. 2–4
69115 Heidelberg

Deutsche Arbeitsgemein-
schaft Selbsthilfegruppen
Friedrichstr. 28
35392 Gießen

Informationskreis integrierte
seelische und
körperliche Heilweisen
Margaritenstr. 32
82515 Wolfratshausen

Allergieverein in Europa (AVE)
Mannheimer Str. 103
68723 Oftersheim

Deutsche AIDS-Hilfe e. V.
Nestorstr. 8-9
10709 Berlin

Deutsche AIDS-Stiftung
»Positiv denken«
Pippinstr. 7
50667 Köln

Verein zur Förderung von
Information über HIV-Infektion –
AIDS-Aufklärung e. V.
Ludwig-Landmann-Str. 7
60488 Frankfurt am Main

(weitere Anschriften siehe auch
im Anhang ab S. 710)

Beckenneuralgie

Allgemeines

Immer wieder auftretende oder ständig vorhandene Unterbauchschmerzen, für die sich keine eindeutige organische Ursache finden läßt, gelten in der Gynäkologie als »ärztliche Crux«, denn die Schulmedizin stößt hier meist rasch an ihre Grenzen, und die Ärzte fühlen sich den leidenden Patientinnen gegenüber oft hilflos. Nicht wenige greifen dann zu bewährten Abwehrstrategien, indem sie die Frauen schlicht als »hysterisch«, ihr Leiden als »eingebildet« abqualifizieren. Wie unsicher die orthodoxe Gynäkologie in diesem Bereich ist, zeigt auch die Tatsache, daß es sehr viele, ungeheuer wissenschaftlich klingende Namen für diese spezifisch weibliche Gesundheitsstörung gibt: Pelvipathie (= Erkrankung des kleinen Beckens), Pelvipathia vegetativa, Parametropathia spastica, englisch auch *pelvic congestion* (= Stauung im Becken). Bekannt ist auch die Bezeichnung Beckenneuralgie. Dieses ganze diagnostische Wortgeklingel, mit dem die Patientinnen beeindruckt werden sollen, das sie aber oft auch verunsichert, bedeutet nichts anderes als: Schmerzen, Krämpfe, Beschwerden unklarer Herkunft im Beckenbereich, vermutlich nervlich bedingt.

Wo keine Ursachen greifbar sind, muß die Therapie zwangsläufig symptomatisch bleiben, das heißt in diesem Fall vor allem schmerzlindernd. Sehr häufig werden den Frauen erst einmal Antibiotika verschrieben, denn schließlich kann man ja nie wissen, ob nicht vielleicht doch irgendwo ein Entzündungsherd im Unterbauch vorliegt. Genau ließe sich das allenfalls anhand einer Bauchspiegelung feststellen – ein invasiver (= ins Körperinnere eindringender) diagnostischer Vorgang, der eben aus diesem Grund meist auf später verschoben wird. Antibiotika nützen aber nichts, wenn keine Entzündung vorliegt. Und das ist bei chronischen Unterbauchbeschwerden meistens der Fall. Also bekommt die Patientin eine Therapie, die keine ist, sondern ihr Immunsystem nur weiter schwächt (lesen Sie dazu auch ab S. 563). Ihre Schmerzen bleiben – oder kehren mit Sicherheit wieder, sobald der Placeboeffekt der Medikamentengabe abgeklungen ist.

Dann versucht man es mit Schmerzmitteln, eventuell auch Psychopharmaka zur Beruhigung des vegetativen Nervensystems. Wenn auch die nicht dauerhaft nützen beziehungsweise die Grenze zur Nierenschädigung oder zur Suchtgefahr nach einiger Zeit erreicht ist, wird der diagnostische Apparat erneut in Bewegung gesetzt: weitere Laboruntersuchungen, Ultraschall, schließlich doch eine endoskopische Untersuchung der Bauchhöhle. Einmal auf dem Operationstisch, kann die Frau von großem Glück sagen, wenn sie dabei keines ihrer inneren Organe verliert. Denn auch wenn zu einem chirurgischen Eingriff keinerlei zwingende Notwendigkeit besteht, wird allzu oft doch operiert: Irgend etwas findet sich bei Frauen mit chronischen Unterbauchbeschwerden ja meistens, das »sicherheitshalber« entfernt werden kann, seien es ein paar harmlose, kleine Myome (→Gebärmutterprobleme), einige Zysten an einem oder beiden Eierstöcken, eine Eileiterverwachsung (→Eierstock- und Eileiterbeschwerden), ein leicht gereizter Wurmfortsatz (Blinddarm), vielleicht auch ein paar Endometriose-Inseln (dazu mehr ab S. 410). Und das wird dann eben – nicht selten samt dem betroffenen Organ – herausgenommen, ob es nun wirklich die Ursache der chronischen Beschwerden war oder nicht. Vor allem Frauen, die schon mehrere Kinder geboren oder die Fünfzig überschritten haben, sind dieser Gefahr ausgesetzt.

Seit Jahrzehnten weiß die Ärzteschaft: Pelvipathien treten sehr häufig überhaupt erst nach einer Unterleibsoperation so richtig in Erscheinung, manchen Studien zufolge sogar bei zwei Dritteln (!) aller Fälle[1)]. Rund 15 % aller hysterektomierten Frauen, so das Ergebnis anderer Studien, haben ihre Gebärmutter ausschließlich wegen unklarer Unterleibsbeschwerden verloren – deren Ursachen danach durchaus nicht klarer wurden und die damit auch keineswegs verschwanden.

Von einer ärztlichen Crux zu sprechen, geht also ziemlich an der Realität vorbei: Es ist vielmehr die betroffene Frau, die hier ein Kreuz zu tragen, einen langen Leidensweg hinter sich zu bringen hat. Wirklich geholfen werden kann ihr nur, wenn auch die möglichen psychosozialen Ursachen ihrer Beckenneuralgie aufs Gründlichste mit in Betracht gezogen werden. Denn ein sehr großer Teil dieser schmerzhaften Leiden ist ausschließlich psychisch und sozial bedingt (siehe Psychosomatik S. 326). Seelische oder soziale Probleme aber lassen sich bekanntlich nicht mit dem Skalpell wegoperieren. Und auch Psychopharmaka haben nur eine begrenzte Wirkung. Die Patientin kann sich unter ihrem Einfluß vielleicht ein wenig entspannen und dabei die nötigen Kräfte sammeln, um den eigentlichen Ursachen auf den Grund zu gehen. Sie nimmt vielleicht ihre Schmerzen weniger wahr, wird etwas unempfindlicher, etwas weniger depressiv, mutlos und mißmutig (eine häufig anzutreffende Gemütslage bei chronischen Beschwerden). Ausräumen lassen sich ihre Probleme damit aber nicht.

Naturheilkundliche Methoden bieten viele Ansatzpunkte, sowohl die Schmerzen und Beschwerden einer Beckenneuralgie zu lindern als auch die allgemeinen Abwehrkräfte zu stärken, das Seelenselbst zu entlasten und dem überforderten Organismus gezielte Anstöße zur Selbstheilung zu geben. Jede Frau mit chronischen Unterleibsbeschwerden tut gut daran, diese Möglichkeiten auszuschöpfen, so weit es irgend geht. Dann stehen ihre Chancen erheblich besser, ohne Operation auszukommen oder (wenn sie schon passiert ist) sich endlich wieder vollständig zu erholen.

Das alles gilt für *chronische*, *unspezifische* Schmerzen, Druckgefühle, Ziehen, Krämpfe, Reizzustände usw. im Unterbauch. Treten solche Beschwerden *akut* und heftig, womöglich erstmals, auf, gelten die auf S. 367 genannten Warnhinweise, die Sie dazu veranlassen sollten, sich sofort ärztlich untersuchen und gegebenenfalls behandeln zu lassen.

Körperliche Gründe von Beckenbeschwerden

Schmerzen, Ziehen, Druck- und Stauungsfühle im Beckenraum können generell zahlreiche Ursachen haben. Diagnostisch überprüft werden sollte das Vorhandensein von Geschwülsten, Zysten, akuten Entzündungen, einer Endometriose, einer Bauchhöhlenschwangerschaft, Beschwerden aufgrund eines Intrauterinpessars (Spirale), Verwachsungen, wie sie nach einer Operation bzw. nach einer Tubenligatur (= Eileiter-Durchtrennung zur Empfängnisverhütung) auftreten können, und vieles mehr. Näheres dazu finden Sie in den Abschnitten über Gebärmutterprobleme (S. 405) sowie Eierstock- und Eileiterstörungen (S. 362).
Ein iatrogener, d. h. ärztlich verursachter Grund für chronische Unterbauchbeschwerden kann in einer mangelhaft durchgeführten Operation bzw. Bauchspiegelung liegen (schwerlich beweisbar!), aber auch darin, daß ein Tupfer oder ein chirurgisches Instrument im Bauchraum vergessen wurde. Sollten Sie einen solchen Verdacht hegen, empfiehlt sich eine Abklärung bzw. Zweitoperation bei einem anderen als dem erstoperierenden Ärzteteam – und das Hinzuziehen einer guten Rechtsanwältin bzw.

eines Anwalts, denn Sie können in diesem (zum Glück nicht oft vorkommenden) Fall natürlich Schadenersatzansprüche geltend machen.

Zu den körperlichen Gründen für eine Beckenneuralgie ist auch ein unerfülltes Sexualleben zu zählen. Gelingt es einer Frau nämlich allzu selten oder nie, von einer Vorstufe des Höhepunkts, der Plateauphase, zum lösenden Orgasmus zu gelangen – etwa, weil der Partner sich wenig um ihre Empfindungen kümmert oder den *Coitus interruptus* zur Zeugungsverhütung praktiziert, ohne danach noch auf die Orgasmuswünsche seiner Partnerin einzugehen –, bleiben die Sexualorgane, die Beckenbodenmuskulatur und alle zugehörigen Blutgefäße und Nerven in einem chronischen Spannungszustand. In einem schönen sexuellen Höhepunkt könnte er sich lösen; doch zur Masturbation, der einfachsten Methode, haben die Betroffenen oft kein gutes Verhältnis, oder sie empfinden die dabei erzielte Lustlösung als ungenügend weil ihnen die Liebe des Partners fehlt.

Psychosomatik

Neben den Brüsten und den äußeren Genitalien zentrieren sich die »Organe der Weiblichkeit« im Bauch- und Beckenraum der Frau. Nicht nur diese Organe selbst, sondern auch die sie umgebenden Gewebe können daher psychosomatisch auf Verletzungen reagieren, die eine Frau erfährt, weil sie eine Frau ist. Zu den sich summierenden, alltäglichen sexistischen Belästigungen treten oft noch ganz spezifische hinzu: sexuelle Übergriffe oder gar Vergewaltigungen, Angst vor einem als schmerzhaft empfundenen Sexualverkehr, Liebesverlust durch Verlassenwerden oder Untreue des Partners, womöglich gar während einer Schwangerschaft, die unerfüllte Sehnsucht nach einem liebevollen, einfühlsamen (Sexual-)Partner – oder auch einer Partnerin, also eine möglicherweise stets unterdrückte Sehnsucht nach Frauenliebe, und vieles mehr.

Nach den Erfahrungen psychosomatisch orientierter Ärztinnen und Ärzte liegen Beckenneuralgien oft auch Fruchtbarkeits-Konflikte zugrunde: Ein ambivalenter (= zwiespältiger) Kinderwunsch kann ebenso schmerzhafte Spannungen im Beckenbereich hervorrufen wie starke moralische oder auch ganz praktische Probleme mit der Empfängnisverhütung, mit →Unfruchtbarkeit (sei es die eigene oder die des Partners), mit einem nicht adäquat verarbeiteten Schwangerschaftsabbruch, einer Fehl-, Früh- oder Totgeburt oder der konfliktreichen Geburt eines Kindes. Im letzteren Fall ist die Beckenneuralgie dann Teil des Symptomenkomplexes, der postpartale Depression oder Wochenbett-Depression genannt wird (→Still- und Wochenbettprobleme sowie →Depressionen).

Manchmal wird ein Unterbauchschmerz allerdings auch »nur« deshalb chronisch, weil es dem behandelnden Gynäkologen nicht einfällt, nach solchen psychosomatischen Ursachen zu fahnden und seiner Patientin entsprechende Therapiehinweise zu geben, bevor sich Dauerspannung, Frust und reaktiver Reizzustand zu einem Syndrom vegetativer Beschwerden verdichten. Dazu können dann auch Apathie, Leistungsabfall, →Erschöpfungszustände und →Schlafstörungen gehören.

Natürliche Heilverfahren

Allgemeinverhalten:
Chronische Beckenbeschwerden machen sehr müde und schwächen die Abwehrkräfte. Sie sollten sich daher beruflich bzw. mit Haushalt und Kindererziehung möglichst nicht (noch zusätzlich) überfordern, viele Ruhepausen einlegen, sich stets warm halten, für ausreichenden Schlaf sorgen und sich selbst besonders liebevoll behandeln. Entspannungshilfen aller Art, auch eine Müttergenesungskur in einem Frauenheilbad, sind sehr nützlich. Bei Sexualproblemen: Wichtig ist ein entspanntes Verhältnis *zu sich selbst*! Lernen Sie genüßliche Selbstbefriedigung (siehe dazu auch Literaturhinweise), und bringen Sie Ihrem Partner unbedingt bei, was Sie brauchen und gerne haben. Bei schweren, Ihnen fast unlösbar scheinenden Konflikten sollten Sie eine Familien- oder Sexualtherapie in Anspruch nehmen.

Akupressur:
Einige wichtige Punkte zur Tonisierung des Bauch- und Beckenraums befinden sich zwischen Nabel und Venusberg. Sie erreichen Sie bei einer Massage des ganzen Bereichs mit beiden Händen oder durch leicht kreisende Druckmassage der besonders empfindlichen Punkte (1) und (2) (siehe Abbildung S. 60).

Aromatherapie:
Zur Entspannung und Schlafförderung tragen bei: Lavendel, Melisse, Safran; entkrampfend wirken außerdem Passionsblume und Thymian. Anwendungen siehe ab Seite 70.

Atemtherapie:
Schmerzen im Unterbauch verhindern oft, daß dieser Bereich in die Atmung mit einbezogen wird, aus Angst vor weiteren Schmerzen. Das ist jedoch physiologisch wie psychisch ungünstig, denn es baut weitere Spannungen auf. Lernen Sie – am besten an vergleichsweise beschwerdefreien Tagen – in Ihren Bauchraum »hineinzuatmen«: Die ganze Bauchdecke muß beim tiefen Ein- und Ausatmen mitschwingen. Füllen Sie Ihren Bauchraum beim Einatmen wie einen Ballon, und lassen Sie die Luft dann allmählich wieder herausströmen. Spüren Sie der Wirkung solcher Atemübungen nach: Das Becken weitet und entspannt sich dabei; Schmerzen lassen nach. Jeden Tag mindestens 10 Minuten lang üben, am besten im Liegen, sowie nach Bedarf.

Bewegung:
Regelmäßiger, aber mäßiger Sport, z. B. Gymnastikmachen, Schwimmen, Tanzen usw., lenken zum einen von Beschwerden ab, senken zum anderen die Schmerzbereitschaft und helfen entkrampfen. Sehr gut tut Bauchtanz (→Musik- und Tanztherapie), aber auch →Yoga, Tai Chi Chuan (→Bewußtseinstraining/Körpertherapien) und andere, eher ruhige Bewegungsformen. Von Leistungssport ist bis zur Ausheilung abzuraten.

Chronobiotherapie:
Achten Sie besonders auf Ihre natürlichen Schlaf-, Wach- und Monatsrhythmen (Wichtiges dazu ab S. 123); leben Sie mit ihnen und nicht gegen sie! Auch das Schmerzempfinden folgt bestimmten Rhythmen; beobachten Sie, zu welchen Tageszeiten es bei Ihnen besonders zunimmt, und wenden Sie entkrampfende, schmerzlindernde Mittel und Maßnahmen an, *bevor* Ihre Beschwerden stärker werden.

Ernährung, Vitamine, Mineralstoffe, Spurenelemente:
Da Beckenneuralgien oft mit Stauungszuständen einhergehen, ist eine ausschwemmende, entstauende Ernährung wichtig: am besten erst 1–2 Tage →Heilfasten, dann Umstellen der Ernährung auf viel entschlackende Frischkost, Gemüse, vor allem der Zwiebelfamilie, Obst, Salate, dazu Vollkorn- und magere Milchprodukte; mindestens 2 Liter salzarmes Mineralwasser, Heiltees oder Obst- und Gemüse-Frischsäfte pro Tag trinken; salzarm essen, statt dessen viel mit frischen Kräutern würzen; außerdem zusätzlich nervenstärkende B-Vitamine, gewebestärkendes Vitamin E, Kieselsäure, eventuell auch Kalium und Magnesium (täglich abwechselnd) sowie Selen einnehmen. Bei alledem sollten Sie jedoch darauf achten, nicht zu mager zu werden: Ein gesunder, entspannter Frauenbauch braucht seinen Raum!

Farbtherapie:
Stauungen und entzündliche Reizzustände im Bauchraum lassen sich mit Blau und Türkis lindern; bei Mangeldurchblutung und sexuellen Verspannungen ist Rot angebracht. Zur Entspannungstherapie kann Grün, bei Schlafstörungen Violett helfen (Vorsicht: kein Violett, falls Sie depressiv sind!). Anwendungen siehe ab S. 155.

Heiltees und -tinkturen:
Tonisierend und harmonisierend sind Frauenmantel, Schafgarbe, Mönchspfeffer, Salbei, dreimal täglich je 1 Tasse Tee oder Teemischung zwischen den Mahlzeiten, sowie Nachtkerzen- oder Borretschöl (Fertigpräparate, nach Anweisung einnehmen); be-

ruhigend wirken Tinkturen aus Adonisröschen, Herzgespann, Baldrian, Hopfen, Lavendel oder Zitronenmelisse, zweimal täglich 10–15 Tropfen; stimmungsaufhellend ist Johanniskrauttee, 2 Tassen täglich – Vorsicht, macht lichtempfindlich! Sexuell anregend wirkt Ginsengextrakt (nach Herstelleranweisung nehmen).

Kälte- oder Wärmetherapie:
Frauen mit Beckenneuralgie sind in aller Regel wärmebedürftig. Bei Beschwerden helfen: Wärmflasche auf den Bauch, heißer Heublumen- oder Kartoffelbreisack, wärmende Leibauflagen, getränkt mit Mitteln der →Aromatherapie; außerdem siehe Wasseranwendungen.

Massagen:
Entkrampfend und stauungslösend wirken sanfte (Selbst-)Massagen des gesamten Bauches; dabei immer Richtung Lendenlymphgefäße bzw. Oberschenkel hin ausstreichen. Auch eine Fuß-Reflexzonenmassage bei einer geschulten Fachkraft oder eine heilsame Bindegewebsmassage des Rückens kann die Beckenspannung auflösen helfen (→Reflezonentherapien). Haben Sie zudem oft →Rückenschmerzen, sollten Sie eine →Chirotherapie machen lassen: Möglicherweise hängen Ihre Beschwerden auch mit verrutschten Wirbeln bzw. Gewebeverspannungen, vor allem im Kreuz- oder Lendenwirbelbereich, zusammen.

Lichttherapie:
Wie bei vielen anderen Problemen mit Organen des Bauchraums neigen Frauen mit Beckenneuralgie oft dazu, sich wie eine Höhlenbewohnerin vor dem Licht zu verstecken. Das fördert Schmerzbereitschaft und Depressionen! Gehen Sie möglichst viel an die Sonne – das stärkt auch Ihre Abwehrkräfte –, und verwandeln Sie Ihre häusliche »Höhle« in ein lichtdurchflutetes, die Seele aufhellendes Sonnenreich mit hellen Farben und vielen Grünpflanzen. Ihr Schlafbereich sollte nicht kalt und düster, sondern anheimelnd und gemütlich sein (vielleicht sogar ein lustvoller »Rotlichtbezirk«).

Psychosomatische Hilfe:
Versuchen Sie, Ihren seelischen Verletzungen und Abwehrspannungen auf den Grund zu gehen (auch wenn das manchmal wehtut). Fragen Sie sich: In oder nach welchen Situationen treten Ihre Beschwerden typischerweise auf? Welche Ängste verdüstern Ihr Sexualleben? Was könnten Sie aktiv dagegen tun, eventuell auch mit fachlicher bzw. beratender Hilfe? Möchten Sie manchmal am liebsten eine »Frau ohne Unterleib« sein? Neigen Sie dazu, Ihre Konflikte und Schwierigkeiten vor allem »vom Bauch her« zu lösen, ohne ausreichend auf Ihren Verstand zu hören? Auch das kann Bauch und Becken überlasten. Welche Gefühle stauen sich in Ihrem Bauchraum, weil sie kein adäquates Ventil finden? Und fragen Sie sich schließlich einmal ganz ehrlich: Verschafft Ihnen Ihre Beckenneuralgie auch Vorteile – mehr Zuwendung, weniger Auseinandersetzung, Schutz vor unerwünschtem Sex? Wenn Sie gesund werden wollen, müßten Sie auf diese Form des Schutzes verzichten und sich anders schützen lernen.

Rituale mit Heilwirkung:
Suchen Sie sich einen Platz in der Natur, an dem Sie sich ganz besonders wohlfühlen, Ihren persönlichen »Kraftplatz«. Gehen Sie so oft wie möglich *allein* dorthin und tanken Sie sich mit Energien auf. – Schaffen Sie sich ein abendliches Baderitual, das allein Ihrer Entspannung dient, mit wohlriechenden Aromazusätzen, leiser Musik, Kerzenlicht, einem guten Hautöl zum Einreiben. Entdecken Sie dabei die Freude an Ihrem Körper neu.

Visualisieren:
Schließen Sie die Augen, und machen Sie es sich bequem. Schlüpfen Sie in Ihrer Imagination in Ihren Bauchraum, als seien Sie ein Ungeborenes in dieser Sie schützenden Höhle. Schauen Sie sich in diesem Lebensraum um: Wo scheint die Höhle Risse oder Verwachsungen zu haben, wo hat sie eine gesunde, wo eine hochrot entzündliche oder graue, auf schlechte Durchblutung hinweisende Farbe? Wo krampfen sich die Gewebe nervös zusammen, wenn Sie Ihre Gedankenhand ausstrecken und sie berühren? Wo strahlen Schmerzen aus? Heben Sie nun Ihre heilenden Hän-

de, streichen Sie sacht über alle Wände Ihres Beckenraums, indem Sie sich ganz langsam darin drehen, und schicken Sie durch Ihre Hände Wellen um Wellen positiver Energie. Beruhigen Sie mit den Händen die Nerven, die Gefäße, die Organe; streichen Sie über Entzündungen und sehen Sie, wie sich die Wunden schließen. Wenn Ihr ganzer Beckenraum wohlig warm, entspannt und voll heilender Energie ist, ziehen Sie sich langsam daraus zurück. Bleiben Sie noch einige Minuten mit geschlossenen Augen liegen und spüren Sie der Wirkung nach. Dann die Hände ballen, kräftig ausschütteln, tief ausatmen und die Augen öffnen.

Wasseranwendungen:
Entspannend und entkrampfend sind warme Voll-, Halb- oder Sitzbäder, auch mit durchblutungsförderndem Fango-, Moor- oder Rosmarinzusatz, sowie ansteigende Fußbäder; danach am besten gleich ins Bett. Allgemein abwehrstärkend ist →Kneippen; Sie sollten jedoch auf sehr starke Reize dieser Anwendungen verzichten und sanfte Güsse etc. vorziehen.

Wickel:
Bei stärkeren Beschwerden hilft eine Leibauflage mit Heilerde; nach einer halben Stunde Einwirkzeit abnehmen und nicht öfter als zweimal täglich anwenden. Anfangs können die Beschwerden kurzzeitig stärker werden, hören aber dann auf.

Yoga:
Bei Beckenneuralgie ist die auf S. 690 beschriebene Krokodil-Übung sehr zu empfehlen, die den Beckenraum samt allen darin befindlichen Organen stark durchblutet, entstaut und beweglicher macht.

Zusätzliche Verfahren:
Bei chronischen Unterleibsbeschwerden emfiehlt sich auf jeden Fall eine konstitutionelle Therapie mit Mitteln der →Homöopathie, alternierend auch eine psychisch wirksame →Bach-Blüten-Therapie. Entspannungsübungen des Autogenen Trainings können bis tief in den Beckenraum wirken. Außerdem: Nehmen

Sie ab und zu »Urlaub vom Ich«, von Ihren Leiden, Pflichten, Kümmernissen!

Genannte Literatur:

1) Minker, Margaret: Mit Leib und Seele gesund werden. Psychosomatik für Frauen. Mosaik Verlag, München 1993.

Weitere Literaturempfehlungen:

Camenzind, Elisabeth/Knüsel, Kathrin (Hrsg.): Frauen wollen's anders. Weibliche Sexualität und Autonomie. Kreuz Verlag, Zürich 1994.

Meshorer, Marc und Judith: Schöner als Fliegen. Frauen verraten ihr Geheimnis, wie sie leicht zum Orgasmus kommen. Wilhelm Heyne Verlag, München 1990.

Meulenbelt, Anja: Frauensexualität. Verlag Frauenoffensive, München 1988.

Minker, Margaret: 100 Fragen zur Sexualität der Frau. Goldmann Verlag, München 1994.

Nuber, Ursula (Hrsg.): Frauen und Sexualität. Was geht wirklich, wenn alles erlaubt ist? Wilhelm Heyne Verlag, München 1993.

Northrup, Christiane: Frauenkörper – Frauenweisheit. Bewußt leben, ganzheitlich heilen. Verlag Zabert Sandmann, München 1994.

Olbricht, Ingrid: Was Frauen krank macht. Der Einfluß der Seele auf die Gesundheit der Frau. Kösel-Verlag, München 1993.

Tietze, Henry G.: Blockierte Liebe. Wie seelische Konflikte unsere Sexualität beeinflussen. Wilhelm Heyne Verlag, München 1992.

Brusterkrankungen und -beschwerden

Dazu gehören unter anderem:

Brustspannen (Mastodynie)
vormenstruelle Brustschmerzen (→Prämenstruelles Syndrom)
Brustzysten und -knötchen (Mastopathie)
Brustdrüsenentzündung (siehe auch →Still- und Wochenbettprobleme)
Brustkrebs

Allgemeines

Die Brüste gehören zu den empfindlichsten weiblichen Organen, weil sie ungeschützt vor dem Brustkorb liegen – ähnlich wie die Genitalorgane des Mannes vor seinem Unterleib. Sie haben drei wesentliche Aufgaben, von denen jedoch nur eine ganz und gar auf die Frau selbst bezogen ist: als Spenderinnen ihrer eigenen, erotischen und sexuellen Lust; als Symbole ihrer Weiblichkeit (ein Merkmal, das sie vom anderen Geschlecht unterscheidet und einen Teil ihrer sexuellen Attraktivität für andere ausmacht); und als Nahrungsquellen für den Nachwuchs. Empfindet die Frau Freude und Lust an ihrem Weiblichkeitssymbol, die Stillende Lust und Stolz beim Nähren, schließt sich der Kreis.

Oft genug jedoch geschieht das nicht, denn die Brüste sind gleichzeitig auch die Quelle vieler Ängste und der Ort vieler Erkrankungen und Beschwerden. Praktisch jede Frau hat irgendwann in ihrem Leben Probleme mit ihren Brüsten; das läßt sich so von kaum einem anderen Organbereich sagen. Zigtausende chirurgischer Brustkorrekturen, die allein deutsche Frauen alljährlich über sich ergehen lassen, zeigen auf extreme Weise, welch immense Bedeutung die Brüste für die Geschlechtsidentität, das Selbstwertgefühl, das Körperempfinden, die Sexualität, die soziale Frauenrolle, die körperliche, geistige, seelische und nicht zuletzt die spirituelle Gesundheit von Frauen hat. Doch nur wenige

Wissenschaftlerinnen (und noch weniger Wissenschaftler) haben ihre Arbeit bislang der Erforschung aller mit diesem Phänomen verbundenen Faktoren gewidmet; die Brüste werden als irgend ein Organbereich unter vielen abgehandelt oder weniger beachtet als z. B. Leber, Milz oder Nieren. Im ›Pschyrembel‹, dem von Ärzten meistbenutzten medizinischen Wörterbuch[1)], findet sich unter dem Stichwort »Mamma« (lateinisch für Brust) nur ein Mini-Absatz, ein Teil davon zu Brustbeschwerden. Die gesunde weibliche Brust, ihr Aufbau und ihr Aussehen, ihre Funktionen und ihre natürlichen Veränderungen im Laufe des Frauenlebens sind offenbar kaum der Rede wert. Gerade neun schmale Zeilen widmen ihnen die Verfasser.

Die Tatsache, daß die Brüste fast ausschließlich in Krankheitszusammenhängen – oder, was auf Ähnliches hinausläuft, in der Debatte um Pornographie und Busengrapschen – genannt werden, wirkt sich nachhaltig auf das weibliche Körperbewußtsein aus. Wie soll es sich unter solchen Eindrücken positiv entwickeln? Und wie soll ein Mädchen oder eine Frau noch zu einem unbefangenen Bild ihrer eigenen Brust gelangen, wenn sie in sämtlichen Medien unentwegt nur ein ganz bestimmtes, von »Busenschönheiten« (oder auch Porno-Models) vorgeführtes Schönheitsideal vorfinden, das mit den ganz normalen Brüsten der Durchschnittsfrau recht wenig zu tun hat? Oft genug sind die so freigiebig gezeigten Brüste nicht einmal »Natur pur«, sondern silikonunterspritzt oder chirurgisch vergrößert bzw. straffgezogen. Fragen zur Entwicklung ihrer Brüste, so geht denn auch aus vielen Studien an Jugendlichen hervor, beunruhigen heranwachsende Mädchen heutzutage oftmals mehr als alle anderen Pubertätsprobleme.

Seit Jahrzehnten werden wir Frauen zudem in Angst vor Brustkrebs gehalten (siehe dazu auch ab S. 100). Brustkrebs tritt überwiegend bei Frauen über 45 auf. Je älter wir werden, desto mißtrauischer betrachten wir daher unsere Brüste und desto beunruhigter sind wir, falls sie uns einmal wehtun, Knötchen und Verdickungen darin ertastbar sind oder die Brust»warzen« außerhalb von Schwangerschaft und Stillzeit ein Sekret absondern. (Dieses sicher nicht von Frauen erfundene Wort für einen sehr anziehenden, sensiblen, wichtigen Teil der weiblichen Brust finde ich ebenso häßlich wie herabsetzend und verwende daher hier lieber den Begriff Mamille.)

Hinzu kommt, daß Heranwachsende und erwachsene Frauen zwar viel über die Funktionen der weiblichen Brüste, kaum je aber etwas über ihre *völlig normalen Veränderungen im Verlauf des Frauenlebens* erfahren – vom süffisanten Hinweis, daß sie im Alter sicher »abschlaffen« werden, einmal abgesehen. So halten sie viele Veränderungen für krankhaft, die es gar nicht sind, oder wachsen im falschen Glauben auf, ihre einmal ausgewachsenen Brüste müßten immer gleich aussehen, sich immer gleich anfühlen, sonst stimme etwas mit ihnen nicht. Das alles führt dazu, daß dieser – für das weibliche Selbst-Bewußtsein so bedeutsame – Bereich seelisch negativ besetzt wird, wie es in der psychologischen Fachsprache heißt. Das allein macht die Brüste bereits anfälliger für Beschwerden und Erkrankungen. Zahlreiche Beispiele für diese Zusammenhänge, in denen viele Frauen sich wiedererkennen können, nennt die Psychosomatikerin Dr. med. Ingrid Olbricht in ihrem hervorragenden Buch ›Die Brust – Organ und Symbol weiblicher Identität‹[2].

Sowohl akute als auch chronische Brustbeschwerden lassen sich mit Hilfe natürlicher, zum Beispiel entzündungshemmender und hormonregulierender Mittel lindern. Die jeweiligen Ratschläge für Sie zusammenzustellen, warf jedoch erheblich mehr Schwierigkeiten auf als bei anderen Gesundheitsstörungen: In vielen Selbsthilfe-Handbüchern, Abhandlungen zu einzelnen Behandlungsmethoden, Kongreßbeiträgen und anderem mir zur Verfügung stehenden Informationsmaterial kommen Erkrankungen und Beschwerden der weiblichen Brust schlicht nicht vor oder sind auf das Prämenstruelle Syndrom, Still- und Abstillprobleme beschränkt. Auch diese Tatsache sagt viel darüber aus, wie Frauen selbst auf dem Gebiet der Naturheilkunde wahrgenommen werden.

Körperliche Gründe von Brustbeschwerden und -erkrankungen

Weibliche Sexualhormone regen in der Pubertät das Brustwachstum, in der Schwangerschaft und Stillzeit die Milchsekretion der Brustdrüsen an und haben auch bei Brustbeschwerden und -erkrankungen bis hin zu Brustkrebs viel zu melden. Das ist ganz wörtlich gemeint, denn Hormone sind Botenstoffe. Die Ausschüttung von Östrogenen, Progesteron, Prolaktin und mehreren anderen Hormonen (→Still- und Wochenbettprobleme) geht im natürlichen Zyklusverlauf wellenförmig auf und ab. Manchmal, vor allem bei Streß, entsteht ein hormonelles Ungleichgewicht, das zu »Fehlmeldungen« im Brustgewebe führt und vermehrte Wassereinlagerungen, Gewebeverdickungen, Schmerzen und Brustspannen zur Folge hat. In leichter Form werden diese Beschwerden als Mastodynie bezeichnet; stehen knotige Veränderungen im Vordergrund, heißt es Mastopathie. Gynäkologinnen bezweifeln neuerdings, daß ein solcher – auch prämenstruell häufig auftretender – Gewebe-Umbauprozeß in den Brüsten tatsächlich krankhaft ist, wie die Endung *-pathie* in der medizinischen Fachsprache nahelegt: Immerhin erlebt ihn fast jede Frau irgendwann im Lauf ihres Lebens, häufig auch mehrmals. Und ob sie dabei Beschwerden empfindet bzw. sich krank fühlt, hängt eher vom Ausmaß dieses Umbaus und ihrer Einstellung dazu als von der Tatsache als solcher ab. – Auch die künstlichen Hormone der Antibabypille und anderer Hormonpräparate, Hormonrückstände in Mastgeflügel und Schweinefleisch, Psychopharmaka und andere Medikamente können Brustveränderungen und -beschwerden verursachen. Die Zellen mancher bösartigen Brusttumoren verfügen über spezielle Rezeptoren (Empfangsstellen) für Hormone und wuchern u. a. unter deren Einfluß. Frauen mit brustkrebskranken Angehörigen haben zudem aus genetischen Gründen ein höheres Risiko, ebenfalls an Brustkrebs zu erkranken. Möglicherweise spielt auch erhebliches Übergewicht dabei eine Rolle. – Hohl- oder Schlupfmamillen sind meist angeboren, können sich aber auch erst später entwickeln und sind in aller Regel kein Anlaß zu Besorgnis. Im Zweifelsfall lassen Sie sich am besten ärztlich untersuchen.

Die rein körperlichen Ursachen von Zysten oder gutartigen Fibroadenomen (Bindegewebsknoten), die beide sehr häufig vorkommen, sind ungewiß; in der Schulmedizin ist zwar bekannt, wie, aber nicht warum sie sich bilden. Bei neun von zehn Frauen ist eine solche Brustveränderung allein *kein* Grund, sich vor Krebs zu fürchten. Auch Sekretabsonderungen aus den Brüsten sind zu 90 Prozent völlig gutartig; sie entstehen spontan, unter Einfluß von Hormonen oder bestimmten Medikamenten, manchmal auch psychosomatisch, etwa bei heftigem Kinderwunsch. Brustdrüsenentzündungen kommen am häufigsten bei Wöchnerinnen vor, meist infolge einer bakteriellen Infektion und/oder begünstigt von Milchstau (→Still- und Wochenbettprobleme) oder einer unvermittelt wachsenden Zyste.

Auch sportliche Betätigung, etwa Hanteltraining, oder zu enge Büstenhalter können Brustschmerzen auslösen, desgleichen besonders schwere Brüste, die sich unter ihrem Eigengewicht dehnen. In diesem Fall kommen meist auch noch →Rückenschmerzen hinzu.

Sofort zur ärztlichen Untersuchung/Behandlung bei:

- blutigem oder eitrigem Sekret aus den Mamillen,
- starken Brustschmerzen und -schwellungen, verbunden mit Fieber und Schüttelfrost (Verdacht auf akute Brustdrüsen- oder Milchgangentzündung),
- harten, gegen das übrige Gewebe nicht verschiebbaren Knötchen in der Brust, die nach der Menstruation immer noch spürbar sind, deutlichen neuentstandenen Gewebeeinziehungen (Dellen) an der Brust bzw. um die Mamille, sichtbar vor allem beim Vornüberbeugen, wenn die Brüste frei schwingen,
- ungewöhnlichen Knoten in den Achselhöhlen.

Psychosomatik

Viele Frauen haben ein sehr zwiespältiges Verhältnis zu ihren Brüsten. Von frühester Jugend an wird ihnen vermittelt, daß die Brüste als »sekundäre« weibliche Geschlechtsorgane eine durchaus primäre Bedeutung als Sexualsymbole haben. Sie sind deshalb oft sehr verunsichert, wenn ihre eigenen in Form oder Größe nicht dem gerade geltenden Schönheitsideal entsprechen – das sich übrigens im Laufe eines Frauenlebens x-mal ändern kann, so daß kaum eine Frau es schafft, mit ihren Formen immer *en vogue* zu sein. Vom männlichen Blick auf ihre Brüste reduziert zu werden, irritiert die meisten Frauen außerordentlich (und noch mehr die heranwachsenden Mädchen, die sich selbst erst an ihre Brüste gewöhnen müssen). Nicht wenige entwickeln dadurch Komplexe oder Abwehrgefühle gegenüber diesem Bereich ihres Körperselbst, oder sie können ihre eigene sexuelle Lust an der Brust gar nicht erleben, weil es immer nur um die Lust der Männer daran geht – gerade als gehörten die weiblichem Brüste eher ihnen als den Frauen selbst. Solche Abspaltungen verhindern, daß dieser Bereich sich positiv im Selbstbild der Frau verankern.

Brust und Lust haben nicht nur den Reim gemeinsam. Die allererste Lustempfindung bietet uns die Mutterbrust (oder als Ersatz der Flaschennuckel). Die mütterliche Brust ist das Symbol der Liebe, Fürsorge, Geborgenheit und des Nährens; sie kann aber auch als bedrohlich, übermächtig, erdrückend empfunden werden. Heranwachsende, die mit ihrer Mutter bzw. der von ihr vorgelebten Frauenrolle nicht klarkommen, fürchten nicht selten ihre Brustentwicklung, weil sie sie der Mutter ähnlicher macht. Oft bricht der Konflikt mit der Mutter-Brust erst bei der ersten Schwangerschaft, der eigenen Mutterwerdung, richtig auf; manchmal ist er deshalb Anlaß für →Schwangerschaftsbeschwerden oder das allmonatliche →Prämenstruelle Syndrom. Brustkrank werden Frauen auch manchmal, weil sie sich von anderen geradezu »ausgesogen« fühlen. Sie nähren andere – mit Liebe, Zuwendung und Fürsorge –, werden selbst aber nicht genügend genährt.

Wenn Sie natürliche Heilmethoden für Ihre Brustprobleme nutzen, geben Sie sich bereits viel aktive Zuwendung. Vor allem und über akute Beschwerden hinaus ist es aber wichtig, zu den eigenen Brüsten ein liebevolles, zärtliches, schützendes und stolzes Gefühl aufzubauen bzw. wiederzugewinnen. Allein dadurch kann

Ihnen schon so mancher krankmachende »Stein von der Brust« fallen. Frauenorientiertes →Bewußtseinstraining hilft Ihnen dabei. Die allmonatliche *Selbstuntersuchung* der Brüste und Achselhöhlen nach (!) der Menstruation – oder Abbruchblutung, falls Sie die Antibabypille einnehmen – sollte für jede Frau eine Selbstverständlichkeit sein, schon allein deshalb, weil sie dabei ihre Brüste sehr genau kennenlernt und mit der Zeit ein gutes Gefühl dafür bekommt, was für sie ganz normal ist und was der näheren Untersuchung wert.

Natürliche Heilverfahren

Allgemeinverhalten:
Zuerst sollten Sie genau prüfen, ob die Brustbeschwerden einem zyklischen Rhythmus folgen. Wenn ja, handelt es sich sehr wahrscheinlich um das →Prämenstruelle Syndrom. Wenn Sie vermuten, daß künstliche Hormone oder Medikamente bei den Beschwerden eine Rolle spielen, sollten Sie das Präparat in Absprache mit der Ärztin bzw. dem Arzt wechseln oder ganz absetzen. Bei schweren, spannenden, unangenehm wippenden Brüsten hilft ein geeigneter Sport- oder Stütz-BH, der jedoch nirgends einengen oder scheuern darf. Eine Brustentzündung kurieren Sie am besten im Bett aus; schwere Hausarbeit ist dann nichts für Sie!

Aromatherapie:
Kühlend, erfrischend und abschwellend sind Minze und Zitrusfrüchte-Aromen; bei einer Entzündung der Brust oder der Mamillen dürfen Sie sie nicht unverdünnt auf die Brusthaut bringen. Anwendungen ab S. 70.

Atemtherapie:
Atemübungen können schmerzlindernd, kühlend, entspannend und fiebersenkend wirken. Sie lernen sie z. B. bei einer Atemtherapeutin oder in einem guten Yoga-Kurs. Hilfreich bei Spannungs- und Hitzegefühlen in den Brüsten ist auch die auf S. 456 beschriebene Wechselatmung.

Bewegung:
Tun die Brüste beim Bewegen weh, sollten Sie auf anstrengenden Sport, das Heben schwerer Gegenstände usw. verzichten und/oder einen gutsitzenden Stütz-BH anziehen. Vorbeugend können Sie die Brustmuskulatur durch Schwimmen, mäßiges Hanteltraining, isometrische Gymnastik sowie →Yoga kräftigen. Regelmäßige sportliche Bewegung beeinflußt auch den Hormonhaushalt günstig, falls sie nicht übertrieben wird, wie das im Leistungssport oft geschieht.

Chronobiotherapie:
Nicht gegen den persönlichen Monatszyklus, sondern mit ihm leben! Das kann (auch) heißen: keine Antibabypille, sondern lieber Kondome oder andere Verhütungsmethoden benutzen; die Aktivitäts- und Ruheperioden den Mond- bzw. Zyklusphasen angleichen (→Zyklusstörungen); mehr Kontakt mit dem »Busen der Natur« suchen und sich oft im Freien entspannen.

Ernährung, Vitamine, Mineralstoffe, Spurenelemente:
Bei Neigung zu Brustbeschwerden empfiehlt es sich, wasserbindenden Salzkonsum stark einzuschränken, erheblich weniger Fleisch und Fleischprodukte zu essen, auf Vitamin-B-reiche Vollwertkost umsteigen (→Ernährungstherapie) oder zusätzlich Vitamin-B-haltige Bierhefe zu essen sowie bindegewewebsstärkende Kieselsäure unter Biojoghurt oder Quark rühren. Bei PMS-Brustschmerzen: ca. eine Woche vor der Menstruation sehr wenig Salz, dafür häufig entwässernde Kartoffeln, Lauch, Vollkornreis, Zwiebeln usw. essen (aber keine *Diuretika* einnehmen, die den Stoffwechsel mehr belasten als ihm helfen!). Gut sind außerdem 1–2 Tage Saft-, Gemüse- oder Molkefasten (→Heilfasten). Grundsätzlich sollten Sie in der zweiten Zyklusphase viel trinken, aber nur wenig Kaffee, Schwarztee und Alkohol, nichts Hochprozentiges! Bei Brustentzündung hilft ausleitendes, umstimmendes Heilfasten über 2-3 Tage; stellen Sie Ihre Ernährung dann auf überwiegend vegetarische Vollwertkost um und essen Sie viel Joghurt, Quark und Sauermilch. Zur Ernährung bei Krebserkrankungen lesen Sie bitte unter →Biologische Krebsabwehr.

Farbtherapie:
Blau wirkt entzündungslindernd und kühlend, ist also gut bei heißen, entzündeten, schmerzenden Brüsten und Mamillen. Gelb wirkt stark drüsenanregend, Orange etwas schwächer; beides ist gut bei Mastopathie und zur Anregung des Milchflusses beim Stillen. Grün entspannt und beruhigt allgemein. Anwendungen siehe ab S. 155.

Heiltees und -tinkturen:
Entwässernd und ausleitend: Brennessel- und Zinnkrauttee; hormonregulierend: Frauenmanteltee oder eine Teemischung aus Schafgarbe, Mönchspfeffer (Agnus castus) und Stiefmütterchen zu gleichen Teilen, dreimal täglich 1 Tasse; oder eine Tinktur aus Alpenveilchen, blauem Hahnenfuß, Hopfen, Ignatiusbohne, Mönchspfeffer, Schwert- und Tigerlilie (als Fertigpräparat aus der Apotheke), davon morgens und abends je 30 Tropfen vor dem Essen; oder Himbeerblätter-Tinktur (für Frauen mit starker Monatsblutung), Tinktur aus Schwarzer Johannisbeere (für Frauen mit mittlerer bis schwacher Blutung) oder Birkenrindentinktur, 40 Tropfen morgens vor dem Frühstück. Bei Brustentzündung: Teemischung aus je 2 Teilen Bockshornklee und Huflattich plus je 4 Teilen Ackerdistel und Leinsamen, 2–3 große Tassen täglich. Weiteres siehe Wasseranwendungen und Wickel.

Kälte- oder Wärmetherapie:
Vorbeugend helfen kreislaufanregendes, kreisendes Hautbürsten, wobei Sie die Brüste sanft umrunden, und warm-kalte, gewebestärkende Wechselgüsse (→Kneippen). Bei akuter Entzündung und Schwellung sind kühlende Auflagen (siehe Wickel) oder eine Kältepackung mit Eisbrocken in zwei Küchenhandtüchern nützlich (Eis nie direkt auf die Haut geben!).

Massagen:
Bei akuten Entzündungen machen Sie besser keine direkten Brustmassagen. Ansonsten nützen regelmäßiges Hautbürsten, eine ausleitende Fuß-Reflexzonen-Massage (→Reflexzonentherapien) oder eine entstauende, flüssigkeitsableitende Lymph-

drainage: die Achselhöhlen sanft Richtung Leiste ausstreichen, danach die Brustseiten in Richtung Achselhöhlen, am besten mehrmals täglich 5 Minuten lang. Bei Sekreten aus der Mamille nicht herumdrücken; es könnten Bakterien in die Milchgänge gelangen! – Nach einer Strahlentherapie gegen Brustkrebs stellen sich oft starke Armödeme ein; lassen Sie sich dann eine Therapeutische Lymphdrainage verschreiben. Sie wird von den Kassen bezahlt.

Lichttherapie:
Bei akuten Entzündungen sollten die Brüste dem Sonnenlicht nicht direkt ausgesetzt werden. Der allgemeinen Abwehrstärkung dienen regelmäßig zehnminütige Sonnenbäder; falls Sie eine empfindliche, helle, sonnenentwöhnte Brusthaut haben, sollten Sie sie mit einer Sonnenschutzcreme mit höherem Lichtschutzfaktor eincremen.

Psychosomatische Hilfe:
Wie die Anmerkungen auf S. 338ff. zeigen, können sich hinter Brustbeschwerden und -erkrankungen viele unterschiedliche ungelöste Seelenkonflikte verbergen. Versuchen Sie, Ihrem wesentlichsten Problem mit Hilfe folgender Fragen auf die Spur zu kommen: Was lastet oft wie ein Stein auf Ihrer Brust? Welche Bedeutung haben Ihre Brüste vorrangig für Sie persönlich? Haben Sie Schwierigkeiten mit Ihrer Mutter, Ihrem Mutterbild bzw. Ihrer eigenen Mütterlichkeit, die sich negativ auf Ihr Brustbild auswirken? Welche Konflikte nehmen Sie sich sehr »zu Herzen« und an die Brust? Haben Sie Ihre Brüste (das heißt sich selbst) lieb, oder lehnen Sie sie und damit sich selbst eher ab?

Offenheit und konfliktlösende Gespräche können Sie weiterbringen: mit einer guten Freundin, einer Therapeutin, Ihrer Mutter, falls das geht. Zusammenhänge zu klären, nimmt oft schon Druck und Spannung! Fühlen Sie sich von anderen ausgesogen, müssen Sie lernen, auch einmal zu nehmen statt immer nur zu geben. Tanken Sie Energie, gönnen Sie sich Ruhe, Entspannung und Zuwendung zu sich selbst. Für Frauen, die eine *kosmetische Brustkorrektur* erwägen: Fügen Sie Ihrem Körperselbst niemals

Verletzungen zu, um jemand anderem zu gefallen. Das Messer trifft Sie, nicht den anderen, und Sie sind es, die mit den möglichen Folgen leben muß. Welcher Mann würde Ihnen zuliebe an sich herumschneiden lassen? Und würden Sie das gut finden? Stärken Sie Ihr weibliches Selbstbewußtsein. Dann haben Sie keine einschneidenden Körperveränderungen mehr nötig. Hilfe finden Sie in guter Literatur zum Thema (siehe S. 345 f.), in Frauengruppen und bei frauenspezifisch arbeitenden Therapeutinnen.

Rituale mit Heilwirkung:
Begrüßen Sie morgens beim Aufwachen eigens Ihre Brüste, und sagen Sie ihnen abends eigens gute Nacht. Umfassen Sie sie dabei liebevoll-schützend mit Ihren warmen Händen. – Legen Sie zwei Zwillingskugeln aus Holz, Glas oder einem anderen schönen Material in eine Schale und stellen Sie sie gut sichtbar in Ihre Nähe. Sie symbolisieren Ihre Brüste. Schicken Sie ihnen jedesmal eine positive Energiewelle, wenn Ihr Blick darauf fällt. Nehmen Sie die Kugeln in beide Hände, wenn Sie jemand in Ihrer Weiblichkeit beleidigt hat, und schöpfen Sie Kraft aus ihnen.

Visualisieren:
Wandeln Sie die »Reise zur Gebärmutter« (S. 274) zu einer Visualisierung Ihrer Brüste ab. Stellen Sie sich vor, wie Sie in einen Zaubersee gleiten (S. 273), Ihre Brüste schön und schwerelos im heilenden Wasser schwimmen, das sie ganz überspült und alles Kranke aus ihnen herauszieht. Gehüllt in blaufunkelnde Tropfen, steigen Sie erfrischt und gestärkt aus dem See.

Wasseranwendungen:
Bei Brustentzündungen hilft es, ein warmes, entstauendes Brustbad zu machen (→Still- und Wochenbettprobleme). Gegen Spannungsgefühl und Schmerzen in den Brüsten helfen kühle Abwaschungen, u. U. mit schmerzlindernder Eichenrinde-Abkochung oder Weidenrinde-Tinktur. Schwimmen in kühlem oder kaltem Wasser kräftigt den großen Brustmuskel (die Brüste tun dann nicht mehr so leicht weh) und hält die Brusthaut fest und elastisch. Das gleiche gilt für warm-kalte Wechselgüsse.

Morgens beim Duschen immer mit einem kalten Brust-Guß aufhören!

Wickel:
Heilerde-Wickel helfen gut bei Brustschmerzen und -spannen sowie bei Entzündungen, ebenso kühlende Quarkauflagen; zwei- bis dreimal täglich anwenden und nach dem Trocknen naßsprühen oder entfernen. Achtung: Der Schmerz kann anfangs stärker werden, läßt aber später deutlich nach. Heilsam wirken auch Auflagen mit Eichen- oder Weidenrindeabsud oder mit Tee aus Bockshornklee. Weiteres →Still- und Wochenbettprobleme.

Zusätzliche Verfahren:
Bei prämenstruellen bzw. chronischen Brustbeschwerden, akuten Entzündungen und hormonellen Störungen sind spezifische Mittel der →Homöopathie sehr hilfreich; fragen Sie eine gute Fachkraft danach. Häufig hilft auch eine ärztlich verschreibbare pflanzliche Tropfenkur mit hormoneller Wirkung, die Sie mindestens 3–4 Wochen lang machen sollten. Dabei können auch Mastopathie-Knötchen verschwinden. Bei starken Wasseransammlungen in den Brüsten: Lassen Sie sich eine Therapeutische Lymphdrainage ärztlich verordnen (auch zur Nachbehandlung nach Strahlentherapie).

Genannte Literatur:
1) Pschyrembel: Klinisches Wörterbuch. Walter de Gruyter Verlag, Berlin, 256. Aufl. 1990.
2) Olbricht, Ingrid: Die Brust – Organ und Symbol weiblicher Identität. Rowohlt Taschenbuch Verlag, Reinbek 1989.

Weitere Literaturempfehlungen:
Berg, Lilo: Brustkrebs. Wissen gegen Angst. Verlag Antje Kunstmann, München 1995.
Gödtel, Reiner: Die Brust. Signal, Symbol, Organ. Springer-Verlag, Berlin, Heidelberg, New York 1993.
Kannamüller, Gabi: Die weibliche Brust. Gutartige Erkrankungen und ihre Behandlung. Verlag Antje Kunstmann, München 1991.

Minker, Margaret: Mit eigenen Augen sehen. Selbstliebe lernen, Körpergefühl verbessern. Ein Handbuch für Frauen. Mosaik Verlag, München 1989.

Minker, Margaret/Scholz, Renate: Alles über Schönheitsoperationen. Entscheidungshilfen, Operationsmethoden, Alternativen. Humboldt-Verlag, München 1992.

Weiterführende Anschriften:

Ambulanz für Naturheilkunde der Carstens-Stiftung
Universitäts-Frauenklinik
Voßstr. 9
69115 Heidelberg

Feministisches Frauen Gesundheits Zentrum
(FFGZ) e. V.
Bamberger Str. 51
10777 Berlin
(nennt auch Anschriften anderer deutscher Frauengesundheitszentren)

Frauenselbsthilfe nach Krebs e. V.
Bundesverband
B6, 10/11
68159 Mannheim

Deutsche Gesellschaft für Lymphologie e. V.
Haslachstr. 37
79868 Feldberg-Falkau

(weitere Anschriften →Biologische Krebsabwehr)

Depressionen

Dazu gehören unter anderem:

die Winterdepression
prämenstruelle Depressivität
reaktive (exogene) Depression
postpartale Depression (nach Entbindung), »Baby-Blues«
Depression nach Hysterektomie
Depressionen im Wechsel (siehe auch →Wechseljahrs-beschwerden)
medikamentös ausgelöste Depressivität

Allgemeines

Medizinstatistiken in allen westlichen Industrieländern zufolge erkranken Frauen mindestens doppelt so häufig an Depressionen bzw. depressiven Gemütsverstimmungen wie Männer. Besser gesagt: Depressionen werden beim weiblichen Geschlecht mindestens doppelt so häufig ärztlich diagnostiziert. Zum einen, weil mehr Frauen als Männer sich bei depressiven Zuständen hilfesuchend an eine Ärztin oder einen Arzt wenden: Sie sind es eher gewohnt, überhaupt zuzugeben, daß etwas mit ihnen nicht in Ordnung sein könnte. Und sie sind es auch eher gewohnt, eine Autorität aufzusuchen, die ihnen etwas über ihr Befinden mitteilt und ihnen eine Therapie anbietet. Außerdem schenken Frauen ihrem körperlichen und seelischen Befinden meist mehr Aufmerksamkeit als Männer, spüren Beschwerden früher, nehmen sie als Warnsignal ernster und sind eher bereit, etwas dagegen zu unternehmen (oder unternehmen zu lassen).

Die Ärzteschaft wiederum, seit Jahrhunderten an die »schwachen weiblichen Nerven« und seit Jahrzehnten an die Hormontheorien gewöhnt, die Frauen zu labilen, hormonell hin- und herschwankenden Wesen erklären, ist ziemlich rasch bereit, bei Frauen eine Depression zu diagnostizieren. Bei Männern werden meistens erst einmal eine Reihe anderer, stärker körperbezogener

Diagnosen durchprobiert, bis der Arzt schließlich bei der Depression anlangt. Der Grund dafür: Männern werden Depressionen weniger oft unterstellt und »zugetraut«, da sie ja in ihren Männerrollen viel mehr Möglichkeiten haben, Frust nach außen abzureagieren, statt ihn destruktiv nach innen richten zu müssen. Männer gelten auch als hormonell ausgeglichener, das heißt im Klartext, weniger hormonabhängig und nicht so labil wie Frauen. Und schließlich kommt die Suche nach rein körperbezogenen Krankheitsursachen der vor allem von Männern geteilten Auffassung sehr entgegen, für jedes Mißbefinden müsse es einen faßbaren, meßbaren, möglichst unter dem Mikroskop sichtbaren Auslöser geben, dem anschließend der Garaus zu machen ist.

In der Tat sind sehr viele Depressionen, bei Frauen wie bei Männern, von einer ganzen Reihe »rein körperlich« scheinender Symptome maskiert; medizinisch heißt das: *larvierte Depression.* Dazu zählen zum Beispiel:

→Kopfschmerzen und Migräne, unbestimmte →Beckenbeschwerden, →Rückenschmerzen, →Verdauungsstörungen, Magenverstimmungen, Herzklopfen, Appetitlosigkeit, bleierne Müdigkeit und →Erschöpfungszustände, allgemeine →Abwehrschwäche, erhebliche →Schlafstörungen, Händeschwitzen und -zittern sowie weitere Symptome einer »vegetativen Dystonie« (wie die ärztliche Verlegenheitsdiagnose bei unklaren Beschwerden oft lautet).

Doch auch wenn die betroffene Frau Glück im Unglück hat und ihre Ärztin beim geklagten Symptomenkomplex sofort auf eine larvierte Depression tippt, ist damit noch keineswegs gesagt, daß ihr anschließend auch wirklich geholfen wird. Ganz im Gegenteil: Für viele – und auch hier wiederum vor allem für Frauen – beginnt hier eine *Psychopharmaka-Karriere*, die oft viele Jahre anhält, sehr viele in Abhängigkeit und Sucht treibt und bei gar nicht so wenigen überhaupt erst eine wirklich schwere Depression auslöst, die dann womöglich eine Einweisung in die Nervenklinik nötig macht. Dort warten im Normalfall weitere Psychopharmaka auf sie…

Im Jahr 1986, zitiert Ursula Nuber in ihrem Buch über Depressionen[1] eine Experten-Berechnung, »entfielen von 34 Millionen

Psychopharmaka-Verordnungen rund 18 Millionen auf Mittel wie Lexotanil, Adumbran, Tavor, Tranxilium oder Valium«, und zwei Drittel dieser Präparate gingen an Frauen. In ihrem aufrüttelnden Buch ›Ich tanze so schnell ich kann‹[2] beschreibt die amerikanische Fernsehjournalistin Barbara Gordon ihren Absturz in den Valiumabgrund, der ihre Gefühle völlig ertauben ließ und sie in eine beinahe tödlich endende Depression hineinriß. Und trotz der längst bekannten Gefahren und zahlreichen Nebenwirkungen solcher Medikamente haben sich bis heute die Verschreibungszahlen und -praktiken nur unwesentlich verändert. Allenfalls werden etwas weniger »harte« Mittel der oben genannten Benzodiazepin-Gruppe, dafür etwas »weichere« Tranquilizer verschrieben, die jedoch bei längerfristiger Einnahme das gleiche Suchtpotential besitzen.

Beinahe drei Viertel aller diagnostizierten Depressionen sind den sogenannten reaktiven, im psychologischen Jargon recht unfreundlich auch *psychoreaktiv-neurotischen Depressionen* zuzuordnen – gerade, als sei es etwas Krankhaftes, nach schwer belastenden Ereignissen eine Zeitlang depressiv zu sein. Zu solchen Ereignissen zählen eine (nicht gewollte) Scheidung oder anderes Verlassenwerden, der Tod eines nahestehenden Menschen, Arbeitsplatzverlust, Burn-out (→Erschöpfungszustände) infolge ständiger Überlastung, etwa durch die Pflege kranker Eltern oder das Leben mit einem alkoholkranken Partner, aber auch die nie richtig verarbeitete Trauer um ein nicht ausgetragenes Kind (nach Schwangerschaftsabbruch oder Fehlgeburt) oder um einen Organverlust, etwa durch Hysterektomie (→Gebärmutterprobleme).

Ganz anders geartet ist hingegen die sogenannte *Winterdepression*, auch saisonale Depressivität genannt. Sie tritt vor allem bei Menschen auf, die in Gegenden mit besonders langen Wintern leben. Nach den Forschungsergebnissen von Dr. med. Peter Whybrow und Robert Bahr[3] sind bis zu 86 Prozent der Winterdepressiven weiblichen Geschlechts! Der saisonal bedingte Tageslichtmangel macht sie müde, schlapp und depressiv, als wollten sie sich am liebsten wie Bärinnen zum Winterschlaf hinlegen und erst im Frühjahr aus ihren Höhlen hervorkriechen. Vielfach wird dieser Art der Gemütsverdüsterung als klassische *endo-*

gene (= aus unbekannter Ursache von innen heraus entstehende) oder auch als *reaktive* Depression fehldiagnostiziert. Es gibt jedoch einige entscheidende Unterschiede:

- »Klassisch Depressive« leiden meist unter Appetitlosigkeit; saisonal Depressive essen zuviel, sind oft geradezu süchtig nach kohlenhydratreicher Nahrung und nehmen im Winter oft fünf bis acht Kilo zu.
- »Klassisch Depressive« haben sehr oft →Schlafstörungen; saisonal Depressive schlafen im Schnitt um ein Fünftel mehr als sonst, dabei tief und fest.
- »Klassisch Depressiven« geht es morgens am schlechtesten; saisonal Depressive erreichen ihr Stimmungstief typischerweise am späten Nachmittag.
- »Klassische Depressionen« sind saisonunabhängig; saisonal bedingte sind deutlich an die dunkle Jahreszeit gekoppelt und kehren oft mit vorhersagbarer Regelmäßigkeit wieder.

Laut Whybrow und Bahr ist die Winterdepression eigentlich gar keine Krankheit, sondern eine Art entwicklungsgeschichtliches Überbleibsel aus der Frühzeit der Menschheit. »Krankhaft« ist demnach unsere zivilisatorische Lebensführung, die uns solche winterlichen Rückzüge ins Höhlendasein nicht mehr gestattet.

Gerade bei saisonalen Depressionen hat die Naturheilkunde viel Positives anzubieten. Sie kann aber auch bei klassischen Depressionen bzw. Depressivität anderer Herkunft (die Unterscheidung ist für die Betroffenen oft eher akademisch) helfen – je nach Schweregrad mal mehr, mal weniger. Das Schwierigste ist, sich überhaupt zur Selbsthilfe aufzuraffen. Ein wesentliches Merkmal aller Gemütsverdunkelungen ist ja gerade die bleierne Schwere, die jedes Handeln, jede Entscheidung wie eine unlösbare Aufgabe erscheinen läßt. Schwer Depressive werden daher diese Zeilen auch kaum lesen, so lange sie in ihrem dunklen Zustand gefangen sind. (Sollten Sie Angehörige oder Freundin einer Depressiven sein, können Sie hingegen einiges für sie tun!) Doch in jeder depressiven Phase gibt es auch etwas lichtere Zeiten. Nutzen Sie sie, um dem nächsten »Schub« besser vorzubeugen!

Körperliche Gründe von Depressionen

Davon gibt es mehr, als die scheinbar »rein psychische« Erkrankung nahelegt. Ein wesentlicher Grund für Depressionen im Wochenbett, genannt *postpartale Depression* oder umgangssprachlich »Baby-Blues«, sowie alle anderen Depressionen, die mit dem Ende einer Schwangerschaft oder einer Operation an der Gebärmutter bzw. den Eierstöcken zu tun haben, ist der krasse Hormonabsturz in den Tagen danach: Die Produktion der Schwangerschaftshormone wird ganz plötzlich eingestellt; andere Hormone (etwa Prolaktin und Oxytozin für die Milchbildung) übernehmen das Feld – oder eben nicht, wenn kein Kind geboren wurde -, und es dauert eine Weile, bis der Organismus sich wieder auf den nicht-schwangeren Zustand umgestellt hat. Wurden die Eierstöcke entfernt, fehlen plötzlich sämtliche dort gebildeten Sexualhormone; das passiert leider auch bei bis zu 50 Prozent aller Gebärmutterentfernungen (als Folge der künstlichen Blutleere in diesem Bereich bei der Operation). Manchmal kommt die Hormonproduktion danach wieder richtig in Gang, oft aber auch nicht. Starke Stimmungsschwankungen, Weinkrämpfe und andere Anzeichen von Depressionen sind – zumindest in den ersten ein bis zwei Wochen nach einem solchen Streßereignis – überwiegend auf diese drastischen Hormonumstellungen zurückzuführen.

An der *saisonalen Depression* ist die Zirbeldrüse an der Gehirnbasis beteiligt, die jeden Abend bei Einbruch der Dunkelheit verstärkt das »Schlafhormon« Melatonin bildet. Sind die Tage kurz und dunkel, produziert sie es auch tagsüber in überhöhtem Maße – zumindest bei den Wintermüden. Sie haben erheblich erhöhte Melatoninwerte im Blut; manche anderen Depressiven ebenfalls. In den Eierstöcken wurden fünfmal höhere Melatoninmengen gefunden als in anderen menschlichen Organen – ein möglicher Grund, weshalb Frauen besonders häufig von der Winterdepression betroffen sind. (Was das Hormon dort zu suchen hat und bewirkt, ist noch nicht ausreichend erforscht.) Depressionen können sich auch nach Hirnverletzungen, Gehirnerschütterungen, Rückenmarkstauchungen (Sturz aufs Steißbein!), bei Nervenleiden, als Folge einer Schmerzkrankheit (z. B. Gürtelrose, Trigeminus-Neuralgie, chronische Migräne) oder einer Schilddrüsen-Unterfunktion, Epilepsie, Gehirnentzündung (Meningitis, Enzephalitis), bei Alkoholismus, altersbedingten Hirnveränderungen (seniler Demenz, Alzheimer-Krankheit) oder einem Hirntumor einstellen. Bei *endogenen Depressionen* werden seitens der Schulmedizin Störungen des Hirnstoffwechsels vermutet (Fehlen von Neurotransmittern wie Serotonin im Gehirn), eventuell auch eine erbliche Disposition. Auch Medikamente können Depressionen auslösen, hier vor allem bestimmte Mittel gegen Bluthochdruck (berüchtigtes Beispiel: Reserpin) sowie starke Beruhigungsmittel vom Benzodiazepin-Typ.

Sofort zur ärztlichen Untersuchung/Behandlung bei:
- akuter Selbstmordgefahr oder immer wiederkehrenden Suizidgedanken,
- schweren körperlichen Störungen (und sei es zur Ausschlußdiagnose einer anderen Erkrankung)
- sowie immer dann, wenn Sie das Gefühl haben, es ohne Hilfe von außen nicht mehr zu schaffen (doch Vorsicht: Wenn Ihnen wiederum nur Psychopharmaka verschrieben werden, sollten Sie sich eine »alternative« Fachkraft suchen).

Psychosomatik

Ob eine Frau als Reaktion auf ein sehr trauriges oder stressiges Ereignis in Depression versinkt oder nicht, hängt nach verschiedenen Studien offenbar ganz wesentlich davon ab, ob sie in einer guten Partnerschaft bzw. gutem Freundinnen- und Freundeskreis lebt oder einsam ist, ob sie zusätzlich schwierige Lebensbedingungen zu bewältigen hat (Mütter von drei oder mehr kleineren Kindern erkranken eher als andere), ob sie berufstätig ist (Arbeit scheint bis zu einem gewissen Grad vor Vereinsamung und Depression zu schützen) und ob sie als Mädchen mutterlos aufwachsen mußte oder nicht. Denn gerade bei Liebeskummer und Verlassenheit werden oft frühe seelische Traumata wieder hochgespült und schaffen eine besondere Verletzlichkeit, die der

Depression den Weg bahnt. Sehr klarsichtig beschreibt die Schriftstellerin Caroline Muhr einen solchen Prozeß in ihrem autobiographischen Buch ›Depressionen‹[4].

Grundsätzlich werden depressive Gemütsverdunkelungen von zwei Empfindungen eingeleitet: *Hilflosigkeit* (Ohnmachtsgefühl) gegenüber einer Lebenssituation sowie *Hoffnungslosigkeit*. Es gibt kein Licht am Ende des Tunnels, ja nicht einmal ein Tunnelende. Der dadurch wie gelähmte Organismus verlangsamt alle Funktionen, etwa die Hormonproduktionen (der Monatszyklus kann länger werden), den Stoffwechsel, die Darmperistaltik (Ergebnis: Verstopfung), die Hirnleistungen, den Herzschlag – was dann wiederum die Depression vertieft, denn auch nicht ausgeschiedene Stoffwechsel-Abbauprodukte »vergiften« das Gemüt. Nie depressiv gewesene Angehörige oder Freundinnen haben es oft schwer, das Ausmaß der negativen Weltsicht nachzuvollziehen. »Reiß dich halt zusammen«, heißt es oft, was die Hilflosigkeit der Depressiven, die sich offenbar nicht einmal verständlich machen kann, aber nur vertieft.

Näheres zu Depressionen vor der Menstruation finden Sie im Abschnitt →Prämenstruelles Syndrom ab S. 512, Näheres zu Depressionen in den Wechseljahren →Wechseljahrsbeschwerden ab S. 675.

Natürliche Heilverfahren

Allgemeinverhalten:
Als *Angehörige oder Freundin* einer Depressiven brauchen Sie vor allem eines: die Einsicht, daß diese wirklich sehr krank und nicht schuld an ihrem Leiden (und der dadurch bedingten Passivität) ist. Zweitens brauchen Sie Liebe, Geduld und Zuversicht sowie ziemlich viel Zeit, sich um die Depressive zu kümmern. Diese benötigt vor allem anderen Ihre ernstgemeinte Zuwendung und Ihren Beistand, gerade in den dunkelsten Phasen. Irgendwann klingen fast *alle* Depressionen, auch die schwersten, wieder ab – falls verhindert werden kann, daß die Depressive sich das Leben nimmt. Solche Andeutungen sollten Sie stets ernst nehmen (und

notfalls Hilfe herbeiholen, etwa über die Telefonseelsorge, den ärztlichen Notdienst oder den Frauen-Notruf).

Als Leserin, die selbst zu Depressionen neigt, sollten Sie die Ratschläge zur Vorbeugung befolgen, so lange es Ihnen vergleichsweise gut geht, und unterstützende Heilverfahren in den Phasen und zu den Tageszeiten anwenden, in denen Sie ein wenig aus der Depression auftauchen. Sehr leicht möglich, daß Sie dann auf chemische Psychopharmaka verzichten können oder weit weniger davon benötigen. Bei längerfristiger Benzodiazepin-Einnahme: Medikamente unbedingt ausschleichend absetzen, d. h. jeden Tag die Dosis reduzieren, dann klart unter Umständen auch die Depression auf! (Siehe dazu auch S. 589 ff.)

Akupressur:
Gehen Sie zu einer guten Akupressur- oder →Akupunktur-Fachkraft, die Ihnen eine Konstitutionsdiagnose stellen und evtl. einige Druckpunkte zeigen kann, die Ihren Stoffwechsel und Ihr Gemüt in Schwung bringen (je nach individueller Diagnose unterschiedlich). Bei akuter Depressivität ist es besser, sich akupunktieren zu lassen, als halbherzig selbst zu akupressieren.

Aromatherapie:
Gemütsaufhellend und psychisch stärkend wirken Johanniskraut, alle Zitrusfrucht-Aromen (vor allem Mandarine), Origanum (Dost), Zitronengras, Beifuß, Lorbeer, Zimt und Zitronenmelisse. Anwendungen siehe ab S. 70.

Atemtherapie:
Depressive »vergessen« manchmal schier das Atmen oder atmen beim Weinen so flach, daß sie kaum noch Sauerstoff aufnehmen. *Als Angehörige/Freundin:* Setzen Sie sich neben die Depressive, und atmen Sie bewußt mit ihr zusammen. Das ermöglicht ihr, Ihren Atemrhythmus zu übernehmen (nicht sehr langsam, aber gleichmäßig), sich zu beruhigen, Ihre Zuwendung intensiv zu spüren und Hoffnung zu schöpfen. – Vorbeugend: Gehen Sie in eine Atem- oder auch körperorientierte Stimmtherapie, in der Sie lernen, Ihre innere, vordepressive Spannung mit Atem und Stim-

me abzubauen. Das kann den Ausbruch einer Depression verhindern helfen. Eine gute Atemübung gegen Depressivität und Angstgefühle ist auch die auf S. 456 beschriebene Wechselatmung sowie die unter Yoga (S. 360) genannte Übung.

Bewegung:
Sport, Gymnastik und andere energiereiche Bewegung ist die beste Depressions-Vorbeugung, weil dabei euphorisierende Endorphine im Gehirn freigesetzt werden. Gewöhnen Sie sich unbedingt an eine regelmäßig, möglichst täglich betriebene Bewegungsart (beispielsweise Joggen, Schwimmen, Jazztanz), die Ihnen Spaß macht und Sie etwas außer Puste bringt! Ihr Körperselbst, Ihre Muskulatur hat ein eigenes »motorisches Gedächtnis« für gut eingeübte Bewegungen. Sie können es auch in depressiven Phasen aktivieren, sobald Sie wenigstens *anfangen*, sich zu bewegen. Das funktioniert besser, als Sie vielleicht glauben!

Chronobiotherapie:
Was bei →Schlafstörungen hilft, nützt auch sehr vielen Depressiven: die Umstellung des inneren Schlaf-Wach-Rhythmus auf ein neues Muster. *Als Angehörige/Freundin:* Halten Sie die Depressive einmal mindestens 24, besser bis zu 36 Stunden hintereinander wach! Es kann sein, daß die Depression allein dadurch schon erheblich abklingt. In schwierigeren Fällen verfahren Sie wie Prof. Mathias Berger von der Psychiatrischen Universitätsklinik Freiburg: Erst Schlafentzug bis zum folgenden Tag um 17 Uhr, dann Schlaf bis Mitternacht; wieder Schlafentzug, diesmal bis 18 Uhr, dann 7 Stunden Schlaf, und so fort, bis der Schlafbeginn bei 23 Uhr angekommen ist; dann 8 Stunden Schlaf »genehmigen« und bei diesem neuen Chronorhythmus bleiben. Sie brauchen zu dieser Therapie etwa 8 bis 10 Tage Zuwendung rund um die Uhr – aber keine Medikamente! Anstrengend, aber lohnend. – Saisonal Depressive sollten sich bei schwerem Leiden überlegen, ob sie nicht in eine Gegend mit höherer Sonnenscheindauer und kürzeren Winter ziehen (oder eine Lichttherapie machen, siehe S. 357). – Reaktiv Depressive müssen sich vor allem die Zeit einräumen, ihren Verlust zu betrauern bzw. den Streß zu verarbeiten,

und in dieser Zeit besonders auf ein Leben im Einklang mit ihren biologischen Rhythmen achten. Schlaf- und →Zyklusstörungen geben sich dann rascher.

Ernährung, Vitamine, Mineralstoffe, Spurenelemente:
Bei Winterdepression ist das Bedürfnis nach Süßigkeiten und anderen kohlenhydratreichen Nahrungsmitteln oft groß. Dann nicht künstlich zusammenreißen (das verstärkt bei »Versagen« die Depressivität), sondern mit viel zusätzlichen Multivitamin- und Mineralstoff-Präparaten, vor allem mit Vitamin D und E, Frischsäften, Obst, Gemüse, Salaten usw. Ernährungsmängeln gegensteuern und vor jedem Snack oder Essen 1–2 große Gläser Mineralwasser (mit wenig Kohlensäure) trinken, die den Magen füllen. Bei anderen Depressionsformen: müde und träge machende Nahrungsmittel meiden, also keine Süßigkeiten, Weißmehlprodukte, Eiscreme, Limonade, fetten Käse, fettes Fleisch, wenig Nudeln und Reis (es sei denn aus vollem Korn), statt dessen viel Magerjoghurt, Geflügel, Fisch, Meeresfrüchte, Magermilch (Proteine senken den Serotoninspiegel im Gehirn), Kartoffeln, Gemüse, Obst, außerdem täglich 2–3 kleine Tassen Kaffee, am besten Mokka bzw. Espresso, oder starken schwarzen oder grünen Tee, über den Tag verteilt. Keinen Alkohol trinken, vor allem nicht, wenn Sie Medikamente einnehmen!

Farbtherapie:
Depressive ziehen sich oft in düstere Höhlen zurück, die ihre Gemütsverdunkelung noch verstärken. Farben entfalten ihre Heilwirkung jedoch auch, wenn Sie alles grau in grau sehen – Sie können das gar nicht verhindern! Daher unbedingt vorbeugen: Aufenthaltsräume in hellen, warmen Farben ausstatten, etwa in sonnenscheingleichem Gelb, erfrischendem Wiesengrün, »hinaufziehendem« Himmelblau oder einer Pastellfarbe, durchsetzt von herzanregenden Rottupfern; schwere, dunkle Möbel, Vorhänge, Ahnenbilder usw. verbannen; Kleidung und Bettwäsche: kein Grau, Schwarz, Dunkelbraun, Dunkelgrün, Dunkelblau und niemals hypnotisches Violett, vor allem nicht in der akuten Depressionsphase! Weitere Farbanwendungen ab S. 155.

Heiltees und -tinkturen:
Johanniskrauttee als pflanzliches Antidepressivum kann Wunder wirken: vorbeugend 2-3 Wochen lang täglich 1 Tasse, akut täglich 3 Tassen trinken, eventuell morgens auch 2, doch nicht länger als maximal 4 Wochen lang. (Vorsicht: macht Haut und Augen lichtempfindlicher! Direkt danach nicht in helle Sonne, evtl. Lichtschutzcreme auftragen, leicht getönte Sonnenbrille aufsetzen; notfalls weniger Tee trinken.) Psychisch aufhellend wirken auch Tinkturen der unter Aromatherapie genannten Mittel (zum Einnehmen); vorbeugend max. 3 Wochen lang einmal täglich 10–15 Tropfen in etwas Wasser, akut max. 4 Wochen lang dreimal täglich 10 Tropfen.

Kälte- oder Wärmetherapie:
Depressive suchen meist die Wärme, da ihr Stoffwechsel verlangsamt ist und wenig Körperwärme produziert. Wärme kann jedoch auch abschlaffen, daher nicht übertreiben! Besser sind Wechselanwendungen von kalt und warm, Kältereize der Frischluft, danach ins Kuschelwarme, sowie heiß-kalte Wasseranwendungen (siehe dort) zur Akklimatisierung und Abhärtung, sowohl vorbeugend als auch bei akuter Depression.

Massagen:
Sie regen den verlangsamten Stoffwechsel an. Vorbeugend regelmäßiges Hautbürsten, Selbst- und Partnermassagen, auch eine gute Fuß-Reflexzonen-Massage (→Reflexzonentherapie) zum Ausleiten; in der akuten Phase: wöchentlich zwei feste Termine bei einer Masseurin vereinbaren (lassen) und einhalten! *Als Angehörige/Freundin:* Eine einfühlsame Rücken- oder Ganzkörpermassage fördert die heilsame Beziehung zwischen Ihnen und hilft der Depressiven, ihr Körpergefühl wiederzuerwecken.

Lichttherapie:
Sie ist bei saisonal Depressiven das erste Mittel der Wahl, hilft aber auch oft bei anderen Depressionsformen. Vorbeugend und heilend: Sonne tanken, täglich mindestens 15–20 Minuten. Falls sie nicht (genügend) scheint oder Sie sich zuviel drinnen aufhal-

ten: In manchen Arztpraxen stehen Bestrahlungsmodule, ein Set starker Leuchtstoffröhren, die das volle Sonnenlichtspektrum abgeben; dreimal die Woche ein Termin. Selbsthilfe zuhause: 6 bis 8 dieser Vollspektrum-Leuchtstoffröhren (nur im Fachhandel) von je 40 Watt und ca. 120 cm Länge, die zusammen etwa 2000 Lux erzeugen – also so viel Licht, als säßen Sie unter 16 normalen Glühbirnen zu je 75 Watt (geht auch, wirkt aber nicht ganz so gut). Abstand: 1,00 bis 1,50 m; Licht etwa in Augenhöhe. Mit 4 Stunden Lichtexposition täglich beginnen und, falls das nicht reicht, um jeweils 15 Minuten steigern, doch nicht mehr als 6 Stunden. Nie ins Licht starren, aber auch keine Sonnenbrille aufsetzen. Bei Hautempfindlichen: Leuchtstoffröhren ohne UV-B-Lichtanteil wählen. – Auch die täglichen Aufenthaltsräume mit vielen Lampen füllen, gut ausleuchten! Besser eine hohe Stromrechnung als eine tiefe Depression.

Psychosomatische Hilfe:
Bei einer schweren Depression, die Sie an den Rand des Suizids führt, sollten Sie sich in eine gute psychosomatische Klinik überweisen lassen. In einer gewöhnlichen psychiatrischen Klinik werden Sie oft nur mit Medikamenten behandelt (*Angehörige/Freundin:* nach weiteren Therapieangeboten, etwa Schlafentzug, Kreativtherapien etc. erkundigen, mit suchen helfen!). Bei weniger schweren Depressionen: Versuchen Sie herauszufinden, welches Ereignis sie ausgelöst hat (es kann länger zurückliegen!) und ob sie ein Ausdruck von Trauer ist. Wenn ja, lassen Sie sie zu! Lieber einmal richtig ausheulen, schreien, einen Trauergesang anstimmen, sich die Haare raufen, als lange »unbestimmt« verzweifelt zu sein. Trauern ist Ihr gutes Recht; nehmen Sie es sich. Ein →Bewußtseinstraining oder eine frauenspezifische Körpertherapie kann Ihnen helfen, Ihre abgeblockten Emotionen aufzuspüren und den »Gefühlspanzer« Ihrer verletzlichen Psyche zu lockern. Weinen befreit dann wirklich und macht nicht nur noch depressiver und trauriger.

Rituale mit Heilwirkung:
Positive Gedanken lenken eigenartigerweise das Seelen- und Körperselbst auch dann, wenn sie fast mechanisch wiederholt werden (um so besser natürlich, wenn Sie sie mit innerer Kraft füllen). Vorbeugend: Besorgen Sie sich im Fachhandel eine Kassette mit guten, das Selbstwertgefühl aufbauenden Suggestionen, oder lesen Sie entsprechende Literatur dazu und besprechen Sie sich selbst eine solche Kassette, mit Sätzen wie: »Jeden Tag geht es mir besser und besser.« oder: »Ich bin kraftvoll und stark.« Hören Sie diese Kassette jeden Morgen, sofort beim Aufwachen, und auch in der akuten Depressionsphase immer, wenn Sie es brauchen; sprechen Sie die Sätze dabei laut und deutlich mit, das ist wichtig!

Visualisieren:
Eine Übung, die auch beim alternativen Sehtraining benutzt wird, um lichtscheue Augen wieder ans Licht zu gewöhnen: Schließen Sie die Augen, und stellen Sie sich einen unendlich hohen blauen Himmel über einem weit entfernten Horizont vor, über den eine rote Sonnenscheibe auftaucht. Langsam steigt sie höher und höher und wird dabei immer gelber und heller, schließlich fast weiß. Nach und nach verblaßt das Himmelsblau neben ihr; die Sonnenstrahlen breiten sich immer mehr aus, bis sie fast den ganzen Himmel ausfüllen. Sie bieten Ihre geschlossenen Augen dieser wunderbaren, wärmenden, lebenspendenden Sonne dar, fühlen ihre angenehme Wärme auf den Lidern, im Gesicht, auf den Händen, baden förmlich darin. Wenn Sie genug Sonne getankt haben, streichen Sie mit beiden Händen über die Lider zu den Augenwinkeln hinaus, dehnen und recken sich und öffnen dann die Augen. Jeden Morgen und Abend einmal visualisieren, so lange Sie wollen.

Wasseranwendungen:
Akklimatisieren und Abhärten hilft Depressionen vorbeugen. Gut geeignet sind dazu die Anwendungen des →Kneippens.

Yoga:
Die folgende Yoga-Haltung, genannt *aufladende Atemübung*, hilft auch gut gegen Angstzustände, wie sie im Zusammenhang mit Depressionen so oft vorkommen: Aufrecht hinstellen, ein paarmal tief aus- und einatmen, dann im Ausatmen den Rumpf vornüberbeugen und die Arme auspendeln lassen. Beim Einatmen den Rumpf wieder heben, die Arme dabei nach vorn strecken, parallel hochführen, dann ausbreiten, bis sie waagerecht sind; der Kopf ist ganz gerade, die Brust geweitet. Nun die Hände zur Faust ballen, einige Sekunden noch »auf dem Atem schweben« (nicht die Luft anhalten!), dann ausatmen und dabei den Rumpf wieder nach vorn beugen und die Arme auspendeln lassen. Dann wieder einatmen usw., mehrmals hintereinander, nach Bedarf, am besten schon morgens nach dem Aufstehen.

Zusätzliche Verfahren:
Bei leichten depressiven Verstimmungen können Mittel der →Bach-Blüten-Therapie sehr nützlich sein; gegen die vielfältigen körperlich-seelischen Beschwerden bei Depressionen helfen Mittel der →Homöopathie. Sie sind bei allen reaktiven Depressionen zur Unterstützung sehr wichtig, können bei Depressionen nach Gehirnerschütterungen usw. rasch heilend wirken (Achtung: bei Einnahme chemischer Medikamente absprechen, ob es unliebsame Wechselwirkungen geben kann!), bei saisonalen Depressionen unter Umständen auch vorbeugend, ebenso bei Depressivität im Wechsel und vor der Menstruation.

Genannte Literatur:
1) Nuber, Ursula: Die verkannte Krankheit Depression. Wissen, behandeln, mit der Krankheit leben. Kreuz Verlag, Zürich 1991.
2) Gordon, Barbara: Ich tanze so schnell ich kann. Rowohlt Taschenbuch Verlag, Reinbek 1988.
3) Whybrow, Peter/Bahr, Robert: Winterschlaf. Warum wir uns in der grauen Jahreszeit lustlos, unausgeglichen und zu dick fühlen und was wir dagegen tun können. Rowohlt Taschenbuch Verlag, Reinbek 1992.

4) Muhr, Caroline: Depressionen. Fischer Taschenbuch Verlag, Frankfurt am Main 1978.

Weitere Literaturempfehlungen:

Giese, Eckhard/Kleiber, Dieter (Hrsg.): Im Labyrinth der Therapie. Wege, Chancen, Risiken. Wilhelm Heyne Verlag, München 1993.

Hell, Daniel: Welchen Sinn macht Depression? Ein integrativer Ansatz. Rowohlt Verlag, Reinbek 1992.

Langs, Robert: Der beste Therapeut für mich. Ein Ratgeber für die psychoanalytische Therapie. Rowohlt Taschenbuch Verlag, Reinbek 1991.

Schwertfeger, Bärbel/Koch, Klaus: Der Therapie-Führer. Die wichtigsten Formen und Methoden. Ein Leitfaden. Wilhelm Heyne Verlag, München 1993.

Seifert, Theodor/Waiblinger, Angelika (Hrsg.): Die 50 wichtigsten Methoden der Psychotherapie, Körpertherapie, Selbsterfahrung und des geistigen Trainings. Sonderausgabe. Kreuz Verlag, Zürich 1993.

Treichler, Markus: Sprechstunde Psychotherapie. Krisen – Krankheiten an Leib und Seele. Wege zur Bewältigung. Verlag Urachhaus, Stuttgart 1993.

Wolfersdorf, Manfred: Depression. Verstehen und bewältigen. Springer Verlag Berlin-Heidelberg-New York 1994.

Weiterführende Anschriften:

Sie sind u. a. in folgendem Buch zu finden:

Neun, Heinz (Hrsg.): Psychosomatische Einrichtungen. Was sie (anders) machen und wie man sie finden kann. Vandenhoeck und Ruprecht, Göttingen 1990.

Eierstock- und Eileiterstörungen

Dazu gehören unter anderem:

Eierstockentzündung
Eileiterentzündung und -verklebung
Eierstockfibrome
Eierstockzysten
Eierstockkrebs
Eileiterschwangerschaft

Allgemeines

Die Eierstöcke von Frauen sind, so meint die amerikanische Biologin Dr. Winnifred B. Cutler sehr zu Recht, »ein Wunder der Natur« und etwas ganz Einzigartiges. Ihre Hormone bringen einen Monatszyklus hervor, wie ihn kein anderes Lebewesen der Erde aufweist (siehe hierzu auch ab S. 465). Während der gesamten Fruchtbarkeitsphase der Frau, von der Pubertät bis zur allerletzten Menstruation und noch Jahre darüber hinaus, verändern die beiden Eierstöcke (Ovarien) unentwegt ihre Form, ihre Größe, ihre Farbe, ihre Hormonausschüttung. Kein anderes Organ des weiblichen – und auch nicht des männlichen – Körpers macht derart viele, völlig natürliche und zyklisch immer wiederkehrende Veränderungen durch. Sie wiederholen sich ungefähr im Monatsrhythmus, rund 35 bis 40 Jahre lang, also etwa 420- bis 480mal in jedem Frauenleben – es sei denn, die Frau wird schwanger, leidet unter Hormonstörungen oder anderen Erkrankungen dieser Organe oder verliert sie durch eine Operation.

Die Lehrmeinung besagt, Eierstöcke und Eileiter dienten ausschließlich der Fortpflanzung. Alle anderen Funktionen, die dieser gesamte Organbereich außerdem noch hat, werden darüber oftmals vernachlässigt. Zum Beispiel die, allein schon durch ihr bloßes Vorhandensein im weiblichen Körper die Geschlechtsidentität der Frau fest in ihrer Psyche und in ihrem Körperselbstbild zu verankern. (Bei transsexuellen Menschen klappt diese Verankerung aus irgend einem bislang unerklärlichen Grund nicht, und sie fühlen sich trotz eindeutiger biologischer Geschlechtszuordnung völlig dem anderen Geschlecht zugehörig. An diesem Extrem ist ablesbar, wie wichtig die Geschlechtsidentität für das normale Selbstempfinden ist.) Die Eierstockhormone haben außerdem vielerlei Einflüsse auf die Gesundheit des ganzen weiblichen Organismus – beispielsweise auf die Knochen: Das Risiko einer →Osteoporose hängt bekanntlich zu einem großen Teil auch davon ab, wie viele Östrogene noch im Blut der Frau kreisen. Und sie sind nicht zuletzt für die »zweckfreie«, von Fortpflanzungswünschen ganz unabhängige Lust am Sex zuständig – denn auch die Libido wird von den Eierstockhormonen zumindest mitbedingt und beschränkt sich bei weitem nicht nur auf die empfängnisgünstigen Zykluszeiten.

Die zyklischen Veränderungen ihrer weiblichen Organe haben auf jede Frau erheblichen Einfluß – und zwar weit über jede gelebte oder nicht gelebte Fruchtbarkeit hinaus. Das einmal ausdrücklich zu betonen, halte ich für sehr wichtig. Denn gerade mit dem Argument, sie bräuchten ihre Eierstöcke (und ihre Gebärmutter) ja gar nicht mehr, werden alljährlich Tausenden von Frauen über 45 diese Organe herausoperiert, ohne daß das medizinisch unbedingt nötig wäre. Millionen Frauen wird eingeredet, ihre Eierstöcke seien nach den Wechseljahren funktionslos – obgleich das überhaupt nicht stimmt: Sie schütten weiterhin Hormone aus, oft bis ins hohe Alter, und zwar sowohl kleine Mengen Östrogene als auch Androstendion und Testosteron, die als »männlich« geltenden Sexualhormone. Seit 1986 ist der Wissenschaft bekannt, daß die Eierstöcke außerdem über ein eigenes Renin-Angiotensin-System verfügen, das heißt: Sie produzieren die gleichen Hormone, die bislang ausschließlich den Nieren zugeschrieben wurden und von denen man weiß, daß sie eine ausschlaggebende Rolle bei der Blutdrucksteuerung spielen. Helfen die Eierstöcke also, den Blutdruck zu regulieren? »Unser Wissen über die weiblichen Eierstöcke ist immer noch sehr begrenzt«, kommentiert Dr. Cutler diese Studien[1)]. Und man(n) sollte sich hüten, sie voreilig zu unterschätzen.

Auch die Thesen über Funktion und Fähigkeiten der Eileiter mußten schon oft genug korrigiert werden. Sie sind durchaus keine bloßen »Gleitrohre« für reife Eizellen, wie ihr Name nahelegt (medizinisch heißen sie *Tuben*), sondern sehr sensible, bewegliche, mit eigenem Muskel- und Nervensystem sowie Hormonrezeptoren ausgestattete Gebilde, die schon bei feinen Streßreizen mitreagieren, sich verkrampfen, entzünden oder verkleben können. Ihr Einfluß auf die Eizelle, die in jedem normal verlaufenden Zyklus durch sie hindurch zur Gebärmutter gelangt, sowie auf eventuell hereinschwimmende Spermien geht weit über den bloßen Transport hinaus. Das Milieu im Eileiter bestimmt darüber, ob reife Eizellen tatsächlich »zur Befruchtung freigegeben« werden oder folgenlos zugrunde gehen. Und Spermien, die es bis hierher geschafft haben, werden von Enzymen in Scheide, Gebärmutter und Eileiter überhaupt erst befruchtungsfähig gemacht. Dieser Vorgang, bei dem die Spermien eine Oberflächenhülle verlieren, wird Kapazitation (= Befähigung) genannt. Ohne ihn kann selbst das beste Spermium nicht ins Ei gelangen. Die Kapazitation ist eine weibliche Potenz, deren sich die wenigsten Frauen bewußt sind, und sie werden darüber auch kaum je informiert.

Von Potenz fühlen sich Frauen heute, wenn es um ihre Eierstöcke geht, ohnehin weiter entfernt denn je. Zwar reden zahllose Wissenschaftler immerzu von der großen Bedeutung der Eierstockhormone, vor allem der Östrogene, für Haut, Haare, Knochen, Brüste, Scheide, Libido, Stimmung, Gefühle, Befindlichkeit – nur um den Frauen im gleichen Atemzug zu versichern, daß sie »zum Glück« auch künstlich hergestellte Hormonpräparate schlucken können, wenn ihre eigenen Organe nicht mehr so recht mitziehen. Dieses Doppelspiel ergibt perversen Sinn, denn es deklariert Frauen einerseits zu fast roboterhaft hormongesteuerten Wesen, die ohne einen bestimmten Östrogenspiegel »keine richtigen Frauen« seien, und macht ihnen andererseits weis, wie ersetzbar und damit im Grunde bedeutungslos ihre Eierstöcke doch seien.

Wie viele andere medizinische Kampagnen vor ihr (denken wir nur an den »physiologischen Schwachsinn des Weibes«, der um die Jahrhundertwende in Wissenschaftskreisen propagiert wurde) ist auch diese zutiefst frauenfeindlich. Und zwar ganz unabhängig davon, wie viele Frauen im Einzelfall von einer gezielten Hormontherapie tatsächlich profitieren mögen. Sie an die *richtige* Frau zu bringen, rechtfertigt den massiven Werbeeinsatz für Hormonpräparate, dem seit Jahren *alle* Frauen ausgesetzt sind, in keiner Weise. In meinem Buch ›Hormone und Psyche‹[2)] finden Sie gegen diese Praxis noch viele weitere Argumente.

Frauen können aus zahllosen Gründen Probleme mit ihren Eierstöcken und Eileitern haben. Hormonstörungen gehören dazu. Doch was zuerst da war, die Organ- oder die Hormonstörung, bleibt oft im dunkeln. Klar ist nur eines: Der weibliche Organismus ist unendlich vernetzt, und die Vernetzung endet nicht an den Grenzen des Körpers. Sie reicht weit in die Außenwelt, ins tägliche Leben hinein. Es ist nicht verwunderlich, daß gerade die schwer arbeitenden, sich ständig verändernden Eierstöcke so empfindlich auf Außenreize und Krisen reagieren. Als Organe der Geschlechtsidentität, Sexualität und Fruchtbarkeit sind sie ein Symbol des Lebens – und Leben ist Veränderung.

Natürliche Heilverfahren können Frauen sehr dabei helfen, mit diesen Veränderungen besser umzugehen, Streßsituationen abzubauen bzw. ihnen vorzubeugen, Überempfindlichkeiten dieses Organbereiches (und der zugehörigen Regionen im Seelenselbst) auf ein verträglicheres Maß zu reduzieren und ihr weibliches Selbstbewußtsein zu stärken. Darüber hinaus erhöhen naturheilkundliche Maßnahmen bei Erkrankungen in diesem Organbereich ihre Chance, Eierstöcke und Eileiter das ganze Leben hindurch zu behalten, mit all ihren bekannten und noch zu entdeckenden Funktionen für die weibliche Gesundheit.

Körperliche Gründe von Eierstock- und Eileiterstörungen

Junge Mädchen haben hormonell- und wachstumsbedingt, aber auch infolge allgemeiner Abwehrschwäche (Unterkühlung!) oft Eileiter- und Eierstockreizungen, manchmal auch -entzündungen. Krankheitserreger sind nur in seltenen Fällen dafür verantwortlich – bei Mädchen mit intaktem Jungfernhäutchen praktisch nie.

Trotzdem werden bei solchen Reizzuständen immer wieder und völlig sinnloserweise Antibiotika verschrieben, mit all ihren üblen Folgen (siehe dazu S. 563). Ja, die Jugendlichen müssen sogar froh sein, wenn sie nicht auf dem Operationstisch landen, weil der Arzt nicht weiterweiß und »zur Sicherheit« chirurgisch tätig wird. So manche verlor dabei schon ihren völlig gesunden Blinddarm oder andere Unterbauchgewebe... (Das ist keine üble Nachrede, sondern wurde mir von einem Gynäkologen, der solche Praktiken schon öfter beobachtet hat, berichtet.)

Im Erwachsenenalter bzw. mit Aufnahme des Sexualverkehrs kommt es gelegentlich vor, daß Bakterien oder andere Krankheitserreger durch Scheide, Muttermund und Gebärmutter bis zu den Eileitern und Eierstöcken vordringen. Dabei kann eine Eileiterentzündung (Salpingitis), seltener auch eine Eierstockentzündung (Oophoritis, beides zusammen: Adnexitis) entstehen. Mangelhafte Genital- und Menstruationshygiene, das Übertragen von Keimen beim Sexualverkehr (unzureichende Hygiene des Mannes) als Folge von →Harnwegserkrankungen oder →Scheideninfektionen oder einer Genital-Tuberkulose, aber auch bei Operationen, unsachgemäßem Schwangerschaftsabbruch sowie Entbindungen kommen als Ursachen in Frage. Heilt die Entzündung nicht richtig aus, können Vereiterungen, Verklebungen oder Verwachsungen die Konsequenz sein, dadurch eventuell auch →Unfruchtbarkeit oder eine erhöhte Neigung zu gefährlichen Eileiterbzw. Bauchhöhlenschwangerschaften. Diese kommen übrigens bei Trägerinnen der »Spirale« (Intrauterinpessar) besonders häufig vor.

Eierstockzysten entstehen unter anderem durch Hormonstörungen, die zu unnormalen Flüssigkeitsansammlungen oder einem zu stark wachsenden Gelbkörper führen. Beim sogenannten *polyzystischen Ovarialsyndrom* schwellen die Eierstöcke aus ungeklärten Gründen, oft im Zuge einer Hormonstörung oder stark vermehrten Blutandrangs (etwa bei einer Unterleibsentzündung), ein- oder beidseitig aufs Doppelte bis Dreifache an, und es bilden sich zahlreiche flüssigkeitsgefüllte Zysten. Der Eisprung, meist auch die Menstruation bleiben aus. Geschwülste (Tumoren) der Eierstöcke sind zu zwei Dritteln gutartig; sie können aufgrund von genetischen oder Entwicklungsdefekten, aber auch bei Schilddrüsenüberfunktion oder aus unersichtlichen Gründen entstehen. Gutartige Bindegewebs-Geschwülste (Fibrome) am Eierstock haben oft einen Stiel und verursachen große Schmerzen, wenn sie sich verdrehen (Notoperation!). Eierstockkrebs ist vergleichsweise selten, aber ziemlich bösartig. In welchen Fällen und warum ein Eierstocktumor krebsig entartet, ein anderer aber nicht, ist ungewiß; deshalb müssen alle Arten von Tumoren operativ entfernt und ihre Zellen genau untersucht werden. Eine unzureichende Eierstockfunktion (Ovarial-Insuffizienz) kann angeboren, durch körperliche Überforderung – zum Beispiel im Leistungssport –, sehr frühe Einnahme der Antibabypille und damit zusammenhängende Hormonstörungen – oder auch durch verschiedene seelische Faktoren bedingt sein. In großen Streß- und Mangelzeiten hat der weibliche Organismus wichtigeres im Sinn als die Fruchtbarkeit: Er konzentriert sich aufs Überleben. Auch das bringt die Eierstockfunktion – und mit ihr den Zyklus und die Menstruation – zum Erliegen. Gerade in dieser Körperregion lassen sich »rein Organisches« und Seelisches meist nicht trennen.

Weiteres siehe auch unter →Unfruchtbarkeit.

Sofort zur ärztlichen Untersuchung/Behandlung bei:

- wehenartigen, einseitigen Schmerzen im Unterleib (Verdacht auf lebensgefährliche Bauchhöhlenschwangerschaft, vor allem, aber nicht nur bei Trägerinnen der »Spirale«),
- heftigem ein- oder beidseitigem Druckschmerz in Höhe der Eierstöcke, womöglich begleitet von Fieber,
- kolikartigen Unterbauchschmerzen,
- hartem, verspannten und sehr berührungsempfindlichen Unterbauch,
- unerwarteten Blutungen,
- allen diffusen, länger als zwei Tage anhaltenden Unterleibsbeschwerden (zur Abklärung).

Psychosomatik

Eierstöcke und Eileiter sind nervlich und hormonell sehr eng mit dem Gehirn verbunden. Störungen des vegetativen Nervensystems etwa, wie sie bei Langzeit- oder großem akuten Streß, Kummer, Angst, Verzweiflung, →Depressionen, unerfülltem oder ambivalentem (= zwiespältigem) Kinderwunsch und anderen schwierigen Lebenssituationen auftreten, können sich sehr rasch auf das Eierstock-Eileiter-System (und die Gebärmutter) niederschlagen. Ganz besonders trifft das für *Reifungskrisen* zu, wie die folgenden Situationen sie für jede Frau darstellen: Pubertät, erster Sexualverkehr, Schwangerschaft, Entbindung, Stillen, Fehl-, Früh- und Totgeburten, Schwangerschaftsabbruch, Operationen an den weiblichen Organen (auch den Brüsten), Partnerverlust, Wechseljahre, Umzug ins Altersheim... In meinem Buch ›Mit Leib und Seele gesund werden‹[3)] habe ich die Bedeutung dieser Reifungskrisen ausführlich gewürdigt. Immer dann, wenn eine Frau eine besondere Krise zu durchleben und an ihr zu wachsen hat – vor allem in ihrer Eigenschaft als Angehörige des weiblichen Geschlechts –, können die weiblichen Organe darauf mit einer Störung oder Erkrankung reagieren. Oft kommt der Heilungsprozeß erst dann richtig in Gang, wenn die Krise überwunden ist (was natürlich nicht heißt, daß die Frau tatenlos darauf warten sollte). Auch sexuelle bzw. Partnerschaftsprobleme können sich buchstäblich auf die Eierstöcke bzw. die Eileiter schlagen. Solche Zusammenhänge aufzuspüren, ist für die Einstellung zur Erkrankung und den Verlauf des Heilprozesses sehr wichtig.

Natürliche Heilverfahren

Allgemeinverhalten:
Achten Sie vorbeugend darauf, Ihren Unterleib *immer* warm und gut durchblutet zu halten; richten Sie Ihre Unterwäsche nach den Witterungsbedingungen, sitzen Sie nie in nassem Badezeug, auf kalten Steinen oder im Luftzug herum. Waschen und pflegen Sie Ihre Ausscheidungs- und Genitalorgane täglich sorgfältig; kurie-

ren Sie →Scheiden- und →Harnwegsentzündungen gut aus (und bringen Sie all das auch Ihren Töchtern bei!). Haben Sie als Jugendliche öfter Eierstock- bzw. Eileiterreizungen gehabt, ist die »Spirale« nicht die richtige Verhütungsmethode für Sie! Auch bei Schmerzen und Unbehagen das Intrauterinpessar sofort ziehen lassen und auf eine andere Methode umsteigen. Fettpölsterchen schirmen Ihre empfindlichen Eierstöcke besser ab; deshalb allzugroße Magerkeit vermeiden (aber auch starkes Übergewicht, das Ihr Krankheitsrisiko bis hin zu Krebs erhöht). Bei akuter Entzündung strenge Bettruhe bis zur völligen Ausheilung einhalten; bei allen stärkeren Beschwerden keine Sexualpraktiken, bei denen das Glied des Mannes in die Scheide eindringt, auch nicht mit Kondom!

Hinweis: Ist selbst Ihre naturheilkundliche Fachkraft der Meinung, daß Sie Antibiotika einnehmen sollten, um eine Entzündung bzw. sexuell übertragene Krankheit zu bekämpfen und Ihre Fortpflanzungsfähigkeit nicht zu gefährden, beachten Sie bei der Einnahme bitte unbedingt die auf S. 563 beschriebenen Zusatzmaßnahmen, und nehmen Sie *alle* verordneten Antibiotika ein (die Behandlung nie vorzeitig abbrechen, es sei denn, Sie bekommen Symptome einer Allergie)! Eine Cortisonbehandlung hingegen sollten Sie, wenn irgend möglich, ablehnen.

Akupressur:
Bei akuten Entzündungen besser nicht akupressieren; bei chronischen Beschwerden hingegen hilft die Akupressur der Punkte (1) und (2) zwischen Bauchnabel und Venusberg (siehe Abbildung S. 60f.); am Kreuzbein, genau am Ansatz der Gesäßfalte, den empfindlichen Punkt (3) zweimal täglich 3 Minuten lang kreisend drücken; Punkte (4) in der Falte zwischen Daumen und Zeigefinger, genau vor dem Knochenansatz, mit dem anderen Daumen zweimal täglich einige Minuten massieren.

Aromatherapie:
Hormonregulierend wirken Erdnußöl sowie das Öl der Nachtkerze (für Massagen, Auflagen, zum Einnehmen), Beifuß, Borretsch, Grapefruit, Myrte und Rose; schmerzlindernd und an-

tiseptisch wirken Gewürznelke, Kamille und Patschuli; entspannend und beruhigend Lavendel, Melisse oder Baldrian. Falls *Antibiotika* eingenommen werden müssen: Thymian, Ysop, Zimt, Zitrone verstärken deren Wirkung und helfen, Nebenwirkungen abzuschwächen. Anwendungen siehe ab S. 70.

Bewegung:
Bei akuten Eileiter- bzw. Eierstockentzündungen strenge Bettruhe einhalten, sonst je nach Schmerzempfinden und Ruhebedürfnis nur wenig anstrengende Bewegung. Übungen des →Yoga können vorbeugend und heilsam zugleich sein; fragen Sie eine Fachkraft gezielt danach (siehe auch unten)! Nach Abklingen der Beschwerden viel Bewegung, die Ihre Abwehrkräfte insgesamt steigert. Gut ist auch Bauchtanz (→Musik- und Tanztherapie) zur Harmonisierung Ihrer Weiblichkeitsorgane. Reagieren Ihre inneren Fruchtbarkeitsorgane stark auf Streß durch Leistungssport, müssen Sie sich eventuell entscheiden: entweder Sport oder verminderte Fortpflanzungschancen!

Chronobiotherapie:
Frauen im Streß leben oft gegen ihre innere Uhr und gegen ihren Monatszyklus oder weigern sich gar, sich davon »bestimmen« zu lassen. Das ist naturfeindlich und krankheitsfördernd. Versuchen Sie, Ihr inneres Gleichgewicht auch durch Beachtung Ihrer Biorhythmen zurückzugewinnen. Schlafen Sie ausreichend, kuscheln Sie sich auch zwischendurch mal »einfach so« ins Bett oder aufs Sofa, schützen Sie Ihre empfindlichen Organe durch Ruhe und Streßabbau. Und geraten Sie nicht in Panik, wenn Ihr Zyklus seine Zeit braucht, um sich nach einer Erkrankung (oder Absetzen der Pille) erneut einzupendeln.

Ernährung, Vitamine, Mineralstoffe, Spurenelemente:
Bei akuten Entzündungen, aber auch bei Geschwülsten ist eine Stoffwechselentschlackung sehr vorteilhaft: 1–2 Tage ausleitendes →Heilfasten, dann Umstellung der Ernährung auf leichte, aber vollwertige, am besten vegetarische Ernährung, bis zum Abklingen der Symptome. Kieselsäure stärkt das innere Bindege-

webe, ebenso Vitamin E (es gilt zudem als »Fruchtbarkeits-Vitamin«). An Spurenelementen Kupfer im täglichen Wechsel mit Magnesium einnehmen, je eine Dosis (Tablette) pro Tag. Achten Sie auf regelmäßigen Stuhlgang, aber nehmen Sie keine Abführmittel ein – maximal eine Woche lang Sennesblätter- oder Faulbaumrindenpräparate bei akuter Verstopfung (→Verdauungsstörungen).

Farbtherapie:
Gelb wirkt stark, Orange etwas schwächer drüsenanregend, ist also gut bei Hormonstörungen der Eierstöcke. Blau wirkt entzündungshemmend, Grün dämpft und beruhigt. Rot nur bei *Unterfunktion* der Sexualorgane anwenden. Anwendungen siehe ab S. 155.

Heiltees und -tinkturen:
Bei allen Eierstock- und Eileitererkrankungen kann Frauenmanteltee den Heilungsprozeß (auch nachoperativ) unterstützen. Gegen Entzündungen: Tee aus Gänsefingerkraut oder Hirtentäschel; bei Hormonstörungen: Tinktur aus Mönchspfeffer, zweimal täglich 30 Tropfen, oder aus Tigerlilie, Schwertlilie, Mönchspfeffer (Agnus castus), Hopfen, Zyklame, Ignatiusbohne und Iris (als Fertigpräparat aus der Apotheke), morgens und abends 30 Tropfen in etwas Wasser einnehmen, oder schmerzlindernde Tinktur aus Wiesenkuhschelle, Pfingstrose und Schlüsselblume zu je gleichen Teilen oder als Fertigpräparat, dreimal täglich 30 Tropfen. Solche Kuren sollten maximal 4 Wochen dauern. Siehe außerdem →Menstruationsprobleme und →Zyklusstörungen.

Kälte- oder Wärmetherapie:
Bei akuter Eileiter- bzw. Eierstockentzündung und Kühlbedürfnis eine Eisbeutelpackung auf den Unterleib (Eis nie direkt auf die Haut packen!). Ansonsten ist Bettwärme am besten. Bei starkem Wärmebedürfnis: Wärmflasche, Heublumensack oder heiße Packungen, evtl. getränkt mit Mitteln der Aromatherapie, auf die schmerzende Region; auch Infrarotlichtbestrahlung kann nützen.

Massagen:
Bei Unterfunktion der Eierstöcke, Mangeldurchblutung, großer Nervosität und Neigung zu Eileiterkrämpfen (oft durch Ziehen oder Stiche spürbar) helfen regelmäßige, sanfte, kreisende Massagen des ganzen Unterleibs. Vorbeugend und heilsam bei allen Störungen dieser Organe sind Fuß-Reflexzonen-Massage oder gezielte Bindegewebsmassage am Rücken; zu beidem brauchen Sie eine ausgebildete Fachfrau (→Reflexzonentherapien).

Lichttherapie:
Chronische Eileiter- bzw. Eierstockbeschwerden reagieren oft günstig auf kurze, belebende Sonnenbäder; doch Vorsicht vor Unterkühlung! Auch beschwerdebedingte Depressivität läßt dadurch nach; siehe dazu auch ab S. 357.

Psychosomatische Hilfe:
Überlegen Sie, was Ihnen so »an die Eierstöcke geht«, daß Sie nach bestimmten Situationen immer wieder (heftigere) Beschwerden und Reizungen dort verspüren. Fühlen Sie sich in Ihrem Leben sehr ungeschützt? Abhilfe kann der Aufbau guter Freundschaften schaffen, vor allem auch mit Frauen, mit denen Sie sich austauschen können. Denken Sie nach: An welchem äußeren »Kampfplatz« müßten sich Ihre Energien eigentlich entzünden, statt sich nach innen zu wenden und dort Entzündungen, Gefühlsstauungen (Geschwülste) und Verkrampfungen zu bewirken? Worüber geraten Ihre Hormone in – natürliche oder zu heftige – Wallungen? Was würde sie harmonisieren? Fragen Sie sich auch: Hätten Sie im tiefsten Innern gern ein Kind? Oder möchte Ihr Partner gern eines, ohne daß Sie dazu wirklich bereit sind? In welcher Lebenskrise stecken Sie? Entspannungsprogramme, →Bewußtseinstraining/Körpertherapien, eine begleitende Gesprächstherapie, auch Aussprachen mit einer Pro-Familia-Mitarbeiterin können Ihre Spannungen und inneren Konflikte lösen helfen.

Rituale mit Heilwirkung:
Rotgefärbte Eier symbolisieren seit eh und je die weibliche Fruchtbarkeit. Falls Ihnen diese Symbolik zu »dick aufgetragen« ist: Zwei wohlgeformte Walnüsse sind ebenfalls gut geeignet, Ihre Eierstöcke zu symbolisieren (sie sind auch etwa ebenso groß). Bemalen Sie sie mit einer leuchtenden, schönen Farbe oder einem kleinen »Baum des Lebens«. Legen Sie sie in eine hübsche Schale, die Sie in Ihre Nähe stellen, und denken Sie jedesmal intensiv an Ihre Eierstöcke und Eileiter, sobald Ihr Blick darauf fällt. Nehmen Sie sie in beide Hände, spüren Sie ihre runde, feste, aber auch zerbrechliche Oberfläche und stellen Sie sich den »guten Kern« darin vor. Schöpfen Sie Kraft und Energie aus diesen Symbolen Ihres weiblichen Lebens.

Visualisieren:
Wandeln Sie die »Reise zur Gebärmutter« (siehe S. 274) in eine Reise zu Ihren Eierstöcken und Eileitern um. Schlüpfen Sie in Gedanken in Ihre Eileiter hinein und wandern Sie zu jedem Eierstock hinauf. »Schauen« Sie dabei nach Stellen der Verkrampfung, die Sie sanft massieren, oder der Entzündung, die Sie besänftigen und mit blauem Heilwasser kühlen. Gleiten Sie in Gedanken in die Eierstöcke, die so viel Last tragen müssen; umhüllen Sie sie zärtlich und schützend mit all Ihrer Heilenergie. Bei akuten Beschwerden mehrmals, sonst einmal täglich 5–10 Minuten lang.

Wasseranwendungen:
Bei Eierstock-/Eileiterreizungen und -entzündungen: warme Sitzbäder mit 1/2 Tasse Zinnkraut- oder Kamilleabkochung; ansteigende Fußbäder zur Förderung der Durchblutung, evtl. mit Salz oder Holzasche als Zusatz. Nach Abheilung bzw. vorbeugend: abhärtende Anwendungen des →Kneippens, zum Beispiel Tautreten und Wechselgüsse, vor allem der Beine.

Wickel:
Falls verträglich, feuchtwarme Lendenwickel zur Anregung der Durchblutung und Hormonfunktionen, evtl. getränkt mit Mitteln

der Aromatherapie; bei hohem Fieber (siehe S. 309) auch ableitende, kalte Wadenwickel, mehrmals wiederholen, bis das Fieber zurückgeht; außerdem Auflagen mit Heilerde (Tonerde) auf den Unterleib, einmal täglich 10 bis 15 Tage lang.

Yoga:
Eine gute Übung, bei der alle Stoffwechsel- und Fruchtbarkeitsorgane des Bauchraums gekräftigt und entstaut werden, ist die *Kobra:* Legen Sie sich entspannt auf den Bauch, den Kopf seitlich und die Arme längelang neben dem Körper. Mehrmals ruhig atmen, dann im Einatmen die Stirn auf den Boden drücken, die Hände in Brusthöhe aufsetzen; beim Ausatmen den ganzen Körper, vom Nacken über den Hals die Wirbelsäule hinunter, sanft dehnen, als flösse Ihnen ein Strom den Rücken hinunter bis zu den Fußspitzen. Dann ruhig weiteratmen und langsam, noch während der Dehnung, erst den Kopf, dann den Oberkörper mit Hilfe der Rückenmuskeln Wirbel für Wirbel aufrichten, bis der Nabel gerade noch den Boden berührt. Dann den Kopf heben wie eine Kobra und die Brust weit nach vorn schieben (bei Schilddrüsenbeschwerden: den Kopf nur hochhalten, nicht nach hinten beu-

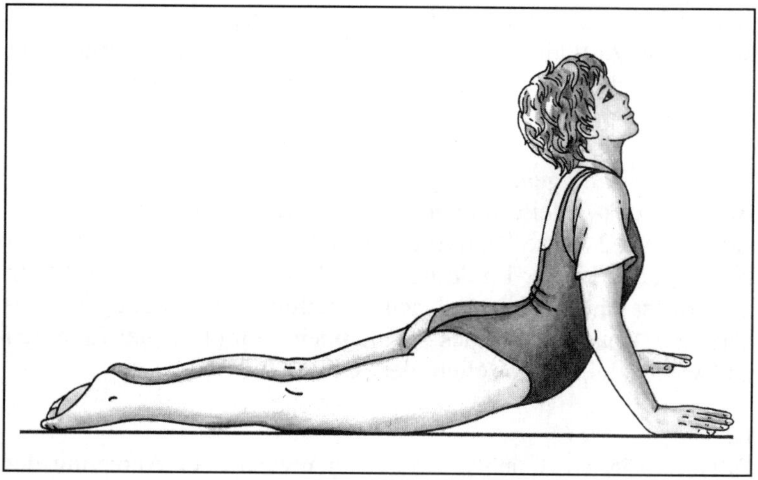

Kobra

gen!), dabei mit den Armen leicht abstützen. Normal weiteratmen; sobald es Sie anstrengt, allmählich wieder in die Bauchlage gleiten. Ausruhen, dann die Übung noch zwei- oder dreimal machen, zum Schluß ruhen und ihrer Wirkung nachspüren. Diese Übung ist auch gut bei →Rückenschmerzen und →Gallenleiden.

Zusätzliche Verfahren:
Chronische, aber auch akute Eierstock- und Eileiterstörungen sprechen sehr gut auf Mittel der →Homöopathie an (Ausnahme: Bauchhöhlenschwangerschaft oder Krebs, dann sofort in fachliche bzw. Notfallbehandlung!). Spezielle Frauenkuren, zum Beispiel in Moor- und Thermalbädern, helfen bei chronischen Beschwerden und verschaffen Ihnen den nötigen Abstand zum Alltag. Eine Neuraltherapie bei einem darin ausgebildeten Arzt kann Beschwerden und Schmerzen infolge von Störherden (Verwachsungen, Narben, Eiterungen usw.) beseitigen.

Genannte Literatur:
1) Cutler, Winnifred B./Minker, Margaret: Die fragwürdige Operation. Was Frauen vor und nach einer Gebärmutterentfernung wissen sollten. Kreuz Verlag, Zürich 1990.
2) Minker, Margaret: Hormone und Psyche. Im Wechselbad der Gefühle. Verlag Antje Kunstmann, München 1990.
3) Minker, Margaret: Mit Leib und Seele gesund werden. Psychosomatische Hilfe für Frauen. Mosaik Verlag, München 1993.

Weitere Literaturempfehlungen:
Northrup, Christiane: Frauenkörper – Frauenweisheit. Verlag Zabert Sandmann, München 1994.
Olbricht, Ingrid: Was Frauen krank macht. Der Einfluß der Seele auf die Gesundheit der Frau. Kösel-Verlag, München 1993.

Weiterführende Anschrift:
Ambulanz für Naturheilkunde der Carstens-Stiftung
Universitäts-Frauenklinik
Voßstr. 9
69115 Heidelberg

Erschöpfungszustände

Dazu gehören unter anderem:
das Burnout-Syndrom
das Chronische Müdigkeits-Syndrom
reaktive Erschöpfung nach Streß
chronische Erschöpfung

Allgemeines

Vor einigen Jahren machte eine neue rätselhafte Krankheit von sich reden: das Chronische Müdigkeits-Syndrom, abgekürzt CMS, ein wahres Sammelsurium der eigentümlichsten Symptome, die noch dazu alle unspezifisch sind, das heißt, auf keine bestimmte Ursache, keinen bestimmten Auslöser hinweisen. Zu den Symptomen dessen, was seither CMS heißt, gehören, in der Reihenfolge ihrer Häufigkeit:

- **chronische Müdigkeit und Erschöpfung**, die mindestens sechs Monate anhält, den Alltag wesentlich beeinträchtigt und sich auch durch Urlaub, richtig Ausschlafen usw. nicht wesentlich bessert (100 Prozent der Betroffenen),
- **Muskelschmerzen (Myalgien)**, die immer wieder zum Ausruhen und zu Arbeitsunterbrechungen zwingen (80 Prozent),
- heftige **Kopfschmerzen**, die vorübergehend arbeitsunfähig machen (rund 80 Prozent),
- **Fieber**, allerdings nie über 38,8°C, dazu **Halsentzündung** oder **geschwollene Lymphknoten** im Hals- und Achselbereich (sehr häufiges Anfangssymptom, das aufmerksam macht),
- **allgemeine Muskelschwäche, Glieder- und Gelenkschmerzen, Taubheit, Kribbeln** (60 bis 70 Prozent),
- **Schwindelgefühl, Übelkeit, Magenbeschwerden** (40 bis 50 Prozent),
- **neuropsychische Beschwerden**, etwa Gedächtnisschwäche, Konzentrationsmangel, →Depressionen, Angstzustände, gesteigertes Schlafbedürfnis, aber trotzdem →Schlafstörungen,

und so fort (in wechselnder Intensität und Zusammensetzung bei fast allen Betroffenen).

Das Interessanteste dabei: Zwei Drittel bis drei Viertel der von diesem Syndrom geplagten Personen sind weiblichen Geschlechts.

Praktisch zeitgleich erreichte uns aus den USA die Kunde von einer zwar nicht neuen, aber doch neubenannten seelisch-geistigen Erkrankung: das Syndrom des Ausgebranntseins oder angloamerikanisch *Burnout-Syndrom*; früher nannte man das »nervöse Erschöpfung« oder, vor allem bei den nervlich als »schwach« geltenden Frauen, Neurasthenie. Die wichtigsten Symptome des Ausgebranntseins, nämlich Anfälligkeit für Infektionen und Alltagsbeschwerden aller Art, Müdigkeit, Erschöpfung, Muskelschwäche, Schlafstörungen, Konzentrationsmangel und Gedächtnisschwäche usw. gleichen dem CMS fast aufs Haar. Und wieder sind davon zu mehr als zwei Dritteln Frauen betroffen.

Eines unterscheidet Burnout- und CMS-Kranke meist voneinander: Wer dem Ausgebranntsein zum Opfer fällt, hat vorher lange Zeit hindurch hell gebrannt, wie eine Kerze, die an zwei Enden gleichzeitig angezündet wird. »Workaholismus«, Arbeitssucht, zudem ständige Schuldgefühle wegen des Empfindens, noch immer nicht genügend (für andere) getan zu haben, sowie massive Versagensängste – so lautet sehr oft die gleichzeitige psychologische Diagnose. CMS-Kranke scheinen dagegen vor Ausbruch der Krankheit nicht auffällig arbeitswütig gewesen zu sein; ihr Alltag verlief eher »normal«, das heißt, unter der für Frauen üblichen Drei- und Vierfachbelastung. Die später von CMS Betroffenen klagen wenig darüber und rackern vergleichsweise im stillen. Und so gibt auch ihr Persönlichkeitsprofil weniger Anlaß zur Ursachenforschung als bei den typischen Burnout-Leidenden, die als besonders leistungsorientiert, hyperaktiv und perfektionistisch auffallen.

Die CMS-Diskussion zeigt deutlich: Hohe, krankmachende Belastungen werden bei Frauen in aller Regel nur dann überhaupt als solche bemerkt, wenn damit gleichzeitig ein Aktionismus verbunden ist, der beim weiblichen Geschlecht als ungewöhnlich gilt. Bei Männern hingegen, deren Aktionismus sehr oft Teil ihrer üblichen Selbstdarstellung ist, werden berufliche und andere Überlastungen viel deutlicher wahrgenommen, und es wird ihnen früher – und damit vielleicht oft gerade noch rechtzeitig – von den eigenen Frauen (oder ihrem Arzt) klargemacht, daß sie kürzer treten und sich mehr entspannen müssen.

CMS-gefährdete Frauen erfahren solche Hilfestellungen selten. Irgendwann brechen sie »völlig unerwartet« zusammen. Viele sind dann jahrelang krank. Und da ihre Symptome oftmals diffus und schwer zu deuten sind, machen sie meist wahre Odysseen von Arzt zu Ärztin durch, bevor ihr Leiden den Namen CMS bekommt. Von Frühjahrsmüdigkeit zu Grippe, Pilzbefall, Amalgam-Vergiftung, Toxoplasmose, Schilddrüsenunterfunktion bis zu chronischen Entzündungsherden, ja sogar Multipler Sklerose reichen die Verdachtsdiagnosen, die alle erst einmal ausgeschlossen werden müssen.

In abgeschwächter Form treffen viele der genannten Symptome auch auf die »normalen«, weit verbreiteten Erschöpfungszustände von Frauen zu. Die *chronische Erschöpfung* hat einige Ähnlichkeit mit dem CMS; nur beginnt sie nicht so oft mit grippeähnlichen Symptomen. Die *reaktive Erschöpfung*, also besondere Erholungsbedürftigkeit nach einem oder mehreren Streßereignissen, ähnelt eher dem Burnout-Syndrom, weil ihrem Einsetzen einer oder mehrere, auch für andere Menschen sichtbare und einsichtige Streßfaktoren vorausgehen.

Wer von Erschöpfungszuständen spricht, kommt am Streß nicht vorbei: der Alarmreaktion des Organismus auf Reize, die unsere Urahninnen und Urahnen in grauer Vorzeit stets zu höchster Wachsamkeit, zu Drohgebärden, zu Angriff oder Flucht veranlaßten. Heute reagiert unser Vegetativum ganz genauso – nur, daß wir kaum noch leibhaftig angreifen oder wegrennen. Der Streß wird nicht ausagiert, sondern bleibt in uns stecken – und das macht auf Dauer krank. Frauen sind durch ihre Erziehung besonders dafür prädestiniert, denn Ausagieren, also »aggressives« oder »wildbewegtes« Handel wird eher Jungen als Mädchen, eher Männern als Frauen zugestanden.

Als Streß, oder genauer: ungesunder Dis-Streß*, wird in unserer männerorientierten Gesellschaft vor allem das bezeichnet und bewertet, was Männer für stressig halten. Weibliche Streßfaktoren kommen in den wissenschaftlichen Streßtabellen, an denen angeblich beide Geschlechter ihr aktuelles Streß-Erkrankungs-Risiko ablesen können, so gut wie nicht vor. Der nachstehende Kasten nennt die häufigsten weiblichen Streßfaktoren, die meist für »völlig normal« gehalten werden. In der vielzitierten Washingtoner Streßtabelle sind diese Faktoren allesamt nicht enthalten oder wurden undifferenziert unter Sammelbegriffen wie z. B. »Operation« subsumiert und viel zu gering bewertet. (Eine neue Streßpunkte-Bewertung dieser Faktoren finden Sie in meinem Buch ›Mit Leib und Seele gesund werden‹[1].)

Info: Was Frauen streßt

Die folgenden Ereignisse und Veränderungen betreffen und stressen überwiegend oder ausschließlich Frauen, und zwar oft so stark, daß sie anschließend krank werden. In üblichen Streß-Risiko-Tabellen sind sie jedoch entweder gar nicht enthalten oder werden, da nur auf den Mann bezogen, mit viel zu wenigen »Streßpunkten« bewertet. Ich nenne sie hier in der Reihenfolge ihres Schweregrades (der natürlich von Frau zu Frau auch variieren kann):

- Vergewaltigung, auch in der Lebensgemeinschaft; betrifft etwa 40 bis 50 Prozent aller Frauen irgendwann in ihrem Leben
- Brustamputation; betrifft ca. 8 Prozent aller Frauen irgendwann
- Gebärmutter- und/oder Eierstockentfernung; betrifft in Deutschland etwa jede vierte Frau
- Totgeburt, Frühabgang, (wiederholte) Fehlgeburt, Frühgeburt; die körperlichen Folgen hat allein die Frau zu tragen, die psychischen (Schuldgefühle, Selbstentwertung) treffen sie stärker als den Kindsvater

* Ein gewisses Maß an Streßreizen ist lebensnotwendig, weil der Organismus dadurch flexibel gehalten wird. In der Streßforschung wird daher zwischen »gutem Eu-Streß« und »krankmachendem Dis-Streß« unterschieden.

- Mehrlingsentbindung; Mehrfachstreß im Vergleich zur Ein-Kind-Geburt, auch beim Stillen
- Inzest bzw. sexuelle Ausbeutung eines Kindes in der eigenen Familie; betrifft nach neueren Schätzungen bei uns ca. 300.000 Familien oder mehr pro Jahr
- Schwangerschaftsabbruch, gleich aus welchem Grund; betrifft in Deutschland mehr als 200 000 Frauen pro Jahr (alle Indikationen)
- Risikoschwangerschaft; nach schulmedizinischer Definition zwischen 30 und 60 Prozent aller Schwangerschaften
- Entbindung
- Stillen und/oder Säuglingspflege
- Pflegefall bzw. plötzliche schwere Erkrankung in der Familie; die Pflege betrifft zu 95 Prozent Frauen
- Familienzuwachs durch »angeheiratete« Kinder, Adoption, Pflegekind, Zuzug eines bzw. einer Angehörigen
- Umzug ins Altersheim; auf einen Senior im Altersheim kommen fünf bis sechs Seniorinnen
- normal verlaufende Schwangerschaft
- längere medizinische Behandlung wegen Kinderwunsch; bei ca. 15 Prozent aller Paare nötig, Tendenz steigend, Therapiebelastung liegt überwiegend bei der Frau
- Wechseljahre (mit Beschwerden)
- Arbeitslosigkeit des Lebenspartners (mit allen Auswirkungen auf die Frau, inklusive ihres beruflichen Wiedereinstiegs trotz Kinder bzw. höheren Alters)
- sexuelle Belästigung bzw. Nötigung; betrifft fast alle Frauen, je nach Definition
- erster Geschlechtsverkehr; für Mädchen viel problemreicher als für Jungen
- akute Probleme mit der Verhütung; betreffen zu 85 Prozent allein die Frauen
- kein Kindergartenplatz; allein in Deutschland fehlen mehrere hunderttausend Plätze
- chirurgische Aussehenskorrektur (»Schönheitsoperation«), zu 80 bis 100 Prozent, je nach Körperbereich, allein Frauensache

- Schulwechsel des Kindes (besonders schwierig für Alleinerziehende, in Deutschland zu ca. 90 Prozent Frauen)
- Beginn einer Abmagerungskur; vier von fünf Frauen halten ständig oder immer wieder Diät.

Je mehr dieser und anderer, »offiziell anerkannter« Streßereignisse – etwa Tod des Partners, Scheidung, eigene schwere Krankheit oder Arbeitslosigkeit, Umzug, Arbeitsplatzwechsel, besonderer Streit zuhause oder im Beruf – innerhalb eines Jahres zusammenkommen, desto höher ist das Risiko der betroffenen Frau, davon krank zu werden.

Nach wissenschaftlicher Auffassung muß zwischen zwei Streßformen unterschieden werden: *Dauerstreß*, an den sich insbesondere der sehr flexible, anpassungsfähige weibliche Organismus vergleichsweise gut »gewöhnen« kann, der aber mit großer Wahrscheinlichkeit trotzdem irgendwann zum Zusammenbruch führt, sowie *akuter Streß*, der das mühsam austarierte Gleichgewicht von Belastung und Anpassung zum Kippen bringt. Schließlich haben aber beide Streßformen die gleichen Symptome zur Folge, die deutlich zeigen, daß die Abwehr- und Selbstheilungskräfte der Frau überfordert sind.

Die Naturheilkunde hat Ihnen bei Erschöpfungszuständen unterschiedlichster Herkunft sehr viele, im Prinzip stets ähnliche Heilverfahren anzubieten. Sie sollten sie vor, während und nach jeder etwaigen schulmedizinischen Behandlung nutzen. Dort werden in aller Regel höchstens die Symptome Ihrer Allgemeinstörung bekämpft (→Abwehrschwächen). Ob Sie sich auf eine solche Behandlung überhaupt einlassen sollten, hängt von Ihrem Zutrauen in die Schulmedizin, den jeweils *einwandfrei diagnostizierten* Krankheitsauslösern – z. B. einer schweren zusätzlichen Infektion mit Pilzen oder Bakterien – sowie vom ärztlichen Therapieangebot im einzelnen ab. *Warnung:* Psychopharmaka sollten Sie höchstens als ganz kurzfristige »Krücke« in einer akuten Notfallsituation (etwa Selbstmordgefahr) akzeptieren, Antibiotika- oder Cortisonbehandlungen möglichst gar nicht (siehe auch ab S. 563), Operationen ebenfalls nicht. Ihre Überlastung kann schließlich nicht wegoperiert werden.

Körperliche Gründe von Erschöpfungszuständen

Beim CMS wird in der Schulmedizin folgender Zusammenhang diskutiert: allgemeine chronische Abwehrschwäche, wobei in den Organismus eindringende oder bereits dort »schlummernde« Krankheitserreger, etwa das Epstein-Barr-Virus oder bestimmte Herpesviren (vor allem HHV-6), irgendwann die Oberhand gewinnen und Schaden im System anrichten; daher die grippe- und rheumaähnlichen Symptome. Stets müssen mehrere Faktoren zusammenwirken, damit die Erkrankung zum Ausbruch kommt, unter anderem ein stark geschwächtes, evtl. auch schadstoffbelastetes Immunsystem sowie eine – unter Umständen erbliche – Disposition, auf Streß eben mit CMS und nicht mit Asthma oder Magengeschwüren zu reagieren.

Für das Burnout-Syndrom werden von der Schulmedizin, abgesehen vom Zusammenbruch des überlasteten Immunsystems, keine rein körperlichen Faktoren in Betracht gezogen. Die körperlichen Ursachen einer reaktiven Erschöpfung auf ein oder mehrere Streßereignisse hängen stark von den jeweiligen Streßreizen ab (siehe Kasten S. 379 ff.). Alle Erschöpfungszustände werden gefördert und verstärkt durch: Einnahme von Schlaf-, Beruhigungs-, Aufputsch-, Abführ- und Schmerztabletten, Nikotin, Alkohol, schlechte und ungenügende Ernährung, Bewegungsmangel, Mangel an Frischluft, Überreizung des vegetativen Nervensystems durch Lärmbelästigung am Arbeitsplatz, laute Discomusik und andere Sinnes-Stressoren sowie Leben gegen die inneren Biorhythmen (→Chronobiotherapie).

Sofort zur ärztlichen Untersuchung/Behandlung bei:

- dem Wunsch nach sorgfältiger Ausschlußdiagnostik, damit keine eventuell gefährliche, »versteckte« Erkrankung übersehen wird, zum Beispiel Parasitenbefall, eine chronische Vergiftung, eine neuromuskuläre Erkrankung wie Multiple Sklerose, eine endogene (= von selbst entstandene bzw. erbliche) Gemütskrankheit, eine systemische →Pilzinfektion oder eine HIV-Infektion als mögliche Vorstufe von AIDS.

Psychosomatik

Zu den wichtigsten psychischen Symptomen des Chronischen Müdigkeits-Syndroms wie auch des Ausgebranntseins gehört Pessimismus, im Extremfall das Abhandenkommen jeglichen Lebensmutes: *Es scheint einfach kein Ende in Sicht.* Ebensowenig gibt es ein Datum, an dem das Leiden konkret seinen Anfang nahm. Die Betroffenen »rutschten irgendwie hinein« und sehen irgendwann keinen Weg mehr heraus. Das unterscheidet sie wesentlich von denen, die an einer reaktiven Erschöpfung leiden: Deren Streß unterliegt einem Zeitgefühl; das Ende ist absehbar, wenn die Krise überwunden, die Prüfung gemacht, die Aufgabe abgeschlossen ist. Das Gefühl, quasi neben der Zeit zu leben, kann die gesamte Biorhythmik aus dem Takt bringen (→Chronobiotherapie). Besonders prädestiniert dafür sind offenbar Frauen, die von Kindheit an in dem Gefühl aufgewachsen sind, ihr ganzes Leben könne nicht ausreichen, um die Liebe der Eltern durch Leistung zu erlangen (das wirkt auch nach deren Tod noch nach). Oder sie meinen, ein Leben lang die »Schuld«, als Mädchen zur Welt gekommen zu sein, abarbeiten zu müssen. Das Urteil »Lebenslänglich« verzerrt das Gefühl für Raum und Zeit. Weibliche Erziehungsmaßstäbe verlangen von Frauen auch heute noch, sich klaglos für andere aufzuopfern; wenn nicht, sind nagende Schuldgefühle die Strafe. Gefangen in diesem Netz aus Leistung, Schuld und Sühne und dem Bedürfnis, anerkannt (geliebt) zu werden, sehen sie dann oft nur in der *Verleugnung* einen Weg, mit den Konflikten fertigzuwerden. Verleugnet wird, daß der Streß echter Disstreß ist (»es muß halt sein«) und daß sie unter dem Disstreß schon fast zusammenbrechen (»ach, das schaffe ich schon irgendwie«). Hinzu kommt der immense gesellschaftliche Druck, der auf Frauen lastet, die als Partnerin, als Mutter und auch beruflich erfolgreich sein wollen und alles perfekt schaffen *müssen*, wenn es nicht heißen soll, Frauen seien beruflich eben nicht so gut wie Männer und sollten überhaupt lieber zurück an den häuslichen Herd. Ein oft unlösbar scheinendes Dilemma, das Frauen streßt wie keinen Mann und ihr Selbstwertgefühl ständig in Frage stellt. Burnout-Frauen verzichten deshalb oft auf Mutterschaft und feste Partnerschaften, leben als Singles – und trauern in ihrem tiefsten Innern sehr darum, daß sie sich zu solchen Entscheidungen gezwungen sehen. Viele stürzen sich dann erst recht ins Getümmel oder übernehmen zusätzlich soziale Aufgaben, um ihre Trauer zu betäuben. Ständige Ausreden, weshalb Veränderungen im Lebensstil unmöglich seien, sind ein Warnsignal für das bevorstehende Ausbrennen bzw. CMS.

Natürliche Heilverfahren

Allgemeinverhalten:
Bei jeder Art von Erschöpfung: zunächst einmal innehalten und genau überlegen, wann der Erschöpfungszustand konkret begann (Ereignis? Lebenkrise? einfach so?) und wann er vermutlich wieder überstanden sein wird (Streß-Ende absehbar?). Bei »gewöhnlicher« Erschöpfung genügt es oft, ein bis zwei Wochen Ruhe einzulegen und sich in dieser Zeit richtig zu verwöhnen: mit gesunder Ernährung, Stärkungsmitteln, Entspannungsmethoden, viel Schlaf, guter Luft, Bewegung und nur angenehmen Sinnesreizen, zum Beispiel bei einem Kuraufenthalt in einer sogenannten »Beauty-Farm« mit guten Entspannungsangeboten. (Ganz schlecht wäre hingegen eine stressige Urlaubsreise!)

Sollte gründliches Ausruhen nichts oder wenig bringen, sind Sie – Ausschlußdiagnosen vorausgesetzt – Burnout- bzw. CMS-krank. In diesem Fall brauchen Sie *sofort* einen mindestens einmonatigen Zeitraum, in dem Sie Ihren drohenden Zusammenbruch abzufangen versuchen sollten. Arbeiten Sie gemeinsam mit naturheilkundigen Fachkräften einen Plan aus, was getan werden muß, damit Sie Schritt für Schritt entgiftet, entstreßt, von Ballast befreit werden und wieder zu Kräften kommen. Gehen Sie zu einer Ärztin oder einem Arzt für Naturheilverfahren und lassen Sie sich erst einmal mehrere Wochen krankschreiben – auch wenn Sie selbständig sind. Bedenken Sie: besser jetzt vier *Wochen* als später *Monate bis Jahre* ausfallen!

Hinweise zu einzelnen Beschwerden finden Sie in den entsprechenden Abschnitten dieses Buches.

Akupressur:
Bei reaktiver Erschöpfung: Den »Punkt des Göttlichen Gleichmuts« (5) eine Handbreit unterhalb der linken Kniescheibe, etwas nach außen versetzt (siehe Abbildung S. 60) bei Bedarf 2–3 Minuten lang oder einmal täglich 10 Minuten mittelkräftig massieren; ebenso verfahren Sie mit einem Punkt des »Lenkergefäßes« genau zwischen den Augenbrauen sowie dem obersten Scheitelpunkt in der Schädeldach-Mitte (hier nur sanft kreisend akupressieren). Bei Burnout-Syndrom und CMS ist eine →Akupunkturbehandlung der Selbsthilfe vorzuziehen.

Aromatherapie:
Nervenstärkend, gleichzeitig tonisierend und beruhigend wirken Basilikum, Eisenkraut (Vorsicht bei äußerlicher Anwendung, es kann Hautreaktionen hervorrufen!), Gewürznelke, Echte Kamille, Kiefer, Lavendel, Zitronengras, Lorbeer (vor allem auch bei Muskelbeschwerden), Majoran und Orange. Ausprobieren, was Ihnen am besten bekommt, und nicht mehr als 2–3 Aromen nebeneinander verwenden. Anwendungen siehe ab S. 70.

Atemtherapie:
Wer zu flach und zu hektisch atmet, versorgt das Gehirn und alle anderen Organe zu wenig mit Sauerstoff, fördert damit also Nervosität und Erschöpfung. Eine gute Atemtherapie – oder auch Atemübungen des →Yoga, der gerade bei Erschöpfung sehr empfehlenswert, da er (als Hatha-Yoga) nicht schweißtreibend ist – lehrt Sie, sich tief zu entspannen und Problemen gelassener zu begegnen. Allein schon das Konzentrieren auf den eigenen Atemgang, etwa 5 Minuten lang, kann oft Wunder wirken, wenn der Streß überhandzunehmen droht. Singen (→Musik- und Tanztherapie) ist ebenfalls sehr gut gegen Streß.

Bewegung:
Im akuten, schweren Erschöpfungszustand kann jede Bewegung eine Last sein. Versuchen Sie trotzdem, eine Bewegungsart zu finden, die Ihnen nicht wehtut und Sie auch nicht überanstrengt, beispielsweise langsames Spazierengehen oder Schwimmen (gibt Auftrieb, und Sie spüren Ihr Körpergewicht nicht so!). Wenn Sie immer nur ruhen, besteht die Gefahr, daß Ihre Muskulatur verkümmert. Beachten Sie Ihre Erschöpfungsgrenzen, und dehnen Sie Ihr Pensum jeden Tag nur ein wenig aus, bis Sie langsam kräftiger werden. Vorbeugend sind regelmäßige Bewegungsprogramme hervorragend zum Streßabbau geeignet: Die im Organismus »feststeckenden« Streßreize werden ausagiert. Nehmen Sie sich täglich Zeit dazu! (Für »Workaholics«: Ein gutes, aber nicht übertriebenes Bewegungstraining gehört zum Rezept aller Erfolgreichen, die fit sein und bleiben wollen.)

Chronobiotherapie:
Die allermeisten Erschöpften leben pausenlos gegen ihre inneren Rhythmen, »vergewaltigen« sich als Nachteulen zum Frühaufstehen oder als Morgenlerchen zum Langaufbleiben, legen Überstunden, Schichtdienste und Wochenendarbeit drauf, nehmen viel zu selten richtig Urlaub und haben kein Gefühl mehr für ihren Monatszyklus (der zudem oft mittels Antibabypille »zurechtgerückt« wird, damit er stets kalkulierbar ist). Wenn Sie wirklich gesund werden wollen, müssen Sie das alles Schritt für Schritt ändern (siehe auch ab S. 121).

Ernährung, Vitamine, Mineralstoffe, Spurenelemente:
Erschöpfung treibt Raubbau mit dem Organismus, und wer sich schlecht ernährt, fördert die Erschöpfung noch. Am besten sind zunächst 2–3 Tage →Heilfasten mit Obst- oder Gemüsesäften oder Molke zum Umstimmen und Ausleiten von Stoffwechselschlacken. Dabei *keine* Schmerz- oder Beruhigungstabletten usw. einnehmen, auch wenn Sie dadurch Kopfweh bekommen oder zunächst noch nervöser werden! Sie müssen sich entgiften, bevor Sie gesunde Nahrung richtig verarbeiten können (siehe auch Info S. 589).

Zum Kräfteaufbau: ca. 4 Wochen lang täglich Lezithin-Präparate, Magnesium (auch als Injektionen, vor allem bei CMS), Kalium, Kalzium, Zink und Selen; außerdem dreimal täglich 1 Tablette Vitamin-B-Komplex sowie einen Monat lang täglich hochdosiertes Vitamin A (nach ärztlicher Verordnung), 800 IE Vitamin E pro Tag sowie hochdosiertes Vitamin C, bis 5 g, je nach Verträglichkeit. Die Ernährung sollte der gesunden Vollwertkost entsprechen (siehe S. 135) und besonders viel essentielle Fettsäuren und pflanzliche Proteine enthalten. Wenig rotes Fleisch essen; sämtliches Fleisch und Geflügel nur vom Bio-Bauern! Zu meiden sind unbedingt: Kaffee, Schwarztee, Alkohol, Cola-Getränke, Limonaden, Krustentiere, Thunfisch (hoher Schadstoffgehalt), Dosengerichte, Industriezucker. Nervenberuhigend und stärkend sind Honig, Blütenpollen und Propolis; natürlich antibiotisch sind Knoblauch, Brunnenkresse, Petersilie und Meerrettich.

Farbtherapie:
Bei Erschöpfung sollten Sie allzu starke Reize durch Signalfarben, vor allem Rot und leuchtendes Orange, zunächst meiden. Zu empfehlen sind die Entspannungsfarbe Grün, drüsenanregendes Gelb sowie herzstärkendes Rosa (Anwendungen siehe S. 155). Außerdem: kein hypnotisierendes, noch stärker abschlaffendes Violett (es sei denn, als Einschlafhilfe), keine dunklen Braun-, Blau-, Grautöne oder Schwarz in der näheren Umgebung, die Sie noch depressiver machen! Wählen Sie helle Farben und Pastelltöne für Ihre Kleidung.

Heiltees und -tinkturen:
Nervenstärkend sind heiße Milch mit Honig oder Anis, am besten abends getrunken; immunstärkend wirken Echinacea-Preßsaft oder Eleutherococcus-Wurzelextrakt (Taiga-Wurzel) als Fertigpräparate, desgleichen Ginseng als Tee oder Tinktur; gegen eine Virusinfektion hilft ein Absud aus Cayenneblüten (1 Teelöffel auf ca. 4 Liter Wasser, aufkochen, nach 4 Minuten abseihen, kühl stellen), morgens nach dem Frühstück 1 Teelöffel, Dosis langsam steigern, bis Sie 1 Glas davon herunterbekommen – sehr scharf, aber höchst antiviral, antibakteriell und immunstärkend! (Bei

Magen- oder Nierenreizung Dosis senken.) Ausleitend und »blutreinigend« sind Tees oder Teemischungen aus Brennesseln, Zinnkraut, Gelbwurz (nicht bei Unterzuckerung!), Löwenzahn, Roter Klee und Veilchen, täglich 2–3 Tassen. Solche Kuren sollten nicht länger als 3–4 Wochen dauern; dann ca. einen Monat pausieren.

Kälte- oder Wärmetherapie:
Erschöpfte haben meist ein starkes Wärmebedürfnis, dürfen jedoch dabei nicht übertreiben, weil Wärme allein auch schlappmacht. Am besten sind Wechsel von warm/heiß und kalt (siehe Wasseranwendungen). Bei Muskelschmerzen können Präparate zum Einreiben, in denen Bienen- oder Ameisengift enthalten sind, stark durchwärmend wirken; bei Kopfschmerzen (siehe dort) eher kühle Anwendungen. Generell: vor Zugluft, Durchfeuchtung, nassen Füßen, Fröstelklima schützen!

Lichttherapie:
Streß, Überreizung, Nervosität und Erschöpfung werden auch von schlechten Lichtverhältnissen zuhause und am Arbeitsplatz stark gefördert (siehe hierzu ab S. 208). Sonnenlicht ist für die Selbstheilungskräfte unabdingbar. Mit kleinen Dosen anfangen: täglich einige Male für 10 Minuten in die Sonne oder wenigstens an die frische Luft, auf maximal 30 Minuten steigern. Nicht länger, denn Sonne kann auch erschöpfen und zehren!

Massagen:
Je nach Erschöpfungsgrad kann eine sanfte bis kräftig walkende Massage positive, anregende oder aber zu starke, überreizende Stimulation bedeuten. Durch Hautbürsten können Sie selbst herausfinden, welcher Reiz für Sie angenehm oder unangenehm ist. Lernen Sie, Massagen von anderen anzunehmen, und spüren Sie ihrer Wirkung bewußt nach, statt sie nur einfach über sich ergehen zu lassen.

Psychosomatische Hilfe:
Das Allerwichtigste: Sie müssen sich *eingestehen*, daß Sie kurz vor dem Zusammenbruch oder schon mittendrin sind, und Sie

müssen all Ihren Willen zum Gesundwerden mobilisieren (das heißt auch: Hilfe und Ratschläge annehmen lernen). Das schaffen Sie ironischerweise nur, indem Sie sich nicht hyperaktiv aufs Heilen stürzen, sondern erst einmal *loslassen*: Ihre Terminhetze, Ihre Schuldgefühle, Ihren selbstgemachten inneren Druck, Ihre Anspannung, Ihre Aufputschmittel, Ihr Gefühl, nur dann eine akzeptable Person zu sein, wenn Sie etwas (Besonderes) leisten. Sein und Darstellen sind zweierlei; lernen Sie wieder mehr zu sein, und fürchten Sie sich nicht vor einer etwaigen Leere, die sich zunächst einstellen mag: Unter der – bislang von viel Arbeit zugeschütteten – »Luftblase«, dem scheinbaren Nichts, verbirgt sich Ihr trauerndes Ich, das sich selbst kaum noch spürt, so sehr wurde es vernachlässigt. Lassen Sie die »Blase« platzen und befreien Sie sich, Schicht für Schicht: zum Beispiel mit Hilfe einer guten Psychotherapie, eines Meditations-Kurses oder eines körperorientierten →Bewußtseinstrainings, das Sie wieder mehr »erdet«. Fragen Sie sich auch: Welche Erziehungsmechanismen haben bewirkt, daß Sie sich immer aufopfern bzw. überarbeiten? Wollen Sie sich davon für immer konditionieren lassen? Sind Sie lieber erschöpft und krank, aber konform mit Ihrem Überforderungssystem, als gesund zu werden? Wo-vor haben Sie am meisten Angst – und was würde *real* passieren, wenn Sie beschlössen, diese Angst einfach einmal loszulassen?
Üben Sie außerdem folgendes:

- Jeden Tag einmal NEIN sagen, wenn Sie von Familienangehörigen, Kollegen oder Freundinnen um eine Gefälligkeit gebeten werden; im 2. Monat auf zehn Nein pro Woche steigern. Aufschreiben, wozu Sie Nein gesagt haben, was Ihnen leicht(er) und was schwerfiel, und warum.
- Jeden Montagmorgen als erstes eine Liste aller Dinge anlegen, die in der Woche erledigt werden müssen, dann einteilen: kann jemand anderes machen (A), kann *ausschließlich ich* machen (B), und: muß heute (1), kann morgen (2), kann irgendwann (3) gemacht werden. A muß B immer überwiegen; 1 plus 2 dürfen die Arbeitsmenge 3 nie übersteigen.
- Alle 2–3 Stunden 10–15 Minuten Pause machen, in denen Sie Kraft sammeln und nicht (schon wieder) verschleudern: keine

Arbeitsgespräche, Telefonate, Notizen, Fachlektüre, Hausarbeit usw., sondern ausschließlich Entspannung! Zum Beispiel mit einem kleinen Spazierengang, bei dem Sie ausschließlich auf die Natur um sich herum achten, oder mit der folgenden Übung.

Rituale mit Heilwirkung:
Dieses Ritual ist gleichzeitig eine Meditationsübung: Schließen Sie entspannt die Augen, und versetzen Sie sich in die schönste Landschaft, die Ihnen überhaupt in den Sinn kommt. Lassen Sie ihre Schönheit vor Ihrem inneren Auge und allen anderen Sinnen intensiv erstehen. Suchen Sie sich dann einen Weg zu einem Platz darin, auf dem Sie Ihr Entspannungs-Traumhaus bauen werden. (Er kann sich, samt Weg, Landschaft und Haus, im Laufe späterer Imaginationsreisen verändern. Lassen Sie das ruhig zu; es sagt viel über Ihren Genesungsprozeß aus.) Zaubern Sie sich nun Ihr Haus dorthin. Wenn Sie Spaß am Planen haben: nach und nach bei jeder Traumreise einen Raum oder ein Stück Einrichtung hinzufügen. Streß gibt es dabei nicht, denn Ihre Phantasie zaubert alles sofort herbei. Besuchen Sie Ihr Traumhaus zur Entspannung möglichst jeden Tag. Beobachten Sie, wie es wächst und sich verändert. Kommen Sie darin zur Ruhe, jeden Tag mindestens eine wunderschöne Viertelstunde lang. Für Frauen, die gern malen: Zeichnen oder malen Sie anschließend, was Ihre Vision Ihnen gezeigt hat. Es braucht überhaupt nicht »perfekt« sein; schließlich kennen ja nur Sie selbst Ihr Traumhaus und Ihre Traumlandschaft. Vergleichen Sie von Zeit zu Zeit die Bilder miteinander. Sie eröffnen Ihnen einen ganz neuen Zugang zu Ihrem Unbewußten und Ihrer neu geweckten Kreativität.

Visualisieren:
Folgende Übung nützt gegen erschöpfendes Grübeln: Schließen Sie die Augen, und stellen Sie sich einen völlig leeren, in hellen Farben gestrichenen, lichtdurchfluteten Raum vor, der sich zu einem kleinen Balkon hin öffnet. In der Mitte auf dem Boden liegt ein großer Haufen bunter Herbstblätter. Jedes Blatt ist einer Ihrer Gedanken. Machen Sie einen Satz, und springen Sie wie ein Kind

in den Blätterhaufen. Wirbeln Sie die Blätter hoch, rascheln Sie damit, werfen Sie Armevoll davon in die Luft. Wenn Sie genügend gespielt haben, nehmen Sie einen großen Kehrbesen, öffnen Sie die Balkontür und fegen Sie alle Blätter in hohem Bogen hinaus. (Ein paar besonders schöne können Sie auch pressen und hinter Glas aufheben, wenn Sie mögen.) Sehen Sie sich dann in dem großen, hellen, schönen, sauberen Raum um; lassen Sie die Stille auf sich wirken, und ziehen Sie sich dann langsam aus dem Bild zurück.

Wasseranwendungen:
Bei Erschöpfung dürfen Sie sich zunächst nur schwachen, langsam zu steigernden Reizen aussetzen, beispielsweise sanften Güssen, ansteigenden Fußbädern (mit kurzem, kalten Guß aufhören), warmen Bädern mit Mitteln der →Aromatherapie (entspannende Aromen siehe S. 583; Rosmarin, Eukalyptus und Kiefer oder Latsche wirken durchblutungsfördernd und anregend), jedoch nicht länger als maximal 10 Minuten. Vorbeugend hilft alles, was den Kreislauf in Schwung bringt und das Gefäßsystem trainiert (→Kneippen).

Wickel:
Bei Muskelschmerzen →Rheumatische Beschwerden.

Yoga:
Erschöpfungskranken mag es wie ein weiterer Streß erscheinen, sich in einen Yoga-Kurs einzuschreiben und regelmäßig zu den Kursstunden zu gehen. Versuchen Sie es trotzdem, denn es gibt kaum eine Form der Entspannung, die Ihnen so sehr nützen kann wie die Übungen des Yoga (hier vor allem des Hatha-Yoga; andere Yoga-Formen sind unter Umständen zu energetisch für Sie). Sie brauchen dabei weder Leistungsdruck noch größere körperliche Anstrengungen fürchten und können in jedem Alter damit beginnen. Yoga-Üben ist außerdem ein sehr wirksamer Weg, wieder engeren Kontakt zu Ihrem Körper- und Seelenselbst aufzunehmen, den Sie wahrscheinlich lange Zeit ziemlich vernachlässigt hatten.

Zusätzliche Verfahren:
Für Erschöpfungskranke mit aufgepfropften Infektionen und anderen starken Beschwerden sind naturheilkundliche Umstimmungs- und Ausleitungstherapien unter fachlicher Aufsicht sehr wichtig. Dazu gehört vorrangig die →Homöopathie; allerdings muß noch Lebenskraft in Ihnen sein, die hervorgelockt werden kann! Für Herdsuche und -sanierung bietet sich die Elektroakupunktur nach Voll (→Akupunktur) oder eine Neuraltherapie an. Psychisch unterstützend wirken Mittel der →Bach-Blüten-Therapie (nur alternierend zu Homöopathika einnehmen, nicht gleichzeitig). Privat zu zahlen, aber oft wirkungsvoll sind immunstützende Präparate wie das (teure) Interferon, Gammaglobulin-Injektionen oder eine spezielle Antikörpertherapie, einer Art »Aufputsch-Impfung« für Ihr Immunsystem (doch nur, wenn es nicht zu schwach dazu ist).
Das allerwichtigste Zusatzmittel: *den Mut nicht sinken lassen.* Erschöpfung auszugleichen, kann lange dauern, denn es dauerte auch lange, bis Sie so krank wurden. Irgendwann aber geht es wieder aufwärts.

Genannte Literatur:
1) Minker, Margaret: Mit Leib und Seele gesund werden. Psychosomatische Hilfe für Frauen. Mosaik Verlag, München 1993.

Weitere Literaturempfehlungen:
Bronsberg, Barbro/Vestlund, Nina: Ausgebrannt. Die egoistische Aufopferung. Wilhelm Heyne Verlag, München 1988.

Freudenberger, Herbert/North, Gail: Burn-out bei Frauen. Über das Gefühl des Ausgebranntseins. Krüger/S. Fischer Verlag, Frankfurt am Main 1992.

Markus, Harold H.: Chronische Müdigkeit natürlich behandeln. Gräfe und Unzer Verlag, München 1993.

Shorter, Edward: Moderne Leiden. Zur Geschichte der psychosomatischen Krankheiten. Rowohlt Verlag, Reinbek 1994.

Teegen, Frauke: Die Bildersprache des Körpers. Gesundheit kann gelernt werden. Rowohlt Verlag, Reinbek 1992.

Weiterführende Anschrift:
Selbsthilfegruppe Chronisches Müdigkeitssyndrom e. V.
c/o Frau Birke Steinitz
An St. Swidbert 52
40489 Düsseldorf

Anschriften psychosomatischer Behandlungszentren finden Sie außerdem in:
Neun, Heinz (Hrsg.): Psychosomatische Einrichtungen. Was sie (anders) machen und wie man sie finden kann. Vandenhoeck & Ruprecht, Göttingen 1990.

Gallenleiden

Dazu gehören unter anderem:
Gallenblasenentzündungen
Gallenblasenreizungen
Gallensteine

Allgemeines

Erkrankungen der Galle kommen bei Frauen vier- bis fünfmal häufiger vor als bei Männern, Gallenkrebs (in höherem Alter) sogar sechsmal so oft. Ein dreifaches ›F‹ kennzeichnet im englischen bzw. medizinischen Sprachgebrauch die typische gallenkranke Person: Sie ist *female, fat and forty*, also weiblichen Geschlechts, mollig und um die vierzig Jahre alt.

In früheren Zeiten, als es weltweit noch für selbstverständlich angesehen wurde, daß eine Schöpfergöttin die Welt geboren hatte und für ihren Fortbestand sorgte, hätte eine solche Beschreibung genau dem Bild dieser Großen Mutter entsprochen: weiblich, fruchtbar-mütterlich ausladend und in der vollen Blüte ihres Frauenlebens. Ob Frauen, auf die diese Charakteristika damals ganz real zutrafen, auch so häufig gallenkrank waren wie ihre heutigen Nachfahrinnen, entzieht sich unserer Kenntnis. Doch nach allem, was wir inzwischen – insbesondere aus der psychosomatischen Medizin und der Ernährungswissenschaft – über Gallenleiden wissen, dürfen wir getrost annehmen: Sie waren es nicht.

Zum einen ernährten sich unsere Vorfahrinnen und Vorfahren höchstwahrscheinlich den allergrößten Teil der Ur- und Frühgeschichte hindurch überwiegend vegetarisch und nahmen daher kaum leber- und gallenbelastende tierische Fette zu sich. (Daß die Menschheitsgeschichte in diesem Punkt wohl umgeschrieben, der Mythos von den frühzeitlichen Jägern – und Jägerinnen – überprüft werden muß, darauf macht beispielsweise die Vorzeitforscherin Doris Wolf in ihrem faszinierenden Werk ›Was war vor den Pharaonen?‹[1] aufmerksam). Zum anderen hatten die Frauen damals viele Sorgen sicher nicht, die für uns heute gang und gäbe sind und uns manchmal die Galle hochkommen lassen. Dazu zählen vor allem die zahlreichen Kränkungen, Abwertungen und Beschneidungen, der Freiheit wie des Körpers, die Frauen so oft ausschließlich deshalb erleben, weil sie weiblichen Geschlechts sind. In diesen Kulturen, in denen Frauen *gerade ihres Geschlechtes wegen* hohe kultische und soziale Stellungen innehatten und kein Mann auf sie irgendwelche Besitzrechte hätte geltend machen können, gab es derartige sexistische Demütigungen nicht. Frauen mußten auch nicht befürchten, im höheren Alter weniger zu gelten, ganz im Gegenteil. Mit vierzig waren sie reif, sexuell erfahren, klug, selbstsicher, wissend, auf dem besten Weg zur hochgeehrten »Weisen Alten«.

Solche historischen Betrachtungen mögen manchen Frauen, die gerade akut an Gallenbeschwerden leiden, weit hergeholt und nutzlos erscheinen. Ich denke aber, sie werfen geradezu ein Flutlicht auf die ganzheitlichen Zusammenhänge weiblicher Gesundheit. Darüber hinaus kann die Beschäftigung mit der »weiblichen Seite der Geschichte«[2] der *spirituellen Heilung* von Frauen dienen, denn sie verschafft uns einen ganz anderen Zugang zu unseren Wurzeln. Der Zorn, aber auch das Staunen und das neue Selbst-Bewußtsein, die sich dabei unweigerlich einstellen, können jede Frau bereichern. Vor allem aber helfen sie jenen, deren

Gesundheit unter der Weiblichkeitserziehung Schaden genommen hat, wie das auch und gerade bei gallenkranken Frauen oft der Fall ist. (Näheres dazu im Abschnitt Psychosomatik.)

Körperliche Gründe von Gallenleiden

Schulmedizinisch werden, den drei Fs (female, fat, and forty) folgend, für Gallenerkrankungen folgende Faktoren verantwortlich gemacht: Infektionen der Lunge oder des Magen-Darm-Trakts, die auf die Galle übergreifen, falsche, zu fettreiche Ernährung sowie hormonell bedingte Störungen des Leberstoffwechsels (zum Beispiel Schwangerschafts-Gelbsucht), die auch die Galle stark belasten. Manche Ärzte gehen sogar so weit, die weiblichen Geschlechtshormone, vor allem die Östrogene, *per se* für eine Disposition zu Gallenleiden verantwortlich zu machen. Abgeleitet wird dieser Schluß von der tatsächlich leber- und gallenbelastenden Wirkung *künstlicher* Hormone, wie sie etwa in der Antibabypille enthalten sind.

Die weiblichen Hormone werden allerdings – so wie in früheren Zeiten die angeblich »im Leib umherwandernde Gebärmutter« – seit einigen Jahren für vieles haftbar gemacht, was an Frauen als »gestört« und »behandlungsbedürftig« gilt. In meinem Buch ›Hormone und Psyche‹[3)] habe ich viel Kritisches dazu angemerkt. Zu viele tierische Fette nehmen auch zahlreiche Männer zu sich, deren Bierbäuche zudem von überhöhtem Alkoholkonsum zeugen – eine weitere Belastung für Leber und Galle. Das Mißverhältnis der Erkrankungsquoten beim weiblichen und männlichen Geschlecht läßt sich mit diesen Argumenten allein also nicht erklären.

Gallensteine sind Ablagerungen von Cholesterin, Kalziumkarbonat, Bilirubin oder Eiweiß um einen Kristallisationskern, der in einer mit diesen Stoffen überladenen Gallenblase oder im Gallengang entsteht. Leberstörungen, Diabetes (Zuckerkrankheit) und ein Stau der Gallenflüssigkeit begünstigen ihr Auftreten. Ein direkter Zusammenhang mit den Eßgewohnheiten ist jedoch *nicht* nachweisbar; das bedeutet: Weder bekommen Sie quasi automatisch Gallensteine, wenn Sie bestimmte Dinge (im Übermaß) zu sich nehmen, noch können Sie Gallensteinen allein durch Diät vorbeugen.

Oft verursachen die Steine jahrelang keinerlei Beschwerden. Da sie jedoch unter Umständen schwere Komplikationen zur Folge haben können – etwa Bauchspeicheldrüsen- oder Bauchfellentzündung, Gallenvereiterung, eventuell auch Gallenkrebs –, sollten sie möglichst aufgelöst, mit Ultraschall oder Laserstrahl zertrümmert, ausgespült oder notfalls herausoperiert werden, bevor größerer Schaden entsteht. Dabei kann die Gallenblase durchaus erhalten bleiben.

Die Naturheilkunde bietet gallenleidenden Frauen eine breite Palette von seelisch wie körperlich ansetzenden Heilverfahren. Sie können Ihnen dabei helfen, die Gallenfunktion wieder herzustellen, einem Organverlust zuvorzukommen, schulmedizinische Behandlungen zu unterstützen oder sogar überflüssig zu machen. Vor allem aber bieten sie Ihnen Möglichkeiten, den Staudamm in der Galle abzutragen und neue, gesündere Wege für Emotionen und Energiefluß zu finden.

Sofort zur ärztlichen Untersuchung/Behandlung bei:
- plötzlicher, starker Gelbverfärbung von Augen und Haut, kolikartigen Oberbauchschmerzen,
- starkem, unerklärlichen Juckreiz (Überflutung des Bluts mit dem Gallenfarbstoff Bilirubin),
- heftiger oder länger anhaltender Übelkeit und Erbrechen, plötzlicher, starker Abneigung gegen Fettes, Gebratenes und Alkohol sowie gegen chemische Dämpfe (z. B. Benzin, Lacke) aller Art,
- Leberschmerzen.

Psychosomatik

In der traditionellen chinesischen und indischen Medizin, aber auch in alten europäischen Heiltraditionen ist die Leber und mit ihr die Gallenblase der »Sitz des Zorns«. Der deutsche Volksmund hat dafür viele treffende Ausdrücke gefunden: Zornigen ist eine Laus über die Leber gelaufen; es kommt ihnen die Galle hoch (und sie schmecken das auch oft, ganz wörtlich); Menschen werden vor Enttäuschung gallebitter, vor Neid ganz gelb, spucken vor Wut Gift und Galle oder ärgern sich die schwarze Galle aus dem Leib.

Die Vorsilbe *chol-* bedeutet im medizinischen Sprachgebrauch »Galle«. Jähzornige, leicht aufbrausende, ihrer Wut laut Ausdruck verleihende Menschen nennen wir cholerisch.

Interessanterweise treffen alle diese Beschreibungen auf einen Personenkreis am allerwenigsten zu: gallenleidende Frauen. Sie sind in aller Regel das Gegenteil von cholerisch, nämlich von sanfter, ruhiger, oft ängstlicher, harmoniebedürftiger Wesensart. Selten werden sie laut; meist schlucken sie ihre Wut oder andere »ungehörige«, »unweiblich heftige« Emotionen still herunter. In Männern löst dieser Frauentyp vielfach Beschützer-, aber gleichzeitig auch Quäl-Instinkte aus: Mal sehen, wann sie endlich in die Luft geht! Doch bevor diesen Frauen tatsächlich einmal die Galle hochkommt, muß viel passieren. Meist siegt ihr anerzogenes Harmoniebedürfnis über ihren Zorn, ihr Geschick im Herunterspielen über ihr Ungerechtigkeitsempfinden. Und sie schlucken auch noch die ärgste Kröte…

Zorn, Wut, Enttäuschung, Haß, Angst, Neid, Eifersucht oder Trauer auszudrücken, haben gallenkranke Frauen sehr oft nicht gelernt, oder es wurde ihnen in früher Jugend mit »giftigen Erziehungsmethoden«, wie die Diplompädagogin und Selbstbehauptungs-Trainerin Barbara Berckhan es bezeichnet[3)], ausgetrieben. In der Familie hatten diese Frauen oft die Aufgabe, bei Zwistigkeiten ausgleichend zu wirken; das können sie auch als Erwachsene am besten. Es zehrt jedoch stark an ihren Kräften. Deshalb essen sich viele von ihnen einen wahren Schutzpanzer aus Fettgeweben an oder stopfen sich mit Süßigkeiten als Liebesersatz voll. Die zugeführte Energie wird dann augenblicklich in Einsatz für andere verwandelt: Gallenleidende Frauen gelten in der psychosomatischen Medizin als ausgesprochene »Helferinnen«. Weil aber ihr Selbstwertgefühl mitgelitten hat, verfangen sie sich gleichzeitig immerzu in Schuldgefühlen, noch nicht genug für ihre Mitmenschen und die äußere (Schein-)Harmonie getan zu haben. Das erschwert ihnen die Entspannung, gar die liebevolle Zuwendung zu sich selbst außerordentlich. Viele lassen sich lieber die Galle herausoperieren, als an solche Zusammenhänge auch nur zu rühren. Und haben dann schon im Krankenhaus wieder Schuldgefühle, weil sie ihre Pflichten jetzt vernachlässigen…

Falls Sie Ihr »Organ des Zorns« noch besitzen, haben Sie viele naturheilkundliche Möglichkeiten zur Verfügung, es gesund zu erhalten und seinen Verlust zu verhindern. Ganz besonders wichtig sind für Sie alle Verfahren zum Streßabbau, zur Selbsterkenntnis und zur Harmonisierung Ihrer Gefühlswelt. Letzteres heißt jedoch gerade nicht, die unangenehmen Emotionen zu unterdrücken und möglichst viel Unverdauliches klaglos zu schlucken. Harmonie bedeutet Gleichgewicht *aller* menschlichen Emotionen, adäquater Ausdruck und richtige Verarbeitung auch der schwierigen unter ihnen.

Natürliche Heilverfahren

Allgemeinverhalten:
Bei Gallen- und Leberleiden müssen Sie die Einnahme der Antibabypille und sonstiger Sexualhormonpräparate abbrechen und ggf. auf andere Verhütungsmethoden (Kondome, natürliche Verhütung) umsteigen. Gehen Sie viel an die frische Luft, suchen Sie Entspannung, lernen Sie Streßabbau! Rauchen schränkt die Leber- und Gallendurchblutung (zusätzlich) ein – bleibenlassen oder wenigstens reduzieren! Ihren Medikamentenkonsum sollten Sie allgemein auf ein Minimum reduzieren (mit Ausnahme ärztlich verschriebener »Steinlöser«); er belastet den Stoffwechsel zusätzlich.

Akupressur:
Gallensteine lassen sich damit nicht auflösen; Gallen- und Lebermeridian können jedoch zur Entstauung und Harmonisierung des Energieflusses in diesem Organbereich behandelt werden. Zwei wichtige Punkte dafür liegen am Ansatz zwischen der sechsten

und siebten Rippe (vom Schlüsselbein ab gerechnet), bei Frauen also knapp unterhalb der Brust, zur Rumpfmitte hin. Suchen Sie dort die deutlich druckempfindlichen Punkte (7) und (8) (siehe Abbildung S. 60); beide kreisend zwei- bis dreimal täglich 3 Minuten lang massieren.

Aromatherapie:
Kamille und Kiefer wirken entzündungshemmend, Zitrone leberreinigend, Rosmarin leberstärkend, Fenchel galleberuhigend, Zypresse stauauflösend und durchblutungsfördernd. Anwendungsmöglichkeiten siehe ab S. 70.

Bewegung:
Vor allem bei gallenbelastendem Übergewicht und bei Stoffwechselvergiftungen bzw. -belastungen (dazu gehört auch ein Alkohol- oder Nikotinkater oder ein »Eiweißschock« nach dem Verzehr größerer Mengen Fisch) ist Bewegung, möglichst an frischer Luft, das A und O! Sport, Tanz (→Musik- und Tanztherapie), Gymnastik, Spazierengehen usw. helfen Leber und Galle entschlacken, machen depressive Gallenkranke fröhlicher und bauen überflüssiges Fett ab. Entscheiden Sie sich für eine Bewegungsart, die Ihnen wirklich Spaß macht, und bleiben Sie dabei!

Chronobiotherapie:
Entschlacken Sie auch Ihren Stundenplan und räumen Sie sich täglich (!) mindestens eine halbe, besser eine ganze Stunde Zeit für Ihre ganz persönlichen Interessen, Hobbies, Entspannungs- und Bewegungsprogramme ein. – Hormonelle Verhütung entfremdet Sie Ihrem eigenen Rhythmus; auch das kann Gallenprobleme auslösen. Lernen Sie wieder auf Ihren Zyklus horchen und vertrauen (Näheres dazu ab S. 697).

Ernährung, Vitamine, Mineralstoffe, Spurenelemente:
Leber- und Gallenkranke haben oft eine instinktive Abscheu gegen Fett, Eiweiß, Alkohol, Gebratenes etc. Achten Sie auf Ihre Abneigungen und Gelüste. Leber- und Gallendiät im akuten Stadium, aber auch vorbeugend: wenig Fleisch und Fisch, höchstens

fettarmes Geflügel (ohne Haut) und Sojaprodukte; keine Eier; viel gedünstete Gemüse, vor allem Fenchel, frische Salate mit viel Rettich und Radieschen, Kartoffeln, Reis, leichte Suppen, Obst, aber keine Avocados und Bananen; als Gewürze Kümmel und Fenchelsamen; viel aminosäurenhaltige, frischgepreßte Fruchtsäfte trinken, vor allem aus Pfirsich, Aprikose, Birne; viel Müsli, fettarme Biojoghurts und Magerquark, nichts Alkoholisches, keine industriezuckerhaltigen Süßigkeiten und Schokolade, dafür öfter Honig. Außerdem: Propolis (aus Reformhaus oder Apotheke) zweimal täglich 5–10 Tropfen in etwas Kräutertee. Kaffee ist Gift für die Galle! Nehmen Sie lieber mehrere kleine Mahlzeiten pro Tag zu sich als wenige üppige.

Farbtherapie:
Gelb wirkt stark drüsen- und stoffwechselanregend, Orange etwas weniger; beide Farben eignen sich vorbeugend sowie bei akuter oder chronischer Gallenschwäche (es sei denn, die Galle ist stark gestaut). Blau wirkt entzündungshemmend, Grün ausgleichend und entspannend bei Gallenkoliken. Anwendungen siehe ab S. 155.

Heiltees und -tinkturen:
Täglich 3–4 Wochen lang 2–3 große Tassen leberstärkenden, gallenberuhigenden Tee aus Mariendistelsamen trinken, oder Mariendisteltinktur zum Einnehmen, je 20 Tropfen in etwas Pfefferminz- oder Kamillentee vor jeder Mahlzeit; gallentreibende Teemischung aus Wermutkraut, Löwenzahn, Tausendgüldenkraut, Minze, javanischer Gelbwurzel, Schafgarbe, Benediktenkraut (falls zu bitter, nur mit Honig süßen); Pflanzenfrischsäfte aus Löwenzahn und Odermennig, zweimal täglich 2 Eßlöffel voll. Bei Depressivität: aufhellender Johanniskrauttee, 2–3 Tassen täglich (Vorsicht, macht lichtempfindlich). Nach solchen Kuren 3–4 Wochen Pause einlegen.

Kälte- oder Wärmetherapie:
Bei Wärmebedürfnis heiße Oberbauchauflagen, evtl. mit Kamillenabsud, Heublumensack oder Wärmflasche; warme Leibwickel

nur, wenn sie vertragen werden! Entspannendes, entkrampfendes Halbbad mit Mitteln der →Aromatherapie, etwa Melisse oder Lavendel (bei Entzündung jedoch kein Rosmarinbad).

Lichttherapie:
Sonnenschein hellt das Gemüt Gallenkranker auf und sorgt für die nötige Wärme. Gönnen Sie sich Sonne, so oft es irgend geht, und hellen Sie auch Ihre Wohnräume auf. Rückzug in dunkle Höhlen verschlimmert Ihr Gallenproblem.

Massagen:
Leichte Massagen der rechten Oberbauchregion können die Auflösung und den Abgang von Steinen erleichtern; kreisend massieren, nach unten ausstreichen, bei Kolikschmerz sofort stoppen und Gallentee trinken! Vorbeugend und heilungsfördernd: Fuß-Reflexzonen-Massage (→Reflexzonentherapien) bei einer guten Fachkraft.

Psychosomatische Hilfe:
Versuchen Sie herauszufinden, worüber Sie tiefinnerlich so oft wütend, zornig, traurig, enttäuscht oder verletzt sind, daß Sie Gallenbeschwerden bekommen, und entwickeln Sie neue, adäquate Ausdrucksmöglichkeiten für Ihre Emotionen, evtl. mit Hilfe einer guten Psychotherapeutin. Stellen Sie eine Liste der Dinge zusammen, die Sie fortan nicht mehr mit sich machen oder sich aufladen lassen wollen. Lernen Sie mehr Selbstbehauptung (zum Beispiel anhand von Barbara Berckhans sehr nützlichem Trainingsbuch für Frauen[3)]), und befreien Sie sich aus Ihrem »Helferinnen-Syndrom«. Sie halten nicht nur sich selbst, sondern auch andere damit in Unfreiheit. Vor allem aber: Hören Sie auf, sich immerzu für alles schuldig zu fühlen. Sie sind es *nicht*, und ganz gewiß sind Sie nicht für alle (Dis-)Harmonie dieser Welt verantwortlich. Fragen Sie sich auch: Wovor schützt Sie Ihr Gallenleiden? Ist Ihnen das mehr wert, als gesund zu werden?

Rituale mit Heilwirkung:
Bauen Sie alles, was Sie für Ihre Gesundheit tun, wie ein kleines Ritual in Ihren Alltag ein: Entspannung, Teezubereitung, kleine

Mahlzeiten für Sie allein. Genießen Sie diese Momente bewußt. – Nehmen Sie ein paar schöne Kiesel, beladen Sie jeden mit einem Gefühl, das Sie drückt, und bemalen Sie ihn dann mit einem Symbol dafür: beispielsweise einer Fratze, einem Tränentropfen, einem Kaktus. Bewahren Sie sie in einem Behälter oder einer Schale auf. Nehmen Sie den entsprechenden Kiesel zur Hand, wenn Sie sich wieder einmal so fühlen (das macht Ihnen Ihr Gefühl noch besser bewußt), und lassen Sie den ganzen Emotionsstrom durch ihre Finger in den Stein überfließen. Haben Sie das Empfinden, er sei schon zum Bersten gefüllt damit, gehen Sie ins Freie und werfen Sie ihn in hohem Bogen weg. Sagen Sie dabei *laut*: Ich trenne mich von dir und werde gesund.

Visualisieren:
Schließen Sie die Augen, und stellen Sie sich Ihre kranke, überreizte, zum Bersten gefüllte, entzündete Gallenblase wie einen roten Ballon in Ihrem Oberbauch vor, aus dem Sie behutsam Luft ablassen müssen. Schicken Sie ihm kühlende, blaue Energiewellen, die seine heiße Farbe dämpfen; betasten und glätten Sie ihn mit zarter innerer Hand; dringen Sie mit Heilfingern in seinen zugeschnürten Knoten ein, lösen Sie ihn und lassen Sie ganz langsam die Luft aus dem Ballon entweichen. Fühlen Sie, wie der Lufthauch sanft über Ihre Hände streicht. Ist der Ballon so klein geworden wie eine Babyfaust und schön glatt, schieben Sie sein Ende in Gedanken über ein kleines, biegsames Röhrchen, damit es immer durchgängig bleibt. Füllen Sie Ihren Ballon nun mit heilsamem Zauberwasser, das all Ihre positive Energie enthält, und ziehen Sie sich dann von ihm zurück. Abschließend Hände ballen, recken, Hände kräftig ausschütteln und Augen öffnen.

Wasseranwendungen:
Schwimmen in nicht zu kühlem Wasser lockert, entspannt und stärkt Sie psychisch und körperlich; →Kneippen regt den Stoffwechsel an.

Wickel: siehe *Kälte- oder Wärmetherapie*

Yoga:
Die Kobra genannte Übung, wie sie im Abschnitt →Eierstock- und Eileiterstörungen beschrieben ist (S. 374), eignet sich auch sehr gut bei Gallenbeschwerden. Machen Sie sie täglich einige Male hintereinander bzw. bauen Sie sie in Ihr sonstiges Yoga-Übungsprogramm ein.

Zusätzliche Verfahren:
Chronische, aber auch akute Gallen- und Leberleiden sprechen sehr gut auf Mittel der →Homöopathie, gelegentlich auch auf →Akupunktur an. Die begleitenden Gemütsverstimmungen sind eventuell auch mit Essenzen der →Bach-Blüten-Therapie behandelbar (nicht gleichzeitig zur Homöopathie!). Falls im Organismus infektiöse Herde bestehen, sollten sie saniert werden, da sie auch die Gallenblase reizen können. Eine Kur mit Olivenöl (ca. 2 Wochen lang täglich 1 Teelöffel morgens auf nüchternen Magen) kann den oft stockenden Stuhlgang fördern, manchmal sogar Steine austreiben. →Bewußtseinstraining/Körpertherapien helfen Ihnen dabei, den Kontakt zum Selbst (wieder) zu finden und neue Abwehrkräfte aufzubauen.

Genannte Literatur:
1) Wolf, Doris: Was war vor den Pharaonen? Die Entdeckung der Urmütter Ägyptens. Kreuz Verlag, Zürich 1994.
2) Utrio, Kaari: Evas Töchter. Die weibliche Seite der Geschichte. Wilhelm Heyne Verlag, München 1991.
3) Berckhan, Barbara: Die etwas gelassenere Art, sich durchzusetzen. Ein Selbstbehauptungstraining für Frauen. Kösel-Verlag, München 1995.

Weitere Literaturempfehlungen:
Brown, Lyn M./Gilligan, Carol: Die verlorene Stimme. Wendepunkte in der Entwicklung von Frauen und Mädchen. Campus Verlag, Frankfurt am Main, New York 1994.
Cohen, Betsy: Der ganz normale Neid. Positiver Umgang mit einem verdeckten Gefühl. Kreuz Verlag, Zürich 1988.

Engel, Lewis/Ferguson, Tom: Unbewußte Schuldgefühle. Kreuz Verlag, Zürich 1992.

Freedman, Rita: Die Kunst, sich selbst zu lieben. Der innere Weg zur Schönheit. Wilhelm Heyne Verlag, München 1990.

Kastrinidis, Perikles: Wenn Liebe krank macht. Kreuz Verlag, Zürich 1990.

Mulack, Christa: Natürlich weiblich. Die Heimatlosigkeit der Frau im Patriarchat. Kreuz Verlag, Zürich 1990.

Stone, Merlin: Als Gott eine Frau war. Die Geschichte der Ur-Religionen unserer Kulturen. Goldmann Verlag, München 1988.

Tavris, Carol: Wut. Das mißverstandene Gefühl. Deutscher Taschenbuch Verlag, München 1995.

Wolf-Graaf, Anke: Die verborgene Geschichte der Frauenarbeit. Eine Bildchronik. Wilhelm Heyne Verlag, München 1994.

Walker, Barbara G.: Das geheime Wissen der Frauen. Ein Lexikon. Deutscher Taschenbuch Verlag, München 1995.

Gebärmutterprobleme

Dazu gehören unter anderem:

- Gebärmutterkrämpfe (siehe auch →Menstruationsprobleme)
- Gebärmuttersenkung
- Myome
- Zervixerkrankungen
- unerwartete Blutungen
- Gebärmutterentzündung
- Endometriose
- Beschwerden nach Gebärmutterentfernung (Post-Hysterektomie-Syndrom)

Allgemeines

Kein anderes Organ ist derart ins psychische und körperliche Zentrum der Weiblichkeit eingebettet wie die Gebärmutter. Und kein anderes hat sowohl im wissenschaftlichen wie im umgangssprachlichen Bereich so unlogische, eingrenzende oder abwertende Bezeichnungen erhalten wie eben dieses weibliche Organ, ohne das die Menschheit sich nicht fortpflanzen könnte. *Hystera* wurde das muskulöse Hohlorgan im Altgriechischen genannt, zu deutsch etwa »auf den Kopf gestelltes Gefäß«. Und als bloßes Gefäß, nämlich des männlichen Samens*, der beim Sexualverkehr ein winziges fertiges Kind darin ablege, galt das Organ und im weiteren Sinne auch die Mutter selbst. Nach den Lehren des patriarchalen Denkers Aristoteles und vielen anderen Philosophen jener Zeit war die Mutter mit dem Kind nicht einmal blutsverwandt, mit allen rechtlichen Folgen. Hysterie, hieß es später, sei ein Frauenleiden, hervorgerufen von einer »im Leib umherwandernden Gebärmutter«.

* richtig: Sperma, denn echter Samen (von Pflanzen) enthält das vollständige Erbgut, ein Spermium jedoch stets nur eine Hälfte; die andere liefert die weibliche Eizelle.

Im Lateinischen war dieses weiblichste aller Organe männlich, wie übrigens auch das *ovum* (= Ei), und wurde *der Uterus* genannt; dieser Begriff gilt in der Medizin noch heute. Vom altindogermanischen *ber* (= die Leibesfrucht tragen) stammen sowohl das Verb »gebären« als auch der umgangssprachliche Begriff Gebärmutter. Immerhin weiblich, grenzt auch diese Bezeichnung das Organ allein auf seine Aufgabe bei der Schwangerschaft ein und läßt alle anderen außer acht, die es daneben noch hat: Zentralorgan der weiblichen Identität; unabdingbare Komponente der Fruchtbarkeitszyklen, ob die Frau nun schwanger ist oder – wie meistens – nicht; Organ des sexuellen Lustempfindens (viele Frauen spüren Orgasmuswellen bis in die Gebärmutter hinein); Produktionsstätte des Zervixschleims, der neben anderen Sekreten den Gebärmutterhals und die Scheide feucht und gesund hält; Wirkungsort, möglicherweise sogar Produktionsort von Hormonen und hormonähnlichen Botenstoffen verschiedener Art. Nach einer Gebärmutterentfernung (Hysterektomie), so die amerikanische Biologin und Hormonforscherin Dr. Winnifred B. Cutler[1)], funktionieren die Eierstöcke oft nicht mehr oder nur unzureichend – eine Komplikation, die Frauen vor der Operation meist verschwiegen wird. Cutler vermutet einen Zusammenhang zwischen den Eierstockhormonen und zugehörigen Botenstoffen, die in der Gebärmutter gebildet werden. In ihren Geweben befinden sich zahlreiche Drüsen, die noch längst nicht ausreichend erforscht sind.

Die Gebärmutter auf ihre Funktion in der Schwangerschaft und beim Gebären zu reduzieren, wie der Name nahelegt, ist also falsch. Gebärerin und Mutter ist zudem immer die Frau, nie ihr Organ allein – auch wenn es vielen Wissenschaftlern sehr gelegen käme, endlich ein künstliches Gebärorgan herstellen zu können, das die Frauen dann auch noch dieser ausschließlich weiblichen Potenz berauben, ja in der Fortpflanzung letztlich überflüssig machen würde.

Aus den Folgen, die der Verlust eines Organs nach sich zieht, sind wissenschaftlich sehr wertvolle Erkenntnisse über die Funktionen der Organe und ihre Bedeutung für den Gesamtorganismus zu gewinnen. In puncto Gebärmutter allerdings scheint dieser

Lehrsatz außer Kraft gesetzt. Wie wäre es sonst zu begreifen, daß alljährlich immer noch (allein in Deutschland) mehr als hunderttausend Frauen *ohne absolute Notwendigkeit* ihre Gebärmutter verlieren, obgleich wissenschaftlich bereits folgende Hysterektomie-Risiken und -Folgen feststehen:

- **Veränderungen des hormonellen Milieus.** Nach einer Gebärmutterentfernung verändern sich die Spiegel von Östrogenen, Progesteron, Testosteron, Androstendion, Follikelstimulierendem Hormon (FSH) und Beta-Endorphinen im Blut der Frau – manchmal für lange Zeit oder sogar auf Dauer.
- **Erhöhtes Osteoporose-Risiko.** Ohne geeignete Gegenmaßnahmen (→Osteoporose) kann sich der Abbau der Knochensubstanz nachoperativ beschleunigen.
- **Früheres Altern.** Hysterektomierte Frauen kommen im Durchschnitt fünf Jahre früher in die Wechseljahre als andere. Verlieren sie bei der Operation auch noch beide Eierstöcke, folgt die Menopause sofort. Auch bei Operation nach dem Klimakterium altern die Frauen körperlich vergleichsweise rascher.
- **Erhöhte Herz-Kreislauf-Risiken.** Die Gefahr, an Arteriosklerose oder koronarer Herzkrankheit bis hin zum Infarkt zu erkranken, ist bei Hysterektomie-Patientinnen fünfmal höher als bei Frauen gleicher Altersstufe, die ihre Gebärmutter (samt Eierstöcken) noch besitzen.
- **Nachoperative Depressionen.** Unmittelbar nach der Operation fallen die Frauen in ein »Hormonumstellungs-Loch«, ähnlich wie nach einer Entbindung, und fühlen sich oft sehr depressiv. Manche Verlust-Depressionen nach Hysterektomie äußern sich auch erst Jahre später (und werden dann oft nicht richtig zugeordnet).
- **Beeinträchtigung des Sexuallebens.** Nach einer Gebärmutterentfernung lassen oft die Libido (= Lust auf Sex), die sexuelle Erregbarkeit, die Scheidenfeuchtigkeit und die Orgasmusfähigkeit nach.
- **Nachoperative Harninkontinenz.** Viele Frauen können nach einer Operation ihren Harn nicht mehr richtig halten, weil Nerven beschädigt oder der Gewebetonus verändert wurden. Ironischerweise wird die Gebärmutterentfernung oft angeraten,

eben weil eine Harninkontinenz besteht (etwa bei Gebärmuttersenkung).

- **Partnerschafts- und Identitätsprobleme.** Häufig erleben Frauen nach der Gebärmutteroperation Partnerschaftskonflikte oder werden sogar verlassen, weil der Partner sie nicht mehr als »ganze Frau« akzeptiert, unbedingt (weitere) Kinder haben will oder die Frau nun sexuell unattraktiv findet. Auch der Organverlust selbst sowie das endgültige, vielleicht verfrühte Aufhören ihrer Menstruations-, Schwangerschafts- und Gebärfähigkeit kann den Frauen lange schwer zu schaffen machen, wie Erfahrungen in Nachsorgekliniken zeigen.

Sprache formt das Bewußtsein. Im Unbewußten jeder Frau sind all die vielen Bedeutungen, die ihre Gebärmutter für sie hat, fest verankert. Doch weil sie meistens unbenannt bleiben, sehen sich sehr viele Frauen großen Schwierigkeiten gegenüber, sie zu verbalisieren, wenn es etwa darum geht, mit einem Arzt über die Notwendigkeit einer Operation an diesem Organ oder gar seiner Entfernung zu reden. Hilflos und ohnmächtig-zornig sind vor allem Frauen, die ihr »gebärfähiges Alter« (noch so ein sprachlicher Unfug) und die Zeit ihrer Menstruationen schon hinter sich haben und denen bedeutet wird, sie bräuchten ihre Gebärmutter ja gar nicht mehr. Wie könnten Sie dem mächtigen Mann in Weiß, der da mit Wissenschaftlermiene ihr Zentralorgan zum »Gewebe mit beschränkter Funktionsdauer« erklärt, wohl argumentativ Paroli bieten? Pochen Sie, selbst angesicht einer Gebärmuttererkrankung, auf Ihr verbrieftes Menschenrecht der körperlichen Unversehrtheit, werden Sie aller Wahrscheinlichkeit nach hysterisch genannt. Und mit gerunzelter Braue wird man(n) Ihnen klarmachen, daß Sie dann aber die Konsequenzen selbst zu tragen hätten, falls Sie später einmal an Gebärmutterkrebs erkranken.

Kein Arzt würde jedoch einem Mann raten, sich »vorsorglich« die Hoden oder andere Organe im Zentrum seiner Männlichkeit wegoperieren zu lassen, nur damit er dort sicher niemals Krebs bekommt.

All das zeigt: Frauen sind gut beraten, wenn sie so viel wie möglich *selbst tun*, damit sie ihre Gebärmutter (samt Eileitern und Eierstöcken) liebevoll in ihr Selbst einbetten und möglichst ihr Leben lang behalten. Naturheilkundliche Verfahren können bei Erkrankungen und Störungen dieser Organbereiche sehr helfen. Wichtig ist jedoch auch die *regelmäßige Krebsfrüherkennungs-Untersuchung* bei der Gynäkologin oder dem Gynäkologen: Ab 25 (manche Ärztinnen meinen auch: ab dem ersten Sexualverkehr) sollte jede Frau alljährlich zur Untersuchung gehen, ab 40 und bei erhöhtem Risiko zweimal jährlich. Nur im Zellabstrich vom Muttermund lassen sich nämlich Vor- und Frühstadien von Gebärmutterhals- und Gebärmutterkörperkrebs rechtzeitig erkennen. Beides ist zwar noch seltener als Brustkrebs (→Brusterkrankungen und -beschwerden), sollte aber frühestmöglich behandelt werden. Oft hilft bereits eine kleinere, organerhaltende Operation (Konisation)! Zu naturheilkundlichen Maßnahmen →Biologische Krebsabwehr.

Falls Ihnen aus irgend einem Grund zu einer Gebärmutterentfernung geraten werden sollte, holen Sie unbedingt eine Zweit- oder auch Dritt-Diagnose ein – am besten bei einer Ärztin, denn verschiedene Studien haben ergeben, daß Ärztinnen sehr viel seltener zur Hysterektomie raten als Ärzte. Zwingende Gründe dafür können höchstens sein: Krebs, sehr große und ohne Organverlust nicht entfernbare Myome (kleinere können auch entfernt werden, ohne daß die Gebärmutter herausoperiert werden muß), sehr schwerer Gebärmuttervorfall, bei dem eine Straffung der Haltebänder und des Scheidenendes, eventuell ein Halte-Pessar in der Scheide sowie Beckenbodengymnastik nicht mehr genügen, und sehr starke, mit keinem Mittel und keiner Heilenergie stillbare Blutungen, welche die Frau in Lebensgefahr bringen. Alles andere ist kein Grund zum Herausschneiden dieses Organs!

Niemals zustimmen sollte eine Frau der Hysterektomie gleich im Anschluß an einen Schwangerschaftsabbruch oder eine Entbindung. Ihr Seelenselbst wäre mit einem solchen doppelten Verlust restlos überfordert (→Depressionen).

Körperliche Gründe von Gebärmutterproblemen

Entzündungen der Eileiter oder Eierstöcke können auf die Gebärmutter übergreifen und zu einer komplikationsreichen Gebärmutterentzündung führen; das gleiche gilt für verschleppte bzw. nicht auskurierte →Scheidenentzündungen, deren Erreger – vor allem bei Tamponbenutzung und im Wochenbett – über den Muttermund bis in die Gebärmutter aufsteigen können. Unerwartete Blutungen können viele verschiedene Gründe haben: ein hormonelles Ungleichgewicht (auch infolge von Hormoneinnahme); Polypen oder andere – noch – gutartige Wucherungen der Gebärmutterschleimhaut (Hyperplasien); der Frühabgang eines Embryos (das kommt nach manchen Schätzungen bei 80 Prozent aller Befruchtungen vor); eine Bauchhöhlenschwangerschaft (häufige und lebensgefährliche Komplikation der »Spirale«); extremes Wachstum der Gebärmutterschleimhaut, die irgendwann in einer »Durchbruchblutung« abgeht oder mittels Ausschabung entfernt werden muß; eine Blutgerinnungsstörung; eine systemische Erkrankung, etwa Diabetes oder eine Schilddrüsenstörung; eine gutartige Stiel-Zyste, die sich gedreht hat und nun heftig blutet; veränderte Blutungszeiten und -formen während der Wechseljahre; eine Krebserkrankung; Gebärmutterverletzungen, etwa durch einen unsachgemäßen Schwangerschaftsabbruch, eine fehlerhafte Bauchspiegelung (Laparoskopie) oder eine Vergewaltigung. In jedem Fall muß die Blutungsursache so rasch wie möglich ärztlich, eventuell auch psychosomatisch abgeklärt werden.

Auch eine *Endometriose* kann ungewöhnliche Blutungen und Schmerzen verursachen. Dabei haben sich »Inseln« der Gebärmutterschleimhaut (des Endometriums) woanders im Körper – z. B. an den Eierstöcken, am Bauchfell, außen an der Gebärmutter, am Darm, manchmal sogar in den Lungen oder Gelenken – angesiedelt und machen nun alle hormonellen Veränderungen im Zyklus mit, schwellen an, bluten und schrumpfen wieder. Die Entstehungsgründe der Endometriose sind unbekannt; manchmal wird eine Überproduktion des Follikelstimulierenden Hormons (FSH) verantwortlich gemacht. Statistiken legen laut Cutler den

Schluß nahe, daß beim Sexualverkehr während der Menstruation Endometriumszellen quasi von ihrem Stammplatz die Eileiter hoch- und in den Bauchraum »katapultiert« werden könnten, wie sie in ihrem Buch ›Rhythmus der Liebe‹[2)] anmerkt. Auch die Entstehungsursachen für *Myome*, gutartige Wucherungen in und an der Gebärmutter, sind schulmedizinisch umstritten. Diskutiert werden u. a. Erbfaktoren und die These, Myome seien »praktisch normal«, da sie so überaus häufig auftreten und oft keine Beschwerden machen. Gebärmuttersenkungen oder -verlagerungen können angeboren sein, durch mehrere Schwangerschaften oder allgemeine Bindegewebsschwäche bedingt. Erkrankungen des Muttermunds (der Zervix) bis hin zum Zervixkarzinom werden durch sexuell übertragbare Krankheiten, durch Papillomwarzen sowie durch mangelnde Gentialhygiene (vor allem des Mannes!) und häufigen Partnerwechsel begünstigt: Das Sekret (Smegma) unter der männlichen Penisvorhaut schleppt Krankheitskeime in die Vagina ein. Frauen, die nur mit beschnittenen Männern schlafen, und Nonnen haben daher fast nie Zervixprobleme. Krebserkrankungen der Gebärmutter bzw. der Zervix scheinen außerdem von starker Dickleibigkeit, Kinderlosigkeit und Bluthochdruck begünstigt zu werden, außerdem von Erbfaktoren und von einer Hormontherapie in den Wechseljahren, die nur Östrogene, aber keine Gestagene enthält.

Sofort zur ärztlichen Untersuchung/Behandlung bei:

- schweren Menstruationskrämpfen (zur Diagnose der möglichen Ursachen),
- sehr starken und/oder lang anhaltenden Blutungen (zur Ursachenabklärung, eventuell Ausschabung der Gebärmutter, und zur Feststellung von Blut- und Eisenmangel,
- stark nach unten gesackter, evtl. in die Scheide gerutschter Gebärmutter,
- allen unerwartet auftretenden Blutungen, vor allem auch nach der Menopause sowie bei oder nach Sexualverkehr,
- heftigen Gebärmutterschmerzen in der Schwangerschaft (Gefahr der Fehlgeburt oder einer lebensgefährlichen Gebärmutterzerreißung),

- Unfall, Vergewaltigung, Schlägen oder Stößen in den Unterleib und danach auftretenden Schmerzen,
- Gebärmutterschmerzen und höherem Fieber,
- starken Rücken-, Unterbauch-, Lungen- oder Gelenkschmerzen, die in der zweiten Zyklushälfte zunehmen und bei oder nach der Menstruation zurückgehen (Endometriose-Verdacht).

Psychosomatik

Keine »richtige Frau« zu sein – dieses kränkende Gefühl bekommen vor allem Frauen vermittelt, die mit →Unfruchtbarkeit zu kämpfen haben oder aus eigenem Entschluß keine Kinder bekommen. Doch auch jede andere Kränkung ihrer Weiblichkeit sowie zahlreiche andere psychische Verletzungen – etwa Probleme mit der Mutter, schlechte sexuelle Erfahrungen, Dauerstreß in der Partnerschaft, gesellschaftliche Ächtung als lesbische oder sonstwie aus traditionellen Frauenrollen ausbrechende Frau – können sich nach psychosomatischer Erfahrung mittel- oder unmittelbar auf die Gebärmutter, das Zentralorgan der Weiblichkeit, auswirken. Nach Auffassung vieler naturheilkundigen Therapeutinnen ist die Gebärmutter so etwas wie eine »zweite Leber«, die Abfallprodukte und Schadstoffe, auch »Gifte« aus dem Gefühlsbereich, verarbeitet und ausscheidet. Gelingt diese Ausscheidung nicht, oder stauen sich zu viel unverarbeitete Emotionen (Energien) in ihr an, wuchern ihre Gewebe und bilden zum Beispiel Myome. Für diese These spricht unter anderem, daß es nachweislich oft gelingt, solche Wucherungen mit psychotherapeutischer Unterstützung, →Visualisieren und Streßabbauprogrammen zum Verschwinden und Blutungen zum Stillstand zu bringen.

»Frauen, die in Bedrängnis kommen, nehmen unbewußt ihre Gebärmutter zu Hilfe, um sich auszudrücken«, bestätigt die Gynäkologin Dr. med. Barbara Ehret-Wagener, Leiterin einer Nachsorgeklinik für hysterektomierte Frauen. Blutungen und Gebärmutterschmerzen können ihrer Erfahrung nach »ein Schutz sein vor nicht gewünschtem Geschlechtsverkehr, ein Ausdruck der Angst vor Schwangerschaft«, oder sie dienen sehr gestreßten

Frauen »als Druckentlastung, so daß andere Organe in Ruhe gelassen werden«. Und auch Kränkungen der Mütterlichkeit schlagen sich mitunter direkt auf die Gebär-Mutter nieder, die dann »an Mutter Statt furchtbar ärgerlich reagieren, sich aufblähen, Wasser einlagern, sogar Knoten bilden (kann), wenn die Kinder, auch die schon erwachsenen Kinder, sich der Mutter gegenüber respekt- und rücksichtslos verhalten, und sie selbst nicht wagt, sich zu wehren«[3)], schreibt die Gynäkologin.

Wird das Organ herausoperiert, obwohl das nicht überlebensnotwendig wäre, bleiben die Gebärmutterprobleme häufig als Phantomschmerzen bestehen (→Beckenneuralgie), oder es stellen sich tiefe Minderwertigkeitsgefühle und →Depressionen ein. Dieser Zustand wird auch Post-Hysterektomie-Syndrom genannt. Er kann Jahre nach der Operation auftreten.

Natürliche Heilverfahren

Allgemeinverhalten:
Bei allen Gebärmutterproblemen sollten Sie zunächst einmal zur ärztlichen Untersuchung (Abstrich), am besten bei einer Gynäkologin, gehen: Ärztinnen raten nur halb so oft zur Operation!

Hinweis: Endometriose ist manchmal sehr schwer nachweisbar. Bevor Sie diagnostischen operativen Eingriffen zustimmen, sollten Sie es mit →Homöopathie oder einer hormonellen »Austrocknungstherapie« versuchen! Grundsätzlich kann es hilfreich sein, den eigenen Muttermund durch regelmäßige Selbstuntersuchung gut kennenzulernen. Sie können dann besser abschätzen, wann eine zusätzliche gynäkologische Untersuchung ratsam ist. Solche Selbstuntersuchungen werden z. B. in Frauengesundheitszentren gelehrt.

Bei starken Gebärmutterbeschwerden ist Bettruhe ratsam; außerdem sollten Sie bis zur Ausheilung unbedingt anstrengende Arbeit in Haushalt und Beruf, das Heben schwerer Lasten (Kleinkinder!) und andere Bauchbelastungen vermeiden. Das gilt auch und besonders nach einer Operation. Im Anschluß an eine *Hysterektomie*: Um einem Post-Hysterektomie-Syndrom vorzubeugen, schließen Sie sich am besten einer Selbsthilfegruppe an (im Krankenhaus fragen), und wenn es keine gibt, können Sie selbst eine gründen (Rat dazu erteilen bestehende Gruppen, siehe Literaturempfehlungen S. 575). Um Zervixerkrankungen vorzubeugen: den Partner vor jedem Sexualverkehr zum Waschen der Genitalien ins Bad schicken! Leiden Sie oder er an einer sexuell übertragbarer Erkrankung, müssen Sie bis zur Ausheilung stets ein Kondom benutzen.

Akupressur:
Bei Gebärmutterkrämpfen hilft die Massage mehrerer Punkte (1) und (2), (siehe Abbildung S. 60f.) zwischen Bauchnabel und Venusberg. Sie erreichen Sie durch kreisende Massage der ganzen Region, jeweils mindestens 3 Minuten lang. Bei schweren, langen Blutungen: druckempfindlichen Punkt auf dem Scheitel sowie die Punkte (9) und (10) eine Handbreit ober- und unterhalb des linken Knies an der Schenkelinnenseite sowie Punkt (11) am inneren Nagelbett des Großzehs suchen; zweimal täglich andrücken und stoßweise reiben, 2–3 Minuten lang.

Aromatherapie:
Bei starkem Blutfluß empfehlen sich Behandlungen mit Zypresse, Rose oder Myrte, bei Entzündungen des Muttermundes Kamille (auch Scheidenspülungen mit Kamillentee) und Geranium, außerdem Gewürznelke, vor allem bei Gebärmutterverletzungen. Beifuß wirkt stark hormonregulierend (nicht in der Schwangerschaft anwenden!), wilder Majoran (Origanum) krampflösend, Thuja gegen Wucherungen wie Warzen, Polypen, Myome. Lavendel, Melisse und Baldrian wirken entspannend. Anwendungen siehe ab S. 70.

Atemtherapie:
Frauen, die schon einmal einen Kurs zur Geburtsvorbereitung mitgemacht haben, kennen den Wert der Tiefen-, Bauch- und Hechelatmung bei Gebärmutterschmerzen und -krämpfen. Wenn nicht: von einer Freundin oder Atemtherapeutin zeigen lassen! Übertreiben Sie jedoch das Hecheln nicht; es kann Ihnen dabei

passieren, daß Sie hyperventilieren (»überatmen«) und einen Zusammenbruch riskieren.

Bewegung:
Frauen, die an regelmäßigen Sport oder andere Bewegung gewöhnt sind, haben allgemein weniger Gebärmutterkrämpfe und -beschwerden. Im akuten Stadium: so viel Ruhe wie nötig; bei chronischen Beschwerden: mit leichtem Trainingsprogramm, täglich 10-15 Minuten, beginnen und langsam steigern. Schwimmen in lauem Wasser wirkt sehr entspannend (jedoch nicht bei Gebärmutterinfektionen bzw. starken Blutungen). Sehr erhol- und heilsam sind Bauchtanz (→Musik- und Tanztherapie) sowie die Übungen des →Yoga (siehe auch S. 420). Zur Vorbeugung und Behandlung bei Gebärmuttersenkung empfiehlt sich regelmäßige Beckenbodengymnastik (siehe unten).

Info: So stärken Sie Ihren Beckenboden
Die Beckenbodenmuskulatur zieht sich vom Schambein über den gesamten Genital- und Dammbereich bis zum Wirbelsäulenansatz. Spüren Sie sie auf: Versuchen Sie, die Pobacken von innen her in Höhe des Afters zusammenzuziehen, ohne aber die großen Gesäßmuskeln zu bewegen. Wenn Sie es richtig machen, bewegen sich dabei auch Muskeln in Ihrer Scheide. Diese Scheidenmuskeln können Sie auch bewußt anspannen: Stellen Sie sich vor, Sie saugen etwas in ihre Vagina ein – und lassen es dann wieder los. Bei all diesen Übungen nie den Atem anhalten, sondern regelmäßig aus- und einatmen. Die Übungen sind äußerlich völlig unsichtbar; Sie können sie im Liegen, Sitzen, Stehen machen. Üben Sie, so oft es nur geht! Nach spätestens einer Woche merken Sie bereits, daß die Muskeln kräftiger reagieren (wie jeder Muskel, der endlich benutzt wird). Muskelkater ist nicht zu erwarten, aber ein gutes Gefühl für Ihre – langsam wiederkehrende – innere Stärke. Wenn Sie Schwierigkeiten damit haben, Ihre Beckenbodenmuskeln aufzuspüren, können Sie Ihre Finger zu Hilfe nehmen: Führen Sie zwei oder drei in Ihren Scheideneingang ein und versuchen Sie, die Scheidenmuskeln drumherum zusam-

menzuziehen. Das gleiche geht auch mit einem eiförmigen Kunststoffgewicht (Ärztin oder Apothekerin danach fragen), das nach der Übung täglich ein bis zwei Stunden getragen werden und möglichst nicht herausrutschen sollte; am besten nur zu Hause damit üben!

Gymnastikübungen für den Beckenboden
Flach auf den Boden legen, mehrmals tief aus- und einatmen. Dann Beine anziehen (Füße bleiben auf dem Boden) und Gesäß heben, bis nur noch Schultern, Kopf und Füße auf dem Boden sind; Vorderfüße dabei fest gegen den Boden stemmen. Dreimal aus- und einatmen, dann wieder absinken lassen. Mehrmals wiederholen.
Im Stehen, Liegen oder Sitzen: Beine kreuzen, die Außenkanten der Füße und die Oberschenkelmuskulatur in Schrittnähe fest zusammenpressen; dreimal normal aus- und einatmen, loslassen; das ganze so oft wie möglich.
Auf den Boden setzen, Knie locker anziehen, Füße grätschen; einmal tief aus-, dann wieder einatmen; beim nächsten Ausatmen die Oberschenkel fest zusammenpressen und mit den dazwischengeführten Händen zu öffnen versuchen. Beim Einatmen loslassen; das ganze zehnmal hintereinander.
Eine weitere gute Übung: Versuchen Sie, den Urinfluß beim Harnlassen mehrmals bewußt durch Muskelanspannung in diesem Bereich abzustoppen.

Chronobiotherapie:
Gebärmutterprobleme können ein Zeichen dafür sein, daß Sie gegen Ihre natürlichen hormonellen Rhythmen leben statt mit ihnen. Versuchen Sie, das zu ändern; gönnen Sie sich mehr Schlaf und Ruhe sowie innere Einkehr, vor allem zu Menstruationszeiten; achten Sie auf mögliche Zusammenhänge zwischen Mondphasen und Ihren Beschwerden bzw. Blutungen, und planen Sie Ihre Aktivitäten entsprechend (→Menstruationsbeschwerden). Den Mondumlauf können Sie nicht ändern, wohl aber Ihre Haltung dazu.

Ernährung, Vitamine, Mineralstoffe, Spurenelemente:
Bei schweren, häufigen Blutungen verlieren Sie viel Eisen, außerdem Kupfer, Zink und Mangan; daher zusätzlich entsprechende Präparate einnehmen. Neigung zu Krämpfen kann auf Kalium- oder Magnesiummangel hinweisen: Versuchen Sie es mit Zusatzpräparaten. Kalzium in zu kleinen Dosen verstärkt die Probleme manchmal! Östrogene werden teilweise aus Cholesterin umgewandelt, daher bei Hormonstörungen keine Abmagerungskuren machen, die Ihren Hormonhaushalt noch mehr beeinträchtigen könnten (es sei denn, Sie sind stark übergewichtig). Bor kurbelt die Östrogenproduktion an; reichlich Äpfel, Birnen, Trauben, Pfirsiche, Rosinen, Hülsenfrüchte, Nüsse und Honig sowie Sojaprodukte essen.

Bei Gebärmutterentzündungen leichte, aber faserreiche und ausschwemmende Kost wie Lauchgemüse, Kartoffeln, Vollkornreis, evtl. 1–2 Tage →Heilfasten; viel trinken! Bei Myomen Umstellen der Ernährung auf gesunde Vollwertkost (→Ernährungstherapie), auf regelmäßigen Stuhlgang achten, aber keine Abführmittel einnehmen (→Verdauungsstörungen). Bei Zervixerkrankungen besteht oft Mangel an Vitamin A und C; als mehrwöchige Kur zusätzlich einnehmen.

Farbtherapie:
Blau wirkt entstauend, schmerzlindernd und dämpfend bei Gebärmutterentzündungen; Rot hilft, wenn die Gebärmutter schlecht durchblutet und schwach ist; Gelb ist stark, Orange etwas schwächer drüsenanregend und wirkt auch auf die Gebärmutterschleimhaut. Grün, evtl. auch Türkis sind entspannend und entkrampfend. Anwendungen siehe ab S. 155.

Heiltees und -tinkturen:
Hormonell regulierend und oft auch bei Frauen erfolgreich, die zwar ihre Gebärmutter, nicht aber ihre Eierstöcke verloren haben: ein Tee aus Frauenmantel oder Gänsefingerkraut; Tinktur aus Schafgarbe, Mönchspfeffer (Agnus castus), Schwarzer Johannisbeere, zweimal täglich 30 Tropfen; bei Entzündung: Tee aus Weidenrindenextrakt oder Teemischung aus Frauenmantel, Hir-

tentäschel und Kreuzkraut zu gleichen Teilen, 2–3 Tassen täglich schluckweise trinken; bei Krämpfen: Teemischung aus Brombeere, Gänsefingerkraut und Melisse; bei starken Blutungen: blutstillende Hirtentäschel-Tinktur, fünfmal täglich 15 Tropfen; Tee oder Teemischung aus Schafgarbe, Hirtentäschel, Berberitze und/oder Weißer Taubnessel, 2–3 Tassen täglich schluckweise trinken. Vorbeugend: Frauenmanteltee-Kur, Beginn eine Woche vor dem erwarteten Einsetzen der Beschwerden, täglich morgens und abends, längstens bis zum Ende der Menstruation. Alle genannten Kuren sollten nie länger als 3–4 Wochen hintereinander gemacht werden; dann 3–4 Wochen pausieren.

Kälte- oder Wärmetherapie:
Gebärmutterbeschwerden führen meist zu Wärmebedürfnis. Am besten ist Bettwärme, eine Wärmflasche oder ein heißer Kartoffel- bzw. Heublumensack auf den Bauch oder feuchtwarme Unterleibsauflagen, evtl. mit Mitteln der →Aromatherapie getränkt. Nach 30 Minuten wechseln, ein- bis zweimal täglich bzw. bei Bedarf. Blutungen können durch Wärmeanwendungen verstärkt werden, also Vorsicht!

Lichttherapie:
Frauen mit Gebärmutterproblemen bauen sich ihre Wohnung oft als richtige »Höhle«, mit dunklen Farben und wenig Lichteinfall. Zu wenig Sonnenlicht kann jedoch zu Vitamin-D-Mangel führen, Depressionen verstärken und die innere Öffnung, auch für neue Sichtweisen und Problemlösungen, verhindern. Machen Sie aus der Höhle wenigstens eine helle Grotte, und gehen Sie so oft wie möglich in die Sonne!

Massagen:
Bauch- und Unterleibsmassagen wirken ausgesprochen krampflösend; Vorsicht jedoch bei starken Blutungen, die dadurch noch mehr angeregt werden können! Vorbeugend und heilsam bei Gebärmutterleiden verschiedener Art sind spezielle Bindegewebsmassagen im Rückenbereich (→Reflexzonentherapie); dazu brauchen Sie eine ausgebildete Fachkraft, desgleichen für die

Fuß-Reflexzonen-Massage, die speziell bei Neigung zu PMS- oder Menstruationskrämpfen und Blutungsstörungen helfen kann.

Psychosomatische Hilfe:
Zwar gibt es (noch) keine Redewendung, die besagt: »Mir ist etwas auf die Gebärmutter geschlagen« oder »Da krampft sich mir die Gebärmutter zusammen«, doch sollten Sie sich fragen, in oder nach welchen Situationen Sie Ihre Beschwerden besonders deutlich spüren. Fühlen Sie sich in Ihrem Frau-Sein manchmal stark abgewertet, zu wenig geliebt und anerkannt? Gebärmutterblutungen bedeuten nach Ansicht von Psychosomatikerinnen ein »Weinen nach unten«. Trauern Sie tiefinnerlich – um einen Verlust (auch: den eines Kindes, das Sie nicht bekommen konnten), eine Abweisung, haben Sie Heimweh nach Ihrer Mutter, Ihrem Vater, einer Ruhestätte, nach Geborgenheit für sich selbst? Macht Ihnen Ihre Sexualität – bzw. die Ihres Partners – große Probleme? Versuchen Sie, solchen und ähnlichen Zusammenhängen auf die Spur zu kommen. Stärken Sie Ihr weibliches Selbst- und Körperbewußtsein, etwa mit Hilfe von →Bewußtseinstraining/Körpertherapien oder einer guten Psycho- bzw. Sexualtherapie, am besten bei einer Therapeutin. Und erkunden Sie auch: Möchten Sie eigentlich gern schwanger sein, obwohl viel dagegen zu sprechen scheint? Ihr Unbewußtes ist für Vernunftargumente unempfänglich; es braucht vielmehr Verständnis und Anteilnahme, sonst kann es den Kinderwunsch nicht loslassen lernen (falls das nötig ist). Für Frauen *nach Hysterektomie*: Ihr Organverlust muß wie jeder andere Verlust ausreichend betrauert werden, sonst drückt sich das verleugnete Seelenselbst in körperlichen Beschwerden aus. Stehen Sie zu Ihrer Trauer, Ihrem Zorn, und lernen Sie sich verzeihen, falls Sie der Operation »leichtsinnig« (und schlecht informiert) zugestimmt haben.

Rituale mit Heilwirkung:
Besorgen Sie sich einen schönen Gegenstand, der Ihre Gebärmutter symbolisieren kann, etwa eine Amethystdruse, eine runde Muschel, ein besonderes Gefäß oder auch eine Statuette einer

urzeitlichen Muttergöttin. Stellen Sie ihn in Ihre Nähe und schicken Sie jedesmal, wenn Ihr Blick bewußt darauf fällt, Ihrer Gebärmutter all Ihre Heilenergie. (Hinweis für Frauen nach Hysterektomie: Ihr Unbewußtes enthält noch das »Phantombild« der wegoperierten Organe. Schicken Sie der Wunde in Ihrem Innern Ihre Heilenergie; sie wird sie brauchen.) Nehmen Sie den Gegenstand in beide Hände, wenn Sie Gebärmutterbeschwerden haben, und schöpfen Sie Kraft daraus. Denken Sie dabei intensiv: Du bist ich, wir sind eins, unsere Ganzheit ist Leben.

Visualisieren:
Speziell für Frauen mit Gebärmutterproblemen wurde die Visualisierung »Reise zur Gebärmutter« (siehe S. 274) entwickelt. Machen Sie sie täglich vor dem Schlafengehen; sie kann den Heilungsprozeß wesentlich unterstützen. Frauen nach Hysterektomie finden eine ähnliche Visualisierungshilfe unter →Beckenneuralgie.

Wasseranwendungen:
Bei Gebärmuttererkrankungen wie auch anderen Frauenleiden sind Kuraufenthalte in Heilbädern sehr sinnvoll. Angewendet werden dort unter anderem Moorbäder (gegen Entzündungen), Bäder in warmen, mineralstoffhaltigen Quellen (entspannend, tiefenwirksam heilend), Radonbäder (leicht radioaktiv, aber ungefährlich!), Trinkkuren für den Stoffwechsel, evtl. auch →Kneippen zum Ausleiten belastender Stoffe und Umstimmen des Organismus, so daß er selbst die Heilung einleiten kann.

Wickel: siehe *Kälte- oder Wärmetherapie*

Yoga:
Bei Gebärmutterproblemen nützt vor allem die von meiner Mutter, der Yogalehrerin Anni Kraus, entwickelte *Beckenkippe,* die unserem gemeinsamen Buch ›100 Fragen zu Yoga‹[4)] entlehnt ist: Flach auf den Rücken legen, Knie locker anziehen (Füße bleiben auf dem Boden), die Hände zu Fäusten ballen und links und rechts aufgestellt neben das Steißbein legen. Tief aus- und ein-

atmen, dann im Ausatmen Beine heben, in der Luft langsam grätschen, ohne daß es weh tut; Atem stets locker fließen lassen, nie die Luft anhalten! Beim nächsten Ausatmen alle Schließmuskeln des After- und Genitalbereichs fest zusammenziehen, dabei Fersen in der Luft vorschieben (nicht so einfach, aber wirkungsvoll!), beim Einatmen die Muskelspannung wieder lösen. Mindestens zehnmal hintereinander üben; zum Schluß Beine senken, flach liegenbleiben, ruhig atmen und der Wirkung nachspüren.

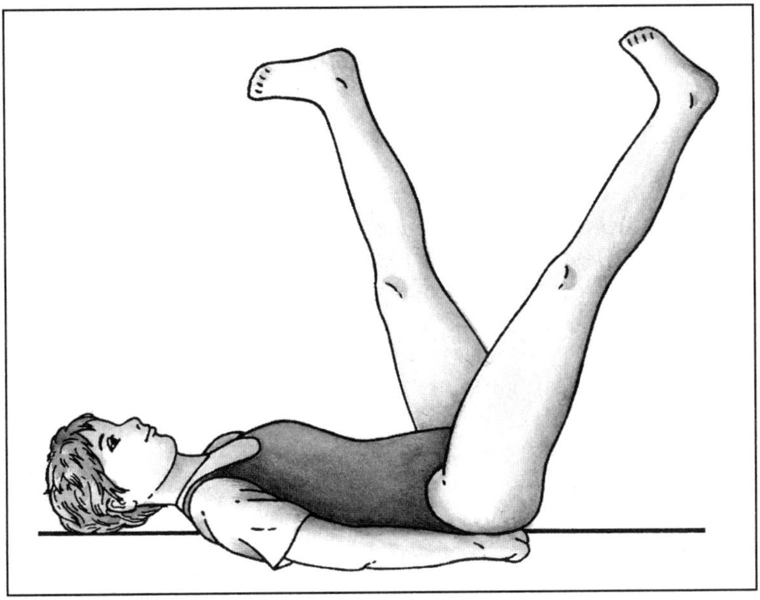

Beckenkippe

Zusätzliche Verfahren:
Mittel der →Homöopathie sind bei Gebärmutterbeschwerden aller Art sehr nützlich, müssen aber sorgfältig individuell ausgewählt werden. Konsultieren Sie eine kundige Fachkraft, falls Sie darin (noch) nicht sehr bewandert sind. Bei starken Blutungen oder Schmerzen kann unter Umständen gezielte →Akupunktur helfen.

Genannte Literatur:

1) Cutler, Winnifred B./Minker, Margaret: Die fragwürdige Operation. Was Frauen vor und nach einer Gebärmutterentfernung wissen sollten. Kreuz Verlag, Zürich 1990.
2) Cutler, Winnifred B.: Rhythmus der Liebe. Die Zyklen der weiblichen und männlichen Hormone und ihr Einfluß auf eine erfüllte Sexualität. Wilhelm Heyne Verlag, München 1994.
3) Ehret-Wagener, Barbara/Stratenwert, Irene/Richter, Karin (Hrsg.): Gebärmutter – das überflüssige Organ? Sinn und Unsinn von Unterleibsoperationen. Rowohlt Taschenbuch Verlag, Reinbek 1994.
4) Kraus, Anni/Minker, Margaret: 100 Fragen zu Yoga. Goldmann Verlag, München 1995.

Weitere Literaturempfehlungen:

Brownmiller, Susan: Weiblichkeit. Fischer Taschenbuch-Verlag, Frankfurt/Main 1987.

Cardinal, Marie: Schattenmund. Rowohlt Taschenbuch Verlag, Reinbek 1979.

Northrup, Christane: Frauenkörper, Frauenweisheit. Bewußt leben – ganzheitlich heilen. Verlag Zabert Sandmann, München 1994.

Olivier, Christiane: Jokastes Kinder. Die Psyche der Frau im Schatten der Mutter. Deutscher Taschenbuch Verlag, München 1989.

Harnwegserkrankungen

Dazu gehören unter anderem:

Blasenentzündung (Zystitis)
Blasensteine
Reizblase
Harninkontinenz
Harnröhreninfektion
Nierenentzündung
Nierenbeckenentzündung
Nierensteine

Allgemeines

Von den Nieren bis hinunter zur Blase ähneln sich weibliches und männliches Harnwegsystem weitestgehend. Doch dann hören die Ähnlichkeiten abrupt auf. In Größe, Form und Lage zu benachbarten Organen, Funktion im Sexualbereich – und möglichen Problemen damit – sind die weiblichen ausleitenden Harnwege (Blase und Harnröhre) derart verschieden von den männlichen, so speziell weiblich, daß sich eigentlich längst ein eigenes medizinisches Arbeitsgebiet dafür hätte installieren müssen. Das ist jedoch keineswegs der Fall; es gibt keinen »Facharzt für Frauen-Urologie«. Frauen mit Harnwegserkrankungen finden auch nur wenige Ärztinnen (Urologinnen) vor, die sich auf diesen Bereich der weiblichen Anatomie spezialisiert haben und »von Frau zu Frau« beispielsweise mit Blasenbeschwerden und den sich daran knüpfenden seelischen und sexuellen Problemen der Patientinnen umzugehen wissen.

Diese Situation hat krankheitsfördernde Auswirkungen für Frauen. Die psychosomatisch belastende Untergrabung ihres Selbstwertgefühls beginnt bereits bei der Beschreibung ihres Harnwegsystems. »Zu kurz« sei ihre Harnröhre, behaupten Ärzte oft, gerade als litten Frauen dort an einem angeborenen Mangel. Zu kurz wofür? Frauen sind keine Männer und brauchen nicht, wie diese, eine Harnröhre, die bis zur Penisspitze reicht. Ihre eigene Harnröhrenlänge ist für die weibliche Anatomie genau richtig. »Zu schwach« sei ihre Blasenmuskulatur, wenn Frauen auf Dauerstreß, Dreifachbelastung und Angst vor (sehr real existierenden) Angriffen auf ihre Sexualität und körperliche Integrität mit einer Reizblase, mit Harninkontinenz oder häufigen Blasenentzündungen reagieren. Für ein friedlicheres Leben wären ihre Blasenmuskeln sicher stark genug. »Frigid« werden die betroffenen Frauen genannt, wenn ihnen das Sexualleben keinen Spaß mehr macht, weil sie ständig an sexuell übertragenen Infektionen, Schmerzen, Pilzbefall infolge der Antibabypillen-Einnahme und anderen Beschwerden herumlaborieren. »Sexuell ausschweifend« seien sie, wenn sie ihre Männer mit bestem Zureden nicht dazu bringen konnten, während einer Ausheilungsphase auf Sexualverkehr zu verzichten oder doch wenigstens ein Kondom zu benutzen, und dann immer wieder mit sogenannten Ping-Pong-Infektionen der Blasen- und Genitalregion in der Praxis erscheinen. »Medikamentensüchtig«, wenn sie tatsächlich alle ihnen für diverse Beschwerden ärztlich verschriebenen Schmerz- und Beruhigungstabletten gehorsam schlucken – und irgendwann in einer Dialysestation landen, weil ihre Nieren den Dienst aufgekündigt haben. Vier von fünf Dialysebedürftigen sind weiblichen Geschlechts.

Als »hysterisch« werden Frauen schließlich oft diffamiert, wenn sie nach mehrfachen Blasenentzündungen einfach keine Lust mehr haben, immerzu neue Antibiotika zu schlucken, die ihre Abwehrkräfte schwächen und ihre gesunde Darmflora abtöten. Dabei stellt sich bei der gründlichen Labordiagnostik oft heraus, daß solche Mittel tatsächlich ganz fehl am Platz sind, weil die entzündeten Harnwege überhaupt keine übermäßige Keimbesiedlung aufweisen. Zudem ist längst erwiesen, daß viele Blasenentzündungen ohnehin nur deshalb immer wieder auftreten, *weil* zu häufig und zu wahllos Antibiotika verschrieben wurden: Die Krankheitserreger sind gegen all diese Mittel resistent geworden und finden im abwehrgeschwächten Organismus ideale Einnistungsmöglichkeiten.

Für Harnwegsleiden steht eine breite Palette natürlicher Heilverfahren zur Verfügung. Sie nützt nicht nur Frauen, die sich im oben Beschriebenen wiedererkennen, also wahrscheinlich auch schon recht gut mit »ihrer« Harnwegserkrankung vertraut sind, sondern sie läßt sich auch vorbeugend einsetzen. Die Selbsthilfemaßnahmen können ärztliche Behandlungen ergänzen; Sie können es aber auch erst einmal einige Wochen mit ihnen allein versuchen, bevor Sie ärztliche Hilfe in Anspruch nehmen.

Körperliche Gründe von Harnwegserkrankungen

Frauen sind drei- bis viermal häufiger von Harnwegserkrankungen betroffen als Männer. Nur ein kleiner Teil dieses Ungleichgewichts ist durch die weibliche Harnröhrenlänge erklärbar: Sie beträgt 3 bis 5 Zentimeter (beim Mann: 16 bis 20 Zentimeter); Bakterien, Chlamydien, Hefepilze, Viren und andere Krankheitserreger können darin vergleichsweise rascher zur Blase vordringen. Andererseits lassen sie sich aus dem gleichen Grund auch leichter wieder herausspülen bzw. mit Heilmitteln erreichen und abtöten.

Zu den weiteren körperlichen Ursachen von Harnwegsleiden gehören angeborene Mißbildungen der Harnwege (bei Jungen allerdings dreimal häufiger als bei Mädchen), verletzungs- oder operationsbedingte Narbenwülste oder Verwachsungen, die den Harnfluß behindern, Senkung der Gebärmutter, die dann auf die Blase drückt, Nierenvergiftung mit Schadstoffen (auch Medikamenten), Nieren- oder Blasenkrebs durch krebsauslösende Chemikalien (bei Männern berufsbedingt häufiger), Nervenverletzungen, die den Blasenschließmuskel betreffen, bis hin zur Querschnittslähmung, Harnwegsinfekte durch sexuell übertragene Erreger und vieles mehr. Schwangerschaften und Entbindungen lockern zudem das Bindegewebe im unteren Harnwegbereich und schwächen die Beckenbodenmuskulatur. Diese erschlafft oft auch wegen einer konstitutions- oder altersbedingten Bindegewebsschwäche; das leistet Harnwegsinfekten weiteren Vorschub. Hinzu kommen allgemeine Abwehrschwächen, etwa durch Unterkühlung, Mangelernährung, Durchblutungsstörungen, nierenbelastende Medikamente oder chronische Infektionsherde.

Nierensteine werden bei dafür Disponierten oft durch bestimmte Stoffe in der Nahrung gefördert; meist ist sie zu reich an Fetten und tierischem Eiweiß, oder sie enthält zuviel Kalzium, Magnesium, Phosphat oder Zystin. Auch eine Nierenbeckenentzündung sowie eine Überfunktion der Nebenschilddrüse können ein Steinleiden begünstigen.

Sofort zur ärztlichen Untersuchung/Behandlung bei:
- starken Nierenschmerzen,
- heftiger Nieren- oder Blasenkolik, blutverfärbtem Urin,
- Unfähigkeit zum Harnlassen,
- Brennen in der Blase, dazu hohem Fieber mit oder ohne Schüttelfrost.

Psychosomatik

Blasenausgang, Klitoris, Scheide, Damm und After liegen eng beisammen. Für viele Mädchen und Frauen ist der Genital- und Ausscheidungsbereich noch immer eine mit Scham besetzte Tabuzone. Sie wissen wenig Genaues über ihre Anatomie »da unten«, haben sie kaum je direkt bzw. im Spiegel betrachtet, fassen sie selten und dann ungern an (außer vielleicht zum Masturbieren, und auch das oft nur mit Schuldgefühlen), kennen keine liebevollen umgangssprachlichen Ausdrücke für diese Teile ihres Körperselbst und haben keinerlei positives Gefühl für sie entwickeln können: Niemand und keinefrau hat ihnen das je beigebracht.

Unzulänglich geliebte oder gar abgelehnte Körperbereiche sind jedoch meist deutlich schlechter durchblutet, besitzen weniger Abwehrkräfte und sind daher krankheitsanfälliger als andere.

Eine rigide und verfrühte Sauberkeitserziehung in der Kindheit, der Mädchen nachweislich häufiger und früher ausgesetzt werden als Jungen, bewirkt, daß sie sich den Harndrang bis in ihr Erwachsenenleben hinein öfter verkneifen, als gut für sie ist, oder ihm nur auf peinlich gesäuberten Toiletten nachgeben können. Hinzu kommt: Oft genug finden Frauen kein anständiges WC in erreichbarer Nähe, wenn sie es dringend bräuchten, oder sie haben keine Münzen parat. Verkneifen fördert jedoch das Bakterienwachstum in den Harnwegen erheblich.

Traditionellen fernöstlichen Medizinlehren zufolge kommen Harnwegserkrankungen nicht von ungefähr: Sie gelten als Ausdruck tiefverwurzelter Lebensängste oder gegenwärtig angsteinflößender Situationen (wobei das Angstgefühl oft unbewußt bleibt). Die Blase ist in der chinesischen Medizin das *Auffangbecken für Angst*; die Nieren gelten – wie alle paarigen Organe – als *Ausdrucksorgane für zwischenmenschliche Kontakte.* »Vor Angst in die Hose machen« oder etwas erleben, das »an die Nieren geht« heißt es auch im deutschen Volksmund sehr zutreffend. (Das gilt natürlich für beide Geschlechter.) Interessanterweise ist es in allen Kulturen üblich, sich bei Zusammenkünften stark nierenanregende Getränke anzubieten: Kaffee, Tee, Alkohol…

Wissenschaftlich seit Jahrzehnten nachgewiesen, aber in der Praxis leider viel zu selten beachtet, ist der psychosomatische Zusammenhang zwischen »vergiftenden« Emotionen wie Zorn, Wut, Haß, Neid oder Angst mit der Nierendurchblutung: Sie wird von ihnen meßbar gehemmt. Wer lernt, solche Gefühle loszulassen, kann damit auch die Nieren spürbar entlasten.

Nieren- oder Blasenleiden sind nach psychosomatischer Erfahrung besonders häufig bei Frauen zu beobachten, die nach außen hin stark sein müssen (oder sich so geben), sehr verantwortungsbewußt sind, oft streng mit sich selbst und anderen umgehen und viele Pflichten zu tragen haben. Sehr oft haben sie Angst, überfordert zu sein, krank zu werden, es nicht zu schaffen, keine gute Mutter/Berufstätige/Haus- oder Ehefrau zu sein. Die Ängste und Schmerzen ihres Seelenselbst werden nicht selten mit Schmerzmitteln, Psychopharmaka oder Alkohol betäubt, was wiederum ihre Stoffwechsel- und Ausscheidungsorgane stark belastet. Streßverspannungen setzen sich bis in die feinsten Nierenkanälchen fort, können die Filterfunktionen der Nieren hemmen und zur Steinbildung beitragen (die im übrigen auch mit der Ernährung zusammenhängt).

Über das vegetative Nervensystem steht das Seelenselbst sehr eng mit den Nerven in Verbindung, welche die Nierenfunktion, Blasenfüllung, den Harnabgang, die Funktion des Blasenschließmuskels usw. regulieren. Wenn die Psyche, wie Psychosomatikerinnen es ausgedrückt haben, sich über die Blase ausweint und auf diese Weise für einen »Druckausgleich« sorgt, oder wenn Dauerstreß der Frau ans Nervenkostüm geht, können Reizblase oder Harntröpfeln (Inkontinenz) die Folge sein.

Wie →Scheideninfektionen können auch immer wiederkehrende Blasenentzündungen Ausdruck eines unbefriedigenden oder unglücklichen Sexuallebens sein, in dem die Wünsche der Frau zu kurz kommen oder grob mißachtet werden. Ihre Blase signalisiert dann unter Schmerzen »Verweigerung«.

Natürliche Heilverfahren

Allgemeinverhalten:
Bei Neigung zu Harnwegsinfektionen stets Unterleib und Füße warmhalten, Zugluft meiden, die Nieren mit wärmender Kleidung – Angora-Unterwäsche, Wollweste, Schaffell unter dem Bettlaken und auf dem Autositz – schützen; niemals in nassem Badezeug herumsitzen und den Gang zur Toilette möglichst nie verkneifen! Den Genitalbereich nur mit sauber gewaschenen Händen berühren; nach dem WC-Besuch, wenn möglich, in einem Bidet mit warmem Wasser abspülen, dann mit Einmal-Tüchlein trockentupfen. Zuhause für den Genitalbereich ein eigenes Handtuch nehmen, ein- bis zweimal wöchentlich wechseln, bei akuter Blasenentzündung nur Wegwerftücher zum Abtrocknen benutzen. Keinerlei Intimsprays benutzen – sie reizen die empfindliche Schleimhaut zusätzlich! Slip-Einlagen sind beste Brutstätten für Bakterien, also nur im Notfall (etwa bei akuter Harn-Inkontinenz und gleichzeitigem Husten) tragen. Sorgfalt und Sauberkeit sind auch bei der Monatshygiene geboten; Binden lieber öfter wechseln als sonst, nämlich mindestens alle drei Studen, und Tampons lieber gar nicht benutzen.

Akupressur:
Dem Harnwegsystem, bestehend aus Nieren, ableitenden Harnwegen, Blase und Harnröhrenmündung, werden die gleichen Meridiane zugeordnet. Erfahrene Akupressur- und Akupunktur-Fachleute kennen entlang dieser Meridiane mehrere Spezialpunkte, die bei den einzelnen Harnwegserkrankungen zu massieren sind. Für die einfache Selbsthilfe eignen sich folgende Punkte: Bei Blasenentzündung oder -katarrh und Reizblase Punkt (12) (siehe Abbildung S. 60 f.) an der Fuß-Außenseite, zweimal täglich erst links, dann rechts ca. 3 Minuten lang massieren. Zur Nierenanregung: Punkt (13) unter und ca. einen halben Fingerbreit hinter dem Innenknöchel erst links, dann rechts je 3 Minuten lang mit nach unten gerichtetem, kreisenden Fingerdruck massieren. Bei Nierenkolik: Punkt (14) am Fußrücken, ein Daumenbreit oberhalb der Schneise zwischen großem und zweitem Zeh, 5 Minuten lang mit festem Druck massieren.

Aromatherapie:
Vorbeugend zur Nierenreinigung: Wacholder (bei Nierenerkrankung jedoch nur sehr vorsichtig dosieren!); bei Nierenentzündung: Kamille und Eukalyptus als Bad, Inhalation oder Auflage; bei Nierenbeckenentzündung: Wacholder und Zedernholz; bei Phosphatsteinen: Geranium; bei Oxalatsteinen: Fenchel; bei Blasenentzündung: Lavendel. Anwendungsmöglichkeiten siehe ab S. 70.

Bewegung:
Bei akuter Nieren- oder Blasenentzündung sollten Sie möglichst keinen Sport treiben, sich nicht heftig oder anstrengend bewegen, nicht in kühlem Wasser schwimmen usw. Besser sind Bettwärme und -ruhe, bis die Schmerzen abklingen. Vorbeugend: Muskulatur- und abwehrstärkende Beckenboden-Übungen machen (→Gebärmutterprobleme). Bei Nierengrieß oder -steinen hilft manchmal der berühmte Sprung von der Bettkante, durch den sie endlich in Bewegung kommen. Das gilt auch im übertragenen Sinn: Der Sprung über den eigenen Schatten, zu neuen Ufern kann die Befreiung vom Steinleiden einleiten.

Chronobiotherapie:
Nieren- und Blasenleiden verlangen Ruhe, also oft ein Umdenken, was die allzu rigide oder stressige Zeitplanung anbelangt. Bauen Sie täglich eine halbe Stunde Entspannung für sich ein, z. B. mit →Yoga oder Autogenem Training; leben Sie mit und nicht gegen Ihre Biorhythmen. Bei Reizblase oder Inkontinenz hilft zudem ein Blasentraining: 30 Minuten nach jeder Mahlzeit, jedem Getränk zur Toilette gehen, außerdem alle 2 Stunden sowie vor und nach jedem Sexualverkehr! Sie sollten auch jede unbedingt nötige Schmerztabletten-Einnahme auf Ihren Biorhythmus abstimmen: In »müden« Zeiten steigt die Schmerzempfindlichkeit (gegen Mittag sowie nachts); möglichst nur dann zum Medikament greifen.

Ernährung, Vitamine, Mineralstoffe, Spurenelemente:
Das Wichtigste bei Harnwegsleiden ist: viel trinken, mindestens 2 Liter täglich (außer, Ihre Nieren arbeiten schlecht; dann sollten Sie ärztlichen Rat einholen), und zwar 3–4 Tassen Nieren- und Blasentee am Tag (siehe Heiltees und -tinkturen), außerdem Früchtetee, Obstsaft, jedoch nicht aus Zitrusfrüchten, ungesalzene Gemüsesäfte, mineralsalzarme Mineralwässer. Kein Schwarztee, Kaffee oder Alkohol! Ausnahme: zwei Viertel zimmerwarmes, leichtes oder alkoholfreies Bier bzw. Weißbier täglich zum Durchspülen der Nieren (nicht bei Alkoholabhängigkeit!). Auch Nieren- oder Blasengrieß läßt sich damit oft austreiben. Überwinden Sie sich zum Trinken, auch wenn jeder Toilettengang wehtut, denn es lohnt sich: Nach ein bis zwei Tagen läßt das Brennen spürbar nach.

Im akuten Entzündungsstadium: Speisen nur sparsam salzen, besser mit harntreibender Petersilie würzen; keinerlei Pfeffer, Paprika, Kümmel, Curry und anderes Scharfes; hingegen harntreibenden Lauch, Sellerie, gekochte Zwiebeln, gekochten Knoblauch (falls verträglich, auch roh, denn er wirkt stark bakterienhemmend), Kartoffeln, Wacholderbeeren (maximal 3–5 pro Tag, 1–2 bei eingeschränkter Nierenfunktion). Bei Nierensteinen oder -grieß: auf Rhabarber, Tomaten, Hülsenfrüchte, möglichst auch Fleisch, Wurst, Milchprodukte sowie schwarzen Tee verzichten;

Trinkkur mit Heiltees und Wasser mindestens 3 Wochen durchhalten. Vorbeugend und heilsam: bindegewebsstärkende Kieselsäure (aus Reformhaus, Apotheke), zusätzlich Vitamin C, B und E (→Ernährungstherapie).

Farbtherapie:
Entzündungshemmend und kühlend sind Farbbehandlungen mit Blau; durchblutungsfördernd, also gut bei Reizblase und Hang zu Verkühlungen, sind Rot oder Orange; Gelb fördert die Ausscheidung und hilft bei eingeschränkter Nierenfunktion und zum Austreiben von Grieß und Steinen. Farben nicht mixen; höchstens je nach Heilverlauf nacheinander anwenden.

Heiltees und -tinkturen:
Bei Nieren- oder Blasensteinen ausleitenden Tee von Berberitzen oder Pimpernellen (Bibernellen), bis zu 1,5 Liter täglich; bei Nierenentzündung Tee oder Teemischung aus Bärlapp, Birkenblättern, Brennessel, Goldrute, Kapuzinerkresse, Zinnkraut; bei Blasenentzündung Tee oder Teemischung aus Bärentraubenblättern, Ehrenpreis, Goldrute, Salbei, Stiefmütterchen und Zinnkraut. Die Dauer dieser Kuren sollte 4 Wochen nicht überschreiten, dann einen Monat pausieren.

Kälte- oder Wärmetherapie:
Vorbeugend sind abhärtende Maßnahmen des →Kneippens sehr empfehlenswert, etwa heiß-kalte Wechselduschen. Bei akuten und chronischen Harnwegs- sowie Steinleiden: möglichst viel Bettwärme; außerdem ansteigende Fußbäder, heiße Auflagen auf die Nieren- oder Blasengegend, feuchtheiße Lendenwickel, Heublumensack; warme Sitz- oder Vollbäder, auch mit Fango; Moorpackungen auf Nieren- oder Blasengegend.

Lichttherapie:
Bei akuten Entzündungen nicht in die Sonne gehen! Vorbeugend und bei chronischem Leiden: wärmende, stimmungsaufhellende Sonnenbäder; dabei sollten Sie sich immer vor Zugluft und Schwitzen in der Nierengegend schützen.

Massagen:
Bei akuten Entzündungen und Kolikneigung sind Massagen nicht ratsam. Vorbeugend hingegen: durchblutungsförderndes Hautbürsten von Nierengegend und Unterleib; Fuß-Reflexzonen-Massage (→Reflexzonentherapien), auch hilfreich bei chronischen Beschwerden; täglich sanfte, wärmende Entspannungsmassage von Rücken und Unterleib bis zur Blasenregion, zusammen mit Mitteln der →Aromatherapie.

Psychosomatische Hilfe:
Versuchen Sie, vielleicht mit fachkundiger psychotherapeutischer Hilfe, Ihren tiefsitzenden Lebensängsten auf die Spur zu kommen. Sind Sie (allzu) leistungsorientiert, perfektionistisch, zu streng mit sich selbst und anderen, haben Sie ständig Schuldgefühle? Leiden Sie an den Folgen sexueller Übergriffe, eines lieblosen Sexuallebens oder gar einer Vergewaltigung? Lassen Sie zu, daß Ihnen professionell geholfen wird! Fragen Sie sich auch, nach oder in welchen Situationen Ihr Leiden typischerweise auftritt. Was macht Ihnen dann besonderen Druck, flößt Ihnen Furcht ein? Worüber würden Sie sich gern richtig ausweinen? Welcher zwischenmenschliche Konflikt ist ungelöst und lastet auf Ihren Nieren? Versuchen Sie, diese Situationen zu ändern, ihnen aus dem Weg zu gehen oder laut zu äußern, was Ihnen daran nicht guttut. Überlegen Sie sich außerdem: Wovor schützt Sie Ihr Harnwegsleiden, wenigstens gelegentlich? Fällt Ihnen dagegen nicht eine bessere Schutz- oder Abwehrmaßnahme ein?

Rituale mit Heilwirkung:
Suchen Sie für jeden schweren Gedanken, der Sie bedrückt, jede Ihrer tief im Innern verborgenen Ängste einen Kieselstein; gehen Sie damit ins Freie, in einen Park oder aufs Feld; beladen Sie jeden Stein einzeln mit einer Sorge, einem unguten Gefühl, und werfen Sie die Steine dann in hohem Bogen weit weg. Sagen Sie laut dazu: Ich trenne mich von dir und werde gesund!

Visualisieren:
Wandeln Sie die Übung »Reise zur Gebärmutter« (S. 274) in eine innere Reise zu Ihren Nieren bzw. Ihrer Blase um. Schicken Sie diesem Organbereich täglich mindestens einmal all Ihre Heilenergie.

Wasseranwendungen:
Vorbeugend und bei chronischem Leiden: regelmäßige Saunagänge, →Kneippen, vor allem Tautreten, heiß-kalte Wechselduschen (auch auf Blasenregion, bei großer Empfindlichkeit die Nieren nicht kalt, sondern nur lauwarm duschen!); Sitz- und Vollbäder (siehe Kälte- oder Wärmetherapie).

Wickel: siehe *Kälte- oder Wärmetherapie*

Yoga:
Eine Übung, die den Rücken, die Unterleibsorgane und vor allem die Harnwege gesund hält, ist die *Heuschrecke:* Legen Sie sich auf den Bauch und stützen Sie den Kopf auf dem vorgestreckten Kinn ab. Die Arme liegen flach neben dem Körper. Nun legen Sie Ihre Hände links und rechts unter Ihre Leisten an die Oberschenkel und unterstützen Sie diese bei der Bewegung nach oben. Tief

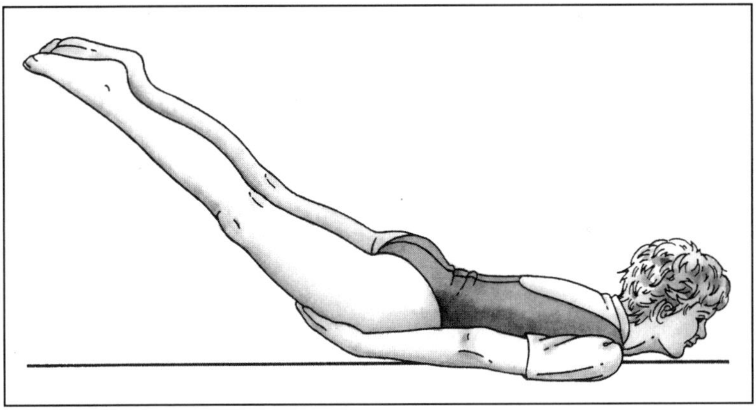

Heuschrecke

ausatmen; im Einatmen heben Sie die gestreckten Beine von der Hüfte aus so hoch wie möglich (Kinn und Schultern bleiben dabei am Boden!), verharren einen Moment, ohne die Luft anzuhalten, und senken im Ausatmen die Beine wieder langsam ab. Mehrmals wiederholen; zum Schluß den Kopf seitlich legen, entspannen und der Wirkung nachspüren.

Zusätzliche Verfahren:
Gerade bei akuten und chronischen Harnwegsleiden hat sich die →Homöopathie sehr bewährt (siehe auch Tabelle S. 174). Mit →Atemtherapie können Sie Schmerzen »wegatmen« und Spannungen abbauen lernen, mit →Bewußtseinstraining/Körpertherapien sowie →Yoga können Sie Ihr Selbstvertrauen und Ihr Körpergefühl stärken, Ihrem Seelenselbst also bessere Grundlagen zur Selbstheilung geben.

Literaturempfehlungen:
Collier, Renate: Wie neugeboren durch Darmreinigung. Entgiften, entschlacken, Wohlbefinden steigern. Gräfe und Unzer Verlag, München 1995.

Das, Sigrid: Entgiften und Entschlacken. Die Abwehrkräfte stärken und die natürliche Selbstreinigung des Körpers aktivieren. Deutscher Taschenbuch Verlag, München 1995.

Johnen, Wilhelm: Muskelentspannung nach Jacobsen. Für Selbstsicherheit und innere Ruhe. Gräfe und Unzer Verlag, München 1995.

Schwartz, Brigitte: Erkrankungen der Blase. Verlag Antje Kunstmann, München 1991. (Der einzige Ratgeber zu diesem Leiden speziell für Frauen!)

Hautprobleme

Dazu gehören unter anderem:

Abszesse
Akne und Pickel
Ekzeme
Furunkel (Haarbalg- bzw. Talgdrüsenabszeß)
Hautausschläge
Juckreiz (Pruritus) siehe auch →Pilzinfektionen
Verbrennungen
Wunden

Allgemeines

Die Haut ist das größte menschliche Organ. Je nach Körpergröße kann es bei erwachsenen Frauen bis zu 1,6 Quadratmeter umfassen, ist reich an Wasser, Proteinen, Lipiden, Elektrolyten, dagegen arm an Kohlenhydraten. Die Haut enthält Schweiß-, Duft- und Talgdrüsen, es wachsen Haare auf ihr, und je nach genetischer Herkunft färben mehr oder weniger Pigmentzellen sie schwarz, braun, rotbraun, olivfarben, gelblich oder das, was wir weiß nennen. Zur inneren Hautauskleidung gehören die Schleimhäute, etwa im Mund-, Nasen-, Rachenraum, im Magen und Darm, in der Gebärmutter und in der Scheide. Zu den äußeren Anhanggebilden der Haut zählen die Nägel, das Körper- und das Kopfhaar.

Daneben ist die Haut auch unsere sichtbare Grenze nach außen. Sie umschließt unser gesamtes Körperselbst und damit den Raum, den wir körperlich einnehmen. Sie grenzt uns von den Menschen und Dingen außerhalb unserer selbst ab (außer bei siamesischen Zwillingen, die ungetrennt mit einer gemeinsamen Haut auskommen müssen). Medizinische Eingriffe, die »unter die Haut« gehen, werden invasiv genannt – und als Invasion unseres Selbst können wir es empfinden, wenn uns jemand zu nah »auf die Pelle rückt«. Haut ist die eine, unveräußerliche Grenze, die im

Regelfall von allen Menschen respektiert wird: Wir entschuldigen uns, wenn wir jemand versehentlich anrempeln, und berühren andere normalerweise nur, wenn wir sie gut kennen (Ausnahme: Kinder, deren Körpergrenzen allzu oft nicht geachtet werden). Für andere Formen der Berührung – etwa bei Heilmaßnahmen, im Sport, beim Tanzen usw. – gibt es in jeder Gesellschaft ungeschriebene oder auch genau bezeichnete Regeln, die den sozial akzeptierten Berührungs-Rahmen abstecken. Und wie im Krieg, in dem Grenzverletzungen an der Tagesordnung sind, empfinden wir es als Kriegsführung gegen uns, wenn diese Regeln mutwillig mißachtet oder mit grausamer Absicht außer Kraft gesetzt werden, etwa bei Folterungen, Vergewaltigungen und anderen Verbrechen gegen unsere körperliche Integrität.

Zumindest einen Teil unserer Haut – nämlich alles, was Kleidung nicht bedeckt – tragen wir Frauen täglich »zu Markte«. Wie die Haut aussieht und ob sie den gerade gängigen Schönheitsidealen entspricht, ist für uns daher von ganz besonderer Bedeutung. Makel an der Haut, seien sie angeboren, eine vorübergehende Störung oder krankheitsbedingt, können das Selbstwertgefühl unter Umständen stärker beeinträchtigen als beispielsweise ein fehlendes Fingerglied. Je mehr Haut wir mode- oder saisonbedingt zeigen, desto wichtiger ist uns, daß diese unsere äußere Grenze auch für andere Blicke akzeptabel, ja schön aussieht. Unter den Körperpflegemitteln, mit denen jährlich Milliardenumsätze gemacht werden, liegen Hautpflegemittel mit Abstand an der Spitze.

Hautkrankheiten wie etwa Psoriasis (Schuppenflechte) oder Neurodermitis, aber auch die in der Pubertät so häufige Akne, berufsbedingte Ekzeme, Pickel, allergische Hautausschläge, ja selbst die harmlose Vitiligo (Weißflecken«krankheit«, bei der die Haut stellenweise ihre Pigmentierung verliert) sind schon allein aus diesem Grund für viele Frauen ein Anlaß zur Verzweiflung. Sie fühlen sich »gezeichnet« und bemerken (oder haben das Gefühl), daß viele sich nur wegen ihres Hautleidens von ihnen abwenden, als seien sie aussätzig. Aussatz, nämlich die recht ansteckende Lepra, kommt in westlichen Industrienationen zwar seit langem nicht mehr vor; die Angst vor Ansteckung mit einer solchen Hautkrankheit hat sich jedoch im kollektiven Bewußtsein erhalten. Viele suchen quasi instinktiv »ihre Haut zu retten«, indem sie sich von Hautkranken abwenden.

Frauenhaut unterscheidet sich von Männerhaut; sie ist insgesamt zarter, weicher und im Durchschnitt auch weniger bzw. an anderen Stellen behaart. Margitta Staib zeigt in ihrem Buch ›Die enthaarte Frau‹[1] eindrucksvoll auf, wie sehr diese eigentlich doch nur statistische Angabe dazu mißbraucht wird, Frauen geradezu zu zwingen, sich »unweiblicher« Behaarung zu entledigen. Frauenhaut gilt als Inbegriff der Sinnlichkeit und Symbol weiblicher sexueller Attraktivität. Daran hat sich trotz der inflationären Darstellung des nackten weiblichen Körpers in den Medien nicht viel geändert. Sie hat allerdings erheblich dazu beigetragen, Frauen in Bezug auf ihr Aussehen, die Schönheit ihrer Haut (und der darin »verpackten« Formen) generell zu verunsichern. Veränderungen der Haut, wie sie etwa im Zuge von Schwangerschaften oder beim Älterwerden völlig normal sind, lösen daher bei Frauen sehr oft Angst vor Attraktivitätsverlust aus. Männer, deren Haut nie derart im Mittelpunkt stand, nehmen Hautschäden, Pickel, Narben etc. erheblich gelassener hin, ja sind auf Kampfesnarben sogar gelegentlich stolz. Die viel natürlicheren, mit dem Leben-Geben zusammenhängenden Narben auf Frauenhaut – etwa Bauchnarben von Schnittentbindungen oder Schwangerschaftsstreifen – haben in unserer männerorientierten Gesellschaft hingegen überhaupt keinen Wert; im Gegenteil, sie werden als häßlich denunziert, wie Susan Brownmiller in ihrem Standardwerk zur ›Weiblichkeit‹[2] bitter kommentiert.

Von den Problemen, die Frauen mit ihrer Haut haben, fehlt eines – vielleicht das am weitesten verbreitete – in diesem Buch: die Hautalterung, die Fältchen und Falten, die Lebenserfahrungen in unsere Haut zeichnen. Ich habe mich entschlossen, hier keine Tips zur allgemeinen Hautpflege und zum »Jung-Erhalten« der Haut zu geben. Zum einen widmen sich zahllose andere Bücher diesem Thema, auch aus naturheilkundlicher Sicht. Zum anderen, und das ist mir noch wichtiger, halte ich die natürliche Hautalterung nicht für eine bekämpfenswerte Krankheit. Meines Erachtens ist es ohnehin absurd und frauenfeindlich, welcher Wert heute auf weibliche Faltenfreiheit gelegt wird. Hunderttausende von

Frauen lassen sich ihr Gesicht deswegen operativ straffziehen, chemisch die Haut abschälen, Falten unterspritzen, Zellulite-Pölsterchen absaugen und was dergleichen Methoden aus dem Horrorkabinett der Schönheitsindustrie (in der auch sehr viele Ärzte arbeiten) noch mehr sind. In unserem Buch ›Alles über Schönheitsoperationen‹[3] haben Renate Scholz und ich die Hintergründe dieses Jugendlichkeitswahns durchleuchtet.

Die Haut vernünftig zu pflegen, zu schützen und bei Verletzungen zu heilen, ist eine ganz andere, wirklich wichtige Sache. Wer die eigene Hülle lieblos behandelt, hat meist auch kein gutes Verhältnis zu sich als ganzer Person. Wer sich hingegen gern anfaßt, eincremt, mit Aromaölen massiert und Wunden sorgsam behandelt, zeigt dabei Selbstachtung und Selbstliebe.

Körperliche Gründe von Hautproblemen

Unsere Haut spiegelt den Zustand unseres Innern wieder. Daher sind größere Umstellungen des Hormonhaushalts – z. B. in der Pubertät, in der Schwangerschaft und in den Wechseljahren, aber auch die Einnahme der Antibabypille oder anderer Hormonpräparate oft mit Hautproblemen wie Akne, Pickeln, vermehrter Talg- und Schweißproduktion, fleckiger Haut oder allgemein schlechtem Hautturgor (= Durchblutung, Aussehen, Spannung der Haut) verbunden. Sobald das hormonelle Gleichgewicht wieder hergestellt ist, verschwinden diese Hautprobleme meistens von selbst. Auch Ernährungs- und Stoffwechselprobleme sowie →Verdauungsstörungen können sich auf die Haut auswirken. Leberkranke haben oft eine stark gelblich verfärbte, schlaffe Haut; bei Schilddrüsen-Unterfunktion wird die Haut trockener, grau und matt; bei Vergiftungen können sich sehr typische Hautsymptome zeigen (z. B. die graue, grobporige, pickelnarbige Haut, die auf chronische Bleivergiftungen schließen läßt). Vitamin- und andere Mängel in der Ernährung machen sich auch in matter, grauer, schlecht durchbluteter Haut, schuppiger Kopfhaut, brüchigen Nägeln etc. bemerkbar. Kurzzeitig können außerdem Pickel, vermehrte (und evtl. übelriechende) Schweißabsonderung, Juckreiz, Flecken und andere Hautsymptome auftreten, wenn das große Ausscheidungsorgan Haut gerade mit dem verstärkten Ausleiten von Schadstoffen, Krankheitserregern und Stoffwechselschlacken beschäftigt ist (etwa in der Fastenkrise beim →Heilfasten). Daneben gibt es zahlreiche Infektionskrankheiten, die sich auf die Haut auswirken oder bei ihr beginnen, u. a. Virusinfektionen wie Masern und Röteln, →Pilzinfektionen und sexuell übertragbare Krankheiten (→Scheideninfektionen). Abszesse und Furunkel entstehen gewöhnlich durch kleine Verletzungen, in die Eitererreger eingedrungen sind. Eine Sonderstellung nehmen schließlich Allergien ein, die zahlreiche Haut- und Schleimhautprobleme auslösen können. Aus Platzgründen – und weil sie durchaus kein frauenspezifisches Problem darstellen – werden sie in diesem Buch nicht eigens besprochen. In den Literaturempfehlungen auf S. 448 finden Sie jedoch einige gute naturheilkundliche Ratgeber dazu.

Sofort zur ärztlichen Untersuchung/Behandlung bei:
- infektiösen Hautkrankheiten,
- größeren Wunden und Verbrennungen,
- allergischen Hautausschlägen (zur Abklärung der Ursachen),
- Verdacht auf Hautkrebs, z. B. bei Muttermalen und Leberflecken, die sich schwarz verfärben, geschwürig verändern oder plötzlich wachsen.

Psychosomatik

Der deutsche Volksmund hat, wie die meisten anderen Sprachen auch, sehr viele Redensarten parat, die auf die enge Beziehung zwischen Psyche und Haut abzielen. Wir lassen etwas hautnah an uns herankommen, das uns dann unter die Haut gehen kann; wir möchten vor Ärger am liebsten aus der Haut fahren, unsere Haut retten, sind jemandem mit Haut und Haar verfallen, bekommen in bestimmten Situationen (buchstäblich) eine Gänsehaut, reagieren dünnhäutig, schaffen uns ein dickeres Fell an, und es geht uns gegen den Strich, wenn jemand den Finger genau in die Wunde legt. Da gehen wir dann lieber auf Distanz.

Das vegetative Nervensystem, über unzählige Reizleitungen mit dem Sinnesorgan Haut verbunden, reagiert nicht nur auf Wärme, Kälte, Nässe, Druck, Stiche, Stöße, Streicheln und andere Tast-, Temperatur- und Bewegungsempfindungen, sondern auch auf seelische Reize von außen wie von innen. Verliebtheit, Scham, Freude lassen uns erröten; bei einem Schock weicht uns das Blut aus dem Gesicht; entsetzen wir uns oder erschrecken heftig, stehen uns die Haare zu Berge. Auf manche Menschen und Situationen reagieren wir allergisch, ohne daß dabei ein einziges fremdes Eiweiß- oder Schadstoffmolekül unter unsere Haut geraten wäre und die Immunzellen in Alarm versetzt hätte: Sie juckt beispielsweise fürchterlich, bekommt rote Flecken oder einen Ausschlag, der anzeigt, daß wir innerlich am liebsten ausschlagen und dann ganz rasch weglaufen möchten. Frauen mit starken Hautproblemen haben oft eine sehr empfindsame Seele, die sie aber nach außen hin nicht immer zeigen möchten (wenn ihre Haut sie nicht verriete, gelänge es ihnen vielleicht auch). Das Hautleiden schützt sie dann einerseits vor unerwünscht großer Nähe – und offenbart auf der anderen Seite das tiefe Bedürfnis, als ganze Person anerkannt, respektiert und geliebt zu werden.

Natürliche Heilverfahren

Allgemeinverhalten:
Lassen Sie zunächst abklären, ob Ihr Hautproblem infektiöser Natur ist, d. h. ob Sie sich irgendwo damit angesteckt haben oder andere anstecken können. Das ist zum Beispiel bei →Pilzinfektionen, sexuell übertragbaren Krankheiten, Masern, Röteln und Herpesinfektionen der Fall. Wahren Sie in solchen Fällen eine gewisse Distanz zu anderen, bis die Erkrankung ausgeheilt ist. Akne, Pickel, allergische Ausschläge, Neurodermitis, Schuppenflechte (Psoriasis) und viele andere Hautleiden sind *nicht* ansteckend! Achten Sie bei allen Hautleiden auf gute Hygiene; verwenden Sie bis zur Ausheilung möglichst nur Einmal-Waschlappen, wechseln Sie die Handtücher häufig und teilen Sie sie nicht mit anderen, sonst infiziert sich die angegriffene Hautstelle womöglich zusätz-

lich mit anderen Erregern, und es entwickelt sich eine sogenannte Superinfektion. Wichtig ist auch, was Sie auf der Haut tragen: Es sollten auf keinen Fall Kunstfasern, sondern nur (möglichst naturbelassene) natürliche Fasern sein. Achten Sie außerdem darauf, ausschließlich hautverträgliche Seifen, Waschmittel usw. zu verwenden, und lassen Sie so viel frische Luft wie möglich an erkrankte Hautpartien. Bei Juckreiz im Genitalbereich lesen Sie bitte unter →Scheideninfektionen nach, auch wenn keine solche feststellbar ist.

Aromatherapie:
Zur Behandlung fettiger, pickeliger Haut eignen sich Kampfer, Kiefer, Melisse und Bergamotte; trockene Haut profitiert von Süßmandel, Geranie, Mandarine, Orange, Jasmin, Salbei und Sandelholz; bei allergischem Ausschlag und Ekzemen können Kamille, Melisse, Muskatellersalbei oder Lavendel nützen (Vorsicht, stets erst Allergietest in der Armbeuge machen!), bei Akne helfen Muskatnuß, Baldrian, Kiefer, Majoran, Geranie und Kamille, bei hormonell bedingter Akne außerdem alle Zitrusöle, Borretsch, Nachtkerze, Kampfer und Ylang-Ylang. Bei schlecht durchbluteter Haut: Rosmarin und Kampfer; bei schuppiger Haut: Zeder oder Rosenholz; bei Warzen und Muttermalen: Auftupfen von Thuja. Zu den Anwendungsmöglichkeiten siehe ab S. 70. Außerdem können Sie mit den Ölen aller genannten Pflanzen auch Packungen, Gesichtsmasken und Wundverbände zubereiten (siehe Wickel).

Atemtherapie:
Die Haut ist auch ein Atmungsorgan, und wer zu schlechte Luft einatmet oder zu flach atmet, hemmt ihre Sauerstoffzufuhr. Es ist deshalb wichtig, nicht nur viel frische Luft an die erkrankte Haut zu lassen, sondern auch Atemübungen – z. B. die tiefe Bauchatmung, siehe S. 82 – zu machen, mit deren Hilfe die gesamte Durchblutung verbessert wird.

Bewegung:
Wer sich körperlich regelmäßig »ausarbeitet«, gerät tüchtig ins Schwitzen und regt damit die Hautausscheidung und -durchblu-

tung kräftig an. Stubenhockerinnen haben meist eine schlechtere, schlaffere Haut als Sportlerinnen. Suchen Sie sich ein Bewegungstraining, das Ihnen Spaß macht und Sie ausreichend fordert! Beim →Yoga, vor allem dem Hatha-Yoga, kommen Sie zwar nicht ins Schwitzen, tun aber sehr viel für die gesunde Spannung, den Tonus Ihrer Haut. Sie wird und bleibt dadurch geschmeidiger, elastischer und besser durchblutet.

Chronobiotherapie:
Alle nervösen Streßleiden und hormonellen Störungen, die mit Hautsymptomen einhergehen, können darauf hinweisen, daß Sie Ihre individuellen biologischen Rhythmen negieren. Lesen Sie dazu den Abschnitt ab S. 120, vor allem auch die Tabelle ab S. 123, und versuchen Sie, Ihre Chronorhythmen künftig besser zu beachten. Das macht Sie ausgeglichener und läßt sich dann auch am Zustand Ihrer Haut ablesen.

Ernährung, Vitamine, Mineralstoffe, Spurenelemente:
Ernährungsmängel, Unter- und Überernährung sind an vielen Hautproblemen ursächlich beteiligt. Wer sich an gesunde Vollwertkost hält (→Ernährungstherapie), hat weit weniger →Abwehrschwächen und damit auch weniger Hautprobleme: Die Haut kann sich selbst besser schützen und bei Verletzungen regenerieren. Bei Akne und Ekzemen sollten Sie auf fettreduzierte Ernährung achten und vor allem keine Schokolade, Süßigkeiten, stopfende Bananen und scharfe Gewürze essen. Sorgen Sie stets für guten Stuhlgang (→Verdauungsstörungen)! Bei Abszessen und Furunkeln bis zur Abheilung kein Fleisch und keine Milchprodukte essen; dafür ausschwemmende Kost und essentielle Aminosäuren, z. B. aus Fisch, Fischöl- oder Nachtkerzenöl-Kapseln. Tips zu ausleitender, entschlackender Kost finden Sie zudem unter →Harnwegserkrankungen. Die Hautheilung wird unterstützt durch Chlorophyll (z. B. aus Alfalfa), Propolis, Vitamin A (vor allem bei Akne), B-Vitamine und Vitamin E, bei Wunden und Verbrennungen außerdem durch Enzympräparate (aus der Apotheke) sowie erhöhte Kalium- und Magnesiumzufuhr. Sollte eine Haar- oder Blutprobe ergeben, daß Ihnen Zink, Kupfer, Selen

und andere Spurenelemente fehlen, ist viel Rohkost angesagt, außerdem ggf. die Einnahme zusätzlicher Fertigpräparate. Bei Verbrennungen sollten Sie sich anfangs eiweißarm ernähren (zur Nierenentlastung), dafür möglichst viel Flüssigkeit (Heiltees, Mineralwasser) zu sich nehmen und den evtl. entgleisten Elektrolythaushalt durch gesalzene Fleisch- oder Gemüsebrühe wieder auffüllen. Hilfreich ist auch ein Vitamin-C-Stoß: 2–3 Tage lang täglich 1 Gramm Ascorbinsäure (als Pulver aus der Apotheke), in etwas Wasser oder Joghurt verrührt. Das gilt auch bei größeren Blutverlusten; hier sind außerdem Eisenpräparate nötig. Bei allen infektiösen und allergischen Hautleiden sowie bei Akne und Ekzemen ist ausleitendes →Heilfasten sehr sinnvoll, außerdem der Verzicht auf jegliche »scharfe« Getränke, Wein, Kaffee und schwarzen Tee. Auch Rauchen verschlechtert die Hautdurchblutung! Wundheilend und gewebestärkend wirken essentielle Aminosäuren (in Biojoghurt, Magerquark, Nachtkerzen- und Borretschöl) sowie Kieselsäure in Kapseln oder als Pulver ins Essen gerührt.

Farbtherapie:
Abszesse, Akne, Ekzeme und Hautentzündungen sollten mit Blau behandelt werden, desgleichen entzündete oder stark geschwollene, schmerzende Wunden. Bei eiterfreien Wunden und schlecht durchbluteter Haut ist eine Behandlung mit Rot angezeigt. Verbrennungen bei Hitzegefühl mit Blau, später mit Grün behandeln. Anwendungen siehe ab S. 155.

Heiltees und -tinkturen:
Entzündungshemmend wirken Schachtelhalm- oder Haferstrohtee, dreimal täglich 1 Tasse; hautreinigend und adstringierend ist Weiden- oder Birkenrindentee. Zur Stärkung der Immunabwehr: Stoßtherapie mit Echinacea-Extrakt (Roter Sonnenhut), anfangs dreimal 50 Tropfen im Abstand von 2 Stunden, dann täglich dreimal 20 Tropfen, 3 Tage lang. Bei eitrigen Entzündungen: dreimal täglich 4–5 Tropfen Orangenöl, in etwas Orangensaft gemischt. Blutreinigend bei Abszessen, Akne, Pickeln, Furunkeln und Ekzemen: Brennessel-, Löwenzahn- oder Zinnkrauttee, dreimal

täglich 1 Tasse, oder eine Tinktur aus Kletten- und Rotkleeblüten, drei- bis viermal täglich 20 Tropfen. Diese Kuren sollten jeweils nicht länger als 3–4 Wochen dauern; dann einen Monat aussetzen.

Kälte- oder Wärmetherapie:
Bei Verbrennungen *niemals* Eis direkt auf die Haut packen, denn das zerstört mehr Hautzellen, als es retten kann! Erste Hilfe siehe Wasseranwendungen. Verbrannte Hautpartien müssen immer kühl gehalten werden; sollten Sie dabei allerdings frieren, müssen Sie sich mit einem frischgewaschenen (!) Leintuch abdecken, darüber eine leichte, wärmende Decke, z. B. einen Schlafsack. Bei stärkeren Verbrennungen stets den Notarzt rufen! Bei Entzündungen kann Wärme beruhigend und ausleitend wirken (siehe auch Wickel); wenn Ihnen Wärme unangenehm ist, legen Sie besser eine kalte Packung auf oder kühlen mit kaltem Wasser. Vorbeugend und heilend bei Akne: heiß-kalte Anwendungen, z. B. →Kneippen. Juckreiz wird durch kalte Anwendungen gelindert. Die juckende Hautpartie immer luftig halten, nie mit Kunstfasern umgeben, sonst staut sich der Schweiß, und es juckt noch mehr!

Lichttherapie:
Bei Psoriasis kann eine sogenannte PUVA-Therapie helfen (siehe S. 215), bei Hautentzündungen eine Blaulicht- und bei Ekzemen, die »aufgebrochen« werden sollen, eine Infrarotlichtbestrahlung. Bei allen Hautleiden ist es gut, viel an die frische Luft, doch nicht in die direkte Sonne zu gehen (außer morgens und abends, wenn ihre Strahlen schwächer sind). Gönnen Sie sich ausgiebige Luftduschen im Halbschatten.

Massagen:
Hautbürsten und Massagen sind bei Akne, Ekzemen, Geschwüren u. ä. zur Verbesserung der Durchblutung sehr wichtig. Immer herzwärts und nie direkt über die betroffenen Gebiete bürsten bzw. massieren! Ausleitend wirkt auch eine fachgerecht durchgeführte Fuß-Reflexzonen-Massage (→Reflexzonentherapien). Bei Wunden und Verbrennungen sollten Sie eine Fachkraft befragen, ob und wie Sie mit Massagen die Heilung und die gesunde Nar-

benbildung unterstützen können; es kommt ganz auf den Einzelfall an. Wenn sich die Wunden schon geschlossen haben, sind sanfte Massagen mit einem Heilöl oder einer Salbe (z. B. Ringelblume, Beinwell, Weizenkeimöl) gut, weil sie das Narbengewebe geschmeidig halten.

Psychosomatische Hilfe:
Sicher wurde Ihnen schon öfter gesagt, Sie sollten sich doch einfach »eine dickere Haut zulegen« und Kränkungen nicht so ernst nehmen. Ihr Bewußtsein mag dem zustimmen; Ihre Haut zeigt aber weiterhin, daß Sie keine Dickhäuterin sind oder werden können, so lange das »Gift«, das Sie mit sich herumtragen, nicht »ausgeschwitzt« oder seelisch verarbeitet wurde. Was Sie von innen her vergiftet, kann von anderen Menschen stammen (die Selbstbehauptungstrainerin Barbara Berckhan spricht von »giftigen« Erziehungsmethoden, die uns als Kinder verletzt haben[4)], und auch als Erwachsene treffen uns oft Worte wie Giftpfeile). Es können aber auch vergiftende Gefühle wie Haß, Neid, Eifersucht, Bitterkeit, Rachedurst und ähnliches sein, die Ihnen unter der Haut brennen und die Sie, eventuell mit Hilfe einer psychotherapeutischen Fachkraft, im wörtlichen Sinne auflösen und ausleiten sollten, damit sie Ihnen nicht weiterhin schaden. Fragen Sie sich außerdem: Wer oder was rückt Ihnen derart »auf die Pelle«, daß Sie am liebsten aus der Haut fahren möchten? Schalten Sie innerlich auf Distanz, obwohl Sie eigentlich oft große Sehnsucht danach haben, berührt zu werden? Was macht Ihnen Angst? Gibt Ihnen Ihr Hautleiden auch einen gewissen Schutz – z. B. vor unerwünschtem Sex, Grenzverletzungen, allzu großer Beachtung? Oder bekommen Sie nur damit die Zuwendung, die Sie brauchen? Wenn das der Fall ist, sollten Sie überlegen, wie Sie sich schützen können, ohne Ihre Haut als Schild zu benutzen. Eine Körpertherapie (→Bewußtseinstraining) kann Ihnen unter Umständen dabei helfen. Zu guter Letzt: Die meisten Menschen sind viel unaufmerksamer (und gleichgültiger), als wir meinen. Viele sehen einen Hautfehler oder eine Hautkrankheit erst, wenn Sie mit auffälligen Verhüllungen, Abwehrgesten, besonderer Scheu oder ständigem Herumkratzen darauf aufmerksam machen. Versuchen

Sie, solche Ablenkungs- oder Hinweis-Manöver aufzugeben und sich ganz normal zu benehmen. Das erleichtert es Ihnen auch, seelisch gelöster zu sein.

Rituale mit Heilwirkung:
Lesen Sie dazu bitte unter →Pilzinfektionen, S. 498.

Visualisieren:
Machen Sie jeden Tag einmal die auf S. 509 beschriebene Visualisierungsübung, bei der Sie sich gedanklich häuten wie eine Schlange. Baden Sie anschließend im Zaubersee (S. 273).

Wickel:
Entzündungshemmend wirken Wickel, Packungen oder Auflagen mit Kamille, Beinwell, Ringelblume oder Hamamelis. Akne, Ekzeme und Furunkel können Sie mit Eichenrindeabkochung betupfen; ein Wickel mit Kohlblättern, einer Kürbisscheibe, einem heißen, nassen Beutel mit schwarzem Tee oder einer Teersalbe zieht den Eiter heraus (öfter wechseln); die Stelle danach mit verdünntem Essig oder 2 Eßlöffeln Zitronensaft in etwas abgekochtem Wasser reinigen (auch gut bei Akne und Pickeln). Juckreiz lindern Quarkauflagen und Spülungen mit verdünnter Zitronen- oder Essiglösung. Kleinere Brandwunden nach dem Kühlen (siehe Wasseranwendungen) mit Ringelblumensalbe oder 1 Tropfen Johanniskrautöl betupfen; sonst *keinerlei* Öl, Butter, Mehl etc. auf die verbrannten Stellen geben (es wäre die beste Brutstätte für Bakterien!). Eine Auflage mit verdünntem Pfefferminztee kühlt und wirkt schmerzlindernd. Bei Schürf- und Schnittwunden: erst mit verdünnter Arnikatinktur reinigen, dann Auflagen mit frischen, zerquetschten Spitzwegerich- oder Beinwellblättern oder kühlende Umschläge mit kaltem Kamillen- oder Spitzwegerichtee machen. Wundheilend wirken Zinksalbe, Ringelblumen-, Beinwell- oder Arnikasalbe, Umschläge, Packungen oder Bäder mit Heilerde, bei After- oder Scheidenjucken auch Hamamelistinktur, mehrmals täglich aufgetupft.

Gesichtspackungen bei Hautproblemen in diesem Bereich können Sie folgendermaßen herstellen: Rühren Sie einen Brei aus grüner Heilerde und abgekochtem Wasser an, dem Sie etwas Joghurt, 1–2 Teelöffel Honig, 1 Eigelb und 1–2 Teelöffel Weizenkeim- oder Leinsamenöl beifügen. Auftragen, trocknen lassen, ein- bis zweimal täglich wiederholen.

Wasseranwendungen:
Erste Hilfe bei Verbrennungen: Halten Sie die verbrannte Stelle so lange unter fließendes kaltes Wasser, bis der Schmerz abklingt, oder stellen Sie sich – notfalls bekleidet, falls die Entkleidung sehr weh tut – unter die kalte Dusche, bis die verbrannten Stellen fast taub sind. Wenn der Schmerz erneut spürbar ist, wiederholen, auch Stunden hindurch! Kleinere Brandwunden heilen allein durch Wasserbehandlung völlig ab, ohne Narben zu hinterlassen. Bei Ekzemen, Kontaktallergien und anderen Hautausschlägen kann Salzwasser helfen: Nehmen Sie ein Meersalz-Teil- oder Vollbad, oder legen Sie den betroffenen Arm oder Fuß in kühles Wasser, dem Sie pro Liter 1 Teelöffel Meersalz beigefügt haben. Juckreizlindernd wirken kühle Güsse oder ein Sitzbad mit Kamillen- oder Ringelblumentee. Sehr gut für die Haut sind außerdem regelmäßige Saunagänge.

Zusätzliche Verfahren:
Bei chronischen Hautleiden empfiehlt sich eine fachgerecht durchgeführte homöopathische Behandlung (→Homöopathie), eventuell auch eine Eigenblut-Therapie, Sauerstoff-Therapien oder Schröpfen (lesen Sie dazu bitte ab S. 295). Bei Akne kann unter Umständen eine ärztliche Vitamin-A-Schälkur helfen. Für schwere Hautleiden wie Psoriasis und Neurodermitis empfiehlt sich eine mehrwöchige Kur am Toten Meer, die von der Krankenkasse bezuschußt werden kann, eventuell auch der Kuraufenthalt in einer guten psychosomatischen Klinik. Sollte Ihr Hautleiden hormonell bedingt sein, lesen Sie bitte unter →Zyklusstörungen nach.

Genannte Literatur:
1) Staib, Margitta: Die enthaarte Frau. Körper- und Gesichtsbehaarung. Verlag Antje Kunstmann, München 1990.

2) Brownmiller, Susan: Weiblichkeit. Fischer Taschenbuch-Verlag, Frankfurt am Main 1987.
3) Minker, Margaret/Scholz, Renate: Alles über Schönheitsoperationen. Entscheidungshilfen, Operationen, Alternativen. Humboldt-Taschenbuchverlag, München 1992.

Weitere Literaturempfehlungen:

Asjes, Ellen: Heilende Öle und Essenzen. Aromatherapie leicht gemacht. Aurum Verlag, Braunschweig 1991.

Condrau. Gion/Schipperges, Heinrich: Unsere Haut. Spiegel der Seele, Verbindung zur Welt. Kreuz Verlag, Zürich 1993.

Faber, Stephanie/Furdek, Anita: Geheimnisse der Heilkosmetik. Ganzheitlich schön mit ätherischen Ölen und Pflanzen. Mit über 100 Rezepten. Wilhelm Heyne Verlag, München 1993.

Kirch, Karl M.: Sauna. Gesundheitsvergnügen für Körper und Seele. Gräfe und Unzer Verlag, München 1994.

Literatur zu Allergien:

Jung, Katharina und Mathias: Die aufgekratzte Seele. Neurodermitis. Wissen, behandeln, mit der Krankheit leben. Kreuz Verlag, Zürich 1991.

Lange-Ernst, Maria-Elisabeth: Rätselkrankheit Allergien. Ursachen, Ernährungs- und Behandlungsmöglichkeiten. Goldmann Verlag, München 1988.

Latour, Marie: Allergie-Heilkost. Heilung ohne Medikamente. F. A. Herbig Verlagsbuchhandlung, München, Berlin 1987.

Leibold, Gerhard: Allergien behandeln und lindern. Falken-Verlag, Niedernhausen 1988.

Petricevic-Riedl, Desanka/Zühlke, Günter: Allergien. Die sanfte Revolution einer neuen Heilmethode. Möwe-Verlag, Idstein 1991.

Spiess, Ingeborg-Christel: Selbstheilung bei Nahrungsmittel-Allergien. Erfahrungen mit den Methoden der Klinischen Ökologie. Rowohlt Taschenbuch Verlag, Reinbek 1987.

Weiterführende Anschriften →Abwehrschwächen

Kopfschmerzen

Dazu gehören unter anderem:

Spannungskopfschmerz
prämenstruelle Kopfschmerzen (→Prämenstruelles Syndrom)
tablettenbedingtes Kopfweh
Migräne
Wetterfühligkeit

Allgemeines

Kopfschmerzen und Migräne sind sehr weit verbreitet. In Deutschland leiden rund 10 Millionen Menschen gelegentlich oder chronisch an Kopfweh, das sie arbeitsunfähig macht, weitere 5 Millionen an Migräne. In den USA schwanken die Angaben zwischen 50 und 70 Millionen Migränekranken. Statistiken aus Belgien, Italien, Schweden, Großbritannien, Kanada und anderen Ländern belegen, daß bis zu 12 Prozent der Bevölkerung von Migräne betroffen sind. Kaum ein anderes schmerzhaftes – aber weder verkrüppelndes noch tödliches – Leiden verursacht so hohe Verluste für das Bruttosozialprodukt wie die Migräne: Allein bei uns geht der Ausfall durch Krankheitstage jährlich in die Milliarden. Kein Wunder also, daß sich medizinische Spezialistinnen und Spezialisten der unterschiedlichsten Fachrichtungen sehr bemühen, den Ursachen und möglichen Therapieansätzen für dieses (und andere, von Kopfschmerzen charakterisierte) Leiden auf die Spur zu kommen. In seltener Konkordanz schlossen sich vor einigen Jahren ärztliche Expertinnen und Experten aus 25 Ländern zur Europäischen Kopfschmerz-Union zusammen, um diese Ziele gemeinsam zu verfolgen.

An einer speziellen Frauen-Forschung werden sie, wenn sie ihre Aufgabe ernst nehmen, dabei kaum vorbeikommen, denn überall ergibt sich das gleiche Bild: Frauen sind doppelt bis dreimal so häufig von Migräne betroffen wie Männer. Im Kindesalter trifft das interessanterweise noch nicht zu: Ungefähr gleich viele

Mädchen wie Jungen haben gelegentlich Migräne oder schwere Kopfschmerzen (die Unterscheidung des einen vom anderen ist in diesem Alter oft nicht möglich). Erst ab der Pubertät beginnt sich die Schere zu öffnen, und in der Altersstufe Mitte zwanzig ist der halbseitige Kopfschmerz (griechisch *hemikrania*, woraus dann der Begriff »Migräne« wurde) schon ein typisches Frauenleiden.

Zum einen können hormonelle Faktoren dafür verantwortlich sein. Bei ca. 10 bis 12 Prozent aller Migränikerinnen treten Migräneanfälle »mit absoluter Zuverlässigkeit regelmäßig und ausschließlich ein paar Tage vor der Monatsblutung auf. Weitere 25 Prozent bekommen nur während ihrer Menstruation auch ihre Migräne«, schreibt die Medizinjournalistin Renate Scholz in ihrem hervorragenden Ratgeber zum Thema[1)]. In der Schwangerschaft, in der sich ihre Hormonsituation drastisch ändert, haben viele der Betroffenen erstmals keinen Migräneanfall mehr.

Zum anderen scheint es aber auch vieles zu geben, was Frauen »im Kopf nicht aushalten« – beispielsweise die Tatsache, daß dieser Kopf immer mindestens doppelt so gut funktionieren muß wie der eines Mannes, damit sie halbwegs die gleichen beruflichen Chancen bekommen. Oder sie mühen sich damit ab, ihre geistigen Fähigkeiten herunterzuspielen, um sich die Partnersuche nicht zu erschweren. Denn auch wenn die Person mit dem höchsten je gemessenen Intelligenzquotienten der Welt eine Frau ist (eine amerikanische Juristin und Verlegerin), finden es viele Männer noch höchst unpassend, wenn eine Frau mehr Köpfchen zeigt als sie selber. Auch solche Auswirkungen der traditionellen Frauenrolle tragen, psychosomatischen Studien zufolge, neben vielen anderen Faktoren zum Auftreten von Migräne, Spannungskopfschmerzen und prämenstruellem Kopfschmerz von Frauen bei. Dazu paßt auch der Befund, daß die meisten Migränikerinnen ihr Leiden loswerden, sobald sie erst einmal in die Wechseljahre kommen: Wenn sie nach Ansicht weiter Teile der Gesellschaft »jenseits von Gut und Böse« sind, können sie sich in gewisser Weise auch mehr »gehenlassen«, nämlich so geben, wie sie wirklich sind, ohne noch groß auf ein bestimmtes Weiblichkeitsbild achten zu müssen. Manche Konflikte lösen sich dann von selbst – und mit ihnen der Migräneknoten im Kopf.

Eigenartig, merkt Scholz an, ist die Tatsache, daß nur etwa 30 Prozent aller Betroffenen überhaupt deswegen zum Arzt gehen – und das, obwohl sie nach eigenem Bekunden oft sehr heftig unter den Kopfschmerzen leiden müssen. Rund die Hälfte versucht es einmal mit einer schulmedizinischen Behandlung und bleibt anschließend wieder weg. Und 20 Prozent der Betroffenen »scheinen dem Ärztestand in diesem Punkt rein gar nichts zuzutrauen«, so Scholz, denn sie suchen wegen ihrer Migräne oder starker Kopfschmerzen nie einen Arzt oder eine Ärztin auf. Ob sie überhaupt keine Hilfe suchen oder zu naturheilkundlichen, nichtärztlichen Fachleuten mehr Vertrauen haben, geht aus diesen Studien nicht hervor. Sicher ist, daß die Erfahrungsheilkunde ihnen sehr viele nützliche Methoden anzubieten hat, sowohl zur Schmerzlinderung – bei Kopfweh und Migräne immer das Allerwichtigste – als auch zur Vorbeugung und Heilung aus ganzheitlicher Sicht. Denn der düsteren Prognose vieler Schulmediziner, Migräne sei nur zu mildern bzw. abzufangen, aber nicht heilbar, stehen die guten Erfahrungen der Fachleute für natürliche Heilverfahren und vieler zufriedener Patientinnen gegenüber. (Auch meine Migräne verschwand vollkommen, als ich aufhörte, die Antibabypille zu nehmen, und mich aus einer Beziehung löste, die mir sehr viel Kopfzerbrechen bereitet hatte.)

Ein Großteil der Migräneanfälle und Kopfschmerzattacken wird im übrigen durch schulmedizinische bzw. selbstverordnete Schmerzmittelbehandlungen überhaupt erst *verursacht*: Die Zahl der Frauen, die infolge übermäßiger Medikamenteneinnahme überhaupt erst in ein chronisches Kopfschmerzleiden hineingerutscht sind, ist leider Legion. Nicht wenige von ihnen vergiften sich damit so sehr, daß ihre Nieren irgendwann den Dienst aufkündigen und sie in der Dialysestation landen (→Harnwegserkrankungen).

Wer Frauen für diesen Arzneimittelmißbrauch achselzuckend die alleinige Verantwortung zuweist, verkennt die Realität. Bei vielen ist die Angst vor dem nächsten Schmerzanfall – und davor, nicht mehr »funktionieren« zu können – so stark, daß sie schon beim kleinsten Vorboten zur Arznei greifen: ein Verhalten, das von weiten Teilen der Gesellschaft und auch der Ärzteschaft sanktioniert wird (schon Kinder bekommen bei allem möglichen als erstes Tabletten verschrieben). Gefördert wird es zudem von der sehr offensiven Werbung der Pharmaindustrie in allen Medien: Ein Griff zur Tablette, und das Kopfweh ist angeblich wie weggezaubert. Der Hinweis auf Nebenwirkungen und Risiken, zu denen die Packungsbeilage gelesen bzw. Arzt oder Apotheker befragt werden sollen, wirkt neben diesem »Zauberbild« so stereotyp und trocken, daß er kaum als etwas Wichtiges haftenbleibt.

Frauen werden außerdem, das belegen Studien immer wieder, eher als Männer mit Tabletten abgespeist, wenn sie über Beschwerden klagen, die für den Arzt nicht sichtbar, meßbar, nachweisbar sind außer unmittelbar während des akuten Schmerzanfalls im Elektroenzephalogramm (EEG). Aber wer schleppt sich schon mit schwerer Migräne in die Arztpraxis? Das Leiden bleibt daher oft im wahrsten Sinne des Wortes unbegreiflich, und die Patientinnen werden nicht selten als hysterisch abgestempelt. Auch der alte Mythos von der Migräne, die Frauen in früheren Zeiten angeblich »nahmen«, wenn ihnen die Ansprüche ihrer Männer über den Kopf wuchsen, spielt dabei noch eine Rolle.

Körperliche Gründe von Kopfschmerzen und Migräne

Sie sind so zahlreich und vielfältig, daß es ein Buch füllen würde, sie alle aufzuzählen. Zu den Voraussetzungen für Migräne und auch Spannungskopfschmerzen gehört offenbar eine genetische Disposition, auf bestimmte Auslöser (Trigger) mit Halbseiten- oder normalem Kopfweh zu reagieren. Die wichtigsten Migräne-Trigger sind: allergische Reaktionen auf Nahrungsmittel wie z. B. Käse, Rotwein oder Schokolade, Hormonschwankungen, zum Beispiel im Zyklusverlauf (→Prämenstruelles Syndrom), die Einnahme von Sexualhormon-Präparaten, z. B. zur Empfängnisverhütung oder in den Wechseljahren, Wetterfühligkeit gegenüber Luftdruckabfall, Wetterumschwung oder Föhn (die Ursachen dafür sind unbekannt), Flimmerlicht, Lärm bestimmter Frequenzen, Elektrosmog, plötzlich abfallender Blutdruck, Unterzuckerung, Veränderungen der Halswirbelsäule (HWS-Migräne), Nervenstörungen wie die Trigeminus-Neuralgie, Infektionen im Kopfbereich sowie die Einnahme bestimmter Medikamente – vor allem von Schmerzmitteln, die mehrere Substanzen in Kombination oder Ergotamin (den Wirkstoff des Mutterkorns) enthalten. Im Prinzip kann jedoch jegliche x-beliebige schulmedizinische Medikation eine Unverträglichkeitsreaktion und damit Migräne auslösen!

Zu den wichtigsten Auslösern für Kopfschmerzen anderer Art zählen: Verspannungen der Muskulatur im Schulter-Hals-Bereich (Spannungskopfweh), verschobene Wirbel der Wirbelsäule, Schmerzmittel- oder sonstiger Medikamentenmißbrauch, Alkohol- und/oder Nikotinkater, chronischer Bluthochdruck, schwankender Blutdruck (*orthostatisches Syndrom* bei jungen Mädchen) sowie erhöhter Hirn-Innendruck, etwa wegen einer Infektion oder eines Hirntumors. Außerdem sind Kopfschmerzen ein sehr häufiges Begleitsymptom anderer Erkrankungen, etwa bei schwerer Grippe, Vergiftungen, bakteriellen Infektionen, Parasitenbefall, Leber-, Nieren- oder allgemeinen Stoffwechselerkrankungen. Eine gründliche Diagnostik ist wegen der Vielzahl der in Frage kommenden und manchmal auch gefährlichen Auslöser unabdingbar.

Sofort zur ärztlichen Untersuchung/Behandlung bei:

- jeglicher Art von schweren Kopfschmerzen, die erstmalig in dieser Heftigkeit auftreten und/oder von anderen Beschwerden (etwa Sehstörungen, Krampfanfällen, Ohnmacht, hohem Fieber) begleitet sind (zur Ausschlußdiagnose organischer oder infektiöser Grunderkrankungen);
- Kopfschmerzen nach einer Kopf- oder Wirbelsäulenverletzung, einem bösen Sturz etc.;
- Migräne oder Kopfweh bei Einnahme von Hormonpräparaten (auch der Antibabypille), denn dann sollte die Einnahme unterlassen, die Dosis reduziert oder ein anderes Präparat gewählt werden,
- chronischen Kopfschmerzen, die sich nach längstens einer Woche nicht von selbst oder durch Anwendung von Naturheilmitteln geben bzw. oft wiederkehren.

Psychosomatik

Die überaus ordentliche, ehrgeizige, kopflastige, starrsinnige »Migränepersönlichkeit« scheint es, allen anderslautenden Behauptungen zum Trotz, nicht zu geben: In mehreren Studien haben sich diese angeblich typischen Charaktereigenschaften Migränekranker nicht bestätigt. Einige Gemeinsamkeiten kristallisierten sich allerdings heraus. Danach sind Migränekranke oft sehr sensibel, können Kränkungen und Ungerechtigkeiten schlecht aushalten, unterdrücken jedoch die daraus entstehenden Aggressionen eher »ganz vernünftig«, als sie auszuagieren – und bekommen daraufhin ihre Migräne. Psychoanalytikerinnen wie Frieda Fromm-Reichmann und Melitta Sperling deuten diese Anfälle als eine Art Selbstbestrafung für »unpassende« Emotionen, vor allem, wenn sie sich gegen eigentlich geliebte Menschen (Eltern, Partner) richten. Frauen sind erziehungsbedingt besonders anfällig für solche Schuldgefühle – und auch dafür, Aggressionen gegen sich selbst zu richten, statt sie nach außen zu wenden. Hinzu kommt: Viele Frauen, die von Migräne oder häufigem Kopfweh geplagt sind, haben außerdem ein »Helferinnen-Syndrom«, setzen sich Tag und Nacht für andere ein, können viel zu selten Nein sagen und sind prinzipiell auch sehr leistungsfähig und belastbar. Daher neigen sie dazu, Überforderungs-Anzeichen zu ignorieren, eventuell auch mit Genuß- und Aufputschmitteln zu überspielen: Ihr Suchtpotential ist relativ hoch.

Für andere, stark in der traditionellen Frauenrolle verhaftete Migräne- bzw. Kopfwehgeplagte sind Ohnmachtsgefühle der entscheidende Auslöser für den Schmerzanfall – der ihnen, da sie sichtlich leiden, dann doch ein wenig familiäre Macht verleiht. Das Leiden bleibt allerdings stumm – ein weiteres Charakteristikum aller Kopfschmerzen: »Kein Stöhnen, Ächzen, Weinen, Schreien, sondern stilles Erdulden des Unabänderlichen«, so Renate Scholz. Und meist werden auch die zugrundeliegenden psychischen Schmerzen nicht laut geäußert, sondern eher im stillen Kämmerlein ertragen.

Natürliche Heilverfahren

Allgemeinverhalten:
Ob Migräne oder Kopfweh: Als erstes müssen Sie sich darüber klarwerden, welches die Auslöser Ihrer Schmerzanfälle sind, am besten anhand eines Kopfschmerz-Tagebuchs, und dann versuchen, sie konsequent zu meiden. Als einziges ist das Wetter völlig unbeeinflußbar (es sei denn, Sie ziehen in eine für Sie gesündere Gegend). Gegen Wetterfühligkeit helfen allerdings Abhärtung und Kreislauftraining, zum Beispiel in der Sauna!

Falls Sie schon längere Zeit Schmerzmittel einnehmen, ja glauben, ohne sie nicht mehr auszukommen, sind Sie bereits davon abhängig. Sie müssen Sie unbedingt absetzen und sich währenddessen entgiften (siehe Info S. 589 sowie unter Ernährung S. 148), sonst nützt Ihnen kein Naturheilmittel auch nur im geringsten, weil der Organismus heilsame Anstöße gar nicht aufnehmen kann. Kopfschmerzgeplagte sollten unbedingt zu rauchen aufhören und sich bei Nahen einer Schmerzattacke auch vor dem Passivrauchen schützen! Sehr wichtig sind außerdem Streßabbau und langfristige Entspannungsprogramme, etwa Autogenes Training, →Yoga, →Musik- und Tanztherapie.

Akupressur:
Zum Abfangen einer Migräne- oder Kopfwehattacke sowie vorbeugend gibt es mehrere Punkte im Kopfbereich, die jeweils 2–3 Minuten lang mit Druck kreisend akupressiert werden sollten: das »Dritte Auge« mitten zwischen und einen Fingerbreit oberhalb der Augenbrauen, der Punkt des Scheitel-Chakras (→Akupunktur), zwei Punkte direkt unterhalb der Schädelbasis (Rundung am Hinterkopf) sowie – vor allem bei Spannungskopfweh – Punkt (15) zwischen den Halswirbeln (siehe Abbildung S. 60 f.) sowie Schmerzpunkt (4) an der Hand.

Eine gründliche Akupunktur-Behandlung kann Ihnen helfen, Ihr Schmerzleiden deutlich zu reduzieren; auch akute Schmerzen lassen sich u. U. wegnadeln. Am besten suchen Sie sich eine gut ausgebildete Fachkraft in Ihrer Nähe, denn weite Wege zurücklegen können Sie im Schmerzanfall kaum.

Aromatherapie:
Bei »Gewitter im Gehirn« (Migräne) oder Kopfschmerzen helfen Beifuß (nicht bei Kindern und in der Schwangerschaft anwenden), Kiefer, Lavendel, Zitronengras, sehr gut auch Pfefferminze, Kampfer sowie kreislauffördernder Zimt. 1 Tropfen Aromaöl auf Stirn und Schläfen oder auch unter der Nase verreiben; weitere Anwendungen siehe ab S. 70.

Atemtherapie:
Atemübungen eignen sich ausgezeichnet zur allgemeinen Entspannung und Krampflösung; Sie können sie in einem Kurs für Autogenes Training, →Bewußtseinstraining/Körpertherapien, →Yoga oder in einer gezielten →Atemtherapie erlernen. Eine Yoga-Atemübung, nämlich die *Wechselatmung*, kann Ihnen helfen, Kopfschmerzen zu lindern bzw. einen nahenden Migräneanfall zu verhüten: Sie geht so: Gründlich die Nase ausschnauben, dann eine lockere Sitzhaltung einnehmen, Augen schließen, Zeige- und Mittelfinger der rechten Hand einbeugen. Das rechte Nasenloch mit dem rechten Daumen schließen und links ausatmen, dann wieder langsam und möglichst lautlos links einatmen. Mit dem Ringfinger das linke Nasenloch schließen, Daumen vom rechten wegnehmen, rechts ausatmen; dann rechts langsam und lautlos einatmen, und wieder wechseln. Die Übung mindestens 5–10 Minuten lang machen. Das Gesicht und die Schulterpartie sollten dabei ganz entspannt bleiben; notfalls Arm aufstützen. Nie die Luft anhalten!

Bewegung:
Sie ist für alle Kopfschmerzgeplagten unabdingbar, sogar noch im akuten Anfall, wenn eigentlich das Stillhalte-Bedürfnis vorherrscht (außer, die Beschwerden verstärken sich durch jede Bewegung). Regelmäßige Bewegung trainiert das Kreislaufsystem und verhütet so gefäßbedingtes Kopfweh. Wichtig ist, daß es sich um *Ausdauertraining* und nicht um Leistungssport mit kurzfristigem Hochputschen des Kreislaufs handelt, also z. B. Joggen, Wandern, Schwimmen, Radfahren, Tanzen, Reiten oder Tennisspielen – alles ohne großen Leistungsdruck!

Chronobiotherapie:
Kopfschmerzen und Migräne sind oft der Preis für das Nichtbeachten des eigenen Schlaf-Wach-Rhythmus. Auch eine unregelmäßige Darmentleerung (»Überspringen« des Zeitpunkts dafür) kann Kopfschmerzen auslösen. Prämenstruelles Kopfweh bzw. Migräne kann hormonell mitbedingt sein, aber auch daher rühren, daß Sie sich in dieser Zeit zu wenig Ruhe gönnen (→Prämenstruelles Syndrom). Menstruations-Migräne wird manchmal besser, manchmal aber auch viel schlimmer bei Einnahme der Antibabypille; das hängt u. a. davon ab, ob Sie diese Mittel »vom Kopf her« einnehmen, innerlich aber eigentlich ablehnen, oder »mit Geist und Seele dabei sind«. Versuchen Sie auf jeden Fall, Ihren biologischen Monatsrhythmus nicht gewaltsam zu ändern, und stellen Sie ihn auf die Mondphasen ein (siehe dazu auch S. 122).

Ernährung, Vitamine, Mineralstoffe, Spurenelemente:
Oft sind Unverträglichkeitsreaktionen gegenüber Käse, Rotwein, Schokolade oder auch Kaffee (oder Kaffee-Entzug!), Kakao, Glutamat in chinesischem Essen, Speiseeis, Konservierungsmittel in Dosengerichten und Wurstwaren usw. Auslöser der Schmerzattacken. Mit einer *Rotationsdiät* können Sie herausfinden, was Ihnen bekommt und was nicht: Streichen Sie die allergieverdächtige Substanz 14 Tage lang ganz konsequent von Ihrem Menüplan und essen oder trinken Sie dann 1–2 Tage lang kleine Mengen davon. Wenn Sie daraufhin wieder Migräne bekommen, haben Sie zumindest einen Übeltäter ausfindig gemacht; dann gleichermaßen mit anderen verdächtigen Substanzen verfahren.

Zum Entgiften bei Medikamentenabhängigkeit anfangs 2–3 Tage →Heilfasten, am besten mit Frischsäften (keine eiweißhaltige Molke!), unter fachkundiger Aufsicht evtl. auch länger; dann Umstellen der Ernährung auf gesunde Vollwertkost (→Ernährungstherapie) mit vielen Faserstoffen und darmanregenden Getränken (auch ein träger Darm kann Kopfweh verursachen; →Verdauungsstörungen). Bei Kopfschmerz oder Migräne infolge Unterzuckerung: ein Stück Traubenzucker essen oder einen Fruchtsaft trinken; bei niedrigem Blutdruck: eine Salzgurke oder etwas gesalzene Brühe essen; bei hohem Blutdruck: eine Stange

Sellerie kauen, danach einen beruhigenden Fenchel- und Melissentee trinken. Bei Migräne, die sich im Magen »anmeldet«, helfen manchmal auch 1–2 Gläser reiner Tomatensaft, ein Zwieback mit etwas Tee (siehe Heiltees und -tinkturen) oder 1 Teelöffel zermahlener Ingwer in etwas Wasser. Ingwer, Knoblauch, Sellerie, Fischöl (als Kapseln oder in fettem Fisch) sind langfristig sehr gut fürs Kreislaufsystem und beugen vielen Kopfwehleiden mit vor. Bei Alkoholkater-Kopfweh hilft die berühmte Tasse Kaffee mit Zitrone oder 1 (!) Glas Weißbier, ansonsten aber keinerlei Alkohol für mindestens 3 Tage! Auch bei Nikotinkater sowie Kaffee-Entzugs-Kopfschmerz ist Entgiften das Wichtigste; dabei leberbelastende Milch(-produkte), Pilze, Fleisch und Erdnüsse meiden, keine koffeinhaltigen Schmerzmittel einnehmen, keinen Schwarztee, statt dessen kohlensäurehaltige oder entcoffeinierte Getränke trinken – und mit dem Entzug Geduld haben!

Farbtherapie:
Während des akuten Schmerzanfalls hilft »hypnotisches« Violett (zum Entspannen bzw. Einschlafen) oder kühlendes Blau, gefolgt von beruhigendem Grün. Gut sind auch Visualisierungsübungen mit diesen Farben, welche die »Schmerzsonne im Kopf« abdunkeln. Anwendungen siehe ab S. 155.

Heiltees und -tinkturen:
Vorbeugend wirken Heiltees oder Teemischungen aus Augentrost, Schwarzem Holunder, Spitzwegerich und Waldweidenröschen, täglich 2–3 Tassen (Waldweidenröschen nur vor dem Schlafengehen); vorbeugend gegen Migräne hilft oft ein Tee oder eine Teemischung aus Echtem Eisenkraut, Engelwurz, Herzgespann, Schwarzem Holunder, Majoran oder Echter Katzenminze, täglich in »Migräne-Situationen« 2–3 Tassen schluckweise trinken, auch zum Abfangen des nahenden Anfalls. Ein Extrakt aus Gingko biloba (Gingkobaum) oder rutinhaltigen Roßkastanien hilft nachweislich, das Gefäßsystem zu tonisieren; täglich 20 Tropfen oder 50 beim Nahen eines gefäßbedingten Schmerzanfalls. Schmerzende Schläfen, Stirn, Nacken mit Pfefferminz- oder Kardamomöl, Melissengeist oder Beinwell-Extrakt einreiben. Schmerz-

lindernd wirkt ein Tee oder Extrakt mit natürlichem Salizylat (im Aspirin chemisch nachgebaut) aus Weidenrinde, Schwarzpappel oder Mädesüß. Wie alle Kuren mit Tees und Tinkturen sollten auch diese maximal 3-4 Wochen dauern; dann einen Monat Pause einlegen (siehe hierzu auch Anmerkungen ab S. 47).

Kälte- oder Wärmetherapie:
Ob Sie bei Kopfschmerzen bzw. Migräne eher Wärme oder Kälte brauchen, müssen Sie selbst herausfinden. Bei Migräne-Schüttelfrost: Körper warm einpacken, Kopf kühl halten. Hilfreich sind oft: Eispackungen auf Stirn oder Nacken, Frischluft (ohne Zug!), ein kühles, feuchtes Tuch auf der Stirn oder im Nacken, außerdem Pulskühlen (Hand- und Fußgelenke, Kniekehlen) in kaltem Wasser oder mit einem feuchten Wickel. Vorbeugend hilft Kreislauftraining mit warm-kalten Wechselanwendungen des →Kneippens (siehe ab S. 187). Bei Wärmebedürfnis siehe auch Wasseranwendungen.

Lichttherapie:
Zu starke oder pulsierende, flimmernde Lichtreize, auch vom Fernsehgerät oder Computer, sind für viele Kopfschmerzanfälle verantwortlich, desgleichen Sonnenbrand oder Hitzschlag. Migränekranke fliehen im Anfall das Licht, also Zimmer abdunkeln und für Ruhe sorgen. Wer allerdings immer in der dunklen Höhle sitzt, gewöhnt sich Lichteinfall geradezu ab und reagiert überempfindlich auf helles Licht und Sonne; deshalb gehören Spaziergänge im Sonnenlicht und kurze Sonnenbäder unbedingt zur Vorbeugung.

Massagen:
Bei chronischem Kopfschmerzleiden kann eine Fuß-Reflexzonen-Behandlung Abhilfe schaffen (→Reflexzonentherapien), bei Spannungskopfweh auch eine gute →Chirotherapie, bei der die Wirbelsäule ins Lot gebracht wird, sowie regelmäßige Massagen des Rückens, der Schultern und des Nackens. Oft hilft bei akutem Kopfweh der sogenannte *Dackelgriff*: mit einer Hand in den Nacken direkt unter den Haaransatz greifen und die Gewebefalten

oberhalb des ersten Halswirbels zwischen Fingern und Daumenballen kräftig hochziehen. Wenn das wehtut, ist es ein Zeichen dafür, wie arg dieser Bereich verspannt ist! Loslassen, erneut hochziehen, dabei immer ruhig atmen. Lockernd wirken Kopfhautmassagen mit allen zehn Fingern, von der Stirn bis zum Nackenhaaransatz, sowie Schläfenmassagen: leicht kreisend, dabei den Schmerz immer nach außen, vom Kopf weg, »in die Luft auswischen«. Auch eine Auramassage (*Touch for Health*) von einer darin begabten Person kann die Kopfschmerzen unter Umständen auflösen.

Psychosomatische Hilfe:
Als erstes sollten Sie sich darüber klarwerden, was und wer Ihnen über den Kopf wächst, Kopfzerbrechen bereitet, ein »Gewitter im Kopf« (ohne laut geäußertes Donnergrollen) bereitet oder Ihnen auf dem Kopf herumtanzt. Außerdem sollten Sie überprüfen, ob Sie zu den Frauen mit »Helferinnen-Syndrom« gehören, und lernen, Nein zu sagen – auch zu sich selbst, denn *manche Probleme anderer gehen Sie tatsächlich nichts an*! Versuchen Sie, Probleme von außen zu umkreisen, statt immer wieder die gleichen Punkte durchzugrübeln: Weitsicht sollte Kurzsichtigkeit ablösen (interessanterweise leiden besonders viele Kurzsichtige unter Kopfweh). Beobachten Sie auch, ob Sie dazu neigen, Ihre Gefühle »im Bauch« zu unterdrücken und immer vom Kopf her zu entscheiden: Dieses Ungleichgewicht könnte Ihrem Kopf unnötigen Druck machen. Fragen Sie sich auch: Welche Ventile gönnen Sie Ihren Aggressionen (die Sie natürlich genau so haben und haben dürfen wie alle anderen)? Wovor schützt Sie Ihr Kopfschmerz-Leiden, was gewinnen Sie dabei? Versuchen Sie, Ihrem stummen Leiden Ausdruck zu verleihen und sich auf andere, gesündere Weise zu schützen.

Rituale mit Heilwirkung:
Kinder agieren Konflikte und Emotionen instinktiv aus, indem sie z. B. stellvertretend für die Eltern ihren Teddybären beschimpfen. Besorgen Sie sich ein solches Objekt privater Gestalttherapie, ziehen Sie sich damit zurück, wann immer Sie Probleme haben, die

Sie im Kopf nicht aushalten, und reden, toben, schreien, fuhrwerken Sie mit diesem Teddy herum, als wäre er Ihr konfliktverursachendes Gegenüber (oder Ihr »anderes Ich«). Auch regelmäßiges Tagebuchschreiben kann ein nützliches Ritual sein, sollte aber nie zur Pflicht ausarten. Am Ende jeder Eintragung sollten Sie die Kieselstein-Übung machen (siehe S. 432). So verschaffen Sie sich die nötige Bewegung und werden gleichzeitig alles los, was Sie drückt.

Visualisieren:
Im Schmerzanfall zu visualisieren, ist nicht ganz einfach; versuchen Sie es trotzdem. Schon die Konzentration auf Ihr inneres Bild kann den Schmerz ausblenden helfen. Schließen Sie die Augen, und stellen Sie sich ein wunderbares blaues Licht vor, das am Horizont erscheint. Es wird langsam immer größer, überflutet Sie von den Füßen weg bis über den Kopf hinaus und saugt dabei förmlich alles aus Ihrem Kopf heraus, was ihm wehtut und seine Gefäße verkrampft. Lassen Sie mehrere solcher Wellen anbranden und Ihren Kopf leerschwemmen. Zurück bleibt ein Gefühl großer Leichtigkeit, ja Heiterkeit. Bleiben Sie noch eine Weile ruhig atmend liegen oder sitzen und spüren Sie der Wirkung nach. Dann Hände ballen, ausschütteln und Augen öffnen.

Wasseranwendungen:
Manchen hilft ein warmes Bad, einen Migräneanfall abzufangen, vor allem mit durchblutungsfördernden Zusätzen wie Rosmarin, Eukalyptus, Kiefernnadeln, Majoran. Andere brauchen ein kühles, ableitendes Arm- und Fußbad, ein ansteigend immer wärmeres Fußbad oder Wechselgüsse (kalt-heiß-kalt). Sehr entspannend ist es, einen lauwarmen Wasserstrahl über den ganzen Körper und Kopf auf und ab zu führen (bzw. führen zu lassen), während Sie in einem warmen Halbbad liegen. Auch ein Kopfdampfbad mit etwas Rosmarin- oder Minzöl kann den Schmerz vertreiben. Probieren Sie aus, was Ihnen am besten bekommt.

Wickel:
Im akuten Schmerzanfall kann es helfen, eine Auflage mit kühlenden, ausleitenden Gurkenscheiben, Weißkohlblättern, Zi-

tronenscheiben oder einen Kopfwickel mit rohen Kartoffeln (in Scheiben oder gerieben) zu machen, oder einen Umschlag mit heißen, gekochten Kartoffeln, falls Sie Wärme vertragen, oder einen feuchten Umschlag mit Wacholderbeer-Absud.

Yoga:
Vorbeugend für Migräne- und Kopfschmerz-Geplagte ist die *Dachstellung*: Im Fersensitz hinsetzen (das Gesäß ruht auf den Fersen) und die Finger ineinander verschränken, daß sie eine Schale bilden. Im Ausatmen langsam vornüberbeugen und die Unterarme so auf den Boden legen, daß ein etwa gleichschenkliges Dreieck (mit imaginärer Basis) entsteht; die »Schale« der Hände hält dabei den Kopf. Langsam das Gesäß immer höher heben, das Gewicht dabei auf die Unterarme verlagern und die Beine allmählich strecken; dabei immer ruhig weiteratmen. Zum Schluß die Ellenbogen fest gegen den Boden stemmen, den Rumpf mit Schulter- und Nackenmuskeln vom Boden wegdrücken. Der Kopf sollte sich jetzt locker drehen lassen. Einen

Dachstellung

Moment ruhig atmend so verharren, dann langsam wieder in den Fersensitz zurückgleiten, Schultern und Nacken entspannen, den Kopf sinken lassen, tief aus- und wieder einatmen. Drei- oder viermal täglich wiederholen.

Zusätzliche Verfahren:
Als sehr erfolgreich bei Dauerkopfweh und Migräne gilt die Neuraltherapie (siehe S. 295). Bei chronischer Migräne oder Kopfweh empfiehlt sich auf jeden Fall eine Behandlung mit Mitteln der →Homöopathie; die homöopathische Fachkraft kann Ihnen dann auch raten kann, was Sie im akuten Anfall am besten einnehmen (das ist individuell sehr verschieden). Bei schier unerträglichem Kopfweh – Typ *Cluster-Kopfschmerz* oder *Horton-Syndrom* – kann hochprozentiger Sauerstoff helfen (siehe S. 295): Notarzt herbeirufen und schon am Telefon eine Sauerstoffmaske verlangen! Sie können sich auch ärztlich in die Selbstanwendung eines Sauerstoffgeräts einweisen lassen, wenn sich herausgestellt hat, daß Ihnen das gut hilft.

Wer unter starken psychischen Spannungen leidet, sollte außerdem eine Psychotherapie in Anspruch nehmen – am besten eine, die sich gezielt mit Frauenfragen beschäftigt. Chronisch und heftig Schmerzleidende wenden sich außerdem am besten an eine Schmerzambulanz oder Schmerzklinik.

Genannte Literatur:
1) Scholz, Renate: Migräne. Gewitter im Gehirn. Verlag Antje Kunstmann, München 1992.

Weitere Literaturempfehlungen:
Böhmig, Ulf: Naturnahe Behandlung: Kopfschmerz und Migräne. Verlag Orac, Wien 1988.

Bruker, M. O.: Hilfe bei Kopfschmerzen, Migräne und Schlaflosigkeit. emu Verlag, Lahnstein 1991.

Carper, Jean: Wundermedizin Nahrung. Econ Verlag, Düsseldorf-Wien 1994.

Falletta, Betty Ann: Kopfschmerzen. Goldmann Verlag, München 1989.

Pfaffenrath, Volker: Der chronische Kopfschmerz – Spannungskopfschmerz und Schmerzmittelmißbrauch. Was ist gesichert in der Therapie? Arcis Verlag, München 1988.
Trekle, Hermann: Wetterfühligkeit. Vorbeugen und behandeln. Der Einfluß von Wetter und Klima auf die Psyche. Falken-Verlag, Niedernhausen 1989.
Volger, Eberhard: Kreislaufbeschwerden natürlich behandeln. Gräfe und Unzer Verlag, München 1994.

Weiterführende Anschriften:

Bundesverband Deutsche Schmerzhilfe e. V.
Woldsenweg 3
20249 Hamburg

Deutsche Migräne- und Kopfschmerzgesellschaft
Zentrum für Nervenheilkunde
Niemannsweg 147
24105 Kiel

Dr. med. Volker Pfaffenrath
Generalsekretariat des Fortbildungskomitees der Internationalen Kopfschmerzgesellschaft
Leopoldstr. 59/II
80802 München

European Headache Federation
(Europäische Kopfschmerz-Union)
c/o Dr. Fabio Antonaci
Headache Center
Dept. of Neurology
University of Pavia
Via Palestro 3
I-27100 Pavia, Italia

Anschriften aller Schmerztherapeutinnen und -therapeuten in Deutschland erhalten Sie gegen Einsendung eines Verrechnungsschecks von DM 20.- bei:

Geschäftsstelle der Deutschen Gesellschaft
zum Studium des Schmerzes
Im Neuenheimer Feld 326
69120 Heidelberg

Menstruationsbeschwerden

Dazu gehören unter anderem:

Gebärmutterkrämpfe (siehe auch →Gebärmutterprobleme)
Blutungsanomalien (siehe auch →Zyklusstörungen)
menstruelle →Erschöpfungszustände
menstruelle →Kopfschmerzen
menstruelle →Rückenschmerzen
Ziehen und Schweregefühl im Unterleib

Allgemeines

Mindestens fünf- bis sechshunderttausend Jahre ist es her, daß unsere Vorfahrinnen begannen, in aufgerichteter Haltung die Welt zu erkunden – und regelmäßig einmal im Monat etwas Blut aus ihrer Vagina auszuscheiden. Dieses in der Natur neuartige Phänomen hob die Menschenfrauen, deren Entwicklungsgeschichte damals in der Savanne Schwarzafrikas begann, entscheidend von allen Tieren ab, die bis dahin einen Großteil des menschlichen Stammbaums geteilt hatten. Bis heute gibt es kein anderes Lebewesen auf der Erde, das einen Monatszyklus hätte, der dem fraulichen vergleichbar wäre: ein biologischer Rhythmus, der in der frühen Pubertät durch hormonelle Anstöße beginnt, sich nach einer gewissen Anlaufzeit allmonatlich wiederholt, bei Schwangerschaften aussetzt und danach wiederkommt, bis die Frau schließlich in den Wechseljahren eine zweite große Hormonumstellung erlebt, in deren Folge ihr monatlicher Blutfluß versiegt.

Über die eminenten Konsequenzen, die der aufrechte Gang für die Menschheit mit sich brachte (bis hin zu →Rückenschmerzen), sind schon zahllose dicke Bücher geschrieben worden, und die Abbildungen dazu legen stets nahe, es sei der Mann gewesen, der ihn »erfunden« habe. Von den mindestens ebenso enormen Folgen, die der Menstruationszyklus auf die gesamte Menschheit hatte – sie konnte sich von da an nämlich das ganze Jahr über lustvoll paaren und fortpflanzen, nicht nur zu »Brunftzeiten« –, wird hingegen kaum je gesprochen. Monatszyklen scheinen etwas zu sein, das nur den weiblichen Teil der Bevölkerung angeht – und natürlich die Ärzte, die sich mit ihm zu beschäftigen haben, wenn die Menstruation den Frauen Probleme macht.

Für uns heute kaum noch nachvollziehbar: Menstruierende Frauen galten einstmals als etwas Besonderes. Viele Tausende, ja Zehntausende von Jahren wurden sie als die Verkörperungen der Großen Muttergöttin angesehen, denn sie waren wie diese mit Schöpfungskraft, d.h. der Fähigkeit ausgestattet, neues Leben hervorzubringen. Menstruationsblut war heiliges Blut, das religiösen und heilenden Ritualen ihre besondere Kraft verlieh. Eines nämlich war unseren Vorfahrinnen und Vorfahren auch ohne genaue Kenntnisse der inneren Anatomie bewußt: Dieses Blut ist das einzige, das ohne jegliche Fremdeinwirkung, ohne Verletzung, ohne Krankheit oder Todesverheißung fließt. Ganz im Gegenteil: Regelmäßige Menstruationen sind ein Zeichen von Gesundheit und Fruchtbarkeit. Diese Zusammenhänge waren in allen Kulturen bekannt, lange bevor klar wurde, welche Rolle der Mann beim Nachwuchserzeugen innehat.

In jenen Zeiten wurden Mädchen bei ihrer Menarche (= der ersten Menstruation) mit einem Fest in der Gemeinschaft der Frauen willkommen geheißen. Menstruationsblutungen galten als etwas Großartiges, Magisches, Lebenspendendes. Auch das ist für uns kaum noch vorstellbar. Wenn wir von Glück sagen können, nehmen wir unsere Monatsblutungen als etwas Normales, wenn auch oft Lästiges hin. Wenn wir Pech haben, wirken die Verletzungen durch die patriarchale, mehrtausendjährige Verteufelung in uns nach wie eine niemals gestillte Wunde.

Über die Pervertierung der einst heiligen Menstruation zu einem »Fluch Gottes« und über die bitteren Folgen, die die Abwertung dieses rein weiblichen Phänomens für alle Frauen bis heute hat, sind bereits mehrere hervorragende Bücher geschrieben worden (siehe auch Literaturempfehlungen). Viele Menstruationsbeschwerden, →Zyklusstörungen und andere Frauenleiden sind bis heute Ausdruck des tief gestörten Verhältnisses, das der dominierende männliche Teil unserer Gesellschaft zu allem Weiblichen, vor allem aber der Gebärpotenz entwickelte. Männer brachten Frauen bei, sich ihrer Menstruation zu schämen. Die allermeisten Frauen haben bis heute das Gefühl, während ihrer Monatsblutung tatsächlich so »unrein« zu sein, wie Patriarchen es vor ein paar tausend Jahren zu behaupten begannen.

Der massive Einfluß der schon so lange währenden Menstruations-Ächtung ist auch in unserer modernen Gesellschaft unübersehbar. Unter anderem äußert sie sich in den skandalös häufigen Gebärmutterentfernungen (→Gebärmutterprobleme), die von Gynäkologen teilweise ganz offen als »Menstruations-Hygiene« angepriesen werden – ein Zynismus, der seinesgleichen sucht. Sie spiegelt sich in den Anmaßungen von Frauenärzten, die in wissenschaftlichen Fachblättern kundtun dürfen, sie hielten den weiblichen Zyklus für »einen Irrtum der Natur«. Sie durchzieht die Werbung für Tampons und Binden, in der die Worte Blut und Menstruation niemals, Sauberkeitsbeschwörungen jedoch unentwegt vorkommen. Und sie äußert sich in den Leiden zahlloser Frauen mit Menstruationsbeschwerden, die sich von Schulmedizinern anhören müssen, sie kämen wohl mit ihrem Frau-Sein nicht zurecht. Ja, wie sollten sie auch? Das menstruelle Symbol der Weiblichkeit ist längst kein Anlaß mehr für weiblichen Stolz.

Menarche-Feste, Menstruationsrituale, »heiliges Blut« – das alles ist sehr lange her, und manche Leserin mag sich fragen, was es mit der Linderung ihrer aktuellen Menstruationsprobleme zu tun hat. Ich bin jedoch der festen Überzeugung, daß ein Ausflug in die Frühgeschichte heutigen Frauen helfen kann, ein anderes inneres Gefühl und eine andere Einstellung zu ihrer Menstruation zu gewinnen – und dadurch auch zu ihren Beschwerden. Die Geschichtsbetrachtung ist Teil unserer spirituellen Heilung. Sie zeigt nämlich: Alles ist veränderbar. Wir können unser kulturelles Erbe zwar nicht von heute auf morgen abschütteln, doch wir können im Rückblick auf unsere Vergangenheit ein anderes, gesünderes Selbst-Bewußtsein erlangen – wie es der von Sklavinnen und Sklaven abstammende schwarze Teil der amerikanischen Bevölkerung tat, indem er seine »Roots« (Wurzeln) aufspürte[1)]. Wenn wir uns aus der Sklaverei der uns auferlegten Menstruationstabus und -irrlehren befreien, geben wir uns selbst unsere weibliche Würde zurück.

Naturheilkundliche Heilverfahren bei Menstruationsproblemen aller Art gehören zum uralten Wissensschatz der Frauen. Heilkundige von heute sind dabei, ihn sich zurückzuerobern. Die folgenden Ratschläge stellen nur eine kleine Auswahl aus den vielen Möglichkeiten vor, mit natürlichen Mitteln die Schmerzen und Beschwerden bei der Monatsblutung zu lindern. Weitere finden Sie unter dem Stichwort →Zyklusstörungen. Beides wird hier getrennt behandelt, denn Beschwerden bei der Blutung selbst müssen durchaus nicht bedeuten, daß auch eine Zyklusstörung vorliegt. Umgekehrt muß eine Frau mit gestörtem Zyklus nicht unbedingt Beschwerden bei der Menstruation haben. Eher leidet sie dann am sogenannten →Prämenstruellen Syndrom oder spürt vielleicht an unregelmäßig auftretenden Blutungen, daß etwas nicht in Ordnung ist.

Körperliche Gründe von Menstruationsbeschwerden

Häufig werden starke Blutungen (*Hypermenorrhö*) oder eine allgemein sehr schmerzhafte, von Gebärmutterkrämpfen begleitete Menstruation (*Dysmenorrhö*) von ungewöhnlichen Gewebebildungen in der Gebärmutter hervorgerufen: Fibrome, Polypen, Stielzysten, größere Myome (→Gebärmutterprobleme), die es diesem Organ erschweren, seine innere Schleimhaut ordnungsgemäß abzustoßen. Es versucht sozusagen, die überflüssigen Gewebe gleich mit zu entfernen. Das kann nicht klappen, weil sie fest angewachsen bzw. ein Teil des muskulösen Hohlorgans sind, führt aber zu besonders starken Kontraktionen, die als wehenähnliche Krämpfe schmerzhaft spürbar sind und die Blutabsonderung verstärken (im Normalfall sind es während der ganzen Menstruation nur rund 60 bis 120 Tausendstel Liter samt einiger Schleimhautreste). Eine ähnliche Abwehrreaktion kann sich bei Trägerinnen der »Spirale« (Intrauterinpessar) bemerkbar machen. Als weitere körperliche Auslöser solcher Beschwerden kommen →Zyklusstörungen in Frage, beispielsweise auch verursacht durch die längerfristige Einnahme der Antibabypille. Manche Frauen produzieren zur Menstruationszeit zu viele Prostaglandine in der Gebärmutter; das sind hormonähnliche Substanzen, die beim Gebären die Wehen mit auslösen und in Gang halten, offenbar aber auch die menstruellen Gebärmutter-Kontraktionen mitverursachen. Andere Frauen produzieren im Zwischenhirn zuviel Oxytozin, ein Hormon, das ebenfalls Wehen auslösen hilft, dazu bei Schwangeren und Stillenden den Milchfluß anregt und den Blutdruck senkt. Möglicherweise hängt hiermit auch die gelegentlich auftretende menstruelle Übelkeit zusammen. Auch eine nicht ausreichende Produktion des Botenstoffs Vasopressin (antidiuretisches Hormon, abgekürzt ADH) im Zwischenhirn soll nach schulmedizinischer Auffassung für zu starke Blutungen verantwortlich sein können; dieser ADH-Mangel kommt bei zuckerkranken Frauen häufiger vor. Die Bedeutung all dieser Hormone für die Menstruation ist jedoch noch nicht ausreichend erforscht.

Starke Regelbeschwerden und Blutungen können außerdem auftreten bei einer fehlgebildeten oder zu stark Richtung Wirbelsäule oder Bauchdecke geknickten Gebärmutter, bei →Eierstock- und Eileiterproblemen, bei Endometriose (vor allem, wenn die an anderen Bauchraumorganen sitzenden Gebärmutterschleimhaut-Inseln sich stark mit Blut gefüllt haben, aber nicht platzen und abbluten können, oder wenn das Blut austritt und Druckbeschwerden verursacht, weil es ja nicht ausgeschieden werden kann; siehe dazu auch S. 410), bei chronischen oder akuten →Beckenbeschwerden, dazu bei Überlastung der Bauchregion durch zu anstrengende Arbeit, das Heben schwerer Gegenstände, Leistungssport usw. Auch durch eine Unterleibsoperation bzw. einen diagnostischen Eingriff (Laparoskopie) sowie eine Fehlgeburt oder Entbindung können die Unterleibsorgane so gestreßt werden, daß sie eine Zeitlang heftige Menstruationsbeschwerden bereiten.

Bei *jungen Mädchen* ist die Gebärmutter noch relativ klein und das menstruelle Zusammenziehen nicht gewohnt. Zudem ist die Hormonausschüttung noch vergleichsweise unregelmäßig, und die hormonellen Signale können sich gelegentlich »widersprechen« bzw. überlagern, bis sie zu ihrem Rhythmus gefunden haben. Gebärmutterkrämpfe sind dann einer Art Muskelkater vergleichbar, wie er auch bei anderen, wenig geübten Muskeln auftritt. Angst vor Schmerzen verstärkt die innere Spannung bei der nächsten Menstruation und damit auch die Schmerzen (siehe Psychosomatik). Bei *Frauen in der Lebensmitte* können verstärkte Menstruationsbeschwerden und -blutungen auf die beginnende Hormonumstellung hinweisen (→Wechseljahrsbeschwerden). Diese kann sich über sechs bis sieben Jahre hinziehen, aber auch innerhalb eines Jahres abgeschlossen sein; wie lang sie dauert, ist wahrscheinlich anlagebedingt.

Naturheilkundige sehen auch in Stoffwechselstörungen – vor allem der Leber, dem wichtigsten Stoffwechselorgan für Hormone – eine körperliche Ursache für Menstruationsbeschwerden. Leberschwächen und →Gallenleiden können demnach den Verlauf der Menstruation beeinflussen, können Krämpfe, schwallartige oder auch zu schwache Blutungen (*Hypomenorrhö*) bewirken – ein Symptom, über das sich bezeichnenderweise nur wenige betroffene Frauen überhaupt beklagen und das auch in medizinischen Fachbüchern nur am Rande gestreift wird. Als körperliche Ursachen werden dort angegeben: eine nicht fachgerecht durchgeführte Ausschabung, die sehr seltene Tuberkulose der Gebärmutterschleimhaut sowie, ebenfalls selten, eine Unterfunktion eines oder beider Eierstöcke.

Die demgegenüber sehr häufig beklagten Rückenschmerzen während der Menstruation sowie das Ziehen und Schweregefühl im Unterleib sind eine Folge davon, daß die Gebärmutter in dieser Zeit schwer arbeitet und dabei über Reflexzonen des vegetativen Nervensystems Streß- und Schmerzsignale aussendet: in die Kreuzgegend, in den ganzen Bauchraum bis hoch zu den Brüsten und ins Gehirn, nach unten über den Gebärmutterhals bis in die Vagina hinein. →Erschöpfungszustände, Müdigkeit, Kopfschmerzen, erhöhtes Schlaf- und Ruhebedürfnis während der Menstruation sind eine Folge dieses inneren Arbeitsvorgangs – und nehmen überhand, wenn die Frau auch äußerlich im Streß steht. Ratschläge speziell für diese Beschwerden finden Sie unter den Stichworten →Erschöpfungszustände, →Kopfschmerzen sowie →Schlafstörungen.

Sofort zur ärztlichen Untersuchung/Behandlung bei:

- unerträglich starken Krämpfen oder sehr schweren Blutungen (zur Abklärung, ob Myome oder eine andere Geschwulst vorliegen, eventuell Ausschabung der Gebärmutter),
- ständigen Zwischenblutungen oder starken Menstruationsbeschwerden während einer Hormontherapie bzw. der Einnahme der Antibabypille (Dosierung muß neu eingestellt werden, eventuell Präparatewechsel),
- allen unerklärlichen Blutungen in und nach den Wechseljahren.

Psychosomatik

Über die psychischen Ursachen von Menstruationsbeschwerden ist schon unendlich viel spekuliert und auch ernsthaft geforscht worden. Praktisch alles, was ein Frauenleben ausmacht oder schwierig gestaltet, kann offenbar eine Erklärung dafür sein: Probleme mit dem Weiblichkeitssymbol Menstruation, mit der eigenen Weiblichkeit bzw. der allgemein erwarteten Frauenrolle, ein unerfülltes Sexualleben, traumatische sexuelle Erlebnisse, ambivalenter Kinderwunsch, Angst vor →Unfruchtbarkeit, Probleme mit der Mutter bzw. dem mütterlichen Vorbild, die Erfahrung, als Mädchen von den Eltern unerwünscht gewesen zu sein, Partnerschaftssorgen, berufliche Nöte, großer Leistungsdruck, Trauer über einen Verlust – kurz, alles bewußt oder unbewußt Belastende, mit dem ein Mädchen bzw. eine Frau sich während ihrer *gesamten* Zykluszeit herumzuschlagen hat und das dann während der (oft ungeliebten) Menstruation in Symptomen hervordrängt. Psychosomatikerinnen wie beispielsweise Dr. med. Ingrid Olbricht, Bad Wildungen, weisen darauf hin, daß viele Frauen erst im Anschluß an eine Gebärmutterentfernung merken, wie wichtig dieser Bereich ihres Körperselbst für sie als *psychosomatisches Ausdrucksorgan* immer gewesen ist[2)]. Fehlt es plötzlich, müssen die Belastungssymptome sich ein anderes Organ »suchen«. Eine sogenannte Symptomverschiebung findet statt. Und die Frauen bekommen zum Beispiel →Gallenleiden, →rheumatische Beschwerden oder gar Krebs.

Wo die Gebärmutter als weibliches Zentralorgan wie ein Seismograph auf Lebensveränderungen, Streß, Kränkungen, Krisen, Be- und auch Entlastungen aller Art reagiert, sind Menstruationsbeschwerden nur ein Ausschnitt der denkbaren psychosomatisch-psychosozialen Symptomenpalette. Anders ausgedrückt: Wäre die Nase das weibliche Organ, durch das wir menstruieren, hätten wir eben Nasenbeschwerden. Und manche Menschen sind ja auch tatsächlich ständig »verschnupft«. Das jeweils empfindlichste Organ reagiert auf (aktuelle oder chronische) Überlastung. Männer haben es bevorzugt »am Herzen« oder »am Magen«. Frauen neigen zu Beschwerden an der Gebärmutter besonders deutlich dann, wenn dieses Organ physiologisch gerade schwer arbeiten muß, nämlich während der Menstruation.

Angst und Abwehr, nach schmerzhaftem Körpererleben zunächst eine ganz normale Reaktion, verstärken die Beschwerden. Sie versetzen die Frauen in einen inneren Spannungszustand, eine negative Erwartungshaltung, die dann noch mehr Schmerzen, noch stärkere Blutungen und noch größeres Unwohlsein hervorruft. So manche lernt die niemals als positiv verinnerlichte, stets als schmerzhaft oder peinlich erlebte Menstruation schließlich hassen. Aus der erzwungenen Selbstnegation wird ein Teufelskreis, der nur mit viel Geduld und Liebe zu sich selbst zu durchbrechen ist.

Natürliche Heilverfahren

Allgemeinverhalten:
Als behandlungsbedürftig empfundene Menstruationsbeschwerden sind stets ein Signal des Organismus: Ich brauche Ruhe! Nehmen Sie sie als Zeichen, daß Sie sich überfordert haben (oder überfordert wurden). Gönnen Sie sich die Zeit der inneren Einkehr, um die Ihre geplagte Gebärmutter als Ausdrucksorgan Ihres Unbewußten Sie bittet: so viel Schlaf, Rückzug, Zeit zum (Wach-) Träumen wie möglich. Wissenschaftliche Forschungen, über die die amerikanische Biologin und Zyklusexpertin Dr. Winnifred B. Cutler berichtet[3)], haben ergeben: Frauen träumen in der Men-

struationszeit wie auch kurz davor anders als im übrigen Teil des Zyklus, nämlich eher von Innenräumen, nicht von Außenaktivitäten. Respektieren Sie diese Bedürfnisse Ihres Seelenselbst, auch wenn Ihnen das in einer von männlichen Werten geprägten Welt nicht leichtfallen mag. *Vorbeugend für Ihre Töchter*: Lassen Sie die nächste Generation nicht entgelten, daß Sie selbst Kummer und Beschwerden mit der Menstruation haben oder hatten. In diesem Punkt können Sie wirklich dafür sorgen, daß es ihnen einmal besser ergeht: Klären Sie sie frühzeitig und liebevoll (!) über die körperlichen und seelischen Aspekte der Menstruation auf; erklären Sie ihnen, daß Beschwerden häufig, aber auch linderbar sind; feiern Sie ein Menarche-Fest mit ihnen; bringen Sie den Töchtern bei, stolz auf ihre Menstruation zu sein. Das beugt Beschwerden damit am besten vor! – Zur Monatshygiene siehe Info S. 479.

Akupressur:
Oft reagiert der empfindliche Punkt (7) (siehe Abbildung S. 60f.) im Gallenbereich auch bei Menstruationsbeschwerden: mit dem Daumen leicht kreisend 3–5 Minuten lang akupressieren, nach Bedarf bzw. zweimal täglich; dasselbe ist für den Druckpunkt (16) zwischen Nase und Oberlippe sowie (bei Krämpfen und Rückenschmerzen) für Druckpunkt (3) am Ansatz der Gesäßfalte im Kreuzbeinbereich zu empfehlen.

Aromatherapie:
Bei schwacher Blutung ausschwemmenden Wacholder (Vorsicht, nicht bei Nierenschädigung anwenden!); bei starkem Blutfluß: Zypresse oder Rose; bei großer Unruhe beruhigende Myrte; bei Gebärmutterkrämpfen krampflösender wilder Majoran (Origanum).

Atemtherapie:
Wie beim Gebären helfen Atemübungen auch bei der Menstruation, mit den Gebärmutterkontraktionen leichter fertigzuwerden. Zunächst tief ausatmen, beim Einatmen mit der Atembewegung bis in den Bauch vordringen, einen Moment »auf dem Atem

schweben«, wieder ausatmen; mehrmals hintereinander. Auch stoßweises Atemloslassen mit Tongebung (Summen, Stöhnen) hilft lockern, ebenso Singen, wenn Ihnen danach ist!

Bewegung:
Grundsätzlich haben Frauen, die regelmäßig Sport treiben, tanzen oder sich auf andere Weise intensiv und harmonisch bewegen, weniger Menstruationsbeschwerden als unsportliche Frauen in Sitzberufen. (Hausarbeit ist kein Sport!) Vorbeugend: Suchen Sie sich eine Bewegungsart, die ihnen wirklich Freude macht, und bleiben Sie mit Ausdauer dabei. Auch Bauchtanz eignet sich sehr gut zur Harmonisierung der Menstruation (→Musik- und Tanztherapie).

Chronobiotherapie:
Menstruationsbeschwerden haben vor allem Frauen, die sich um so mehr verspannen, je näher die nächste Blutung rückt, und aus Furcht vor dem »Nichtfunktionieren« so viel vorarbeiten wie möglich – mit dem Erfolg, daß sie dann noch gestreßter sind. Lassen Sie sich mehr auf Ihren Biorhythmus ein. Bei einigermaßen regelmäßigem Zyklus können Sie ungefähr voraussehen, wann Ihre nächste Blutung kommen wird. Planen Sie dann mindestens *einen* Tag vollständiger Ruhe ein. Gruppieren Sie unaufschiebbare Termine so darum herum, daß Sie genügend Verschnaufpausen haben. Machen Sie zur Menstruationszeit keine Flugreisen durch Zeitzonen, möglichst überhaupt keine anstrengenden Reisen. Legen Sie Zahnarzttermine nicht in Ihre Menstruationszeit, laden Sie sich das Haus nicht voller Gäste, und so fort. Nehmen Sie sich hingegen Zeit für Entspannungsprogramme, und lassen Sie Ihre Angst vor Beschwerden los.

Ernährung, Vitamine, Mineralstoffe, Spurenelemente:
Sie brauchen ausleitende, entstauende Nahrung: wenig salzen, viel trinken, aber keine »harten« Getränke, maximal ein (am besten alkoholfreies) Bier zum Ausschwemmen; kein rotes Fleisch, keine Wurstwaren, wenig Milch, Käse und andere Milchprodukte (all das fördert die Prostaglandinbildung!), statt dessen Kartof-

feln, Reis, Spargel (auch als Suppe), Lauch, Fenchel, Artischocken, frisches Obst und Salate jeder Art, außerdem Vollkornbrot. Ein voller Darm verstärkt die Beschwerden, also Verstopfung auf natürliche Art vorbeugen (→Verdauungsstörungen)! Außerdem während des ganzen Zyklus, 2–3 Monate lang, dreimal täglich 50 mg Vitamin E (D-Alpha-Tokopherol), dazu während der Menstruation täglich 100 mg Vitamin B6 in einem Vitamin-B-Komplex sowie drei- bis viermal täglich je 100 mg Magnesium, bei starken Krämpfen auch alle 2 Stunden. Wenn Sie ihn mögen: eine Prise frischen, geriebenen Ingwer ins Müsli oder über Vollreisgerichte.

Bei Gefahr von oder schon bestehender Eisenmangel-Anämie infolge der starken Blutungen: Eisenpräparate, am besten nach ärztlicher Verordnung, einnehmen (Dosierung hängt vom Anämiegrad ab); außerdem stärkenden Gingkobaum-Extrakt.

Farbtherapie:
Bei starken Krämpfen und Blutungen kein Rot, sondern entkrampfendes Grün oder blutstillendes Blau und/oder Violett; bei Krämpfen und schwacher Blutung drüsen- und schleimhautanregendes Gelb, auch Orange. Anwendungen siehe ab S. 155.

Heiltees und -tinkturen:
Wichtig sind ausreichend essentielle Fettsäuren sowie hormonregulierende Wirkstoffe, etwa im Öl der Nachtkerze, in den Kernen von Schwarzen Johannisbeeren, in Borretsch- oder Leinsamenöl, 4–6 Kapseln/Teelöffel über den Tag verteilt; außerdem entkrampfenden, hormonregulierenden Tee oder Teemischung aus Frauenmantel, Ginseng (auch als Tinktur), Kamille, Schafgarbe, Ingwer oder Rinde des Gemeinen Schneeballs, in den Tagen vor der Menstruation dreimal täglich 1 Tasse, während der Blutung tagsüber alle 2–3 Stunden 1 Tasse. Bei starken Blutungen →Gebärmutterprobleme.

Kälte- oder Wärmetherapie:
Menstruationsbeschwerden fördern meist das Wärmebedürfnis; am besten ist Bettwärme oder die berühmte heiße Wärmflasche

auf den Bauch, bei Krämpfen und normaler bis schwacher Blutung auch eine warme, mit 1 Teelöffel Schafgarben- oder Frauenmanteltinktur getränkte Leibauflage; bei starker Blutung siehe *Wickel*.

Lichttherapie:
Sonnenlicht durchwärmt Leib und Seele; wenn irgend möglich, bei Beschwerden auf den Bauch scheinen lassen, dabei aber unbedingt vor Zugluft und Sonnenbrand schützen! Falls Sie sich während der Blutung am liebsten in Ihrer »Höhle« verkriechen, sollten Sie das während der restlichen Zykluszeit ausgleichen, indem Sie sich viel an der frischen Luft aufhalten, täglich noch bei Tageslicht mindestens 20–30 Minuten.

Massagen:
Sanfte, kreisende Bauchmassagen lindern Krämpfe; nach Bedarf jeweils mindestens 5–7 Minuten lang; vorbeugend wirkt eine fachkundig durchgeführte Fuß-Reflexzonen-Massage oder eine ebensolche Bindegewebsmassage am Rücken (→Reflexzonentherapien).

Psychosomatische Hilfe:
Überlegen Sie, welche Konflikte Sie möglicherweise über Ihre Gebärmutter bzw. Menstruation austragen, die Sie eigentlich woanders lösen müßten. Haben Sie »nur« vor möglichen Krämpfen Angst, oder steht eine andere Angst dahinter? Was symbolisiert Ihre Blutung für Sie? Und für Ihre Mutter, Ihren Vater, Ihren Partner? Wovor gewährt die Blutung Ihnen Schutz, trotz – oder wegen – aller Beschwerden? Würden Sie Ihre Menstruation abschaffen wollen, auch wenn sie Ihnen *keinerlei* Beschwerden verursachen würde – und wenn ja, weshalb? Sprechen Sie eventuell einmal mit einer psychosomatisch orientierten Ärztin oder Psychotherapeutin über ihre Gefühle bei und zu Ihrer Menstruation. Sehr hilfreich kann es sein, das Schmerzgefühl neu zu bewerten: nicht als Warnsignal einer »Krankheit« (denn das ist die Menstruation nicht), sondern als Anzeichen dafür, daß die Gebärmutter gesund und normal, wenn auch vielleicht ziemlich angestrengt arbeitet,

ein »inneres Rumoren«, das ihre (Ihre!) natürliche Lebendigkeit demonstriert, jeden Monat neu.

Rituale mit Heilwirkung:
Die Menstruation kommt einer rituellen inneren Reinigung gleich, bei der die ungenutzte Gebärmutterschleimhaut sich ablöst und zusammen mit Kapillarblut ausgeschwemmt wird. Dabei wird kein »Schmutz«, sondern ein überflüssig gewordenes »Nest fürs Baby« samt Nährstoffen und Immunzellen, die sich darin angereichert hatten, ausgeschieden. Unterstützen Sie diesen gesunden Ausleitungsvorgang mit einer rituellen Waschung – noch besser: Dusche – zu Beginn oder auch täglich während der Menstruation sowie einem rituellen Bad nach Ende der Blutung. Nehmen Sie sich dafür jeweils eine gute halbe Stunde Zeit. Am ersten Blutungstag (und allen weiteren): warmen Duschstrahl sanft kreisend über die Brüste, dann mehrmals über den Bauch gleiten lassen, dabei entspannen, so daß er rund und voll aussieht; dabei ein Wiegenlied summen (Sie können auch eine eigene Menstruations-Melodie erfinden). Dann sacht den äußeren Scheidenbereich bis zum Gesäß abduschen, schließlich die Oberschenkel. Mit kühlem Unterschenkel- und Armguß beenden; sanft abtrocknen und den ganzen Körper, vor allem aber die Bauchregion, mit einer duftenden Creme salben (evtl. einem Hautöl der →Aromatherapie). Lassen Sie sich dabei viel Zeit, hetzen Sie nicht! Nach dem letzten Blutungstag: dem Bad einen frischen, energiestärkenden Badezusatz, etwa Rosmarin oder Zitronenmelisse, hinzugeben, ganz ins Wasser gleiten, entspannen und dann liebevoll, Partie für Partie, waschen. Danach sanft abtrocknen und mit einer weichen Bürste, immer herzwärts streichend, den ganzen Körper bürsten, auch die Oberschenkel-Innenseiten und den Bauch. Dabei ein Lieblingslied summen (aber kein trauriges!). Anschließend eincremen oder -ölen.

Sexualität:
Viele Frauen empfinden einen Orgasmus als sehr entspannend und hilfreich bei Menstruationskrämpfen. Falls Sie (oder Ihr Partner) während der Blutung keinen Koitus mögen, versuchen Sie es

mit anderen intimen Zärtlichkeiten – Ihre Klitoris und andere erogene Zonen sind ja trotz Binden oder Tampon nicht unerreichbar, und auch Ihr Partner kann Sex ohne Koitus genießen. Falls Sie dazu überhaupt nicht aufgelegt sind (schützt Ihre Blutung Sie vor Sex?), oder falls Sie keinen Partner oder keine Partnerin für die Liebe haben, so haben Sie doch immer sich selbst!

Visualisieren:
Machen Sie an jedem Blutungstag eine »Reise zur Gebärmutter« (siehe S. 274). Beobachten Sie nach einigen solchen Visualisierungsreisen, wie viel besser Sie den »Weg« dorthin bereits kennen und wie sich jede Reise auf die Signale Ihrer Gebärmutter, also Ihre Menstruationsbeschwerden auswirkt. Begeben Sie sich auch während der restlichen Zeit Ihres Zyklus, beispielsweise zum Eisprung, auf eine solche Reise. Es kann sein, daß Sie dann für den »Mittelschmerz« beim Eisprung sensibilisiert werden bzw. ihn erstmals nicht mehr als etwas, das wehtut, empfinden.

Wasseranwendungen:
Vorbeugend abwehrstärkende, kräftigende Wasseranwendungen des →Kneippens; bei akuten Gebärmutterkrämpfen Ganz- oder Halbbäder mit Kamille, Baldrian oder Melisse; bei starken Blutungen helfen kühle Unterschenkelgüsse oder auch: das Blut in einem warmen Sitz- oder Halbbad einfach einmal entspannt laufenlassen, mindestens eine Viertelstunde lang, und das Bad mit kaltem Bein- und Armguß beenden. Höchstens einmal täglich!

Wickel:
Bei starken Krämpfen hilft eine warme Leibauflage mit Heilerde; 30 Minuten einwirken lassen, maximal zweimal täglich; bei starken Blutungen eine kühle, adstringierende Auflage mit Kamillen-, Hirtentäschel-, Blutwurz- oder Storchschnabel-Aufguß.

Yoga:
Bei akuten Menstruationsbeschwerden sowie vorbeugend helfen zwei Yoga-Übungen besonders gut: die *Kobra* (siehe S. 374) und die auf S. 420 beschriebene *Beckenkippe*.

Zusätzliche Verfahren:
Alle Frauen mit chronischen oder aber nach einem besonderen Streßereignis (auch: Entbindung) erstmals aufgetretenen Menstruationsbeschwerden können von einer Konstitutionstherapie der →Homöopathie wesentlich profitieren. Das Mittel sollte individuell, anhand Ihrer speziellen Symptome und Konstitution, von einer Fachkraft ausgewählt werden; wenn Sie schon homöopathie-erfahren sind, können Sie auch aus einem guten Handbuch das für Sie richtige Mittel wählen. Psychisch unterstützend wirken unter Umständen Mittel der →Bach-Blüten-Therapie (nicht gleichzeitig mit Homöopathika anwenden!). Ein neues weibliches Selbst-Bewußtsein und Körpergefühl können Sie in frauenspezifischen Kursen zu →Bewußtseinstraining/Körpertherapien erlernen. Vergessen Sie über Ihren Beschwerden auch nicht die Segnungen der →Lachtherapie!

Info: Monatshygiene einmal anders
Menstruationsblut ist nichts Schmutziges, Ekliges, auch wenn Ihnen das vielleicht so beigebracht wurde. Die Farbe Rot ist seit jeher die der gesunden Sexualität und Fruchtbarkeit. Bräunlich wird das Blut erst, wenn es sich an der Luft zu zersetzen beginnt, auch das ein normaler Vorgang. Sein typischer Geruch rührt vom hohen Gehalt an Eisen, Mangan und Zink her. Diese Mineralstoffe sind es unter anderem auch, die Menstruationsblut zu einem hervorragenden biologischen Düngemittel für Pflanzen machen. Falls Sie das ausprobieren wollen, bedienen Sie sich einmal der modernen, vielfach wiederverwendbaren, aus hochwertiger Baumwolle gefertigten *Stoffbinden* zur Monatshygiene, wie sie von einigen Vertrieben für Bio-Artikel und auch in manchen Frauengesundheitszentren, alternativen Drogerien etc. angeboten werden: nach Gebrauch in einem kleinen Eimer Wasser (mit Deckel) ohne weitere Zusätze einweichen, nach 1–2 Tagen in der Waschmaschine waschen und das Einweichwasser zum Gießen der Pflanzen benutzen. Sie wachsen und blühen deutlich besser als andere!
Tampons sind zwar in vielen Lebenslagen praktisch und können meist auch schon von jungen Mädchen verwendet werden,

haben aber auch ihre Nachteile. Sie passen nicht jeder Frau, trotz der verschiedenen angebotenen Größen; sie bleiben bei schwacher Blutung oft unangenehm trocken und reizen dann die empfindlichen Scheidenschleimhäute; sie sind »Bakterienleitern« (vor allem der Ziehfaden), wenn sie nicht oft genug gewechselt werden (können), verstopfen bei Entsorgung im WC die Rohre und entfremden Frauen zudem ihrer eigenen Menstruation. Tragen Sie sie nur dann, wenn sie wirklich nützlich und angenehm sind. Zumindest nachts sollten Sie Ihre Vagina von diesem Fremdkörper befreien und das Blut ungehindert fließen lassen. Je nach Blutungsstärke gibt es dafür Stoffbinden, die üblichen *Binden* in verschiedenen Größen, *sterile Watte* (Durchfeuchtungsschutz aus atmungsaktivem Material darunter!) oder auch, bei sehr starker Blutung, saugfähige *Babywindeln* oder Inkontinenz-Einlagen für Erwachsene. Warum auch nicht – wichtig ist schließlich nur, daß die Bettlaken keine Flecken bekommen und Sie ruhig schlafen.
Vor *Intimsprays* und anderen, mit chemischen Substanzen getränkten Intim«pflege«mitteln ist zu warnen! Sie können die Haut und Schleimhaut des Genitalbereichs reizen, Jucken oder allergische Reaktionen verursachen, und ihr Duft verbindet sich oft unangenehm mit dem des Menstruationsbluts. Zur guten Monatshygiene gehört lediglich Waschen oder Duschen des Genitalbereichs, am besten bei jedem Tampon- bzw. Bindenwechsel (glücklich, wer ein Bidet im Badezimmer hat), mindestens aber jeden Morgen und Abend; klares Wasser genügt dazu, eventuell ein unparfümiertes Wegwerftüchlein und eine milde, pH-«neutrale« Seife oder Waschlotion. Mit Einmalhandtuch trockentupfen.
Manche Frauen haben während der Menstruation am ganzen Körper, vor allem unter den Achseln, eine vermehrte Schweißabsonderung. Unangenehmem Körpergeruch beugt vor: schonendes Entfernen der Achselhaare (dort sitzt der Großteil der schweißzersetzenden Bakterien), häufigeres Waschen mit adstringierender Eichenrinde- oder Kamillenlotion, Betupfen mit hypoallergischem Talkumpulver, evtl. ein mildes Deo aus pflanzlichen Substanzen (in Bio-Drogerien erhältlich).

Dringend gewarnt werden muß vor dem häufigen Benutzen von *Slipeinlagen* und nicht atmungsaktiven Plastikvorlagen oder Monatshöschen. Sie fördern die Bildung eines feuchtwarmen Bio-Klimas im Genitalbereich, der geradezu eine Brutstätte für Pilze, Bakterien, Chlamydien und andere Krankheitserreger darstellt. Die Folge sind sehr oft →Scheideninfektionen oder →Harnwegserkrankungen. Jede Werbung für Slipeinlagen suggeriert außerdem, Frauen seien von Natur aus, und zwar nicht nur während der Menstruation, »undicht« und »unsauber« – eine frauenfeindliche Unterstellung, die wir nicht durch Kauf unterstützen sollten.

Genannte Literatur:

1) Haley, Alex: Wurzeln »Roots«. Roman. Fischer Taschenbuch Verlag, Frankfurt, 10. Aufl. 1994.
2) Olbricht, Ingrid, in: Ehret-Wagener, Barbara/Stratenwerth, Irene/Richter, Karin (Hrsg.): Gebärmutter – das überflüssige Organ? Sinn und Unsinn von Unterleibsoperationen. Rowohlt Taschenbuch Verlag, Reinbek 1994.
3) Cutler, Winnifred B.: Rhythmus der Liebe. Die Zyklen der weiblichen und männlichen Hormone und ihr Einfluß auf eine erfüllte Sexualität. Wilhelm Heyne Verlag, München 1994.

Weitere Literaturempfehlungen:

Abelar, Taisha: Die Zauberin. Die magische Reise einer Frau auf dem Yaqui-Weg des Wissens. Scherz Verlag, Bern, München, Wien 1992.

Blume, Angelika/Schneider, Sylvia: Die Regel – eine herbeigeredete Krankheit. Mosaik Verlag, München 1986 (vergriffen).

Heydecker, Joe J.: Die Schwestern der Venus. Die Frau in den Mythen und Religionen. Wilhelm Heyne Verlag, München 1994.

Kummer, Irene: Wendezeiten im Leben der Frau. Krisen als Chancen zur Wandlung. Deutscher Taschenbuch Verlag, München 1992.

Markale, Jean: Die keltische Frau. Mythos, Geschichte, soziale Stellung. Goldmann Verlag, München 1990.

Shuttle, Penelope/Redgrove, Peter: Die weise Wunde Menstruation. Fischer Taschenbuch Verlag, Frankfurt am Main 1980.
Stone, Merlin: Als Gott eine Frau war. Die Geschichte der Ur-Religionen unserer Kulturen. Goldmann Verlag, München 1988.
Voß, Jutta: Das Schwarzmond-Tabu. Die kulturelle Bedeutung des weiblichen Zyklus. Kreuz Verlag, Zürich 1988.
Walker, Barbara G. Das geheime Wissen der Frauen. Ein Lexikon. Deutscher Taschenbuch Verlag, München 1995.
Weller, Stella: Schmerzfreie Regel. Vorbeugung und Behandlung von Menstruationsbeschwerden. Georg Thieme Verlag, Stuttgart 1988.
Wolf, Doris: Was war vor den Pharaonen? Die Entdeckung der Urmütter Ägyptens. Kreuz Verlag, Zürich 1994.

Weiterführende Anschriften:
Adressen von Frauengesundheitszentren in Ihrer Nähe erhalten Sie über:

Feministisches Frauen
Gesundheits Zentrum
(FFGZ) e. V.
Bamberger Str. 51
10777 Berlin

Ambulanz für Naturheilkunde
der Carstens-Stiftung
Universitäts-Frauenklinik
Voßstr. 9
69115 Heidelberg

Osteoporose (Knochenschwund-Krankheit)

Allgemeines

Vor zwanzig Jahren war der Begriff Osteoporose in der breiten Bevölkerung noch so gut wie unbekannt. Vor zehn Jahren tat jede Frauenzeitschrift, die einen Bericht zum Thema Knochenschwund bringen wollte, gut daran, den medizinischen Begriff nicht gerade als Aufmacher-Titel zu wählen: Die wenigsten Leserinnen hätten sofort gewußt, um was es sich handelt. Heute dürfte es kaum eine Frau zwischen 40 und 80 (und darunter und darüber) geben, die nicht schon einmal davon gehört hat.

Dieser Osteoporose-Aufklärungs-Boom ist kein Zufall. Er hängt vor allem damit zusammen, daß die Schulmedizin heute über High-Tech-Verfahren verfügt, die in den vergangenen ein bis zwei Jahrzehnten entwickelt wurden und es erlauben, die Knochendichte von Menschen (und damit auch den Erfolg oder Mißerfolg einer Therapie bei Knochenschwund) exakt zu messen. Diese Entwicklung hat wiederum mit Fortschritten in der Hormonforschung zu tun: Parallel dazu konnte nämlich nachgewiesen werden, daß die weiblichen Hormone – vor allem die Östrogene – einen wichtigen Beitrag zur kontinuierlichen Regenerierung des Knochengewebes leisten.

Ebenfalls zur gleichen Zeit etablierte sich die sogenannte Hormonersatztherapie für Frauen vor, in und nach den Wechseljahren. Auch hierbei spielen Östrogene die überragende Rolle – und zwar synthetisch hergestellte. Die entsprechenden Präparate werden von der pharmazeutischen Industrie unter hohen Kosten entwickelt und dann mit ungeheurem Werbeaufwand an die Ärzteschaft und dadurch auch an die Frau gebracht (Fachzeitschriften wie ›Der Frauenarzt‹, das Organ des Berufsverbands deutscher Frauenärzte, finanzieren sich überwiegend über ganzseitige Anzeigen für solche Präparate). Zunächst wurden sie »nur« gegen die bekannten →Wechseljahrsbeschwerden – Depressivität, Hitzewallungen, Kopfweh und Scheidentrockenheit – angepriesen, dann auch für das »jüngere Aussehen«, die »straffere Haut«, die ungestörte »Liebe auch nach 50« und andere Attribute, die der gerade voll in Mode gekommene Jugendlichkeitswahn den Frauen im Wechsel abverlangte. Ein großer Teil der Frauen jedoch verweigerte sich dieser hormonellen Krücke, die immerhin einen erheblichen Eingriff in ihren Organismus bedeutet, und wollte offenbar gar nicht »ewig jung« bleiben. Bis vor wenigen Jahren ließen sich nur etwa 12 Prozent der potentiellen Kundinnen, also der Frauen im Wechsel, Hormone verschreiben (in den USA erheblich mehr). Da kam es der pharmazeutischen Industrie und mit ihr der Ärzteschaft gerade recht, daß sich eine bedeutsame »Östrogen-Mangel-Krankheit« am Horizont abzuzeichnen begann: die Osteoporose. Nun haben sie ein gewichtiges Argument mehr, um auch die Widerspenstigen zur Hormontherapie zu überreden. Selbstverständlich völlig uneigennützig. Denn was zählen schon Millionenumsätze, wenn durch Hormone doch die weibliche Gesundheit so ungemein gefördert werden kann?

Nein, es ist in der Tat kein Zufall, wenn die derzeitige massive Osteoporose-Aufklärung Hand in Hand geht mit dem Angebot einer von Pharmafirmen hergestellten, ärztlich zu verschreibenden und apothekenpflichtigen Medizin, die anschließend immer wieder ärztliche Kontrolluntersuchungen verlangt und daher rundum für volle Kassen sorgt. (Ähnliches gilt übrigens für die Antibabypille; über natürliche Verhütung und Diaphragma wird ärztlicherseits längst nicht im selben Maße aufgeklärt.) Den »Witwenbuckel« gab es schon immer – und genauso lange gab und gibt es auch naturheilkundliche Vorbeugungs- und Heilmaßnahmen dagegen. Aber das sind eben keine Methoden, mit denen sich große Geschäfte machen ließen. Und mit dem Griff zu einer Pille ist es in der Naturheilkunde meist auch nicht getan: Hier werden Eigenverantwortlichkeit, Autonomie und Selbsthilfe großgeschrieben. Gerade diese Eigenschaften zu fördern, und das auch noch beim weiblichen Teil der Bevölkerung, liegt der Schulmedizin im allgemeinen eher fern.

Wäre das anders, müßten Männer über ihr Osteoporose-Risiko ebenso gut Bescheid wissen wie Frauen. Denn die Knochenschwund-Krankheit trifft durchaus auch das männliche Geschlecht. Wie die Östrogene bei Frauen, spielen Androgene (Testosteron) bei Männern eine wichtige Rolle für den Knochenaufbau, und nach den wissenschaftlichen Erkenntnissen des amerikanischen Kinsey-Instituts für Sexualforschung[1)] büßen auch Männer im Verlauf des Alterungsprozesses ein Gutteil dieser Hormone ein. Hätten Sie's gewußt? Und ist der »Mann auf der Straße« darüber aufgeklärt? Eher nicht.

Im Prinzip gibt es, was das Osteoporose-Risiko anbelangt, nur wenige Unterschiede zwischen Männern und Frauen, und die sind ausschließlich statistischer Natur, sagen also nichts über den Einzelfall aus:

- Bei Männern erfolgt der Abbau der Hormonproduktion gewöhnlich *langsamer* als bei Frauen (im Schnitt über 15 Jahre, bei Frauen über vier bis sieben Jahre);

- bei Männern erfolgt er im Durchschnitt *später* als bei Frauen (etwa ab Ende fünfzig, bei Frauen ab Ende vierzig);
- Männer sterben im Durchschnitt früher, erleben also eine Osteoporose, falls sie sich einstellt, weniger Jahre hindurch.

Aber es kommt noch ein weiteres und nicht minder entscheidendes Argument hinzu: Hormonpräparate für Männer – in diesem Fall: Testosteronpräparate – können schwere Nebenwirkungen haben, vor allem für die Prostata. Sie sind Männern daher, wie Ärzte meinen, nur in besonderen Ausnahmefällen überhaupt zumutbar (ähnlich wie die »Pille für den Mann«).

Schwere Nebenwirkungen und Gefahren bergen natürlich auch die den Frauen angebotenen Hormontherapien: Zum Beispiel ein stark erhöhtes Gebärmutterkrebs- wie auch ein leicht erhöhtes Brustkrebs-Risiko, falls die Frau nur Östrogene, aber keine Gestagene bekommt und ihre Gebärmutter noch besitzt (doch dem läßt sich ja durch eine Hysterektomie »abhelfen«, siehe ab S. 406). Gestagene wiederum, darauf weist die Gynäkopathologin Prof. Dr. med. Gisela Dallenbach-Hellweg aus Mannheim seit 15 Jahren unermüdlich hin, erhöhen das Risiko von Zervixkrebs beträchtlich.

Außerdem wird der gesamte Hormonhaushalt der Frau samt den zugehörigen Organen durch die nicht natürliche Zufuhr von Zusatzhormonen in und nach den Wechseljahren künstlich »hormonbereit« gehalten. Statt daß Ruhe einkehren kann, wie die Natur es in dieser weiblichen Lebensphase sehr weise vorgesehen hat, müssen Hirnanhangdrüse, Hypothalamus, Eierstöcke und Gebärmutter weiterhin auf vollen Touren arbeiten und auf die Reize der synthetischen Hormone antworten. Die Folgen: immer wieder Abbruchblutungen (wenn nicht, muß die Gebärmutter in bestimmten Zeiträumen »sicherheitshalber« ausgeschabt werden), Stimulierung der Follikel in den Eierstöcken, die immer wieder Eizellen zum Eisprung freigeben – und das, so lange die Hormonbehandlung anhält, und darüber hinaus! – unter Umständen Verhütungs-Notwendigkeit in den Einnahme-Pausen (wie zu Zeiten, als die Frau noch die Antibabypille nahm), ganz zu schweigen von den möglichen Nebenwirkungen auf die Leber, das Venensystem, den Zuckerstoffwechsel und die Blutgefäße im Kopf (Gefahr von →Kopfschmerzen, Migräne, epileptischen Anfällen und Gehirnschlag).

Über diese Details werden Frauen, denen man Angst vor Osteoporose eingejagt hat, allerdings meistens nicht aufgeklärt.

Wer mehr über solche Zusammenhänge erfahren will, sei auf mein Buch ›Hormone und Psyche‹[1] verwiesen. Zwei häufig zu hörende Behauptungen möchte ich auch hier aufgreifen, denn sie zeigen überdeutlich, mit welchen Falschaussagen Frauen zu Hormonbehandlungen motiviert werden sollen.

Erste Behauptung: *In den Wechseljahren und danach haben Frauen einen Östrogen-Mangel.* Das ist falsch. Ein Mangel entsteht nur dort, wo etwas fehlt, das natürlicherweise vorhanden sein müßte. In den Wechseljahren nimmt jedoch die Östrogenproduktion der Eierstöcke (nicht aber die der Fettgewebe!) auf völlig natürliche Weise und mit gutem Grund allmählich ab (mehr dazu ab S. 676). Der weibliche Organismus sucht sich ein neues hormonelles Gleichgewicht für eine Lebensperiode, in der die Frau von der Fortpflanzung entbunden ist; diese Umstellung kann – muß aber nicht – mit Beschwerden verbunden sein. Östrogene spielen nun keine so bedeutsame Rolle mehr; wäre das nicht so, hätte die Evolution sich etwas anderes »ausgedacht«. – Frauen zu Mangelwesen zu erklären, hat seit Freud und länger Tradition: erst kein Penis, jetzt keine Hormone mehr…

Zweite Behauptung: *Frauen bekommen nur deshalb so oft Osteoporose, weil sie heutzutage älter werden, als die Natur es eigentlich vorgesehen hat. Vor hundert Jahren starben sie spätestens mit fünfzig.* Das ist völliger Unsinn. Wie alt Menschen werden, ist genetisch festgelegt – und diese Information in den Erbanlagen ändert sich nicht in einem entwicklungsgeschichtlich betrachtet überaus kurzen Zeitraum von einem Jahrhundert. Hätte die Natur ihren Lauf nehmen dürfen, und wären Frauen nicht ausgelaugt von Schwerstarbeit und zahlreichen Entbindungen, bei Infektionen im Kindbett oder aus anderen Gründen *vorzeitig* gestorben, hätten sie ihre Lebenserwartung auch damals durchaus erreicht. Siebzig- und Achtzigjährige gab es zu allen Zeiten; sie waren und sind keineswegs »wider die Natur«.

Das düstere Osteoporosebild, das Schulmediziner heute an die Wand malen, wird durch eine unleugbare Tatsache weiter geschwärzt: Seit etwa zehn, fünfzehn Jahren kommen genau diejenigen Frauen (und Männer) »in die Jahre«, die in den Mangelzeiten des Zweiten Weltkriegs und kurz danach zur Welt gekommen sind. Wer zwischen Ende der dreißiger und Anfang der fünfziger Jahre in Deutschland geboren wurde, hatte kaum Aussichten, mit allen notwendigen, für den gesunden Knochenaufbau der Wachstumsjahre so dringend benötigten Vitaminen, Mineral- und anderen Nährstoffen versorgt zu werden; vor allem Kuhmilch war Mangelware. Jetzt, fünfzig Jahre später, macht sich das bei vielen Betroffenen in erhöhter Osteoporose-Bereitschaft bemerkbar.

Während des Wirtschaftswunders der fünfziger und sechziger Jahre war es mit diesem Mangel vorbei. Möglich, daß die damals Geborenen in zehn, zwanzig Jahren weit weniger Osteoporose-Probleme haben. Möglich aber auch, daß dann der Schlankheitswahn seine Spätfolgen zeitigt, dem Frauen seit Mitte der sechziger Jahre in wechselnder Intensität ausgesetzt sind. Auch Hungerkuren treiben Raubbau am Knochengerüst – und zudem am Fettgewebe, einer wichtigen Produktionsstätte weiblicher Östrogene.

Zuschlechterletzt sind Frauen auch deshalb stärker Osteoporose-gefährdet, weil sie in ihrer Kindheit und Jugend weit weniger zu regelmäßiger, knochenbildender Bewegung, zu Sport, Gymnastik, Herumtollen und -springen und zu »wilden«, bewegungsintensiven Spielen angehalten wurden und werden als gleichaltrige Jungen. Brave Mädchen sitzen immer noch still und machen sich nicht schmutzig. Und was Gretchen nicht lernt, macht Grete sich nicht so leicht zur Gewohnheit. Viele Frauen, vor allem ältere, müssen erst mühsam lernen und erfahren, daß Bewegung außerhalb von (Haus-)Arbeit etwas Natürliches ist, der Gesundheit dient und Spaß macht.

Körperliche Gründe von Osteoporose

Knochen sind keine toten Gebilde, sondern lebendige Gewebe, die sich ständig erneuern. Bestimmte Knochenzellen, die *Osteoklasten*, sorgen kontinuierlich dafür, daß verbrauchte Zellen der Knochengewebe abgebaut werden und Platz ist für den Neuaufbau. An ihm sind die *Osteoblasten*, eine andere Zellform im Knochen, wesentlich beteiligt. Zum Funktionieren brauchen sie unter anderem ausreichende Mengen Östrogene und auch etwas Progesteron (beim Mann: Testosteron), Vitamin D, Kalzium und andere Mineralstoffe sowie die Wachstumsstimulation, die von Knochen- und Muskelbewegungen ausgeht. Ab ca. 35 nimmt die Knochendichte natürlicherweise ab, um rund 0,5 Prozent pro Jahr. Dieser Abbau wäre noch nicht so schlimm; eine durchschnittliche Frau verliert dabei im Verlauf von 40 Jahren ungefähr 20 Prozent ihrer Knochenmasse, falls sie nicht mit Ernährung und Bewegung (siehe die nachfolgenden Tips) gegensteuert. Von Osteoporose wird medizinisch erst bei einem erheblich rascheren und/oder viel weiter fortgeschrittenen Knochenabbau gesprochen (30 Prozent und mehr). Gerät nämlich die Arbeit von Osteoklasten und -blasten aus dem Gleichgewicht, wird also viel mehr Knochen ab- als aufgebaut, so entsteht im Lauf der Zeit ein durchlöchertes, brüchiges, entkalktes Knochengerüst, das innen so ähnlich aussieht wie ein Schwamm. Solche Knochen haben ihre Elastizität weitgehend verloren; ein Stolpern, ein Schlag, in sehr fortgeschrittenem Stadium sogar eine unbedachte Bewegung kann ausreichen, damit sie brechen.

Osteoporose (= die Krankheit der porösen, brüchigen Knochen) kann »stumm« verlaufen, also bis ins hohe Alter überhaupt keine nennenswerten Beschwerden verursachen, oder aber sich innerhalb weniger Jahre zu einem echten Krankheitsbild ausprägen. Wer an einer schweren allgemeinen Stoffwechselstörung leidet – etwa insulinpflichtigem Diabetes (Typ I), einer starken Schilddrüsen-Überfunktion, womöglich schon im Kindesalter, oder an einer Störung der Wachstumshormone – oder sich künstlich allzu dünn fastet, ist stärker gefährdet als andere. Das gilt auch für Frauen, die wegen anderer Krankheitssymptome, etwa bei Asthma, Allergien oder →rheumatischen Beschwerden, häufig mit Cortisonpräparaten behandelt wurden oder werden und deren Nebennierenfunktion daher eingeschränkt ist: Sie haben ein erheblich höheres Osteoporose-Risiko. Häufige Antibiotika-Behandlungen schädigen den Darm und führen oft zu einer schlechten Nährstoffverwertung; dies wiederum begünstigt die Osteoporose. Schließlich sind auch genetische Faktoren im Spiel: Hellhäutige weiße Frauen sind am stärksten, Schwarze am wenigsten gefährdet.

Im fortgeschrittenen Stadium führt die Osteoporose oft zu heftigen →Rückenschmerzen, weil die Wirbelkörper, vor allem im Nackenwirbelbereich, leicht einbrechen. Das muß zwar keine Lähmungen zur Folge haben, kann jedoch die gesamte Beweglichkeit stark einschränken. Auch Oberschenkelhalsbrüche sind gefürchtet: Die Frauen müssen – anders als bei gewöhnlichen Bein- oder Handbrüchen – oft längere Zeit ins Krankenhaus. Thrombosen und Embolien aufgrund der Bettlägerigkeit sind nicht selten. Bis zu einem Viertel der Patientinnen mit Oberschenkelhalsbrüchen, heißt es nach neueren Statistiken, stirbt infolgedessen (mehr dazu im folgenden Abschnitt).

Sofort zur ärztlichen Untersuchung/Behandlung bei:

- sich andeutendem »Witwenbuckel« im oberen Rückenbereich (zur Abklärung, wie weit eine etwaige Osteoporose fortgeschritten ist),
- heftigen, chronisch werdenden Rückenschmerzen, vor allem im Bereich der Halswirbelsäule,
- Neigung zu Knochenbrüchen und schwer heilenden »Verknacksungen«.

Psychosomatik

Für die psychosomatischen Zusammenhänge bei Osteoporose gilt ähnliches wie für sonstige →Rückenschmerzen: Das Leiden wird durch all die »Päckchen« gefördert, die der Betroffenen in ihrem Leben auferlegt wurden und werden oder die sie sich selbst aufhalst – zum Beispiel, weil sie so erzogen worden ist, daß sie ohne Leistung (für andere) keinen Anspruch auf Liebe habe. Wer ständig auf den Beinen ist, um sich für andere den Buckel krummzuschuften, hat kaum Zeit für sich selbst und zu wenig Energie frei für harmonisierende, die Durchblutung und den Knochenaufbau fördernde Ausgleichsbewegung. Nicht wenige, vor allem ältere Frauen haben sogar das Gefühl, diese Zeit stünde ihnen gar nicht zu, und nehmen sie sich selbst nach ärztlicher Aufforderung nur unter Schuldgefühlen. Psychosomatisch ist außerdem bedeutsam, daß das Knochengerüst der Frauen ausgerechnet in dem Zeitraum buchstäblich zu schwinden beginnt, in dem auch ihre gesellschaftliche Wertschätzung – und damit ihr Selbstwertgefühl – dahinschwindet. Der Knochenschwund läßt sie schrumpfen und macht sie noch kleiner, als sie ohnehin oft gemacht wurden – als gebe ihr Seelenselbst nun klein bei und deute an, daß es jetzt langsam Zeit sei, sich unsichtbar zu machen. »Das unsichtbare Geschlecht« nannte denn auch Doritt Cadura-Saf ihr Buch über Frauen in den Wechseljahren[2)].

Sind erst einmal Knochenbrüche aufgetreten, ergeben sich neue Probleme, die manchmal sogar schlimmer sind als die Schmerzen und den Heilungsverlauf wesentlich beeinflussen können: Die Frauen werden bettlägerig bzw. sogar aus ihrer gewohnten Umgebung herausgerissen (Altenheim, Pflegestation, Unterbringung bei der Tochter); sie verlieren einen wesentlichen Teil ihrer heftig verteidigten Autonomie, brauchen Gehhilfen, Begleitung, vielleicht sogar Dauerpflege. Das alles kann sie so niederdrücken, daß sie lieber sterben, als sich (und andere) diesen Behinderungen weiter auszusetzen. Nicht selten haben sie auch erst vor kurzem ihren Lebensgefährten durch Tod verloren. All das zusammen bringt so viele Punkte auf der wissenschaftlichen Streß-Skala (siehe hierzu ab S. 379), daß die *Folgen* der Osteoporose oft schlimmer sind als die Krankheit selbst.

Natürliche Heilverfahren

Allgemeinverhalten:
Vorbeugen ist schon ab dem ersten Lebensjahr notwendig, aber auch in höherem Alter noch jederzeit möglich. Die drei Säulen der naturheilkundlichen Osteoporose-Vorbeugung und -Heilung sind: richtige Ernährung (siehe dort), Bewegung (siehe dort) und Sonnenschein (siehe Lichttherapie) bzw. Vitamin-D-Aufnahme. Bei *Osteoporose-Verdacht* oder wenn Sie sich den Wechseljahren nähern, sollten Sie augenblicklich mit den nachfolgend genannten Maßnahmen beginnen. (Das gilt natürlich auch für Jüngere!) Entscheidend ist, sich mit einem nachlassenden Knochenaufbau nicht schicksalhaft abzufinden, sondern aktiv die Lebens- und Ernährungsgewohnheiten zu ändern – vor allem aber auch die Einstellung zu sich selbst als älter werdender Frau, die immerhin noch ein Drittel ihres Lebens *vor sich* hat, das sich zu leben lohnt! Allerdings nur, wenn wir die Mythen über unsere »Wertlosigkeit« im Alter verweigern und den Weg »neuer Fruchtbarkeit« (Ann Mankowitz[4)]) gehen. – Raucherinnen sollten außerdem mit dem Rauchen aufhören oder es zumindest stark einschränken, denn auch Nikotin und übermäßiger Alkoholkonsum treiben Raubbau an den Knochen.

Akupressur:
Sie darf bei bestehender Osteoporose höchstens von einer gut geschulten Fachkraft ausgeführt werden (Gefahr zu heftigen Drucks und Knochenbruches). Zur Vorbeugung →Rückenschmerzen.

Aromatherapie:
Vorbeugend: →Rückenschmerzen und →Wechseljahre; schmerzlindernd und bewußtseinserweiternd sowie entspannend wirken Johanniskraut, Rosmarin, Majoran, Thymian, Gewürznelke, Muskat und Lorbeer. Anwendungen siehe ab S. 70.

Atemtherapie:
Mit Atemübungen, etwa des →Yoga, können Rückenschmerzen gezielt »weggeatmet« werden; das Zwerchfell wird dabei geweitet

und gelockert (ein verspanntes, zu hochstehendes Zwerchfell fördert jede Art von Schmerzen, vor allem des Rückens und des Knochengerüstes), und der gesamte Organismus wird besser mit Sauerstoff durchströmt. Vorbeugend können Sie solche Übungen selbst ausführen (siehe auch Literaturempfehlungen S. 83); bei bereits bestehender Osteoporose ist es besser, mit einer geschulten Atem- oder Physiotherapeutin zusammen zu üben.

Bewegung:
Sie ist der beste Anreiz für den Knochenaufbau, auch bei schon bestehender Osteoporose! Der Knochenschwund kann dadurch sogar teilweise rückgängig gemacht werden. Am besten sind Bewegungsarten, die Gewicht auf die Knochen bringen: Gehen, Joggen, Fahrradfahren, Skilanglauf, Tanzen, Gewichtheben oder -stemmen (Hanteltraining), gezielte Gymnastik, am besten in einer Gruppe von Gleichaltrigen. Je gesünder die Knochen, desto stärker darf die Belastung sein – Hauptsache, regelmäßig: mindestens zweimal wöchentlich eine halbe Stunde! Bei diagnostizierter Osteoporose fachärztlichen Rat zu gewünschten Bewegungsart einholen. Yoga ist sehr gut für den Knochenaufbau und kann bis ins höchste Alter praktiziert werden; es gilt lediglich, einige Einschränkungen zu beachten, die Ihnen jede gute Yoga-Lehrkraft erklären kann.

Chronobiotherapie:
Ordnen Sie Ihren eigenen Biorhythmus nicht immerzu dem anderer Leute oder gesellschaftlichen Zwängen unter. Sie müssen am eigenen Leibe dafür büßen! (Mehr dazu ab S. 119) Wachstumshormone für die Knochen und Gewebe werden vor allem im Schlaf ausgeschüttet; versuchen Sie daher, mehr zu ruhen und zu schlafen, und wenn das nicht gut geht, zu meditieren. Gönnen Sie sich mehr Zeit für sich und Ihre (Bewegungs-)Hobbies.

Ernährung, Vitamine, Mineralstoffe, Spurenelemente:
Eine fettarme, stärke- und ballaststoffreiche Ernährung ist das A und O der Osteoporosevorbeugung und -linderung. Doch Vorsicht: Fasten Sie sich damit keinesfalls unter Ihr Normalgewicht,

denn Sie brauchen auch die in Ihrem Fettgewebe gebildeten Östrogene sowie die Fettpölsterchen selbst als sehr guten Knochenbruch-Schutz! Rotes Fleisch nur höchstens einmal wöchentlich (enthält knochenraubendes Phosphat); keine Cola-Getränke oder Limonade (sie enthalten Phosphate), nicht mehr als 2 Glas Wein oder Bier pro Tag; dafür viel dunkelgrüne Gemüse, frische Salate, Obst; außerdem ca. 2 g Vitamin C pro Tag (Ascorbinsäure aus der Apotheke), dazu 400–800 mg Magnesium, etwa aus Vollkornprodukten, Meeresfrüchten, Geflügel oder Zusatzpräparaten; ca. 1,0 bis 1,5 g Kalzium pro Tag, z. B. aus Milch, Biojoghurt, Hartkäse (Quark enthält kaum Kalzium). Gelegentlich wird eine relativ eiweißarme Ernährung mit ca. 50 g Proteinen pro Tag empfohlen; dann ist auch der Kalziumbedarf geringer und kann aus schonend zubereiteten Gemüsen gedeckt werden. Außerdem: 3–12 mg Bor pro Tag aus Obst, Nüssen und Gemüsen, sowie ca. 400 IE Vitamin D, wenn Sie es nicht durch Aufenthalt an der Sonne bekommen (siehe Lichttherapie); Aufbaukalk (als Fertigpräparat, nach Herstelleranweisung), Kieselsäure (als Pulver oder Kapseln) für die Gewebefestigkeit, und rund 15 mg Beta-Carotin (gut für Augen und starke Gelenke) aus roten, gelben und dunkelgrünen Gemüsen.

Farbtherapie:
Rot und Orange regen die Aufbauvorgänge im Knochen und die Durchblutung an; Anwendungen siehe ab S. 155. Weitere Hinweise finden Sie unter →Wechseljahrsbeschwerden.

Heiltees und -tinkturen:
Fliedertee oder -tinktur zur Bandscheiben-Stärkung; Löwenzahnblätter-Frischsaft zur Zellregeneration und verbesserten Mineralstoffaufnahme, täglich 1–2 Glas; außerdem in jede Mahlzeit 1 Prise gemahlene Brennesselsamen (wirken östrogenähnlich) sowie täglich 30 Tropfen Mönchspfeffer-Tinktur, auch als Fertigpräparat (wirkt progesteronähnlich). Diese Kuren sollten nicht länger als 3 Wochen dauern; dann einen Monat pausieren.

Kälte- oder Wärmetherapie:
Wärme wirkt, ebenso wie kalt-warme Wechsel-Anwendungen, durchblutungsfördernd und günstig auf den Knochenstoffwechsel. Mit der Wärme jedoch nicht übertreiben: Sie kann auch schlapp machen! Am besten sind Maßnahmen des →Kneippens zur Abwehrsteigerung und Regenerierung.

Lichttherapie:
Sie ist eine weitere Säule der Osteoporosevorbeugung und -therapie. Lassen Sie sich die Sonne trotz Ozonloch nicht vermiesen: 20–30 Minuten Sonneneinstrahlung täglich schaden Ihnen nicht (Kopf schützen, bestrahlte Flächen je nach Sonnenintensität mit Lichtschutzmittel eincremen). Die Haut braucht Sonne, um Vitamin D bilden zu können. Sonnenstrahlen dringen aber auch durch die Wolkendecke, daher täglich ins Freie! Bei starker Lichtunverträglichkeit oder nach Hautkrebs: Vitamin D (ohne Fluorzusätze, sie können unter Umständen als Gift wirken) als Zusatzpräparate einnehmen, alle 3–4 Wochen einen Monat pausieren.

Massagen:
Abgesehen von ganz sanften Streichelmassagen sollten tief ins Muskelgewebe gehende Massagen sowie auch →Chirotherapie bei bestehender Osteoporose gar nicht oder nur von einer geschulten Fachkraft ausgeführt werden. Vorbeugend helfen alle Formen von Massage, die Muskulatur zu lockern und dabei auch das Knochengerüst besser zu durchbluten und zu stärken – je regelmäßiger, desto besser. Auch tägliches Hautbürsten von Kopf bis Fuß bringt den Stoffwechsel in Schwung.

Psychosomatische Hilfe:
Unser Körperselbst lügt nie und merkt sich alles, was ihm jemals angetan worden ist, selbst wenn unser Bewußtsein es »vergessen« oder gar nicht als Verletzung wahrgenommen hat. Das gilt auch für den Knochenschwund, Ausdruck des inneren »Sich-Beugens« und »Dahinschwindens«. Überlegen Sie: Haben Sie sich selbst genügend lieb, geben Sie sich genügend Halt, nehmen Sie sich die Energie (aus Freizeit, Nahrung, Familie, beruflicher Freude

usw.), die Ihnen zum Auftanken zusteht, und bauen Sie sich selbst immer wieder auf? Oder tun Sie das nur für andere? Falls Sie die Wechseljahre schon hinter sich haben: Möchten Sie sich am liebsten »unsichtbar machen«, oder haben Sie vor, Ihr Leben noch in vollen Zügen zu genießen? Wenn es Ihnen an Lebensmut und -motivation fehlen sollte, suchen Sie sich unbedingt eine Gruppe – eventuell außerhalb Ihres gewohnten Umfelds –, in der Sie sich wohl fühlen, gemeinsam etwas unternehmen, vielleicht Gymnastik machen können usw. Lassen Sie sich auch einmal von anderen mitreißen und mit umsorgen. Wenn Sie nichts für Ihre Knochen, Ihre leibliche und seelische Gesundheit tun (wollen), kann niemand das für Sie übernehmen. Passivität läßt Sie in jeder Weise schwinden, Aktivität läßt Sie neu aufleben. Übrigens: In der Frauenzeitschrift ›ab 40‹[4)] (im Zeitschriftenhandel erhältlich) finden Sie dazu viele nachahmenswerte Beispiele und Anregungen.

Rituale mit Heilwirkung:
Nehmen Sie eine Holzleiste, auf die Sie ein Papier aufkleben. Schreiben Sie darauf, so schön Sie können: JEDER TAG IST EIN TAG MEINES WACHSTUMS. Hängen Sie diese Leiste so hoch an eine Wand Ihrer Wohnung, daß Sie sie *abends* gerade noch mit den Fingerspitzen erreichen können. Wenn Sie morgens aufstehen, dehnen und recken Sie sich zuerst wie eine Katze. Nach dem Frühstück gehen Sie dann zu Ihrer Leiste, lesen sich laut (!) vor, was Sie geschrieben haben, und greifen nach der Leiste. Tun Sie jeden Tag etwas für Ihr körperliches, seelisches, geistiges und spirituelles Wachstum. Falls die Leiste nach einiger Zeit zu niedrig zu hängen scheint, hängen Sie sie ein Stückchen höher und bewundern Sie, wie Sie wachsen!

Visualisieren:
Ins eigene Knochengerüst zu schlüpfen, ist nicht ganz einfach. Versuchen Sie es trotzdem: Schließen Sie die Augen, und stellen Sie sich zuerst Ihre lange, leicht S-förmig geschwungene Wirbelsäule vor, die Ihren Kopf trägt. Tasten Sie mit Gedankenfingern jeden Wirbel, vom Hals bis zum Steißbein, einzeln ab; erspüren Sie die Gewichte, die auf den Wirbeln und Bandscheiben lasten,

und die Stellen, an denen Sie unter der Last (fast) zusammenbrechen. Senden Sie jedem Wirbel einen Schwall liebevoller Gedanken; polstern Sie ihn rundum mit Heilenergie wie mit einem Kissen ab; ziehen Sie die Wirbel in Gedanken leicht auseinander, und füllen Sie die Gewebe mit starkem, weißen Kalzium, leuchtend roten Östrogen«beeren« und türkisfarbenem Fluorid auf. Gehen Sie dann nacheinander in Ihre Arme, Ihren Brustkorb, Ihre Beckenschaufel und Ihre Beine; tasten Sie Ihre Knochen in Gedanken ab und füllen Sie sie ebenfalls mit Energie und Wachstumsstoffen auf. Wenn Sie das Gefühl haben, Ihre Knochen seien so richtig mit Energie gefüllt wie ein überquellendes Füllhorn mit Früchten, ziehen Sie sich langsam zurück. Dann Hände ballen, ausschütteln, Augen öffnen. Täglich wiederholen.

Wasseranwendungen:
Anregend für den Knochenaufbau sind vor allem Kneippsche Güsse, Wassertreten und Tautreten, regelmäßig jeden Tag (siehe auch ab S. 189). Bei →Rückenschmerzen siehe dort.

Wickel:
Schmerzlindernd bei akuten Knochenschmerzen sind Wickel oder Gelenkauflagen mit Heilerde, Fango oder Mitteln der Aromatherapie (Thymian, Kamille, Gewürznelke, Minze), ein- bis zweimal täglich.

Zusätzliche Verfahren:
Wenn Ihre Knochendichtemessungen *und* mehrfache (!) Hormontests zu verschiedenen Tageszeiten tatsächlich eine beträchtliche Osteoporose ergeben haben oder ein hohes Risiko dafür besteht, ist eventuell eine Hormontherapie mit Östrogenen und Gestagenen angebracht. Lassen Sie sich sehr sorgsam dazu beraten, fragen Sie genauestens nach allem, was Sie dazu wissen wollen (auch nach Abbruchblutungen, Nebenwirkungen etc.), und nehmen Sie die Hormone zunächst maximal ein halbes Jahr lang. Dann wieder eine Knochendichtemessung machen lassen! Geht es Ihnen während der Therapie deutlich besser, und hat sie günstigen Einfluß auf Ihren Knochenaufbau, spricht nichts gegen eine

weitere Anwendung. Sie sollte jedoch immer wieder einige Monate lang unterbrochen werden (auch wenn das für Ihren Organismus Streß bedeutet), damit Sie abschätzen können, ob Sie sie wirklich weiterhin noch brauchen. Wenn sich abzeichnet, daß Sie auch ohne sie auskommen: aufhören!

Genannte Literatur:

1) Minker, Margaret: Hormone und Psyche. Im Wechselbad der Gefühle. Verlag Antje Kunstmann, München 1990.
2) Cadura-Saf, Doritt: Das unsichtbare Geschlecht. Frauen, Wechseljahre, Älterwerden. Verlagsges. Gesundheit 1981.
3) Mankowitz, Ann: Auf neue Weise fruchtbar. Der seelische Prozeß der Wechseljahre. Deutscher Taschenbuch Verlag, München 1994.
4) ab 40. Zeitschrift von, für, über Frauen. Wie sie leben, was sie denken, wer sie sind. Ab-40-Verlagsgesellschaft mbH, Jakob-Klar-Str. 1, 80796 München.

Weitere Literaturempfehlungen:

Cooper, Dr. Kenneth H.: Ratgeber Osteoporose. Das Präventiv-Programm: gezielt vorbeugen und konsequent behandeln. Mosaik Verlag, München 1990.

Jacob, Ursula: Osteoporose natürlich behandeln. Gräfe und Unzer Verlag, München 1994.

Leibold, Gerhard: Bewährte Naturheilverfahren bei Rückenschmerzen. Mit Spezialthema Alta-Major-Methode. Das Begleitbuch zur ZDF-Serie »Natur und Medizin«. Falken-Verlag, Niedernhausen 1991.

Notelovitz, Morris/Ware, Marsha: Aufrecht bis ins hohe Alter! Knochenschwund ist vermeidbar. Osteoporose – erkennen, vorbeugen, mildern. Goldmann Verlag, München 1984.

Schulte Strathaus, Regine: Osteoporose. Knochen schützen und stützen. Ein Buch für Frauen. Germa Press, Hamburg 1991.

Vollmer, Helga: Zeitkrankheit Osteoporose. Vorbeugen in der Jugend – aufrecht bis ins hohe Alter. Aktiv gegen Knochenschwund. Wilhelm Heyne Verlag, München 1995.

(weiteres →Rückenschmerzen)

Pilzinfektionen

Dazu gehören unter anderem:

Hautpilzbefall
Nagelmykose
Pilzinfektion der Scheide (siehe auch →Scheideninfektionen)
systemische Mykose

Allgemeines

Pilze sind überall. Sie gehören zu den widerstandsfähigsten und vitalsten Lebensformen unserer Erde und sind in ihren Lebensbedingungen äußerst genügsam: Weder extrem hohe noch extrem niedrige Temperaturen (bis 60°C über und unter Null) hindern ihr Wachstum; sie können bei Wasserstoffionen-Konzentrationen – besser bekannt als pH-Wert – zwischen 3,0 und 6,0 gedeihen, haben zwei verschiedene Fortpflanzungsmöglichkeiten (über die Myzelverzweigung und über luftausgesandte Sporen), und sie ernähren sich von Stoffen, die sie praktisch überall vorfinden, nämlich organischen Kohlenstoffverbindungen sowie ein wenig Wasser. Auch der menschliche Körper bietet Pilzen unter Umständen ausgezeichnete Lebensbedingungen – wie vor allem Frauen nur allzugut wissen, in deren Scheide sich diese zwittrigen, sowohl zum Pflanzen- wie zum Tierreich zählenden Schmarotzer gern einnisten.

Von Pilzen *besiedelt* sind nach wissenschaftlichen Vermutungen sehr viele Menschen, wenn nicht sogar alle. Das heißt jedoch noch lange nicht, daß wir deshalb schon an einer *Pilzinfektion* leiden. Wie bei Bakterien, Viren und anderen potentiellen Krankheitserregern kommt es nämlich ganz darauf an, wo sich die Pilze niederlassen, in welchem Ausmaß sie sich dort vermehren können und wie tief sie in den Organismus einzudringen vermögen. Im Normalfall merken wir gar nichts von einer Pilzbesiedelung: Einer natürlichen »Müllbeseitigung« vergleichbar, schmarotzen die Pilze an den abgestorbenen Zellen unserer Haut und Schleimhäute, die täglich millionenfach abgestoßen werden, damit darunter neue, gesunde Zellen nachwachsen können. Erst wenn es den Schmarotzern gelingt, auch zu diesen lebenden Zellen vorzustoßen, sie anzunagen und sich in ihnen auszubreiten, entwickelt sich eine Pilzinfektion mit all ihren üblen Symptomen: etwa Juckreiz, Schuppung, übelriechender Scheidenausfluß, stark angegriffene, bröckelnde, weißlich verfärbte Nägel, bei systemischem (inneren Organ-)Befall auch Schmerzen, Magen-Darm-Störungen, Husten wie bei einer Bronchitis, Gelenkschwellungen und viele andere, oft sehr unspezifische und daher schwer zuzuordnende Beschwerden.

Pilz ist dabei nicht gleich Pilz. Die für Menschen potentiell schädlichen (= humanpathogenen) Pilze werden in drei Gruppen eingeteilt: sogenannte Dermatophyten, die sich auf der Haut samt den Hautanhanggebilden (Nägeln, Haarbalg) am wohlsten fühlen; Schimmelpilze, die sich bevorzugt in unserem Leibesinnern niederlassen, sowie Hefepilze, allen voran die Art *Candida albicans*, die am liebsten in der zarten Genitalregion wächst und 80 Prozent aller Scheidenmykosen auslöst. Nagelpilzinfektionen (medizinisch: Onychomykosen) werden zu mehr als 75 Prozent von *Trichophyton rubrum* hervorgerufen, seltener von Hefe- und Schimmelpilzen.

Die eigentliche Krankheitsursache liegt jedoch viel tiefer. Damit aus dem Pilzbefall wirklich eine Erkrankung wird, muß der »Boden«, auf dem die Schmarotzer wachsen, bereits geschädigt sein. Oder andersherum ausgedrückt: Eine Frau, die rundum gesund ist, über ein intaktes Immunsystem verfügt und Pilzen keine Eindringmöglichkeiten in ihr Körperselbst bietet, bekommt auch keine Pilzinfektion.

Männer, die ihren Händen und Füßen bei schwerer Arbeit oder beim Sport häufig Verletzungen zufügen und deren Nagelpflege sich in vergleichsweise grobem Nagelschneiden erschöpft, leiden deshalb öfter unter Nagelmykosen als körperpflegebewußte Frauen, die zudem ihre Hände eher mit Handschuhen schützen und – schon aus Attraktivitätsgründen – mehr auf gute Maniküre und Pediküre achten. Das weibliche Geschlecht wiederum, mit zarterer Gesichts- und Körperhaut ausgestattet als das männliche, hat eher einmal eine Pilzinfektion im Gesicht, an den Armen, den Beinen, dem Rumpf oder der Kopfhaut. Vor allen Dingen aber haben Frauen öfter Genitalmykosen als Männer, denn ihre Vagina – so scheint es jedenfalls auf den ersten Blick – ist besonders verletzlich. (Mehr zu diesem Punkt →Scheideninfektionen.)

Den Medizinstatistiken zufolge muß jede Frau mindestens einmal, oft aber auch mehrmals in ihrem Leben mit einer pilzbedingten Scheideninfektion rechnen. Zwischen Sexualverkehr und Infekt besteht dabei ein enger Zusammenhang: Nur äußerst selten hat ein Mädchen, das noch ein intaktes Jungfernhäutchen (Hymen) besitzt, schon eine Scheidenmykose. Ist dieses Schutzhäutchen vor dem Scheideneingang jedoch einmal eingerissen – wie es beim Ballett, Turnunterricht, Reiten und anderen Sportarten oft passiert, also keineswegs nur beim ersten Sexualverkehr –, können die Pilze und auch andere Erreger leichter ins Scheideninnere vordringen. Verletzungen und andere Störungen der empfindlichen Scheiden»schleimhaut« (medizinisch wird auch hier von Haut gesprochen) bewirken dann unter Umständen, daß aus der Besiedelung eine echte Infektion wird.

Ähnliches gilt für systemische Pilzinfektionen. Sie haben in den letzten Jahren weltweit zugenommen – in erschreckendem Maße, meinen Pilzexpertinnen und -experten der Schulmedizin wie auch der Naturheilkunde. Den Grund dafür sehen sie in der immens angestiegenen Umweltverschmutzung, die praktisch alle Menschen in den sogenannten zivilisierten (industrialisierten) Ländern betrifft, ihr Immunsystem schädigt, ihre Organe mit Schadstoffen belastet und Krankheitserregern leichteres Spiel gewährt. Hinzu kommt, daß bei unklaren Beschwerden aller Art, bis hin zum Chronischen Müdigkeitssyndrom (→Erschöpfungszustände), immer häufiger auch an eine systemische Pilzinfektion gedacht und ein entsprechender Labortest durchgeführt wird.

Allzu oft jedoch wird dieser Verdacht erst geäußert, wenn die Erkrankung bereits chronisch geworden, der Organismus schon sehr geschädigt, das überforderte Immunsystem bereits erlahmt ist. Dann ist es natürlich um so schwieriger, dem Schmarotzer das Handwerk zu legen. Erschwerend kommt außerdem hinzu, daß Pilze wirklich überall sein können und es daher kaum gelingt, sich zur Vorbeugung oder nach einer ausgeheilten Infektion völlig gegen mögliche Ansteckungsquellen abzuschotten.

Info: Hier sitzen Pilze besonders gern
Pilze lieben ein feuchtwarmes Milieu und sind daher besonders häufig zu finden in benutzten Handtüchern, Badematten, Sauna-Holzrosten (Außenbereich), Schwimmbad-Gummiteppichen, Turnschuhen, Babywindeln, Binden und Slipeinlagen aus Kunststoff-Fasern und/oder mit Plastik-Wäscheschutz, eingeschränkt atmungsaktiver, wenig saugfähiger Kunstfaserkleidung aller Art, Topf- und Gartenerde, zu warm aufbewahrten bzw. verdorbenen Lebensmitteln, Klimaanlagen, schlecht gewarteten Luftbefeuchtern, an nässenden Wänden (Kellerräume, zu stark abgedichtete Wohnräume ohne regelmäßigen Luftaustausch) sowie in feuchtwarmer beruflicher Umgebung aller Art.

Und natürlich sind Pilzinfektionen prinzipiell auch ansteckend. Abgesehen davon, daß sie ihre Sporen über die Luft aussenden und sich auf diese Weise ausbreiten, können sie auch beim direkten Haut-zu-Haut- oder Schleimhaut-zu-Schleimhaut-Kontakt (Sexualverkehr, Zungenküsse) von einer infizierten Person auf eine andere übergehen – falls diese zweite ebenfalls ein vorgeschädigtes Immunsystem oder eine andere Schwäche aufweist, die eine Infektion fördern. Zahllose sogenannte Ping-Pong-Infektionen, vor allem im Genitalbereich, sind auf solche direkten Übertragungen zurückzuführen.

Die Schulmedizin bietet eine Reihe von Anti-Pilz-Mitteln (Antimykotika), die je nach Pilzart verabreicht werden, entweder als örtlich anzuwendende Salbe, Puder etc. oder – heute bevorzugt – als Injektion oder zu schluckendes Medikament. Alle diese Mittel können jedoch Nebenwirkungen haben, die teilweise ziemlich stark sind, die Leber belasten und das Blutbild verschlechtern. Blutbildkontrollen sind daher meist notwendig. Da diese Medikamente oft rasch und gut wirken, vor allem im Anfangsstadium der Erkrankung, möchte ich hier nicht unbedingt von ihrer Einnahme abraten. Allerdings *muß* vorher eine Pilzkultur im Labor angelegt werden, damit festgestellt werden kann, um welche Pilzart(en) es sich überhaupt handelt. Eine Antimykotika-Therapie ohne diesen Test ist zu ungezielt und dann oftmals völlig wertlos! Außerdem empfehle ich Ihnen dringend, *zusätzlich* die ab S. 504 genannten Maßnahmen zu beachten.

Mit naturheilkundlichen Behandlungen läßt sich selbst bei hartnäckigen Pilzinfektionen, die schulmedizinischen Therapien jahrelang getrotzt haben, sehr viel ausrichten. Allerdings braucht die Heilung um so mehr Geduld und Eigeninitiative, je länger die Erkrankung bereits besteht. Wer nicht konsequent vorgeht oder zu früh aufgibt, wird auch keinen dauerhaften Erfolg verzeichnen können.

Sofort zur ärztlichen Untersuchung/Behandlung bei:

- den allerersten (!) Anzeichen oder Verdachtssymptomen einer Pilzinfektion, in welchem Körperbereich auch immer, damit sofort ein Labortest gemacht und festgestellt werden kann, um welche Pilzart es sich ggf. handelt.

Körperliche Gründe von Pilzinfektionen

Die körperliche Bereitschaft, an einer Pilzinfektion zu erkranken, wird vor allem gefördert durch →Abwehrschwächen, zum Beispiel während oder nach grippalen Infekten, Unterkühlung, Infektionskrankheiten anderer Art (die Pilze bewirken dann eine sogenannte Superinfektion; manchmal ist es auch umgekehrt), Operationen, Unfällen, Verletzungen, bei akuten Stoffwechselstörungen (etwa Vergiftungen, Hepatitis) oder chronischen Stoffwechselleiden (etwa Diabetes oder Schilddrüsenstörungen), bei unbehandelten Störfeldern im Körper (zum Beispiel devitalisierte oder vereiterte Zähne, Mandelabszeß, Narbengewebe, chronische Reizungen oder entzündliche Prozesse im Beckenraum), außerdem bei Unter- bzw. Mangelernährung, größeren Blutverlusten, auch während der Menstruation, bei Störungen der Blutbildung bzw. der blutbildenden Organe sowie bei arteriellen Durchblutungsstörungen (dabei werden die peripheren, also weiter außen gelegenen Gewebeschichten sowie Hände und Füße schlecht durchblutet und krankheitsanfälliger).

Pilzinfektionen werden darüber hinaus von verschiedenen Medikamenten gefördert, die in den Wasser-, Elektrolyt- oder Hormonhaushalt eingreifen, die Darmflora lahmlegen oder insgesamt das Immunsystem unterdrücken. Dazu gehören fiebersenkende Mittel ebenso wie Antibiotika, Cortisonpräparate, Schilddrüsenhormone, Zytostatika (schulmedizinische Anti-Krebs-Mittel), Mittel zur Hormontherapie bei →Unfruchtbarkeit, gegen →Wechseljahrsbeschwerden, →Osteoporose oder als Antibabypille zur Empfängnisverhütung. Wer solche Mittel einnimmt, muß mit erheblich höherem Mykosen-Risiko rechnen.

Mykosen werden zudem gefördert von mangelhafter und falscher (die Haut austrocknender) Körper- und Haarpflege, Verletzungen bei Maniküre und Pediküre, ständigem Austrocknen der Nägel durch acetonhaltige Nagellackentferner, Kunstnägel, gewebeschädliche Nagellacke, hautreizende Reinigungsmittel, den Umgang mit ätzenden Substanzen, Schleimhautschäden in Mund, Rachen und Magen-Darm-Trakt durch Rauchen, häufiges Essen von Scharfgewürztem usw., einen übersäuerten Organismus (zu viel Zucker und Kohlenhydrate) und vieles andere mehr, was die Immunkräfte schwächt.

Psychosomatik

Aus der psychosomatisch orientierten Medizin und Erfahrungsheilkunde sowie aus den neueren Studien der Psycho-Neuro-Immunologie ist bekannt, daß seelischer Streß das Immunsystem ebenso schwächen kann wie körperlicher. Das Seelenselbst *ist Teil* des Abwehrsystems, und heftige Gemütsbewegungen, Dauerstreß, Erschöpfung, innere Konflikte, Reifungs- und andere Lebenskrisen können die Immunkräfte derart in Anspruch nehmen, daß Pilze – wie auch andere Erreger – leichteres Spiel haben. Bei Frauen kann daneben auch das psychische Unbehagen bei der Einnahme der Antibabypille oder einer anderen Hormontherapie eine Rolle spielen: Sie wurde vielleicht »vom Kopf her« akzeptiert, doch der »Bauch« (das Unbewußte) verweigert sich der Vereinnahmung, besteht auf dem Kinderwunsch, will keine unnatürlichen Eingriffe in den Hormonhaushalt, und so weiter. Konflikte im Sexualleben können die Bereitschaft, an einer Pilz- oder anderen →Scheideninfektion zu erkranken, ebenfalls steigern. Fußpilzkrank können Frauen werden, die immerzu für andere laufen, »so weit die Füße tragen«; Pilzbefall an den Händen bzw. Fingernägeln kann Arbeitsüberlastung signalisieren (etwas nicht mehr anfassen, die Finger davon lassen wollen). Hautpilz, wie auch andere Leiden an dieser »Grenze zwischen innen und außen«, ist ein psychosomatisches Zeichen dafür, sich etwas oder jemanden vom Leibe halten zu wollen – beziehungsweise, ganz ambivalent, Ausdruck eines tiefen Wunsches nach (mehr) Zuwendung und Berührung, doch bitte ohne gleichzeitige Verletzung bzw. Verletzungsgefahr: ein manchmal kaum lösbar scheinender Konflikt.

Natürliche Heilverfahren

Allgemeinverhalten:
Aus der Info auf S. 501 ersehen Sie, wo Pilze sich bevorzugt ansiedeln. Vorbeugend sollten Sie diese Infektionsquellen meiden bzw. sich entsprechend schützen, etwa mit Arbeitshandschuhen, dem Tragen atmungsaktiver Kleidung aus naturbelassenen Fasern, die Schweiß aufsaugen kann und keine feuchten Wärmekammern schafft, nur Binden aus reiner Baumwolle ohne künstliche Zusätze oder Baumwollstoff zur Menstruationshygiene benutzen (siehe hierzu auch S. 479), Babypopos nicht in Plastik verpacken, Haut, Kopfhaut und Nägel vor Austrockung, Schäden, Verletzungen bewahren, und so weiter. Bei einer akuten oder chronischen Pilzinfektion gilt das alles ebenfalls, doch in verstärktem Maße: bei Fußpilz bzw. Fußnagelmykose nur Seiden-, Baumwoll- oder Wollsocken, keine Synthetikstrümpfe tragen, keine Turn- und andere Gummischuhe, nie mit nassen, kalten Füßen herumlaufen; bei Fingernagel- bzw. Handpilz keine Gummi- oder sehr eng anliegende Lederhandschuhe oder Synthetik-

Fäustlinge tragen; bei systemischer Pilzinfektion möglichst nicht in Räumen mit Klimaanlage arbeiten (oder auf gründlicher Filterreinigung bzw. Filterwechsel bestehen), Luftbefeuchter-Filter oft auswechseln, feuchte Wohn- oder Arbeitsräume sanieren. Falls der Schimmelpilz nicht weicht: umziehen bzw. Arbeitsplatz wechseln! Bei hohen berufsbedingten Pilzbelastungen kann sogar eine Umschulung erforderlich werden.

Pilzfördernde Medikamente sowie die Antibabypille sollten Sie, wenn irgend möglich, im Behandlungszeitraum absetzen und auch vorbeugend meiden. Zu Pilzinfektionen der Scheide siehe ab S. 557.

Akupressur:
Da die Behandlung vom Ort der Pilzinfektion abhängt, ist es am besten, Sie fragen eine Fachkraft nach den für Sie in Frage kommenden Akupressur-Punkten.

Aromatherapie:
Grundsätzlich helfen alle aromatischen Öle, die das Immunsystem aufbauen, Streß abbauen, die Durchblutung anregen und die Regenerierung der Gewebe fördern (siehe Tabelle S. 73). Fungizide (= pilztötende) Eigenschaften haben Knoblauch, Senföl, Lorbeer (auch für Auflagen bzw. als Einreibungen oder Badezusätze). Bei Pilzbefall der Scheide helfen Geranium und Lavendel, auf einen Mini-Tampon, besser eine Binde oder einen Wattebausch als Vorlage geträufelt oder in ein Sitzbad gegeben.

Atemtherapie:
Falls Ihre Pilzinfektion deutlich mit Überarbeitung, Dauerstreß, akutem Streß und/oder generellen Entspannungsproblemen einhergeht, empfiehlt sich eine Atemtherapie oder auch ein →Yoga-Kurs. Atemübungen helfen sehr bei der adäquaten Streßverarbeitung und beim Entspannen.

Bewegung:
Viel Bewegung an frischer Luft bringt das gesamte Immunsystem in Schwung. Sie sollten dabei möglichst oft barfuß laufen, sich andererseits aber vor Hautverletzungen schützen, und beim Sport *keine* Turnschuhe oder Schuhe mit Gummisohle tragen, falls Sie an Fußpilz leiden (auch sonst so wenig wie möglich). Schwimmen in Chlorwasser reizt die Haut; lieber bleibenlassen!

Chronobiotherapie:
Bei streßbedingten Pilzinfektionen müssen Sie lernen, mit Ihren biologischen Rhythmen und nicht gegen sie zu leben. Siehe dazu ab S. 119.

Ernährung, Vitamine, Mineralstoffe, Spurenelemente:
Richtige Ernährung ist das A und O bei jeder Art von Pilzinfektion und auch vorbeugend unerläßlich. Zu Therapiebeginn sind 2–3 Tage ausleitendes →Heilfasten zu empfehlen. Dann die Ernährung auf gesunde Vollwertkost umstellen (→Ernährungstherapie), zumindest aber auf alles verzichten, was Zucker, Honig, Fruchtzucker, Weißmehl und Alkohol enthält, bis die Infektion völlig ausgeheilt ist! Pilze ernähren sich von diesen Kohlenhydraten besonders gern und gut. Bei *Hefepilzerkrankungen* sollten Sie außerdem auf alle Hefeprodukte (auch Hefeweißbier) verzichten, bei *Schimmelpilzbefall* sorgsam schimmelverdächtige Nahrungsmittel aussondern und keinen Edelschimmelkäse essen. Auch wenn es sich nicht um genau die gleichen Pilze handelt, können sie doch das Wachstum pathogener (= krankmachender) Pilze im Organismus unterstützen. Gehen Sie kein Risiko ein! Meerrettich, Zwiebeln, Radieschen, Rettich, Shiitake-Pilze, Essig, scharfer Senf, Buttermilch mit lebenden Bakterienkulturen sowie Mate-Tee sollten bei Pilzinfektionen so oft wie möglich auf dem Speisezettel stehen, denn diese Dinge mögen die pathogenen Pilze gar nicht.

Zusätzlich tut Ihnen bei akuter und chronischer Mykose alles gut, was Ihr Immunsystem stärkt (siehe dazu unter →Abwehrschwächen und →Biologische Krebsabwehr).

Farbtherapie:
Ultraviolett hilft beim Abheilen der Infektion (siehe Lichttherapie); Rot und Orange regen die Durchblutung an. Bei starkem Juckreiz sollten Sie es mit einer besänftigenden Blau- oder Grün-Behandlung versuchen. Anwendungen siehe ab S. 155.

Heiltees und -tinkturen:
Ausleitend wirken Zinnkraut-, Brennessel- und Schachtelhalmtee, auch als Teemischung, täglich 1–2 große Tassen. Pilzhemmend sind Tinkturen aus Knoblauch, Senföl oder Lorbeer; dreimal täglich 10 Tropfen einnehmen, bei etwaigen Magenreizungen die Dosis senken! Blutreinigend und blutbildend ist eine Teemischung aus Löwenzahnwurzel, Birkenblättern, Holunderblüten, zerstoßenem Kümmel und Fenchelsamen sowie Schlehdornblüten; bei chronischer bzw. systemischer Pilzinfektion 2 Wochen lang dreimal täglich 1 Tasse trinken. Immunstärkend sind außerdem Echinacea- und Ginseng-Präparate sowie Propolis als Tropfenkur, täglich zweimal 10–20 Tropfen in etwas Wasser. Bei Nagelpilz kann das Bestreichen mit Grapefruitsamenextrakt (aus der Apotheke, nach Herstelleranweisung) helfen. Alle diese Kuren nicht über 3 Wochen ausdehnen, dann einen Monat pausieren.

Kälte- oder Wärmetherapie:
Da Kälte die Gewebedurchblutung (noch mehr) hemmt, ist sie bei Pilzinfektionen nicht angezeigt. Stoffwechsel- und durchblutungsfördernd sind hingegen alle im Wechsel warmen und kalten Anwendungen des →Kneippens (siehe Tabelle S. 189) sowie Fuß-, Sitz- und Halbbäder mit langsam ansteigender Temperatur, so heiß Sie und Ihr Kreislauf es aushalten (bei mehr als 38°C nach 5 Minuten Sitz- oder Halbbad beenden).

Lichttherapie:
Vollspektrum-Sonnenlicht oder auch nur UV-A-Licht unterstützen das Abheilen der Pilzinfektion sehr und helfen auch vorbeugend. Setzen Sie die befallenen Stellen, wenn möglich, mehrmals täglich bis zu 20 Minuten lang dem Sonnenlicht aus (bei starkem Sonnenschein ein- bis zweimal täglich 10 Minuten, denn

Sie dürfen die erkrankten Stellen nicht mit Sonnenschutzmitteln einreiben), oder bestrahlen Sie sie nach Herstelleranweisung mit einer UV-A-Lampe. Gehen Sie grundsätzlich viel ins Freie, und lassen Sie Licht und Luft an die infizierte Haut!

Massagen:
Sie sind vor allem bei Haut- und Nagelpilzinfektionen wichtig, weil dabei gestaute Lymphe abgeleitet und Blut zugeleitet wird. Nie direkt auf dem erkrankten Bereich, sondern immer sanft drumherum massieren oder die Haut bürsten und stets in Richtung Lymphknoten hin ausstreichen (im Gesicht: zu den Schläfen und Halslymphknoten, im Hals- und Brustbereich zu den Achselhöhlen, im Rumpfbereich zu den Lenden, von den Füßen nach oben; bei Stau und Schwellung im Lymphknotenbereich diesen erst sanft vormassieren und ausstreichen!).

Psychosomatische Hilfe:
Ein Organ, das sich leicht infiziert, gibt sich immer als (möglicherweise auch ererbter) Bereich größter Sensibilität für Streßreize zu erkennen. Erkunden Sie Ihre Organsprache: Was verbinden Sie mit dem pilzinfizierten Organbereich? Was tun Sie mit dieser Körperregion, was lassen Sie – vielleicht gegen Ihren Willen – damit geschehen? Fragen Sie sich auch: Was geht Ihnen unter die Haut, was brennt Ihnen auf den Nägeln, was finden Sie zum Haareausraufen, was reibt Sie von innen her auf, oder wovor würden Sie am liebsten Ihre Scheide verschließen? Versuchen Sie, die Konflikte zu erkennen, bei denen Ihre Pilzinfektion immer wieder aufflammt oder sich erstmals gezeigt hat, und eine Lösung dafür zu finden. Sollte es sich um chronischen Streß handeln, der Sie abwehrschwach macht, müssen Sie Wege zur Entspannung suchen, zum Beispiel in einem körperbezogenen →Bewußtseinstraining bzw. einer Körpertherapie, bei Autogenem Training, →Yoga oder Meditation. Bei Sexual-, Partnerschafts- und Verhütungsproblemen kann eine Pro-Familia-Beratung, gegebenenfalls auch eine psychologische Familien- oder Paartherapie sehr sinnvoll sein. Überlegen Sie sich auch: Wovor schützt Sie Ihre Pilzinfektion? Wollen Sie diesen Schutz lieber behalten, als

sich den möglicherweise zugrundeliegenden Konflikten zu stellen und gesund zu werden? Oder wollen Sie lernen, sich auf andere Weise – und nicht auf Kosten Ihrer Gesundheit – zu schützen?

Rituale mit Heilwirkung:
Besorgen Sie sich eine Stola oder einen Schal aus einem Material, das Ihnen am allerangenehmsten auf der Haut ist: Seide, Samt, Waschsamt, zarte Baumwolle oder Wolle, weiches Leder, eventuell auch ein Stück echten Pelz (wenn Sie nicht aus Tierschutzgründen etwas dagegen haben). Es muß jedoch unbedingt ein natürliches Material mit möglichst wenig künstlichen Zusatzstoffen sein, am besten auch mit Naturfarben gefärbt oder ganz unbehandelt. Dieser Schal ist Ihre »zweite Haut« und symbolisiert Ihre eigene: Das Beste und Schönste ist für Ihren »Schutzmantel« gerade gut genug! Legen Sie ihn sich auf die bloße Haut, wann immer Sie gestreßt, trost- und wärmebedürftig, traurig oder nervös sind. Streicheln Sie Ihre »zweite Haut«, als wäre es Ihre eigene; erfreuen Sie sich an ihrem Material, ihren Farben, ihrem Duft. Spüren Sie die Sinnlichkeit des Schals auf Ihrer eigenen Haut, und schicken Sie ihr dabei Wellen von Liebe und Heilenergie. (Zusatzempfehlung: Leihen oder schenken Sie diesen Schal nicht her! Er füllt sich mit der Zeit mit Ihrem Duft und Ihren Energien und sollte Ihnen allein gehören.)

Visualisieren:
Schlüpfen Sie mit geschlossenen Augen aus Ihrer Haut heraus wie eine Schlange, die sich häutet. Betrachten Sie Ihre abgeworfene Haut vor Ihrem inneren Auge von allen Seiten; sehen Sie sich Ihre Verletzungen an (auch die psychischen), die Spuren, die harte Arbeit auf ihr zurückgelassen hat, die Spuren großer Belastungen, des Älterwerdens und der Hauterkrankungen. Entdecken Sie daneben die schönen Spuren des Lachens, der Kreativität, des von Ihnen schon Geleisteten, der Schwangerschaften, der Lebenserfahrungen. Schicken Sie Ihrer abgestreiften Haut, Ihrem bisherigen Schutzmantel, eine Welle der Dankbarkeit. Wenden Sie sich nun der neuen, noch ganz frischen, zarten, lebendigen Haut zu, die unter der alten Haut nachgewachsen ist.

Erfüllen Sie sie mit einem inneren Leuchten; schicken Sie ihr frisches rotes Blut, streicheln Sie in Gedanken jeden einzelnen Zentimeter Ihrer Haut, vom Kopf bis zu den Füßen (nichts auslassen, auch die Innenräume von Mund, After, Scheide nicht!). Legen Sie auf Stellen, an denen Sie sonst Ihre Pilzinfektion spüren, einen schützenden Verband aus purer Heilenergie. Denken Sie daran, was Sie mit dieser Ihrer Haut alles spüren können: Wind, Sonne, Regen, Sand, Meer, Wärme und Kälte, Stoffe und Formen unter Ihren Händen, zärtliche Berührungen... Mit einem dankbaren Gefühl für Ihre neue Haut, die Sie nach innen zusammenhält, nach außen abschirmt und Ihnen so viele sinnliche Erfahrungen ermöglicht, schlüpfen Sie wieder in Ihre Haut zurück, ballen die Hände, schütteln Sie dann fest aus und öffnen tief ausatmend die Augen. Täglich einmal wiederholen.

Wasseranwendungen:
Pilze wie auch andere Erreger fühlen sich in Meerwasser nicht wohl. Schwimmen Sie so oft wie möglich im Meer, oder bereiten Sie sich zwei- bis dreimal wöchentlich ein Bad, in das Sie eine Handvoll Meersalz schütten, in der eigenen Fuß-, Hand- oder Badewanne! Bei Nagelpilz hilft auch ein möglichst heißes Hand- bzw. Fußbad, in das Sie ein Glas Obstessig schütten; zweimal täglich wiederholen. Weiteres siehe Kälte- oder Wärmetherapie.

Wickel:
Kaltgepreßtes, reines Olivenöl *extra vergine* hat viren-, bakterien- und pilzhemmende Eigenschaften und eignet sich für Wickel und für Auflagen oder Packungen auf die pilzbefallene Stelle. Mehrmals täglich 20–30 Minuten einwirken lassen; das hilft auch, Misch- und Superinfektionen einzudämmen. Außerdem empfehlenswert: Einreibungen mit wundheilender Zinksalbe, Senföl (auch als Pflaster) oder Borwasser (aus der Apotheke) sowie, bei Pilzinfektionen des Mundraums, Spülungen mit verdünntem Borwasser.

Zusätzliche Verfahren:
Oft verhindern Störfelder im Organismus, daß die Abwehrkräfte wieder richtig arbeiten können. Sie müssen dann von einer darin ausgebildeten Fachkraft aufgespürt und saniert werden, etwa mit Hilfe der Neuraltherapie, der →Akupunktur oder der Elektro-Akupunktur nach Voll, einer biologischen Darmsanierung oder einer naturheilkundlichen Zahnbehandlung (eventuell auch Amalgam-Entfernung). Gezielte, individuelle Aufbauprogramme sowie natürliche Anti-Pilz-Mittel stellt auch die →Homöopathie bereit. Naturheilkundige können darüber hinaus das Immunsystem mit speziellen Aufbaupräparaten stützen (→Biologische Krebsabwehr).

Literaturempfehlungen:
Guzek, Bernd und Gaby: Hautpilz erfolgreich behandeln. Südwest Verlag, München 1995.
Ilies, Angelika/Kraske, Eva-Maria: Candida: Richtig essen bei Pilzinfektionen. Gräfe und Unzer Verlag, München 1995.
Karstädt, Uwe: Das Candida-Kochbuch. Durch richtige Ernährung Pilzerkrankungen heilen. Mit 120 Rezepten. Wilhelm Heyne Verlag, München 1995.
Kinon, Ulla: Mykosen. Pilzinfektionen, die (un)heimliche Krankheit. Diagnose – Schutz – konventionelle und alternative Heilmethoden. Econ Taschenbuch Verlag, Düsseldorf 1994.
Kraske, Eva-Maria: Candida-Pilzinfektionen natürlich behandeln. Gräfe und Unzer Verlag, München 1995.
Lange, Elisabeth: Heildiät gegen Pilze im Körper. Südwest Verlag, München 1995.
Markus, Harold H./Finck, Hans: Warum fühle ich mich ständig krank? Ehrenwirth Verlag, München 1992.

Weiterführende Anschriften:

Arbeitsgemeinschaft
Mykosen
Unterortstr. 16
65760 Eschborn

Förderverein Medizinische
Ökologie
Hauptstr. 14
34308 Emstal

Prämenstruelles Syndrom (PMS)

Allgemeines

Jede Gesundheitsstörung, die medizinisch als »Syndrom« bezeichnet wird, umfaßt mindestens zwei bis drei, oft aber auch sehr viel mehr charakteristische Beschwerden. So auch das Prämenstruelle Syndrom, im folgenden stets mit PMS abgekürzt. Es ist so variationsreich, und die Liste der möglicherweise dazugehörenden Leiden ist derart lang, daß es relativ lange gedauert hat, bis der gesamte Komplex tatsächlich als definierbare Gesundheitsstörung erkannt wurde. Zu den potentiell bei PMS auftretenden Beschwerden gehören, in alphabetischer Reihenfolge, unter anderem:

Aggressivität, Brustschmerzen, Depressionen, Distanzbedürfnis, Ekelgefühle, Erschöpfung, Gewichtszunahme, Gliederzittern, Hautprobleme, Konzentrationsmangel, Kopfschmerzen, Kreuzweh, Libidoabnahme, Minderwertigkeitsgefühle, Müdigkeit, Nervosität, Putzwut, Reizbarkeit, Selbstmordgedanken, Unfallneigung, Unterleibskrämpfe, Verdauungsstörungen, Verschlimmerung von Krankheiten, Wassereinlagerungen (Ödeme), Ziehen im Unterleib.

Das alles scheint auf den ersten Blick kaum etwas miteinander zu tun zu haben. Und doch gibt es beim PMS *eine* große Gemeinsamkeit: Alle zum Syndrom gehörenden Beschwerden treten mit vorhersehbarer Regelmäßigkeit in der zweiten Zyklushälfte, also nach dem Eisprung, auf und vergehen, sobald die Menstruation einsetzt.

Für die PMS-Diagnose ist dieser zeitliche Zusammenhanng ausnehmend wichtig, um nicht zu sagen entscheidend. Denn natürlich können alle in der Liste aufgeführten Störungen auch außerhalb dieses Zeitraums oder ganz unabhängig vom Zyklus auftreten, letzteres zum Beispiel bei Frauen in oder nach den Wechseljahren oder nach einer Operation, bei der sie ihre inneren Sexualorgane verloren haben, also kein Menstruationszyklus mehr stattfindet. In solchen Fällen würde es sich aber auch nicht um PMS-Beschwerden handeln.

Als prämenstruelles, also vor der Menstruation auftretendes Syndrom wird dieser Beschwerdenkomplex erst seit einigen Jahrzehnten bezeichnet; verstärkte Berichterstattung in den Medien hat dazu geführt, daß auch Nichtmedizinerinnen – also der größte Teil der weiblichen Bevölkerung – sich eines Krankheitsbildes namens PMS bewußt geworden sind. Hier setzt auch ein wichtiges Argument von Kritikerinnen dieser Diagnose an: PMS sei, so meinen etwa die australische Psychologin Elizabeth Harding und ihre Kollegin Paula J. Caplan, sozusagen eine »herbeigeredete Krankheit«, und Tausende von Frauen würden mit einer PMS-Diagnose ganz zu Unrecht als krank stigmatisiert. Ungesund und krankmachend ist meiner Ansicht nach aber vielmehr das Verhältnis unserer Gesellschaft zum gesamten Menstruationsgeschehen. Da es allseits noch mit großen Tabus belegt wird und Mädchen wie Frauen oftmals kein gutes, stolzes, sondern eher ein irritiertes, schamhaftes Gefühl bei ihren Blutungen haben, stellen sich auch eher Beschwerden vor und zu den »Tagen« ein. Solche Symptome sind demnach keineswegs »Frauenschicksal«, sondern gesellschaftlich bedingte Gesundheitsstörungen. Und je mehr sie als »Krankheit« in den Köpfen der Frauen verankert werden, desto weniger wird nach den – ja durchaus veränderbaren – psychosozialen Ursachen gefragt. Folge: Anstatt sich gegen allgemein frauen- und speziell menstruationsfeindliche Gepflogenheiten der Gesellschaft aufzulehnen, halten sich die meisten Betroffenen für individuell krank, womöglich sogar für verrückt.

Hinzu kommt: Unsere Gesellschaft hält vieles »typisch Weibliche« nur deshalb für eine Störung, für krankhaft und behandlungsbedürftig, weil es Schwankungen aufweist, die den Männer oft unheimlich erscheinen, und Wellenbewegungen, etwa den Hormonausschüttungen im Zyklus, folgt. Die typisch männliche (und dabei nicht nur frauen-, sondern lebensfeindliche) Haltung deklariert dagegen Statisches, immer Gleichbleibendes, Kontrollier- und Voraussagbares zur Normalität, alle Abweichungen von der gedachten Gerade hingegen für anomal. Leben ist jedoch Veränderung, und ohne eine gewisse Labilität – gleichbedeutend mit Flexibilität! – würden Systeme aller Art rasch zusammenbrechen. Starre ist ein Ausdruck des Todes, nicht der Gesundheit.

Last but not least kommt es auch vielen Frauen ganz gelegen, daß für ihre zahlreichen, bislang »unerklärlichen« Beschwerden vor der Menstruation endlich ein Krankheitsbegriff gefunden wurde. Es befreit sie nämlich von Verlegenheitsdiagnosen wie »vegetative Dystonie« oder ärztlichen Abwehrstrategien, die oft darin gipfeln, die Betroffenen schlicht für hysterisch zu erklären, ihre Leiden für pure Einbildung.

Das sind sie natürlich keineswegs. Und trotz aller Kritik an den Umständen müssen Frauen selbstverständlich in ihren Leiden wahr- und ernstgenommen werden (wie es die Kritikerinnen ja durchaus auch tun). Eine Heilung im ganzheitlichen Sinne wird es sicher erst geben, wenn die Gesellschaft, in der wir leben, gründlich von ihrer offenen und versteckten Frauenfeindlichkeit geheilt ist; Frauen – und auch Männern – bleibt hier noch sehr viel zu tun. Inzwischen können naturheilkundliche Mittel entscheidend dazu beitragen, den unter PMS-Beschwerden Leidenden (wieder) ein Gefühl von Autonomie und Selbstbewußtsein zu vermitteln. Und es stehen Ihnen viele Möglichkeiten zur Verfügung, Ihre Leiden zu lindern, ohne daß Sie sich den oft recht drastischen schulmedizinischen Anti-PMS-Maßnahmen (meist starkwirksame Hormonpräparate und/oder Psychopharmaka) ausliefern müssen.

Körperliche Gründe von PMS

In der Schulmedizin werden vor allem zwei körperliche Gründe für PMS genannt: Endometriose, versprengte Inseln von Gebärmutterschleimhaut, die sich in anderen Körpergeweben angesiedelt haben (→Gebärmutterprobleme), sowie Hormonstörungen unterschiedlichster Art. Ein Mangel an Progesteron oder eine gestörte Balance zwischen Östrogenen und Progesteron, eine vermehrte Prolaktinproduktion (sie kann vor allem Brustbeschwerden verursachen) oder ein Übermaß an Endorphinen (sie bewirken ein Gefühl der »Hochspannung«, wie unter Strom), sollen für die Beschwerden verantwortlich sein. Welches der vielen am Zyklus beteiligten Hormone nun aber wirklich der Haupt-Übeltäter ist, darüber gehen die Meinungen in der Wissenschaft stark auseinander. Ob im Einzelfall überhaupt eine Hormonstörung vorliegt, muß anhand von Hormontests – Blutwertbestimmungen im Labor – überprüft werden (stets mehrere Messungen an verschiedenen Tagen der zweiten Zyklushälfte vornehmen lassen, denn ein Test allein sagt wenig aus!). Grundsätzlich ist dazu anzumerken, daß Hormonstörungen ihrerseits nur selten rein organische Ursachen haben; in aller Regel stecken Streß und andere psychosoziale Faktoren dahinter.

Manchmal sind krasse Ernährungsfehler für bestimmte Beschwerden verantwortlich. Diskutiert werden ein chronischer Mangel an essentiellen Fettsäuren, Enzymen, Vitaminen (vor allem Vitamin B) sowie Störungen im Mineralstoffhaushalt, außerdem ein Übermaß an Genußmitteln wie Kaffee, Schwarztee und Nikotin, die das vegetative Nervensystem überreizen.

Informationen zu weiteren körperlichen Ursachen der eingangs genannten PMS-Symptome finden Sie unter den jeweiligen Beschwerdekomplexen, die in diesem Buch besprochen werden.

Sofort zur ärztlichen Untersuchung/Behandlung bei:
- prämenstrueller Verschlimmerung bestehender Krankheiten,
- Anzeichen für akute Brust- oder Unterleibsentzündungen, prämenstruellem Nierenversagen,
- unkontrollierbarem Blutzuckerabfall, Kreislaufzusammenbruch oder Anfällen von Bewußtlosigkeit,
- schweren, angsteinflößenden psychischen »Ausrastern«, etwa Selbstmord- oder Mordgedanken, Halluzinationen, Depersonalisierungserscheinungen.

Psychosomatik

Im ersten Teil des Menstruationszyklus – er wird ab dem ersten Menstruationstag berechnet – fühlen sich PMS-leidende Frauen meist viel wohler als im zweiten. Ihre Blutung ist eingetreten; das nimmt ihnen die Sorge, etwa ungewollt schwanger geworden zu sein. Nach ihrem Abklingen müssen sie zwar wieder an Empfängnisverhütung, nicht aber an die oft als lästig empfundene Menstruationshygiene denken, fühlen sich freier beim Sport und in Gesellschaft, haben keine aktuellen Zyklusbeschwerden – kurz, können die unangenehmen Erinnerungen daran, ein weibliches Wesen zu sein, erst einmal für ein paar Wochen ad acta legen. Doch dann nahen schon die nächsten »Tage« – und mit ihnen Ängste und Unwohlsein verschiedener Art. Je ängstlicher und verkrampfter eine Frau auf ihre Menstruation wartet, desto schlimmer können die PMS-Beschwerden sein. Bei vielen Mädchen und Frauen spielt auch die Erziehung bzw. das mütterliche Vorbild eine große Rolle, ohne daß sie sich dessen immer bewußt sind: Sie übernehmen das Verhalten der Mutter vor (oder auch während) der Menstruation, bekommen genau wie sie eine prämenstruelle Migräne oder legen sich ruhe- und rückzugsbedürftig ins Bett – und werden dann, wie die Mama, von der Familie ein paar Tage lang rücksichtsvoller behandelt als sonst. Dieses erlernte Verhaltensmuster kann auch später noch »Früchte tragen«, wenn die Frau längst eine eigene Familie hat. Und da Mutter-Tochter-Beziehungen zu den kompliziertesten überhaupt gehören, ist auch das genaue Gegenteil möglich: Töchter, die ihre PMS-leidenden Mütter unausstehlich fanden, verkneifen sich jede prämenstruelle Besonderheit (haben dafür aber oft heftige →Menstruationsbeschwerden). Oder sie »pflegen« ihr PMS geradezu, weil sie es traurig finden, wie ihre Mutter trotz ihrer Beschwerden immer verschämt so tat, als wäre nichts.

Auch ein ambivalenter Kinderwunsch kann mit dem Auftreten von PMS zu tun haben. Nach Studien der Psychoanalytikerin Dr. med. Viola Frick-Bruder, Hamburg[1)], erleben vor allem diejenigen Frauen starke PMS-Beschwerden, die ihrer Fortpflanzungsfähigkeit zwiespältig gegenüberstehen. Erst die Menstruation kann sie von ihren Konflikten erlösen: Weder müssen sie jetzt mit einer Schwangerschaft beweisen, wie fruchtbar und gebärfähig sie doch sind, noch brauchen sie sich weiter vor den Einschränkungen und Abhängigkeiten fürchten, die eine Schwangerschaft mit sich brächte. Das alles kann wieder für ein paar Wochen »vergessen« werden – bis der nächste Blutungstermin naht. Ähnlich, wenn auch mit umgekehrtem Vorzeichen, ergeht es Frauen, die unbedingt schwanger werden wollen und bang darauf warten, ob die Menstruation wohl anzeigt, daß es leider wieder nicht geklappt hat.

Aus Statistiken geht hervor, daß Frauen um so mehr über PMS klagen, je mehr sie sich ihren Wechseljahren nähern. Psychosomatisch wird dafür weniger der sich verändernde Hormonhaushalt als vielmehr die sich verändernde Haltung der Frau (und ihres Umfelds) zu sich selbst verantwortlich gemacht. Ihre biologische Uhr läuft unerbittlich ab, und sie muß daran denken, von ihrer Fortpflanzungsfähigkeit demnächst Abschied zu nehmen. Viele bedrängt die Frage, ob sie nicht doch noch ein (weiteres) Kind bekommen sollen; andere grämen sich über Kinder, die sie nicht haben konnten, etwa wegen einer Scheidung oder wegen →Unfruchtbarkeit. Und viele betrauern – bewußt oder unbewußt – auch ganz einfach das nahende Ende einer weiblichen Potenz. Rückt die nächste Menstruation heran, werden diese Konflikte hochgeschwemmt.

Manche Frauen klagen vor allem über psychische Besonderheiten – erhöhte Aggressivität, Reizbarkeit, Nervosität, Putzwut usw. – in der prämenstruellen Zeit. Oft können sie genau diese Seiten ihrer Persönlichkeit in der übrigen Zeit überhaupt nicht ausleben (oder gestehen sich das nicht zu). Im Zuge der hormonellen zyklischen Veränderungen sinkt die Reizschwelle, und die Kontroll-Mauer bekommt Sprünge. Dann »kennen sie sich nicht mehr wieder«: Angestauter Zorn und andere heftige Gefühle brechen sich nun ihre Bahn. Die Umwelt erklärt sie für »verrückt«, und auch sie selbst leiden heftig unter der vermeintlichen Persönlichkeitsspaltung. Der einzige Ausweg, nach psychologischer Auffassung: *Alle* Seiten der eigenen Persönlichkeit akzeptieren lernen, auch die »unweiblichen« oder unangenehmen, und adäquate Wege finden, sie ins *gesamte Leben* zu integrieren. Dann braucht es keine prämenstruellen Dammbrüche mehr zu geben.

Sowohl ein heftiges PMS als auch Menstruationsbeschwerden können schließlich auch noch ein Hinweis darauf sein, daß die Frau ein sexuelles Trauma (Inzest, Nötigung, Vergewaltigung) zu bewältigen hat, das wie eine Wunde jeden Monat aufbricht, sobald die Weiblichkeit des eigenen Körpers – der »Grund« für die

Mißhandlungen – massiv spürbar wird. Diese Frauen können nur mit einfühlsamer psychotherapeutischer Hilfe genesen (am besten bei einer Therapeutin). Tees und Tinkturen sind hier nicht genug.

Natürliche Heilverfahren

Allgemeinverhalten:
Es hängt ganz von Ihren PMS-Beschwerden und -Besonderheiten ab. Stellen Sie zunächst einmal *sicher* fest, ob Ihre Beschwerden tatsächlich nur in der zweiten Zyklushälfte auftreten (alle Symptome 3 bis 4 Monate lang in einem Zykluskalender aufzeichnen). Falls es PMS ist: Geben Sie Ihren Bedürfnissen nach, wo immer das sozial verträglich erscheint. Gönnen Sie sich mehr Entspannung, oder wirbeln Sie ruhig wie ein Putzteufelchen durchs Haus (dann haben Sie Ihre Ruhe und ein sauberes »Nest«, sobald Ihre Blutung einsetzt, die ja ebenfalls ein ganz natürlicher Reinigungsvorgang Ihres Organismus ist). Suchen Sie sich ein ungefährliches Feld zum Abreagieren von Aggressionen, zum Beispiel Malen, Musikmachen (Trommeln! →Musik- und Tanztherapie), Tagebuchschreiben, Selbstverteidigungstraining, Sport. Falls Ihre Bewegungskoordination oder Konzentration gestört ist: Verschieben Sie anstrengende bzw. prekäre konzentrative Aufgaben (zum Beispiel lange Autofahrten, Gläserpolieren) auf ein andermal. Lassen Sie sich Raum, so zu sein, wie Sie in dieser Zeit Ihres Zyklus eben sind. Sie müssen durchaus nicht immer gleichmäßig »funktionieren«. Weitere Tips siehe unter den jeweiligen Beschwerdekomplexen.

Akupressur:
→Gebärmutterprobleme, S. 405

Aromatherapie:
Entspannend und tonisierend wirken Zitronenmelisse, Lavendel, Grapefruit, Myrte, Rose, nach Bedarf genutzt. Anwendungen siehe ab S. 70.

Atemtherapie:
Erlernen Sie die entspannende, entkrampfende, auch hoher Reizbarkeit entgegenwirkende tiefe Bauchatmung (siehe S. 82). Bevor Sie »in die Luft gehen«, atmen Sie zehnmal bewußt tief ein und wieder aus. Konzentrieren Sie sich dabei ausschließlich auf Ihren Atem. Auch in einem guten Yoga-Kurs lernen Sie, mit Atemübungen Ihren PMS-Beschwerden entgegenzuwirken bzw. sie gar nicht erst aufkommen zu lassen.

Bewegung:
Trainierte Sportlerinnen haben weit weniger PMS-Beschwerden als unsportliche Frauen. Suchen Sie sich eine Bewegungsart aus, die Ihnen gut gefällt und Spaß macht, und üben Sie sie regelmäßig, am besten täglich eine viertel bis halbe Stunde, auf jeden Fall aber in den letzten zwei Wochen vor Ihrer nächsten Menstruation! Sehr geeignet ist auch Bauchtanz (→Musik- und Tanztherapie), Jazzgymnastik, falls Sie sich austoben müssen, oder →Yoga, falls Sie es lieber ruhiger angehen lassen.

Chronobiotherapie:
Wenn Sie Ihren Zyklus hassen und verleugnen, werden Sie Ihre Beschwerden erst nach den Wechseljahren los. Lassen Sie sich auf dieses Element Ihrer Weiblichkeit ein; es bereichert Sie! Machen Sie sich Frau Luna zur Freundin, beobachten Sie die Mondphasen (vielleicht mit einem Teleskop, das Ihnen wunderschöne optische Erlebnisse bietet) sowie ihren Einfluß auf Ihren Organismus. Versuchen Sie, zu Ihren natürlichen Rhythmen zurückzufinden; schlafen Sie ausreichend, und modeln Sie sich nicht krampfhaft zu einer Morgenlerche bzw. Nachteule um, wenn Sie eigentlich das Gegenteil sind.

Ernährung, Vitamine, Mineralstoffe, Spurenelemente:
Stellen Sie Ihre Ernährung generell auf gesunde, entschlackende Vollwertkost um (siehe ab S. 135) – und halten Sie in der prämenstruellen Zeit *keine* besondere Abmagerungsdiät: Sie bringt wenig bis nichts, weil das Gewicht in dieser Zeit natürlicherweise etwas steigt (und damit auch Ihr Frustpegel, wenn alle Abstinenz

nicht genügend fruchtet)! Außerdem: prämenstruell täglich mindestens 2 Liter natriumarmes Mineralwasser, Heiltees, Fruchtsäfte trinken, das regt die Wasserausscheidung an; Alkohol, Kaffee, schwarzen Tee in der »Beschwerdezeit« konsequent meiden (das kann auch →Kopfschmerzen bzw. Migräne reduzieren), statt dessen täglich maximal 200 Milligramm Vitamin-B-Komplex pro Tag als Kur über 3–4 Wochen, dann absetzen und den Effekt beobachten. *Ungünstig:* wahllose Einnahme von Multivitaminpräparaten oder ausschließlich Vitamin B6 (erhöhte Gefahr von Nebenwirkungen). Viel Vitamin B enthalten Weizenkeime, grüne Gemüse, Milch, Eigelb, Knoblauch und Fisch. Prämenstruell zusätzlich Vitamin E zuführen, als Präparat oder in Nahrungsmitteln (siehe S. 147). Bei Mangel an essentiellen Fettsäuren, vor allem Gamma-Linolensäure: Kapseln mit Nachtkerzenöl, Borretschöl oder Samenöl der Schwarzen Johannisbeere (in Apotheken erhältlich, Einnahme laut Beipackzettel). Bei großer Müdigkeit: mehr Kalium zuführen; bei Störungen der Motorik, Händezittern, Herzsymptomen: Kalzium- und Magnesiumhaushalt ausgleichen, dabei die auf den Präparaten angegebenen Höchstdosierungen streng beachten.

Farbtherapie:
Gelb regt die Hirnanhangdrüse und die Eierstockfunktion an; gut bei hormonellen Schwächen (nicht anwenden bei Schilddrüsen-Überfunktion!); Rosa und Türkis können die Herzfunktion tonisieren (bei Herzflattern und nervöser Atemnot); Violett »hypnotisiert«, wirkt stark beruhigend und schlafördernd (nicht bei Depression!); Grün fördert die allgemeine Entspannung. Rot nur anwenden, wenn die Lebenskraft schwach ist und Sie nicht zu den prämenstruell Reizbaren, Aggressiven gehören. Anwendungen siehe ab S. 155.

Heiltees und -tinkturen:
Hormonregulierend wirken z. B. Tinkturen aus Mönchspfeffer, Steinsamen, Stechwinde oder auch eine Tinktur aus Alpenveilchen, blauem Hahnenfuß, Hopfen, Ignatiusbohne, Mönchspfeffer, Schwert- und Tigerlilie (auch als Fertigpräparat aus der Apotheke);

zweimal täglich 30–40 Tropfen vor den Mahlzeiten, maximal 6 Wochen lang während des ganzen Zyklus; außerdem täglich 1–2 Tassen Tee aus Frauenmantel, Melisse, Schafgarbe und Stiefmütterchen, einzeln oder als Teemischung, in kleinen Schlucken trinken. Bei Depressivität und Stimmungstiefs: 2 Tassen Johanniskrauttee pro Tag (Vorsicht, macht Haut und Augen lichtempfindlich); bei Nervosität, Reizbarkeit, Schlafstörungen: 1–2 Tassen Baldriantee, 2 Baldriankapseln oder 10–20 Tropfen Hopfentinktur nach Bedarf, am besten abends (Macht tagsüber müde!), außerdem täglich 1–2 Teelöffel Blütenpollen oder Honig. Bei Wasseransammlungen siehe unter →Harnwegserkrankungen; bei →Verdauungsstörungen siehe dort. Generell diese Kuren auf maximal 4 Wochen begrenzen, dann einen Monat pausieren.

Kälte- oder Wärmetherapie:
Überreiztes muß gekühlt, Schwaches belebt, Unterkühltes gewärmt werden. Vorbeugend sind Anwendungen des →Kneippens zu empfehlen, die das Abwehrsystem stärken und den Organismus flexibler auf Schwankungen aller Art reagieren lassen. Bei akuten Beschwerden sollten Sie sich von Ihrem Wärme- oder Kältebedürfnis leiten lassen. Am besten ist immer Bettwärme.

Lichttherapie:
Sonne hellt die Stimmung auf und stärkt, mäßig genossen, das gesamte Abwehrsystem. Gehen Sie viel im Sonnenschein spazieren, und achten Sie darauf, ob Sie bei Urlauben in der Sonne weniger PMS-Beschwerden haben. Wenn ja, kommt für Sie eventuell eine antidepressive Lichttherapie in Frage (siehe S. 215).

Massagen:
Jede Massage entkrampft und tonisiert – ob vom Partner, einer Freundin oder einer ausgebildeten Massagefachkraft vorgenommen. Gönnen Sie sich prämenstruell regelmäßig solche Gesundheitstermine! Bei Kopfschmerzen, Wassereinlagerungen und Brustschmerzen kann auch eine ausleitende, mehrmalige Fuß-Reflexzonen-Massage oder eine gezielte Bindegewebsmassage helfen (zu beidem →Reflexzonentherapien).

Psychosomatische Hilfe:
Vor allem: Lassen Sie sich nicht »verrückt machen« (Sie sind es nicht), sondern versuchen Sie, sich mit Ihren »Schattenseiten« anzufreunden statt sie zu bekämpfen. Lesen Sie den Abschnitt »Psychosomatik« noch einmal gründlich durch und überlegen Sie, ob etwas daraus auf Sie zutrifft. Sprechen Sie mit einer guten Freundin, Ihrem Partner oder auch einer psychologischen Fachkraft über prämenstruelle Verhaltensweisen, die Sie beängstigen. Sparen Sie fällige Aussprachen, Zornesausbrüche, befreiendes Weinen usw. nicht für die prämenstruelle Zeit auf, sondern suchen Sie adäquate Ausdrucksmöglichkeiten für Ihre Gefühle, sobald sie sich einstellen! Fragen Sie sich auch: Schafft mir die PMS-Zeit Freiräume, die ich sonst nicht habe? Wenn ja, sollten Sie die Zwänge, die Sie anketten, genau analysieren und aufzubrechen versuchen. Denken Sie an das Sprichwort: In manchen privaten oder beruflichen Beziehungen ist ein Ende mit Schrecken besser als ein Schrecken ohne Ende.

Rituale mit Heilwirkung:
Besorgen Sie sich ein Bild oder eine kleine Statuette einer vorgeschichtlichen Muttergöttin, die in allen ihren Formen üppige, verschwenderische Weiblichkeit und starkes weibliches Selbstbewußtsein widerspiegelt. Versetzen Sie sich in die Zeiten zurück, als Menstruationen etwas Heiliges waren, das die Frauen vor Kindern und Männern auszeichnete. Damals war PMS höchstwahrscheinlich sehr selten. Rufen Sie sich die weibliche Kraft zurück, die Sie mit Frauen von damals verbindet, wenn Sie das Bild, die Statuette betrachten – am besten jeden Tag.

Visualisieren:
Je nachdem, in welchem Organbereich sich die Beschwerden bevorzugt ausdrücken, ist eine imaginierte »Reise zur Gebärmutter« (S. 274), zur Brust (S. 344) oder in den Beckenraum sehr hilfreich.

Wasseranwendungen:
Harmonisierend und belebend wirken warme Ganz-, Halb- oder Sitzbäder mit Rosmarinzusatz; beruhigend sind sanfte, kühle Armgüsse oder warme Vollbäder mit Melisse- oder Lavendelzusatz (danach am besten ins Bett). Siehe auch *Kälte- oder Wärmetherapie.*

Wickel:
Bei prämenstruellen Unterleibskrämpfen empfehlen sich warme Leibauflagen mit Heilerde; eine halbe Stunde einwirken lassen, dann abnehmen, maximal zweimal täglich nach Bedarf (Beschwerden können sich anfangs kurz verschlimmern, nehmen aber dann zuverlässig ab).

Yoga:
Nützlich bei PMS-Beschwerden verschiedener Art ist die auf S. 433 beschriebene Yoga-Übung namens *Heuschrecke.* Sie stärkt und strafft die Rückenmuskulatur, vor allem im Bereich von Kreuz- und Steißbein, befreit von Magenbeschwerden, Blähungen und Verstopfung, fördert die Nierentätigkeit und die Durchblutung der Unterleibsorgane.

Zusätzliche Verfahren:
PMS-Beschwerden sind ein Haupt-Anwendungsgebiet von Konstitutionsmitteln der →Homöopathie. Bevor Sie irgend eine schulmedizinische Hormontherapie – die sehr massiv in Ihren Hormonhaushalt eingreift – über sich ergehen lassen oder Psychopharmaka, Schmerzmittel und andere chemische Präparate schlucken, versuchen Sie es unbedingt damit! Fragen Sie eine gute homöopathische Fachkraft um Rat. Bei vorrangig seelischen PMS-Beschwerden können Mittel der →Bach-Blüten-Therapie hilfreich sein; jedoch nicht gleichzeitig mit Homöopathika anwenden.

Genannte Literatur:

1) Minker, Margaret: Die kritischen Tage davor. Das prämenstruelle Syndrom (PMS). Wiss. Mitarbeit: Prof. Dr. med. Peter Stoll. Verlag Wort & Bild Baierbrunn, 2., überarb. Aufl. 1993.

Weitere Literaturempfehlungen:

Chesler, Phyllis: Frauen – das verrückte Geschlecht? Rowohlt Taschenbuch Verlag, Reinbek 1982.

Harrison, Michelle: Das prämenstruelle Syndrom. Selbsthilfe-Handbuch. Überarbeitung der deutschen Ausgabe von Margaret Minker. Verlag Frauenoffensive, München 1985.

Minker, Margaret: Mit eigenen Augen sehen. Selbstliebe lernen, Körpergefühl verbessern. Ein Handbuch für Frauen. Mosaik Verlag, München 1989.

Nissim, Rina: Naturheilkunde in der Gynäkologie. Ein Handbuch für Frauen. Orlanda-Verlag, Berlin erw. Aufl. 1994.

Reichelt, Monika: Die verletzte Seele. Über die Bedeutung des Selbstwertgefühls für unsere Persönlichkeitsentwicklung. Wilhelm Heyne Verlag, München 1991.

Tavris, Carol: Wut. Das mißverstandene Gefühl. Deutscher Taschenbuch Verlag, München 1995.

Voss, Jutta: Das Schwarzmond-Tabu. Die kulturelle Bedeutung des weiblichen Zyklus. Kreuz Verlag, Zürich 1988.

Rheumatische Beschwerden

Dazu gehören unter anderem:

chronische Polyarthritis
rheumatisches Fieber
degeneratives Rheuma (Arthrose)
Weichteilrheumatismus
Gelenkrheuma (rheumatische Arthritis)
Gicht
Morbus Bechterew

Allgemeines

Allein in Deutschland gibt es mindestens drei – manche sagen sogar: acht – Millionen Rheumakranke; mehr als zwei Drittel von ihnen sind Frauen. Zum einen liegt das daran, daß viele der »Erkrankungen des rheumatischen Formenkreises«, wie sie medizinisch zusammengefaßt werden, bevorzugt in höherem Alter auftreten – und das erreichen mehr Frauen als Männer: Ihre Lebenserwartung liegt im Schnitt bei 78 Lebensjahren, die des männlichen Geschlechts nur bei knapp 72. Zum anderen sind aber auch viele äußere Faktoren, die das Auftreten rheumatischer Erkrankungen begünstigen, ausgesprochen frauenspezifisch: lebenslange harte Arbeit, die mit keiner Pensionierung aufhört; wenig(er) finanzielle Mittel, sich das Leben angenehmer und gesünder zu gestalten, bis hin zu den Minimalrenten oder der knappen Sozialhilfe im Alter, die zur Altersarmut von Frauen führt; das Hausen in feuchten, dunklen, zugigen Wohnungen, die aus obengenannten Gründen nicht verlassen werden können, oder gar Obdachlosigkeit; die Drei- und Vierfachbelastungen als Ehefrau, Hausfrau, Mutter und Berufstätige, unter denen so viele Frauen sich »den Buckel krumm schuften« (→Osteoporose).

In dieser Liste darf zudem ein Faktor nicht fehlen, auf den Annette Bopp und Vera Herbst in ihrem bemerkenswerten Buch ›Beweglich bleiben‹[1)] ausdrücklich verweisen: die Tatsache nämlich, daß Rheumakranke sehr oft von Ärztinnen und Ärzten untersucht und behandelt werden, die von diesen Erkrankungen und ihrer Vielfalt schlicht zu wenig Ahnung haben. Zwar gibt es in Deutschland das ärztliche Fachgebiet Rheumatologie, doch für alle Rheumakranken zusammen stehen gerade einmal ein paar hundert darin ausgebildete Ärztinnen und Ärzte zur Verfügung. In der normalen medizinischen Ausbildung wird hingegen alles, was mit Rheuma zusammenhängt, nur als ein Lehrstoff unter sehr vielen abgehandelt. Nicht wenigen niedergelassenen Ärztinnen und Ärzten fehlt es daher an Sachkenntnis und Einfühlungsvermögen für Rheumakranke. Vor allem Frauen erleben immer wieder, daß Ärzte ihnen ihre Beschwerden nicht glauben, sie für hysterisch oder hypochondrisch halten, oder sie bekommen Bemerkungen des Praxispersonals über die »schwierige Kranke« mit, die dem vielbeschäftigten Arzt mit ihren Klagen bloß die Zeit stehle.

Andererseits sind Rheumakranke oft »treue Kranke«, die wegen ihrer Beschwerden und Schmerzen immer wieder in dieselbe Praxis kommen – und oft selbst dann ihren Arzt nicht um eine Überweisung zu einer Fachärztin bzw. einem Facharzt für Rheumatologie bitten möchten, wenn ihnen alle bisherigen Behandlungsversuche wenig bis nichts gebracht haben. Männer zögern, weil sie die Autorität des Hausarztes nicht in Frage stellen wollen; Frauen zögern darüber hinaus noch, weil sie den vertrauten Hausarzt nicht gern wechseln und ihn auch nicht »kränken« mögen. Alle diese Emotionen verhindern oft jedoch nur eines: eine gründliche Diagnostik, bei der ihre meist sehr unspezifischen Beschwerden auf einen Nenner gebracht werden, und eine daran anschließende Behandlung nach den neuesten medizinischen und psychosomatischen Erkenntnissen. Ausgeschlossen werden müssen dabei auch Erkrankungen mit ähnlichen Erscheinungsbildern, etwa das Chronische Müdigkeits-Syndrom (→Erschöpfungszustände) oder eine systemische →Pilzinfektion.

Die Rheumatologie zählt zu einem der wenigen schulmedizinischen Gebiete, in denen naturheilkundliche Behandlungsverfahren – etwa Physiotherapie, Bäderkunde (Balneologie), Massagen und Ernährungswissenschaft (Oecotrophologie) – von vornherein einen festen Stammplatz haben, ja unabdingbar sind. Zwar werden daneben auch zahlreiche, vor allem schmerzlindernde und entzündungshemmende Chemotherapeutika angeboten, und am Ende mancher relativ erfolglosen Rheumabehandlung stehen Operationen und künstliche Gelenke. Doch gehen Rheumatologie-Fachleute, weil sie darin geschult wurden, eher als viele andere Ärztinnen und Ärzte auf die seelischen Belange ihrer Patientinnen ein, betreiben meistens auch psychosomatische Ursachenforschung und reagieren nur selten beleidigt, wenn die Rheumakranken zusätzlich bei nicht-medizinischen Fachleuten Hilfe suchen. Sie wissen nämlich: An allererster Stelle steht in jeder Rheumabehandlung die Schmerzlinderung, und diese hängt sehr stark vom psychischen Wohlbefinden ab. Auf welche Weise der Schmerz gemildert und die Beweglichkeit wiedererlangt wird, ist demgegenüber zweitrangig: Wer lindert oder heilt, hat recht.

In vielen Städten gibt es nicht nur niedergelassene Fachkräfte für Rheumatologie, sondern auch sogenannte Rheuma-Ambulanzen. Wenn Sie den Verdacht haben, an einer Erkrankung des rheumatischen Formenkreises zu leiden – und zwar auch in jüngeren Jahren: Rheuma kann selbst bei Kindern auftreten! –, sollten Sie gleich dorthin und nicht erst zu Ihrer Hausärztin bzw. Ihrem Hausarzt gehen. Sie sparen unter Umständen wertvolle Zeit. Wer bei einer guten homöopathischen Fachkraft in Behandlung ist, sollte zusätzlich eine rheumatologische Diagnostik vornehmen lassen. Die dabei gewonnenen Informationen können auf jeden Fall nützlich sein.

Körperliche Gründe von rheumatischen Beschwerden

Zu den sogenannten primären rheumatischen Erkrankungen gehören Gelenkentzündungen, die als Folge einer Infektion mit Viren, Borrelien (Zeckenbiß!), Bakterien, Salmonellen, Chlamydien oder anderen Erregern auftreten (*reaktive Arthritis*) oder sich nach besonderen Belastungen (»Tennisellenbogen«) oder als Zweiterkrankung bei Psoriasis (Schuppenflechte) manifestieren. Zum rheumatischen Formenkreis gehören außerdem die – vor allen Dingen ernährungsbedingte – Gicht, die stoffwechselbedingten Gelenkerkrankungen, bei denen sich z. B. Kalziumkristalle in den Gelenken ablagern, sowie degenerativ, also durch Verschleiß bedingte Arthrosen. Auch die chronische Polyarthritis (abgekürzt cP) und ähnliche chronische Entzündungen der Muskeln, Bindegewebe, Sehnen, Bänder und Gelenke gelten als »primär« – was nicht heißt, daß ihre Ursache(n) genau bekannt sind. Sekundär können Rheuma oder rheumaähnliche Zustände infolge von ständigen Fehlbelastungen, Knorpelschädigungen durch Umweltgifte, in feuchtkaltem Klima oder psychisch bedingt auftreten. Auch eine erbliche Disposition zu Rheuma wird vermutet. Das gilt vor allem für Morbus Bechterew, eine Krankheit, von der vor allem junge Männer, heute aber auch – aus ungeklärten Gründen – zunehmend mehr Frauen betroffen werden. Sie äußert sich vor allem in nächtlichen und frühmorgendlichen Kreuzschmerzen; manchmal sind auch Schulter-, Hüft- und Brustbeingelenke erkrankt. Die Schmerzen werden von Entzündungen im Kreuz, Darm, Beingelenk, in den Zwischenwirbelgelenken und den Wirbeln samt Banscheiben und Bändern hervorgerufen. Die Krankheit verläuft chronisch und kann zur Wirbelsäulenverkrümmung führen.

Sofort zur ärztlichen Untersuchung/Behandlung bei:

- immer wieder auftretendem oder chronischem Fieber unklarer Ursache,
- Muskelschmerzen oder Schmerzen am ganzen Körper, die tagsüber unterschiedlich stark sind,
- Gelenkschwellungen und Bewegungseinschränkungen ohne vorherige Verletzung (Prellung etc.) des Gelenks,
- →Rückenschmerzen, die vor allem nachts und frühmorgens auftreten und/oder immer stärker werden.

Psychosomatik

Da es sehr viele verschiedene Formen rheumatischer Erkrankungen gibt, ist es nicht so einfach, spezielle psychosomatische Streßfaktoren zu benennen, die den Ausbruch einer solchen Erkrankung begünstigen: Die zahlreichen Menschen, die darunter leiden, sind nicht über einen Kamm zu scheren (und ganz sicher gibt es keine typische »Rheuma-Persönlichkeit«, wie es auch keine besondere »Krebs-Persönlichkeit« gibt). Einige Gemeinsamkeiten scheinen sich jedoch herauskristallisiert zu haben: Zum einen reagieren alle betroffenen Frauen nicht mit →Kopfweh oder Migräne, nicht mit →Gallenleiden oder Magenschmerzen auf Überlastung und innere Konflikte, sondern eben mit dem tragenden, handelnden Teil ihres Körperselbst, nämlich den Knochen, Gelenken, Sehnen, Muskeln. Dieser Bereich ist ihr psychosomatisches »Reaktionsorgan«, und der Volksmund hat dafür viele treffende Redensarten parat: an etwas schwer zu schleppen haben, für etwas geradestehen, keinen Finger für jemanden krumm machen, gebundene Hände haben, lahmgelegt sein, kein Bein auf den Boden kriegen, Stehvermögen zeigen müssen, auch wenn der Schreck einem in die Glieder fährt.

Zum zweiten fällt auf, daß viele Rheumakranke ganz besonders pflichtbewußt sind, sich kaum einmal Ruhe gönnen und sehr viel für andere die Hände regen oder auf den Beinen sind: als fürchteten sie, nicht akzeptiert (geliebt) zu werden, wenn sie ihren Wert nicht ständig durch Leistung unter Beweis stellen. Die rheumatische Erkrankung, die ihnen zwangsweise Pausen und Nicht-Handeln auferlegt, macht ihnen gerade deshalb *so schwer zu schaffen*, weil sie vieles *nicht mehr schaffen* – zumindest nicht allein. Und sie haben kaum je gelernt, auch einmal Hilfe von anderen anzunehmen. Autonomie ist ihr wichtigstes Bestreben. Ob das »Charaktersache« oder erziehungsbedingt ist, läßt sich in aller Regel nur schwer entscheiden.

Natürliche Heilverfahren

Allgemeinverhalten:
Zwei Dinge sind bei allen rheumatischen Erkrankungen besonders wichtig: mehr zur Ruhe kommen und niemals den Lebensmut, die Hoffnung verlieren, mögen die Schmerzen auch manchmal äußerst belastend sein. Informieren Sie sich möglichst umfassend über alle Details Ihrer Erkrankung (siehe auch Anschriften S. 538f.), und lernen Sie sich selbst, Ihre Reaktionen auf Streß, Freude, Ruhe, Heilverfahren usw. gründlich kennen. Da Sie von der Persönlichkeit her wahrscheinlich eher nicht zur Passivität neigen, wird Ihnen die nötige aktive Mithilfe an Ihrer Gesundung nicht schwerfallen.

Die allermeisten schulmedizinischen Rheumamittel bergen das Risiko schwerer Neben- und Folgewirkungen. Versuchen Sie, mit so wenig dieser Mittel wie irgend möglich auszukommen. Setzen Sie sie ab, wenn Sie merken, daß sie Ihnen nichts nützen oder es Ihnen damit sogar schlechter geht!

Akupressur:
Bei örtlich begrenztem Rheuma kann die Akupressur der zugehörigen Meridiane durchaus helfen, die Beschwerden zu lindern; fragen Sie eine erfahrene Fachkraft nach den jeweils für Sie in Frage kommenden Punkten. Bei stärkeren Schmerzen und/oder systemischem, über mehrere Körperbereiche verteiltem Rheuma kann eine längere →Akupunktur-Behandlung sinnvoll sein. Sie muß aber von fachkundiger Hand ausgeführt werden.

Aromatherapie:
Gegen Versteifungen nützt Cajeputöl, gegen Entzündungen kommen Kamille, Patschuli, Rosmarin (auch bei Arthrose), Arnika, Beinwell oder Minze in Frage. Anwendungen siehe ab S. 70.

Atemtherapie:
Mit gezielten Atemübungen lassen sich Schmerzen »wegatmen« (das lernen Frauen auch in Kursen zur Geburtsvorbereitung). Eine Atemtherapie kann außerdem die »Körper-Erinnerungen« und im

Körperselbst feststeckenden Emotionen mobilisieren, die zu den rheumatischen Beschwerden beitragen, und sie ausleiten helfen. Solche Übungen erlernen Sie auch in einem guten Yoga-Kurs oder in einer Körpertherapie, die mit Bewußtseinstraining verbunden ist (siehe ab S. 91).

Bewegung:
Sie ist vorbeugend sowie für den Heilprozeß von ganz besonderer Bedeutung. Bewegen Sie sich, so viel es Ihnen nur irgend gut tut (bis an Ihre Schmerzgrenze). Führen Sie aber die Ihnen empfohlenen Übungen, Physiotherapie und Gymnastik nicht nur rein mechanisch aus, sondern fühlen Sie sich dabei in Ihre betroffenen Körperregionen ein; arbeiten Sie mit ihnen und nicht gegen sie. Machen Sie jedes Bewegungstraining *regelmäßig*, auch wenn es Ihnen schwerfällt. Manchmal helfen Tricks: beispielsweise, mit den Fingerbewegungen morgens im Bad, unter der warmen Dusche oder im Warmwasserbecken anfangen und die Gymnastik in eine Tageszeit verlegen, in der Sie schon beweglicher sind. Legen Sie bei jeglicher Tätigkeit jede Stunde ein paar Minuten Pause für Lockerungs- und Gelenkübungen ein. Sehr empfehlenswert ist auch →Yoga (siehe unten). Viele gute Bewegungstips geben die auf S. 538 genannten Bücher. – Im akuten Schub einer Entzündung kann Bewegung den Zustand kurzzeitig verschlimmern; dann lieber Ruhe walten lassen. Weitere Hinweise →Rückenschmerzen.

Chronobiotherapie:
Schmerzen sind nicht immer gleich stark, sondern unterliegen bestimmten biologischen Rhythmen. Am schmerzempfindlichsten sind die meisten Menschen am frühen Abend sowie nachts zwischen 2 und 4 Uhr. Richten Sie eine eventuell nötige Schmerzmittel-Einnahme so ein, daß sie Ihnen über Ihre voraussehbaren »Schmerzzeiten« hinweghilft (das heißt auch: vor und nicht erst nach größerer Anstrengung). Wenn Sie gezielt dosieren, können Sie mit weniger Mitteln auskommen.

In der zweiten Zyklushälfte sind die meisten Frauen ruhebedürftiger; dieser Effekt kann auch nach den Wechseljahren noch anhalten, weil er sich sozusagen im Körpergedächtnis verankert hat. Achten Sie verstärkt auf Ihre Ruhe- und Schlafbedürfnisse!

Ernährung, Vitamine, Mineralstoffe, Spurenelemente:
Bei *Gicht* spielt die Ernährung eine ausschlaggebende Rolle. Weglassen müssen Sie alles, was den Harnsäurespiegel im Blut erhöht, also Purine enthält: Fleisch, Geflügel und daraus hergestellte Produkte (auch Wurst, Konserven, Brühwürfel!), vor allem sämtliche Innereien, außerdem Heringe, Ölsardinen, Sardellen (und auch sonst nur wenig Fisch und Meeresfrüchte), Spinat, Blumenkohl, Hülsenfrüchte, Spargel, Pilze, Mayonnaise, Marinaden sowie scharfe Gewürze. Alkohol ist nur in sehr kleinen Mengen erlaubt (maximal 1 Glas Wein, Bier oder Sekt pro Mahlzeit). Gicht- wie auch andere Rheumakranke sollten außerdem täglich mindestens 2 Liter Flüssigkeit in Form von Tee, Mineralwasser, Gemüse- oder Obstfrischsaft trinken (besser nicht aus Zitrusfrüchten).

Polyarthritis-Kranke brauchen viel Eiweiß aus Milch und Milchprodukten. Alle Rheumakranken sollten auf möglichst schadstoffarme Nahrungsmittel (aus kontrolliert-biologischem Anbau) und Vollwertkost (→Ernährungstherapie) achten, die ihnen auch hilft, etwaiges gelenkbelastendes Übergewicht loszuwerden. Bei *Arthrose* kann es helfen, auf Saures zu verzichten, also auf Sauerkraut, Essig, Tomaten, Zitrusfrüchte, eingelegte Gurken usw. Allgemein stoffwechselanregend und ausschwemmend wirken: Sellerie, Zwiebeln, Lauch, Kartoffeln, Vollkornreis, Spargel. Sehr sinnvoll kann →Heilfasten unter ärztlicher Aufsicht sein: Bei vielen Rheumakranken vermindern sich die Beschwerden, nach vorübergehendem Aufflammen, durch einige Wochen Fastenkur ganz erheblich!

Bei allen rheumatischen Beschwerden ist es außerdem sinnvoll, eine eventuelle Lebensmittelallergie auszuschließen, und zwar mit Hilfe der auf S. 457 beschriebenen Rotationsdiät. Am häufigsten sind Allergien auf Milcheiweiß und Weizenmehl. Achten Sie darauf, bei dem Selbstversuch *jegliche* Lebensmittel wegzulassen, in denen die allergieverdächtige Substanz (auch in kleinen Mengen) enthalten ist, sonst nützt es nichts!

Farbtherapie:
Entzündungshemmend und schmerzlindernd sind Behandlungen mit Blau; entspannend wirkt Grün. Rot nur bei degenerativen Erkrankungen einsetzen! Anwendungen siehe ab S. 155.

Heiltees und -tinkturen:
Ausschwemmend und anregend für den Zellstoffwechsel wirken Tees oder Teemischungen aus unbehandelten Apfelschalen, Birkenblättern, Hauhechel, Zinnkraut, Schachtelhalm, Brennesselblättern oder Löwenzahn, die beiden letzteren auch als Frischsäfte, am besten regelmäßig im täglichen Wechsel trinken; jeweils 3 Tassen über den Tag verteilt in kleinen Schlucken, 3–4 Wochen lang; außerdem Tee aus Teufelskralle, dreimal täglich 1 Glas vor den Mahlzeiten (am Abend zuvor zubereiten), 3–4 Wochen lang, oder auch Teufelskralle-Kapseln aus der Apotheke einnehmen. Außerdem: Wacholderbeer-Tinktur, täglich 10–15 Tropfen, oder einzelne Beeren kauen: mit 4 Beeren pro Tag anfangen, dann täglich eine mehr, bis 12 erreicht sind, dann täglich eine weniger (Vorsicht, nicht bei eingeschränkter Nierenfunktion!). Entzündungshemmend sind Tees oder Teemischungen aus Weidenrinde, Odermennig, wildem Veilchen und Gichtkraut, 3 Wochen lang täglich 3 Tassen, evtl. mit Honig gesüßt. Nach einer solchen Kur 3-4 Wochen pausieren und erst dann eine weitere Kur mit einem Tee oder einer Tinktur machen (siehe Anmerkungen S. 47).

Kälte- oder Wärmetherapie:
Ob Ihnen Kälte oder Wärme besser bekommt, hängt von Ihrer Konstitution, der Art und dem Verlauf Ihrer Erkrankung ab. Entzündungen sprechen oft gut auf Kälte, andere rheumatische Beschwerden hingegen auf Wärme an. Meiden müssen Sie auf jeden Fall Unterkühlung, Zugluft und Überhitzung! Zur Kältetherapie eignen sich: Eisbeutel im Stoffumschlag (nie ohne, denn Eispackungen direkt auf die Haut schädigen die Gewebe), kaltes Wasser, zum Beispiel kalte →Kneipp-Güsse, Plastik-Eispackungen für Tiefkühltaschen oder eine spezielle ärztliche Kryotherapie (= Kältetherapie). Zur Wärmetherapie eignen sich: warme Ganz- oder Teilbäder (siehe Wasseranwendungen), eine Wärmfla-

sche auf die betroffenen Stellen, Magnetpflaster und fachkundig durchgeführte Magnettherapie, wärmende Ultraschall-Behandlung oder Elektrotherapie. Weiteres siehe *Wickel.*

Lichttherapie:
Bei akuten Entzündungen sind Sonne und Bestrahlungen nicht angezeigt; ansonsten kann maßvolles Sonnenbaden Rheumakranken nur nützen. Bei Wärmebedürfnis helfen auch Infrarotbestrahlungen der betroffenen Stellen. Falls Sie vor Schmerzen schon depressiv sind, hellen Sie Ihre Umgebung auf! Siehe dazu auch unter →Depressionen.

Massagen:
Im akuten Entzündungsstadium sollten Sie besser keine Massagen vornehmen (lassen), außer eventuell einer fachkundig durchgeführten, entstauenden Lymphdrainage. Vorbeugend und den Heilprozeß fördernd wirken ausleitende Fuß-Reflexzonen-Massagen (→Reflexzonentherapien) sowie alle Selbst- und Fremdmassagen, die Ihnen erfahrungsgemäß wohltun. Massagen bei erfahrenen Fachkräften können ärztlich verschrieben werden; nützen Sie diese Möglichkeiten! Vor allem Gichtkranke und solche, die morgens vor Steifheit kaum aus dem Bett kommen, sollten den Tag mit einer leichten Massage der betroffenen Körperbereiche beginnen, die das Blut in Schwung bringt. Als schmerzlindernde Massagesalbe eignet sich besonders gut die *Rescue*-Salbe der →Bach-Blüten-Therapie (in homöopathischen Apotheken erhältlich).

Psychosomatische Hilfe:
Sollten Sie bei einer Ärztin oder einem Arzt in Behandlung sein, die oder der Ihnen ständig nur schlimme Folgen prophezeit, wenn Sie bestimmte Mittel nicht einnehmen wollen, Sie in Angst und Schrecken vor späterer Verkrüppelung hält und wenig Einfühlungsvermögen in Ihre Psyche beweist – suchen Sie sich unbedingt sofort eine(n) andere(n)! Gute psychosomatische Betreuung ist das Wichtigste bei jeder Rheumabehandlung; Sie haben ein Recht darauf. Viele Hilfestellungen können Ihnen auch Selbst-

hilfegruppen geben. Beobachten Sie außerdem, in welchen Zusammenhängen es Ihnen schlechter oder besser geht; meiden Sie, was Ihnen schadet, und setzen Sie durch, was Ihnen gut bekommt! Rheuma ist immer auch eine Aufforderung, das eigene Leben und Handeln zu überdenken. Eventuell müssen Sie von bisherigem Perfektionismus Abschied nehmen oder sich beruflich neu orientieren. Nehmen Sie das als Chance, die Krankheit als »Weg«[2] zu nutzen! Auch folgende Fragen sind wichtig: Wovor schützen Sie Ihre rheumatischen Beschwerden? Welchen Konflikten können Sie damit aus dem Weg gehen? Ist Ihnen das wichtiger als die Aussicht, wieder beschwerdefrei(er) zu leben?

Rituale mit Heilwirkung:
Ihr Körperselbst hat viel Zuwendung nötig. Bereiten Sie sich dreimal wöchentlich ein heilsames, entspannendes Bad in schöner Atmosphäre; nehmen Sie sich anschließend noch eine Stunde, besser länger Zeit für Dinge, die Ihnen besonders viel Freude machen: Gespräche mit lieben Menschen, Musikhören, Lesen, Träumen, positives →Visualisieren, Malen, Fotografieren... Unter →Unfruchtbarkeit finden Sie ein Mal-Ritual (S. 639), das Sie für Ihre Situation ausbauen können. Wichtig bei jedem Heilritual: Es muß einen festen Platz in Ihrem Leben bekommen, und Sie sollten sich richtig darauf freuen können!

Visualisieren:
Eine Übung für akute Schmerzsituationen, aber auch zur allgemeinen Förderung des Heilungsprozesses: Schließen Sie die Augen, entspannen Sie sich, und stellen Sie sich dann einen wunderschönen, klaren See vor, dessen Wasser seit alters her für seine große Heilkraft bekannt ist. Sie lassen sich in die angenehmen Fluten gleiten, die Ihr Körperselbst ganz und gar umspülen. Spüren Sie, wie das weiche Wasser Ihre Haut umschmeichelt und sich eine tiefe Entspannung und Freude in Ihnen ausbreitet. Die Heilenergie des Zaubersees dringt köstlich belebend in alle Ihre Poren ein, durchflutet Ihre Gewebe, spült alles Kranke, Schmerzende restlos aus ihnen heraus, gibt Ihnen neue Kräfte, verjüngt und stärkt Ihre Gewebe. Sie lassen sich noch eine Weile entspannt

im Zaubersee treiben; dann steigen Sie aus dem Wasser, schütteln sich im warmen Sonnenlicht, atmen tief durch und fühlen sich frisch, erholt, gereinigt und wie neugeboren. Wiederholen Sie diese Übung, so oft Ihnen danach zumute ist; sie kann jedesmal schöner und vielfältiger werden (vielleicht durch heilende Nymphen bereichert, die herbeischwimmen und Sie fürsorglich massieren, nach dem Bad sanft abtrocknen, mit Heilöl behandeln).

Wasseranwendungen:
Heilsame Bäderkuren sind aus der Rheumabehandlung nicht wegzudenken. In Frage kommen Thermal-, Sole-, Schwefel-, Jod-, Schlamm- und Moorbäder, →Kneipp-Kuren sowie Baden in leicht radioaktiven Quellen, etwa auf Ischia. Kuren dieser Art werden meist von den Kassen bezahlt; erkundigen Sie sich nach den Bedingungen! Oft können dabei Medikamente abgesetzt oder in ihrer Dosierung verringert werden. Unterstützend sind zuhause folgende Anwendungen möglich: Teil- oder Vollbäder mit Badezusätzen aus Kiefer, Fichtennadel, Lavendel, Rosmarin, Haferstroh oder Wacholder (letzteres nur, wenn keine Nierenstörung vorliegt) oder auch Ackerschachtelhalm (reich an gewebestärkender Kieselsäure); Moor- und Fangobäder sowie jodhaltige Meersalz-Zugaben zum Ausleiten. Sehr entspannend und schmerzlindernd: in der halbgefüllten Badewanne liegen und die warme (nicht heiße!) Dusche langsam, in ca. 60 cm Abstand, immer wieder auf und ab über den ganzen Körper führen bzw. führen lassen (funktioniert mit fremder Hilfe besser). Sollten Sie beim Baden Kreislaufprobleme haben, ist es gut, wenn sich jemand in Rufweite aufhält!

Wickel:
Auch Auflagen, Wickel und Packungen gehören zur Standardbehandlung bei rheumatischen Erkrankungen. Wärmend und lockernd sind Leib- oder Teilauflagen mit heißem Heublumensack, heißem, zerstampften Kartoffelbrei, in zwei Tuchlagen verpackt, Auflagen oder Einreibungen mit geriebenem Meerrettich oder Senf (nichts für sehr Hautempfindliche oder Allergische!), mit Rosmarin- oder Fichtennadelöl; entzündungshemmend sind

Auflagen mit Arnika-Extrakt oder starkem Kamillentee; ausleitend wirken aufgelegte frische Zwiebelscheiben, mit dem Nudelholz kurz gewalkte Weißkohlblätter (Packung nach ca. 20–30 Minuten wechseln, bis zu dreimal hintereinander) sowie gekochte, zerkleinerte Sellerieknollen (als Brei oder Aufguß auf ein Tuch geben und auf die schmerzende Stelle legen; maximal dreimal täglich anwenden).

Yoga:
Hatha-Yoga eignet sich besonders gut für Rheumakranke, weil es in jedem Lebensalter und auch bei Bewegungseinschränkungen erlernt und bis ins hohe Alter beibehalten werden kann. Ihre Beweglichkeit und Elastizität sowie Ihr Selbstvertrauen werden dabei schrittweise, ganz ohne schweißtreibende Anstrengung, gesteigert. Weisen Sie die Kursleiterin auf Ihre rheumatischen Beschwerden hin; sie wird Ihnen spezielle Übungen nennen, die Sie auch zu Hause machen können.

Zusätzliche Verfahren:
Zur Schmerzlinderung und zum Vorbeugen (weiterer) Verschleißerscheinungen, vor allem an der Wirbelsäule, bietet sich eine gute →Chirotherapie an. Bei allen Erkrankungen des rheumatischen Formenkreises ist eine Konstitutionsbehandlung mit Mitteln der →Homöopathie sehr nützlich. Sie sollte jedoch einer guten Fachkraft überlassen bleiben (bei Selbstauswahl der Mittel besteht die Gefahr, daß Sie erst zu den falschen greifen, kostbare Zeit vergeuden bzw. Ihre Beschwerden sogar verschlimmern). Psychisch unterstützend können Mittel der →Bach-Blüten-Therapie wirken (jedoch nicht gleichzeitig mit Homöopathika einnehmen). Muß ein Gelenk zeitweise ruhiggestellt werden, hilft ein spezieller Pflasterverband, auch englisch *Tape*-Verband genannt (Ärztin oder Krankengymnastin fragen). Gute Erfolge bei Entzündungshemmung und Schmerzlinderung werden seit einigen Jahren auch mit sogenannten *Middle-Power-Lasern* erzielt (siehe S. 294). Diese Therapie wird nur ausnahmsweise von den Kassen übernommen; fragen Sie in einem Laserzentrum in Ihrer Nähe nach. Wichtig ist außerdem die Unterstützung durch eine gute Er-

gotherapeutin, die Ihnen zeigt, wie Sie Ihre Gelenke schonen und besser mit den vielen alltäglichen Verrichtungen fertigwerden können; dazu gibt es sehr viele »Tricks« und sinnvolle Hilfsmittel für den Alltag, z. B. fürs Anziehen, Baden, Hantieren in der Küche usw., die Ihre Selbständigkeit erheblich fördern. Viele Rheumakranke, vor allem mit Morbus Bechterew und chronischen Gelenkentzündungen, profitieren von einer Kur in einem Radonheilbad, vor allem, wenn sie dabei in einen Radonstollen mit gleichmäßiger Radonabgabe und relativ hoher Raumtemperatur einfahren können, wie das z. B. in Bad Kreuznach und Bad Gastein der Fall ist.

Genannte Literatur:

1) Bopp, Annette/Herbst, Vera: Beweglich bleiben. Eine Stütze für Rheumakranke. Verlag Kiepenheuer & Witsch, Köln 1989.
2) Dethlefsen, Thorwald/Dahlke, Rüdiger: Krankheit als Weg. Deutung und Be-Deutung der Krankheitsbilder. Goldmann Verlag, München 1983.

Weitere Literaturempfehlungen:

Bachmann, Robert M.: Rheumaschmerzen natürlich behandeln. Gräfe und Unzer Verlag, München 1993.
Lange-Ernst, Maria-Elisabeth: Mit Rheuma kann man leben. Quadriga Verlag, Berlin 1984.
Leibold, Gerhard: Rheuma auf natürliche Weise behandeln und lindern. Falken-Verlag, Niedernhausen 1988.
Savage, Fred L.: Polyarthritis – Arthrose. Schritt für Schritt neue Vitalität beim Gehen, Sitzen, Stehen usw. Ariston Verlag, Genf 1993.

Wichtige Anschriften:

Deutsche Rheuma-Liga,
Bundesverband e. V.
Rheinallee 69
53173 Bonn
(gibt auch Rat zu Selbsthilfegruppen)

Österreichische Vereinigung
Morbus Bechterew
Obere Augartenstr. 26-28
A-1020 Wien

Österreichische
Rheuma-Liga
Gunoldstr. 14
A-1190 Wien

Schweizerische Rheumaliga
Renggerstr. 71
Postfach
CH-8038 Zürich

Deutsche Vereinigung
Morbus Bechterew e. V.
Adam-Lang-Str. 19
97422 Schweinfurt

Schweizer Vereinigung
Morbus Bechterew
Röntgenstr. 22
CH-8005 Zürich

Kur- und Salinenbetriebe
der Stadt Kreuznach
Postfach 1864
55543 Bad Kreuznach

Gasteiner Heilstollen
A-5645 Böckstein bei
Bad Gastein

Rückenschmerzen

Dazu gehören unter anderem:

zyklusbedingtes Kreuzweh (siehe auch →Menstruationsbeschwerden)
haltungsbedingte Rückenschmerzen
Ischiasleiden
Hexenschuß
Spannungs-Rückenschmerz
Bandscheibenprobleme
Rückenschmerzen infolge Knochenschwund (→Osteoporose)

Allgemeines

Über das Kreuz mit dem Kreuz stöhnen sehr viele Frauen (und Männer): Der Preis, den wir für unseren aufrechten Gang bezahlen müssen, ist ziemlich hoch. Akute und/oder chronische Rückenbeschwerden sind mindestens 80 Prozent der Menschen in westlichen Industrieländern nur allzugut bekannt, heißt es in neuesten Veröffentlichungen der Deutschen Gesellschaft zum Studium des Schmerzes; kaum ein anderes Krankheitsgefühl ist derart weit verbreitet. Allein in der deutschen Volkswirtschaft sind jährlich 60 Millionen Tage Arbeitsausfall aufgrund von Rückenleiden zu beklagen; sie kosten – um auch diesen Faktor einmal zu nennen – pro Jahr rund 50 Milliarden Mark. Nicht eingerechnet werden dabei natürlich die vielen Millionen Hausarbeits- und Kinderbetreuungstage, die von Frauen nicht oder nur unter größten Schwierigkeiten geleistet werden können, weil sie solche Rückenschmerzen haben.

In der medizinischen Forschung wird den Rückenschmerzen große Aufmerksamkeit gewidmet. Für kaum ein Leiden werden so viele Massagen verordnet, Schmerzmittel verschrieben, Operationen angesetzt wie für Rückenprobleme. Doch stößt die Medizin gerade hier bei allen Therapieanstrengungen immer wieder an ihre Grenzen. Schmerzlinderung – das eigentliche Ziel aller Rückenkranken – ist nämlich nur dann möglich, wenn bei den Ursachen angesetzt wird und nicht nur Folgen behandelt werden.

Damit es, ungeachtet aller möglichen direkten und indirekten Auslöser von Rückenschmerzen, gar nicht erst zu einem schlimmen Rückenleiden kommt, bieten orthopädische Klinikabteilungen, Krankenkassen (etwa die AOK) und eine Reihe anderer Institutionen sowie auch privat arbeitende Physiotherapeutinnen und Krankengymnastinnen heute sogenannte *Rückenschulen* an: Kurse für Menschen, die lernen wollen, mit ihrem Rücken schonender umzugehen, ihre Haltung und Körperstatik zu verbessern, die Rücken- und Bauchmuskulatur zu kräftigen und alltägliche Bewegungsabläufe so zu vollziehen, daß die Wirbelsäule dabei möglichst ent- statt belastet wird.

Dem weiblichen Geschlecht wird rund um den Erdball besonders viel aufs Kreuz geladen. Mehr als drei Viertel aller anstrengenden, rückenbelastenden Feldarbeit, das Herbeitragen von Wasser (in manchen Gebieten täglich viele Kilometer zu Fuß!), Kinderherumtragen und anderes Lastenschleppen wird nach Angaben der Weltgesundheitsbehörde weltweit von Frauen erledigt, dem angeblich so »schwachen Geschlecht«. Bei uns müssen Frauen in zahlreichen sogenannten Frauenberufen sehr viel stehen oder über ihre Arbeit gebeugt sitzen, ohne daß für ausreichend viele Pausen und Möglichkeiten, Beine und Rücken wieder fit zu machen, gesorgt wäre. Große Lasten bewegen (nämlich Menschen ins Bett oder ins Bad hieven) und unentwegt rückenbelastende Arbeiten ausführen müssen auch die vielen hunderttausend Frauen, die sich beruflich oder privat der Kranken- und Altenpflege widmen. Kraft- und rückenschonende Hilfsgeräte, wie sie für viele Männer-Arbeitsplätze erdacht wurden, stehen dabei entweder nicht zur Verfügung oder sind für sie unerschwinglich.

Rückenschwächende Kleidermoden wie die enggeschnürten Korsetts früherer Jahrhunderte, die ihren Trägerinnen die Luft zum Atmen, die Bewegungsfreiheit des Zwerchfells und die Kraft der Rücken- und Bauchmuskulatur nahmen, sind zum Glück seit langem »out«. Bestimmte Körperhaltungs-Diktate für Frauen und Mädchen, die sich ebenfalls sehr ungünstig auf ihren Rücken auswirken, sind jedoch leider noch nicht aus der Mode gekommen. Dazu gehört vor allem das anerzogene »anmutig-weibliche« Bewegungsrepertoire:

Eine Dame geht nicht mit gespreizten Beinen in die Hocke, um eine Last vom Boden aufzunehmen (wie es jeder Mann ohne weiteres tut). Sie läßt auch beim Bücken nicht den Rücken durchhängen, weil sich dabei der Po, für Männerblicke aufreizend, nach hinten schiebt. Sie steht nicht mit beiden Füßen breitbeinig fest auf dem Boden, sondern winkelt elegant das »Spielbein« an. Das alles wäre zwar gleichgewichtsfördernd und rückenschonend, gilt aber als unfein, ordinär, unweiblich. Die Beispiele lassen sich beliebig fortsetzen. Auch sie tragen wesentlich zu den Rückenproblemen des weiblichen Geschlechts bei.

Nicht zuletzt verursacht eine weibliche Schuhmode-Torheit zahlreichen Frauen Rückenschmerzen. Wer viele Stunden des Tages auf hohen Absätzen einherstöckelt, dabei das Becken vorschieben und ein Hohlkreuz machen muß, um überhaupt das Gleichgewicht halten zu können, fügt dem gesamten Bewegungsapparat schon innerhalb weniger Monate (!) Schäden zu, die sich nach ein paar Jahren zu einem chronischen Rückenleiden auswachsen können.

Ohnmächtig hinnehmen brauchen die allermeisten ihre Rückenschmerzen keineswegs, denn es gibt sehr viele Möglichkeiten, aktiv etwas für den Rücken und sich selbst zu tun. Naturheilkundliche Methoden helfen, Rückenschmerzen vorzubeugen, sie zu lindern, Operationen zu verhüten und den Schmerzmittelkonsum entscheidend zu senken.

Körperliche Gründe für Rückenschmerzen

Einige Besonderheiten des weiblichen Organismus machen Frauen zu bestimmten Zeiten anfälliger für Rückenschmerzen: das allmonatliche Kreuzweh zum Beispiel, das viele Frauen vor und/oder während ihrer Menstruation plagt; die Schmerzen strahlen dabei von der sich zusammenziehenden Gebärmutter in die Kreuzbeinpartie aus (→Menstruationsbeschwerden). Auch Schwangerschaften strengen den Rücken außerordentlich an, der nun auch das nach vorn ziehende Gewicht des Ungeborenen zu tragen hat. In höherem Alter kann die berüchtigte →Osteoporose (Knochenschwundkrankheit) die Wirbel brüchig werden lassen und zu heftigen Rückenschmerzen führen.

Starke Kreuzschmerzen haben häufig auch Frauen, deren Brüste so groß sind, daß sie mit ihrem Gewicht die Körperstatik völlig verschieben und den Rücken im Bereich der Brust- und Halswirbelsäule übermäßig belasten. In solchen Fällen hilft oft nur eine chirurgische Korrektur (Brustverkleinerung); sie wird bei einer derartigen orthopädischen Indikation von den Krankenkassen bezahlt.

Nur zu einem kleinen Teil für chronische Rückenbeschwerden verantwortlich sind angeborene Skelettdeformationen, etwa X- oder O-Beine, Platt-, Spreiz- und Senkfüße oder eine verkrümmte Wirbelsäule. Ebenfalls nur ein kleiner Teil rührt von Rückenverletzungen oder -tumoren her. In den meisten Fällen, das gibt inzwischen auch die Ärzteschaft zu, können die eigentlichen Ursachen der Rückenschmerzen nicht eindeutig geklärt werden. Möglichkeiten gibt es wie Sand am Meer: eingeschliffene Haltungsfehler beim Gehen, Stehen, Sitzen, Lastenheben, allgemeiner Bewegungsmangel und zu wenig rückenentlastende Ausgleichs-Bewegung – oder auch zu viel Sport, Tanzen, Kunstturnen, Aerobic und dergleichen Bewegungsarten, die der Wirbelsäule unnatürliche Belastungen abverlangen und Rückenprobleme quasi vorprogrammieren; des weiteren starkes Übergewicht, sitzende Lebensweise, rückenschädigende Betten, verkrümmte Arbeitshaltung... Ist der Dauerschmerz schließlich unerträglich, geht es zur Bandscheibenoperation. Meist der ersten von mehreren, wobei oft schon der ersten hätte vorgebeugt werden können. Es wird nämlich viel zu viel, viel zu früh und viel zu erfolglos an den Bandscheiben herumoperiert, wie inzwischen auch Fachleute öffentlich zugeben.

Sofort zur ärztlichen Untersuchung/Behandlung bei:
- allen stärkeren Prellungen und Verletzungen der Wirbelsäule (röntgen lassen – evtl. Gefahr von Nervenquetschungen oder Rückenmarkstauchung!),
- plötzlich auftretenden, scharfen, im Skelett lokalisierbaren Rückenschmerzen,
- Verdacht auf eine Rückengeschwulst,
- starken Rückenschmerzen außerhalb der Menstruation oder Schwangerschaft.

Psychosomatik

Eine in naturheilkundlich-psychosomatischen Fachkreisen seit langem bekannte Ursache für Rückenschmerzen wurde vor kurzem auch von der Schulmedizin offiziell »entdeckt«: die Tatsache nämlich, daß es uns körperliche Rückenbeschwerden verursacht, wenn wir unser Päckchen an Alltagssorgen zu tragen haben und dieses zu schwer oder zu ärgerlich für uns ist. Psychische Faktoren, wurde nachgewiesen, beeinflussen sowohl das Auftreten der Erkrankung als auch das individuelle Verhalten im Krankheitsverlauf ganz entscheidend – vor allem das Gefühl, den Schmerzen oder ihren tieferen Ursachen hilflos und ohnmächtig gegenüberzustehen. Verschiedene Studien ergaben: Wer sich selbst bei

Rückenschmerzen eine pessimistische Prognose stellt und nicht ans Gesundwerden glaubt, bleibt meist auch krankgeschrieben. Und wer an einen Arbeitsplatz mit sozial niedrigem Status gebunden ist oder vereinsamt, ohne kollegialen Austausch, vor sich hin arbeiten muß (zum Beispiel als schlechtbezahlte Heimarbeiterin), erkrankt wesentlich öfter an Rückenbeschwerden als sozial Höhergestellte.

Arbeitsplatzbeschreibungen also, die weit häufiger auf Frauen als auf Männer zutreffen. Frauen werden zudem noch viele weitere »Päckchen« aufgebürdet, die sie überwiegend allein zu tragen haben und die ihnen oft das Gefühl ohnmächtigen Zorns bescheren: die Verantwortung für den Haushalt (85 Prozent aller Männer weigern sich, mitzuhelfen), für die Kindererziehung (ohne ausreichende Kindergarten- und Hortplätze), für die Kranken- und Altenpflege in der Familie (sie wird zu 95 Prozent von Frauen übernommen) bis hin zur Verantwortung für ihre eigene Existenz (weit mehr Frauen als Männer leben unterhalb des Existenzminimums und stellen auch das Gros der in Armut lebenden Alten). Die Last, sich in einer männerorientierten Gesellschaft als Frau durchsetzen zu müssen, kommt oft genug und lebenslang hinzu. Der Blick auf solche frauenspezifischen Bedingungen kann so mancher Frau ganz neue Einsichten dazu verschaffen, weshalb ihr eigentlich so oft der Rücken weh tut.

Aus der psychosomatischen Medizin ist bekannt: Gefühle, Gedanken und Seelenschmerzen, die nicht geäußert werden (dürfen), bleiben als unausgelebte energetische Impulse und Bewegungsreize in unseren Körperstrukturen haften. Wer beispielsweise immer wieder Ungerechtigkeiten ertragen oder Verletzungen hinnehmen muß, ohne sich adäquat dagegen auflehnen zu können, baut nach und nach einen schützenden »Gefühlspanzer« in sich auf; im Volksmund heißt das sehr bildhaft: sich ein dickes Fell zulegen. Dieser Schutzpanzer hat seine körperliche Entsprechung in einem steifen Muskelpanzer, der den Nackenbereich, den Schultergürtel, den Brustraum, den Bauch und Unterleib, das Gesäß und die Oberschenkel umgibt. Viele Frauen klagen über chronische Verspannungen in diesen Bereichen; ihre Muskulatur ist steif und unbeweglich statt elastisch, mangelhaft durchblutet und daher anfällig für »Hexenschüsse«. Ihre Bandscheiben sind unter diesem Panzer zusammengepreßt, ebenfalls schlecht mit Blut versorgt und ausgetrocknet, so daß sie sich unphysiologisch rasch abnutzen. Bloße Massagen, so wohltuend sie für den Rücken, den Po und die Beine auch sein mögen, genügen nicht, um an diesen Gefühls- und Muskelpanzer heranzukommen. Er muß mit anderen Methoden »aufgeknackt« werden (siehe Psychosomatische Hilfe).

Info: Den Rücken von Schmerzen befreien

Ganz gleich, woher das Kreuzweh nun im einzelnen rührt – Schmerzlinderung ist das A und O jeder Rückentherapie. Das allein schon deshalb, weil Schmerzen einen Teufelskreis von Körper- und Seelenpein, neuerlicher Verspannung und falscher Schonhaltung aus Angst vor Schmerzen, dadurch Schmerzverstärkung, noch mehr Verspannung usw. auslösen, den es unbedingt zu durchbrechen gilt. Das einfachste ist in solchen Momenten natürlich der Griff zur Schmerztablette oder der Gang zum Arzt, der eine schmerzlindernde Spritze gibt. Im Einzelfall ist dagegen auch nicht unbedingt etwas einzuwenden. Zur Regel sollte es jedoch möglichst nicht werden, denn all diese Mittel rücken erstens der Schmerzursache nicht zu Leibe und belasten zweitens Nieren, Harnwege und den gesamten Stoffwechsel.

Naturheilkundlich gibt es mehrere Möglichkeiten, gegen Rückenschmerzen vorzugehen. Ob sie Erfolg haben, hängt von der Diagnose ab (Schmerzen infolge Bandscheibenvorfall sind etwas anderes als ein Hexenschuß oder menstruationsbedingte Kreuzschmerzen) und auch davon, ob der Schmerz akut auftritt oder sich bereits chronisch verfestigt hat. Für folgende Verfahren brauchen Sie eine kundige Fachkraft:

- **Akupunktur** (siehe auch ab S. 62), bei der Ihre Rückenschmerzen »weggenadelt« werden; sie ist vor allem bei chronischen Schmerzzuständen erfolgreich.
- **Chirotherapie** (siehe auch ab S. 116); dabei wird Ihr gesamter Rücken mit Spezialgriffen behandelt und jeder verschobene Wirbel, eine häufige Schmerzursache, behutsam

wieder an die richtige Stelle gerückt. Dieses Verfahren eignet sich besonders für akut einschießende Rückenschmerzen, chronische Verspannungen sowie zur regelmäßigen Rücken-Fürsorge, sollte allerdings nicht öfter als einmal im Monat angewendet werden, sonst besteht die Gefahr, daß die Sehnen und Bänder dabei mit Zeit ausleiern. Aus der Manuellen Medizin, wie die Chiropraktik auch genannt wird, stammt außerdem die

- **Überdehnungs-Therapie**, auch Traktionsbehandlung genannt. Dabei werden Sie auf einer besonderen Kippliege so gelagert, daß Sie in einem Winkel von ca. 45 Grad zu liegen kommen; das entlastet die Wirbelsäule und die darin verlaufenden Spinalnerven enorm und kann kurzzeitig sehr schmerzlindernd wirken. Oder aber Sie werden in einer besonderen Haltevorrichtung so »aufgehängt«, daß die Schwerkraft – bzw. eine behutsame Hebelkraft – Ihren Rücken einige Zentimeter auseinanderzieht; auch das läßt den Schmerz oft abklingen und Verspannungen weichen.
- **Massagen.** Am Rücken können Sie sich kaum selbst massieren; eine geschickte Masseurin hingegen kann Ihren gesamten Bewegungsapparat, vor allem aber die Muskulatur des Rükkens vom Hals bis zum Gesäß und dazu noch die Oberschenkel und Waden so durchwalken, daß auch der letzte Rest von Verkrampfung und Spannungsschmerz weicht. Abschließend helfen durchblutungsfördernde, wärmende Öle der →Aromatherapie, den entspannten Zustand der Muskulatur aufrechtzuerhalten.
- **Moxibustion**, unblutiges **Schröpfen** und andere, die Durchblutung im behandelten Bereich stark erhöhende Methoden (siehe ab S. 294).
- **Neuraltherapie** (siehe S. 295), einer ärztlich durchzuführende Injektionsbehandlung, bei der sogenannte Störfelder in den Geweben ausgeschaltet werden sollen.
- **Physiotherapie.** Eventuell auch in warmem Wasser durchgeführt, gibt sie Ihrem Rücken Auftrieb. Gute Physiotherapeutinnen kennen viele spezielle, rückenschmerzlindernde Griffe und Übungen. Fragen Sie Ihren Orthopäden nach

einer solchen Fachkraft, oder sehen Sie im Telefonbuch (Gelbe Seiten) nach.

- **Übungen des →Yoga.** Sollten Sie noch keine *Yogin* (indisch für Yoga-übende Frau) sein, Ihrem Rücken jedoch oft viel zumuten müssen und/oder bereits an chronischen bzw. immer wiederkehrenden Rückenschmerzen leiden, kann ich Ihnen die Teilnahme an einem guten Yoga-Kurs nur wärmstens empfehlen. Fragen Sie die Lehrkraft nach Übungen, die Sie von Anfang an speziell gegen Ihre Rückenbeschwerden zu Hause machen können! Hilfreich sind auf jeden Fall die auf S. 690 und S. 420 genannten Übungen, nämlich das *Krokodil* und die *Beckenkippe.*

Natürliche Heilverfahren

Allgemeinverhalten:
Die folgenden Ratschläge und Übungen, mit denen sich Rückenschmerzen wirksam vorbeugen läßt, entstammen Rückenschul-Programmen, wie sie von Orthopäden, Krankengymnastinnen und anderen Rücken-Expertinnen und -Experten entwickelt und vielerorts gelehrt werden. Solche Kurse werden auch von Krankenkassen, meist kostenlos oder gegen geringe Gebühr, sowie an Volkshochschulen angeboten. Sollten Sie Ihrer Wirbelsäule privat oder beruflich viel zumuten (müssen) oder schon eine chronische Rückenschmerz-Patientin sein, empfiehlt sich die Teilnahme an einem solchen Kurs.

Stärken Sie Ihre Rücken- und Bauchmuskulatur. Schwache Bauchmuskeln bieten der Wirbelsäule keine Gegenstütze; schwache Rückenmuskeln haben keine tragende Funktion. Beide müssen mit entsprechender Gymnastik oder auch Yoga-Übungen gekräftigt werden, wenn Sie Ihren Rückenschmerzen wirksam begegnen wollen. (Gymnastikübungen speziell für diese Bereiche finden sich in jedem guten Gymnastik- oder Fitnessbuch, siehe auch Literaturempfehlungen.)

Erlernen Sie richtiges Atmen. Ihr Zwerchfell muß frei beweglich und kräftig sein; wird es durch falsche Haltung (Schultern nach vorn hängen lassen, krummer Rücken) und falsche Atmung (vor allem zu flache Atmung nur im oberen Brustbereich statt tiefer Bauchatmung) eingezwängt, versteift es sich und wird chronisch schlecht durchblutet. Mit dem Zwerchfell ist, was viele sich nicht klarmachen, ein Großteil der Rücken- und Bauchmuskulatur verbunden. Atemübungen, wie sie auch in der →Atemtherapie oder beim Yoga gelernt werden, lösen das Zwerchfell – und damit viele Rückenprobleme. *Eine einfache Übung:* Längelang ganz entspannt auf den Rücken legen und ein Buch auf den Oberbauch/unteren Rippenbogen plazieren; nun erst ganz tief aus-, dann tief einatmen, und beim Einatmen das Zwerchfell wie einen Ballon von innen her aufzublasen versuchen, so daß das Buch sich deutlich hebt – und beim Ausyatmen wieder senkt. Täglich mehrfach je zehnmal hintereinander üben.

Sorgen Sie für ein gutes Bett. Sie verbringen ein Drittel Ihres Lebens darin; es sollte daher unbedingt rücken-, entspannungs- und schlafgerecht sein! Das heißt: Die Matratze muß hart-elastisch sein – nicht zu unnachgiebig, damit Becken und Schultern in der Seitenlage darin eine Mulde finden, aber auch nicht zu weich, damit die Wirbelsäule nirgendwo durchhängt. Sehr gut sind japanische Futons, mit mehreren Lagen Baumwolle gestopft, oder eine Latex- bzw. orthopädische Matratze auf einem (eventuell verstellbaren, leicht federnden) Lattenrost. *Tip:* Bei Hotelaufenthalten lieber die Matratze auf den Boden legen als in einem zu weichen Bett den Rücken verrenken! Auf Hängematten, durchhängende Campingliegen etc. unbedingt verzichten.

Gestalten Sie Ihren Arbeitsplatz rückengerecht, vom Arbeitsstuhl bis zum Computer- oder Zeichentisch. Die Möbel sollten individuell auf Ihre Größe verstellbar sein, die Rückenlehne Ihre Lendenwirbelsäule und das Kreuz bis knapp unter die Schulterblätter stützen. Armstützen sind vorteilhaft. Viele Rückenleidende arbeiten übrigens am Stehpult besser als im Sitzen; manche bevorzugen den Wechsel von Normal- zu Balanstuhl (Spezialstuhl ohne Rückenstütze, bei dem das Gewicht auch auf den Knien/Beinen ruht; entlastend bei Venenleiden, schlecht bei Kniebeschwerden).

Heben Sie Lasten rückengerecht. Stets in die Knie gehen, wenn Sie etwas vom Boden aufheben müssen, wie leicht es auch sein mag! Bei schwereren Lasten: mindestens die Knie spreizen, am besten die Füße breitbeinig aufsetzen, in die Hocke gehen, die Last so dicht am Körper wie möglich hochheben. Tip: Es hilft, vorher einmal tief aus- und einzuatmen, sich innerlich auf den Hebevorgang zu konzentrieren (»das schaffe ich jetzt gleich sehr gut«) und beim *Ausatmen* die Last hochzuheben. Niemals hochreißen, wenn Sie keine Gewichtheberin sind!

Beim Bücken in die Knie gehen. Ganz gleich, weshalb Sie sich bücken müssen – nie mit durchgedrückten Knien, sondern immer in die Hocke gehen! Sie kommen dann auch viel leichter wieder hoch – ohne den berühmten Griff ins schmerzende Kreuz.

Rückenschonend vornüberbeugen. Wenn Sie sich bis in Bekkenhöhe vornüberbeugen müssen – etwa am Backofen oder an der Waschmaschine –, schieben Sie dabei bewußt den Po etwas nach hinten und lassen Sie den Rücken leicht durchhängen. Sie spüren die Wirbelsäulen-Entlastung sofort. Machen Sie sich diese Haltung beim Vornüberbeugen zur Gewohnheit, bis sie Ihnen in Fleisch und Blut übergegangen ist und Sie nicht mehr extra daran denken müssen.

Bei schlimmen, akuten Rückenschmerzen kann es angebracht sein, sich erst einmal im Bett auszuruhen – vorausgesetzt, es ist rückengerecht (siehe S. 548) –, vielleicht eine muskelentspannende Massage von Partner oder Freundin verabreicht zu bekommen und in erholsamen Schlaf zu gleiten. *Warnung:* Mehr als 24 bis 48 Stunden sollten Sie wegen Rückenschmerzen keinesfalls im Bett verbringen; es würde Ihre Rückenmuskulatur schwächen und Ihr Krankheitsgefühl unnötig verstärken! Bei Hexenschuß und starken Nacken-Schulter-Verspannungen ist es ohnehin das beste, als erstes zur →Chirotherapie zu gehen.

Akupressur:
Zwei Punkte links und rechts neben dem Schulterblatt (17) (siehe Abbildung S. 60f.), dazu eine Reihe von Punkten zwischen Kreuzwirbel und Gesäß (Punkt (3) und Umgebung entlang der Wirbelsäule) eignen sich zur Akupressur-Selbsthilfe bei Rücken-

schmerzen. Sollte Ihnen das Akupressieren schwerfallen, bitten Sie jemand anderen darum.

Aromatherapie:
Schmerzlindernd und muskelentspannend wirken Geranium, Rosmarin, Johanniskraut, Arnika, Lavendel und Latschenkiefer. Anwendungen siehe ab S. 70.

Bewegung:
Das beste bei akuten Rückenschmerzen, etwa Ischialgie, Hexenschuß, »verhobenem Kreuz« und menstruellem Kreuzweh, sind Dehnübungen des →Yoga. Rückenschmerzen werden durch falsche Schonhaltungen oft unwissentlich verstärkt. Vorsichtiges Bewegen und Dehnen der betroffenen Rückenpartie kann Schmerzen hingegen austreiben. Vor allem bei Rückenschmerzen infolge von Verheben oder einer unbedachten Bewegung ist es ratsam, die schmerzauslösende Bewegung zuerst langsam und behutsam »rückwärts« auszuführen, um den Rücken wieder in die Ausgangsposition zu bringen, und dann ebenso behutsam noch einmal zu machen, diesmal allerdings so, daß die Partie dabei etwas gedehnt wird. Vorher eventuell steife Muskeln etwas warmreiben. Danach mit *Aushängen* versuchen: an eine Sprossenwand hängen und dabei die Wirbelsäule sanft dehnen, so daß sie entlastet wird. Das geht auch an einer offenen Tür: Stellen Sie einen Türstopper davor, so daß sie nicht zufallen und Ihre Finger einklemmen kann; nehmen Sie ein Badehandtuch, schlingen Sie es von einer Stehleiter oder einem Stuhl aus über den oberen Türrand und die Enden dann fest um Ihre Hände, schieben Sie die Steighilfe etwas weg und lassen Sie sich dann langsam – nie ruckweise! – an der Tür herabhängen. Die Beine anziehen, falls sie dabei den Boden berühren, und so lange hängen bleiben, wie es Ihnen guttut. Auch zur täglichen Vorbeugung sehr geeignet! Davon abgesehen: ein wohltrainierter, beweglicher, gut durchbluteter Rücken schmerzt viel seltener als ein steifer, schlecht durchbluteter! Gewöhnen Sie sich regelmäßiges Schwimmen, am besten Rückenschwimmen an, gehen Sie zum Reiten (Reittherapie wird bei bestimmten Rückenleiden sogar von den Krankenkassen be-

zahlt), machen Sie täglich rückengerechte Gymnastik oder Yoga-Übungen.

Chronobiotherapie:
Sollten Sie auf Schmerzmittel nicht verzichten können, nehmen Sie sie ein, wenn Ihre Schmerztoleranz am niedrigsten ist; das fällt gewöhnlich mit Ihren Leistungstiefs zusammen und ist individuell unterschiedlich. Abends nur koffeinfreie Schmerzmittel einnehmen (möglichst auch ohne Codein: Suchtgefahr!). Ansonsten: Regelmäßig Arbeitspausen einlegen, dann aufstehen, dehnen, strecken, gähnen! Für genügend Schlaf sorgen und Biorhythmen stärker beachten: Auch allgemeine Müdigkeit verringert die Rückendurchblutung und fördert Kreuzweh.

Ernährung, Vitamine, Mineralstoffe, Spurenelemente:
Den Mineral-, Vitamin- und Wasserhaushalt auszugleichen und den Stoffwechsel anzukurbeln, hilft auch, Rückenschmerzen zu lindern und zu verhüten: zweimal täglich 100 mg Vitamin-B-Komplex, dazu 200 mg Vitamin B12; als Kur über 4 Wochen 200 mg Kalzium plus 100 mg Magnesium pro Tag (am besten enthält das Präparat auch kleine Mengen Zink sowie Vitamin A, C und D). Bei akuten Schmerzen und Bandscheibenproblemen: wenn magenverträglich, 3 Gramm Vitamin C pro Tag (als Ascorbinsäurepulver aus der Apotheke) zur Geweberegenerierung, dazu viel Aminosäuren aus frischgepreßten Fruchtsäften, vor allem Birne, Pfirsich und Aprikose; 3 mg Bor täglich, bis die Schmerzen aufhören; frische oder getrocknete, ungeschwefelte Aprikosen für den erhöhten Kaliumbedarf essen; bindegewebsstärkenden Frischsaft aus Zinnkraut trinken, täglich 1–2 große Tassen. Bei Hals-Nacken-Schulterschmerzen zusätzlich Mangan einnehmen; bei Ischiasschmerzen Vitamin-B-Komplex, dazu bindegewebsstärkende Kieselsäure als Kapsel oder Pulver, unter Joghurt gerührt. Alle genannten Kuren sollten maximal 4 Wochen dauern, dann 1 Monat pausieren.

Farbtherapie:
Bei Mangeldurchblutung und degenerativen Erkrankungen des Rückens stark anregendes Rot, auch Infrarotlicht; bei Entzündung des Ischiasnervs Blau. Anwendungen siehe ab S. 155.

Heiltees und -tinkturen:
Ausleitend wirken Tees oder Teemischungen aus Brennessel, Holunder, Wacholder (nicht bei Nierenproblemen!) oder Zinnkraut; entzündungshemmend sind Tees aus Weidenrinde, Birkenblättern, Kamille oder Gartenraute. Schachtelhalm-Tee fördert die Kalziumverwertung und enthält bindegewebsstärkende Kieselsäure. Entspannend und schmerzlindernd: Tee aus Helmkraut, Baldrian und Hopfen, zwei- bis dreimal täglich 1 große Tasse, zuletzt vor dem Schlafengehen. Tinkturen, Balsam oder Salben zum Einreiben der schmerzenden Stelle: Tigerbalsam, Japanische Minze, Pfefferminze, Lavendel, Arnika oder Johanniskraut. Nach 3 Wochen Teekur 3-4 Wochen Pause einlegen.

Kälte- oder Wärmetherapie:
Bei Wärmebedürfnis: Wärmflasche oder Heizkissen an den Rücken, vor allem im Sitzen; rein wollene (Angora-)Unterwäsche oder einen Rückenwärmer aus Lammfell tragen; auch Rotlicht- bzw. Infrarotbestrahlungen helfen (→Farbtherapie), außerdem ein heißer Kartoffelbrei- oder Heublumensack auf die schmerzende Partie (nur, wenn keine Entzündung besteht!). Wärmend und elektromagnetisch entzündungslindernd sowie muskelrelaxierend wirken Magnetpflaster oder -bänder (aus der Apotheke). Vorbeugend gegen Schmerzen und gut bei rheumatischen Rückenschmerzen ist auch ein Schaffell, das Sie sich unters Bettlaken legen – es sorgt sommers wie winters für ein angenehmes Bett-Klima! Stark wärmend und durchblutungsfördernd bei Hexenschuß und anderen Verspannungsschmerzen des Rückens sind Präparate mit Bienen- oder Ameisengift zum Einreiben. Vorsicht, es löst ein starkes Wärmegefühl aus! Die behandelte Stelle gut mit einem Tuch abdecken und dann sofort die Hände waschen.

Lichttherapie:
Warmer Sonnenschein fördert die Durchblutung des Rückens und hellt die angegriffene Psyche auf; doch vor kühlem Luftzug schützen! Falls die Sonne nicht scheint: eine Viertelstunde (nicht länger!) auf die Sonnenbank; außerdem Infrarotlicht-Therapie sowie Farblicht, siehe Farbtherapie.

Massagen:
siehe Info S. 545.

Psychosomatische Hilfe:
Bei arbeitsbedingten Rückenschmerzen: Sehen Sie sich in aller Ruhe um, ob Sie nicht in einer anderen Abteilung oder an einer anderen Arbeitsstelle besser dran sind. Lieber den Job wechseln als sich den Rücken kaputtmachen! Sie können vielleicht nicht ändern, daß Sie unter Vorgesetzten arbeiten müssen, doch wohl, unter welchen. Außerdem: Lassen Sie sich nicht ausnutzen und mehr Arbeit aufladen, als andere sie machen. Schleppen Sie Büroprobleme nicht mit nach Hause. Besinnen Sie sich auf Ihren aufrechten Gang, und sagen Sie deutlich, was Sie stört. Überlegen Sie sich auch die Antwort auf folgende Fragen: Was wollen Sie damit erreichen, sich für andere den Buckel krumm zu arbeiten? Haben Sie Angst vor Liebesverlust, wenn Sie das nicht mehr tun? Schütteln Sie ab, was Ihnen das Kreuz zu brechen droht. Lernen Sie sich wehren!

Zum »Aufknacken« eines verhärteten emotionalen Muskelpanzers bedarf es tiefenwirksamer Körpertherapien, die mit Psychotherapie gekoppelt sind, etwa das *Rolfing*, benannt nach der amerikanischen Therapeutin Ida P. Rolf (1896–1979), oder ähnlicher Behandlungsformen (→Bewußtseinstraining/Körpertherapien). Solche in die Tiefe des Körper- und Seelenselbstes gehenden Behandlungen sind oftmals zunächst schmerzlich, sowohl psychisch als auch körperlich, denn dabei wird nicht nur das Rückengewebe durchgewalkt, sondern auch das Seelentor zu verschütteten, zurückgedrängten Gefühlen und Erinnerungen aufgebrochen, die dann mit Macht hervordrängen. Das tut weh – gleichzeitig aber auch sehr wohl. Und es ist die einzige Chance, solche psychosomatisch bedingten Rückenschmerzen ein für allemal loszuwerden. Derartige Therapien sind allerdings nicht zur Selbsthilfe geeignet; Sie brauchen dafür eine erfahrene Fachkraft, die Sie auf Ihrem Weg zu einem freieren Selbst ohne Rückenschmerzen begleitet.

Rituale mit Heilwirkung:
Planen Sie einmal in der Woche (wenn es geht, auch öfter) eine zweistündige Erholungspause ein, die nur Ihnen allein gehört. Zuerst nehmen Sie jedesmal ein Blatt Papier, auf das Sie schreiben, was Sie momentan am meisten bedrückt; dann zünden Sie es feierlich an und verbrennen es in einer Schale. Sehen sie zu, wie Ihre Sorgen sich in Rauch auflösen. Anschließend tun Sie in dieser Zeit ausschließlich, was Ihnen Spaß macht und Sie von Ihren Schmerzen ablenkt oder sie lindert. Ob Sie ein tolles Duftschaumbad nehmen, im Zoo spazieren- oder ins Kino gehen, am Seeufer die Schwäne füttern, einen Sprachkurs machen, Ihre Freundin besuchen – es soll Sie aufheitern, und niemand, auch keine Verpflichtung, darf Sie dabei stören.

Visualisieren:
Legen Sie sich flach auf den Rücken oder den Bauch (bei Bauchlage Decke überlegen), schließen Sie die Augen, entspannen Sie sich und versenken sich gedanklich in Ihren Rücken. Beginnen Sie am Steißbein, und wandern Sie dann Wirbel für Wirbel Ihre Wirbelsäule hinauf, als erkletterten Sie einen Dinosaurierschwanz bis hoch zum Kopf. Gleiten Sie mit Ihren Gedankenfingern über jeden Wirbel, jede Bandscheibe, jeden Muskel; erspüren Sie, wo die Wirbel verrutscht, die Bandscheiben zusammengepreßt, die Muskeln und Bänder verspannt sind. Zupfen Sie sie sanft zurecht, schieben Sie sie in Gedanken in die richtige Lage, befreien Sie schmerzende Nerven vom Druck der auf ihnen lastenden Gewebe, kühlen Sie mit den Gedankenfingerspitzen entzündete Stellen. Wenn Sie bis zum Hals gelangt sind, gleiten Sie auch über Ihre Schultern bis zum Muskelansatz an den Armen und unter die Schulterblätter; rucken Sie ein wenig daran, lösen Sie Knoten und Spannungsbögen. Dann den Hals hinauf bis zum Schädel; öffnen

Sie in Gedanken diesen ganzen Energiekanal vom Steißbein bis zum obersten Punkt des Kopfes, und lassen Sie Ihre Heilenergie wie einen wärmenden, leuchtend orangefarbenen (bei Entzündungen: kühlend blauen) Strom die ganze Wirbelsäule hoch bis zur Schädeldecke strömen, wo er sich durchs Scheitelzentrum ins All ergießt. Sie dürfen den Rücken bei dieser Übung ruhig ein wenig mitbewegen, aber nur sacht, niemals ruckhaft. Zum Schluß tief aus- und wieder einatmen, Hände ballen, dann ausschütteln und mit geöffneten Augen noch einen Moment der Übung nachspüren.

Wasseranwendungen:
Heilsam sind durchwärmende heiße Duschen mit Massagestrahl auf die schmerzende Stelle (nicht bei Entzündungen!) oder Teil- und Vollbäder mit Mitteln der Aromatherapie (siehe S. 550), außerdem Dampfbäder bzw. Saunagänge, ansteigende Fußbäder mit Salz- oder Holzasche-Zusatz, bei *Ischiasleiden* Sitzbad mit Moor, nach Abklingen der Schmerzen auch Wechselgüsse zur Steigerung der Abwehrkräfte.

Wickel:
Schmerzende Stelle mit feuchtwarmen, bei Ischiasleiden auch feuchtkalten Auflagen oder Wickeln behandeln, in die ein schmerzlindernder Heiltee oder eine Tinktur geträufelt wurde; bei Abkühlung sofort entfernen bzw. erneuern, maximal dreimal täglich. Hilfreich sind auch Heilerde- oder Fangopackungen sowie Auflagen mit zerstampften heißen Kartoffeln.

Yoga:
Sehr wirksam gegen Rückenschmerzen sind die auf S. 420 und S. 690 beschriebenen Übungen. Machen Sie sie täglich, und denken Sie daran, daß es beim Yoga nicht um Perfektionismus geht.

Zusätzliche Verfahren:
Entspannungsübungen wie das Autogene Training helfen bei der Tiefenentspannung und Schmerzlinderung. Bei chronischen

Rückenschmerzen sollten Sie eine Konstitutionsbehandlung der →Homöopathie machen lassen; sie hält auch Mittel zur akuten Schmerzlinderung bereit. Fragen Sie eine homöopathische Fachkraft danach.

Literaturempfehlungen:

Bierach, Alfred: Wie Sie sich betten… Econ Taschenbuch Verlag, Düsseldorf 1988.

Flury, Hans: Die neue Leichtigkeit des Körpers. Grundlagen der normalen Bewegung. Übungen und Selbsthilfe für Alltag und Freizeit. Deutscher Taschenbuch Verlag, München 1995.

Hess, Heinrich/Eder, Klaus/Montag, Hans-Jürgen/Schutt, Karin: Natürliche Behandlungsmethoden bei Rückenschmerzen. Massage, Gymnastik, Entspannung. Falken-Verlag, Niedernhausen 1990.

Leibold, Gerhard: Bewährte Naturheilverfahren bei Rückenschmerzen. Falken-Verlag, Niedernhausen 1991.

Norfolk, Donald: Endlich frei von Rückenschmerzen. So werden Sie wieder fit und beweglich. Wilhelm Heyne Verlag, München 1994.

Reichel, Hilde-Sabine: Hilfe bei Rückenschmerzen. Ein gezieltes Programm. sportinform Verlag, München 1993.

Ritter, Monika: Die ideale Wirbelsäulengymnastik. Das spezielle Trainingsprogramm für Gesundheit und Wohlbefinden. Orbis Verlag, München 1993.

Schröder, Eva-Maria/Weikamp, Heidi: Vital und fit in die zweite Lebenshälfte. Optimale Ernährung und gezielte Bewegung. sportinform Verlag, Oberhaching 1990.

Zauner, Renate: Rückenschmerzen natürlich behandeln. Gräfe und Unzer Verlag, München 1994.

Scheideninfektionen

Dazu gehören unter anderem:
sexuell übertragbare Krankheiten
Scheidenkatarrh (Kolpitis)
Scheidenmykose (→Pilzinfektionen)
Entzündungen der Bartholinischen Drüsen

Allgemeines

Scheideninfektionen gehören selbst in der ärztlichen Praxis zu den Tabuthemen, die von den betroffenen Frauen nur ungern explizit angesprochen werden. Bei der Untersuchung auf dem gynäkologischen Stuhl, so hoffen viele Patientinnen, wird der Arzt schon von allein merken, was »da unten« mit ihnen los ist. Und sie genieren sich sehr, ihn überhaupt mit einer solchen Peinlichkeit konfrontieren zu müssen, wie es eine entzündete, in ihrer Vorstellung sicher sehr häßliche Vagina darstellt.

Zwar postulierte die holländische Feministin Anja Meulenbelt schon in den siebziger Jahren: ›Die Scham ist vorbei‹[1], und riet Frauen zur Selbstentdeckung und liebevollen Annäherung an ihren eigenen Genitalbereich, als gelte es, einen verlorengegangenen Kontinent wiederzuentdecken. Faktisch ist die Scham jedoch bis heute keineswegs vorüber. Millionen von Mädchen wachsen immer noch in dem Glauben heran, ihr Intimbereich sei etwas Unschönes, womöglich sogar »Schmutziges«, und haben kaum eine Ahnung davon, wie hübsch gestaltet und gefärbt ihre doppelten »Scham«-Lippen, die kleine Klitoris unter ihrem Häubchen und der kaurimuschelförmige Scheideneingang tatsächlich sind. Millionen Frauen halten die Spuren, die das Gebären in diesem dabei höchst strapazierten, aber auch wunderbar elastischen Bereich hinterläßt, für etwas Häßliches und schämen sich selbst vor ihrem Gynäkologen dafür. Kaum eine Frau, die nicht im medizinischen Bereich tätig ist oder in ihrem Liebesleben mit Frauen verkehrt, weiß, wie andere Frauen in dieser Region ihres Körperselbst aussehen – ganz anders als Männer, die ihre Genitalien von Jugend an kennen, täglich beim Urinieren anfassen und schon als Knaben neugierig miteinander vergleichen. Das weibliche Geschlecht hingegen lernt, überspitzt gesagt, die Finger vom eigenen Genitale zu lassen und immer schön die Beine übereinanderzuschlagen. Ein unbefangenes Verhältnis zur eigenen Scheide (Vagina), den eigenen Labien (wie die »Scham«-Lippen medizinisch heißen), kann dabei nicht entstehen.

Werbekampagnen, in denen sogenannte Hygiene-Artikel für den weiblichen Intimbereich angepriesen werden, verzerren das weibliche Körperselbstbild noch mehr. So suggerieren beispielsweise Anzeigen für Intimsprays und Slipeinlagen, Frauen seien »tröpfelnde Wesen«, ständig in Gefahr, ein unsauberes, übelriechendes und die Wäsche verfleckendes Sekret aus der Scheide abzusondern. Und nur, wenn sie tagtäglich Einlagen im Schritt trügen bzw. Gerüche mit Intimsprays bannen würden, könnten sie sich »sicher fühlen« – sicher vor der Gefahr nämlich, aufgrund ihrer Weiblichkeit zum peinlichen Ärgernis für ihre Umwelt zu geraten, die irgendwelche Ausdünstungen oder Absonderungen an ihnen wahrnimmt. (Das gleiche gilt, in verschärfter Form, für Produkte zur Menstruationshygiene; siehe auch Info S. 479.)

Daß solche frauenverachtenden Werbespots nicht gerade dazu angetan sind, Frauen ein gutes Gefühl für ihre intimeren Körperbereiche und -funktionen zu vermitteln, liegt auf der Hand. Für Patientinnen, die öfter unter Scheideninfektionen bzw. Ausfluß leiden, ist die Ideologie, die sich dahinter verbirgt, doppelt gefährlich. Denn erstens hätten gerade sie es besonders nötig, von frauenfeindlichen Körperbildern befreit zu werden, die ihnen den Genitalbereich als psychosomatischen Austragungsort für Konflikte geradezu aufnötigen. Zweitens haben sie es oft genau jenen angeblich schützenden Slipeinlagen und Sprays zu verdanken, daß sie überhaupt so massiv oder immer wieder an Scheideninfektionen erkranken. Chemische Sprays beeinträchtigen die natürlichen Abwehrfunktionen der Haut. Und in der feuchtwarmen Kammer, die sich zwischen Genitalbereich und Einlage-Plastikstreifen bildet, finden Bakterien und andere Infektionserreger ideale Lebens- und Vermehrungsbedingungen. So manche scheinbare Ping-Pong-Infektion zwischen Partnerin und Partner stellt sich bei näherer Betrachtung als Ping-Pong-Effekt zwischen Frau und Wäscheschutz heraus.

Zudem haftet allem, was aus der weiblichen Scheide kommt, noch immer der Ruch des Gottesfluches an, mit dem nach biblischem Mythos Eva aus dem Paradies vertrieben wurde. Das gilt für das Menstruationsblut ebenso wie für Ausfluß aller Art. (Selbst den Früchten ihres Leibes, den Kindern, gibt die Mutter, nach katholischer Auffassung, ihre »Erbsünde« mit.) Die monströse Abwertung weiblicher Funktionen und Sekrete, wie sie über Jahrhunderte von Männern erdacht und in Frauenköpfen verankert wurde, hat unter anderem zur Folge, daß Vaginalsekretionen selbst dann oft als Krankheitszeichen mißinterpretiert werden, wenn sie völlig natürlich, also physiologisch sind. Zum Beispiel als *Weißfluß* (Fluor album) bei jungen Mädchen, noch bevor sie zum ersten Mal menstruieren, oder als *Zervixschleim*, der sich am Muttermund bildet und je nach Zeitpunkt im Monatszyklus mal mehr, mal weniger dünnflüssig ist. Von der Möglichkeit, auch als Frau beim Orgasmus eine *Ejakulation* zu haben – nämlich aus Drüsengeweben um die Harnröhre herum, auch »weibliche Prostata« genannt –, haben die wenigsten Frauen (oder Männer) schon einmal etwas gehört. Sie halten einen solchen Erguß daher fälschlich für Urinabgang – und schämen sich ihrer »schwachen Blase«, statt sich an den Lustbekundungen ihres Genitales erfreuen zu können. Auch die vermehrte Ausscheidung von Scheidensekreten unter Streß – medizinisch heute als normale, also nicht krankhafte Reaktion auf nervenbelastende Stimuli angesehen – ist für viele Frauen ein Anlaß zur Beunruhigung.

Doch wie gesagt: Von ihren physiologischen Scheidenabsonderungen und deren natürlichen Schwankungen erfahren die allermeisten Mädchen und Frauen nichts oder nur ideologisch Verkleistertes. Die wenigsten (wollen) wissen, wie sie »untenherum« duften und schmecken, welche Bewandtnis es jeweils mit ihren Vaginalsekreten hat, welche Art des Fließens auf eine Störung hindeutet und welche nicht: als sei solches Wissen etwas Obszönes, das allenfalls ihrem Partner zugestanden wird, wo es um die Sexualität, und ihrem Arzt, wo es um die Gesundheitsfürsorge geht. Tatsächlich haben viele Frauen, wie aus psychosomatischen Studien hervorgeht, das Gefühl, ihre Scheide gehöre ihnen gar nicht richtig, sondern sei ein vom Mann vereinnahmter und seiner Kontrolle unterstehender Bereich ihres Körperselbst.

Frauen, die das ganz anders erleben, haben sich in aller Regel auch in weiterer Hinsicht aus traditionellen Rollenzuschreibungen befreit. Sie gehören häufig zu denjenigen, die ihre Sexualität recht offensiv leben, eventuell auch in lesbischen Beziehungen; es sind auch die Frauen darunter, die sich gut mit der sogenannten natürlichen Verhütung (samt Zervixschleim-Methode) auskennen und/oder die vaginale Selbstuntersuchung erlernt haben. Jeder einzelne dieser Tabubrüche führt sie näher zu ihrem weiblichen Körperselbst, macht sie von männlichem Wissen (also männlicher Kontrolle) unabhängiger und lehrt sie, was kein Mann ihnen in dieser Direktheit beibringen kann: ihre Genitalfunktionen *durch Selbsterfahrung* zu kennen und zu schätzen.

Diese Frauen wissen meist auch, daß Ausfluß, medizinisch *Fluor vaginalis* oder *Fluor genitalis* genannt, nur dann ein Warnsignal ist, wenn damit Krankheitszeichen verbunden sind, die auf eine übermäßige Besiedlung der Scheide mit Krankheitskeimen hinweisen. Und das ist wiederum ein Zeichen dafür, daß eine allgemeine →Abwehrschwäche, mindestens aber eine Störung im Immunsystem der Scheide vorliegt.

Dieser weibliche Organbereich ist nämlich durchaus nicht so »verletzlich« und schwach, wie Schulmediziner es oft darstellen. Er verfügt vielmehr über starke Abwehrmechanismen, die im Regelfall sehr gut mit Eindringlingen fertigwerden: den Scheidensekreten, die pathogene Keime hinausspülen, der Scheidenflora (verschiedene Bakterienstämme, vor allem Milchsäurebakterien), die das Vaginalmilieu sauer halten, so daß Krankheitskeime sich dort nicht wohl fühlen, eine feuchte, relativ glatte Oberfläche, die Keime abfängt, bevor sie in tiefere Gewebeschichten eindringen können, und nicht zuletzt das mit Immunzellen geradezu beladene Menstrualblut, das einmal im Monat für eine »Generalreinigung« sorgt, falls es ungehindert strömen darf (was Tampons allerdings verhindern).

Ist das Scheidenmilieu jedoch durch äußere oder innere Einflüsse gestört oder das Immunsystem der Frau – dazu gehören auch ihre psychischen Vitalkräfte! – überlastet, kann eine »Reizscheide« oder eine Keimbesiedlung die Folge sein, die sich zur Infektion ausweitet.

Naturheilkundlich bewanderte Frauen greifen dann meist erst einmal zu bewährten Hausmitteln, statt sich sofort ärztlich untersuchen und mit den Antibiotika behandeln zu lassen, die im Regelfall bei Scheidenentzündungen verschrieben werden (falls es sich nicht um eine →Pilzinfektion handelt und die Ärztin bzw. der Arzt Antimykotika aufs Rezept setzt). Diese Vorsicht vor Antibiotika ist in vielen Fällen auch äußerst sinnvoll (siehe dazu Info S. 563). Dennoch bin ich der Meinung: Eine ärztliche *Untersuchung*, bei der ein Scheidenabstrich gemacht und die jeweils dominierenden Krankheitserreger (oder auch: ihre Abwesenheit) genau bestimmt werden, ist bei Beschwerden in aller Regel empfehlenswert. Denn es kann ja sein, daß Sie sich, ohne es zu ahnen, mit einer sexuell übertragbaren Krankheit wie etwa Gonorrhö (Tripper) oder Syphilis (Lues, harter Schanker), womöglich sogar mit den *Humanen-Immunschwäche-Viren* (HIV) angesteckt haben, die mit AIDS in Verbindung gebracht werden (→Abwehrschwächen). Gonorrhö und Syphilis verursachen bei Männern im Anfangsstadium oft wenig Symptome, und gegen ihre gefährlichen Erreger ist auch kein Kraut gewachsen; da hilft nur eine gründliche Kur mit Penizillin.

Nur wenn eine solche Infektion ganz ausgeschlossen erscheint, die Symptome relativ leicht oder noch ganz neu sind, oder auch, wenn die Scheideninfektion bereits eine »alte Bekannte« ist, vielfach ärztlich untersucht und fast schon als »therapieresistent« aufgegeben, können Sie es durchaus erst einmal mit den nachfolgend genannten natürlichen Heilmitteln versuchen. Stellt sich nach längstens zehn Tagen nicht der gewünschte Erfolg ein, sollten Sie sich in ärztliche *Behandlung* begeben. Infektionen im Genitalbereich, die sich über den Muttermund bis zu den Organen des Bauchraums ausbreiten und nicht eingedämmt werden, können nämlich schwerste Entzündungen, eventuell auch →Unfruchtbarkeit nach sich ziehen. Manchmal sind sie sogar lebensbedrohlich. Dieses Risiko sollten Sie keinesfalls eingehen.

Körperliche Gründe von Scheideninfektionen

Grundsätzlich können alle Erreger einer Vaginalinfektion – seien es Bakterien, Pilze, Viren (etwa Herpesviren), Chlamydien, Trichomonaden oder die Erreger von Syphilis, Gonorrhö und anderen meldepflichtigen Geschlechtskrankheiten – beim Sexualverkehr mit einem infizierten Partner übertragen werden. Das ist jedoch keineswegs die einzige Ansteckungsmöglichkeit, und keine Frau sollte je aus Angst, in »falschen Verdacht« zu geraten, eine notwendige ärztliche Untersuchung hinauszögern! Pilze sind zum Beispiel quasi überall (siehe Info S. 501); mit Herpesviren sind fast alle Menschen infiziert, und in Streßzeiten bzw. wenn die Abwehrkräfte stark geschwächt sind, kann die Herpesinfektion zum Ausbruch kommen. Begünstigend wirken außerdem die Einnahme der Antibabypille (sie verändert das hormonelle Milieu und den Säuregrad der Scheide, so daß diese ihre Abwehrkräfte einbüßt), die Anwendung von chemischen Scheidenzäpfchen oder chemischer Diaphragma-Gels zur Empfängnisverhütung, mangelhafte körperliche Hygiene (auch und vor allem von Sexualpartnern), das häufige Benutzen von Intimsprays, alkalihaltiger Waschseife, Slipeinlagen, Binden und Tampons mit chemischen Zusatzstoffen (»Geruchsbindern«) und die Manipulation mit Fremdkörpern im Scheidenbereich, etwa beim Sexualverkehr oder beim Masturbieren. Antibiotika und Sulfonamide zerstören als Nebeneffekt die natürliche Scheidenflora. Auch Verletzungen des Genitalbereichs beim Gebären (Dammschnitt oder -riß), bei einer Operation, beim Sexualverkehr oder bei einer Vergewaltigung fördern die Ausbreitung von Krankheitserregern in dieser Region. Eine aus hormonellen oder psychischen Gründen sehr trockene Scheide – sie gehört zu den häufigsten →Wechseljahrsbeschwerden – trägt ebenfalls stark dazu bei, daß Erreger gute Einnistungschancen vorfinden. In selteneren Fällen tritt die Scheideninfektion als Folge einer Blasenentzündung (→Harnwegserkrankungen) oder einer Entzündung innerer Organe (→Eierstock- und Eileiterstörungen, →Gebärmutterprobleme) auf.

Sofort zur ärztlichen Untersuchung/Behandlung bei:

- eitrigem, blutigen, stark grün, gelb, grau oder rötlich verfärbten oder bröckeligem, übelriechenden Ausfluß (zur Abklärung der Erreger),
- Blutspuren im Vaginalsekret, auch nach Sexualverkehr (solche »Kontaktblutungen« können auf eine Zellstörung am Muttermund hinweisen),
- starken Schmerzen beim Sexualverkehr, Brennen, Jucken, heißen, geschwollenen Labien, nässenden Bläschen im Genitalbereich,
- Ekzem, Eiterpickel, Entzündungherd im Genitalbereich außerhalb der Scheide (zur Abklärung eines Genital-Herpes oder einer Entzündung der Bartholinischen Drüsen links und rechts vor dem Scheideneingang),
- Verdacht auf Ansteckung mit einer sexuell übertragbaren Krankheit, auch HIV-Infektion.

Info: Vorsicht mit Antibiotika!

Antibiotika können in manchen Fällen sehr nützlich, ja sogar lebensrettend sein. Oft aber haben sie mehr Schaden als Nutzen zur Folge, vor allem, wenn sie zu häufig, zu unspezifisch (= nicht gezielt gegen ganz genau diagnostizierte Krankheitskeime), schon bei banalen Beschwerden oder völlig unsinnigerweise (etwa bei Virusinfektionen, gegen die sie niemals helfen können) ärztlich verschrieben und verabreicht werden. Anti-Biotika richten ihre Wirkung nämlich gegen lebende, biologische Organismen – und zwar auch gegen solche, die sich natürlicherweise in den Geweben aufhalten und nützlich für uns sind, etwa die Bakterienflora des Mundraums, des Darms und der Scheide. Jede Antibiotikabehandlung zerstört oder schädigt diese Flora; das fördert wiederum das Eindringen und Wachstum weiterer Krankheitskeime, bis ein Teufelskreis entsteht. Viele Scheideninfektionen beispielsweise entstehen nur aufgrund von Antibiotikagaben oder werden dadurch verschlimmert und chronifiziert.

Hinzu kommt noch etwas anderes, sehr Wichtiges: Infolge der weltweit viel zu unkritischen Antibiotika-Einnahme sind die allermeisten Krankheitserreger bereits resistent, das heißt unempfänglich für bestimmte Antibiotika und deren nähere »Verwandte« geworden, indem sie ihr Erbgut an die neue, antibiotikareiche Umgebung angepaßt haben. Die Entwicklung solcher Resistenzen und Kreuzresistenzen (gegen verwandte Mittel) hat schlimme Folgen für unsere Gesundheit: In dem Moment, wo wir wirklich einmal Antibiotika als Lebensretter bräuchten – etwa zum Eindämmen einer gefährlichen Wundinfektion nach einem Unfall oder bei einer Lungenentzündung –, können sie uns womöglich gar nicht mehr helfen, weil die krankmachenden Keime schon gegen sie resistent sind. Expertinnen und Experten, die diese fatalen Folgen seit Jahren beobachten, warnen bereits vor einer weltweiten »Antibiotika-ausgelösten« Epidemie von Erkrankungen, die wir längst überwunden glaubten oder als ungefährlich, weil bislang leicht bekämpfbar eingeschätzt haben.

Folgende Vorsichtsmaßnahmen können dazu beitragen, Antibiotikagaben auf das notwendige Mindestmaß zu beschränken und ihre Nebenwirkungen so gering wie möglich zu halten:

- Nehmen Sie niemals auf eigene Faust Antibiotika ein (etwa aus einer nicht ganz aufgebrauchten Schachtel in Ihrer Hausapotheke).
- Vor jeder Antibiotika-Verschreibung muß ein Labortest klarstellen, um welche Erreger es sich handelt *und* ob sie bereits gegen Antibiotika resistent sind oder nicht. Verweigern Sie ungezielte Behandlungen (etwa mit irgendwelchen »Breitband-Antibiotika«) ohne einen solchen Test.
- Sollte die Einnahme unbedingt nötig sein, folgen Sie exakt den ärztlichen Anweisungen: Nehmen Sie *alle* Medikamente nach Verordnung, machen Sie die *ganze* Kur; hören Sie keinesfalls auf, nur weil Ihre Symptome sich schon gebessert haben. Brechen Sie zu früh ab, werden die Keime nur lahmgelegt, aber nicht vernichtet, und haben dann eine (weitere) gute Gelegenheit, Resistenz zu entwickeln.
- Fieber bis ca. 40°C ist *kein* Grund für Panik und Antibiotika-Einnahme. Fieber entsteht aus vielerlei Gründen, durchaus nicht nur infolge einer Infektion, und ist zudem ein

Selbstheilungsakt des Organismus (es tötet hitzeempfindliche Viren, Bakterien usw. ab; siehe auch Info S. 309). Lassen Sie sich in einem solchen Fall keine Antibiotika aufdrängen, sondern versuchen Sie es erst mit naturheilkundlichen Ausleitungs-Methoden, etwa kalten Wadenwickeln. Ausnahmen hiervon müssen ärztlicherseits genau begründet werden.

- Haben Antibiotika bei einer – nicht lebensgefährlichen – Erkrankung zu wenig Erfolg gezeitigt, lassen Sie nicht weitere Präparate auf gut Glück an sich durchprobieren; das fördert nur die Resistenzentwicklung der Keime. Versuchen Sie es in diesem Fall lieber mit Methoden der Naturheilkunde.
- Sind Antibiotika unumgänglich, sollten Sie nach der Einnahme für den Wiederaufbau Ihrer Mund-, Darm- und Scheidenflora sorgen: mit Milchsäurepräparaten oder Mitteln (aus der Apotheke), in denen Bifido- und Lactobazillen enthalten sind, mit Biojoghurt (auch als Scheidentamponade, siehe S. 572), Kefir oder speziellen Aufbaumitteln zur Darmsanierung. Sehr nützlich ist es auch, schon während der Antibiotika-Behandlung sowie danach täglich einige Teelöffel Milchzucker zu essen sowie den Stoffwechsel und die Ausscheidungsfunktionen allgemein – so kräftig es im Krankheitsfall möglich ist – anzuregen (→Harnwegserkrankungen, →Verdauungsstörungen). Thymian, Ysop, Zimt und Zitrone als Mittel der →Aromatherapie verstärken die antibiotischen Wirkung.

Psychosomatik

In der Medizin gilt Scheidenausfluß als *crux medicorum*, also als ärztliches Kreuz, weil dieses Symptom sich so ungemein schwer beseitigen läßt. Richtiger wäre es natürlich, vom Kreuz der Patientin zu sprechen, das diese so sehr beschwert und ihr so viele Probleme bereitet, unter anderem in ihrem Sexualleben. Oft ist allerdings schwer feststellbar, was zuerst da war: die Scheideninfektion oder die Sexual- bzw. Partnerschaftsprobleme? Beides geht sehr oft Hand in Hand. So mancher Frau schließt sich beispielsweise schon beim Gedanken, demnächst wieder mit ihrem unsensiblen, unbeholfenen, unattraktiven, ungewaschenen, untreuen, angetrunkenen oder aus irgend einem anderen Grund derzeit für sie unakzeptablen Lebenspartner ins Bett gehen zu müssen, sozusagen die Scheide zu. Da sie sie aber leider nicht wirklich verschließen kann, ohne Gewaltanwendung fürchten, erdulden oder selbst einsetzen zu müssen, falls ihr Nein nicht genügt, reagiert schließlich ihr Körperselbst in dem scheinbar schutzlosen Genitalbereich auf die seelische Verweigerung und wird krank.

Ein unerfülltes Liebesleben kann, so die Kölner Gynäkologin und Psychoanalytikerin Dr. med. Barbara Fervers-Schorre, Symptome einer Scheidenstörung auslösen, die sich dann in sogenanntem *Libidofluor* äußert – einem ständigen, traurigen Fließen, das erst aufhört, wenn es der Frau gelingt, ihre Sexualität wirklich in einer für sie befriedigenden Weise zu leben. Das bedeutet keineswegs nur »tollen Sex«, sondern umfaßt ganz viele Bereiche unbewußter Sehnsüchte – eventuell auch: keine Angst mehr vor Schwangerschaft haben zu müssen oder aber einem Kinderwunsch nachgeben zu dürfen. (In meinem Buch ›Mit Leib und Seele gesund werden‹ gehe ich auf diesen komplizierten Ausfluß-Aspekt ausführlich ein[2)]). Streßsituationen schließlich rufen bei Frauen, die auch sonst »nah am Wasser gebaut haben« und ein hochreaktives vegetatives Nervensystem besitzen, oft verstärkte Scheidensekretionen hervor bzw. erhöhen ihr Risiko, an einer Vaginalinfektion zu erkranken.

Natürliche Heilverfahren

Allgemeinverhalten:

Vorbeugend müssen Sie auf gute Genitalhygiene bei sich selbst und Ihrem Partner achten: vor und nach dem Sexualverkehr den Genitalbereich mit warmem Wasser reinigen, auch sonst nur alkali- und parfumfreie Seife benutzen, Scheidenspülungen nur zu Heilzwecken vornehmen (siehe S. 570). Achten Sie auch darauf, sich nicht an benutzten Handtüchern, Toiletten, Saunasitzen usw. zu infizieren. Bei akuter Scheidenentzündung: keinerlei sexuelle Begegnungen, bei denen das Glied des Mannes in die Scheide bzw. den infizierten Bereich gelangt (es gibt ja auch sonst viele Möglichkeiten für schönen Sex)! Um Ping-Pong-Infektionen zu verhüten, sollte auch der Partner/die Partnerin sich ärztlich untersuchen und gegebenenfalls behandeln lassen. Sobald es Ihnen nicht mehr weh tut und Sie (wieder) Lust dazu haben, spricht nichts mehr gegen den Koitus – bis zur völligen Ausheilung jedoch ausschließlich mit Kondom. Bei Ausfluß sollten Sie kochfeste Baumwollvorlagen oder medizinische Watte in den Slip legen, doch keine Slipeinlagen oder Binden mit Plastikstreifen benutzen und keine Kunstfaser-Unterwäsche, Bodies oder andere sehr enganliegende Kleidung (Jeans) anziehen. Lassen Sie möglichst viel Luft an die Haut! Auch vorbeugend sind kochfeste Unterwäsche, zumindest aber Slips aus naturbelassener Baumwolle das beste (Seide läßt sich nicht heiß genug waschen; Kunstfaserprodukte schaffen eine »feuchtwarme Brutkammer« für Bakterien). Falls Sie während der Menstruation Tampons benutzen: bei Scheideninfekt lieber auf Binden, am besten Baumwollbinden, zurückgreifen bzw. zumindest nachts der Blutung freien Lauf lassen. Scheidenzäpfchen zur Verhütung sollten Sie nur ausnahmsweise, besser gar nicht anwenden (Kondome sind überdies weitaus sicherer!). Für die Verhütung mit dem Diaphragma gibt es Gels aus natürlichen Substanzen (z. B. Zitronensäure), die das Scheidenmilieu nicht schädigen. Falls Sie unter der Antibabypille verstärkt zu Scheideninfektionen neigen, sollten Sie auf dieses Verhütungsmittel lieber verzichten.

Akupressur:
Bei Ausfluß und Scheidenentzündung spielen mehrere Meridiane eine Rolle. Leicht erreichbare Akupressurpunkte sind: ein Punkt neben dem Nasenflügel ((18), siehe Abbildung S. 60f.) sowie Punkt (4) an der Hand im Ansatz zwischen Daumen und Zeigefinger; leicht reibend mehrmals täglich fünf Minuten lang massieren. Außerdem: mehrere Punkte im Unterbauchbereich ((1) und (2)) sowie die drei knapp übereinander an der Wirbelsäule

liegende Punkte (19), (20) und (21) im Taillenbereich, über der Lendenwirbelsäule; mit dem Daumenknöchel suchen, mehrmals täglich einige Minuten lang massieren, dabei nach unten ausstreichen.

Aromatherapie:
Bei Pilzbefall (Candida-Infektion) sind Geranium- und Lavendelöl hilfreich, bei Entzündungen aller Art Kamille (siehe auch Wasseranwendungen), bei krankhaftem Ausfluß ebenfalls Lavendel, außerdem Myrrhe, Bergamotte, Eukalyptus, Wacholder, einzeln oder als Badezusatz-Mischung. Bei Trichomonadenbefall: einige Tropfen Niaouliöl ins Sitzbad. Weitere Anwendungen siehe S. 70.

Atemtherapie:
Wer sich mit Atemtherapie oder Atemübungen des →Yoga befaßt, kann lernen, in die Scheide »hineinzuatmen« und dabei die Durchblutung in diesem Bereich erheblich zu verstärken. Das steigert alle Abwehrfunktionen der Vagina.

Bewegung:
Im akuten Stadium einer Scheideninfektion tut Gehen und Bewegen weh; hier ist vor allem Ruhe, am besten Bettruhe, angezeigt. Vorbeugend hilft ein regelmäßiges Bewegungsprogramm allerdings sehr, die Abwehrkräfte in Schwung zu halten und den gesamten Genitalbereich kräftig zu durchbluten. Mechanischen Druck im Schritt – wie etwa beim Radfahren – sollten Sie allerdings meiden, wenn Sie für Infekte im Vaginalbereich oder eine »Reizscheide« anfällig sind. Besser sind Schwimmen (aber nicht in gechlortem oder verschmutztem Wasser!), Laufen, Tanzen, Bauchtanz, Gymnastik und Yoga.

Chronobiotherapie:
Ein Leben gegen Ihre persönlichen biologischen Rhythmen schwächt Ihre Abwehrkräfte und macht Sie insgesamt anfälliger für Erkrankungen, unter anderem für Hormonstörungen, die sich dann wiederum auf Ihr Vaginalmilieu auswirken. So schafft z. B.

die Antibabypille einen künstlichen und starren Monatsrhythmus; Pilleneinnahme ohne einwöchige Abbruchblutungs-Pause verhindert gar jegliche, wenigstens annähernd »normale« Rhythmik (was Sportlerinnen oder Tänzerinnen oft zu wenig bedenken, die auf diese Weise versuchen, ohne Blutung auszukommen oder sie zu verschieben). Lassen Sie sich möglichst in allen Lebensbereichen wieder auf Ihre natürlichen Rhythmen ein (siehe dazu auch ab S. 119).

Ernährung, Vitamine, Mineralstoffe, Spurenelemente:
Was den Urin ansäuert, kann auch der Scheide nützen: 2 Wochen lang täglich 3–4 Gläser Preiselbeersaft trinken und sehr viel rohe Gemüse und Salate essen, anschließend auch schonend gegarte Gemüse, Vollkornprodukte, Fisch, Algen, Seetang sowie viel Zwiebeln, Lauch, Joghurt, Kefir, Sauermilch hinzunehmen; täglich 2–3 Zehen rohen Knoblauch (oder geruchlose Knoblauchkapseln aus der Apotheke) essen. Bei →Pilzinfektionen der Scheide siehe ab Seite 557. Alkohol, gesättigte Fettsäuren (Butter) und Industriezucker möglichst meiden. Bei Vaginaljuckreiz infolge Vitaminmangel: Vitamine des B-Komplexes einnehmen, außerdem Vitamin C mit Flavonoiden, so viel Sie vertragen (säuert das Scheidenmilieu an), sowie im akuten Stadium bis zu 50 000 IE Vitamin A pro Tag, nach einer Woche auf 20 000 IE reduzieren und zusätzlich bis 800 IE Vitamin E einnehmen. Geweberegenerierend sind außerdem Selen-, Kalzium-, Magnesium- und Manganpräparate, Kieselsäure (als Pulver unter Joghurt gemischt) sowie ca. 200 mg Zinksulfat täglich, falls Sie an Trichomonadenbefall leiden. Zur allgemeinen Abwehrstärkung: →Abwehrschwächen, →Ernährungstherapie.

Farbtherapie:
Bei Scheidenentzündungen empfehlen sich Behandlungen mit Blau, nach Abklingen der Symptome gefolgt von Gelb (vor allem bei Scheidentrockenheit bzw. Hormonstörungen) oder Rot (vor allem bei Mangeldurchblutung des Genitalbereichs). Anwendungen siehe ab S. 155.

Heiltees und -tinkturen:
Das Wichtigste bei Scheideninfektionen aller Art sind heilsame Vaginalspülungen (siehe Wasseranwendungen). Zur inneren Kräftigung, Stoffwechselanregung und Keim-Ausleitung bieten sich an: Tee oder Teemischung aus Frauenmantel, Schafgarbe, Zinnkraut, Himbeer- oder Brombeerblättern; außerdem zweimal täglich 30 Tropfen Echinacea-Extrakt oder Gelbwurztinktur einnehmen. Bei Jucken im Genitalbereich: mit Hamamelis- oder Gelbwurztinktur abtupfen oder Ringelblumensalbe bzw. -lotion auftragen. Die Stimmung, vor allem bei chronischen Scheideninfektionen oft arg gedämpft, kann mit Johanniskrauttee aufgehellt werden; täglich 2–3 Tassen (Vorsicht, macht Augen und Haut lichtempfindlich!). Keine dieser Kuren sollte länger als 3 Wochen dauern (siehe Anmerkungen S. 47).

Kälte- oder Wärmetherapie:
Unterleibsverkühlungen reduzieren die Durchblutung des Genitalbereichs und machen infektanfälliger; daher nie mit nassen Füßen oder im feuchten Badeanzug herumsitzen oder bei kühlem Wetter zu dünne oder gar keine Unterwäsche anziehen! Vorbeugend sind Anwendungen des →Kneippens sehr abwehrstärkend, vor allem heiß-kalte Wechselgüsse und -duschen. Bei akuten Infektionen sollte der Unterleib insgesamt warmgehalten werden (Bettwärme ist am besten); Sitzbäder und andere Wasseranwendungen sollten jedoch eher kühl bis maximal hautwarm sein (das lindert Juckreiz und Entzündungen).

Lichttherapie:
Grundsätzlich hilft Sonnenlicht (wie auch frische Luft) bei allen Haut- und Schleimhaut-Entzündungen. Sonnenbäder für den Genitalbereich sind allerdings nicht leicht durchzuführen (es sei denn, Sie besitzen einen vor fremden Blicken geschützten Balkon oder Garten oder legen sich nackt – und furchtlos – in eine einsame Gegend). Eine UV-A-Lampe tut's notfalls auch: täglich den Genitalbereich mit gespreizten Beinen maximal 5–6 Minuten lang im Sicherheitsabstand von ca. 1 m (siehe Herstelleranweisung) bestrahlen; bei jeglicher Irritation sofort aufhören.

Massagen:
Wissenschaftlichen Studien zufolge erhöhen Petting, Koitus und Masturbieren die Durchblutung und Durchfeuchtung der Scheide; sexuelle Betätigung hilft also, Infektionen vorzubeugen (sie muß Ihnen allerdings auch Spaß machen)! Bei akuten Genitalinfektionen sollten Sie Ihren Unterleib und Po sanft massieren, um die Durchblutung anzuregen. Einige Sitzungen Fuß-Reflexzonen-Massage (→Reflexzonentherapien) helfen sowohl vorbeugend als auch ausleitend im Krankheitsfall.

Psychosomatische Hilfe:
Wenn Sie »aus der Scheide weinen« müssen, also Ausfluß haben, weil Ihr Sexualleben Sie unbefriedigt läßt, sollten Sie mit Ihrem Partner ein aufklärendes Gespräch führen, eventuell auch eine Familienberatung, Paar- oder Sexualtherapie in Anspruch nehmen (am besten gemeinsam). Zeiten ohne Partnerschaft sind nicht nur »erzwungene Abstinenz«, sondern auch Erholungs- und Reifezeiten, die Sie nutzen können, um zu erkennen, was in bisherigen Partnerschaften schiefgegangen ist und weshalb. Vielleicht haben Sie sich immer nur in einen »Vaterersatz« oder »Sohnersatz« oder auch »möglichen Kindsvater« verliebt, statt einen wirklichen Partner zu suchen? Oder finden Sie insgeheim Frauen begehrenswerter als Männer? Solche Gefühle sind keineswegs »pervers«, sondern ganz natürlich; viele Frauen leben lesbisch, und es gibt dafür spezielle Beratungsstellen (fragen Sie Ihre Gleichstellungs-Beauftragte im Rathaus, oder sehen Sie im Telefonbuch unter »Frauennotruf« nach.) Haben Sie mit den Nachwirkungen eines Inzests bzw. einer Vergewaltigung zu kämpfen? Auch das kann chronische Probleme mit der Scheide, dem Ort des Angriffs auf Ihre Integrität, verursachen (Beratungsanschriften siehe S. 575). Fragen Sie sich auch: Wovor möchten Sie manchmal am liebsten Ihre Scheide verschließen? Was möchten Sie aus sich herausbefördern? Welches Problem scheint sich, wenigstens oberflächlich, von selbst zu lösen, wenn Sie Ausfluß bzw. eine Scheideninfektion haben? Ist Ihnen dieser Schutz wichtiger, als gesund zu werden, oder könnten Sie sich auch anders schützen?

Rituale mit Heilwirkung:
Kaurimuscheln symbolisieren seit Urzeiten das weibliche Genitale, weil sie von der Natur so sehr ähnlich geformt wurden. Besorgen Sie sich eine solche Muschel (oder eine andere mit rötlichem Innern und besonders schöner, weiblicher Form). Tragen Sie sie als Talisman bei sich, oder legen Sie sie auf Ihren Arbeitstisch, neben das Bett, ins Wohnzimmer. Nehmen Sie sie jeden Tag einmal in die Hand, bewundern Sie Ihre Schönheit, und denken Sie dabei auch liebevoll an Ihre eigene Vagina, der die Muschel so sehr gleicht.

Tamponaden:
Zur Wiederherstellung der natürlichen Scheidenflora eignen sich Tamponaden mit Biojoghurt, der lebende Lactobazillen enthält, besonders gut: einen kleineren Tampon eintauchen, in die Scheide schieben, vier- bis fünfmal täglich wechseln, nachts besonders dick Joghurt auftragen und drinlassen. Falls Reizungen auftreten, wählen Sie einen Mini-Tampon. Diese Kur sollte auf maximal 7 Tage beschränkt sein. Alternativ oder im Wechsel: zwei geschälte Knoblauchzehen (mit stark keimhemmender Wirkung) in etwas Mull wickeln, dabei ein Säckchen formen, das am Mullfaden auch wieder herausgezogen werden kann; diese Tamponade in die Scheide schieben und über Nacht drinlassen, dann entfernen; nicht öfter als dreimal hintereinander, und falls unangenehme Reizungen auftreten, die Behandlung abbrechen.

Visualisieren:
Schließen Sie die Augen, und tauchen Sie in Gedanken in Ihre Kaurimuschel-Vagina (siehe oben) wie in eine wunderschöne, dämmrige Höhle am Strand oder unter dem Meeresspiegel. Erkunden Sie diese große, rötlich schimmernde Höhle in allen Einzelheiten; fahren Sie mit Ihren Gedankenfingern über Ihre sanfte, glatte, ein wenig feuchte Oberfläche, an der hie und da ein paar Tropfen hängen; entdecken Sie ihre Einbuchtungen und Vertiefungen; erspüren Sie, wo das Höhleninnere ganz gesund und rosig aussieht und wo es grau, bröckelig, verletzt oder krank erscheint. Legen Sie die Hände in Gedanken an diese Bereiche der Höhlen-

wand und schicken Sie ihnen all Ihre Heilenergie, einen ganzen Schwall kühlblaugrünen Heilwassers, der alles Ungesunde überspült und fortschwemmt. Umkreisen Sie die kranken Stellen sanft massierend mit Ihren Händen, so daß sie wieder in schönem Glanz erstrahlen; tauchen Sie Ihre Hände ins Heilwasser und besprühen Sie das ganze Höhleninnere damit. Wenn Sie Ihre gesamte Vagina gekühlt, ausgespült und mit Heilenergie ausgekleidet haben, ziehen Sie sich aus der Höhle zurück, tauchen ans Tageslicht, schütteln kräftig Ihre Hände aus und öffnen die Augen. Täglich mindestens einmal wiederholen.

Wasseranwendungen:
Mit Sitz- und Halbbädern sowie heilsamen Scheidenspülungen können Sie besonders viel für Ihre Vaginalgesundheit tun. Als Badezusätze eignen sich die obengenannten Mittel der Aromatherapie; bei Scheidenentzündung: dem Badewasser 1–2 Tassen starken Kamillenaufguß zugeben, mehrmals täglich ein Sitz- oder Halbbad damit machen, bis die Symptome abklingen. Außerdem behutsame Scheidenspülungen (mit Vaginaldusche aus der Apotheke), entweder mit Essigwasser (2 Teelöffel Essig auf 1/2 Liter abgekochtes, kühles Wasser), Joghurtwasser (3 Teelöffel Biojoghurt mit lebenden Lactobazillen auf 1/2 Liter Wasser) oder dreiprozentiger Borlösung. Sie können auch eine Borsäurekapsel (aus der Apotheke) abends in die Scheide einführen, maximal eine Woche lang. Bei Wund- und Hitzegefühl in der Scheide: Spülungen mit Kamillentee, eventuell auch mit Honigwasser (nicht bei Pilzinfektion!). Ausleitend wirken auch Meersalzbäder oder Schwimmen im Meer, falls das möglich ist.

Yoga:
Eine Übung für den gesamten Unterleib, die Schmerzen lindert, die Durchblutung stark fördert, die Funktionen aller Fortpflanzungsorgane anregt, außerdem die Schenkel strafft und die Wirbelsäule biegsam macht, ist die sogenannte *gespreizte Beinstreckung*: Setzen Sie sich bequem auf den Boden, spreizen Sie die Beine, so weit es Ihnen möglich ist, und legen Sie die Hände locker auf die Oberschenkel. Atmen Sie tief aus, dann wieder

langsam ein. Beugen Sie sich im erneuten Ausatmen von der Taille aus Wirbel für Wirbel nach vorn, wobei Ihre Fingerspitzen Richtung Füße wandern. Knie dabei stets durchgedrückt halten und bewußt weiteratmen! Greifen Sie dann mit den Händen um den Teil der Beine, den Sie noch mühelos fassen können. Nun lassen Sie den Kopf nach vorn fallen, beugen die Ellenbogen nach hinten hoch, um die Wirbelsäule noch mehr zu dehnen, und verharren etwa 10–20 Sekunden ruhig atmend in dieser Stellung (es darf in den Schenkeln etwas ziehen). Dann entspannen und langsam wieder zur normalen Sitzhaltung zurückfinden. Nach kurzer

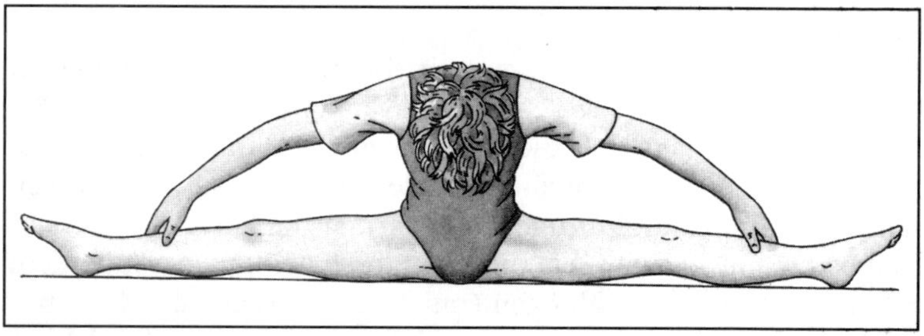

Gespreizte Beinstreckung

Ruhepause zweimal wiederholen. Im Lauf der Zeit können Sie die Beine immer weiter spreizen und die Wirbelsäule immer besser abrollen. Nichts übertreiben und keine ruckartigen Bewegungen machen!

Zusätzliche Verfahren:
Bei akuter wie bei chronischer Scheideninfektion kann Ihnen eine Kur mit Mitteln der →Homöopathie sehr nützen. Auch vorbeugend ist eine solche Behandlung sehr zu empfehlen, denn sie stimmt Ihren ganzen Organismus um und belebt Ihre Abwehrkräfte.

Genannte Literatur:
1) Meulenbelt, Anja: Die Scham ist vorbei. Rowohlt Verlag, Reinbek 1981.

2) Minker, Margaret: Mit Leib und Seele gesund werden. Psychosomatische Hilfe für Frauen. Mosaik Verlag, München 1993.

Weitere Literaturempfehlungen:

Fisher, Jeffrey A.: Krankmacher Antibiotika. Warum die Seuchen wiederkommen. Pest, Aids und andere Epidemien: Wie Antibiotika unser Immunsystem zerstören und was wir dagegen tun können. Deutscher Taschenbuch Verlag, München 1995.

Northrup, Christiane: Frauenkörper, Frauenweisheit. Bewußt leben ganzheitlich heilen. Verlag Zabert Sandmann, München 1994.

Olbricht, Ingrid: Was Frauen krank macht. Der Einfluß der Seele auf die Gesundheit der Frau. Kösel-Verlag, München 1993.

Weiterführende Anschrift:

Wildwasser
Arbeitsgemeinschaft gegen sexuellen Mißbrauch
Friesenstr. 6
10965 Berlin

In fast allen Städten gibt es darüber hinaus Anlaufstellen für Frauen und Mädchen, die vergewaltigt worden sind oder unter sexueller Ausbeutung leiden. Aus Platzgründen können sie hier nicht sämtlich aufgeführt werden. Adressen von solchen Stellen sowie von Selbsthilfegruppen finden Sie u. a. in folgenden Ratgebern:

- Adreßbuch Selbsthilfegruppen, Wilhelm Heyne Verlag, München 1995.
- Frauenadreßbuch Deutschland. 3000 Adressen von Frauenverbänden, Initiativen und Beratungsstellen für Frauen. Wihelm Heyne Verlag, München 1994.

Schlafstörungen

Dazu gehören unter anderem:

Alpträume
Einschlafprobleme
Durchschlaf-Schwierigkeiten
Schlafanfälle
Schlafsucht

Allgemeines

Viele kennen den Ausspruch, der Schlaf sei »der kleine Bruder des Todes«. So poetisch das klingen mag – von der Realität ist es weit entfernt, denn im Schlaf sind wir außerordentlich lebendig, auch wenn unser Bewußtsein davon nur wenig mitbekommt. Viele Stoffwechselvorgänge können in dieser Zeit ganz ungestört ablaufen, Zellen regenerieren sich, bestimmte Hormonspiegel sinken, andere steigen. Und an manchen Körperreaktionen – Mamillen, die sich aufrichten, und feucht werdender Scheide – ist ablesbar, daß unser Gehirn nachts quasi »Kontroll-Läufe« macht, um festzustellen, ob auch mit unserer sexuellen Reaktionsfähigkeit alles in Ordnung ist.

Ausreichender Schlaf und ungestörtes Träumen sind, wie wir heute wissen, für unsere Gesundheit unabdingbar. Nach mehreren völlig schlaflos verbrachten Tagen und Nächten fängt unser Gehirn an, durchzudrehen; es stellen sich Halluzinationen ein, das Denken verwirrt sich, und die vegetativen und hormonellen Regelkreise des Organismus geraten durcheinander. Aus Studien in Schlafforschungslabors ist bekannt, wie wichtig es ist, daß möglichst in jedem Schlaf mehrere Traumphasen, die sogenannten REM-Phasen, stattfinden. Sie heißen so wegen der raschen Augenbewegungen (englisch: *Rapid Eye Movements*), die sich dann hinter den geschlossenen Lidern abzeichnen. Werden diese Phasen medikamentös unterdrückt (z. B. mit stark wirkenden chemischen Schlaf- und Beruhigungsmitteln), oder wird die oder der

Schlafende zu Beginn der Traumphasen immer wieder abrupt geweckt, können sich nach einiger Zeit ebenfalls verschiedene Symptome einer vegetativen Störung einstellen, bis hin zu →Erschöpfungszuständen und →Depressionen.

Schlafmangel ist einer der wesentlichsten Gründe dafür, weshalb so viele junge Mütter – vor allem, wenn sie mehr als ein kleines Kind zu versorgen haben – im ersten Jahr nach einer Entbindung körperlich und seelisch zusammenklappen; oft entwickelt sich nur deshalb eine postpartale Depression. Manchmal gehen Erschöpfung und Aggressionen wegen der ständigen Störungen des Schlafs eine so unheilvolle Verbindung ein, daß die Frauen psychisch ausrasten.

Insgesamt sind Frauen deutlich häufiger als Männer von Schlafstörungen betroffen. Das liegt einerseits an ihrer biologischen Rolle: Eine Schwangerschaft ist in den letzten Monaten ziemlich beschwerlich; sie kann z. B. →Rückenschmerzen auslösen und dadurch das Ein- und Durchschlafen erschweren. Und wenn eine Mutter ihr Kind stillt, muß sie sich nachts alle paar Stunden aus dem Schlaf reißen (lassen), um dem Baby die Brust zu geben – es sei denn, sie kann rechtzeitig genügend Milch abpumpen und ihrem Partner das Muttermilch-Fläschchen überantworten. Zum anderen sind es vorwiegend Mütter, die ganze Nächte an den Betten ihrer kranken Kinder wachen oder aufbleiben, bis die Teenager-Töchter und -Söhne abends endlich nach Hause kommen; es sind überwiegend Frauen, die in Krankenhäusern Pflege-, Schicht- und Nachtdienst machen, und es sind Frauen, die eine Berufstätigkeit mit Haushalt, Kindererziehung und Ehemann vereinbaren (müssen) und deshalb oft bis spätnachts auf den Beinen sind, um alles zu schaffen.

Wie viel Schlaf Frauen brauchen, um ausgeschlafen und gesundheitlich fit zu sein, ist ganz unterschiedlich: Es gibt keine allgemein verbindliche Schlafnorm. Ein Neugeborenes schläft manchmal 22 oder auch nur 17 Stunden am Tag; ein Mädchen, das gerade in die Pubertät kommt und einen Wachstumsschub erlebt, braucht oft mehr Schlaf als in den Jahren zuvor oder danach (im Schlaf werden vermehrt Wachstumshormone ausgeschüttet). Manche erwachsenen Frauen sind nach fünf Stunden Nachtschlaf, vielleicht ergänzt durch ein kleines Nickerchen tagsüber, topfit. Andere quälen sich auch nach neun Stunden Schlaf nur ungern aus dem Bett. In den Wechseljahren sind Ein- und Durchschlafstörungen häufig: nicht nur wegen der vielen Sorgen und Ängste, die einer Frau in diesem Lebensabschnitt zu schaffen machen können, sondern auch wegen der Hitzewallungen und Schweißausbrüche, die sich manchmal gerade nachts sehr unangenehm bemerkbar machen (→Wechseljahrsbeschwerden). Im Alter schließlich erwachen viele Frauen morgens viel früher als sonst oder verbringen nachts ein paar Stunden hellwach, bevor sie im Morgengrauen endlich wieder einschlafen. Ihr Organismus benötigt nicht mehr so viel Schlaf; das ist bei älteren und alten Menschen normal. Doch weil es ihnen ungewohnt ist, fürchten sie oft, an einer Schlafstörung zu leiden.

Viele Menschen haben das Gefühl, sie täten nachts kaum ein Auge zu: Ihr Schlaf wird so oft unterbrochen, daß sie den Eindruck gewinnen, fast nicht geschlafen zu haben. Das täuscht jedoch: Wenn man sie nämlich bittet, nachts jede halbe Stunde die Uhrzeit schriftlich festzuhalten, kommen sie nur auf wenige Eintragungen. Dazwischen schlafen sie – aber eben nicht tief und erholsam genug. Und morgens fühlen sie sich wie zerschlagen.

In manchen Fällen schlafen Frauen nachts genügend, verfallen aber auch tagsüber oft in Schlaf, ohne vorher Müdigkeit zu verspüren. Ganz unvermittelt sind sie »weg« – und wachen 10 bis 30 Minuten später wieder auf, oft ohne zu wissen, was los war. (Im nächsten Abschnitt finden Sie die Gründe dafür.) Oder aber sie schlafen viel zu viel, nämlich über längere Zeit hindurch mehr als zehn Stunden täglich. Ein solch großes Schlafbedürfnis ist nur während oder nach einer Krankheit, gelegentlich auch in der Schwangerschaft normal. In seltenen Fällen steckt eine echte Schlafkrankheit dahinter (medizinisch Trypanosomiasis, vom Biß der afrikanischen Tsetse-Fliege hervorgerufen). Oft handelt es sich jedoch um eine Art »Schlafsucht« aus psychischen Gründen: Die Betroffenen fliehen vor unlösbar scheinenden Lebenskonflikten in den Schlaf.

Nur wenigen Frauen gelingt jedoch eine solche Flucht, selbst wenn ihnen das manchmal sehr gelegen käme. Statt in den Schlaf

»abzutauchen«, wälzen sie sich, zunehmend gestreßt, schlaflos im Bett. Viele greifen dann zu chemischen Schlafmitteln (meistens zu Benzodiazepinen oder Barbituraten), die ihnen von allzu vielen Schulmedizinern auch sehr freigiebig verschrieben werden. Diese Mittel lassen sie in einen Zustand gleiten, der mehr mit Bewußtlosigkeit als mit gesundem Schlaf zu tun hat; unter anderem verändern sie die Dauer der verschiedenen Schlafphasen, unterdrücken den REM-Schlaf – und machen nach wenigen Wochen medikamentenabhängig. Am nächsten Morgen haben die Frauen dann einen Schlafmittel-Kater, fühlen sich erneut unausgeschlafen – und greifen abends wieder nach der chemischen Einschlafhilfe, aus Angst davor, ohne sie überhaupt nicht auszukommen. Ein Teufelskreis, der nicht so leicht zu durchbrechen ist. (Es kann aber gelingen, siehe Info S. 589.)

Die Naturheilkunde kennt sehr viele, großenteils völlig nebenwirkungsfreie, sanfte Ein- und Durchschlafhilfen. Sie brauchen allerdings ein wenig Geduld, bis sie gut und vorhersagbar zu wirken beginnen, vor allem, wenn Sie schon länger mit Schlafstörungen kämpfen. Was sich über längere Zeit aufgeschaukelt hat, kann meist nicht mit einem einzigen Zug an der Halteleine gestoppt werden. Naturheilkunde-Mittel sind keine Notbremsen, sondern stellen das Gleichgewicht allmählich wieder her – dafür allerdings auch auf gesunde, dauerhaft wirksame Art und Weise.

Körperliche Gründe von Schlafstörungen

Bei vielen Krankheiten treten Schlafstörungen als Begleitsymptome auf, die wieder verschwinden, wenn die Grundkrankheit geheilt oder zumindest gelindert ist. Dazu gehören u. a. Schilddrüsenerkrankungen (eine Unterfunktion macht schlapp und müde, eine Überfunktion regt auf und verhindert guten Schlaf), Leberleiden (wesentliches Symptom: Müdigkeit), eine Infektion oder Verletzung des Gehirns, von der auch das Schlafzentrum betroffen ist, hochfiebrige Infektionen verschiedener Art, Vergiftungen (auch durch Alkohol oder Medikamente) sowie schwere Gemütsleiden oder Hirnerkrankungen, die neuropsychiatrisch behandelt werden müssen. Ein- und Durchlafstörungen sind auch typisch für →Depressionen. Manche Menschen werden hellwach oder übererregt, wenn sie chemische Schlafmittel eingenommen haben (eine sogenannte paradoxe Reaktion). Auch Aufputschdrogen, Kaffee- oder Colagetränke sowie das zentrale oder vegetative Nervensystem stark anregende Medikamente können Schlafstörungen verursachen, desgleichen aufregende Streß-Ereignisse, wie Nerven aufputschende Fernsehsendungen, Lektüre, Musik, Streitigkeiten usw. Bei Epilsepsie, Schlaf-Apnoe, dem Kleine-Levin-Syndrom (einem Zustand psychischer Verwirrtheit, der oft tagelang anhält) oder starker, mit Kurzatmigkeit einhergehender Dickleibigkeit (Pickwick-Syndrom) stellen sich häufig Schlafanfälle ein, im letzteren Fall bevorzugt nach schwerem Essen und Alkoholgenuß.

Sofort zur ärztlichen Untersuchung/Behandlung bei:

- häufig auftretenden, schlimmen Horror- und Alpträumen, aus denen Sie angstvoll und schweißgebadet erwachen (eine Psychotherapeutin oder Psychoanalytikerin kann Ihnen dabei helfen, sie zu verarbeiten),
- Verdacht auf Schlafkrankheit,
- schwerem Schnarchen bzw. von anderen Menschen beobachteten häufigen Atemstillständen in der Nacht (Schlaf-Apnoe; dabei bekommt das Gehirn unter Umständen zu wenig Sauerstoff),
- starken Schlafstörungen, die nicht auf ein besonderes Streßereignis zurückzuführen sind und länger als 1–2 Wochen dauern (zur Abklärung, ob eine Krankheit dahintersteckt).

Psychosomatik

Schlafstörungen, die zu Schlafmangel bzw. Unausgeschlafenheit führen, können zwar eine gewisse Zeit lang kompensiert werden (etwa, wenn die Aufgabe, deretwegen Sie wenig schlafen, den Einsatz lohnt). Irgendwann jedoch stellen sich →Erschöpfungszustände ein, und die Angst vor den Schlafstörungen und ihren

Folgen nimmt immer mehr zu. Viele fürchten sich bereits, sobald die Schlafenszeit heranrückt. Angst ist die beste Freundin der Schlaflosigkeit, denn sie löst Alarmzustände im vegetativen Nervensystem aus, die sich auch dem Schlafzentrum im Gehirn mitteilen (genau wie ein aufregender Krimi oder Dokumentarfilm kurz vor dem Schlafengehen, der Sie psychisch mitnimmt). Angst hat viele Seiten, auch positive, denn sie warnt uns vor realen Gefahren und Überforderungen. Wenn sie jedoch nicht mehr abgeschüttelt werden kann und betäubt werden muß, damit sie den Schlaf – oder andere wichtige Dinge des Lebens – nicht behindert, ist sie keine Hilfe, sondern eine zusätzliche Gefahr. Für viele Frauen ist Angst eine Lebensbegleiterin, an deren ständige Existenz sie sich fast schon gewöhnt haben. Die Schlafstörungen, die sie erleiden, sind dann eine Folge der Angst oder Ängste, die ihnen zu schaffen machen. Hier kann nur eine gute Psychotherapie Abhilfe schaffen. Wer sich hingegen »nur« in die Angst vor dem Nicht-Schlafen-Können hineinsteigert, hat es erheblich leichter, sie zu überwinden: Einige wenige gut durchschlafene Nächte reichen dazu meist schon aus. Ihr Recht auf ungestörten Schlaf durchzusetzen, fällt allerdings vielen Frauen vor allem Müttern – sehr schwer; die Gründe dafür habe ich in diesem Buch an mehreren Stellen dargelegt (lesen Sie z. B. ab S. 397 und 543). Schuldgefühle, Perfektionsdrang, überzogenes Verantwortungsbewußtsein und anderer, teils »selbstgemachter« Psychostreß verhindern, daß sich Ruhe, Tiefenentspannung und erholsamer Schlaf einstellen.

Natürliche Heilverfahren

Allgemeinverhalten:
Zunächst einmal sollten Sie prüfen, ob Sie wirklich so wenig schlafen, wie Sie glauben, und zwar mit dem auf S. 578 beschriebenen Kontroll-Trick. Allein schon der Beweis, daß Sie doch zu sechs, sieben oder gar mehr Nachtschlafstunden kommen, kann Ihnen helfen, sich zu beruhigen. Bei bösen Träumen kann folgendes hilfreich sein: Nehmen Sie sich vor dem Einschlafen ganz fest

vor, Ihren Alptraum zu träumen, und zwar bis zum Ende. Bitten Sie dabei Ihr Unbewußtes, im Traum innezuhalten, sobald der Panikmoment auftaucht, und schauen Sie dem Angstauslöser dann aufmerksam ins Gesicht (es ist wirklich nur ein Traum, also keine Panik). Was sehen Sie dabei, das Ihnen vorher vor lauter Angst nicht auffiel? Was verändert sich? Betrachten Sie jede Einzelheit Ihres Alptraums einmal als *Facette Ihres Ichs*. Mit welcher fällt Ihnen der Kontakt am schwersten, und warum? Hilfreiches zu den Wechselwirkungen zwischen weiblicher Lebenssituation und Traum finden Sie in Patricia Garfields Buch ›Frauen träumen anders‹[1)].

Bei Ein- und Durchschlafstörungen hilft es, sie mal einige Nächte hindurch einfach nicht wichtig zu nehmen und jede Angst davor beiseitezuschieben (am besten am Wochenende). Wälzen Sie sich nicht im Bett, sondern stehen Sie wieder auf und tun Sie irgend etwas, wozu Sie Lust haben: lesen, Briefe schreiben, malen, bügeln, sanfte Musik hören, was auch immer. Werden Sie müde, gehen Sie sofort schlafen; nie über den »toten Punkt« hinweg aufbleiben! Wichtig ist die Qualität der Wachzeit, nicht (nur) die Quantität der Schlafzeit. Außerdem: Achten Sie darauf, daß

- Ihr Bett nicht in einer geopathischen Störzone steht (selbst auspendeln oder einen Rutengänger fragen) und möglichst wenig Elektrosmog im Schlafzimmer herrscht (Elektrogeräte, Radiowecker usw. entfernen, »Stromstopper« aus dem Fachhandel in Steckdosen einbauen),
- die Matratze sich hart-elastisch Ihrer Wirbelsäule anpaßt,
- das Bettzeug stets gut gelüftet wird,
- das Zimmer kühl, aber nicht kalt, ausreichend belüftet und von störenden Lärm- und Lichtquellen so gut wie möglich abgeschirmt ist (siehe auch Lichttherapie).

Zu guter Letzt: Eine sehr wirksame Einschlafhilfe ist Sex – ob allein oder zu zweit. Genießen Sie ihn in jeder Form.

Akupressur:

Schlaffördernd wirkt die Akupressur folgender Punkte: »Punkt des göttlichen Gleichmuts« ((6), siehe Abbildung S. 60f.), das »Dritte Auge« in der Stirnmitte kurz oberhalb der Augenbrauen (sanft reiben), sowie drei Punkte entlang des Herzmeridians, nämlich am Ansatz der Achselhöhle (Brustkorbseite, Punkt (22)), an der Außenseite des Handgelenks neben der Sehne, die den kleinen Finger bewegt (23) und am inneren Nagelbett des kleinen Fingers (24). Wahlweise und/oder nacheinander je 2–3 Minuten lang mit sanftem Druck akupressieren. Auch die sanfte Massage der Ohrläppchen (5 Min. lang zwischen Daumen und Zeigefinger) kann ruhiger machen. Bei schweren Schlafstörungen empfiehlt sich eine fachkundig durchgeführte →Akupunktur bzw. Ohr-Akupunktur.

Aromatherapie:
Entspannend und schlaffördernd sind Melisse, Lavendel, Eisenkraut (nicht auf die Haut auftragen und nicht bei Hitzewallungen verwenden; es fördert unter Umständen die Schweißbildung), Kamille und Orange. Sexuell an-, aber nicht übererregend sind Rosenholz und Ylang-Ylang. Zimt und Zitronengras reinigen die Luft (auch von unguten Stimmungs-Schwingungen). Anwendungen siehe ab S. 70.

Atemtherapie:
Manchmal gelingt das Ein- oder Durchschlafen nur aus Luftmangel nicht: Das Gehirn meldet Sauerstoffnot, und Sie wachen auf. Lüften Sie Ihr Schlafzimmer vor dem Zubettgehen gut durch (so, daß Sie nicht frieren), und machen Sie noch am offenen Fenster oder im warmen Bett 1–2 Minuten lang bewußt tiefe Atemzüge, erst tief aus-, dann einatmen; der Bauch muß sich dabei auf und ab bewegen. Auch Atemübungen des →Yoga oder Autogenes Training können die Schlafbereitschaft fördern.

Bewegung:
Bewegungsmangel ist für viele Schlafstörungen mitverantwortlich. Wer sich tagsüber kräftig bewegt, wird abends auf gesunde Weise müde (»harte« Beispiele: Schneeschippen, Holzhacken). Machen Sie regelmäßig Sport oder Gymnastik, und bauen Sie einen Abendspaziergang an frischer Luft in Ihr Bewegungs- und Entspannungsprogramm ein: Sie sind danach vielleicht zunächst

angenehm erholt und wach, ein oder zwei Stunden später aber auch angenehm schlafbereit (vorausgesetzt, Sie sehen zwischendurch nichts Aufregendes im Fernsehen oder streiten sich nicht mit Ihrem Partner).

Chronobiotherapie:
Sie ist das A und O jeder Therapie bei Schlafstörungen. Lesen Sie den Abschnitt darüber (ab S. 119) gründlich durch, und überlegen Sie dabei, welche Ihrer biologischen Rhythmen Sie bislang besonders ignoriert haben. Versuchen Sie, auf allen Ebenen Abhilfe zu schaffen. Ganz besonders wichtig: Gehen Sie in den nächsten 2–3 Wochen *jeden* Tag um die gleiche Zeit schlafen, und stehen Sie *täglich*, auch sonntags, um die gleiche Zeit auf. (Falls Sie zwischendurch aufwachen, stehen Sie auf und nützen die Wachzeit aus, siehe oben. Sie können sich auch einen Schlaftee kochen.) Ihr Schlafzentrum braucht regelmäßige, gleichbleibende Impulse, um sich auf einen guten Schlaf-Wach-Rhythmus einpendeln zu können.

Ernährung, Vitamine, Mineralstoffe, Spurenelemente:
Ganz schlecht für guten Schlaf sind schwere, blähende, von viel Akohol begleitete Mahlzeiten kurz vor der Schlafenszeit. Machen Sie es sich zur Gewohnheit, abends nur etwas Leichtes zu essen. Manchen hilft das berühmte Glas warme Milch mit Honig unmittelbar vor dem Schlafengehen; andere brauchen ein Vollkornbrot mit Käse, um gut über die Nacht zu kommen. Käse, Milch, Bananen, getrocknete Datteln und Fisch regen die Bildung schlaffördernder Substanzen – L-Tryptophan und Serotonin – im Gehirn an. Beruhigend wirken Hopfen- und Malzgetränke (aber nicht mehr als ein Glas Bier!). Schwarzer und grüner Tee sowie Kaffee wecken die Lebensgeister; bei manchen wirkt ein Espresso vor dem Schlafengehen »paradox«, nämlich schlaffördernd (ausprobieren!). Gegen nächtliche Muskelzuckungen und Wadenkrämpfe hilft verstärkte Kalium- und Magnesiumzufuhr, u. a. aus Aprikosen, Bananen, Kartoffeln, Äpfeln, Trauben, Zitrusfrüchten, Sonnenblumenkernen, grünem Blattgemüse oder aus Fertigpräparaten. Vitamine des B-Komplexes – vor allem in Bierhefe und Voll-

kornprodukten enthalten – wirken nervenstärkend und -beruhigend. Den nächtlichen Regenerationsprozeß fördern Bienenpollen, Propolis, Ginsengextrakte und gequollene Weizenkeime (auch gut für die Verdauung). Alle diese Kuren sollten maximal 3 Wochen durchgeführt werden; dann 3–4 Wochen pausieren und den Effekt beobachten.

Farbtherapie:
Schlaf- und trancefördernd wirkt das hypnotische Violett, etwas weniger stark helleres Lila. Dunkle, warme Möbel-, Wand- und Bettwäsche-Farben schaffen eine »Schlafhöhle«; bei Depressionsgefährdeten können die Stimmungstiefs dadurch jedoch verstärkt werden! Grün beruhigt und tonisiert; Gelb soll zu angenehmeren Träumen verhelfen. Blau und Blaugrün als Farbbestrahlung bei nächtlichem Schwitzen, Bluthochdruck und Übererregung verwenden, aber nicht als allgemeine Schlafzimmerfarbe (der Raum erscheint dadurch meist zu kalt). Schwarz, Neonfarben sowie sehr bunte Wand- und Wäschemuster können schlafhindernd wirken! Besser ist z. B. eine Fototapete oder ein großes Bild, in dessen Harmonie Sie sich »hineinträumen« können. Anwendungen der Farbtherapie siehe ab S. 155.

Heiltees und -tinkturen:
Zahlreiche Pflanzen enthalten beruhigende, schlaffördernde Substanzen. Dazu gehören Baldriantee oder -tinktur, Tee oder Teemischungen aus Melisse, Lavendel, Hopfen, Kamille, Himbeerblättern, Katzenminze, Steinklee oder Kamille; 1–2 Tassen abends vor dem Schlafengehen in kleinen Schlucken trinken (oder nachts, falls Sie zwischendurch aufwachen; am besten frisch zubereiten); allenfalls mit Honig süßen. Bei nächtlicher Angst hilft ein Passionsblumentee. Wer abgesehen von Alpträumen gut schläft, kann sich ein Kräuterkissen für gute Träume machen: Rosmarin-, Beifuß- und Lorbeerblätter in ein Säckchen geben oder einen Wattebausch mit diesen Tinkturen beträufeln und aufs Kopfkissen legen. Kuren mit Tees und Tinkturen sollten maximal 3 Wochen dauern; dann 3–4 Wochen Pause einlegen.

Kälte- oder Wärmetherapie:
Wer warme Füße hat, schläft leichter ein: Vor dem Schlafengehen ein ansteigendes Fußbad nehmen, bei sehr kalten Füßen auch mit Kiefer- oder Rosmarinextrakt. Die Raumluft im Schlafzimmer sollte 18–19 °C nicht übersteigen, das Bett leicht und warm, aber nicht heiß sein. Auch Frieren weckt auf! Niemals Nacht- oder Bettwäsche aus Kunstfasern benutzen; sie stören die Wärme- und Kälteregulation des Organismus und verhindern die natürliche Schweißabgabe. Wer vor Schmerzen schlecht schläft, versuche es einmal mit einem Schaffell, unters Laken gelegt.

Lichttherapie:
Manchen hilft ein kleines Licht (6 Watt genügen), besser ein- und durchzuschlafen; andere brauchen völlige Dunkelheit oder maximal das Licht der Sterne. Wenn Vollmond Sie (zusätzlich) nervös macht, haben Sie zwei Möglichkeiten: Entweder machen Sie sich Frau Luna zur Freundin und freuen sich jeden Monat auf 3 an- und aufregende Vollmondnächte, oder Sie sperren das Mondlicht 3–5 Nächte lang mit einem Verdunkelungsrollo aus. – Je mehr Tageslicht Sie genießen, desto leichter fällt es Ihrer Zirbeldrüse, bei Dunkelheit auf die Produktion des Schlafhormons Melatonin umzustellen. Ihr Raumlicht sollte abends mäßig hell und örtlich begrenzt sein; Dunkelzonen zulassen!

Massagen:
Rücken- oder Ganzkörpermassagen wirken ausgesprochen entspannend und schlaffördernd, ebenso sanfte Brust- und Bauchmassagen sowie das Massieren kalter Füße. Gezielte Massagen siehe Akupressur.

Psychosomatische Hilfe:
Wichtig ist vor allem, daß Sie Ihre Angst vor Schlafstörungen loswerden. Das geht auch, falls Sie die Störanlässe nicht ausschalten können! Beim Schlaf ist es wie in der Liebe: Qualität geht vor Quantität. Geben Sie sich vor dem Schlafengehen positive Suggestionen, z. B.: »Ich werde tief und ruhig schlafen und dann erfrischt aufwachen.« Haben Sie Angst, den Wecker zu überhören,

hilft es, mit dem Fuß Ihre Weckzeit zu klopfen: z. B. siebenmal, wenn Sie um 7 Uhr aufstehen müssen. Grüblerinnen sollten lernen, Sorgen und Probleme abends gezielt von sich zu schieben: Packen Sie sie in Gedanken in einen Abstellraum, schließen Sie die Tür fest und drehen den Schlüssel herum. Wenn ein Gedanke um Einlaß pocht, stellen Sie sich taub oder schieben noch einen Riegel vor die Tür. Dieses Spiel allein lenkt schon vom Sorgen-Inhalt ab. Tagsüber allerdings sollten Sie sich tatkräftig um Hilfe bei Ihrer Problemlösung bemühen (evtl. auch eine psychotherapeutische Fachkraft zu Rate ziehen). Es hilft, sich fürs Hin- und Herüberlegen eine bestimmte Tageszeit und Situation auszusuchen, z. B. morgens unter der Dusche oder nach einem kleinen Mittagsschlaf. Wenn Sie abends vor Übermüdung nicht einschlafen können, müssen Sie Ihren Terminplan entrümpeln: Sie sind nicht für alles Heil und Unheil dieser Welt allein verantwortlich! Nehmen Sie sich täglich Zeit für ein Entspannungsprogramm, und sei es nur eine halbe Stunde. Das steht Ihnen voll und ganz zu.

Rituale mit Heilwirkung:
Ein weltbekanntes Schlafritual ist das »Schäfchenzählen«, weil es meditativ die Gedanken auf eine Hürde, darüberhopsende Schafe und eine endlose, langweilige Zahlenreihe lenkt. Auch Gute-Nacht-Geschichten und Wiegenlieder sind Schlafrituale. Greifen Sie auch als Erwachsene darauf zurück: Legen Sie eine Kassette mit sanfter Musik oder schlaffördernden Suggestionen ein (über Kopfhörer, falls Sie jemand stören könnten); lassen Sie sich vom Partner oder über Band eine schöne Geschichte erzählen. Ein gutes Schlafritual beginnt ungefähr eine halbe Stunde vor dem Zubettgehen: ausziehen, ins Nachtgewand hüllen, ins Bad gehen, derweil einen Heiltee ziehen lassen... Bauen Sie sich ein bewußtes kleines Ritual aus immer gleichbleibenden Abläufen auf, die Ihrem Gehirn »Schlafenszeit« signalisieren und die Sie möglichst auch auf Reisen beibehalten können.

Visualisieren:
Hängen Sie sich ein Mandala (= tibetanisches Meditationsbild) neben das Bett, oder machen Sie sich an der Zimmerdecke oder

einem nachtblauen Tuch, das Sie wie einen Himmel ausspannen, mit (ungefährlichen) fluoreszierenden Sternen einen Sternenhimmel. Betrachten Sie dieses Bild ein paar Minuten ganz entspannt, bevor Sie die Augen schließen, und schwingen Sie sich dann im Geist immer tiefer in das Bild hinein. Lassen Sie dabei alle Erdenschwere hinter sich, und konzentrieren Sie sich ausschließlich auf die Kreise oder Sterne, die Räume zwischen ihnen, durch die Sie schweben oder förmlich gesaugt werden. Am Ende dieser Reise erwartet Sie mit weitausgebreiteten Armen der sanfte Schlaf.

Wasseranwendungen:
Bei Bettlägerigkeit und Schlafstörungen aus diesem Grund helfen abendliche Ganzkörper- oder Brust- und Gesichtwaschungen mit warmem Wasser. Allgemein entspannend ist ein abendliches warmes (nicht heißes) Bad mit Lavendel- oder Melissenzusatz; doch Vorsicht, nicht darin einschlafen! Sehr entspannend ist auch ein warmes Halbbad, bei dem Sie (oder Ihr Partner) die Handdusche langsam von Kopf bis Fuß über sich hinwegführen, immer auf und ab, ca. 5 Minuten lang. Danach das Wasser nur sanft abstreifen, nicht heftig trockenrubbeln. Wer schweißgebadet aufwacht, sollte sich den erregten Puls an Hand- und Fußgelenken, den Kniekehlen und im Nacken kurz mit kaltem Wasser kühlen und dann das Bett frisch aufschütteln.

Wickel:
Bei Schlaflosigkeit wegen Fieber oder Erkältung →Abwehrschwäche; bei Gelenkschmerzen →Rheumatische Beschwerden. Warme Leibauflagen, evtl. mit Mitteln der →Aromatherapie, können ein übererregtes Nervensystem besänftigen – jedoch nicht über Nacht drauflassen.

Yoga:
Die Atem- und Körperübungen des Yoga sind zwar entspannungs-, in aller Regel aber nicht unmittelbar schlaffördernd, denn das geistige Selbst wird dabei konzentriert und aufnahmebereit gemacht. Es gibt jedoch auch spezielle Übungen zur Tiefenent-

spannung, die Sie noch im Bett machen können; fragen Sie Ihre Kursleiterin danach. Und falls Sie kurz vor dem Schlafengehen noch 10 Minuten Yoga üben, können Sie Ihren Geist auch für anschließende Schlaf-Suggestionen aufnahmebereit machen. Diese fallen dann sozusagen auf fruchtbaren Boden, nämlich in ein lockeres, entspanntes Selbst.

Zusätzliche Verfahren:
Mittel der →Homöopathie können Ihnen helfen, ein übererregtes Nervensystem zu besänftigen und vegetative Störungen zu beseitigen. Für die Diagnose des richtigen Mittels ist es wichtig, daß Sie der homöopathischen Fachkraft die Art, den zeitlichen Ablauf (Uhrzeiten) und die Intensität Ihrer Schlafstörungen genau schildern können, ebenso Ihre körperlichen und seelischen Empfindungen dabei.

Viele Frauen kennen persönliche Tricks, mit Schlafstörungen fertigzuwerden. Zu den mir bekannten Beispielen gehören folgende: im Bett langweilige Fachliteratur lesen; fest die geschlossenen Lider reiben und dann den Kreisen, Flecken und Farben zusehen, bis sie sich auflösen; ein Schlafgebet sprechen; 1 Glas ungesalzenen Tomatensaft trinken; mehrmals hintereinander laut und ausgiebig gähnen; die Katze (oder ein Stofftier) mit ins Bett nehmen; über einen besonders schönen Satz meditieren, den man gehört oder gelesen hat; die eigenen Atemzüge zählen; als letzte Handlung vor dem Schlafengehen alle Pflanzen aus dem Schlafzimmer an ihren Nachtplatz tragen und ihnen gute Nacht wünschen. Hören Sie sich um, was andere machen. Vielleicht ist genau der Tip dabei, den Sie schon immer gesucht haben.

Info: So kommen Sie von Schlaf- und Beruhigungsmitteln los
Wenn Sie mehr als zweimal pro Woche und/oder länger als 3 Wochen hintereinander abends zu chemischen Schlaf- oder Beruhigungsmitteln greifen, sind Sie auf dem besten Wege, davon abhängig oder sogar süchtig zu werden (falls Sie es nicht schon sind). Bei nur gelegentlichem Medikamentenkonsum: Nehmen Sie alle Schachteln, die Sie noch zu Hause

haben, und tragen Sie sie sofort, spätestens morgen früh in die nächste Apotheke zur Sondermüll-Entsorgung! Widerstehen Sie jeder Versuchung, sich neue zu besorgen bzw. verschreiben zu lassen, sondern beherzigen Sie die obengenannten Ratschläge bei Schlafstörungen, und zwar mindestens *fünf* davon. Falls Sie jeden Abend zu Schlaf- oder Beruhigungsmitteln greifen: Beginnen Sie noch heute damit, die Dosis zu halbieren. Nehmen Sie dann 3 Abende lang nur die halbe Dosis; am 4. Abend halbieren Sie diese Dosis wieder, ebenso am 7., am 10., usw., bis Sie bei Null angekommen sind. Diese Entwöhnung unterstützen Sie folgendermaßen:
Machen Sie die ersten 3 Tage striktes →Heilfasten, am besten mit oder frischgepreßten Gemüse- oder Obstsäften, mindestens 2, besser 3 Liter täglich (mit stillen Mineralwässern ergänzen). Am 2. oder 3. Tag können sich Kopfschmerzen, Händezittern und andere Entgiftungssymptome (die berüchtigte Fastenkrise) einstellen; nehmen Sie dann ein warmes Entspannungsbad. Versuchen Sie unbedingt, so wenig wie möglich zu rauchen, und trinken Sie keinerlei Alkohol! Am 4. und 5. Tag dürfen Sie Zwieback, 1–2 Teller schwach gesalzene Suppe, Obst im Glas oder Trockenobst sowie 2 Gemüsesorten essen, die Sie besonders mögen (jedoch nichts Blähendes wie Kohl, Knoblauch, Lauch oder Hülsenfrüchte); dazu 1 bis 1,5 Liter Wasser sowie 3 Tassen Brennessel- oder Zinnkrauttee, über den Tag verteilt trinken. Am 6. und 7. Tag dürfen Sie auch wieder Biojoghurt, Müsli, Magerkäse, Nüsse sowie 1 Ei pro Tag hinzunehmen (es sei denn, sie haben einen hohen Cholesterinspiegel, dann keine Eier essen). Sollten Sie nun bereits von den Schlaf- oder Beruhigungsmitteln weg sein, dürfen Sie am 8. Tag zu normaler Vollwertkost übergehen (→Ernährungstherapie); ansonsten müssen Sie noch gemäßigt fasten und sehr viel trinken, bis Sie von Ihrer Droge ganz entwöhnt sind. Die Brennessel- oder Zinnkrauttee-Kur ist in jedem Fall 4 Wochen lang durchzuhalten. Falls Sie gar nicht gut ein- oder durchschlafen können, ersetzen Sie die abendliche Tasse durch einen Schlaftee (siehe oben).

Am Tag, nachdem Sie Ihre allerletzte Medikamentendosis eingenommen haben, packen Sie alle verbleibenden Tabletten, Tropfen usw. zusammen, binden eine stolze Schleife um das Geschenk, das Sie sich damit machen, und tragen das Päckchen in die nächste Apotheke zum Entsorgen. Wenn Sie nicht geschummelt und keine »stillen Reserven« aufgehoben haben, dürfen Sie sich zur Feier des Tages einen besonderen Wunsch erfüllen. (Wie wär's mit einem neuen Kleidungsstück? Sie haben nämlich ziemlich sicher auch ein paar Pfund abgenommen!)
Weitere ausleitende Maßnahmen, die Ihnen beim Entgiften helfen, finden Sie unter →Harnwegserkrankungen.

Genannte Literatur:

1) Garfield, Patricia: Frauen träumen anders. Über die Wechselwirkungen zwischen Körper und Traum. Ein Führer durch die weibliche Traumwelt. Scherz Verlag Bern, München, Wien 1991.

Weitere Literaturempfehlungen:

Bierach, Alfred: Wie Sie sich betten... Schlafstörungen vorbeugen und beheben. Econ Taschenbuch Verlag, Düsseldorf 1988.

Borbely, Alexander: Das Geheimnis des Schlafs. Neue Wege und Erkenntnisse der Forschung. Deutsche Verlags-Anstalt, Stuttgart 1984.

Das, Sigrid: Entgiften und Entschlacken. Die Abwehrkräfte stärken und die natürliche Selbstreinigung des Körpers aktivieren. Deutscher Taschenbuch Verlag, München 1995.

Kirch, Karl M.: Schlafstörungen natürlich behandeln. Gräfe und Unzer Verlag. München 1988.

Lange-Ernst, Maria-Elisabeth: Schlafen können. Hilfen bei Schlafmangel, Gründe für Schlafstörungen, Biologische Rhythmen verstehen. Goldmann Verlag, München 1988.

Leibold, Gerhard: Hypnose und Autosuggestion. Methoden – Heilwirkungen – praktische Beispiele. Falken-Verlag, Niedernhausen 1991.

Schwangerschaftsbeschwerden

Dazu gehören unter anderem:

Bluthochdruck
Erbrechen
→Harnwegserkrankungen
Morgenübelkeit
Ödeme (Wassereinlagerungen)
→Rückenschmerzen
Schwangerschaftstoxikose
→Venenleiden
Verstopfung (→Verdauungsstörungen)

Allgemeines

Schwangerschaft und Entbindung sind mit zunehmender Technisierung der Medizin in den letzten Jahrzehnten fast schon zu krankheitsähnlichen Vorgängen hochstilisiert – oder vielmehr herabgewürdigt – worden. Zwar ist es einerseits begrüßenswert, daß jede ärztliche Untersuchung, die der Schwangerschaftsvorsorge gilt, in Deutschland von allen Krankenkassen bezahlt wird, Frauen also ein gesetzliches Recht auf bestmögliche ärztliche Versorgung während der Schwangerschaft haben. Und es ist auch nicht zu leugnen, daß eben wegen der heute möglichen Untersuchungen eine ganze Reihe von Schwangerschaftskomplikationen eher erkannt, die Frauen frühzeitig behandelt und sie selbst sowie viele Ungeborene dadurch gerettet werden können. Auf der anderen Seite hat eben diese Entwicklung bewirkt, daß Frauen sich kaum noch trauen, »einfach so« ihre Schwangerschaft zu genießen, das Ungeborene in sich wachsen zu spüren und am Ende der neun Monate ohne weitere Umstände das Kind zur Welt zu bringen – womöglich »nur« mit Hilfe einer Hebamme und/oder bei einer Entbindung zu Hause. Wenn auch die Zeiten der widernatürlichen »programmierten Geburt« inzwischen weitgehend überwunden sind und Gebärende in den meisten Kreißsälen bei uns heute die Möglichkeit zu einer »sanften Geburt« erhalten: Von einer »sanften Schwangerschaft« sind wir weiter entfernt denn je. Wie viele andere schulmedizinische Maßnahmen, die eigentlich nur der Gesundheitsfürsorge dienen sollten und zu unserem Besten entwickelt wurden, sind auch die Schwangerschafts-Vorsorgeuntersuchungen von einem freudig begrüßten *Angebot* zu einem sozialen *Muß* geworden, das jede Schwangere neun Monate lang der ärztlichen Kontrolle überantwortet. Eintritts-Dokument in die Welt der High-Tech-Untersuchungen ist der Mutterpaß. Er muß bei jedem Termin vorgelegt werden und wird dann und wann mit medizinischen Formeln ergänzt, die kaum eine Schwangere selbst in allen Einzelheiten zu interpretieren weiß: Sie dienen ja nicht ihrer eigenen Information, sondern der des Arztes bzw. der Ärztin, die offenbar besser wissen müssen als die Schwangere selbst, wie es ihr und dem Ungeborenen geht. Versäumt sie auch nur eine der »Pflicht-Untersuchungen«, muß sie damit rechnen, als verantwortungslos betrachtet zu werden: eine Frau, die sich jetzt schon als »schlechte Mutter« entpuppt (als genüge es nicht, daß die Falle der ewigen Schuldgefühle nach der Entbindung ohnehin mit großer Sicherheit zuschnappt).

Geht dann womöglich wirklich etwas schief in der Schwangerschaft – und das passiert, obwohl es selten dazugesagt wird, auch bei peinlichster Einhaltung aller Arzttermine immer wieder –, sind es wiederum die Frauen, die sich unendliche Vorwürfe machen: Haben sie vielleicht doch irgend einen Rat in den Wind geschlagen, sich nicht genügend geschont, das Falsche gegessen oder getrunken oder sonst irgend etwas gemacht oder unterlassen, das sie lieber hätten bleiben lassen bzw. unbedingt hätten machen sollen?! Und ihre Schuldgefühle, in unserer Gesellschaft als Mittel sozialer Kontrolle über das weibliche Geschlecht sorgsam geschürt[1)], wachsen ins Unermeßliche.

Was bei alledem auf der Strecke bleibt, ist die natürliche Wahrnehmung der Frauen für ihr eigenes Befinden und das des Ungeborenen. Zahllose Beispiele belegen, daß es für dieses weibliche Gespür – ich zögere, es Instinkt zu nennen, denn es hat viel mit bewußtem, meditativen In-sich-Hineinhorchen zu tun – keinen technischen Ersatz gibt. Gute Heilkundige, natürlich auch viele

Hebammen, wissen das und verlassen sich eher auf die Befindlichkeitsangaben der werdenden Mutter bzw. der Gebärenden, als sich zu sehr auf Ultraschallgerät und Wehenschreiber zu konzentrieren. (Was täten sie auch, wenn diese Geräte einmal nicht verfügbar wären oder ausfielen?) Naturheilkundliche Hilfs- und Heilmethoden, wie sie für fast alle Schwangerschaftsbeschwerden und -komplikationen, auch während des Gebärens, zur Verfügung stehen, stärken diese so wichtige Verbindung der Schwangeren zu ihrem eigenen Ich und zu dem werdenden Ich des in ihr wachsenden Kindes. Mit ihnen kann die Frau ein Stück der Autonomie zurückgewinnen, die ihr in rein ärztlich-technisch überwachten Schwangerschaften abhanden zu kommen droht. Und wenn sie, sorgsam angeleitet, zur Selbsthilfe mit natürlichen Mitteln greift, übernimmt sie auf eine gesunde Weise Verantwortung für ihr Handeln: ein vorzügliches Training für die Mutterschaft, wie ich finde. Denn kaum ist das Kind auf der Welt, wird sie in unzähligen Situationen rasch handeln und dafür Verantwortung übernehmen müssen, die kein Arzt und kein Gerät ihr abnehmen können.

Damit es keine Mißverständnisse gibt: Selbstverständlich befürworte ich Vorsorgeuntersuchungen in der Schwangerschaft. Sie sind hilfreich, beruhigend, in Problemfällen und Risikoschwangerschaften oft sehr nützlich, und jede Schwangere sollte sie als ihr gutes Recht wahrnehmen (schließlich bezahlt sie auch mit ihren Krankenkassenbeiträgen dafür). Sie dürfen jedoch nicht zum Selbstzweck werden. Schwangere, denen es prima geht, brauchen sich *kein* schlechtes Gewissen machen, wenn sie einmal einen Termin verschieben oder ausfallen lassen. Und sie sollten sich auch auf keinen Fall verunsichern lassen, wenn ihre Blut- und Urinwerte oder andere Untersuchungsergebnisse nicht exakt dem statistischen Durchschnittswert entsprechen: Das heißt noch lange nicht, daß irgend etwas nicht in Ordnung sei. Je mehr Sie auch sonst gewohnt sind, Ihre eigenen Befindenssignale wahrzunehmen und richtig zu interpretieren, desto mehr dürfen Sie sich getrost auch in der Schwangerschaft darauf verlassen, daß Ihr Gefühl stimmt. Lassen Sie sich diese Gewißheiten nicht ausreden. Bitten Sie Ihre Ärztin oder Ihren Arzt zudem freundlich aber bestimmt, Ihnen alles ganz genau zu erklären, was Sie nicht wissen, nicht verstanden haben oder was Ihnen Sorgen bereitet. Bauen Sie diese Informationen in Ihre eigenen Wahrnehmungen von sich selbst ein, und nutzen Sie die Zeit der Schwangerschaft, sich noch besser kennen und vertrauen zu lernen. Sie sind 24 Stunden am Tag mit sich und dem Ungeborenen zusammen – Ihre Ärztin bzw. Ihr Arzt ist das nicht (und erst recht nicht der gynäkologische Gerätepark). Lesen Sie gute Bücher zur Schwangerschaft (siehe Literaturempfehlungen S. 610), und besuchen Sie einen guten Kurs für werdende Mütter und Väter. Schützen Sie sich aber andererseits auch davor, ungebeten ständig mit Ratschlägen überschüttet zu werden. Frauen können einander viel helfen, aber auch viel (unnötige) Furcht einjagen – so wie sie ihnen vielleicht selbst eingejagt worden ist. Hüten Sie sich schließlich in der zweiten Schwangerschaftshälfte vor der Versuchung, das »Gebärmutter-Fernsehen« – das Begucken des Ungeborenen auf dem Monitor des Ultraschallgeräts – zu übertreiben. Sie sehen dabei ohnehin nur ein Trugbild aus sichtbar gemachten, als Echo von seinem Körper zurückgeworfenen Schallwellen, keineswegs Ihr Kind selbst. Öffnen Sie lieber Ihre »inneren Augen« zur Kontaktaufnahme. Nach allem, was die Schulmedizin uns sagt, sollen Ultraschallwellen zwar ungefährlich sein; doch ein »Restrisiko«, das Sie leicht vermeiden könnten, ist wohl nicht auszuschließen.

Viele Frauen leben in der Schwangerschaft sichtlich auf; für manche ist es die schönste, gesündeste Zeit ihres Lebens. Andere plagen sich in den ersten Monaten mit unangenehmen Begleiterscheinungen wie Morgenübelkeit, Erbrechen, strähnigem Haar, fettiger Haut, Akne, geschwollenen Füßen, später dann mit →Venenleiden, schmerzenden Brüsten (→Brusterkrankungen und -beschwerden), Blasen- und Nierenleiden (→Harnwegserkrankungen) und anderen Schwangerschaftsbeschwerden herum. Dafür gibt es viele körperliche und auch psychosomatische Gründe.

Im Prinzip jedoch ist nicht das Auftreten von Beschwerden das Erstaunliche, sondern die Tatsache, daß es überhaupt Frauen gibt, die völlig frei davon sind! Immerhin passiert ja bei der Empfängnis bzw. Zeugung etwas Außerordentliches: Eine Eizelle verschmilzt mit einem Spermium, das als »Hochzeitsgeschenk« diverse Eiweißmoleküle sowie einen Satz Chromosomen mitbringt, die dem Organismus der Frau völlig fremd sind. Aus der Transplantationsmedizin wissen wir, wie vehement sich der Organismus gegen alles Fremde, das ihm eingepflanzt wird, zu wehren weiß; Organempfängerinnen und -empfänger müssen lebenslang Medikamente einnehmen, die das Immunsystem unterdrücken, damit es nicht zu der gefürchteten Abstoßungsreaktion kommt. Weshalb das nicht auch bei der Aufnahme des Spermiums in die Eizelle passiert – oder spätestens dann, wenn die Blastozyte (der Zellverband, der dann ein Embryo werden soll) sich in der Gebärmutterschleimhaut einnistet, ist eines der vielen Rätsel der Natur, die wissenschaftlich noch kaum erklärbar sind.

Sehr wahrscheinlich – sicher weiß das noch kein Mensch zu sagen – hängen viele Schwangerschaftsbeschwerden *auch* mit subtil ablaufenden Abstoßungsreaktionen im weiblichen Organismus zusammen. Manche davon können psychischer Natur sein (siehe Psychosomatik), manche einer Art Allergie entsprechen (wie es ja auch Frauen gibt, die Antikörper gegen das Sperma ihres Partners entwickeln, →Unfruchtbarkeit). Andere Beschwerden sind Begleiterscheinungen der gewaltigen Umstellungsarbeit, die der weibliche Organismus bei jeder Schwangerschaft zu leisten hat, z. B. im Hormonhaushalt. In einigen Fällen geht diese Umstellung leichter vonstatten als in anderen; weshalb das so oder so ist, kann meistens nicht körperlich begründet werden. Doch auch wenn sich mehr oder weniger eindeutig klären läßt, daß innere Konflikte der tiefere Grund für Schwangerschaftsbeschwerden und -komplikationen sind (siehe Psychosomatik), und dabei womöglich das Leben des Ungeborenen in Gefahr gerät, möchte ich die Betroffenen doch dringend davor warnen, sich deshalb in Schuldgefühle zu stürzen! Keine Frau ist »schuld« daran, wenn sich in ihrem Seelenselbst Konflikte abspielen. Weder hat sie sie bewußt herbeigerufen, noch kann sie verhindern, daß solche Konflikte existieren. Selbst die ungeduldigst herbeigesehnte Schwangerschaft ist nicht unbedingt frei davon – und bei einer Empfängnis, die eher zufällig oder gar gegen den Willen der Frau zustandekam, sind Konflikte sogar unausweichlich. Lassen Sie sich also nicht »verrückt machen«, falls es Ihnen so geht. Die Gebärmutter ist ein sehr sicherer Ort für das Ungeborene. Die allermeisten Schwangerschaftsbeschwerden machen Ihnen selbst viel mehr zu schaffen als dem Ungeborenen.

Körperliche Gründe von Schwangerschaftsbeschwerden

Hinweis: 30 bis 60 Prozent aller Schwangerschaften werden schulmedizinisch als Risikoschwangerschaften eingestuft, weil dabei entweder die Schwangere oder ihr Ungeborenes durch bestimmte Faktoren stärker gefährdet ist, als das unter den bestmöglichen, gesündesten Umständen der Fall ist. Aus Platzgründen ist eine ausführliche Diskussion aller dieser Faktoren, ihrer möglichen Vorbeugung bzw. Behandlung hier jedoch nicht möglich. Die angebotenen Ratschläge gelten für vergleichsweise unkomplizierte Schwangerschaften und für Beschwerden (der Frauen, nicht vorrangig des Ungeborenen), die überhaupt mit natürlichen Mitteln behandelbar sind.

Auf die Rolle, welche die Umstellung des gesamten Organismus aufs »Programm Schwangerschaft« dabei spielt, habe ich bereits hingewiesen. Daneben kann eine Reihe von vorbestehenden Gesundheitsstörungen das Auftreten von Schwangerschaftsbeschwerden begünstigen; dazu gehören alle Stoffwechsel- und Kreislaufleiden (z. B. Zuckerkrankheit oder Bluthochdruck), Drüsenstörungen (etwa der Schilddrüse), starkes Untergewicht bzw. Mangelernährung, starkes Übergewicht (es belastet Ihre Gelenke und Venen zusätzlich), Krampfleiden (Epilepsie) und andere schwere Funktionsstörungen des Gehirns oder des Rückenmarks. Viele dieser Gesundheitsstörungen machen die Betroffenen schulmedizinisch zu »Risikoschwangeren«, was noch nicht heißt, daß sie dann auch tatsächlich besondere Beschwerden bekommen. Andere Schwangere sind keine »Risikofälle«, haben aber trotzdem Schwangerschaftsbeschwerden.

Eine der schwersten Schwangerschaftskomplikationen ist die Eklampsie, auch Gestose oder Schwangerschaftstoxikose genannt; ihre wichtigsten Anzeichen sind hoher Blutdruck, schwer stillbares Erbrechen und Krampfneigung. Viele der untengenannten Mittel helfen, diesem gefährlichen Zustand vorzubeugen. Wenn nicht, müssen Sie unverzüglich in ärztliche Behandlung.

Sofort zur ärztlichen Untersuchung/Behandlung bei:

- dem Verdacht bzw. der Gewißheit, daß eine Schwangerschaft eingetreten ist (zur Abklärung, ob das stimmt, und Durchführen der wichtigsten Erstuntersuchungen sowie Labortests),
- Blutungen während der Schwangerschaft,
- bekannter Neigung zu Fehl- oder Frühgeburt,
- Alter über 35 bei der ersten Schwangerschaft bzw. höherem Alter bei weiteren Schwangerschaften,
- schweren vorbestehenden Erkrankungen, auch starkem Über- oder Untergewicht,
- schweren Fehlbildungen oder Erbkrankheiten, die in Ihrer oder in der Familie des Kindsvaters aufgetreten sind (genetische Beratung zur Risiko-Abklärung),
- allen Erscheinungen und Symptomen, die Sie während der Schwangerschaft stark beunruhigen (und sei es nur, um Ihre innere Ruhe wiederzugewinnen).

Psychosomatik

Bei jeder Schwangerschaft, und sei sie noch so herbeigewünscht, können tiefliegende Konflikte im Seelenselbst der Schwangeren mobilisiert werden. Vor allem die Beziehung zur eigenen Mutter, so die Kölner Gynäkologin und Psychoanalytikerin Dr. med. Barbara Fervers-Schorre, steht im Mittelpunkt des psychischen Schwangerschafts-Erlebnisses. Ob sie will oder nicht, ist die Frau nun, wo sie selbst Mutter wird, mit noch nicht überwundenen Abhängigkeiten von ihrer Mutter (ihrer Kind-Rolle) konfrontiert; sie erlebt vielleicht eine starke Sehnsucht danach, selbst wieder in den Mutterschoß (die mütterliche Geborgenheit) zurückschlüpfen zu können, oder trauert darum, dieses Sicherheitsgefühl nie gehabt zu haben. Ängste, welche der Mutter in der Schwangerschaft zu schaffen machten, können sich auf die Tochter übertragen;

manchmal werden sogar eigene vorgeburtliche Erlebnisse wieder lebendig, und sei es nur in Form (un)bestimmter Befürchtungen. Einzigartig ist außerdem die Umstellung des Ich-Empfindens, die jede Schwangere leisten muß: Aus eins wird zwei; ein »Parasit« ernährt sich im und vom Körperselbst der Frau, pocht sozusagen gleichzeitig auf seine eigenen, stets wachsenden Bedürfnisse und ist gleichzeitig vollständig vom mütterlichen Organismus abhängig – ein Konflikt, der manchmal selbst bei bestem Willen schwer auszuhalten ist. Ganz besonders dann, wenn es der Frau ohnehin auf den Nerv geht, daß sie nun nur noch als »Fruchthalterin« und nicht mehr als eigenständige Einzelpersönlichkeit angesehen wird. Das alles geht nur dann ohne große Schwierigkeiten ab, wenn die Frau seelisch stabil ist, von außen (Partner, Familie, Freundinnen) sehr viel Unterstützung bekommt und ein sicheres Ich-Gefühl mitbringt. Ist sie dafür noch zu jung, wird sie in ihrem Zustand alleingelassen oder schwer gekränkt (z. B. wenn ihr Partner sie als sexuell unattraktiv zurückweist oder mit einer anderen Frau ein Verhältnis beginnt), oder hat sie nie ein solch stabiles Ich-Empfinden aufbauen können, kann die Schwangerschaft sie völlig überfordern.

Eine reife Leistung vollbringen *alle* Frauen, die mit diesen Konflikten auf irgend eine Weise fertigwerden und eine Schwangerschaft – diese größte aller Reifungskrisen – unbeschadet überstehen. Vielen wird diese Leistung jedoch abverlangt, ohne daß sie das psychische Rüstzeug dazu hätten oder Hilfe von außen bekämen. Da das vegetative Nervensystem mit dem konfliktüberladenen Seelenselbst in engster Verbindung steht, sind Schwangerschaftsbeschwerden in solchen Fällen kein Wunder, sondern praktisch unausweichlich. (Die Natur hat dafür, offenbar in weiser Voraussicht, vorgesorgt: Viele Frauen fühlen sich während der Schwangerschaft viel stärker, gelassener, ja wie unter einem Schutzmantel geborgen; Nervenbelastungen scheinen an ihnen abzuprallen wie sonst nie. Erst nach der Entbindung brechen bei ihnen ungelöste Konflikte durch, treiben sie mitunter gar zu Verzweiflungstaten oder in schwere postpartale →Depressionen.) Nach psychosomatischer Auffassung sind alle Schwangerschaftsbeschwerden, welcher Art auch immer, stets *auch* ein Hilferuf der überlasteten Psyche, die an irgend einem Dilemma schwer zu tragen hat. Das gilt ganz besonders, wenn die Schwangerschaft gegen den Willen der Frau zustandekam und/oder sie das Kind gegen ihren Willen austragen muß.

Natürliche Heilverfahren

Allgemeinverhalten:
Bei jeder geplanten Schwangerschaft sollten Sie mit Ihrer persönlichen Gesundheitsfürsorge schon ein paar Monate zuvor anfangen: Das erleichtert Ihnen die Umstellungsleistungen und stimmt Sie besser auf die »Ausnahmesituation Schwangerschaft« ein. Grundsätzlich bedeutet das, auch für eben schwanger gewordene Frauen: sich von nun an möglichst gesund ernähren (→Ernährungstherapie); mit dem Rauchen aufhören, falls Sie Raucherin sind; Alkohol- und jede Art von Medikamenten- oder Drogenkonsum reduzieren, so weit es irgend geht; Streß auf allen Ebenen abbauen sowie für ausreichenden Schlaf und viel Erholung an der frischen Luft sorgen, denn eine Schwangerschaft ist kräftezehrend. Bei →Schlafstörungen während der Schwangerschaft lesen Sie bitte unter diesem Stichwort nach.

Akupressur:
Viele Punkte dürfen in der Schwangerschaft weder akupressiert noch akupunktiert werden, weil dabei auch der Zustand des Ungeborenen mit beeinflußt werden kann – und nicht immer zu seinem Besten. Wenn Sie sich nicht sehr gut in Akupressur auskennen, sollten Sie sich bei Schwangerschaftsbeschwerden daher lieber an eine erfahrene Fachkraft wenden, die genau weiß und beurteilen kann, was Ihnen und dem Ungeborenen gut tut.

Aromatherapie:
Zahlreiche aromatische Öle sollten in der Schwangerschaft *nicht* angewendet werden, weil sie unter Umständen einen Frühabgang, eine Fehl- oder Frühgeburt auslösen können (→Unfruchtbarkeit). Manche davon sind als Raumluftdüfte erlaubt, sollten aber nicht

eingenommen oder als Badewasserzusatz etc. verwendet werden. Beachten Sie bitte auch die Warnhinweise in den Tabellen S. 73 und 246: Nicht jedes Mittel, das außerhalb der Schwangerschaft vergleichbare Beschwerden beheben hilft, darf von Schwangeren unbedenklich verwendet werden. Das gilt auch für Heiltees und -tinkturen (siehe unten). Nach Angaben der Aromatherapeutin Ellen Asjes[2)] haben sich folgende aromatischen Öle in klinischen Tests als schädlich erwiesen: Arnika, Basilikum, Beifuß, Gewürznelke, Kampfer, Majoran, Myrrhe, Oregano, Salbei, Wacholder, Ysop, Zimt und Zypresse. Nur sehr sparsam gebraucht werden sollten: Anis, Echte Minze, Fenchel, Geranium, Jasmin, Muskatellersalbei, Rose und Rosmarin. Unbedenklich sind: Lavendel zur Entspannung und bei Übermüdung, desgleichen Neroli (auch sehr gut bei →Hautproblemen); Zitrone zur Stärkung der Abwehrkräfte und bei hohem Blutdruck; Orange oder Weihrauch bei nervöser Anspannung; Sandelholz bei Ödemen (es stärkt Nieren und Harnwege); Kamille bei zu trockener oder verfleckter Haut sowie bei →Verdauungsstörungen; Cajeput, Eukalyptus und Kiefer bei Atembeschwerden und Atemwegsinfekten; außerdem Mandarine, die für allgemeine Harmonisierung sorgt und als Massageöl auch Schwangerschaftsstreifen vorbeugen hilft.

Atemtherapie:
Besuchen Sie unbedingt einen guten Kurs zur Geburtsvorbereitung; Sie lernen dort wichtige Atemübungen, die Ihnen helfen können, das Gewicht des Ungeborenen in den letzten Schwangerschaftswochen besser zu ertragen und die Entbindung zu erleichtern. Wer viel Erfahrung mit →Yoga hat, kann auch die dort erlernten Atemübungen wirksam für sich nutzen.

Bewegung:
In den ersten 3–4 Monaten einer Schwangerschaft sollten Sie Bewegungsarten vermeiden, die mit starken körperlichen Erschütterungen verbunden sind, etwa Reiten, Trampolinspringen, Weit- und Hochsprung, Motorradsport usw. Ansonsten können Sie jede Art von Bewegung, an die Sie vorher gewöhnt waren (mit Ausnahme von Hochleistungssport), auch während der Schwanger-

schaft machen, so lange es Ihnen Spaß macht. Achten Sie jedoch verstärkt auf Ermüdungserscheinungen, und trainieren Sie keinesfalls über diese Signale hinweg. Wichtig ist immer, daß Sie sich wohlfühlen! Sollten Sie bislang unter Bewegungsmangel gelitten haben und das jetzt ändern wollen, lassen Sie es langsam angehen; nicht übertreiben. Mit →Yoga können Sie auch in der Schwangerschaft beginnen – er wird Ihnen ausgesprochen wohltun. Bestimmte Übungen können sogar Fehlgeburten verhüten helfen; fragen Sie eine Yoga-Fachkraft danach.

Chronobiotherapie:
In der Schwangerschaft scheinen Ihre Monatsrhythmen außer Kraft gesetzt, denn die Blutungen hören dann auf, und der ganze Hormonhaushalt stellt sich auf Schwangerschaft um. Doch der Mondrhythmus, der Ihren Zyklus mitbestimmt, hat auch in dieser Zeit seine Hand im Spiel: Eine Schwangerschaft dauert von der Empfängnis bis zum Geburtstermin normalerweise zwischen 263 und 270 Tage, das sind ziemlich genau neun Lunarmonate zu 29,5 Tagen. (Oft ist der genaue Empfängnistermin im Nachhinein schwer feststellbar; daher gilt auch eine Dauer von 273 Tagen noch als normal.) Und: Die meisten Kinder werden in Vollmondnächten geboren, die wenigsten zu Neumond. Auch der nahende Vollmondtermin kann also den Geburtszeitpunkt noch (zumindest ein wenig) beeinflussen. Stärken Sie in der Schwangerschaft also Ihren Kontakt zu diesem biologischen Zeitgeber; achten Sie auf seine Phasen, »schwingen« Sie sich auf ihn ein. Außerdem sollten Sie Ihre jetzigen, wahrscheinlich etwas veränderten Schlaf-Wach-Rhythmen und Ruhebedürfnisse gut beachten. Unternehmen Sie möglichst keine Flugreisen durch Zeitzonen (und fliegen Sie auch sonst so wenig wie möglich: Die Höhenstrahlung und der höhere Ozongehalt der Atemluft in der Flugkabine können Ihnen unter Umständen schaden).

Ernährung, Vitamine, Mineralstoffe, Spurenelemente:
Eine Schwangerschaft ist *nicht* der geeignete Zeitraum für eine Abmagerungskur, selbst wenn Sie sie theoretisch nötig hätten! Keinesfalls sollten Sie weniger als 1800 bis 2000 Kalorien täglich

zu sich nehmen (Ihr Ungeborenes ißt schließlich mit). Falsch wäre es aber auch, nun »für zwei« zu futtern: Zulegen sollten Sie nur, wenn Sie untergewichtig sind. Lassen Sie sich von einer heilkundigen Fachkraft eine persönliche Tabelle aufstellen, anhand derer Sie ablesen können, wie viel Sie in den kommenden Monaten zunehmen sollten bzw. dürfen. Grundsätzlich ist eine gesunde, weitgehend schadstofffreie Vollwerternährung (→Ernährungstherapie) das Beste für Sie und Ihr Ungeborenes. Bestimmte Pflanzen liefern sehr viele Vitamine, Mineralstoffe, Eiweiß, Fruchtzucker und Stärke; dazu gehören die Blaue Luzerne (Alfalfa), Beinwell, Borretsch, Brennesseln, Dinkel (Grünkern), Gerste, Himbeerblätter und Rotklee (siehe auch Heiltees). Reichern Sie Ihre Ernährung damit an.

Nehmen Sie außerdem vermehrt Kalzium auf, am besten täglich 1–2 Trinkampullen bzw. 2–3 Brausetabletten zusätzlich, außerdem viel Fisch, Nüsse (außer Erdnüsse!), Algen, Löwenzahnsalat, Biojoghurt, halbfette Milch, Sauermilchprodukte, magere Käsesorten: Der kindliche Organismus braucht Kalzium zum Wachsen und entzieht ihn dem Ihren (z. B. den Zähnen). Wichtig sind außerdem Kalium und Magnesium (gegen Wadenkrämpfe), Selen und alle anderen Spurenelemente (in viel Frischkost ausreichend enthalten), Aminosäuren sowie täglich mindestens 1 Milligramm Folsäure (sie beugen Nervenschäden, auch des Ungeborenen, vor und können aus Quark, Milch, Käse, Getreideflocken, Karotten, Hefe und grünem Gemüse bzw. Salat aufgenommen werden). Vitamin E kann Schwangerschaftsbeschwerden vorbeugen helfen (Tagesbedarf: bis zu 30 mg, bei Neigung zu Fehlgeburt auch mehr). Schwangere brauchen außerdem mehr Vitamin D (Tagesbedarf ca. 800 mg) und Vitamin C (mindestens 150 mg, besser 0,5 g pro Tag, doch Vorsicht vor Durchfall!). Bei Neigung zu Morgenübelkeit: Nehmen Sie noch vor dem Aufstehen einen Vollkornzwieback mit einem Heiltee (siehe unten) zu sich; langsam kauen und in kleinen Schlucken trinken! Das besänftigt oft das Brechzentrum im Gehirn. Um Unterzuckerung und damit zusammenhängender Übelkeit vorzubeugen, sollten Sie tagsüber viele kleine Snacks statt weniger großer Mahlzeiten zu sich nehmen. Pulverisierte Ingwerwurzel in Kapseln kann starkes Erbrechen verhüten helfen; Tagesdosis nach Bedarf steigern, aber nie über 10–15 Kapseln hinaus.

Gegen Bluthochdruck helfen salzarme, ausschwemmende Ernährung (Kartoffeln, Lauch, Vollkornreis, Sauerkraut, viel Flüssigkeit) sowie eine ganze rohe Gurke täglich, wahlweise 1 Glas Gurkensaft. Bei anderen Schwangerschaftsbeschwerden lesen Sie bitte die Ernährungstips unter den Einzelstichworten. Hinweis: Gerade bei Bluthochdruck, Ödemen, Venen- und Nierenbelastung sind ausschwemmende Ernährung und Kräutertees jedem schulmedizinischen Entwässerungsmittel bei weitem vorzuziehen!

Farbtherapie:
Gelb und Orange regen alle Hormondrüsen auf sanfte Weise an, können daher auch helfen, die Umstellungsbeschwerden zu Beginn der Schwangerschaft zu mildern. Vorsicht vor Rot bei Bluthochdruck und Nierenleiden! Türkis und Grün wirken gefäßtonisierend (gut bei Ödemen, eventuell gefolgt von herzstärkendem Rosa); Blau ist gut bei Venenentzündungen; Violett hilft, Schlafstörungen und Nervosität zu überwinden. Anwendungen siehe ab S. 155.

Heiltees und -tinkturen:
Auf Kaffee und starken schwarzen oder grünen Tee sollten Sie in der Schwangerschaft verzichten. Als tägliches Getränk und gleichzeitig nährstoffreiches, viele Beschwerden verhinderndes Tonikum eignet sich Tee aus Himbeerblättern, abends aufgebrüht und morgens bzw. tagsüber getrunken (3 Tassen täglich); er untertstützt auch die Milchbildung. Brennessel- oder Zinnkrauttee wirken als natürliche Diuretika, also ausleitend bei Ödemen, Nieren-, Blasen- und Venenproblemen. Kalziumreich sind Tee oder Teemischungen aus Malve, Löwenzahn, Hirtentäschel. Zur Kalziumversorgung und gegen Morgenübelkeit ist auch folgende Mischung gut: abgekochte Eierschalen nachts in Apfelessig oder Zitronensaft einweichen, die Lösung morgens in einem Glas lauwarmem Wasser trinken, dazu ein Stückchen Vollkorngebäck. Übelkeit lindert auch Pfefferminztee (jedoch nur sparsam ver-

wenden, keinesfalls täglich trinken!). Papayas und Dörrpflaumen (auch als Saft) sind das beste Mittel gegen Verstopfung. Blutdrucksenkend wirken Gurken- oder Limonensaft, außerdem Tee aus Hopfen oder Passionsblume (jeden Abend 1 Tasse des einen oder anderen Tees, am besten im täglichen Wechsel, nach 3 Wochen eine Pause von 1-2 Wochen einlegen).
Bei drohender Fehlgeburt: Tinktur aus Schwarzer Johannisbeere, 50 Tropfen stündlich; zum Stillen leichter Scheidenblutungen: Tinktur aus Hirtentäschel oder Hamamelis, 10–20 Tropfen unter die Zunge geben, auch mehrmals. Falls die Blutung dann nicht aufhört, den Arzt rufen!

Kälte- oder Wärmetherapie:
Ein Kreislauftraining mit warm-kalten Wechselduschen, mindestens der Arme und Beine, hilft vielen Beschwerden in der Schwangerschaft vorbeugen. Vorsicht jedoch mit warmen Leibauflagen – sie sind allerhöchstens bei vorzeitigen Wehen, zur Gebärmutterberuhigung, angezeigt und dürfen nicht zu heiß sein! Richten Sie sich bei Wärme und Kälte nach Ihrem inneren Bedürfnis.

Lichttherapie:
Licht und Luft sind für Schwangere Haut- und Gewebenahrung, weil dabei Vitamin D produziert wird. Gehen Sie nicht in die pralle Sonne, aber täglich 20–30 Minuten an die frische Luft!

Massagen:
Vor Bindegewebs- und anderen kräftigen Massagen, vor allem an Bauch und Rücken (unterhalb der Schulterblätter), muß während der ersten 3 Monate gewarnt werden, denn sie bergen das Risiko eines vorzeitigen Abgangs, desgleichen nicht sachgerecht ausgeführte Fuß-Reflexzonen-Massagen. Sanfte Zupfmassagen von Bauch, Brüsten und Oberschenkeln helfen hingegen, Schwangerschaftsstreifen zu verhüten, und verbessern die Gewebedurchblutung. Vorsichtig ausstreichende Massagen der Lymphbahnen nützen bei Venenproblemen und Ödemen (von einer Fachkraft bzw. Hebamme zeigen lassen!). Kreisförmiges Massieren der

Kreuzbeingegend lindert Rückenschmerzen. Richten Sie sich auch hier nach Ihrer »inneren Stimme«.

Psychosomatische Hilfe:
Wenn Sie sich einmal für Ihre Schwangerschaft entschieden haben, stehen Sie auch zu Ihrer Entscheidung – und suchen Sie sich zur Bewältigung praktischer Probleme jede Hilfe, die Sie kriegen können, z. B. bei Pro Familia oder einer anderen Schwangerenberatung. Informieren Sie sich gut über Ihre Rechte im Mutterschutz. Versuchen Sie auch, Kontakt zu Ihrem Ungeborenen aufzunehmen (siehe Visualisieren); das hilft Ihnen über viele anstrengende Momente hinweg und stärkt Ihre innere Sicherheit. Hören Sie, zu Ihrer eigenen Entspannung und der des Babys, viel gute Musik (→Musik- und Tanztherapie); verschieben Sie Probleme, die nicht sofort gelöst werden müssen, auf später – aber beenden Sie Situationen, die Ihnen die Schwangerschaft nur erschweren! Dann lastet ein Druck weniger auf Ihnen. Seien Sie in Ihrem Zustand ruhig »egoistisch«: Sie sind es für zwei. Gönnen Sie sich so viel Schönes, Beruhigendes, Herzerfrischendes wie nur irgend möglich. Entrümpeln Sie Ihren Terminplan, und suchen Sie die Gesellschaft von Menschen, die Sie stützen und Ihnen gut tun. Falls Ihre Eltern oder Ihr Partner nicht zu diesen Menschen gehören, machen Sie Ihnen freundlich klar, welchen Abstand Sie jetzt brauchen. Klären Sie mit Ihrem Partner auch Ihre sexuellen Bedürfnisse, die sich im Lauf der Schwangerschaft verändern können. Klammern Sie ihn, wenn möglich, jedoch nicht aus der wachsenden Mutter-Kind-Beziehung aus: Sowohl der Mann als auch »das Kind im Mann«, das angesichts Ihrer Schwangerschaft erwacht, wollen sich von Ihnen geliebt wissen. Sie können viel Rücksicht erwarten, sollten jedoch, bei aller nötigen Konzentration auf sich selbst, nicht rücksichtslos sein.

Rituale mit Heilwirkung:
Je besser es Ihnen als ganzer Person geht, desto besser geht es auch Ihrem Ungeborenen. Machen Sie aus allem, was Sie jetzt für Ihre persönliche Gesundheit, Ihr Aussehen und Ihr Wohlergehen tun, ein kleines Ritual, auf das Sie sich freuen können. Nehmen

Sie sich Zeit dafür, hetzen Sie nicht, genießen Sie jeden Augenblick. Bauen Sie immer wieder solche kleinen »Glücksmomente« in Ihren Tageslauf ein. Das hilft Ihnen, sie auch dann beizubehalten, wenn das Kind schließlich da ist und Sie (noch) weniger Zeit für sich selbst haben.

Visualisieren:
Vielen Frauen tut es sehr gut, lange vor den ersten Kindsbewegungen Kontakt zu dem Wesen in ihrer Gebärmutter aufzunehmen, ja sich mit ihm sogar zu beraten, wenn wichtige Entscheidungen gefällt werden müssen oder es um Gesundheitsfragen (der Frau und/oder des Ungeborenen) geht. Manche werdenden Mütter berichten, dabei deutlich eine ganz unabhängige kleine Seele wahrzunehmen, mit der ein echter Gefühls- und Gedankenaustausch möglich ist. Andere hingegen empfinden eine »Wand« zwischen sich und dem werdenden Kind. Zur Kontaktaufnahme kann folgende Übung helfen (am besten abends vor dem Einschlafen): Legen Sie sich entspannt auf den Rücken, atmen Sie mehrmals tief aus und ein und versuchen Sie dann, gedanklich in Ihren Bauch hineinzugleiten. Was sehen Sie? Lassen Sie alle Bilder zu. Wenn Sie auf Wände oder Türen stoßen, drücken Sie sanft dagegen; »rufen« Sie, bitten Sie um Einlaß. Stellen Sie sich dem Ungeborenen vor (es weiß auch nicht alles von Ihnen). Warten Sie ab, ohne gleich enttäuscht zu sein oder »dichtzumachen«, falls es nicht sofort antwortet. Versuchen Sie es liebevoll immer wieder. Öffnen Sie alle Ihre Sinne für die Kontaktaufnahme. Sobald sie einmal gelungen ist, übermitteln Sie dem Ungeborenen Wellen der Freude und der Zuversicht. Falls Sie »diskutieren« wollen, tun sie es sanft, aber ganz und gar ehrlich. Ziehen Sie sich zurück, sobald Sie Ermüdungssignale bemerken. Und: Achten Sie danach besonders auf Ihre Träume!

Eine andere Visualisierungsübung kann Morgenübelkeit beseitigen helfen. Sie ist bei Susun Weed[1)] entliehen: Schließen Sie die Augen, und befragen Sie Ihren Magen danach, was ihn abschnürt, einengt, was er auskotzen möchte oder wogegen er sich wehrt. Lassen Sie alle Bilder zu, die dabei in Ihnen hochkommen; betrachten Sie sie, ohne sie zu werten (zwiespältige Gefühle sind etwas ganz Normales); lassen Sie sie dann in der Luft zerplatzen wie eine Seifenblase oder sich ganz einfach spurlos auflösen. Machen Sie diese Übung mindestens zweimal täglich, 1 oder 2 Wochen lang.

Wasseranwendungen:
Schwimmen, vor allem Rückenschwimmen, stärkt Ihre Rücken- und Beckenbodenmuskulatur und hilft Ihnen, sich weniger »erdenschwer« zu fühlen, vor allem in den letzten Schwangerschaftsmonaten. Lauwarme, sanfte Güsse und Bäder wirken blutdrucksenkend; kalte Beingüsse und Fußbäder helfen, Beinödeme und Venenstaus zu mildern (→Venenleiden). Nehmen Sie keine kreislaufbelastenden heißen Duschen oder Bäder!

Wickel:
Stützstrümpfe und kühlende Beinwickel sind auch für Schwangere, die sonst kein →Venenleiden haben, sehr hilfreich. Bei Morgenübelkeit nützt oft ein kaltes nasses Tuch, auf den Nacken oder die Schilddrüse gelegt. Heiße Wickel oder Leibauflagen sollten in der Schwangerschaft eher vermieden werden; der Reiz ist zu stark.

Yoga:
Sehr hilfreich bei Nieren-, Blasen- und Senkungsbeschwerden in der Schwangerschaft und gut zur Geburtsvorbereitung ist der *Schustersitz*, der außerdem die Gewebe der Oberschenkel-Innenseite festigt. Sie sollten ihn schon in der Frühschwangerschaft regelmäßig üben, damit Sie zum Geburtstermin möglichst viel davon haben. (Vergessen Sie nicht: Die Übung muß nicht »perfekt« gelingen und nützt trotzdem!) Setzen Sie sich mit ausgestreckten Beinen und geradem Rücken auf den Boden. Beugen Sie nun die Knie zur Seite, und legen Sie die Fußsohlen aneinander; atmen Sie dabei ganz ruhig. Umfassen Sie nun mit den Händen Ihre Zehen, und ziehen Sie sie so dicht wie möglich zum Körper heran. Öffnen Sie jetzt, immer ruhig weiteratmend, mit Willensanstrengung die Schenkel und versuchen Sie, die Knie gegen den Boden zu ziehen, so weit Sie kommen. Verharren Sie

ruhig atmend ca. 30 Sekunden in dieser Haltung; dann lassen Sie los und strecken die Beine entspannt wieder aus (evtl. ausschütteln). Auch Kopf, Schultern und Rücken entspannen sich, bleiben aber gerade. Mehrmals wiederholen.

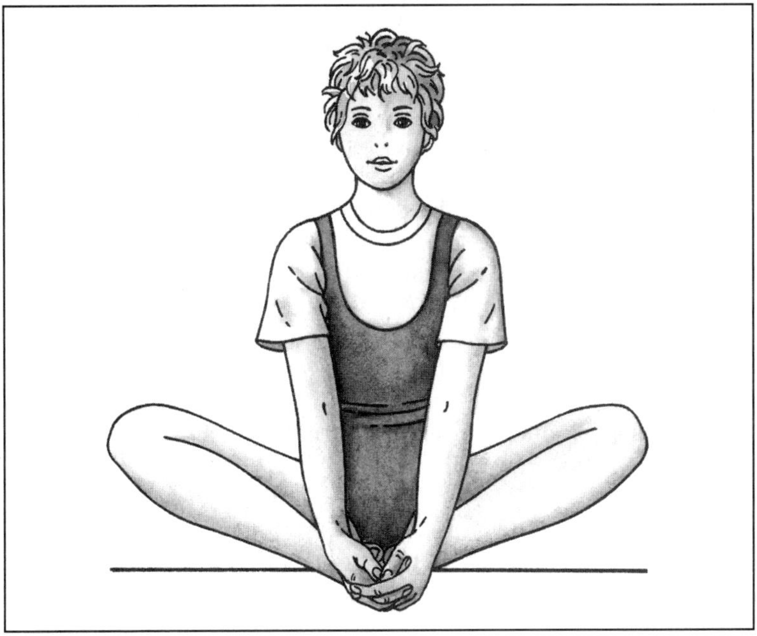

Schustersitz

Zusätzliche Verfahren:
Auch in der Schwangerschaft können Mittel der →Homöopathie gegen viele Beschwerden helfen; sie sollten jedoch unbedingt von einer qualifizierten Fachkraft ausgewählt werden, da sie unter Umständen auch das Ungeborene erreichen. Eine fachkundig durchgeführte Ohr-Akupunktur (→Akupunktur) kann Morgenübelkeit und andere Gesundheitsstörungen der Schwangeren lindern. Gegen beginnende Schwangerschaftstoxikose (Eklampsie) hilft unter Umständen ein Aderlaß (siehe S. 290) – jedoch nur, wenn keine Eisenmangelanämie besteht.

Genannte Literatur:
1) Weed, Susun S.: Naturheilkunde für schwangere Frauen und Säuglinge. Ein Handbuch. Orlanda Frauenverlag, Berlin 1989.

Weitere Literaturempfehlungen:
Bolesta-Hahn, Verena: Yoga für Schwangere. Der Weg zur sanften Geburt. Falken-Verlag, Niedernhausen 1991.
Davis, Elizabeth: Muster der Sinnlichkeit. Die Zyklen weiblicher Sexualität. Krüger/S. Fischer Verlag, Frankfurt am Main 1994 (zum Thema Sexualität in der Schwangerschaft).
Schneider, Regine: Oh Baby. Das hatte ich mir ganz anders vorgestellt. Erfahrungen von Frauen beim ersten Kind. Mosaik Verlag, München 1991.
Kitzinger, Sheila: Geburt ist Frauensache. Leitfaden für eine selbstbestimmte Geburt. Kösel-Verlag, München 1993.
Roeder, Helgard: Mit einem Kind habe ich nicht gerechnet. Männer und Schwangerschaft. Verlag Antje Kunstmann, München 1994.
Seck-Agthe, Monika/Maiwurm, Bärbel: Neun Monate. Verlag Antje Kunstmann, München 1994.

Weiterführende Anschriften:

Arbeitsgemeinschaft
Freiberuflicher Geburts-vorbereiterinnen
Frankensteiner Str. 58
64297 Darmstadt

Beratungsstelle für
natürliche Geburt und
Eltern-Sein e. V.
Häberlstr. 17
80337 München

Pro Familia
Bundesgeschäftsstelle
Cronstettenstr. 30
60322 Frankfurt am Main

Mütterzentren
Bundesverband e. V.
Erikastr. 11
38259 Salzgitter

NANAYA – Beratungsstelle
für natürliche Geburt und Leben
mit Kindern
Zollergasse 37
A-1070 Wien

Lucinia-Verein für eltern-
orientierte Geburtshilfe
Alte Dorfstr. 29
70599 Stuttgart-Birkach

BAMS- Beratung
alleinstehender Mütter und
Schwangerer e. V.
Pfarrgasse 17
69121 Heidelberg

Bund Deutscher Hebammen
e. V. (BfDH)
Reinhold-Frank-Str. 18
Postfach 1724
76050 Karlsruhe

Bund freiberuflicher
Hebammen Deutschlands
e. V.
Am Bahnhof 1
35460 Staufenberg

Verein freier Hebammen
Lazarettgasse 6/2/1
A-1090 Wien

Verein freier Hebammen
Basiengasse 36–38
A-1180 Wien

Informationsstelle für
Schwangerschaft und Geburt
Magnusstr. 28
CH-8004 Zürich

Schweizerischer Hebammen-
Verband
Zentralsekretariat
Flurstr. 26
CH-3000 Bern 22

Still- und Wochenbettprobleme

Dazu gehören unter anderem:

Milchmangel
Abstill-Schwierigkeiten
Brustdrüsenentzündung (siehe auch →Brusterkrankungen und -beschwerden)
Mamillenentzündung
Dammriß
Nachgeburtsschmerzen
Wochenbett-Depressionen (siehe auch →Depressionen)
chronischer Wochenfluß

Allgemeines

Unter hundert Frauen sind maximal fünf, die ihr Kind nicht stillen können oder sollten: weil sie an einer schweren, zehrenden Krankheit (z. B. Tuberkulose oder AIDS) leiden, weil sie drogen- oder alkoholsüchtig sind oder weil sie in einer so stark umweltverschmutzten Gegend lebt, daß ihre Muttermilch mehr Schad- als Nährstoffe für das Baby enthält. Alle anderen Frauen, beschreibt Eva Dörpinghaus in ihrem informativen Ratgeber zum Thema Stillen[1)], könnten theoretisch sofort nach der Geburt ihr Baby an die Brust legen, wenn sie das wollen. Daß Muttermilch selbst bei geringfügiger – und heute kaum noch vollständig vermeidbarer – Schadstoffbelastung wesentliche Vorteile gegenüber jeder anderen Babynahrung bietet, hat sich inzwischen schon herumgesprochen: Sie gibt dem Kind bei jeder Mahlzeit alle Nährstoffe, die es braucht und gut verdauen kann (mit Ausnahme von Vitamin D, das seine Haut im Sonnenlicht bilden muß); sie ist eiweißarm und deshalb für die kleinen Nieren besonders bekömmlich, und sie vermittelt dem Baby mütterliche Antikörper zum Schutz seines noch unreifen Immunsystems (sie finden sich besonders reichlich in der Vormilch, dem *Kolostrum*, in den ersten drei Tagen nach der Geburt). Das Kind muß durchaus nicht hungern, auch wenn in den ersten Tagen noch relativ wenig Milch fließt!

Auch die Mutter hat viel davon, wenn sie ihr Baby stillt: Zum einen bewirkt das Saugen an den Mamillen, daß sich ihre Gebärmutter nach der Entbindung rascher wieder zusammenzieht und besser heilt. Deshalb ist es wichtig, das Baby an die Brust anzulegen, sobald die Nachgeburt (Plazenta) aus der Scheide ausgestoßen wurde. Zum anderen wird beim Stillen die Produktion verschiedener Hormone stark angeregt, vor allem die des Prolaktins, das schon während der Schwangerschaft die Milchbildung vorantreibt, und des Oxytocins, das die Milch zum Fließen und, wie manche Wissenschaftler meinen, auch die mütterlich-zärtlichen Gefühle zum Überfließen bringt. Zudem ist es für die Mutter ebenso wichtig wie für ihr Baby, daß eine möglichst hautnahe, enge Beziehung zwischen den beiden entsteht, die bislang eins waren und jetzt getrennt sind. Es hilft ihr nämlich, den Trennungs- und auch den ganz körperlichen Gebärschmerz rascher zu überwinden und sich auf das eigenständige kleine Wesen, das sie zur Welt gebracht hat, einzulassen.

Gute Hebammen, Krankenschwestern, Geburtshelferinnen und -helfer wissen all das und versuchen, den Frauen das Stillen unbedingt zu ermöglichen. Andere, weniger um Mutter- und Kindeswohl bemühte oder schlicht fehlinformierte Menschen tun das nicht: Unsere Gesellschaft, in der viele schon die Nase rümpfen, wenn sie eine Mutter in der Öffentlichkeit ihr Baby stillen sehen, räumt dieser einzigartigen weiblichen Fähigkeit keinen besonders hohen Stellenwert ein. Sie fördert sie daher auch nicht, wie es angemessen wäre, sondern hält sie sogar vielfach für überflüssig und ersetzbar (wie so viele andere, speziell weibliche Fähigkeiten). So kommt es, daß immer wieder junge Mütter im Glauben aus der Klinik entlassen werden, sie hätten »zu kleine Brüste« zum Stillen, »zu wenig Milch«, oder ihre Hohl- und Schlupfmamillen würden das Stillen zum Problem machen, weshalb es besser sei, es gar nicht erst zu versuchen. Marktorientierte Interessen von Babynahrungsherstellern tun ein übriges, junge Mütter zu verunsichern (die oft schon mit verführerischen Probepackungen und geschenkten Fläschchen aus der Klinik kommen): Ob ihre Milch wohl »gut genug« ist und »ausreicht« für das Kindeswohl? Mit Blick auf ihre Figur, die nach dem Gebären ein wenig aus den Fugen geraten scheint und sie an ihrer Attraktivität zweifeln läßt, fragen sich manche auch besorgt: Verderbe ich mir nicht die Form der Brüste, wenn ich mein Kind stille?

Um es ganz klar zu sagen: All das ist Unfug und *kein* Grund, sich selbst und dem Baby das Stillen zu verweigern. Setzen Sie es durch, notfalls gegen den Widerstand des Klinikpersonals, und versuchen Sie, Ihr Baby wenigstens ein paar Wochen, besser einige Monate lang zu stillen. Bei allen auftauchenden Problemen finden Sie Hilfe und Rat in den Freien Stillgruppen sowie in der La Leche League (*leche*, gesprochen »letsche«, heißt auf spanisch Milch; Anschriften siehe S. 625f.). Sollten Sie allerdings gute Gründe haben, nicht zu stillen, lassen Sie sich deswegen kein schlechtes Gewissen einjagen. »Jede kann es – keine muß es«, faßt Eva Dörpinghaus die heutige Situation der Wöchnerinnen in unserem Kulturkreis zusammen.

Nicht selten sind es gesundheitliche Probleme wie starke Schmerzen nach der Entbindung, schlecht heilende Dammrisse oder -schnitte sowie heftige Stimmungsschwankungen bis hin zur postpartalen (= nach der Entbindung auftretenden) Depression, die Müttern den Mut oder die Kraft zum Stillen nehmen. Die Naturheilkunde hält für diese schwierigen Situationen zahlreiche Hilfs- und Heilmittel bereit. Falls Sie demnächst ein Kind bekommen, tun Sie gut daran, die folgenden Ratschläge schon vorab durchzulesen und das Buch – eventuell auch einige der genannten Mittel – in die Entbindungsklinik mitzunehmen. Dann haben Sie zur Hand, was Sie möglicherweise brauchen.

Körperliche Gründe von Still- und Wochenbettproblemen

Dammschnitte werden bei uns beinahe automatisch gemacht, weil sie angeblich leichter zu vernähen sind (was nur eine Ärztin bzw. ein Arzt machen darf, nicht die Hebamme) und leichter heilen. Erfahrene Hebammen sehen das oft anders, denn erstens dehnt sich ein per Hand beim Gebären gut abgestütztes, elastisches Dammgewebe oft von selbst genug, um das Kind freizugeben, und zweitens heilen kleine Dammrisse oft rascher als ein tiefer, womöglicher langer Schnitt, der das ganze Gewebe durchtrennt. So manche postpartalen Dammprobleme wären also ohne Schnitt vermeidbar.

Frauen mit Stoffwechselerkrankungen (vor allem Diabetes) oder Blutgerinnungsstörungen haben Schwierigkeiten mit jeglicher Wundheilung, auch am Damm. Wurde diese empfindliche Region zwischen Scheide und After bei einer Sturzgeburt, einer Zangen- oder Saugglockenentbindung oder auch bei schwieriger Kindslage während der Entbindung stark beschädigt, kann es in solchen Fällen sogar Wochen dauern, bis die Wunden heilen.

Stimmungsschwankungen und →Depressionen im Wochenbett, auch »Heultage« oder »Baby-Blues« genannt, treten zunächst vor allem deshalb auf, weil sich der gesamte Hormonhaushalt nach dem Gebären fast schlagartig von »Schwangerschaft« auf »Stillzeit« bzw. »Zustand ohne Schwangerschaft« umstellen muß. Das macht sich auch psychisch stark bemerkbar. Später auftretende Depressionen können mit dem Schlafmangel der Mutter (→Schlafstörungen), mit Schilddrüsenunterfunktion (nach Entbindungen nicht selten) oder mit psychischen und sozialen Ursachen zu tun haben: Die Mutter ist oft schlicht überfordert.

In seltenen Fällen kann eine – meist psychisch bedingte – Hormonstörung die Milchbildung bzw. den Milchfluß verhindern. Brustdrüsen- oder Mamillenentzündungen entstehen durch Fehler beim Stillen oder Abstillen, durch mangelhafte Brust- und Stillhygiene sowie durch blockierte Milchgänge. Ein mit Eiter durchsetzter Wochenfluß (diese Absonderungen aus der Scheide werden medizinisch Lochien genannt) ist ein Zeichen dafür, daß die Gebärmutter sich entzündet hat, z. B. durch darin verbliebene Gewebeteile; auch wenn er ausgesprochen schlecht riecht oder länger als sechs Wochen anhält, sollte gründlich nachuntersucht werden.

Sofort zur ärztlichen Untersuchung/Behandlung bei:

- Wochenbettfieber über 38°C,
- starken nachgeburtlichen Schmerzen (zur Abklärung, ob die Nachgeburt vollständig ausgestoßen wurde),

- heftigem, übelriechenden Wochenfluß aus der Scheide, der auch nach sechs Wochen nicht aufhört,
- Brustentzündung oder Dammwunden, die auf 4–5 Tage naturheilkundlicher Behandlung nicht ansprechen,
- allen Sorgen und Problemen, die Sie mit dem Baby haben (auch die Hebamme weiß hier oft Rat).

Psychosomatik

»Eigentlich sollte ich glücklich sein« – dieser Stoßseufzer vieler junger Mütter, von Carol Dix zum Titel ihres lesenswerten Buches über Depressionen nach der Entbindung gewählt[2)], sagt bereits viel über die Entstehungsursachen der gedrückten Gemütslage aus. Frauen, die ein Kind bekommen haben, werden mit Erwartungshaltungen ihrer Umwelt geradezu überschüttet (und haben sie meist auch selbst verinnerlicht). Sie sollen sofort nach der Geburt vor Mutterliebe nur so strotzen, Stillen und Babypflege wunderschön finden, bestens über jeden Muckser des Kindes Bescheid wissen, alles prima im Griff haben, nie müde, schlecht gelaunt, genervt, gelangweilt, ungeduldig sein (oder mindestens nicht so wirken) – kurz, sie müssen glückliche Mütter sein. Daneben dürfen sie auch den Partner nicht zu kurz kommen lassen, den Haushalt nicht vernachlässigen, müssen die Figur wieder hinkriegen, hübsch und gepflegt aussehen, Lust auf Sex haben, beruflich den Anschluß nicht verpassen – und dürfen vor allem dem Baby gegenüber nie, niemals Agressionen zeigen. Wer das alles nicht perfekt schafft, gilt rasch als Rabenmutter, schlechte Ehefrau oder berufsungeeignete Nur-Hausfrau (und nicht einmal eine gute). Kein Wunder, daß sich viele Mütter von so vielen unrealistischen Erwartungen restlos überfordert fühlen und mit zahlreichen psychosomatischen Streßsymptomen, von Stillproblemen, Brustdrüsenentzündungen, Wundheilungsstörungen bis hin zur schweren Depression (die manchmal auch erst Monate nach der Geburt des Kindes einsetzt) darauf reagieren.

Hinzu kommt, daß Gebären, Wochenbett und Stillvorgang psychosomatische Reifungskrisen par excellence darstellen, in denen sich das psychische Selbstbild der Frau wie auch ihr Körperselbstbild mehrmals ändern und sie außerdem herausgefordert ist, eine neue Beziehung zu dem nun geborenen Kind aufzubauen – das womöglich ganz anders ist, als sie es sich vorher vorgestellt hat. Verkürzt gesagt, muß sie sich in kurzer Zeit von der fruchtbaren Schwangeren zur Lebensspenderin und danach zur nährenden Mutter wandeln, die – ob sie selbst stillt oder nicht – für das Gedeihen des Kindes voll verantwortlich ist bzw. gemacht wird. Alle drei Frauenrollen sind mit großen psychischen Umstellungen und immensen körperlichen Veränderungen verbunden, wie kein Mann sie je erlebt. Gleichzeitig werden die körperlichen Begleiterscheinungen von Schwangerschaft, Gebären und Stillen als »häßlich« abgewertet: Weder Schwangerschaftsstreifen noch dicke oder schlaffe Bäuche noch blaugeäderte Brüste prallvoll Milch gelten bei uns als akzeptabel, selbst dort nicht, wo die »neue Mütterlichkeit« Mode ist. Und auch wirklich glückliche Mütter sind oft unglücklich über die körperlichen Spuren des Kinderkriegens.

Ganz nebenbei wird der frischgebackenen Mutter auch noch eine Integrationsleistung besonderer Art abverlangt: Sie muß nämlich damit fertigwerden, daß sie ihr Baby (im Mutterleib schließlich *auch* ein Teil ihrer selbst) von sich abgetrennt, »veräußert« hat, um ihm ins Leben zu helfen. Das alles verlangt ihr viel Kraft ab (von der Sorge um das kleine Wesen und den Partner, der vielleicht Anzeichen von Eifersucht zeigt, ganz zu schweigen). Erstaunlich ist nicht, daß viele Frauen auf all den Streß mit Beschwerden reagieren, sondern daß diese Reifungskrisen tatsächlich manchmal ohne größere Probleme überstanden werden. Je mehr Hilfe den Müttern dabei von außen zuteil wird, desto eher kann das gelingen.

Natürliche Heilverfahren

Allgemeinverhalten:
Wie viel Zeit eine Frau braucht, um sich von einer Entbindung zu erholen, ist individuell sehr verschieden. Lassen Sie sich von

nichts und niemand zusätzlich stressen, und nehmen Sie sich die Zeit und Ruhe, die Sie dafür benötigen. Wenn irgend möglich, sorgen Sie in den ersten acht Wochen für Hilfe im Haushalt, bei der Versorgung etwaiger weiterer Kinder, beim Einkaufen usw. Bis alle Gebärwunden verheilt sind, dürfen Sie nichts Schweres schleppen und müssen sich körperlich schonen. Auch sexuell sollten Sie es langsam angehen lassen (Zärtlichkeiten können Sie ja auch ohne Koitus austauschen). Stillen ist *keine* Garantie gegen erneute Empfängnis! Wenn Sie wieder Sexualverkehr haben, dann am besten mit Kondom; die »Pille« würde sehr in Ihren Hormonhaushalt eingreifen, der erst wieder zu einem natürlichen Gleichgewicht finden muß. Lassen Sie sich gründlich im Stillen bzw. Abstillen unterweisen; es gibt viele kleine Tricks, die Ihnen beides erleichtern. Bei Brustdrüsenentzündung: →Brusterkrankungen und -beschwerden; wichtige Tips zu depressiven Verstimmungen finden Sie unter →Depressionen.

Akupressur:
Unter →Gebärmutterproblemen (S. 414) und →Zyklusstörungen (S. 702) finden Sie Hinweise auf Punkte, die Sie behandeln können, wenn Sie unter Nachgeburtsschmerzen oder Nachblutungen leiden. Eine fachgerechte →Akupunktur kann darüber hinaus helfen, den Milchfluß anzuregen, die Hormonumstellung zu erleichtern und die Gebärmutter zu tonisieren.

Aromatherapie:
Eine Mischung aus 30 ml süßem Mandelöl und 10-15 Tropfen Fenchelöl hilft den Milchfluß anregen; leicht in die Brüste einmassieren. Massagen mit einer Mischung aus reinem Olivenöl (25 ml) plus 5 ml Weizenkeimöl, je 7 Tropfen Kiefern- und Mandarinenöl sowie 1–2 Tropfen Geraniumöl (am besten schon während der Schwangerschaft) helfen, Schwangerschaftsstreifen und wunden Mamillen vorzubeugen. Bei Brustentzündung: 30 ml Mandelöl mit je 5 Tropfen Rosen-, Geranium- und Zitronenöl mischen und sanft auf den Brüsten verstreichen. Lavendel, Melisse und Neroli helfen bei Nervosität und Überempfindlichkeit; Anwendungen siehe ab S. 70.

Atemtherapie:
Die Atemübungen, die Sie im Geburtsvorbereitungskurs gelernt haben, können auch postpartale Schmerzen lindern und außerdem für Tiefenentspannung sorgen. Falls Sie zuvor →Yoga gemacht haben, nehmen Sie das Üben möglichst bald nach der Entbindung wieder regelmäßig auf!

Bewegung:
So lange Sie noch Schmerzen, Wochenfluß, ein Schwere- oder Wundgefühl im Unterleib haben, sollten Sie es mit der körperlichen Bewegung nicht übertreiben – aber auch nicht mit dem Liegen; es schwächt Ihre Muskulatur und Ihren Kreislauf. Sehr ratsam ist eine spezielle Rückbildungsgymnastik (fragen Sie die Hebamme danach) sowie Beckenbodengymnastik (siehe S. 415), die den Tonus Ihrer Muskulatur im Dammbereich wieder herstellen hilft. Auch bestimmte Yoga-Übungen sind dafür geeignet; erkundigen Sie sich bei Ihrer Kursleiterin danach.

Chronobiotherapie:
Ihre eigenen und die Rhythmen des Neugeborenen in Einklang zu bringen, ist oft eine kraftzehrende Gratwanderung, vor allem, wenn es ein lebhaftes Schreikind oder eine Morgenlerche ist, während Sie eigentlich eine Nachteule sind (umgekehrt ist es meist einfacher). An Rhythmusverschiebungen in kleinen Schritten, täglich z. B. eine Viertelstunde, können Babies sich gewöhnen. Versuchen Sie, so viel Tages- und Nachtschlaf zu bekommen wie irgend möglich, und spannen Sie Ihren Partner, Ihre Mutter oder Freundin zum Fläschchengeben (auch mit abgepumpter Muttermilch) ein. Stellen Sie ein Entspannungsprogramm für sich auf, denn Nervosität der Mutter überträgt sich aufs Baby, Gelassenheit ebenfalls. Viele Neugeborene werden ruhiger (und damit auch Sie selbst), wenn sie die gleiche sanfte Musik vernehmen wie schon im Mutterleib oder einen Wecker leise ticken hören, der Ihren Herzschlag simuliert. Vermeiden Sie stressigen Besuch, so lange Sie und Ihr Kind noch nicht gut aufeinander »eingespielt« sind, und Flugreisen durch Zeitzonen, solange Ihr Hormonhaushalt sein Gleichgewicht noch nicht wiedergefunden hat.

Ernährung, Vitamine, Mineralstoffe, Spurenelemente:
Die meisten Mütter leiden nach der Entbindung unter einem relativen Eisenmangel, brauchen also eisenreiche Nahrung (siehe Tabelle S. 140), eventuell auch ergänzende Eisenpräparate, außerdem viel Vitamin E (auch gut zur Wundheilung), zur Anregung des Milchflusses viel Aprikosen, Karotten, Topinambur (Süßkartoffeln), grüne Blattsalate und -gemüse, Löwenzahnblätter, Petersilie und Brunnenkresse sowie reichlich Gersten- und Haferkeime. Darmträgheit ist nach Entbindungen normal; falls der Stuhlgang innerhalb einer Woche noch nicht recht in Gang gekommen ist, lesen Sie bitte unter →Verstopfung nach. Allgemein ist gesunde Vollwertkost (→Ernährungstherapie) das beste für Mutter und Kind; wählen Sie jedoch, falls Sie stillen, möglichst nur Nahrungsmittel aus biologischem Anbau, damit Ihre Milch möglichst wenig Schadstoffe enthält.

Farbtherapie:
Gelb regt die Milchdrüsen stark an; Blau lindert Wundheilungsschmerzen sowie Brustdrüsen- und Mamillenentzündungen und hilft der Gebärmutter bei der Rückbildung. Ab 5–7 Tage nach der Entbindung kann Rot helfen, einen zu schwachen Wochenfluß anzuregen. Blau und Grün helfen beim Abstillen. Anwendungen siehe ab S. 155.

Heiltees und -tinkturen:
Gegen jedes Wochenbett- und Stillproblem ist mindestens ein Kraut gewachsen. Bei Nachgeburtsschmerzen: Absud oder Tee aus Katzenminze, Herzgespann oder Gundermannblättern, täglich 1–2 Tassen, oder Katzenminze-Extrakt, nach Bedarf 10–30 Tropfen (Vorsicht, kann schläfrig machen). Vorbeugend gegen Wochenbettinfektionen: täglich mehrmals 30–50 Tropfen Echinacea-Extrakt, mindestens 7 Tage lang; zur Behandlung einer Infektion: eine Teemischung aus Kamille, Pfefferminze und Schafgarbe (wundheilend und fiebersenkend) oder aus Brennesselblättern und Zinnkraut (ausschwemmend). Zur Hormonregulierung und gegen Wochenbettdepressionen: Tee oder Teemischung aus Frauenmantel, Schafgarbe und Johanniskraut (Vorsicht, letzteres

macht lichtempfindlich), dazu getrocknete Feigen, Bienenpollen, Ginseng-Extrakt, zur Nervenberuhigung auch Hopfen-Tropfen und Melissentee oder -tinktur, 1–2 Tassen oder 30–40 Tropfen nach den Mahlzeiten. Sehr wirksam gegen Stimmungstiefs ist auch Mariendistelabsud oder -tinktur, täglich 1–2 Tassen bzw. 60 Tropfen.

Folgende Mittel fördern die Milchbildung: Benediktenkraut-Tinktur, zwei- bis viermal täglich 20 Tropfen; ein Absud aus Borretschblättern, kurz vor dem Stillen in kleinen Schlucken getrunken, sowie Hopfen- und Malzgetränke (auch 1 kleines Glas Bier, doch nicht öfter als einmal täglich). Salbeitee erleichtert das Abstillen und hemmt die Milchbildung bei Milchüberfluß; täglich bis zu 3 Tassen. Propolis sowie Kermesbeeren-Tinktur eignen sich zur Verhütung wie zur Behandlung von Brustentzündungen. Ein Absud aus Beinwellblättern hilft bei Wundheilungsstörungen des Damms: täglich 1–3 Tassen. Zur Dauer dieser Kuren lesen Sie bitte die Anmerkungen auf S. 47. Weiteres siehe auch Wasseranwendungen und Wickel.

Kälte- oder Wärmetherapie:
Hinweise dazu siehe *Wasseranwendungen* und *Wickel.*

Lichttherapie:
Bei Entzündungen und Milchstau sollten Sie nicht in die pralle Sonne gehen; kurze Licht- und Luftbäder tun jedoch jeder Wöchnerin – und auch ihrem Kind – sehr gut. Das gilt ganz besonders bei →Depressionen. Lassen Sie außerdem viel Luft an die Brüste, falls Sie stillen (BH ausziehen); das beugt wunden Mamillen vor.

Massagen:
Schon während der Schwangerschaft ist es sinnvoll, den Dammbereich und die Bauchdecke täglich mehrmals zu massieren (Zupfmassage) und dadurch elastisch zu machen, und abschließend mit Beinwellsalbe, Oliven-, Sesam- oder Weizenkeimöl (mit viel Vitamin E) einzureiben. Sanft in Richtung Mamillen ausstreichende Brustmassagen helfen bei blockierten Milchgängen, regen den Milchfluß an und lindern Stauungsschmerzen.

Psychosomatische Hilfe:
Schwangerschaft, Gebären und Stillen sind seelisch wie körperlich (auch) sehr anstrengend; Sie haben daher jedes Recht auf Schonung und Erholung. Lassen Sie sich nicht von anderen Müttern beeindrucken, die scheinbar alles perfekt hinkriegen: Das ist oft nur eine mühsam aufrechterhaltene Fassade. Sprechen Sie mit Freundinnen, die auch Mütter sind, über Ihre Gefühle. Es wird Ihnen allen gut tun, sie nicht ständig zu verbergen. Falls Sie Aggressionen in sich aufsteigen fühlen, stehen Sie dazu – und suchen Sie sich eine unschädliche Art, sie abzureagieren, zum Beispiel mit →Musik- und Tanztherapie oder ein paar Runden Joggen. Nehmen Sie ohne das geringste schlechte Gewissen jede erdenkliche Hilfe von außen in Anspruch: Ihr Kind braucht nicht ständig die Mama, sondern vor allem das Gefühl, umsorgt zu werden. Auch Ihr Partner trägt die Hälfte der Verantwortung für die Existenz des Kindes – nicht weniger! Wichtig ist außerdem, daß Sie Trauer, Sehnsüchte und zwiespältige Gefühle dem Baby und Ihrer Mutterschaft gegenüber nicht »tapfer« unterdrücken, sondern hochkommen lassen. Sie können Sie dann besser verarbeiten. Wenn Sie das nicht (auch noch) alleine bzw. mit Ihrem Partner zusammen schaffen, sprechen Sie mit einer verständnisvollen Freundin, einer Pro-Familia-Beraterin oder einer Familientherapeutin darüber.

Rituale mit Heilwirkung:
Hier ein Ritual, das Ihnen hilft, sich nicht immer nur als Mutter, sondern als eigenständige Person wahrzunehmen: Kaufen Sie sich eine schöne, blühende Zimmerpflanze, die Ihr lebendiges Ich repräsentiert. Nehmen Sie sich jeden Tag, nachdem das Baby eingeschlafen ist und bevor Sie zu Ihrer nächsten Aufgabe eilen, ein paar Minuten Zeit, sich ganz dieser Pflanze – und gleichzeitig Ihrem Ich – zu widmen. Hegen und pflegen Sie sie, reden Sie mit ihr, erzählen Sie ihr, was Sie bedrückt oder freut, oder betrachten Sie sie nur einfach aufmerksam. Lassen Sie dabei Ihre Gedanken zu Ihren eigenen Bedürfnissen schweifen: Was müßte geschehen, was können Sie tun, um sich selbst ebenso umhegt zu fühlen wie diese Pflanze? Sammeln Sie Kraft bei ihrem Anblick, und setzen

Sie die Ideen in die Tat um, die Ihnen dabei kommen: ein entspannendes Bad nehmen, Ihre Lieblingsmusik hören, einen Abend ins Theater gehen, eine Nacht ungestört durch- und ausschlafen, z. B. bei einer Freundin oder in einem Hotelzimmer… Je mehr Sie sich um sich selbst kümmern, desto positiver wird auch Ihre Ausstrahlung. Die Pflanze »merkt« das und wird, wie Sie selbst, um so besser gedeihen.

Visualisieren:
Eine »Reise zur Gebärmutter« (siehe S. 274) kann Ihnen helfen, mit Nachgeburtsschmerzen rascher fertig zu werden; machen Sie die Übung täglich, bis es Ihnen besser geht. Ein tägliches Bad im »Zaubersee« (siehe S. 273) hilft Ihnen bei allen körperlichen und seelischen Beschwerden im Wochenbett, beim Stillen und Abstillen.

Wasseranwendungen:
Bei Dammschnitten und -rissen sind hautwarme Sitzbäder sehr empfehlenswert. Gießen Sie 1 Tasse Beinwellabsud hinein oder aber jeweils 1–2 Tassen Tee aus Kamille, Eichenrinde, Hamamelis oder Ringelblume (wundheilend und schmerzstillend). Nach einem Dammschnitt nicht öfter als einmal täglich baden! Zur Vorbeugung und Behandlung von Wochenbettinfektionen: keine Vollbäder, nur Sitzbäder von höchstens 5 Min. Dauer mit den genannten Zusätzen; außerdem eine Spülung der äußeren Genitalien mit stark verdünnter Ringelblumentinktur (50 Tropfen auf 1 Liter Wasser) nach jedem Gang zur Toilette. Bei schmerzenden Brüsten, Milchstau oder wunden Mamillen: mehrmals täglich, z. B. kurz vor dem Stillen, die Brüste in warmes bis heißes Wasser (im Waschbecken) tauchen und dabei wie oben beschrieben sanft massieren. Falls Ihnen Kälte besser bekommt, nehmen Sie kühles Wasser (aber nicht bei Milchstau). Bei Milch-Überfluß bzw. zum leichteren Abstillen die Brüste in Wasser baden, dem Sie einige Tropfen Geraniumöl oder 1 Tasse Geraniumabsud (Storchschnabel, aus der ganzen Pflanze) beigefügt haben.

Wickel:
Bei Dammrissen und schlecht heilenden Dammschnitten helfen Packungen mit schmerzstillenden, kühlenden Aloe-vera-Präparaten (ohne Konservierungsstoffe!), mit verdünnter Ringelblumentinktur oder abgekühltem Kamillentee. Zur Vorbeugung und Behandlung von Wochenbettinfektionen: *keine* Binden usw. mit Plastikfolie, sondern am besten auskochbare Baumwollbinden tragen, oft wechseln; keine Intimsprays oder Tampons verwenden! Der Wochenfluß muß frei abfließen können. Bei hohem Fieber helfen ausleitende kalte Beinwickel; siehe dazu Info S. 309. Bei schmerzenden, harten Brüsten (Brustdrüsenentzündung oder Probleme beim Abstillen) helfen mehrmals täglich aufgetragene, kühlende, wahlweise auch heiße Packungen mit frischen, gehackten Petersilienblättern (in Mull wickeln, 10 Min. in siedendem Wasser ziehen lassen, auflegen), mit geriebenen, rohen Kartoffeln (kalte Packung, nach dem Trocknen erneuern), mit Eibischwurzel-, Holunderwurzel- oder Beinwellblätterabsud. Hilfreich sind außerdem kühlende Quarkauflagen oder Umschläge mit Heilerde bzw. weißer oder grüner Tonerde.

Wunde Mamillen heilen rascher, wenn Sie Beinwellsalbe, Schafgarbensalbe, Vitamin-E-haltiges Weizenkeim- oder Olivenöl oder auch wundheilendes Quittengelee auftragen, am besten zwei oder drei dieser Heilmittel abwechselnd. Keine Antibiotika oder Cortisonsalben nehmen – das Baby schluckt sie mit!

Zusätzliche Verfahren:
Bei allen Wochenbett- und Stillproblemen stehen sehr hilfreiche Mittel der →Homöopathie zur Verfügung. Sie sollten sie sich von einer homöopathischen Fachkraft verordnen lassen, die auch weiß, welche Mittel eventuell beim Stillen auch auf das Baby einwirken können. Ein →Bewußtseinstraining bzw. eine Körpertherapie kann Ihnen helfen, neuen Zugang zu Ihrem durch die Schwangerschaft veränderten Körperselbst zu finden und sich wieder neu zu »erden«. Mittel der →Bach-Blüten-Therapie sind nützlich bei postpartalen Stimmungsschwankungen und Depressionen (doch nicht gemeinsam mit Homöopathika einnehmen). Wenn Sie noch keine Erfahrung im Stillen haben, sollten Sie sich

einer örtlichen Stillgruppe anschließen. Fragen Sie in einem (Frauen-)Gesundheitszentrum danach, oder bitten Sie Ihre Ärztin, Ihren Arzt oder Ihre Hebamme um Informationen.

Genannte Literatur:

1) Dörpinghaus, Eva: Stillen. Jede kann es, keine muß es. Verlag Antje Kunstmann, München 1990.
2) Dix, Carol: Eigentlich sollte ich glücklich sein. Hilfe und Selbsthilfe für überforderte Mütter. Kreuz Verlag, Zürich 1987.

Weitere Literaturempfehlungen:

Adam, Michael/Daimler, Renate/Korbei, Volker: Kinder kriegen. Schwangerschaft, Geburt und Stillen ohne Angst und Zwang. Verlag Kiepenheuer & Witsch, Köln 1986.
Cramm, Dagmar v.: Schwangerschaft und Stillzeit. Jetzt das Richtige essen. Verlag Gräfe und Unzer, München 1987.
Kunstmann, Antje (Hrsg.): Handbuch 1 Frau. Sexualität, Verhütung und Abtreibung, Schwangerschaft und Entbindung. Verlag Antje Kunstmann, München 1989.
Lenthe, Sophie von (Hrsg.): Lesebuch für Rabenmütter. Von den Schwierigkeiten, eine gute Mutter zu sein. Deutscher Taschenbuch Verlag, 3. Aufl. 1994.
Lothrop, Hannah: Das Stillbuch. Kösel-Verlag, München 1981.
Silbernagel, Andrea/Lucassen, Nina: Wenn das zweite Kind kommt. Was tun bei Eifersucht? Mit praktischen Tips für die wachsende Familie. Gräfe und Unzer Verlag, München 1994.
Weed, Susun: Naturheilkunde für schwangere Frauen und Säuglinge. Ein Handbuch. Orlanda Frauenverlag, Berlin 1989.

Weiterführende Anschriften:

La Leche League
Zentralstelle für Deutschland
Postfach 96
81214 München

La Leche League International
Zentrale
9616, Minneapolis Avenue
Franklin Park
Illinois 60313
USA

La Leche League
Zentralstelle für Österreich
Postfach
A-6900 Landeck

La Leche League
Zentralstelle für die Schweiz
Postfach 197
CH-8053 Zürich

Arbeitsgemeinschaft
Freier Stillgruppen
Bundesverband e. V.
Postfach 31 11 12
76141 Karlsruhe

(weitere Anschriften →Schwangerschaftsbeschwerden)

Unfruchtbarkeit

Dazu gehören unter anderem:

- Empfängnisschwierigkeiten
- Fehlgeburtsneigung
- Infertilität wegen →Zyklusstörungen
- organische Sterilität
- psychische Fruchtbarkeitshemmung

Allgemeines

Unfruchtbarkeit gilt in unserer Gesellschaft – und wohl auch in allen anderen Kulturen, früher wie heute – als großer Makel. Und seit bekannt ist, daß Männer ebenfalls ihren Anteil an der Hervorbringung eines Kindes haben (also seit ungefähr achttausend Jahren), müssen auch sie sehr um ihren sozialen Ruf bangen, wenn sich herausstellt, daß sie keinen Nachwuchs zeugen können – ob wegen Impotenz, ungenügender Spermaqualität oder aus anderen Gründen. Eine Schwäche, Unfähigkeit oder Krankheit einzugestehen, fällt den meisten Männern allerdings seit eh und je schwer. Und da ihnen Unfruchtbarkeit äußerlich meist nicht anzusehen ist, konnten sie – so lange ihnen nur der sexuelle Akt selbst gelang – die Schuld am ausbleibenden Nachwuchs getrost den Frauen zuschieben.

Bis heute hat sich das nicht grundlegend geändert. Zwar steht längst fest, daß es bei Fruchtbarkeitsstörungen innerhalb einer Paarbeziehung in rund 35 Prozent der Fälle am Mann, ebenso oft an der Frau und zu weiteren 10 bis 15 Prozent an allen beiden liegt, wenn sich erwünschter Nachwuchs nicht einstellt; in den restlichen 15 bis 20 der Fälle bleiben die Ursachen unklar. Dennoch glauben immer noch viele Männer, es könne nur an der Frau liegen, wenn keine Kinder kommen. Und viele Frauen haben deswegen tiefe Schuldgefühle, fühlen sich als »Versagerinnen« – und wagen es gelegentlich nicht einmal, den Mann um eine ärztliche Untersuchung zu bitten, aus Furcht, ihn in seinem männlichen Stolz zu kränken (siehe dazu Info S. 630).

Unfruchtbarkeit bzw. Fruchtbarkeitsstörungen greifen weltweit immer stärker um sich. Zum großen Teil, so bestätigen wissenschaftliche Studien dieses Phänomens, liegt das an der steigenden Belastung der Umwelt mit giftigen, die Fruchtbarkeit in Mitleidenschaft ziehenden Schadstoffen. Auch die Strahlenbelastung durch Nuklearreaktoren (verharmlosend »Kernkraftwerke« genannt), Reaktorunfälle und Atombombenversuche hat unheilvolle Folgen für die menschliche Fortpflanzung. Statt aber alle Energien einzusetzen, diese menschengemachten Belastungen schleunigst zu reduzieren, verharmlosen die Verantwortlichen sie weiterhin als vernachlässigbare »Restrisiken«, und man fördert lieber Methoden der künstlichen Reproduktion, wenn es auf natürlichem Wege eben nicht (mehr) klappen mag.

Wie groß das Ausmaß der Unfruchtbarkeit, der *Infertilität* (= Unfähigkeit, einen gezeugten Embryo voll auszutragen) oder der *Sterilität* (= Zeugungs- bzw. Empfängnisunfähigkeit) tatsächlich ist, vermag dabei niemand zu sagen. Denn heute wählen nicht nur viele Männer, sondern auch zunehmend mehr Frauen aus vielerlei Gründen ein Leben ohne eigenen Nachwuchs. Sie alle tragen mit ihren »alternativen« Lebensentwürfen dazu bei, daß Kinderlosigkeit – ein Zustand übrigens, für den es (noch) keinen positiven Begriff gibt – irgendwann vielleicht nicht mehr automatisch als Makel beargwöhnt wird.

Ungewollt kinderlosen Paaren würde das sehr helfen. Denn auf ihnen lastet nicht nur der Druck, den sie sich selbst machen. Mindestens ebenso stark ist der Druck von außen: von Eltern, Schwiegereltern, Verwandten, Bekannten, nicht zuletzt auch vom Staat, der sich um künftige Rentenzahlerinnen und -zahler sorgt (ohne allerdings auch nur den bereits vorhandenen genügend Arbeitsplätze anbieten zu können). Derzeit schwingt das Moralpendel vielmehr wieder in Richtung »Kinderprämien« aus – und trifft, wie könnte es anders sein, vor allem die Frauen. Schon werden diejenigen, die keine Kinder wollen, wieder der sozialen Rücksichtslosigkeit geziehen (ähnlich wie Familien mit mehr als vier Kindern), und der Druck auf ungewollt Kinderlose, mit allen nur denkbaren Mitteln doch noch Nachwuchs in die Welt zu setzen, ist innerhalb weniger Jahre enorm gestiegen. Da medizinisch inzwischen vieles machbar ist, wird der entsprechende Handlungsbedarf gleich hinzuproduziert. Oder anders ausgedrückt: Eine Frau hat heute kaum noch die Freiheit, über ihre ungewollte Kinderlosigkeit zu trauern, sie anschließend als gegeben hinzunehmen und sich anderen Dingen im Leben zuzuwenden. Es gibt schließlich Hormonbehandlungen, In-vitro-Fertilisation, die Fruchtbarkeit aus der Retorte, Leihmütter (in Deutschland, Österreich und der Schweiz verboten), die Eizellen-Einpflanzung auch noch bei Sechzigjährigen (wie in Italien und Israel geschehen). Wie kann sie sich also diesen »Segnungen« der High-Tech-Medizin verweigern?!

Die Fähigkeit, auch einmal vom Kinderwunsch Abschied zu nehmen – oder ihn mit anderen Mitteln, etwa Pflegschaft oder Adoption, zu erfüllen, wie es in früheren Jahrhunderten gang und gäbe war –, kommt unter diesem sozial-medizinischen Druck immer mehr abhanden.

Die folgenden Ausführungen sind für Frauen geschrieben, die es (noch) nicht mit den Methoden des »künstlichen Kinderkriegens« versuchen wollen oder sie schon erfolglos hinter sich gebracht haben, ohne jedoch über die natürliche Altersgrenze für eine Mutterschaft hinausgelangt zu sein. Wann diese anzusetzen ist, läßt sich aus den natürlichen weiblichen Lebensphasen ableiten: Wo Frauen mit Hormonbehandlungen um ihre Wechseljahre betrogen und in einem Alter, in dem andere schon Großmütter sind, noch zu Müttern gemacht werden, ist sie mit Sicherheit überschritten. Ich persönlich halte auch Mutterschaft im fünften Lebensjahrzehnt bereits für problematisch – je später, desto mehr –, und das nicht nur aus rein medizinischen Gründen. Wer sehr spät Mutter (oder Vater) wird, muß damit rechnen, altersschwach zu werden oder gar zu sterben, bevor das Kind überhaupt erwachsen ist – ganz davon abgesehen, daß das Kind schon in der Jugend ungewöhnlich alte Eltern hat, was ihm mit Sicherheit einige Probleme bereitet. So etwas achselzuckend einzukalkulieren, nur um sich selbst noch Nachwuchsträume zu erfüllen, halte ich für ziemlich egoistisch – wenn auch der Wunsch, in eigenen Kindern weiterzuleben, andererseits sehr verständlich ist.

Immerhin: »Mutter Natur« tut viel – wenn auch längst nicht alles um jeden Preis – für den Fortbestand ihrer Spezies. Daher gibt es auch eine ganze Reihe naturheilkundlicher Maßnahmen, die Frauen bzw. Paaren mit Fruchtbarkeitsproblemen zur Verfügung steht. Viele davon betreffen die Regulierung des Hormonhaushaltes; das bedeutet aber auch, sie können nur dann Erfolgsaussichten haben, wenn die hormonproduzierenden Organe noch auf diese Stimuli reagieren, also nicht durch jahrzehntelange Einnahme der Antibabypille quasi stillgelegt wurden oder sich bereits im Umstellungsprozeß der Wechseljahre befinden.

Bei anderen Frauen geht es um die allgemeine Entkrampfung: Selbst wenn alle anderen Voraussetzungen stimmen, verhindern Streß und Druck doch oft, daß der Kinderwunsch in Erfüllung geht. Die psychosomatische Medizin bietet darüber hinaus denjenigen wertvolle Hilfestellungen an, die trotz aller Bemühungen mit ihrer Unfruchtbarkeit leben müssen. Auch sie will ich hier kurz darstellen.

Eine *Erfolgsgarantie* kann es allerdings bei keiner der genannten Methoden geben. Darin unterscheidet sich die Erfahrungsheilkunde nicht von der Schulmedizin – wenn sie auch manchmal verblüffende Erfolge hat, wo schulmedizinische Verfahren versagten. Die In-vitro-Fertilisation mit all ihren ausgeklügelten technischen Details kommt weltweit nicht über Erfolgsquoten von 12 bis 18 Prozent hinaus. Vergleichsstatistiken für natürliche Verfahren liegen nicht vor, doch sind auch von ihnen keine Wunder zu erwarten. Vor allem dann nicht, wenn Sie verbissen und verkrampft um Nachwuchs kämpfen.

Sollte sich also bei allem guten Willen kein Kind einstellen, verzagen und verzweifeln Sie nicht. Eines nämlich haben Naturheilverfahren den schulmedizinischen Reproduktionsversuchen allemal weit voraus: *Sie können Ihrer Gesundheit keinesfalls schaden, sondern nur nützen.* Und so manche Frau findet dabei wenigstens endlich die Kraft und den Weg, ihr Leben auch ohne Kind sinnvoll zu gestalten.

Info: Zuerst muß der Mann zum Arzt!
Nach deutscher Rechtsprechung darf bei einer Frau keine invasive Untersuchung – das heißt: keine Bauchspiegelung, Endometriumsbiopsie, Eileiter-Durchblasung oder Kontrastmittel-Röntgenaufnahme der Eileiter und Gebärmutter – zur Abklärung von Unfruchtbarkeit gemacht werden, bevor nicht die Zeugungsfähigkeit des Mannes einwandfrei festgestellt worden ist. Früher bereits von ihm gezeugte Kinder sind *kein* eindeutiger Beweis dafür, denn die Zeugungsfähigkeit unterliegt vielerlei Einflüssen und kann sich inzwischen geändert haben. Am sinnvollsten ist es, wenn sich der Mann bei ausbleibendem Nachwuchs grundsätzlich *als erster* untersuchen läßt, denn bei ihm sind die entsprechenden Tests vergleichsweise einfach. Hingegen kann es Monate dauern, bis auch nur feststeht, ob bei der Frau vielleicht eine Hormonstörung vorliegt und sie deshalb infertil ist.

Körperliche Gründe von Unfruchtbarkeit

Mädchen, die mit einer Chromosomen-Anomalie – dem Ullrich-Turner-Syndrom, bei dem ihnen ein weibliches Geschlechtschromosom fehlt – geboren werden, können meist keine Kinder bekommen. Weitere Gründe für Unfruchtbarkeit sind: Fehlbildungen oder Verwachsungen der Eierstöcke, Eileiter, Gebärmutter oder Scheide (sie können ggf. operativ korrigiert werden); Störungen aufgrund einer Unterleibsoperation bzw. nach einem – womöglich illegal und schlecht durchgeführten – Schwangerschaftsabbruch; Störungen des Hormonhaushalts (→Zyklusstörungen); Empfängnisunfähigkeit aufgrund von Erkrankungen der Fruchtbarkeitsorgane (→Eileiter- und Eierstockstörungen, →Gebärmutterprobleme, →Scheideninfektionen) oder des allgemeinen Stoffwechsels, etwa Diabetes oder Schilddrüsenstörungen. Manche Frauen bekommen nur deshalb kein Kind mit einem bestimmten Partner, weil sie Antikörper gegen sein Sperma entwickelt haben, also dagegen allergisch sind (eine Behandlung ist in solchen Fällen sehr schwierig). Bei anderen klappt zwar die Empfängnis, aber der Embryo nistet sich, meist aus hormonellen Gründen, nicht ordnungsgemäß in der Gebärmutterschleimhaut ein. Empfängnisunfähig sind außerdem sehr dünne bzw. magersüchtige Frauen (unterhalb eines bestimmten Körpergewichts bleiben Menstruation und Eisprung aus); Schäden an ihrer Fruchtbarkeit nehmen außerdem oft Alkoholikerinnen, Drogensüchtige sowie sehr starke Raucherinnen. Auch Schadstoffbelastungen mit Schwermetallen, Chlorkohlenwasserstoffen, Holzschutzmitteln und ähnlichen giftigen Substanzen können nach neuesten Forschungen die Fruchtbarkeit erheblich schädigen. – Diese Hinweise gelten natürlich auch für Männer!

Zur ärztlichen Untersuchung/Behandlung bei:
- Ausbleiben der ersten Menstruation über das 15. bis 16. Lebensjahr hinaus,
- Verdacht auf eine Chromosomen-Anomalie oder Fehlbildungen der inneren oder äußeren Fruchtbarkeitsorgane,
- mehrmonatigem Ausbleiben der Menstruation, ohne daß eine Schwangerschaft vorliegt,
- mehrfachem ungewollten Ende einer Frühschwangerschaft,
- Ausbleiben der Schwangerschaft, obwohl sich das Paar ein Jahr oder länger sehr darum bemüht hat.

Psychosomatik

Das seelische Dilemma einer fruchtbaren Frau, die sich zwischen ihrem eigenen Kinderwunsch und dem geliebten, aber leider unfruchtbaren Partner entscheiden muß, ist schon belastend genug. Paare, bei denen organisch alles in Ordnung scheint, die aber trotzdem kein Kind bekommen, sind noch größerem Druck ausgesetzt, denn irgendwann kann sich zwischen ihnen auch Argwohn und Bitterkeit einstellen: Liebt er/sie mich etwa nicht genug und ist deshalb zeugungs- bzw. empfängnisunfähig? (In der Regel ist der Seelenkonflikt allerdings weitaus komplizierter.) Der höchste Druck lastet wahrscheinlich auf Frauen, deren biologische Uhr immer mehr abläuft (wohingegen ihr Partner sich äußerstenfalls eine Jüngere suchen und mit ihr noch Kinder zeugen kann). Allein die Tatsache der ungewollten Kinderlosigkeit kann Frauen so sehr verkrampfen, daß schon aus diesem Grund keine Empfängnis zustandekommt: Auch ihre Eileiter krampfen sich dann gestreßt zusammen. Hat das Paar sich nach langem Hin und Her und mehreren Behandlungsversuchen entschlossen, auf Kinder zu verzichten, läßt der Druck nach – und siehe da, es klappt plötzlich.

Andere Frauen nehmen die kompliziertesten (und nach eigenem Bekunden auch ziemlich demütigenden) schulmedizinischen Behandlungen auf sich, um endlich schwanger zu werden. Psychologisch gesehen, stehen dabei gleich zwei tiefe innere Bedürfnisse im Hintergrund: Zum einen der Wunsch, wenigstens einmal eine Schwangerschaft bis zu ihrem Ende zu erleben, und zum anderen, eigenen Nachwuchs zu bekommen. Das eine würde demonstrieren, daß sie körperlich »ganz Frau« sind; das andere würde ihren Wunsch nach Mutterschaft befriedigen. Diese beiden Bedürfnisse müssen, so die Berliner Psychotherapeutin Sabine Ulmer-Otto in ihrem wichtigen Buch über ungewollte Kinderlosigkeit[1)], unbedingt auseinandergehalten werden. Denn bei näherer Betrachtung geht es manchen unfruchtbaren Frauen gar nicht (so sehr) um das Aufziehen eines Kindes, das sie vielleicht auch vor zahlreiche Probleme stellen würde, sondern um den Nachweis ihrer »intakten Weiblichkeit«. Die Therapie bestünde dann darin, sie sozusagen vom Schwangerschaftswunsch zu heilen (jede Frau ist ja auch dann »ganz Frau«, wenn sie keine Kinder bekommt).

Bei anderen sind es ungelöste Konflikte mit der eigenen Mutter oder der sie erwartenden Mutterrolle, die eine Empfängnis verhindern können. Manche Frauen wiederum sind sich tief im Innern klar darüber, daß sie nur den Wunsch des Partners nach einem (männlichen) Nachkommen und Erben erfüllen sollen oder aber mit diesem Partner eigentlich gar kein gemeinsames Kind haben möchten. Und schließlich beugt auch die Natur selbst in großen Streßsituationen vor, in denen die Frau gar nicht genug Energien für ein Kind hätte, und verhindert die Menstruation bzw. den Eisprung: Das Überleben der einzelnen Frau ist wichtiger als das Überleben der Spezies Mensch.

In manchen Fällen wird der Wunsch nach einem Kind so übermächtig, daß er psychoanalytisch als »neurotisch fixiert« zu bezeichnen ist. Dabei spielt der Druck der Außenwelt – Partner, Eltern, Schwiegereltern, Gesellschaft – oft eine entscheidende Rolle. Einige Frauen nehmen sich sogar verzweifelt das Leben, weil sie zum Leben-Geben nicht imstande sind. Das kommt vor allem in Kulturen vor, die Frauen vorrangig als Gebär-Mütter, vorzugsweise von Söhnen, sehen und ihnen ansonsten eigenen Wert absprechen. Auch dieser Druck kann Frauen in die psychisch bedingte Unfruchtbarkeit treiben.

Natürliche Heilverfahren

Allgemeinverhalten:
Um Unfruchtbarkeit vorzubeugen, sollten Sie die Antibabypille absetzen oder gar nicht erst einnehmen, denn sie kann den Hormonhaushalt durcheinanderbringen (lieber mit anderen Mitteln, z. B. Diaphragma oder Kondomen, verhüten). Außerdem ist es ganz wichtig, daß Sie sich von nichts und niemand unter Druck setzen lassen: Genau das könnte sonst die *Ursache* Ihrer Unfruchtbarkeit werden! Sagen Sie das klar und deutlich, wenn sich jemand in Ihre Angelegenheiten einmischt. – Nach Studien

der amerikanischen Hormonforscherin Dr. Winnifred B. Cutler[2)] sind die Frauen am ehesten fruchtbar, die über längere Zeit mindestens zweimal in der Woche mit ihrem Partner schlafen – und nicht nur um die Zeit des Eisprungs herum, wie es ärztlich oft geraten wird! Männliche Pheromone (»Dufthormone«) tragen nämlich zur Stabilisierung des weiblichen Hormonhaushalts bei.

Mindestens drei Monate vor einer gewünschten Empfängnis sollten Sie (und Ihr Partner) außerdem beginnen, sich möglichst gesund zu ernähren (→Ernährungstherapie), Rauchen, Medikamente-, Drogen- und Alkoholkonsum stark einschränken bzw. am besten ganz einstellen und für größtmögliche Entspannung und Streßabbau sorgen. Sollten Sie beruflich oder im Privatbereich stark mit Schadstoffen belastet worden sein, müssen Sie u. U. den Arbeitsplatz wechseln (Betriebsrat einschalten!), zu arbeiten aufhören, die Wohnung sanieren und die Schadstoffe weitestgehend aus Ihrem Körper auszuleiten versuchen. Dabei können Ihnen naturheilkundliche Fachkräfte behilflich sein.

Akupressur:
Die Punkte richten sich danach, welche Energieströme es bei Ihnen zu harmonisieren gilt. Eine depressiv gestimmte Frau benötigt unter Umständen eine andere Art der Stimulation als eine nervös-gestreßte oder eine Frau mit wenig Lust auf Sex. Auch innere Erkrankungen, die die Fruchtbarkeit hemmen, können eine Rolle spielen. Es ist daher besser, sich bei einer Fachkraft für Akupressur und →Akupunktur beraten und ggf. behandeln zu lassen, als – womöglich vergeblich – auf Selbsthilfe durch Akupressur zu hoffen.

Aromatherapie:
Hormonell anregende Mittel finden Sie unter →Zyklusstörungen; allgemein entspannende und die Unterleibsorgane entkrampfende Aromaöle sind unter →Beckenbeschwerden sowie →Eileiter- und Eierstockstörungen genannt.

Atemtherapie:
Ganz wichtig für die unverkrampfte Empfängnisbereitschaft ist das Erlernen der tiefen Bauchatmung (siehe S. 82). Mit Atemübungen, wie Sie sie in einer guten Atemtherapie oder auch beim →Yoga lernen, können Sie zudem in Ihre inneren Organe »hineinatmen«, sie dadurch besser durchbluten und mit Sauerstoff versorgen, eventuell auch die hormonproduzierenden Organe stärker anregen.

Bewegung:
Um es gleich ganz offen zu sagen: Turnübungen beim Liebesspiel helfen Ihnen *nicht*, schwanger zu werden. Das beste ist eine Position, bei der das Glied des Mannes tief eindringen kann (es darf Ihnen aber nicht wehtun!) und Sie anschließend mit leicht erhöhtem Becken (Kissen unterschieben) eine Weile ruhen können, ohne daß das Sperma gleich wieder aus der Scheide fließt. – Auf Reiten, »wilde« Sportarten und Hochleistungssport sollten Sie verzichten, wenn Sie sich um eine Schwangerschaft bemühen. Sehr fruchtbarkeitsfördernd können hingegen Bauchtanz (→Musik- und Tanztherapie) sowie *Yoga* sein (siehe S. 640).

Chronobiotherapie:
Sie gehört zum A und O jeder natürlichen Unfruchtbarkeits-Behandlung. Zeichnen Sie anhand eines Menstruationskalenders (in der Apotheke oder Arztpraxis erhältlich) Ihren Zyklusverlauf über mehrere Monate auf, und messen Sie dazu jeden Morgen noch vor dem Aufstehen Ihre Körpertemperatur (Basaltemperatur). Tragen Sie auch diesen Wert in die Monatstabelle ein. Steigt er ungefähr um den 12. bis 14. Zyklustag (der erste Blutungstag der Menstruation wird als Tag 1 gezählt) deutlich an und bleibt fortan erhöht, ist das ein Zeichen, daß Sie einen Eisprung hatten. Notieren Sie auch Besonderheiten – fiebrige Erkältung, Streß, Streit sowie die Tage, an denen Sie mit Ihrem Partner sexuell zusammen waren – in Ihrem Kalender. Es hilft Ihnen (und ggf. Ärztin oder Arzt), einen besseren Überblick über Ihre Rhythmen zu gewinnen.

Ihr Monatszyklus sollte so ungestört wie irgend möglich verlaufen, und Sie müssen auch Ihre sonstigen biologischen Rhythmen (siehe ab S. 119) mehr als sonst beachten, um ein Empfängnis-Optimum zu erreichen: sich nicht zum Frühaufstehen (Langaufbleiben) zwingen, wenn Sie eine Nachteule (Morgenlerche) sind; Ihrem Bedürfnis entsprechend viel schlafen, eventuell mittags ein Nickerchen machen; keine Fernflüge durch Zeitzonen unternehmen; Arbeitszeiten und -termine umorganisieren. Falls Sie Schicht- oder Nachtarbeit machen, sprechen Sie mit Ihrem Arbeitgeber (notfalls unter Vorlage eines ärztlichen Attestes, das Ihnen eine Gesundheitsstörung bescheinigt) über die Umstellung auf Tagesarbeitszeiten.

Mit Hilfe eines Lampentricks können Sie versuchen, Ihre Regel nach dem Mondrhythmus zu regeln: 3 bis 4 Monate lang das Schlafzimmer nachts völlig abdunkeln, nur zu Zeiten des Vollmonds 3 Nächte lang das Mondlicht hereinlassen bzw. ersatzweise eine schwache Lampe nachtsüber brennen lassen (6 Watt genügen). Möglicherweise reichen diese Lichtimpulse aus, Ihre Zirbel- und anderen Hormondrüsen so zu beeinflussen, daß Sie danach zu Neumond menstruieren und zu Vollmond Ihren Eisprung haben (siehe dazu auch ab S. 208).

Ernährung, Vitamine, Mineralstoffe, Spurenelemente:
Wer sich nach den Regeln gesunder Vollwertkost (→Ernährungstherapie) richtet und nicht künstlich mager hungert, leidet im allgemeinen nicht unter irgendwelchen Ernährungsmängeln. Unfruchtbare Frauen haben jedoch oft eine Eisenmangel-Anämie, oder es fehlt an Vitamin E oder an Spurenelementen wie Selen, Mangan, Kupfer, Zink bzw. den Mineralstoffen Kalzium und Magnesium. Lassen Sie einen Blut- bzw. Urintest oder auch eine Haaranalyse (zur Feststellung von Schadstoffanreichungen und Nährstoffmängeln) machen, und nehmen Sie fehlende Stoffe als Präparate zusätzlich ein! Außerdem nützlich: bindegewebsstärkende Kieselsäure, Bierhefe-Präparate bzw. Vitamin-B-Komplex sowie Bienenpollen. *Hinweis:* Nehmen Sie Zusatzpräparate aller Art nie länger als 3 Wochen hintereinander ein, sonst gewöhnt sich Ihr Organismus zu sehr daran. Nach 3–4 Wochen Pause dürfen Sie wieder mit der Einnahme anfangen.

Erhebliches Übergewicht (ab 15–20 kg über dem Normalgewicht) kann Ihre Empfängnischancen verringern; dann hilft nur eine Abspeckungskur bzw. -diät *vor* dem Versuch, schwanger zu werden. Frauen mit Neigung zu Frühabgang, Fehl- oder Frühgeburten sollten folgende Pflanzen, Nahrungsmittel und Substanzen *während der ganzen Schwangerschaft meiden*, da sie unter Umständen die Gebärmutter zu Kontraktionen anregen können: Angelikawurzel, Artischocken, Baumwollwurzelrinde (Gossypium herbaceum), Basilikum, Beifuß, Blauer Hahnenfuß, Bohnenkraut, Brunnenkresse, Chinarinde, Distelsamen und -öl, Eisenkraut, Estragon, Frauenminze, Herzgespann, Ingwer, Kalmuswurzel, Kreuzkraut, Kümmel, Liebstöckel, Majoran, Meerrettichwurzel, Melisse, Muskatnuß, Mutterkornpräparate, Osterluzei, Petersilie, Rainfarn, Rautenblätter, Rosmarin, Roßkastanienextrakt und rutinhaltige Präparate zum Einnehmen, Safran, Sauerklee, Steinsamen, Wasserpfeffer (Knöterich). *Hinweis:* Mittel der →Homöopathie aus den genannten Substanzen können nach fachlicher Verordnung unbesorgt eingenommen werden. Die üblicherweise zur Speisewürzung verwendeten kleinen Mengen sind ebenfalls nicht schädlich; zur Sicherheit in den ersten 3 Monaten nur sparsam verwenden!

Farbtherapie:
Gelb und Orange wirken drüsenanregend, sind also bei hormonellem Ungleichgewicht zu empfehlen; Rot regt alle Sexualfunktionen, das erste und das zweite Chakra (→Akupunktur) kräftig an. Anwendungen ab S. 155.

Heiltees und -tinkturen:
Bei hormonellem Ungleichgewicht: →Zyklusstörungen; zur Entspannung und Entkrampfung: Tee oder Teemischung aus Lavendel, Hopfen, Passionsblume, Baldrian, täglich 2–3 Tassen, die letzte abends (falls Sie davon nicht »zu müde« werden!). Stimmungsausgleichend und gleichzeitig anregend wirken Extrakte aus Zitronenmelisse, Ginseng oder Johanniskraut (Vorsicht, letzteres macht lichtempfindlich!). Alle diese Kuren sollten maximal 3 Wochen dauern; danach 1 Monat pausieren und ggf. eine weite-

re Kur anschließen, dabei möglichst andere der genannten Pflanzen wählen.

Kälte- oder Wärmetherapie:
Gute Durchblutung aller Unterleibsorgane erhöht die Empfängnisbereitschaft. Ratschläge dazu →Gebärmutterprobleme, →Eierstock- und Eileiterstörungen.

Lichttherapie:
Depressivität kann die Empfängnischancen (zusätzlich) beeinträchtigen; zur Abhilfe →Depressionen. Einen »Lampentrick« zur Regulierung eines aus dem Takt geratenen Monatszyklus siehe unter *Chronobiotherapie*.

Massagen:
Partnermassagen lockern nicht nur die Muskulatur, sondern auch das Verhältnis der beiden zueinander (allerdings nur, wenn sie liebevoll ausgeführt werden und so, daß es Ihnen und Ihrem Partner wirklich gefällt). Mit sanften Streichelmassagen Ihres Bauches kann er außerdem zu Ihrer Entspannung und besseren Durchblutung beitragen – von erotischen Massagen im Genitalbereich ganz zu schweigen. Therapeutische Hilfe bei Fruchtbarkeitsproblemen bietet unter Umständen eine konsequente Fuß-Reflexzonen-Massage oder eine Bindegewebsmassage, von einer guten Fachkraft ausgeführt (→Reflexzonentherapien).

Psychosomatische Hilfe:
Nicht selten haben kinderlose Frauen den Eindruck, die Kinderseele selbst sei es, die nicht zu ihnen kommen wolle. Den Gründen für eine solche »Entscheidung« nachzuspüren, kann tiefe Einsichten in die Ursachen der Unfruchtbarkeit des Paares vermitteln und helfen, den zugrundeliegenden Konflikt (und die Fruchtbarkeits-Blockade) zu lösen. – Ein Kinderwunsch ist nicht immer nur »pure Natur«, sondern wird von vielen, auch unbewußten, Wünschen geleitet. Fragen Sie sich: Was bedeutet für Sie ein *eigenes* (nicht-adoptiertes) Kind? Welche »leere Stelle« in Ihnen soll es füllen? Wollen Sie wirklich ein Kind aufziehen –

oder vor allem eine Schwangerschaft erleben? Können Sie sich auch andere Wege vorstellen, Ihre Schöpfungskraft auszuleben? Ist für ein Kind im Moment überhaupt Platz in Ihrem Dasein? – Manche Frauen wünschen sich vor allem deshalb dringend ein Kind, um das Trauma eines Schwangerschaftsabbruchs, einer Fehlgeburt oder den Tod eines anderen Kindes zu überwinden. Trauer, die nicht zugelassen und verarbeitet wurde, kann aber die Empfängnis verhindern. Geben Sie sich Zeit dazu! – Schließlich sollten Sie sich auch ganz ehrlich fragen: Vor welcher Entscheidung können Sie sich »drücken«, indem Sie alle Ihre Energien darauf verwenden, schwanger zu werden? Wovor schützt Sie, bei allem Leiden, die Tatsache, daß Sie kein Kind bekommen?

Rituale mit Heilwirkung:
Talismane, die ein Kind symbolisieren, haben oft den gegenteiligen Effekt, weil sie den psychischen Druck noch verstärken. Besser sind Rituale, die Ihnen helfen, sich von der Kinderwunsch-Fixierung zu lösen und innerlich frei (vielleicht sogar: frei für ein Kind) zu werden. Nehmen Sie sich einmal in der Woche einen Zeichenblock, und malen Sie einen Lebensentwurf, eine Szene mit Ihnen selbst im Mittelpunkt, die anschaulich macht, was Sie alles tun würden und könnten, wenn Sie sich nicht um Nachwuchs zu kümmern hätten. Bebildern Sie die vielen Fähigkeiten und Wünsche, die Sie, *ganz unabhängig* von einem Kind haben. Denken Sie sich so positiv wie möglich in die jeweilige Szene hinein, und malen Sie sie in kraftvollen Farben aus. (Interessante Hilfestellungen für eine solche private Maltherapie gibt Ingrid Riedels Buch[3)] zu diesem Thema.) Wenn Sie wieder einmal traurig sind, weil Ihr Kinderwunsch Sie bedrückt, schauen Sie sich Ihre Bilder an. Sie können Kraft und Zuversicht daraus schöpfen.

Visualisieren:
Eine Übung, die Sie auch mit Ihrem Partner gemeinsam machen können: Schließen Sie die Augen, und stellen Sie sich vor, die Seele des Kindes, auf das Sie so sehr warten, würde vor Ihnen erscheinen. Nehmen Sie ganz behutsam mit ihr Kontakt auf; sehen

Sie sie sich genau an, aber kommen Sie Ihr nicht zu nahe, wenn Sie das Gefühl haben, die Gestalt möge Berührungen nicht. Fragen Sie sie zunächst nach ihrem Namen. Wenn Sie keine Antwort bekommen sollten, geben Sie ihr selber einen (aber nicht den, den Sie vielleicht schon für ein Mädchen oder einen Jungen ausgesucht haben). Fragen Sie sie, ob sie ganz sicher ist, auf die Welt kommen zu wollen. Lassen Sie die Antwort auf sich wirken, und fragen Sie dann nach, warum. Gibt es keine eindeutige Antwort, besteht Unsicherheit. Fragen Sie auch in diesem Fall nach, was sie auslöst. Dringen Sie aber nicht auf Antworten, sondern versuchen Sie ruhig zu bleiben und einfach nur wahrzunehmen, was Ihnen das innere Bild mitteilt. Zum Schluß senden Sie der Seele einen langen, liebevollen Blick und lassen zu, daß sie sich langsam auflöst und verschwindet. Strecken und dehnen Sie sich dann und öffnen Sie die Augen. – Diese Übung sollte jedes Mal nicht länger als eine Viertelstunde dauern. Wenn Sie sie gemeinsam gemacht haben, teilen Sie anschließend Ihre Erfahrungen miteinander.

Wasseranwendungen:
Seit Urzeiten haben Kuren in Thermal- und Moorbädern heilsame Wirkungen auf die weibliche Fruchtbarkeit. Auch das Ausklinken aus dem Alltag ist bei einer solchen mehrwöchigen Kur nicht zu unterschätzen. Da Unfruchtbarkeit in Deutschland als behandlungsbedürftige Gesundheitsstörung gilt, zahlen die Kassen in aller Regel eine oder auch mehrere solcher Kuren. Erkundigen Sie sich nach den Bedingungen. Unterstützend können Sie auch zuhause durchblutungsfördernde Moorbäder oder entspannende Teil- und Vollbäder mit Zusätzen der Aromatherapie nehmen. Falls Ihre Libido unter all den Empfängnis-Bemühungen gelitten hat, baden Sie doch mal gemeinsam!

Yoga:
Frauen mit schwachem Bindegewebe, die aus diesem Grund eine Schwangerschaft nie voll austragen konnten, profitieren unter Umständen sehr von kräftigenden Übungen des Hatha-Yoga. So manche Fehlgeburts-Neigung kann auf diese Weise behoben und

ein gesundes »Yoga-Baby« zur Welt gebracht werden, wie Erfahrungen von Kursleiterinnen immer wieder zeigen (siehe auch ›100 Fragen zu Yoga‹[4]). Wichtig ist allerdings regelmäßiges Üben über einen längeren Zeitraum, mindestens ein Jahr. Yoga hat zudem den Vorteil, daß Sie die Übungen auch während einer Schwangerschaft machen und sich damit sehr gut auf die Geburt vorbereiten können. Sie fördern zudem grundsätzlich Ihre Entspannung, Ihr Selbstvertrauen und Selbstwertgefühl.

Zusätzliche Verfahren:
Eine gründliche Konstitutionsbehandlung mit Mitteln der →Homöopathie ist bei Fruchtbarkeitsproblemen auf jeden Fall anzuraten, sollte aber einer guten Fachkraft überlassen werden. Psychisch hilfreich können Mittel der →Bach-Blüten-Therapie sein; sie nehmen den seelischen Druck und wirken ausgleichend (aber nicht gemeinsam mit Mitteln der Homöopathie anwenden). – Wer den Verdacht hat, geopathische Störungen (Erdstrahlen, Kreuzungen mit Wasseradern) könnten die Fruchtbarkeit negativ beeinträchtigen, sollte eine erfahrene Radiästhesie-Fachkraft zu Rate ziehen und den Standort des Bettes und des Arbeitsplatzes untersuchen lassen.

Genannte Literatur:
1) Ulmer-Otto, Sabine: Die leere Wiege. Unfruchtbarkeit und ihre seelische Verarbeitung. Kreuz Verlag, Zürich 1989.
2) Cutler, Winnifred B.: Rhythmus der Liebe. Die Zyklen der männlichen und weiblichen Hormone und ihr Einfluß auf eine erfüllte Sexualität. Wilhelm Heyne Verlag, München 1994.
3) Riedel, Ingrid: Maltherapie. Kreuz Verlag, Zürich 1992.
4) Kraus, Anni/Minker, Margaret: 100 Fragen zu Yoga. Goldmann Verlag, München 1995.

Weitere Literaturempfehlungen:
Amendt, Gerhard: Der neue Klapperstorch. Über künstliche Befruchtung, Samenspender, Leihmütter, Retortenzeugung und die Folgen: Reproduktionsmedizin. März Verlag, Herbstein 1986.

Dowrick, Stephanie/Grundberg, Sybil (Hrsg.): Will ich wirklich ein Kind? Frauen erzählen. Rowohlt Taschenbuch Verlag, Reinbek 1982.

Fallaci, Oriana: Brief an ein nie geborenes Kind. Fischer Taschenbuch-Verlag, Frankfurt am Main, 18. Aufl. 1992. 1979.

Petersen, Peter: Retortenbefruchtung und Verantwortung. Anthropologische, ethische und medizinische Aspekte neuerer Fruchtbarkeitstechnologien. Verlag Urachhaus, Stuttgart 1985.

Reinisch, June M./Beasley, Ruth: Der neue Kinsey-Institut-Report. Sexualität heute. Wilhelm Heyne Verlag, München 1991 (mit ausführlicher Diskussion von Fruchtbarkeitsproblemen).

Weed, Susun: Naturheilkunde für schwangere Frauen und Säuglinge. Ein Handbuch. Orlanda Frauenverlag, Berlin, 3. Aufl. 1994.

Weiterführende Anschrift:
Ambulanz für Naturheilkunde
der Carstens-Stiftung
Universitäts-Frauenklinik
Voßstr. 9
69115 Heidelberg

Venenleiden

Dazu gehören unter anderem:

Besenreiser
Hämorrhoiden
Krampfadern
Venenentzündung
Thrombophlebitis
Thrombose

Allgemeines

An vielen Frauenbeinen schlängeln sich bläuliche Adern, die sich manchmal zu kleinen Netzen, sogenannten Besenreisern, zusammengeschlossen haben oder als dicke, hervorstehende Venen, vielleicht auch knapp unter der Haut gelegene, druckempfindliche Venenknoten einen störenden Blickfang bieten. Vor allem im Sommer, wenn Shorts, Miniröcke oder Badesachen aus dem Schrank hervorgeholt, lange Hosen und blickdichte Strümpfe hingegen darin verstaut werden, werfen die Betroffenen betrübte Blicke auf ihre von Krampfadern gezeichneten Beine und schwören sich, nun aber wirklich ganz viel Gymnastik zu machen und die Beine hochzulegen, damit diese »häßlichen Stellen« so bald wie möglich wieder verschwinden.

Doch Krampfadern sind nicht nur ein kosmetisches Problem, und leider verschwinden sie meist auch nicht innerhalb weniger Wochen (ganz davon abgesehen, daß es allzu oft bei den guten Vorsätzen, sich mehr zu bewegen, bleibt). Sie sind auch kein reines Frauenproblem: Männer können ebenfalls Krampfadern (medizinisch: Varikose) bekommen. Sie fallen jedoch bei ihnen weniger auf, da sie meistens unter langen Hosenbeinen und auch dichterem Haarwuchs verborgen bleiben – und selbst entblößte Männerbeine die Blicke selten so auf sich ziehen wie ein Paar weiblicher Beine, ob uns das nun paßt oder nicht.

Vorbeugen ist also auch hier weitaus besser als heilen, obwohl auch gegen schon bestehende Krampfadern und vor allem gegen ihre Ausweitung viel getan werden kann. Dazu ist es wichtig, genau zu wissen, wie sie zustandekommen.

Vereinfacht gesagt, kann unser Blutgefäßsystem in zwei Bereiche eingeteilt werden: das arterielle System, in dem das sauerstoffreiche Blut aus dem Herzen in den Körper gepumpt wird, und das venöse System, welches das Blut zum Herzen zurückführt, das seinen Sauerstoff bereits an die Gewebe abgegeben hat. Das Blut in den Venen, die unterhalb des Herzens verlaufen – also vom Oberbauch abwärts –, muß bei aufrechter Haltung immer gegen die Schwerkraft zum Herzen zurückgepumpt werden. Damit das überhaupt klappen kann, ist Bewegung, vor allem Beinarbeit, unbedingt notwendig: Beim Gehen, Laufen, Treppensteigen, Sporttreiben, bei der Gymnastik usw. übernehmen die Bein- und Bauchmuskeln eine Pumpfunktion, indem sie die Venen rhythmisch zusammenpressen und das Blut darin nach oben, Richtung Herz, drücken. Stehen wir dann still oder setzen uns hin, fließt das Venenblut (zumindest in gesunden Venen) nicht etwa wieder Richtung Boden zurück, sondern wird von sogenannten Venenklappen im Innern der Blutgefäße aufgehalten. Sie öffnen sich, sobald Blut hochgepumpt wird, und schließen sich hinter kleinen Abschnitten der »Blutsäule« wieder, damit das Blut nicht erneut absackt. Je mehr wir unsere Beine bewegen, desto besser und rascher kann das venöse Blut zum Herzen zurück und von da aus wieder in die Lungen gelangen, wo es bei jedem Atemzug erneut mit Sauerstoff angereichert wird; damit schließt sich der Kreislauf.

Der aufrechte Gang hat uns nicht nur die Neigung zu →Rückenschmerzen, sondern auch die Tendenz zu Krampfadern beschert. (Ihr Name hat nichts mit Krämpfen zu tun, sondern leitet sich von dem altdeutschen Begriff »Krummader« ab.) Sie entstehen, wenn die an sich sehr gut tonisierten, d. h. elastisch-flexiblen und dabei doch ziemlich festen Gefäßwände der Venen allmählich ausleiern und sich überdehnen. Dann können sich auch die Venenklappen im Gefäßinnern nicht mehr richtig schließen; trotz der Arbeit der »Muskel-Venen-Pumpe« bleibt eine dünne Blutsäule zwischen den halbgeschlossenen Venenklappen stehen. Sie übt zusätzlichen Druck von oben auf die nachgepumpte Blutmenge aus. Die Folge davon: Die Venenbereiche darunter füllen sich stärker, als gut für sie ist, und dehnen sich dabei noch mehr aus. Dicke Venenknoten bilden sich, und manchmal wird auch eine Vene in ihrer gesamten Länge so überdehnt, daß sie für den Bluttransport praktisch unbrauchbar ist (das passiert nicht selten mit der sogenannten Stammvene im Innern jedes Beines). Das Blut sucht sich dann Umwege, denn es muß ja trotzdem zum Herzen zurück. Diese sich neu bildenden sogenannten Kollateralvenen sind bei fortgeschrittenem Venenleiden als blaue, krummgeäderte Netze unter der Haut sichtbar oder verbergen sich unter den Muskeln. Auch die sogenannten Besenreiser sind nichts anderes als solche Kollateralen.

Wird nicht spätestens zu diesem Zeitpunkt mit schulmedizinischen Mitteln (z. B. Krampfader-Verödung oder »Strippen«, also operativem Herausziehen der überlasteten Stammvene) oder auch mit verschiedenen naturheilkundlichen Mitteln eingegriffen, kann noch Schlimmeres passieren: Sackt nämlich das venöse, sauerstoffarme Blut immer mehr in die unteren Extremitäten ab, treten seine Bestandteile unter dem Druck des nachströmenden Blutes durch die lasch gewordenen Venenwände hindurch in die umliegenden Gewebe ein. Diese füllen sich mit Gewebewasser – das sind die gefürchteten *Ödeme* – und »versumpfen« nach einiger Zeit regelrecht. Es bilden sich Entzündungen und Geschwüre, die sehr schwer heilen (»offene Beine«), da ihnen kaum mehr Sauerstoff und Immunzellen zur Verfügung stehen. Das venöse Blut verklumpt; diese Klümpchen heißen *Thromben*. Eine solche Erkrankung (Thrombose, mit Entzündungserscheinungen: Thrombophlebitis) ist sehr gefährlich, denn wenn der Thrombus die Vene verstopft, wird die Versorgung des Herzens mit Blut unterbrochen. Doch selbst ein kleinerer Thrombus kann großes Unheil anrichten, wenn er bis zum Herzen oder zur Lunge geschwemmt wird und dort eine lebensgefährliche *Embolie* (einen Gefäßverschluß) auslöst.

Wer gelegentlich dick gestaute Beinvenen, geschwollene Fußknöchel und Unterschenkel, heiße Beine oder Venenschmerzen hat oder Besenreiser und andere Anzeichen von Venen-Überlastung an sich bemerkt, tut also gut daran, sich schleunigst ein Programm gegen das beginnende Venenleiden zusammenzustellen und die Vorbeugung nicht auf die leichte Schulter zu nehmen! Frauen sind vielfach anfälliger für Venenleiden als Männer, denn sie müssen im Beruf sehr oft den ganzen Tag stehen oder sitzen (dabei sackt das venöse Blut noch stärker ab). Die Unsitte, die Füße den ganzen Tag in hochhackige Schuhe zu zwängen, trägt ebenfalls wesentlich zu Venenleiden bei: Die Ferse liegt dabei um mehrere – bei ganz hohen Pumps bis zu zehn oder mehr! – Zentimeter höher als die Zehen; das staucht die Venen zusammen, hemmt den Blutfluß und die Arbeit der Muskel-Venen-Pumpe. In solchem Schuhwerk samt engen Röcken können Frauen außerdem höchstens trippeln und auf den Zehenspitzen tanzen, aber keineswegs richtig die Beine bewegen. Ganz übel wirkt es sich für die Venen aus, wenn sie im Sitzen mit »damenhaft« oder »sexy« übereinandergeschlagenen Beinen zusammengepreßt und abgequetscht werden.

Körperliche Gründe von Venenleiden

An Hämorrhoiden, also überdehnten Venen im Enddarm und am After, sind vor allem Bewegungsmangel, sitzende Lebensweise und eine falsche, den Darm überlastende und den Stuhl zu stark eindickende Ernährungsweise (bzw. mangelnde Flüssigkeitszufuhr) schuld; siehe hierzu auch →Verdauungsstörungen. Frauen haben zudem anlagebedingt oft ein relativ schwaches Bindegewebe, das lebenslanger Kräftigung bedarf, damit es die Venen stets von allen Seiten stützen kann. Bei Schwangerschaft und Entbindung werden die Bindegewebe zudem sehr stark gefordert, oft sogar überdehnt und eingerissen (so entstehen z. B. die Schwangerschaftsstreifen an Bauch, Hüften, Po und Oberschenkeln sowie an den sich vergrößernden Brüsten, →Schwangerschaftsbeschwerden). Starkes Übergewicht wirkt sich ebenfalls sehr ungünstig auf die Bindegewebe und den Blutfluß in den Venen aus. Wer lange bettlägerig ist oder zu viel liegt und Transportmittel benutzt, statt selbst »die Beine in die Hand zu nehmen«, ein paar Schritte zu Fuß zu gehen oder Treppen zu steigen, betätigt die Muskel-Venen-Pumpe der Beine zu wenig und fördert damit sowohl Krampfadern als auch das Entstehen einer Thrombose.

Stoffwechselleiden wie z. B. Diabetes haben oft einen sehr ungünstigen Einfluß auf die Blutzusammensetzung (es verklumpt leichter), die Fließgeschwindigkeit des Blutes (die Arterien sind verengt) und die Regenerierungsfähigkeit des Gewebes (Wunden und Entzündungen heilen schlechter ab). Hormontherapien wie auch die Antibabypille können ungünstige Nebenwirkungen auf das Gefäßsystem haben. All das kann Venenleiden hervorrufen bzw. schon bestehende fördern.

Sofort zur ärztlichen Untersuchung/Behandlung bei:

- ständig heißen, druckempfindlichen Beinen (Verdacht auf Venenentzündung oder Thrombophlebitis),
- starken Gewebeschwellungen (Ödemen) um Knöchel oder Knie, die sich auch nach zweiwöchiger naturheilkundlicher Behandlung nicht bessern,
- plötzlichen, heftigen, evtl. auch örtlich begrenzten Schmerzen in den Venen (Verdacht auf Thrombusbildung – falls die Hausärztin bzw. der Hausarzt nicht erreichbar ist, Notarzt anrufen!),
- starken Venenschmerzen und deutlich sichtbaren Krampfadern,
- blutenden Hämorrhoiden (zur Abklärung, was evtl. sonst noch dahintersteckt).

Psychosomatik

Wer sich selbst wenig Bewegungsspielraum zugesteht – und das tun Mädchen und Frauen erziehungsbedingt weitaus öfter als Männer, bewegt sich meistens auch weniger, und die Bewegungen sind zudem nicht raumgreifend, kräftig und energiegeladen, sondern schüchterner, verhaltener und weniger energetisch. Eine solche, bei Mädchen gern »brav«, bei erwachsenen Frauen »angenehm unauffällig«, »vornehm« oder »damenhaft« genannte Zurückhaltung beim Gehen, Stehen, Laufen, Sitzen, Gestikulieren usw. verschafft nicht nur den Männern erheblich mehr konkreten Bewegungsraum, sondern wirkt sich, siehe oben, auch ganz körperlich auf die weibliche Gesundheit aus. – Auf der anderen Seite sind es vor allem Frauen, die oft von früh bis spät für andere auf den Beinen sind, sich bis in die Nacht um kranke Angehörige, den erschöpften Ehemann, das schreiende Baby kümmern, Arbeit im Haus erledigen und sich »die Hacken abrennen«, um allen alles recht zu machen. Eine Frau, die in diesem Sinne erzogen worden ist, hat bereits ein schlechtes Gewissen, wenn sie zwischendurch auch nur einmal die Beine hochlegt, um auszuruhen: Es könnte ihr ja als Untätigkeit und mangelnde Fürsorglichkeit ausgelegt werden. Tief im Unbewußten ist den Frauen allerdings klar, daß solche Erwartungshaltungen (und die Tatsache, daß sie sie zu erfüllen suchen) alles andere als richtig und gut für sie sind. Manche verfallen dann in →Erschöpfungszustände. Andere »halten es im Kopf nicht aus« und bekommen Migräne (→Kopfschmerzen). Diejenigen Frauen, bei denen die Bindegewebe bzw. das Kreislaufsystem – oder beide zusammen – die wichtigsten organischen Reaktionsbereiche für das überlastete Seelenselbst darstellen, erkranken unter Umständen eben an Krampfadern oder Venenentzündungen (einem »Abwehrkampf« in ihrem Körperinnern, den sie vielleicht besser auf einer äußeren Ebene austragen sollten), und werden davon »lahmgelegt«. Das Vertrackte daran: Eigentlich bräuchten sie dringend mehr Bewegung, um den Heilungsprozeß in Gang zu setzen. Aber eben nicht das »Beineausreißen« für andere, sondern gesunde Bewegung und Zeit für sich selbst.

Natürliche Heilverfahren

Allgemeinverhalten:

Vorbeugend bzw. bei Neigung zu Krampfadern sollten Sie Stützstrümpfe anziehen, wenn Sie oft lange stehen müssen (es gibt hübsche in modischen Farben), möglichst flache Absätze oder Schuhe tragen, bei denen die Ferse niedriger liegt als die Zehen, und Kleidung, die Sie im Bein- und Rumpfbereich *nirgends* abschnürt, einengt oder die Beine allzu warm hält! Stellen Sie außerdem ein Paar ca. 15–20 cm hohe Klötze unters Fußende Ihres Bettes; diese Schräglage entlastet die Venen im Liegen. Legen Sie, so oft es geht, zwischendurch die Beine hoch, und laufen Sie viel barfuß. Bei Neigung zu Krampfadern oder schon bestehenden sollten Sie auf die Antibabypille oder Therapien mit Sexualhormonen verzichten, wenn das irgend möglich ist, und das Rauchen stark einschränken (auch Nikotin ist ein Gefäßgift) oder am besten ganz aufgeben. Bei Hämorrhoiden gilt es vor allem, für einen unangestrengten Stuhlgang zu sorgen (→Verdauungsstörungen).

Akupressur:
Welche Punkte Sie akupressieren können, um den Blutfluß in Ihren Venen anzuregen, hängt von Ihrer individuellen »Energiestörungs-Diagnose« ab. Bei schweren Venenleiden und Thrombosegefahr kann (laienhafte) Akupressur unter Umständen sogar eher schaden. Wenden Sie sich am besten an eine Fachkraft für Akupressur und/oder →Akupunktur, die Sie beraten bzw. behandeln kann.

Aromatherapie:
Ödeme sprechen auf Majoran an; bei Venenentzündungen sind Kamille und Zypresse hilfreich; bei Krampfadern und Thromboseneigung außerdem Geranium (Storchschnabel), Zitrone und Rosmarin. Anwendungen siehe ab S. 70.

Bewegung:
Vorbeugend sollten Sie alles tun, was Ihren Kreislauf in Schwung bringt und hält. Besonders gut für die Muskel-Venen-Pumpe der Beine sind Treppensteigen, Radfahren (nicht jedoch bei Hämorrhoiden!), Seilspringen, Bodenturnen, Laufsportarten, Joggen, kräftiges Schwimmen (in nicht zu warmem Wasser), Bergwandern, Tanzen (maximal mit relativ niedrigen, nicht zu spitzen Absätzen!), Skigymnastik, Roll- und Schlittschuhlaufen. Auch bestimmte Übungen des →Yoga sind gut gegen Krampfadern und Hämorrhoiden, vor allem sogenannte Umkehrübungen, bei denen

der Kopf tiefer zu liegen kommt als das Gesäß. Ein einfacher *Bewegungstrick* für die Venen: im Sitzen, Liegen, Stehen so oft wie möglich nacheinander die Fersen ganz weit nach unten schieben, so daß es im Unterschenkel deutlich spannt, mehrmals hintereinander. Leichtere Venenschmerzen vergehen oft, wenn Sie »Stufen springen« (wie als Kind), ein paar Treppen nicht zu langsam hinaufsteigen oder sich auf den Boden legen und ein paar Minuten mit den Beinen »radfahren«. Auch bei stärkeren Krampfadern viel bewegen, bei Venenentzündung oder Thrombophlebitis die Beine jedoch vor Überanstrengung, Stößen und Erschütterungen schützen.

Chronobiotherapie:
Achten Sie darauf, zu welchen Zeiten Ihnen die Beine besonders schwer werden, anschwellen oder weh tun, und planen Sie dafür konsequent Pausen ein zum Beinehochlegen, Fersendehnen (siehe oben) und anschließend ein paar Minuten »Stufenspringen« oder für eine kalte Fußdusche (siehe Wasseranwendungen). Sorgen Sie außerdem dafür, jeden Tag eine Stunde Muße – und Bewegung – nur für sich selbst zu haben.

Ernährung, Vitamine, Mineralstoffe, Spurenelemente:
Bei starkem, venenbelastenden Übergewicht hilft alles nichts: Sie müssen abspecken (→Ernährungstherapie), am besten mit einleitendem →Heilfasten. Grundsätzlich gilt: für viel faserreiche Frischkost sorgen, die auch den Darm anregt; wenig Fleisch essen, wenig Alkohol trinken (er erweitert die Venen); viel Mineralwässer, Frischsäfte und Heiltees trinken (das hilft Ödeme ausschwemmen). Bindegewebsstärkend ist Kieselsäure, z. B. täglich unter Biojoghurt gerührt. Vitamin C, B, und E helfen bei Entzündungen und Krampfadergeschwüren; im akuten Stadium täglich die Maximaldosen als Zusatzpräparate einnehmen oder ein Multivitaminpräparat in Wasser gelöst trinken. »Blutverdünnend«, teils auch entzündungshemmend wirken Knoblauch, Zwiebeln, Lauch, Meerrettich, Austernpilze, Ingwer, Gewürznelken, Olivenöl *extra vergine*, Fischöl (in Kapseln) sowie schwarzer Tee (nicht mehr als 2 Tassen täglich); die Wundheilung bei Geschwüren und brüchi-

gen Venenwänden wird durch Einnahme von Enzympräparaten gefördert. Alle diese Kuren mit Zusatzpräparaten sollten 3 Wochen nicht überschreiten; dann 3–4 Wochen pausieren (Schwangere: Warnungen auf S. 637 beachten!).

Farbtherapie:
Blau kühlt die Venen, löst Staus darin auf und wirkt entzündungshemmend; Grün tonisiert die Gefäße im Anschluß an die Blaubehandlung. Keine »warmen« Farben bei Venenleiden einsetzen! Anwendungen siehe S. 155.

Heiltees und -tinkturen:
Ausleitend und ausschwemmend bei Ödemen, Hämorrhoiden und Venenentzündungen wirken Tees oder Teemischungen aus Zinnkraut, Brennesselblättern, Hamamelis, Spitzwegerich; entzündungshemmend ist ein Tee aus Weißer Taubnessel, Haselnußstrauchblättern, Silberweidenrinde oder Kamille; täglich 2–3 Tassen des Heiltees trinken. Bei Venenleiden aller Art ist gefäßtonisierender, entzündungshemmender Roßkastanienextrakt sehr ratsam, außerdem Mariendistel-Präparate (beides aus der Apotheke; nach Herstelleranweisung dosieren). Tee- und Tinktur-Kuren maximal 3 Wochen durchführen, dann 3–4 Wochen pausieren und die Wirkung beobachten.

Kälte- oder Wärmetherapie:
Wärme erweitert die Venen noch mehr, also Vorsicht: nie den Unterkörper in die pralle Sonne legen (am schattenlosen Strand mit Handtüchern abdecken), nicht in über 22°C warmem Wasser schwimmen, keine Bäder über Körpertemperatur nehmen, mit den Beinen nicht zu nah an der Heizung sitzen und keine Saunagänge machen! Vorbeugend wirken am besten heiß-kalte Wechselduschen, vor allem der Beine (immer rechts beginnen) bis zum Gesäß. Bei Hämorrhoiden, Geschwüren, Entzündungen: Eiswürfel in ein Handtuch packen, auf die schmerzende Stelle legen (Eis nie direkt auf die Haut!). Achten Sie bei Venenleiden auch darauf, Ihre Beine und Füße nicht zu warm einzupacken. Weiteres siehe *Wasseranwendungen* und *Wickel.*

Lichttherapie:
Blaulichtbestrahlungen helfen bei Krampfadergeschwüren und Venenentzündungen sowie gegen heiße, geschwollene Beine. Ansonsten ist eher eine »Dunkeltherapie« erforderlich: kein heißes Sonnenlicht auf die zu Krampfadern neigenden Körperpartien! Frische Luft und Frühlings-, Herbst- oder nur leicht wärmende Morgensonne helfen allerdings, das für die Hautregenerierung wichtige Vitamin D zu bilden und Wunden abheilen zu lassen. Nehmen Sie also viele »kühle« Sonnen- bzw. Luftbäder.

Massagen:
Eine gute Fuß-Reflexzonen-Massage hilft ausleiten (→Reflexzonentherapien); tägliche Fuß- und Beinmassage beseitigt Blut- und Lymphstaus; immer Richtung Rumpf massieren! Bei starken Ödemen sollten Sie sich eine therapeutische Lymphdrainage verschreiben lassen. Vorsichtige Massage mit den Fingerspitzen oder Hautbürsten kann helfen, Venenknoten aufzulösen, und die Wundheilung bei Geschwüren beschleunigen (die betroffenen Stellen immer nur umkreisen, nie direkt bearbeiten!).

Psychosomatische Hilfe:
Lassen Sie sich nicht (mehr) in Ihrem Bewegungsspielraum einschränken. Und wenn zu Ihrem Handlungsbedürfnis weite Schritte, raumforderndes »Beinspiel«, ausgreifende Gesten, energisches Auftreten und große Sprünge gehören, lassen Sie sich nicht aufhalten! Legen Sie auch innerlich immer wieder mal »die Beine hoch«, und kümmern Sie sich verstärkt um Ihr eigenes Wohlbefinden. Sie müssen sich nicht ständig für andere »ein Bein ausreißen«. Fragen Sie sich aber auch: Helfen Ihnen Ihre schweren Beine, Gänge zu vermeiden, die Sie seelisch belasten? Können Ihre Venenschmerzen Sie manchmal von Schritten abhalten, die Ihnen unangenehm wären und/oder Ihnen wehtun würden? Haben Sie auch Vorteile davon, wenn Ihre Hämorrhoiden Sie hindern, einen bestimmten (Ihnen zugewiesenen) Platz einzunehmen? Versuchen Sie, solchen möglichen Zusammenhängen auf die Spur zu kommen und sich eine bessere, gesündere Art des Wehrens anzugewöhnen bzw. auch einmal »über den eigenen

Schatten zu springen« und eine Situation tatkräftig anzugehen, die Sie schmerzt.

Rituale mit Heilwirkung:
Jeder Frau wohnt eine ganz persönliche »Körpermusik« inne, die ihre Bewegungen bestimmt (siehe dazu S. 222). Nutzen Sie sie, um daraus einen kleinen rituellen Tanz zu machen (→Musik- und Tanztherapie), den Sie jeden Morgen tanzen, um sich auf den Tag einzustimmen, oder jeden Abend, um die Erdenschwere Ihrer Beine weniger zu spüren und »leichtfüßiger« ins Bett zu gehen. Legen Sie dazu eine mitreißende Lieblingsmusik auf, oder singen bzw. summen Sie zu den selbsterdachten Tanzschritten und -sprüngen. Heben Sie dabei auch die Arme gelegentlich hoch über den Kopf; das verhilft Ihnen zu einer besseren Haltung, freieren Atmung und kräftigeren Durchblutung.

Visualisieren:
Schließen Sie die Augen, und stellen Sie sich vor, Sie machen einen »Bootsausflug« in Ihr Venensystem, bei dem Sie alle Haupt- und Nebenflüsse abfahren und immer wieder Schleusen (Venenklappen) zu überwinden hätten. Beim Gleiten auf dem venösen Strom haben Sie genügend Zeit, sich den Zustand des Flußbetts (der Gefäßwände), der Schleusen und des Stromes selbst genau anzusehen: Ist das Flußbett irgendwo versandet, das Ufer (zu) flach oder gar schon sumpfig, treiben Abfälle (Klümpchen) im Strom, hat das »Wasser« eine gesunde, tiefrote Farbe, oder ist es bräunlich-schwarz verfärbt und verdreckt? Funktionieren die Schleusen gut, oder stehen sie ständig halboffen? Kommen Sie in der Mitte des Flusses langsamer oder fast gar nicht voran? Hat der Fluß viele kleine Nebenarme gebildet, weil die Strömung im Hauptarm zu sehr stockt? Wenn Sie alle Ströme – oder wenigstens die Ihnen am wichtigsten erscheinenden – bereist haben, kehren Sie mit Ihrem Boot um, richten Sich hoch darin auf und schicken dem Fluß all Ihre Heilenergie, während Sie langsam wieder Richtung Herz tuckern: Mit Ihren Heilhänden schließen Sie die Nebenarme, schicken Sauerstoffduschen in die versumpften Gebiete, bauen kräftige, elastische Dämme am Flußufer auf,

fischen mit einem Netz alle Klumpen aus der Flut und leiten schließlich eine Quelle mit frischem, blauen Heilwasser hinein, so daß die Strömung wieder zunimmt und die trübe Farbe sichtlich aufklart. Schmerzen und Schwellungen gehen dabei zurück. Am Herzen angekommen steigen Sie aus, vertäuen Ihr Boot gut für die nächste Reise, recken sich, dehnen Ihre Fersen kräftig nach unten und öffnen die Augen. Täglich wiederholen.

Wasseranwendungen:
Vorbeugend und bei Neigung zu Krampfadern helfen alle das Gefäßsystem trainierenden Maßnahmen des →Kneippens. Bei Stauungen, Venenknoten und -schmerzen sowie Entzündungen tun kurze kalte Güsse oder kühle Teilbäder gut, am besten mit Zusätzen von Hamamelis, durchblutungsförderndem Rosmarin, entzündungshemmender Kamille, Eichenrinden-Absud, Ringelblumen- oder Arnikatinktur (ca. 1 Eßlöffel auf 1 Liter Wasser). Heiß-kalte Wechselgüsse sind nur empfehlenswert, wenn die Gefäße noch jünger und elastischer sind; in höherem Alter sind solche Wechselreize oft zu stark, dann lieber nur warm duschen und mit einem kühlen Guß aufhören. Bei Venenschmerzen in den Armen: Arme unter kühlen, dicken Wasserstrahl (mit wenig Druck) oder in kaltes Wasser im Waschbecken halten, danach nur abstreifen, nicht frottieren.

Wickel:
Kühlend und entzündungshemmend sind feuchtkalte Wickel mit einem Absud von Kamille, Hamamelis, Weißer Taubnessel oder mit Essigwasser oder reinem Alkohol; danach die Haut stets gut eincremen, am besten mit einer Ringelblumensalbe. Wundheilend wirken außerdem Auflagen mit frischen, pürierten Beinwellblättern (oder fertiger Beinwellsalbe) oder mit verdünnter Arnikatinktur (1 Eßlöffel auf 1/4 Liter Wasser). Bei Hämorrhoiden hilft es, sich auf ein nasses, kühles, in Eichenrinde-Absud getauchtes Handtuch zu setzen oder eine Auflage mit pürierten Huflattich-, Spitzwegerich- oder Beinwellblättern zu machen. Auch kalte Umschläge mit Zinnkrauttee fördern die Heilung. Bei Venenentzündung müssen die Heilumschläge oft erneuert werden; sie dürfen

Kerze

nicht heiß oder trocken auf den Beinen liegenbleiben. Hilfreich sind außerdem kühlende Lehm- oder Quarkauflagen auf die schmerzenden Stellen. In Apotheken gibt es Hirudinsalben und -tinkturen (mit einer Substanz aus dem Speichel von Blutegeln), die Venenknoten und beginnende Thromben auflösen. – Bei stärkeren Krampfadern und Schwellungen helfen Stützwickel, die noch vor dem Aufstehen angelegt und bis zum Schlafengehen getragen werden müssen (nachts immer entfernen). Lassen Sie sich die spezielle Wickeltechnik von Ihrer Ärztin, Physiotherapeutin oder Arzthelferin zeigen.

Yoga:
Gut geeignet bei Venenleiden aller Art ist die *Kerze* (Abbildung siehe S. 655), verbunden mit Bewegungsübungen: Auf den Rücken legen, mit den Händen das Kreuz abstützen und in die Kerze gehen; dabei immer ruhig atmen. Zunächst die Beine zur Grätsche öffnen, kurz so verharren, dann langsam wieder zusammennehmen; dann die Beine zu einer weiten Schere öffnen (ein Bein ragt hinter den Kopf, das andere übers Gesäß hinaus), kurz verharren, wieder zusammennehmen, dann die Schere wechseln usw. Beim letzten Ausscheren die Füße erst nach innen, anschließend nach außen drehen. Zum Schluß die Fußsohlen aneinanderlegen und so weit es geht Richtung Schritt ziehen; die Knie dabei weit auseinanderdrücken, so daß die Gesäßmuskeln sich dehnen. Dann erst das rechte, danach das linke Bein noch in der Luft ausschütteln, absetzen und die Übung langsam auflösen. Kurz liegenbleiben und der Wirkung nachspüren.

Zusätzliche Verfahren:
Bei Venenleiden aller Art sollten Sie nicht zögern, eine Behandlung mit Mitteln der →Homöopathie vornehmen zu lassen. Auch eine fachkundige Behandlung mit medizinischen Blutegeln (siehe S. 292) hilft sehr gut gegen Venenknoten und Thrombophlebitis (falls Sie sich davor nicht ekeln). Unter Umständen ist auch eine Sauerstoff-Therapie nützlich, die das Blut »auffrischt«; sie muß von einer darin ausgebildeten, am besten ärztlichen Fachkraft vorgenommen werden (siehe ab S. 295).

Literaturempfehlungen:
Fritz, K./Itschert, G./Gahlen, I.: Krampfadern. Vorbeugen, lindern, heilen. Rowohlt Taschenbuch Verlag, Reinbek 1995.

Murphy, Monika: Ratgeber Venenleiden. Krampfadern, Thrombosen, offene Beine. Germa-Press, Hamburg, 2. Aufl. 1989.
Robins, Howard/Null, Gary: Gut zu Fuß ein Leben lang. So bleiben Füße und Beine gesund. Deutscher Taschenbuch Verlag, München 1994.
Schmidt, Hans: Krampfadern natürlich behandeln. Gräfe und Unzer Verlag, München, 3. Aufl. 1994.
Schubert, Hans-Joachim: Volkskrankheit Krampfadern. Informationen und Ratschläge. Piper Verlag, München 1995.
Wellmann, Jutta: Krampfadern vorbeugen und natürlich heilen. Die besten Tips aus der Natur. Midena Verlag, Küttigen/Augsburg 1993.

Verdauungsstörungen

Dazu gehören unter anderem:

Blähungen
Durchfall
Gastritis
Leber- und →Gallenleiden
Magengeschwür
Übelkeit/Erbrechen
Verstopfung

Allgemeines

Anatomisch gesehen, beginnt der Verdauungstrakt bei den Lippen und endet bei den Öffnungen der Ausscheidungsorgane. Diese Betrachtungsweise läßt allerdings unser größtes Stoffwechselorgan außer acht, nämlich die Haut. Sie reagiert auf Störungen des Stoffwechsels bzw. der Verdauung oft sehr sensibel (→Hautprobleme). Männer haben, statistisch gesehen, häufiger Magenprobleme als Frauen – bis hin zum Magenkrebs, der bei ihnen um etwa 50 Prozent häufiger auftritt. Dafür leiden Frauen wesentlich öfter an Verstopfung (Obstipation) – oder haben zumindest diesen Eindruck; siehe dazu Info S. 660. Etwa 80 Prozent aller Frauen, so lautet das Fazit wissenschaftlicher Studien, haben irgendwann in ihrem Leben über längere Zeit mit einer verzögerten Stuhlentleerung zu kämpfen. Häufig hat das mit Schwangerschaften zu tun: Das Ungeborene drückt, je mehr es wächst, auf das Intestinum (medizinisch für Gedärm) und behindert die Darmmotorik, auch *Peristaltik* genannt. Das zu Verdauende rutscht dann schlechter, staut sich, trocknet ein – und bereitet Hochschwangeren die bekannten Verdauungsprobleme (→Schwangerschaftsbeschwerden).

Doch auch außerhalb von Schwangerschaften fühlen sich sehr viele Frauen oft verstopft. Der tiefere Grund dafür ist die Gehirnwäsche, denen Frauen in westlichen Industrienationen ausgesetzt sind, seit das magersüchtige Model Twiggy in den sechziger Jahren Furore machte: Alle Schönheitsideale, die uns seitdem aufgedrückt werden, verlangen von uns eine Schlankheit, ja mitunter Magerkeit, die – wenn überhaupt – allenfalls durch strenge Diäten, Abmagerungs- und Abführkuren zu »schaffen« ist. (Weiteres zu diesem Thema →Ernährungstherapie.) Unter dem gesellschaftlichen Druck dieser Idealvorstellungen, die in Wirklichkeit für Frauen mit ganz normalen, weiblichen Körperformen alles andere als ideal sind, schlucken zahllose Frauen jahre-, ja sogar jahrzehntelang Abführmittel und verschaffen so den Herstellern dieser Produkte Millionenumsätze. (In unserem Buch ›Alles über Schönheitsoperationen‹[1] haben Renate Scholz und ich die Problematik weiblicher Schönheitsideale in unserer Zeit ausführlich dargestellt.)

Verführerisch sind vor allem Präparate, die »reine Natur« versprechen, also zum Beispiel auf der Basis von Aloe, Sennesblätter und Faulbaumrinde hergestellt sind. In der leider völlig verkehrten Annahme, etwas so Natürliches könne ihnen doch gewiß nicht schaden, nehmen Frauen täglich diese Mittel ein – und ruinieren damit ihren Darm. Die Darmperistaltik nämlich, (zu) lange künstlich angeregt, verlernt buchstäblich die Selbständigkeit und wird noch träger als zuvor. Die stark schleimhautreizenden Inhaltsstoffe schädigen die Darmschleimhaut, färben sie mit der Zeit tiefschwarz und töten die natürliche Darmflora ab, ohne die viele Verdauungsvorgänge nicht mehr richtig ablaufen können. Die Folge: eine »selbstgemachte« Darmstörung, die einer Sucht sehr ähnlich ist, denn ohne die gewohnten Mittel sind die Betroffenen, wie sie nach einiger Zeit merken, erst recht verstopft. Also nehmen sie sie weiterhin ein…

Ihrem fremdbestimmten Schlankheitsideal kommen sie dabei nicht unbedingt näher. Bei ständigem Abführen werden ja nicht Fettzellen abgebaut, sondern es wird nur die Darmpassage der aufgenommenen Nahrungsmittel beschleunigt (bei längerem Abführmittel-Mißbrauch nicht einmal mehr das) und alles ausgetrieben, was noch nicht die Zeit hatte, verdaut zu werden. Dabei gehen dem Stoffwechsel zugleich sehr viele notwendige Nährstoffe, Vitamine, Minerale, Spurenelemente sowie Wasser verloren: Eine Mangelsituation entsteht. Um sich selbst vor den Folgen solcher Unterernährung zu bewahren, versucht der Organismus, dem »Durchräumen« der Abführmittel so viel Widerstand wie möglich entgegenzusetzen, staut Wasser in den Körpergeweben (das schwemmt sie auf, zum Beispiel in der zweiten Zyklusphase, →Prämenstruelles Syndrom), ruft seine Immunabwehr auf den Plan, was schließlich eine →Abwehrschwäche oder eine chronische Magen-Darm-Entzündung (Gastroenteritis) zur Folge haben kann, mobilisiert oder blockiert bestimmte Hormone, Enzyme und andere für den Zellstoffwechsel wichtige Substanzen, was unter Umständen Leber- und →Gallenleiden begünstigt. Das gesamte homöostatische Gleichgewicht, also die Ausgewogenheit der Körperflüssigkeiten, gerät irgendwann ins Wanken – und mit ihr die Gesundheit, die die Frau mit »natürlichen Abführmitteln« doch eigentlich gerade schützen wollte.

Abhilfe zu schaffen, ist möglich, verlangt aber Geduld. Denn der Darm ist zwar umerziehbar, aber nicht von heute auf morgen. Sehr wichtig ist auch, zwischen einer echten Verstopfung und einem anlagebedingt langsamen Stoffwechsel bzw. der ganz normalen Ausscheidungs-Rhythmik unterscheiden zu lernen (siehe hierzu Info S. 660).

Übelkeit und Erbrechen kennen viele Frauen vor allem als →Schwangerschaftsbeschwerden. Daneben sind sie aber auch eine gesunde Reaktion des Organismus, sich von eingedrungenen Gift- und Schadstoffen zu befreien. Das gleiche gilt für Durchfall (*Diarrhö*): im Prinzip nichts anderes als eine natürliche Maßnahme, schädliche Bakterien oder Nahrungsgifte möglichst rasch auszuleiten. Gefährlich wird es erst, wenn dabei gleichzeitig auch zu viel Gewebewasser und Nährstoffe ausgeschwemmt werden. Die Therapie ist daher eine Gratwanderung: Einerseits ist es wichtig, die natürliche Ausleitungsreaktion nicht vorzeitig abzublokken; andererseits müssen die fehlenden Stoffe rasch wieder zugeführt und dürfen nicht erneut unverdaut ausgeschieden werden.

Wer den eigenen Verdauungskanal, vom Mundraum (Zähne!) bis zu den Ausscheidungsorganen, sorgsam pflegt, schützt und stützt, wird ganz allgemein weniger Verdauungsstörungen haben als andere und auch besondere Belastungen (etwa durch eine Salmonellenvergiftung oder eine im Urlaub aufgeschnappte Reisediarrhö) glimpflicher überstehen. Die Naturheilkunde hält darüber hinaus sehr viele Maßnahmen zur Ersten Hilfe sowie bei chronischen Verdauungsbeschwerden bereit.

Info: Was echte Verstopfung ist – und was nicht

»Einmal täglich muß nicht sein« – mit diesem Slogan versuchen viele, die um unsere Gesundheit besorgt sind, den (auch von der Abführmittel-Industrie kräftig geförderten) Mythos aus der Welt zu schaffen, wer nicht einmal täglich zur Darmentleerung imstande sei, leide schon unter Verstopfung. Dieser Mythos hält sich leider ebenso hartnäckig wie eine solche Darmstörung. Nicht ganz unschuldig daran ist auch ein Mißverständnis, das sich zwischen (übereifrigen) Naturheilkundigen und den Menschen eingestellt hat, die sich am liebsten natürlicher Heilmittel bedienen: Da hierbei sehr oft – und meist sehr zu Recht – vom Schadstoff-Ausleiten und Entschlacken die Rede ist, wurden viele zu der Ansicht verleitet, auch der natürliche Ausscheidungsrhythmus sei eigentlich viel zu langsam und müsse unter allen Umständen beschleunigt werden, damit sich ja keine Toxine (Gifte, Schadstoffe und Stoffwechsel-Abbauprodukte) im Körper ansammeln.

Diese Ansicht ist jedoch nicht richtig. Von Verstopfung kann nur gesprochen werden, wenn

- der Darm über längere Zeiträume hinweg *weniger als zwei- bis dreimal wöchentlich* entleert werden kann,
- die Darmentleerung infolge eines Streß-Ereignisses (Unfall, Operation, Erkrankung) aus dem Takt gerät und sich nach etwa einer Woche Tagen nicht von selbst wieder regelt,
- die Darmmotorik durch Medikamenten-Mißbrauch (auch von Abführmitteln!) lahmgelegt wurde und nach Absetzen dieser Mittel erst wieder allmählich in Gang kommt.

Darüber hinaus ist es bei bestimmten Erkrankungen (und vor jeder Operation) sinnvoll, den Darm gründlich zu entleeren, damit er saniert werden kann und der ganze Organismus auf Selbstheilung umgestimmt sowie für heilsame Substanzen aufnahmebereit gemacht wird. So etwas sind jedoch Heilmaßnahmen im Einzelfall. Normalerweise hat der Darm weder Abführmittel noch häufige Einläufe (Klistiere) nötig. Sie schaden eher, als zu nützen, weil sie oft auch die natürliche Darmflora beeinträchtigen.

Körperliche Gründe von Verdauungsstörungen

Sie sind so zahlreich wie Sandkörner am Meeresstrand, denn grundsätzlich kann sich der Verdauungstrakt gegen alles wehren, was ihm nicht genehm ist, ihn momentan überlastet oder wogegen er Antikörper gebildet hat. Zu den wichtigsten Gründen für *Verstopfung* zählen: ballaststoffarme Ernährung, Bewegungsmangel, Darmträgheit infolge von Schwangerschaft, Medikamenteneinnahme, vor allem von Beruhigungs-, Schlaf- und bestimmten Schmerzmitteln (Opiaten), aber auch von Antibabypille, Anti-Epileptika, Sulfonamiden und anderen Antibiotika sowie übermäßig viel Alkohol, oder von Operationen (als Folge der Anästhesie, die alle Muskeln ruhigstellt). Verstopfung kann außerdem eine Begleiterscheinung vieler Erkrankungen sein, bei denen sich der Stoffwechsel verlangsamt, etwa Nierenleiden (→Harnwegserkrankungen), Leberleiden oder Schilddrüsen-

Unterfunktion. Weitere mögliche Ursachen sind der gefährliche Darmverschluß, Vergiftungen, etwa durch Blei und andere Schwermetalle, gelegentlich auch erblich bedingte Stoffwechselstörungen.

Magen-Darm-Beschwerden inklusive *Blähungen* und *Magengeschwüre* sind oft ernährungsbedingt (zu fett, zu sauer, zu süß, zu schwer gegessen) oder Zeichen einer bakteriellen Infektion. Manche Menschen produzieren anlagebedingt zu viel bzw. zu wenig Magensäure. Weitere wichtige Gründe sind: Vergiftungen, auch mit Alkohol oder Medikamenten (hier vor allem salizylhaltige Mittel wie Aspirin, Cortisonpräparate, Phenylbutazon, Zytostatika), Verätzungen, Strahlenschäden, Verletzungen durch verschluckte Fremdkörper, Operationsfolgen (etwa nach Eingriffen an Magen oder Speiseröhre) sowie eine Reihe von Tropenkrankheiten.

Durchfall stellt sich ein bei manchen Vergiftungen, bakteriellen und anderen Infektionen (Kolitis, »Montezumas Rache«), auch bei Darmtuberkulose, nach übermäßiger Vitamin-C-Aufnahme, bei Strahlenschäden, Allergien (vor allem gegen Nahrungsmittel) und Schädigung der Darmflora, etwa bei einer Antibiotika-Therapie.

Übelkeit und Erbrechen sind oft ein Begleitsymptom von →Kopfschmerzen und Migräne sowie von Leber- und →Gallenleiden, können auftreten bei Störungen des hormonellen Gleichgewichts bei Einnahme von Hormonpräparaten (auch der Antibabypille), bei Vergiftungen, auch durch starkes Rauchen oder zu viel Alkohol, bei Parasitenbefall, Infektionen, allgemeinen Stoffwechselstörungen wie Unterzuckerung und Kohlenhydratmangel (Hunger), bei Kreislaufproblemen, erhöhtem Hirn-Innendruck (Schädel- oder Rückenmarksverletzungen, Hirntumor) außerdem bei angeborenen Enzymdefekten, Nierenstau, akuten Entzündungen der Unterleibsorgane sowie im Schock, etwa nach einem Unfall. Schwangere leiden zudem in den ersten Monaten oft unter Morgenübelkeit (→Schwangerschaftsbeschwerden).

Sofort in ärztliche Untersuchung/Behandlung bei:

- Verdauungsstörungen *jeglicher* Art, die zeitlich in Zusammenhang mit einer Auslandsreise zu stehen scheinen (zur Ausschlußdiagnose von Malaria, Parasitenbefall, bakteriellen und

anderen exotischen Infektionen bzw. Tropenkrankheiten, auch Hepatitis),
- Erbrechen oder Durchfall, die mehr als 24 Stunden anhalten und auf natürliche Heilmaßnahmen nicht reagieren,
- Verdacht auf Lebensmittel-, Medikamenten- oder andere Vergiftung (sofort den Notarzt holen, eventuell auch Informationen bei der nächsten Giftzentrale einer Universitätsklinik einholen!).
- Verdacht auf Darmverschluß (kolikartige Darmschmerzen, evtl. Fieber).

Psychosomatik

Da der gesamte Verdauungstrakt aufs engste mit dem vegetativen und zentralen Nervensystem verbunden ist, sind Verdauungsstörungen aufgrund nervlicher Belastungen kein Wunder. Der Volksmund kennt diese Zusammenhänge sehr genau: Etwas sitzt wie ein Kloß im Hals, stößt sauer auf, schlägt auf den Magen, liegt wie ein Stein darin; man beißt sich die Zähne daran aus, redet sich den Mund fusselig, findet etwas zum Kotzen oder nur schwer verdaulich; es verschlägt einer den Appetit, ihr dreht sich der Magen um, sie hat Schiß, es geht ihr beschissen, sie hält eine Aufgabe für einen »harten Brocken« und würde am liebsten auf alles scheißen. Wenngleich Vulgärsprache, sind viele dieser Ausdrücke doch besonders ausdrucksstark und treffen die psychosomatische Wahrheit auf den Punkt.

Frauen (und Männer), denen der Magen-Darm-Trakt besonders viele Probleme bereitet, schlucken oft viel zu viel, ohne ihren Emotionen entsprechend Luft machen zu können; die nicht ausagierten Gefühle setzen sich im Körpergedächtnis fest, verursachen Blähungen, fördern die Magensäure-Sekretion (der Magen verzehrt sich dann sozusagen selbst; es bilden sich Magengeschwüre) und veranlassen den Darm, den unverdaulichen Streß so schnell wie möglich loszuwerden (Durchfall), oder er staut sich darin und blockiert die Passage (Verstopfung). Psychoanalytisch gesehen sind Personen mit psychisch bedingten Magen-Darm-

Problemen im Unbewußten vielfach noch mit einer Frühphase ihrer Entwicklung, der oralen oder analen Phase, beschäftigt. In der oralen Phase lernten sie, Nahrungsaufnahme mit Zuwendung gleichzusetzen; in der analen Phase erfuhren sie von der Wichtigkeit ihrer Ausscheidungsprodukte für ihre Bezugspersonen (Eltern), und merkten, daß sie eine gewisse Macht ausüben konnten, wenn sie sie hergaben (aufs Töpfchen gingen) oder das »Geschenk« verweigerten. Traumatische Störungen in diesen Phasen – beispielsweise eine rigide Fütterungs- und Sauberkeitserziehung, beides bei Mädchen häufiger als bei Jungen – bewirken nicht selten, daß die Betreffenden auch als Erwachsene noch Probleme mit der Nahrungsaufnahme oder aber dem »Hergeben« haben – ihres Darminhalts ebenso wie von Besitz, Geld, Macht, Liebe. Dahinter verbirgt sich eine tiefe Verunsicherung, verkürzt gesagt die Frage, ob sie wohl auch »einfach so«, wie sie sind, geliebt werden können.

Natürliche Heilverfahren

Allgemeinverhalten:
Da sich das Verhalten bei akuten Verdauungsstörungen ganz nach der jeweiligen Erkrankung richtet, sind hier nur Ratschläge für *chronische* bzw. immer wieder auftretende Beschwerden möglich. Wer einen empfindlichen Verdauungstrakt hat, sollte auf folgendes achten: Bauchregion und Unterleib möglichst vor Verkühlung schützen, vor allem nach den Mahlzeiten; Exzesse und Überreizungen jeglicher Art meiden; nicht rauchen, keine aufputschenden Genußmittel nehmen, wenig Alkohol! Statt dessen sollten Sie viel für Ihre ganzheitliche Entspannung tun, etwa mit Hilfe eines körperorientierten →Bewußtseinstrainings bzw. einer Körpertherapie, dem Autogenen Training, Meditation oder →Yoga. Weiteres siehe unter Chronobiotherapie.

Akupressur:
Bei akuten Beschwerden im Magenbereich sowie Verstopfung ist es hilfreich, kreisend breit um den Bauchnabel herum zu massie-

ren, außerdem zwei empfindliche Punkte, (25) und (26) (siehe Abbildung S. 60 f.), an der inneren Fußwölbung. Bei Verdauungsstörungen (auch Blähungen) außerdem: einen Punkt (27) am Oberbauch, genau in der Mitte, wo die Rippen ansetzen, sowie einen Punkt 2 Fingerbreit darunter, über dem Zwerchfell (28), mit festem Druck leicht kreisend 3 Minuten lang massieren, auch mehrfach im Abstand von 1 Stunde.

Aromatherapie:
Bei Blähungen sowie Übelkeit helfen Fenchel, Gewürznelke und Minze sowie Basilikum, das auch Magenkrämpfe lindert; Kamille und Salbei sind gut bei Gastritis, Darmentzündung und allgemeinen Magenschmerzen; Geranium hilft gegen Magengeschwüre, ebenso Kamille; Kardamom aktiviert die Magensäfte; weiteres siehe auch Heiltees und -tinkturen. Aromatherapie-Anwendungen siehe S. 70.

Atemtherapie:
Tiefes Durchatmen ist bei Magen-Darm-Störungen sehr hilfreich – vor allem wenn es gilt, erst einmal ein Gefühl oder einen Streßfaktor zu »verdauen«, bevor Sie darauf adäquat reagieren (siehe Psychosomatische Hilfe). Als Entspannungstechnik sind Atemübungen, wie Sie sie auch beim Hatha-Yoga oder in einem Meditationskurs lernen, unübertrefflich. Sie zu erlernen, lohnt sich ganz besonders bei chronischen Beschwerden.

Bewegung:
Alle Bewegungsarten, die den Kreislauf in Schwung halten, wirken sich auch günstig auf den Stoffwechsel und die Funktionen aller Verdauungsorgane aus. Bewegungsmangel ist eines der Hauptübel, die zu Verstopfung führen. Daher sollten Sie sich stets ausreichend und regelmäßig bewegen, Sport oder Gymnastik treiben, Yoga-Übungen machen, zum Tanzen gehen (→Musik- und Tanztherapie), Treppen steigen, Joggen usw. Auch geistige Bewegung fördert die Darmmotorik: Wer geistig unbeweglich wird, schlafft oft auch körperlich ab. Umgekehrt macht ein müder Darm auch geistig-seelisch träge und müde. Gegen Blähungen

(Meteorismus) gibt es eine gute Yoga-Übung (siehe S. 673). – Bei akuten Magen-Darm-Störungen ist oft Ruhe angesagt, denn sie schwächen sehr. Am besten Bettruhe einhalten und auch keine geistig-seelischen »Purzelbäume« schlagen, bis die Beschwerden abklingen!

Chronobiotherapie:
Die Erziehung des Darms zu einer gewissen Pünktlichkeit hilft, Verstopfung zu verhüten. Erkunden Sie zunächst Ihren natürlichen Ausscheidungsrhythmus (nach Absetzen jeglicher Abführmittel bzw. verdauungshemmender Medikamente oder auch, wenn Sie mit dem Rauchen aufgehört haben, dauert es etwa 2–3 Wochen, bis er sich reguliert hat). Zählen Sie zu den Frauen mit eher gemächlicher Konstitution, kann es sein, daß Ihr Darm sich nur zwei- bis dreimal die Woche regt; andere »müssen« täglich, vielleicht sogar zweimal täglich. Schaffen Sie sich ein kleines Ritual für guten Stuhlgang. Das kann 1 Glas Wasser sein, auf leeren Magen getrunken, der Morgenkaffee, eine gemütliche »Sitzung« mit der Zeitung in der Hand, wenn die Familie aus dem Haus ist, usw. Wie Speichelfluß und Magen auf den Anblick verlockender Speisen, so reagiert auch der Darm auf anerzogene Stimuli mit einem »Pawlowschen Reflex«. (Achten Sie jedoch darauf, daß Sie flexibel genug bleiben, auch dann Stuhlgang zu haben, wenn Sie unterwegs sind oder Ihr Ritual aus einem anderen Grund nicht durchführbar ist!)

Frauen mit psychosomatisch bedingten Verdauungsstörungen und Magen-Darm-Leiden sollten besonders gut auf die Einhaltung ihrer biologischen Schlaf-Wach-Rhythmen, einen ungestörten Monatszyklus sowie Arbeitszeiten achten, bei denen sie sich nicht »vergewaltigt« vorkommen. Ihr empfindliches Nervensystem wird es ihnen danken.

Ernährung, Vitamine, Mineralstoffe, Spurenelemente:
Bei den meisten Magen-Darm-Störungen empfiehlt sich zunächst kurzes →Heilfasten über 24 Stunden bis 3 Tage, bei chronischem Leiden auch eine längere Fastenkur. Danach sollte die Ernährung im Regelfall auf gesunde, ballaststoffreiche Vollwertkost umge-

stellt werden – es sei denn, die Schleimhäute von Magen und Darm sind stark angegriffen (dann eine Zeitlang Schonkost essen – alles, was Ihnen bekommt, ist richtig!), oder Sie leiden an einer erblichen oder Stoffwechselstörung oder einem Autoimmunleiden wie Morbus Crohn, bei denen eine Spezialdiät eingehalten werden muß (Ärztin bzw. Arzt fragen). Bei Magen-Darm-Empfindlichkeit sollten Sie Blähendes wie Zwiebeln, Knoblauch, Lauch, Paprika, Pilze, Hefegebäck, Sprudelwasser, Weißbier, Sekt nur in kleinen Mengen zu sich nehmen bzw. ganz weglassen, ebenso scharfe Gewürze, Fettes, stark Angebratenes, Gepökeltes und Geräuchertes. Süßigkeiten, Kuchen, Schokolade, Vollmilch (-produkte) und »harte« Alkoholika ebenfalls stark einschränken! Gut sind hingegen Bohnenkraut, Süßholzwurzel (Lakritze – doch Vorsicht bei hohem Blutdruck!), Heilerde sowie Kieselsäure zum Einnehmen. Blähungstreibend wirken roher oder gedünsteter Fenchel, Kümmel, außerdem medizinische Aktivkohle (1–2 Tabletten mit etwas Wasser; hilft auch gegen Durchfall!).

Bei Verstopfung sowie vorbeugend: viel frische Salate, Gemüse, Obst, vor allem Weißkohl, Sauerkraut, Lauch, Rhabarber, Sellerie, viele frische Würzkräuter, Kartoffeln, Vollkornreis, Vollkornbrot und andere faserreiche Nahrung (keine vorgekochten Konserven!), dazu mindestens 2 Liter Flüssigkeit täglich trinken; außerdem: morgens einige in Wasser eingeweichte Backpflaumen oder 1–2 Teelöffel über Nacht eingeweichter Sesam- oder Leinsamen essen, dazu 1 Tasse Verdauungstee (siehe unten), oder 1 Eßlöffel Weizenkleie unter Biojoghurt bzw. Müsli rühren, auch dazu reichlich trinken (sonst rutschen die Ballaststoffe nicht durch den Darm, sondern quellen darin auf – ein möglicher Grund für Darmverschluß!). Wer sich überwinden kann: 1 Woche lang täglich 1 Glas Wasser mit Glaubersalz trinken. Hilfreich ist auch 1 kleiner Teller Sauerkraut oder 1 Glas Sauerkrautsaft auf nüchternen Magen.

Bei Durchfall und Erbrechen: zum Ausgleich des Wasser- und Mineralhaushalts Schwarztee mit einer Prise Traubenzucker und etwas Salz, kohlensäurearmes Mineralwasser oder 1 großes Glas zimmerwarme Cola trinken; fasten oder Zwieback essen, evtl. auch Haferschleimsuppe; Kalmuswurzel kauen; bei längerem Erbrechen oder Durchfall so viel gesalzene Gemüse- oder Fleischbrühe und andere Flüssigkeiten wie möglich zu sich nehmen, eventuell auch Mineralstoff-Kombinationspräparate (Brausetabletten). In schweren Fällen müssen Sie an den Infusionstropf!

Farbtherapie:
Bei generell empfindlichem Verdauungstrakt sowie bei Leberleiden kann Ihnen eine drüsenanregende Behandlung mit Gelb oder Orange helfen; bei Magengeschwüren empfiehlt sich besänftigendes Grün, bei Durchfall und Erbrechen »hypnotisches« Violett, bei entzündlichen Prozessen kühlendes, entzündungshemmendes Blau. Verstopfungen reagieren oft gut auf Rot. Anwendungen siehe ab S. 155.

Heiltees und -tinkturen:
Bei Magengeschwüren ist eine *Rollkur* mit Kamillentee angezeigt: 1–2 Tassen frisch aufgebrühten, starken Kamillentee in kleinen Schlucken trinken, dann hinlegen; erst 5 Min. auf dem Rücken, dann 5 Min. auf einer Seite, 5 Min. auf dem Bauch, schließlich 5 Min. auf der anderen Seite liegen; jeden Tag mindestens zwei- bis dreimal; danach einen warmen Wickel auf den Bauch (siehe unten) und eine halbe Stunde ruhen; das ganze mindestens 10 Tage lang. Bei Kamillen-Allergie können Sie auf Ringelblume, Beinwell oder Salbei ausweichen.

Gegen Magen-Darm-Katarrh hilft ein Tee oder eine Teemischung aus Kamille, Rosmarin, Gänsefingerkraut, Bitterklee, Ringelblume, Vogelknöterich, täglich 3 Tassen. Bei Gastritis: Tee oder Teemischung aus Kamille, Melisse, Schafgarbe, Tausengüldenkraut und Salbei, jedoch keinen Pfefferminztee und möglichst auch weder Zucker noch Honig zum Süßen! Durchfall und Erbrechen werden gelindert von Enziantropfen oder Wermuttee (nichts für Schwangere!) oder einer Teemischung aus Kamille, Pfefferminze, Schafgarbe, Brombeerblättern, Berberitze, Himbeer- oder Heidelbeerblättern, eventuell auch Heidelbeersaft oder einem geriebenen rohen Apfel.

Gegen akute Verstopfung hilft frischer Sauerkrautsaft, 1–3 Tassen täglich, die erste auf nüchternen Magen, oder eine Teemischung aus Bitterklee, Esche, Faulbaumrinde, Ingwer und Lorbeer – doch nie länger als 3–4 Tage hintereinander anwenden! Der Darm erholt sich erst nach ca. 2–3 Wochen von solchem »Durchräumen«. Sennesblätter nur selten, Aloe wegen möglicher giftiger Nebenwirkungen am besten gar nicht anwenden. Auch ein Tee aus frischen Weißkohlblättern, Schlehenblüten oder Löwenzahnblättern regt die Verdauung an.

Tinkturen gegen empfindlichen Reizmagen und -darm: Baldrian, Beifuß, Bohnenkraut, Fenchel, Koriander, Labkraut, Majoran, Tausengüldenkraut oder Zitronenmelisse, bei großer Nervosität auch Lavendel und Melisse, täglich dreimal 10 Tropfen in etwas Wasser. Blähungen heilt ein »Vier-Winde-Tee« aus den Samen von Anis, Fenchel, Kümmel und Koriander zu gleichen Teilen, bei Bedarf bis zu 3 Tassen, oder 1 kleines Gläschen Enzian- oder Süßholzwurzel-Likör (nicht bei nötiger Alkohol-Abstinenz!). Keine der genannten Kuren sollten länger als 3 Wochen dauern, dann 3–4 Wochen lang pausieren.

Kälte- oder Wärmetherapie:
Die meisten Magen-Darm-Leidenden haben ein erhöhtes Wärmebedürfnis. Ausnahme: Verstopfung, denn hier kann Wärme den Darm noch träger machen. Besser sind heiß-kalte Wechselduschen und -güsse zur Kreislaufanregung (siehe Wasseranwendungen). Ansonsten bei akuter Erkrankung: viel Bettwärme, Wärmflasche oder Heizkissen auf den Bauch, eventuell auch ein heißer Heublumen- oder Kartoffelbreisack. Bei Erbrechen und Durchfall müssen Sie sich möglichst warmhalten (in Decke hüllen)! Vorsicht mit Wärmeanwendungen bei Leberleiden: Sie können zwar die Durchblutung anregen, das unangenehme Druckgefühl in der Lebergegend sowie Hautjucken jedoch arg verschlimmern!

Lichttherapie:
Bei vielen Magen-Darm-Störungen wäre »Dunkeltherapie« das passendere Wort, denn Licht kann ein Zusatzreiz sein, der das überreizte Nervensystem noch mehr stört. Zudem: Erbrechen, Durchfall und andere Magen-Darm-Beschwerden stellen sich oft

als Folge übermäßiger Sonneneinstrahlung und unsachgemäßer Bekleidung ein (Hitzschlag, Sonnenbrand). Dann sofort ins Dunkel! – Generell können Luft- und Sonnenbäder allerdings zur Abwehrsteigerung und Entspannung beitragen, wenn Sie es nicht übertreiben. Bei depressiver Gemütslage, wie sie bei Magenleidenden häufig ist, →Depressionen.

Massagen:
Bauchmassagen helfen ausgezeichnet gegen Verstopfung: täglich vor dem Aufstehen die Bauchregion 5 Minuten lang sanft kreisend reibend, zum Unterleib hin ausstreichen. Auch bei Magen-Darm-Leiden helfen sanfte, ausleitende, beruhigende Streichelmassagen, die schmerzbedingte Bauchdeckenspannung zu lösen. Wer erbricht oder Durchfall hat, mag oft nicht angefaßt werden – stets respektieren! Bei chronischen Verdauungsstörungen aller Art kann eine ausleitende, harmonisierende Fuß-Reflexzonen-Behandlung sehr hilfreich sein (→Reflexzonentherapien).

Psychosomatische Hilfe:
Frauen mit empfindlichem Magen-Darm-Trakt sind oft richtige »Seelchen«, die leicht verletzbar sind und nur eine »dünne Haut« (in diesem Fall: Schleimhaut) haben. Versuchen Sie, Ihr Selbstvertrauen und Selbstwertgefühl zu stärken, zum Beispiel mit Hilfe von →Bewußtseinstraining bzw. Körpertherapie, in einer Wen-Do-Gruppe (Selbstverteidigung für Frauen), bei einer Gesprächs- oder Gruppentherapie. Je weniger Sie sich als wehrloses Opfer fühlen, desto weniger müssen Sie »schlucken«, und desto besser können Sie sich vor (echten oder als solche wahrgenommenen) Angriffen schützen bzw. gegen sie verteidigen. Lernen Sie, Aggressionen auch einmal nach außen zu wenden, statt sich buchstäblich selbst »aufzufressen« und mit Magensäure »aufzulösen«! Gefühle adäquat äußern, heißt nicht, unkontrollierte Wutausbrüche haben (ein häufiges Mißverständnis), sondern bei Integritätsverletzungen klare Grenzen zu ziehen und anderen die eigenen Emotionen bewußt zu machen.

Frauen, die häufig erbrechen müssen oder Durchfall haben, sollten sich fragen: Was finde ich so zum Kotzen, daß ich es unbedingt sofort loswerden muß? Was vergiftet mein Leben? Welche anderen Mittel habe ich, es loszuwerden? Welche Ängste rumoren buchstäblich in meinem Innern? – Verstopfung hat auch mit der Unfähigkeit zu tun, »loszulassen«. Welche tiefen Ängste kommen in Ihnen hoch, wenn Sie etwas (her)geben müssen? Brauchen Sie Macht, Autorität, Materielles, um sich in Sicherheit zu fühlen? Lassen Sie Erlebnisse zu, die zeigen, was tatsächlich passiert, wenn Sie diese Dinge einmal loslassen. Es ist sehr gut möglich, daß Ihre Angst verschwindet und großer Erleichterung Platz macht. Auch Ihr Darm kann dann endlich freigiebiger sein.

Rituale mit Heilwirkung:
Bei Neigung zu Magen-Darm-Beschwerden und Verstopfung helfen die unter →Gallenleiden genannten Rituale (S. 401). Bei Neigung zu Durchfall: Wenn Sie das Gefühl haben, es sei bald wieder einmal so weit, nehmen Sie ein Blatt Papier, schreiben darauf nieder, was Sie gerade nervt, irritiert oder Ihnen Angst macht; dann knüllen Sie das Papier zusammen, zünden es an und lassen es in einer Schale ausbrennen. Sehen Sie zu, wie Ihre Belastungen sich in Rauch auflösen, und denken Sie dabei ganz fest (oder sagen es laut): Das kann mir nichts mehr anhaben, ich bin stark und gesund. – Dieses Ritual hilft auch noch nach dem Gang zur Toilette!

Visualisieren:
Gut bei jeglicher Art von Verdauungsstörungen: Schließen Sie die Augen, entspannen Sie sich und stellen Sie sich dann eine gute Fee vor, die Ihnen ein wunderschönes Fläschchen mit einem heilsamen Zaubertrank schenkt. Sie nehmen es entgegen, ziehen den Stöpsel ab, und ein herrlicher Duft entströmt dem Fläschchen. Sie setzen es behutsam an die Lippen und trinken das köstliche Naß in kleinen Schlucken. Es rinnt wie Balsam über Ihre Zunge, durch Ihre Kehle, die Speiseröhre hinunter, in Ihren Magen, und Sie spüren, wie es sich auch in allen Ihren Verdauungsorganen wundersam wohltuend auszubreiten beginnt – warm, wo Sie Wärme brauchen, kühlend, wo Ihre Gewebe entzündet sind. Sie behalten noch einen Schluck im Mund (es schmeckt himmlisch), setzen

das Fläschchen ab und spüren genüßlich und völlig entspannt der Heilwirkung des Zaubertranks nach, bis Sie sich ganz davon erfüllt und durch und durch gesund fühlen. Schließlich schlucken Sie den letzten Schluck herunter, stöpseln das Fläschchen wieder zu, dehnen und strecken sich kräftig und öffnen die Augen. Nach Bedarf wiederholen; der Zaubertrank füllt sich wie von Zauberhand immer wieder nach!

Wasseranwendungen:
Vorbeugend bei Verstopfungsneigung: täglich heiß-kalte Wechselduschen oder -güsse, vor allem die Beine und Arme aufwärts (erst rechts, dann links). Bei akuter Verstopfung und hartem Stuhl, womöglich auch Hämorrhoiden (→Venenleiden) ist ein Einlauf mit abgekochtem, lauwarmem Wasser oder ein Kaffee-Einlauf erlaubt: 1 Tasse schwachen, lauwarmen Kaffee in den Klistierballon einziehen, langsam in den Darm einlaufen lassen. Maximal 3 Tage hintereinander! – Bei Neigung zu Magen-Darm-Beschwerden und Magengeschwüren: entspannende Voll- oder Halbbäder mit Lavendel-, Melissen-, Kamillen- oder Baldrianzusatz, nach Bedarf auch tagsüber. Bei Durchfall-Neigung warme Sitz- oder Halbbäder mit adstringierendem Weiden- oder Eichenrinde-Extrakt, Ringelblumentinktur oder -tee, Heilerde, Fango und Kamillentee.

Wickel:
Bei Magengeschwüren: nach der Rollkur (siehe Heiltees und -tinkturen) eine warme Leibauflage, auch mit Heilerde, oder einen Heublumen- oder Kartoffelbreisack; das hilft auch nach Durchfall. Bei Blähungen: warme Leibauflage mit Fencheltee getränkt, langsam auskühlen lassen, dann auswechseln; max. dreimal hintereinander je 20 Min. anwenden; oder ein kühler, ausleitender Wadenwickel um beide Beine. Bei akuter Verstopfung: Auflage oder Bauchmassage mit kräftig durchblutungsförderndem Rosmarin- oder Pfefferminzöl, nicht länger als 5–10 Min. einwirken lassen.

Yoga:
Viele Körper- und Atemübungen des Yoga lassen sich gezielt bei Problemen mit den Verdauungsorganen einsetzen. Hier eine Übung, die unserem Buch ›100 Fragen zu Yoga‹[2] entlehnt ist und sehr gut gegen Blähungen und Verstopfung hilft, die sogenannte *Anti-Meteorismus-Haltung*: Flach auf den Rücken legen, ganz ruhig atmen, entspannen und dann zunächst das rechte Bein anwinkeln, so daß der Oberschenkel auf der rechten Bauchhälfte aufliegt; dabei mit beiden Händen das Knie umfassen und einige tiefe Atemzüge lang so verharren (das linke Bein bleibt entspannt liegen!). Dann das rechte Bein wieder hinlegen, kurz ausruhen; anschließend das gleiche mit dem linken Bein. Mehrmals im Wechsel ausführen; dabei nie den Atem anhalten. Zum Schluß beide Beine anwinkeln und die Hände um die Knie verschränken; bewußt gegen den Druck der Oberschenkel auf den Unterbauch atmen, aber nicht pressen; beim Ausatmen dem Druck leicht nachgeben, ohne zu wippen. Der gesamte Oberkörper muß dabei ganz locker bleiben. Die Beine nun wieder eins nach dem anderen hinlegen, entspannt der Wirkung nachspüren, schließlich langsam aufsetzen.

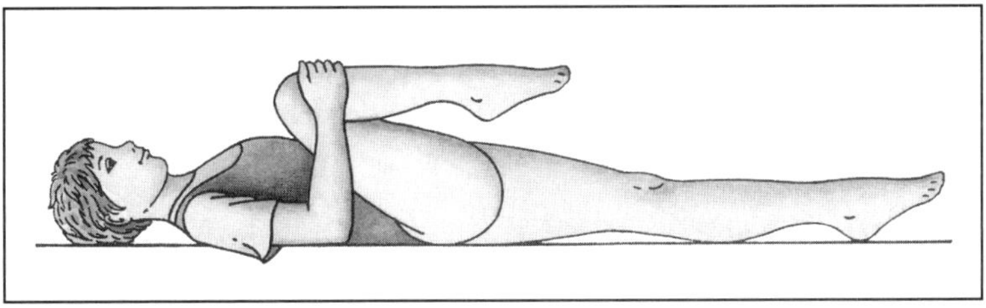

Anti-Meteorismus-Haltung

Zusätzliche Verfahren:
Bei allen chronischen Verdauungsstörungen lohnt sich eine konstitutionelle Behandlung mit Mitteln der →Homöopathie; die Fachkraft kann Ihnen auch raten, was Sie im akuten Fall einnehmen sollten (Homöopathika helfen hier oft sehr rasch). Alternativ dazu kann auch eine Behandlung mit →Bach-Blüten Ihre Psyche

ausgleichen und besänftigen. Auch eine gründliche →Akupunktur-Behandlung kann Ihren Stoffwechsel wieder harmonisieren. Eventuell ist eine fachkundige Sanierung des Darms bzw. entzündlicher Herde im Verdauungstrakt nötig.

Genannte Literatur:

1) Minker, Margaret/Scholz, Renate: Alles über Schönheitsoperationen. Humboldt-Taschenbuchverlag, München 1992.
2) Kraus, Anni/Minker, Margaret: 100 Fragen zu Yoga. Goldmann Verlag, München 1995.

Weitere Literaturempfehlungen:

Carper, Jean: Nahrung ist die beste Medizin. Sensationelle Erkenntnisse über die Heilstoffe in unseren Lebensmitteln. Econ Taschenbuchverlag, Düsseldorf/Wien 1994.

Collier, Renate: Wie neugeboren durch Darmreinigung. Entgiften, entschlacken, Wohlbefinden steigern. Gräfe und Unzer Verlag, München 1995.

Kaess, Herbert/Zöllner, Brigitte: Diät bei Krankheiten des Magens und Zwölffingerdarms. Falken-Verlag, Niedernhausen 1988.

Katalyse e. V. (Hrsg.): Das Ernährungsbuch. Lebensmittel und Gesundheit. Verlag Kiepenheuer & Witsch, Köln 1986.

Wimpffen, Hans Hermann von: Das große Buch vom Sauerkraut. Die besten Kochrezepte. Wirksame Heilanwendungen. Orac Verlag,Wien 1989.

(Weitere Literatur sowie weiterführende Anschriften →Ernährungstherapie.)

Wechseljahrsbeschwerden

Dazu gehören unter anderem:

Hitzewallungen
→Schlafstörungen
→Depressionen
→Menstruationsbeschwerden
Scheidentrockenheit und →Scheideninfektionen
→Harnwegserkrankungen
→Hautprobleme
Angstzustände
Nachlassen der Libido
beginnende →Osteoporose

Allgemeines

Vor rund zwanzig Jahren waren die Wechseljahre der Frau noch kein Thema. Frauen kamen »in die Jahre«, zählten fortan gesellschaftlich wie sexuell zum »alten Eisen«, und wenn sie über Beschwerden klagten, depressiv oder reizbar waren, hieß es rasch und roh, aha, eine »klimakterische Kuh«. Zwar gab es auch damals schon Hormonpräparate, um Hitzewallungen oder Scheidentrockenheit zu lindern, aber nicht viele Frauen wußten davon, und nicht viele Ärzte und Ärztinnen kannten sich mit diesen relativ neuen Behandlungsformen schon gut aus. Der Wechsel selbst war eher ein Tabu, über das höchstens im engsten Freundinnenkreis geredet wurde. »Das unsichtbare Geschlecht« nannte Doritt Cadura-Saf damals Frauen dieser Altersgruppe[1)].

Inzwischen hat sich vieles an diesem Bild geändert. Einiges davon zum Positiven: Angeregt von der Frauenbewegung, machen immer mehr Frauen um fünfzig ihre Erfahrungen mit den Wechseljahren öffentlich, schreiben und diskutieren darüber (siehe auch Literaturempfehlungen). Gleichzeitig kommen Frauen »in die Jahre«, die mitten im Licht der Öffentlichkeit stehen und keineswegs daran denken, sich nun still und unauffällig zurückzuziehen, nur weil sie das Ende ihrer Gebärfähigkeit erreicht haben. Vorbilder für eine ganz neue Art des Älterwerdens sind im Entstehen begriffen, vorgelebt von Künstlerinnen wie Shirley MacLaine, Tina Turner oder Gena Rowlands, von Politikerinnen, Medienfrauen, Managerinnen, Wissenschaftlerinnen und zahlreichen anderen weiblichen Persönlichkeiten des öffentlichen Lebens, wie sie in dieser Fülle und Vielfalt früher nie in Erscheinung getreten sind. Das macht auch weniger öffentlich lebenden Frauen Mut zu dem Gedanken, mit fünfzig sei noch längst nicht »alles vorbei«.

Einerseits ist also ein Tabu gebrochen worden, andererseits aber auch eines hinzugekommen: Ihr *Alter zeigen* dürfen Frauen, die jenseits des Wechsels noch etwas gelten wollen, in unserer Gesellschaft nämlich keineswegs. Im Gegenteil, es wird ihnen Jugendlichkeit, Fitness und Attraktivität abverlangt wie früher kaum einer Gleichaltrigen. Und wer das nicht von alleine schafft, kann ja schließlich auf eine ganze Palette von Hilfsmitteln zurückgreifen, vom Bodystyling im Fitnesscenter über Hormonbehandlungen bis hin zu sogenannten Schönheitsoperationen. Ja, sogar Mutterschaft ließe sich neuerdings noch einrichten, wenn es denn unbedingt sein muß: In Italien entband vor kurzem eine 62jährige, in Israel schwängerte man eine 59jährige Frau (und wer weiß, was in den USA und anderswo möglich gemacht wurde und wird). Auf der Strecke bleibt der natürliche Prozeß des Älterwerdens, der Wechsel in Würde, mit Lach- und Weinfältchen, Stimmungsschwankungen, ein paar Pfund mehr auf den Hüften (gut gegen →Osteoporose!) und ein paar anstrengenden Aktivitäten weniger im Terminkalender.

Nein, einfach in Ruhe über die Wechseljahre in eine neue Lebensphase hineinwachsen darf heute kaum eine Frau, die auf sich hält. Dafür sorgt auch die Schulmedizin, die seit einiger Zeit begonnen hat, Frauen im Hormonwechsel bangezumachen. Unter einer »Krankheit«, nämlich behandlungsbedürftigem »Östrogenmangel« litten sie nun, heißt es allenthalben – obwohl das ganz falsch ist: Ein Mangel besteht definitionsgemäß immer nur dort, wo etwas natürlicherweise sein sollte, aber nicht (mehr) vorhanden ist. Der Rückgang der Östrogenproduktion, die das Ende der biologischen Gebärfähigkeit anzeigt, ist jedoch etwas völlig Natürliches. Nur in seltenen Fällen vollzieht sie sich so rasch und heftig, daß *zeitweise* von einer Mangelsituation gesprochen werden kann, weil sich der Gesamtorganismus nicht ebenso rasch auf die veränderte Hormonlage einstellt und mit stärkeren Anpassungs-Beschwerden reagiert. (Das trifft vor allem auf Frauen zu, bei denen die Wechsel«jahre« nur 12 bis 18 Monate dauern.) Sobald das Gleichgewicht wieder eingekehrt ist und die Organe der Frau genau die Hormonmengen produzieren, die für sie in dieser Lebensphase normal sind (→Zyklusstörungen), hat die Frau durchaus keinen Hormon*mangel* mehr. Und erst recht befindet sich keine der Frauen, die ihren Wechsel ganz allmählich erleben, in einer Hormonmangel-Situation.

Ob sie gar darunter *leiden*, hängt von vielen, zumeist nicht-hormonellen Faktoren ab: zum Beispiel davon, ob sie in einer glücklichen Partnerschaft leben oder gerade geschieden sind, geliebt oder einer Jüngeren wegen verlassen werden; ob sie einen schönen Beruf haben oder allein zuhause dem »Syndrom des leeren Nestes« verfallen, wenn die Kinder aus dem Haus sind und der Ehemann auf dem Höhepunkt seiner Karriere ist; ob sie als »Wiedereinsteigerinnen« eine neue Arbeitsphase beginnen können oder entmutigt Arbeitslosenhilfe, später Sozialhilfe oder eine Mini-Rente beantragen müssen; ob sie endlich Zeit haben, ihre eigenen kreativen Fähigkeiten und Hobbies zu entwickeln, oder ihre Kräfte dafür brauchen, die nun alten, hilfsbedürftigen Eltern und Schwiegereltern zu pflegen, und so weiter und so fort. Perspektivelosigkeit, Müdigkeit, Resignation, Existenzängste, Enttäuschung machen in jeder Lebensphase depressiv und rücken Beschwerden, die vielleicht *auch* vorhanden sind, besonders ins Bewußtsein. In den Wechseljahren kommt heute die Angst hinzu, nicht mehr attraktiv und fit genug zu sein, um noch einmal etwas Neues zu beginnen, sowie die – von Medizinerseite kräftig geschürte – Angst, an »hormonmangelbedingter« Osteoporose zu erkranken und womöglich in ein paar Jahren zum Pflegefall zu werden, wenn sie nicht schleunigst Hormonpräparate nehmen (siehe dazu auch ab S. 483 sowie die Diskussion in meinem Buch ›Hormone und Psyche‹[2)]). Nicht wenige Frauen warten unter dem

Eindruck dieser erhobenen Zeigefinger geradezu auf Wechseljahrsbeschwerden – und bekommen sie dann auch prompt.

Über all diesen Wechsel-Sorgen hat die ganz natürliche Trauer, die sehr oft mit dieser Lebensphase verbunden ist, kaum noch Platz. Grund zum Trauern gibt es genug, denn der Wechsel ist ja immer auch ein Abschied: von der großartigen (wenn auch oft problematischen) weiblichen Fähigkeit, neues Leben in die Welt zu setzen – ganz gleich, ob sie je ausgelebt wurde oder nicht; bei →Unfruchtbarkeit auch von der Hoffnung, der Kinderwunsch möge doch noch in Erfüllung gehen; von den großgezogenen Kindern, die nun endgültig ihr eigenes Leben führen; von den Lebensjahrzehnten, in denen es immer scheint, als hätten wir mindestens noch das Doppelte an Lebensspanne vor uns; von beruflichen oder anderen Träumen, die in diesem Alter vielleicht tatsächlich nicht mehr verwirklichbar sind; von einer bestimmten Art unbeschwerter Gesundheit, mit der es nun langsam, da das Alter naht, vorbei zu sein scheint. Nicht zuletzt muß auch Abschied genommen werden von der Menstruation, dem jahrzehntelang gewohnten Monatsrhythmus, der bei allen Sorgen und →Menstruationsbeschwerden doch für viele auch etwas Tröstliches, Natürliches und Schönes hatte (und sei es nur, daß die Blutung gelegentlich erleichternd klarstellte: zum Glück wieder nicht schwanger geworden).

Diese Abschiede trauervoll zu empfinden, ist völlig normal. Die Wechseljahre gelten deshalb in der psychosomatischen Medizin als *Reifungskrise*, der Pubertätskrise vergleichbar, in der es von der Kindheit Abschied zu nehmen gilt (und auch die Hormone erst einmal zu einem neuen Gleichgewicht finden müssen). Nicht normal ist es, die Trauer vor lauter Jugendlichkeits-Streben unterdrücken zu müssen oder mit künstlichen Hormonen viele Jahre lang in einer irrealen Welt gehalten zu werden, in der kein Abschied nötig scheint. Der Absturz nach dem Absetzen der Medikamente kann um so schlimmer werden.

Beschwerden in den Wechseljahren brechen, wenn wir Berichten aus anderen Kulturkreisen (etwa Polynesien) folgen, durchaus nicht unweigerlich über uns herein: Frauen mit starkem weiblichen Selbstwertgefühl, die zudem im Alter nicht abgewertet, sondern mit Respekt behandelt werden und sozial weiterhin voll integriert sind, scheinen kaum nennenswert unter der Hormonumstellung zu leiden. Und auch in Deutschland fühlen sich rund 20 Prozent aller Frauen, die in den Wechsel kommen, überhaupt nicht beeinträchtigt; weitere 40 Prozent spüren zwar die eine oder andere Umstellungsreaktion; »es ist ihnen aber nicht so wichtig, deshalb um Hilfe nachzusuchen«, wie die Medizinjournalistin Sylvia Schneider in ihrem Handbuch über die Wechseljahre[3)] anmerkt. Fast zwei Drittel überstehen also die Umstellungsphase, ohne ärztlicher Hilfe zu bedürfen – nach anderen Studien sogar 85 bis 95 Prozent. Die folgenden Ausführungen interessieren daher vielleicht nur einen Bruchteil der Leserinnen, die sich in der entsprechenden Altersstufe befinden. Es wäre allerdings gut, wenn Sie sie auch dann lesen und ggf. beherzigen würden, falls Sie vom Wechsel noch Jahre entfernt, ohne Beschwerden mittendrin oder bereits darüber hinaus sind. Denn viele der genannten Maßnahmen verhelfen Ihnen generell zu besserer Gesundheit und können Störungen – seien sie nun hormonell bedingt oder nicht – vorbeugen helfen. (Tips dazu, wie Sie Ihre Knochen bis ins hohe Alter gesund erhalten können, finden Sie unter →Osteoporose, Ratschläge zu anderen Einzelbeschwerden auch unter den jeweiligen Stichworten).

Körperliche Gründe von Wechseljahrsbeschwerden

Bei einer Frau, die ihre Eierstöcke und Gebärmutter noch besitzt, beginnen die hormonbildenden Organe – Hirnanhangdrüse, Hypothalamus und Eierstöcke – ungefähr Mitte bis Ende vierzig mit einer Hormonumstellung. Die Eierstöcke produzieren immer weniger Östrogene (hören damit allerdings nie gänzlich auf, →Eileiter- und Eierstockbeschwerden); immer weniger Eizellen reifen heran und springen (die Ovulation bleibt aus), immer weniger Eihüllen bilden sich zum Gelbkörper um und produzieren Progesteron. Eine Zeitlang versuchen Hypothalamus und Hirnanhangsdrüse noch, diesem Prozeß gegenzusteuern, denn die Natur »hängt« offenbar an der Fruchtbarkeit: Sie bilden vermehrt das follikel-stimulierende Hormon FSH und das luteinisierende Hormon LH, deren Werte im Blut sich manchmal stark hochschaukeln, bevor sie irgendwann ein neues Gleichgewicht erreichen. Außerdem verändern sich im Wechsel – und weiter bis ins hohe Alter – die Werte folgender Botenstoffe: Prolaktin, Oxytocin, Androgene (zunehmende Tendenz, so wie bei älterwerdenden Männern die Östrogene zunehmen), Prostaglandine, Beta-Endorphine und viele andere, über die teils noch wenig bekannt ist.

Ändert sich die Hormonsituation rasch, hat der Organismus mit Anpassungsschwierigkeiten zu kämpfen; das kann zu den typischen Wechseljahrsbeschwerden führen. Verantwortlich gemacht wird dafür außerdem die innerorganische Temperaturregelung, die sich ebenfalls umstellt (viele Frauen sind im Alter erheblich wärmebedürftiger als früher) und dabei manchmal überschießend reagiert, nämlich mit Hitzewallungen (»fliegender Hitze«) und Schweißausbrüchen. Die sinkende Östrogenproduktion wirkt sich auf den Knochenaufbau, die Haut, Schleim- und Bindehäute aus: Die Gewebe werden dünner, lassen in ihrer Elastizität und Feuchtigkeit nach; es bilden sich vermehrt Falten, und die Scheide sowie die Augenbindehäute und der Mundraum können erheblich trockener werden. Das verursacht unter Umständen sowohl Probleme beim Sexualverkehr als auch vermehrte →Scheiden- bzw. →Pilzinfektionen sowie Schwierigkeiten mit Kontaktlinsen und herausnehmbarem Zahnersatz, weil die natürliche Benetzungsflüssigkeit der Augen abnimmt und der Gaumen trockener wird.

Relativ gesehen, nimmt die Produktion »männlicher« Sexualhormone (Androgene) mit fortschreitendem Alter etwas zu; das kann →Hautprobleme, Haarausfall im Kopf- und »Scham«-Bereich sowie Haarwachstum an Stellen zur Folge haben, wo Haare beim weiblichen Geschlecht konventionell als unerwünscht gelten, etwa an der Oberlippe, am Kinn oder zwischen den Brüsten. (Zu diesem Thema siehe Margitta Staibs lesenswertes Buch über ›Die enthaarte Frau‹[4].)

Ein körperlicher Grund für Wechseljahrsbeschwerden ist außerdem Magersucht oder ständiges Dünnfasten: Dabei kommt die Östrogenproduktion, die natürlicherweise auch in den Fettzellen des weiblichen Körpers stattfindet, zum Erliegen und kann den Schwund der Eierstockhormone nicht mehr ausgleichen.

Zu den seltenen körperlichen Gründen für Wechseljahrsbeschwerden gehören außerdem Störungen bzw. organische Erkrankungen der Hirnanhangsdrüse oder des Hypothalamus. →Eierstock- oder Eileiterprobleme bzw. →Gebärmutterprobleme können auch in jüngeren Jahren schon zu verfrühten Hormonumstellungen führen, oder die Frau kommt künstlich zu früh in den Wechsel, weil sie ihre Organe durch eine Operation verliert. Raucherinnen erleben ihre allerletzte Menstruation (sie heißt etwas irreführend »Menopause« – im angloamerikanischen Sprachgebrauch werden die gesamten Wechseljahre so genannt) meist ein paar Jahre früher als Nichtraucherinnen.

Zur ärztlichen Untersuchung/Behandlung bei:
- unregelmäßig werdenden Monatsblutungen (zum Ausschluß einer späten Schwangerschaft),
- heftigen Hitzewallungen, starker Scheidentrockenheit, Neigung zu Knochenbrüchen, schweren →Depressionen, panikartigen Angstzuständen, ungewöhnlich starken →Menstruationsbeschwerden oder sehr störendem →Prämenstruellen Syndrom (zur Feststellung der Hormonspiegel),
- jeglicher Scheidenblutung, die auftritt, wenn die letzte schon neun Monate oder länger her ist (zur Abklärung, was dahintersteckt).

Psychosomatik

Frauen, die sich besonders vor Alterserscheinungen und Wechseljahrsbeschwerden fürchten, registrieren jede kleine Veränderung ihres Aussehens und Befindens auch besonders penibel und rufen sie dadurch erst recht hervor (eine »sich selbst erfüllende Prophezeiung«, wie es im Englischen heißt). Ein erschüttertes weibliches Selbstwertgefühl trägt ein übriges dazu bei, daß sich die Betreffende den Wechsel als nahende Katastrophe vorstellt und überempfindlich auf jedes Anzeichen davon reagiert. Frauen hingegen, die sicher in ihrer weiblichen Rolle – und einer stabilen Partnerschaft – eingebettet sind und vom Älterwerden kaum Nachteile erwarten, und/oder solche, die ein starkes Selbstwertgefühl besitzen, ein ausgefülltes Leben führen und dem Altern auch spirituell gelassen entgegensehen, haben meist erheblich weniger bis gar keine Beschwerden beziehungsweise nehmen die Veränderungen, die sie erleben, als natürlich hin, ohne sich große Sorgen darüber zu machen. Eine solche, der Gesundheit sehr zuträgliche Haltung wird allerdings in unserer Gesellschaft nicht gerade gefördert. Das betrifft nicht zuletzt den sexuellen Bereich: Männern über 50 wird noch ein reges Sexualleben zugestanden; ihre dann eventuell auftauchenden Blutdruck- und Prostataprobleme veranlassen jeden Arzt, ihnen auch Ratschläge bezüglich ihrer Sexualität zu geben. Frauen dieser Altersstufe hingegen werden, falls sie über Libidomangel klagen, oft schräg angesehen, als hätten sie kein Recht mehr auf körperliche Liebe. Mitunter wird ihnen bei einer Scheidenoperation wegen Gebärmuttervorfall sogar ungefragt die Scheide zu eng zugenäht – als sei ohnehin klar, daß sie sie für keinen Sexualakt mehr bräuchten. Diese frauenfeindliche Doppelmoral ist nicht nur in der Medizin, sondern in vielen gesellschaftlichen Bereichen spürbar. Hinzu kommt: Viele Frauen um und über 50 leben wieder ohne Partner – und ohne große Hoffnung, einen neuen zu finden, der in ihnen mehr sieht als ein »Versorgungsunternehmen« fürs eigene Alter. Sexuelle Beziehungen zu jüngeren Männern gar werden gesellschaftlich kaum toleriert. Das alles trägt sehr dazu bei, daß viele Frauen in und nach dem Wechsel die Lust aufs Frausein verlieren, in Resignation und Depression verfallen.

Natürliche Heilverfahren

Allgemeinverhalten:
Kaum eine Frau, die überhaupt unter dem Wechsel leidet, hat *alle* prinzipiell möglichen Beschwerden der Wechseljahre auf einmal; meist stehen bestimmte Gesundheitsstörungen im Vordergrund. Näheres dazu finden Sie in den entsprechenden Einzelabschnitten.

Vorbeugend sind Aktivität, Lebensmut, ein gutes Selbstwertgefühl, wichtige Lebensaufgaben, ausreichende Bewegung und eine auf die besonderen Bedürfnisse des Organismus im und vor dem Wechsel abgestimmte Ernährung die besten »Wegweiser« durch die Wechseljahre. Außerdem wäre es das beste, Sie gäben das Rauchen auf! Bei Neigung zu Hitzewallungen und Schweißausbrüchen sollten Sie sich wie eine »Zwiebel« kleiden, mit vielen »Schalen« aus Naturfasern, die Sie bei Bedarf ablegen können, und auf jeden Fall saugfähige Baumwollunterwäsche anziehen.

Sollten Sie ein Nachlassen Ihrer Libido spüren, gibt es zwei Möglichkeiten: Entweder nehmen Sie (und Ihr Partner/Ihre Partnerin) das gelassen hin und konzentrieren sich auf andere Gemeinsamkeiten, oder aber Sie gehen die Angelegenheit offensiv an, suchen sich Rat und Hilfe in einer Sexualberatung, führen offene Partnerschaftsgespräche, probieren neue Wege der Sexualität aus (auch der Verhütung, denn bis zur Menopause – und auch in der ersten Zeit einer Hormontherapie – können Sie theoretisch noch schwanger werden!) und lassen sich in Ihrem Wunsch nach einem befriedigenden Liebesleben nicht beirren. Wichtig zu wissen: Nach Untersuchungen des Kinsey-Instituts für Sexualitäts- und Geschlechterforschung[5)] ändern sich bei Frauen (wie bei Männern) mit zunehmendem Alter nur die *Rhythmen* der Liebe, nicht die grundsätzliche Fähigkeit, Begehren und Orgasmus zu empfinden. Alles kann ein wenig länger dauern: die Bereitschaft zur Erregung, die verschiedenen Erregungsphasen selbst, die Zeit, die Sie bis zum Höhepunkt brauchen. Hormonpräparate können Libidomangel paradoxerweise manchmal verstärken, ebenso andere Medikamente (etwa gegen Bluthochdruck, →Schlafstörungen oder zur Beruhigung). Sprechen Sie mit Ihrer Ärztin bzw. Ihrem Arzt dann über einen Wechsel der Präparate, oder setzen Sie sie ab. Bei Scheidentrockenheit hilft eine Gleitsalbe auf biologischer Basis, eventuell angereichert mit Salbei- und Zypressenöl oder dem Inhalt einer Vitamin-E-Kapsel, oder zwei- bis dreimal wöchentlich ein Joghurtzäpfchen (siehe S. 572), auf das Vitamin E oder Nachtkerzenöl geträufelt wird. Auch Scheidenmassagen, Masturbation und Koitus können helfen, das Scheideninnere gut durchblutet zu halten, was sich positiv auf die Scheidenfeuchtigkeit auswirkt. – Falls Ihr Partner Ihnen die Lust auf Liebe verdirbt, weil er sich anderen Frauen zuwendet: Leiden Sie nicht still, sondern gehen Sie Ihren eigenen Weg. Ihre nächste Lebensphase kann viele Jahrzehnte dauern, und auch Sie haben das Recht auf Liebe und Selbstverwirklichung.

Akupressur:
Falls Sie erst am Anfang der Wechseljahre stehen, kann regelmäßige Akupressur, besser noch eine gründliche →Akupunkturbehandlung Ihre hormonbildenden Organe zu verstärkter Tätigkeit anregen und/oder Ihren Energiefluß so harmonisieren, daß es zumindest nicht zu raschem Hormonabfall und dadurch heftigeren Beschwerden kommt. Die Akupressurpunkte entsprechen denen, die unter →Eierstock- und Eileiterstörungen angegeben sind, außerdem der Punkt des »Dritten Auges« an der Stirnmitte, knapp einen Fingerbreit über den Augenbrauen, sowie mehrere Punkte vom Nacken abwärts auf der Wirbelsäule; eine gekonnte Partnermassage (mit den Händen sanft die Wirbelsäule entlangarbeiten) erreicht sie. Nützlich ist außerdem die tägliche, mehrminütige Massage der Kreuzbeingegend.

Aromatherapie:
Zur Hormonstimulierung (bei intakten Organen) siehe →Eierstock- und Eileiterstörungen, S. 362; zur allgemeinen Harmonisierung und Entspannung sind Lavendel, Melisse, Baldrian, bei Libidomangel Orange, Rose und Ylang-Ylang empfehlenswert (außerdem jeder Duft, der Sie stimuliert, weil er sinnliche Erinnerungen weckt). Gegen depressive Verstimmung hilft je 1 Tropfen Zypressen- und Fenchelöl zum Einnehmen, täglich nach Bedarf, doch nicht länger als 3 Wochen hintereinander, dann 2–3 Wochen pausieren. Weitere Anwendungen siehe ab S. 70.

Atemtherapie:
Atemübungen, wie Sie sie in einem guten →Bewußtseinstraining, bei Eutonie, in der Feldenkrais-Therapie, in einer Atemtherapie oder beim →Yoga lernen, können Ihnen viele Spannungen nehmen und auch helfen, mit gereizten, depressiven, lustlosen oder

mürrischen Stimmungen besser fertigzuwerden. Außerdem verbessern sie Ihren Bezug zu sich selbst und pumpen mehr Sauerstoff in Ihren Organismus. Eine gute Atemtherapie stellt auch das Singen dar (→Musik- und Tanztherapie)!

Bewegung:
Regelmäßige Bewegung kann Wechseljahrsbeschwerden aller Art – vor allem Hitzewallungen – vorbeugen helfen, weil die körpereigene Temperaturregelung dabei trainiert und im Gleichgewicht gehalten wird, alle Organe besser durchblutet und mit Sauerstoff versorgt werden, die Endorphinausschüttung im Gehirn stimuliert wird (ein natürliches Antidepressivum) und Sie Ihre Beweglichkeit und Elastizität behalten. Suchen Sie sich eine Bewegungsart, die Ihnen Freude macht (vielleicht in einer Gruppe Gleichgesinnter), und bleiben Sie täglich, mindestens aber zwei- bis dreimal wöchentlich dabei. Am besten geeignet sind Sport- und Bewegungsarten, die Ihre Ausdauer fördern, ohne Spitzenleistungen zu verlangen, also etwa Radfahren, Joggen, Wandern, Tennis, Reiten, Schwimmen, Gymnastik, Seilspringen usw.

Chronobiotherapie:
Im Wechsel ändern sich Ihre gewohnten biologischen Rhythmen: Der hormonelle Monatszyklus hört allmählich auf, die Blutungen werden unregelmäßig, kommen manchmal monatelang nicht, dann vielleicht ein paarmal kurz hintereinander (auch in ungewohnter Stärke, Schwäche, Dauer) und bleiben schließlich ganz aus. Auch der Schlaf-Wach-Rhythmus kann sich ändern: Sie brauchen mehr »Nickerchen«, dafür weniger Nachtschlaf. Lassen Sie diese Veränderungen zu; achten Sie darauf, und versuchen Sie nicht krampfhaft, die gewohnten Rhythmen durchzusetzen. Die neuen können viele Vorteile haben! Davon abgesehen ist die Hormonumstellung kein »Honigschlecken« für Ihren Organismus. Gönnen Sie sich so viel Ruhe, wie Sie brauchen. – Frau Luna übt übrigens auch nach dem Wechsel noch Einfluß auf den weiblichen Organismus aus: Schließlich bestehen wir zu 60 bis 70 Prozent aus Wasser und reagieren zudem über die Zirbeldrüse weiterhin auf »Ebbe und Flut« des Mondlichts. Viele Frauen

spüren die Mondrhythmik wie eine Erinnerung an ihren früheren Zyklus, mit ähnlichem Auf und Ab von Stimmungen, Unruhen, Ruhebedürfnissen und anderen zyklisch wiederkehrenden »Symptomen«. So etwas ist also keine Einbildung, sondern ein realer biologischer Takt, den Sie nicht negieren sollten.

Ernährung, Vitamine, Mineralstoffe, Spurenelemente:
Ein paar Fettzellen (mehr) benötigen Sie im Wechsel, weil Sie auch dort Östrogene produzieren (beim Verstoffwechseln von Cholesterin). Hungern Sie sich also nicht künstlich dünn; das bekommt auch Ihrem Hauttonus viel besser! Starkes Übergewicht sollten Sie allerdings abbauen, denn es kann Wechseljahrs- und andere Beschwerden verstärken, Ihre Venen und Ihr Knochengerüst belasten. Neben gesunder Vollwertkost, die Ihnen am meisten Aufbaustoffe liefert, empfehlen sich Zusatzpräparate von Kalzium, eventuell auch Kalium und Magnesium (gegen Gliederkribbeln), Selen, Phosphor, Eisen, viel Vitamin E und C (beide helfen u. a. gegen Hitzewallungen), Vitamin B (z. B. in Bierhefe, auch gut für die Haut!), Vitamin A für die Augen, Lezithin und Kieselsäure für die Gewebefestigkeit. Gute Nährstoffspender sind auch Körner, Samen, Nüsse, Miso, Bio-Joghurt, Kefir, Buttermilch, Meeresalgen, Sojaprodukte, Brokkoli sowie fettere Fische wie Lachs und Sardinen, die reich sind an mehrfach ungesättigten Fettsäuren. *Hinweis:* Zusatzpräparate jeder Art sollten Sie nicht länger als 3 Wochen hintereinander einnehmen, sonst gewöhnt sich Ihr Organismus zu sehr an diese Zufuhr. Vor jeder neuen Kur 3–4 Wochen pausieren.

Farbtherapie:
Vor allem Gelb, aber auch Orange wirken drüsenanregend und können die Hormonproduktion maximieren. Sexuell stimulierend wirkt Rot (Vorsicht bei hohem Blutdruck!); bei Herzschwäche (und Herzeleid) sind Rosa und Türkis empfehlenswert; bei Reizbarkeit und zur allgemeinen Entspannung hilft Grün. Ungünstig für den Wechsel sind Violett, Blau mit hohem Schwarzanteil sowie alles Graue, allzu Gedeckte in der Kleidung: Sie haben keinerlei Grund, sich möglichst unsichtbar zu machen!

Heiltees und -tinkturen:
Hormonell anregend, wenn noch irgend möglich, ist vor allem Frauenmanteltee, täglich 1–3 Tassen, oder eine Mischung aus Frauenmantel, Ringelblumenblüten und Salbeiblättern, mit Zitronensaft und Honig abschmecken, täglich 1–3 Tassen (je nach Grad der Umstellungsbeschwerden), sowie der östrogenähnlich wirkende Brennesselsamen oder auch Granatapfelsamen, zermahlen z. B. unter Joghurt gemischt, täglich 1 Mokkalöffel voll. Gute Erfahrungen wurden auch mit einem Präparat aus Kälbermilz-Dialysat gemacht, das in der Wirkung mit einer →Zelltherapie (siehe S. 297) vergleichbar ist, ärztlich verordnet werden kann und sehr wenige Nebenwirkungen hat. Progesteronähnlich wirkt ein Tee oder Extrakt aus Silberkerze (Cimicifuga). Bei Kreislaufschwankungen und Schwindel: täglich 2 Tassen Teegemisch aus Rosmarin und Weißdorn in kleinen Schlucken trinken. Bei Nervosität und Reizbarkeit: Baldriantropfen oder täglich 1–2 Tassen Hopfentee, zur Stimmungsaufhellung auch Johanniskrauttee (Vorsicht, macht lichtempfindlich!). Bei Schweißausbrüchen: Salbeitee oder Aufguß aus aufgekochtem, dann zerstoßenem Zypressenholz, außerdem täglich bis zu 0,5 g Bienenpollen sowie Nachtkerzenöl, bis zu 60 mg täglich (als Kapseln). Sollten Sie eine Hormontherapie abbrechen, können Sie sich mit Herzgespanntropfen oder -tee die Umstellung erleichtern.

Kälte- oder Wärmetherapie:
Hitzewallungen, Kopfschmerzen und ähnlichen vegetativen und gefäßbedingten Wechseljahrsbeschwerden kann mit einem wohltrainierten, anpassungsfähigen Kreislaufsystem vorgebeugt werden: jeden Tag heiß-kalte Wechselduschen oder -güsse, mindestens auf Beine und Arme, sowie andere abhärtende →Kneipp-Anwendungen, auch Luftbäder, Klimakuren, Urlaube in Reizklimata (am Meer, im Hoch- oder Mittelgebirge). Bei akuter »fliegender Hitze« kurz die Arme unter kaltes Wasser halten, Stirn, Nacken und Puls in der Ellenbeuge und den Kniekehlen kühlen; den Schlaf- und Aufenthaltsraum ein paar Grad kühler als sonst halten und im Sommer nicht in die pralle Sonne gehen.

Lichttherapie:
Bei depressiven Verstimmungen kann eine Lichttherapie sehr viel nützen (siehe dazu ab S. 212). Gönnen Sie aber auch dem Mondlicht noch einen Platz in Ihrem Leben (siehe Chronobiotherapie), und nehmen Sie gelegentlich stimulierende oder beruhigende Farblichtduschen (→Farbtherapie), mit denen Sie auch ganz gezielt Ihre sieben Chakren (→Akupunktur) bestrahlen können.

Massagen:
Bei heftigen Wechseljahrsbeschwerden kann eine spezielle Bindegewebsmassage am Rücken helfen; sie muß von einer Fachkraft ausgeführt werden. Entstauend, ausleitend und hormonstimulierend ist außerdem eine Fuß-Reflexzonen-Behandlung (→Reflexzonentherapien). Wohltuend bei allen vegetativen Störungen sind sanfte Bauchmassagen, fachkundig oder von Ihrem Partner/Ihrer Partnerin oder einer Freundin durchgeführte Rücken- sowie Ganzkörpermassagen.

Psychosomatische Hilfe:
Frauen im Wechsel brauchen vor allem ein gutes Selbstwertgefühl und Optimismus für die auf sie zukommende Lebensphase. Im Kapitel über →Lachtherapie finden Sie zu letzterem einige wichtige Anregungen. Mit →Bewußtseinstraining bzw. einer frauenbezogenen Körpertherapie, aber auch mit →Yoga können Sie sich auf diesem Weg neu »erden« und den Dialog mit Ihrem Körper- und Seelenselbst (wieder) aufnehmen. Wichtig ist auch der regelmäßige Kontakt mit anderen Frauen, denen es ähnlich geht wie Ihnen, mit denen Sie sich austauschen, Selbstwertfragen besprechen und Lösungen für viele Probleme finden können. In zahlreichen Städten haben sich Selbsthilfegruppen für Frauen in den Wechseljahren konstituiert; Sie können aber natürlich auch selbst eine gründen – und dabei vielleicht manche neue, tragfähige Freundschaft für die kommende Lebensphase aufbauen. Suchen Sie Ihre »neue Fruchtbarkeit«, spüren Sie Ihre Kreativitäten und Talente auf; machen Sie einmal eine Liste aller Dinge, die Sie gut können (auch sämtlicher hausfraulichen und organisatorischen Fähigkeiten!) oder noch ausbauen wollen – und fangen Sie damit

an, dafür neue Betätigungsfelder aufzubauen, eventuell mit anderen gemeinsam! Es gibt so vieles, was Ihren Einsatz lohnt. Falls Sie in dieser Altersstufe mehr Zeit haben als früher, weil bestimmte Aufgaben (etwa die Kindererziehung) weggefallen sind, »vertrödeln« Sie sie nicht mit viel Kleinkram, der Sie unbefriedigt läßt, sondern packen Sie etwas Neues an. Sie haben allen Grund darauf, neugierig zu sein, was aus Ihnen noch alles zum Vorschein kommt.

Lösen Sie sich außerdem aus Umgebungen, die Sie nur niederdrücken oder in Ihrem weiblichen Wert herabsetzen. So etwas haben Sie wirklich nicht mehr nötig. Älter und reifer zu werden, hat einen großen Vorteil: Sie wissen schon aus Erfahrung, welche Gesellschaft und welche Situationen Ihnen guttun und welche nicht. Anpassungsvermögen müssen Sie nicht mehr unter Beweis stellen; Sie können jetzt in vielem freier und bewußter auswählen als je zuvor. Nützen Sie diese Möglichkeiten, sich aus Zwängen (auch des Jugendlichkeitswahns, der Modetorheiten, der Schönheitsideale) zu lösen und Ihren eigenen Weg zu gehen!

Rituale mit Heilwirkung:
Eine Übung, die sich an Ihr spirituelles, geistiges und psychisches Selbst richtet: Suchen Sie sich aus den zahlreichen großen Frauengestalten aus Mythos und Geschichte eine aus, die Sie ganz besonders anzieht, die ein Vorbild für Sie sein könnte oder in der Sie sich – und sei es »nur« in Ihren bislang nicht ausgelebten Seiten – gut wiedererkennen können: beispielsweise Isis, ägyptische Göttin des Lebens und der Heilkunde; Aspasia, Hüterin der Wissenschaften; Sophia, Symbolgestalt der Heiligen Weisheit; Diana, die kühne, sich selbst genügende Jägerin; Innana (Ischtar), die Große Mutter und Schöpfergöttin; Medea, die zornige Rächerin ihrer entehrten Würde (zu dieser hochinteressanten mythischen Gestalt hat Olga Rinne ein wunderbares Buch geschrieben[6)]); vielleicht auch Sappho, Sinnbild aller weiblichen Dichtkunst und der Liebe unter Frauen, oder die unter vielen Namen auftretende Weise Alte, Inbegriff weiblichen Erfahrungswissens… Mythen und Legenden, aber auch die ganz reale Geschichte jedes Volkes sind voll von besonderen Frauenfiguren, die uns auf unserem Weg be-

gleiten können. Versuchen Sie, so viel wie möglich über »Ihre« Begleiterin zu erfahren; lesen Sie über sie, führen Sie Gedankendialoge mit ihr, erkunden Sie, worin Sie ihr ähnlich sind oder nicht. »Verabreden« Sie sich jede Woche einmal mit dieser Frauengestalt (und anderen, wenn Sie wollen). Schöpfen Sie Kraft aus dieser Beziehung, die ganz allein von Ihnen geformt wird.

Visualisieren:
Nehmen Sie jeden Tag ein imaginiertes Bad im Zaubersee, wie auf S. 273 beschrieben.

Wasseranwendungen:
Eine Frauen-Kur in einem Kurort, in dem auch Moor-, Fango-, Sole-, Schwefel-, Radon- und andere heilsame Bäder sowie Trinkkuren mit mineralhaltigen Quellwässern, →Kneipp-Anwendungen, Luft- und Sonnenbäder, Gymnastik und nicht zuletzt psychologische Betreuung angeboten werden, kann vielen Frauen mit stärkeren Wechseljahrsbeschwerden helfen, besser über eine schwierige Zeit hinwegzukommen, sich zudem einmal richtig zu entspannen und viele gesundheitliche Ratschläge mit nach Hause zu nehmen. Erkundigen Sie sich nach einer solchen Frauen- oder Müttergenesungskur bei Ihrer Ärztin bzw. Ihrem Arzt oder Ihrer Krankenkasse.

Yoga:
Eine Übung, die Stauungen im Rücken und Becken abbaut, die Wirbelsäule und die Brustmuskeln kräftigt, alle Bauchorgane massiert und das Nervensystem belebt, ist die *Krokodil-Übung*: Entspannt auf den Rücken legen, Arme locker ausbreiten, ruhig atmen. Das linke Bein abwinkeln und den linken Fuß auf das rechte Bein legen, kurz oberhalb des rechten Knies. Jetzt das Becken drehen, so daß das Gesäß links hochsteht und das linke Knie neben dem rechten Bein den Boden berührt. Die Schultern bleiben die ganze Zeit locker auf dem Boden, der Kopf wendet sich nach links. Ruhig weiteratmen und das linke Bein wieder der Länge nach hinlegen. Dann die gleiche langsame Drehung mit dem rechten Bein und der rechten Beckenseite ausführen; den

Krokodil

Kopf dabei nach rechts wenden. Mehrmals ruhig und fließend nach beiden Seiten wiederholen; dabei nie den Atem anhalten!

Zusätzliche Verfahren:
Eine gründliche konstitutionelle Behandlung mit Mitteln der →Homöopathie ist vorbeugend sehr empfehlenswert; dabei erhalten Sie auch Ratschläge, was Sie persönlich bei besonderen Einzelbeschwerden einnehmen sollten. Die Essenzen der →Bach-Blüten-Therapie helfen Ihnen, psychisch besser mit dem Wechsel zurechtzukommen (jedoch nicht zusammen mit Homöopathika einnehmen).

Genannte Literatur:
1) Cadura-Saf, Doritt: Das unsichtbare Geschlecht. Frauen, Wechseljahre, Älterwerden. Verlagsgesellschaft Gesundheit, Berlin 1981.
2) Minker, Margaret: Hormone und Psyche. Im Wechselbad der Gefühle. Verlag Antje Kunstmann, München 1990.
3) Schneider, Sylvia: Wechseljahre. Die andere Fruchtbarkeit. Mosaik Verlag, München 1987.

4) Staib, Margitta: Die enthaarte Frau. Körper- und Gesichtsbehaarung. Verlag Antje Kunstmann, München 1991.
5) Reinisch, June M./Beasley, Ruth: Der neue Kinsey-Institut-Report. Sexualität heute. Die neuesten Erkenntnisse über das Sexualverhalten von Mann und Frau. Wilhelm Heyne Verlag, München 1990.
6) Rinne, Olga: Medea. Das Recht auf Zorn und Eifersucht. Kreuz Verlag, Zürich 1988.

Weitere Literaturempfehlungen:

Bog, Rosemarie: Die Hexe – Schön wie der Mond, häßlich wie die Nacht. Kreuz Verlag, Zürich 1987.

Collenberg, Irmhilt Ruedt von: Wechseljahre – Beschwerden natürlich behandeln. Gräfe und Unzer Verlag, München 1994.

Kästner, Helga: Wechseljahre als Chance. Veränderungen verstehen, Beschwerden behandeln, neue Kräfte entdecken. Deutscher Taschenbuch Verlag, München (erscheint im Frühjahr 1996).

Heydecker, Joe J.: Die Schwestern der Venus. Die Frau in den Mythen und Religionen. Wilhelm Heyne Verlag, München 1994.

Nissim, Rina: Wechseljahre – Wechselzeit. Ein naturheilkundliches Handbuch. Orlanda Frauenverlag, Berlin 1995.

Ojeda, Linda: Wechseljahre – der andere Weg. Verlag Antje Kunstmann, München 1993.

Rohr, Ingrid Kraaz von: Die neue Weiblichkeit. Naturheilkunde und Spiritualität in den Wechseljahren. Wilhelm Heyne Verlag, München 1994.

Walker, Barbara G.: Das geheime Wissen der Frauen. Ein Lexikon. Deutscher Taschenbuch Verlag, München 1995.

Walter, Jutta: Wechseljahre – Chance oder Problem? Georg Thieme Verlag, Stuttgart 1992.

Außerdem: die Zeitschrift ›ab 40‹; sie richtet sich speziell an kreative und aktive Frauen ab der Lebensmitte (im Zeitschriftenhandel oder über den Verlag beziehbar: Jakob-Klar-Straße 1, 80796 München).

Zyklusstörungen

Dazu gehören unter anderem:

zu kurzer Zyklus
zu langer Zyklus
Amenorrhö (ausbleibende Menstruation)
Zwischenblutungen
ausbleibender Eisprung
Blutungsanomalien

Allgemeines

In unseren Breiten haben Mädchen durchschnittlich mit zwölf Jahren ihre erste Menstruationsblutung, Menarche genannt. Doch auch wenn die Menarche schon mit elf oder erst mit fünfzehn eintritt, ist das ganz normal. Der Zeitpunkt für die erste Blutung hängt zum einen von genetischen Faktoren ab, zum anderen auch von einem bestimmten Körpergewicht: Unter 38 bis 43 kg bekommt die Hirnanhangsdrüse anscheinend noch nicht den »Befehl«, nun die weibliche Hormonproduktion verstärkt anzukurbeln, die ab der Pubertät auch für das Wachstum der Brüste und des Körperhaars sowie die allmähliche Verbreiterung des Beckens sorgt: ein Grund, weshalb bei sehr dünnen, magersüchtigen oder hart im Leistungssport trainierenden Mädchen die Menarche auf sich warten läßt oder die Menstruation wieder aufhört. Wenn ein Mädchen schon vor dem 10. Lebensjahr menstruiert oder bis zum 16. Geburtstag noch immer keine Menarche hat (dieses Ausbleiben der Menstruation heißt *primäre Amenorrhö*), ist eine Untersuchung bei einer Kinderärztin bzw. Gynäkologin angezeigt.

Bis der Zyklus sich eingependelt hat und regelmäßig geworden ist, dauert es einige Jahre. Viele Mädchen leiden in den ersten Jahren an →Menstruationsbeschwerden, vor allem an Gebärmutterkrämpfen. Genau besehen, ist das ganz normal, denn wie jeder bis dahin ungeübte Muskel schmerzt, wenn er sich erstmals kräftig bewegen muß, gewöhnt sich auch der Gebärmutter-Hohlmuskel erst allmählich an die allmonatliche Arbeit, sich zusammenzuziehen und dabei die Gebärmutterschleimhaut nach außen zu befördern. Würde den Mädchen gleich beigebracht, daß es sich bei ihren Krampfschmerzen um eine Art Muskelkater handelt, könnten sie ein ganz anderes, viel selbstverständlicheres Verhältnis zu ihrer Menstruation und zu ihrem Zyklus gewinnen. Auch ein Fest oder ein Geschenk zur ersten Menstruation würde ihnen sehr helfen, eine stolze, gesunde Einstellung zu den biologischen Vorgängen in ihrem Leibesinnern zu bekommen (mehr dazu in meinem nächsten Buch ›Der Mondring‹, das im Frühjahr 1996 im Deutschen Taschenbuch Verlag erscheinen wird[1)]).

Leider sieht die Wirklichkeit derzeit noch ganz anders aus: Die vielen Tabus, mit denen das Zyklusgeschehen bis heute umgeben ist, jagen den meisten eher Angst und Ekel vor ihren »Tagen« ein. Und das sind, wie aus der psychosomatischen Medizin bekannt ist, die besten Voraussetzungen für →Menstruationsbeschwerden und auch Zyklusstörungen.

Viele Mädchen beginnen heute schon mit 14 oder 15 Jahren, sexuelle Beziehungen aufzunehmen (das Durchschnittsalter liegt bei 17 Jahren) – und wollen dann die Antibabypille verschrieben bekommen. So wichtig es einerseits ist, zu verhüten, daß Kinder schon Kinder kriegen, so fatal kann sich die Pillen-Einnahme auf ihren noch keineswegs ausgereiften Zyklus auswirken: Er hat ja kaum Zeit gehabt, sich auf einen individuellen Rhythmus einzupendeln. Nun wird er mit künstlichen Hormonen in einen starren 28-Tage-Rhythmus gezwungen, und die Eireifung samt Eisprung sowie die Gelbkörper-Entwicklung werden unterdrückt (siehe dazu Info S. 697). Setzt die junge Frau dann nach Jahren die Pille ab, weil sie sie nicht gut verträgt oder schwanger werden möchte, dauert es oft eine ganze Weile, bis ihr Zyklus sich normalisiert. Manchmal pendelt er sich auch gar nicht wieder ein; dann nimmt die junge Frau womöglich erneut Hormone, um ihren Kinderwunsch zu erfüllen… Die Geschichte von Holly, die von der Pubertät bis ins hohe Alter mit synthetischen Hormonen ihrem Organismus zu befehlen hoffte, habe ich in meinem Buch ›Hormone und Psyche‹[2)] erzählt, das auch ausführliche Informationen zu dem Wechselspiel zwischen Befindlichkeit(sstörungen) und Hormonen aller Art enthält.

Vor 40, 50 Jahren kannte jede Frau nach einiger Zeit ihren persönlichen Monatsrhythmus und wußte, was für sie normal ist. Heute wachsen viele in dem Glauben auf, der Zyklus müßte unbedingt 28 Tage betragen: So steht es in vielen medizinischen Lehrbüchern, und so sieht auch der Rhythmus der Abbruchblutungen bei Pillen-Einnahme aus. Beide Vorgaben sind jedoch künstlich geschaffen: Der angebliche »Normalzyklus« von 28 Tagen, vom ersten Tag einer Menstruation bis zum letzten Tag vor der nächsten Blutung gezählt, ist lediglich ein statistischer Durchschnittswert. Sehr viele Frauen haben grundsätzlich einen kürzeren oder längeren Zyklus oder auch gelegentliche *Zyklusschwankungen* mit unerwartet früh oder ein paar Tage verspätet eintretenden Blutungen. Das ist dann keine Zyklusstörung, sondern etwas völlig Normales, denn gerade der Hormonhaushalt und die zugehörigen Organe reagieren oft empfindlich wie ein Seismograph auf Streß, ungewohnte Anstrengungen, Klimaveränderungen (Urlaub!), Krankheit oder psychisches Auf und Ab (→Eierstock- und Eileiterstörungen.)

Als besonders natürlich, weil genau dem Mondrhythmus entsprechend sieht die amerikanische Biologin Dr. Winnifred B. Cutler[3)] Monatszyklen von 29,5 Tagen Dauer an, mit einer ebenso normalen Schwankungsbreite von plus/minus 3 Tagen. Frauen mit solchen Rhythmen haben ihren Forschungen zufolge auch am ehesten in jedem Zyklus einen Eisprung (etwa um den 12. bis 14. Zyklustag), und die zweite Zyklusphase ist ausreichend lang, so daß genügend Gelbkörperhormon (Progesteron) gebildet wird und seine Wirkungen entfalten kann: die besten Voraussetzungen für eine gesunde Fruchtbarkeit. Andere Expertinnen sehen selbst Zyklen von 24 oder 34 Tagen Dauer noch als normal an, vorausgesetzt, ein Eisprung findet statt, und das Verhältnis beider Zyklus«hälften« zueinander ist ausgewogen.

Eine echte Zyklusstörung – und das heißt meist auch: eine Fruchtbarkeitsstörung – liegt demnach nur dann vor, wenn:

- der Monatszyklus längere Zeit kürzer als 24 oder länger als 34 Tage ist (medizinisch: *Polymenorrhö* bzw. *Oligomenorrhö*),

- kein Eisprung stattfindet (*anovulatorischer Zyklus*),
- die zweite Zyklusphase (nach dem Eisprung, auch Lutealphase genannt) im Vergleich zur ersten mehrere Monate hindurch zu lang oder zu kurz ist,
- die Zyklen erwachsener Frauen (d. h. mindestens 5–7 Jahre nach der Menarche) immer noch keinen erkennbaren Rhythmus aufweisen, sondern ständig schwanken,
- die Menstruation mehrmals ausbleibt (*sekundäre Amenorrhö*), ohne daß eine Schwangerschaft vorliegt oder die Frau sich den Wechseljahren nähert,
- zwischen den »richtigen« Blutungen einmal oder mehrmals Zwischenblutungen auftreten (es sei denn, es handelt sich um eine leichte Blutung in der Zyklusmitte, die den stattgefundenen Eisprung anzeigt; das ist kein Grund zur Sorge).

Die primäre Amenorrhö hingegen ist eigentlich keine Zyklusstörung, denn wenn der Zyklus noch nicht eingesetzt hat, kann er auch nicht aus dem Takt geraten. Hier muß stattdessen von einer hormonellen und/oder organischen Störung gesprochen werden. Medizinisch werden auch Anomalien der Blutungsstärke zu den Zyklusstörungen gerechnet, also eine sehr schwache Blutung (*Hypomenorrhö*), eine schwache und sehr kurze Blutung (*Brachymenorrhö*), eine sehr starke (*Hypermenorrhö*) oder eine starke und langdauernde Blutung (*Menorrhagie*). Sie finden dazu auch Hinweise unter →Menstruationsbeschwerden.

Normal sind Zyklusschwankungen und ungewöhnlich verlaufende Menstruationsblutungen in den Jahren der Pubertät, nach einer Entbindung (1–3 Monate lang) sowie in den Wechseljahren. Sie können dann ebensogut abwarten, bis sich alles von selbst regelt. Bei echten Zyklusstörungen wird schulmedizinisch meistens eine Hormonbehandlung empfohlen. Doch auch die Naturheilkunde hält viele Verfahren bereit, die den Hormonhaushalt – und die damit eng verbundene Psyche – positiv beeinflussen. Manche können relativ rasch helfen, bei anderen brauchen Sie ein wenig Geduld. Sie haben jedoch alle erheblich weniger (oder gar keine) unliebsamen Nebenwirkungen. Das läßt sich von Hormontherapien beim besten Willen nicht behaupten.

Info: Was im Monatszyklus alles geschieht
Der weibliche Zyklus ist ein echtes Wunder der Natur. Eierstöcke und Gebärmutter machen dabei zahlreiche Veränderungen durch, wechseln jahrzehntelang Größe, Farbe, Form, Struktur, Funktion und Hormonproduktion in periodischen Wellenbewegungen, wie es nur im Organismus von Frauen geschieht. Diese immerzu ineinander übergehenden Veränderungen sind einerseits ein Zeichen für große Flexibilität, Anpassungsfähigkeit und Lebendigkeit der betreffenden Organbereiche; viele leichtere Unregelmäßigkeiten können so innerhalb des Systems »abgefangen« und ausgeglichen werden. Andererseits wirken sich massivere Störungen an einer Stelle auch in den anderen Funktionsbereichen aus; die Welle wird sozusagen durch sie kreuzende Wellen überlagert, so daß sie aus dem Rhythmus kommt, sich vorzeitig kräuselt oder unbotmäßig anschwillt, bevor sie sich überschlägt. Dann stellen sich Zyklusstörungen ein.
Normalerweise geht folgendes vor sich:
Schon während der Menstruation beginnen in einem der beiden Eierstöcke 8–12 der je ca. 200 000 von Geburt an darin angelegten Eizellen heranzureifen und größer zu werden – und zwar unter dem Einfluß der *Östrogene*, die der Eierstock in dieser Zyklusphase verstärkt bildet. Gleichzeitig sendet die Hirnanhangsdrüse das *Follikel-stimulierende Hormon* FSH aus, um die Eireifung zu unterstützen und die Östrogenproduktion anzukurbeln. Irgendwann registriert der »Hormonzähler« im Hypothalamus – der Hirnanhangsdrüse unmittelbar benachbart –, daß nun genügend FSH und Östrogene unterwegs sind, und schickt ein zweites Hormon los, das Eisprunghormon oder *Luteinisierendes Hormon* genannt wird, abgekürzt LH. Es wirkt auf die Eibläschen in ihren Hüllen (die Follikel) ein, bis eines »gehorcht«, der Follikel aufplatzt und das Ei in den Eileiter gleitet: Das ist der Eisprung, die Ovulation. Diese Eizelle könnte jetzt theoretisch von Spermien befruchtet werden. Der Eisprung findet normalerweise um den 12. bis 14. Zyklustag statt, bei längeren Zyklen auch am 15. oder 16. Tag (immer vom ersten Tag der letzten Blutung an

gerechnet); manche Frauen spüren ihn an einem kleinen Stich oder Krampf, dem »Mittelschmerz«, gelegentlich auch an einer leichten Blutung.
FHS und LH halten derweil die Eihülle dazu an, sich zu einem dichten Zellverband zusammenzuschließen. Er schwillt in den nächsten Tagen stark an, lagert gelbe Stoffwechselfette ein und wird zum rundlichen Gelbkörper (*Corpus luteum*). Während die Hirnanhangsdrüse ihre LH- und FSH-Produktion drosselt, fangen die Zellen des Gelbkörpers an, das weibliche Hormon *Progesteron* zu produzieren. Zusammen mit den Östrogenen dringt dieses Hormon zur Gebärmutterschleimhaut vor und regt sie an, ein »Nest« für ein eventuell befruchtetes Ei vorzubereiten. Sie verdickt sich daraufhin, bildet viele neue Blutgefäße (Kapillaren) und füllt sich mit Nährstoffen und Immunzellen. Wird ein Kind gezeugt, nistet sich der Embryo etwa am 6. Tag nach der Empfängnis darin ein. Entsteht keine Schwangerschaft, registriert der Hypothalamus über hormonelle Botenstoffe auch diese Situation und gibt durch das FSH das Kommando: »Alles wieder abbauen!«
Als erstes erfährt der Gelbkörper, daß er nun überflüssig geworden ist, beginnt auseinanderzufallen und stellt die Progesteron-Produktion ein. Das registriert die Gebärmutterschleimhaut – und fängt ihrerseits an, sich von der Gebärmutterwand ab- und aufzulösen. Kapillarblut, Nährstoffe, Gewebeklümpchen und Immunzellen werden Richtung Scheide geschwemmt, wobei sich die Gebärmutter gelegentlich zusammenzieht, damit das »Nest« auch richtig nach außen befördert wird. Das ist die Menstruation. Sie dauert normalerweise etwa 3–5 Tage. Währenddessen fängt die Hirnanhangdrüse schon wieder damit an, FSH auszuschicken – die nächste Hormonwelle rollt an.
In der ersten Zyklusphase (sie heißt auch *Follikelphase*) bis zum Eisprung liegt die Körpertemperatur im individuell üblichen Bereich. Beim Eisprung steigt sie deutlich um mindestens 1°C an und bleibt in der zweiten Phase (sie heißt auch *Lutealphase*) bis zur Menstruation erhöht; dann fällt sie wieder ab. Durch morgendliches Messen Ihrer Basaltemperatur (am besten im Mund oder After) können Sie also feststellen,

ob Sie in einem Zyklus einen Eisprung hatten oder sehr wahrscheinlich nicht. Fieberhafte Infektionen, in seltenen Fällen auch ein zweiter Eisprung im selben Zyklus, können Ihnen allerdings einen Strich durch diese Berechnung machen.

Körperliche Gründe von Zyklusstörungen

Für manche Zyklusstörungen sind Fehlbildungen oder Erkrankungen der inneren Organe verantwortlich (→Eierstock- und Eileiterstörungen, →Gebärmutterprobleme). Gelegentlich funktionieren Hypothalamus oder Hirnanhangsdrüse nicht richtig, oder der ganze Regelkreis wird durch große Anstrengungen, Streß, eine schwere Erkrankung, Umweltbelastungen durch Schwermetalle etc. (→Unfruchtbarkeit), eine Hungerperiode (auch: Magersucht), Mangelernährung oder große psychische Belastungen in seinem harmonischen Ineinandergreifen gestört. Zyklen ohne Eisprung kommen vor, wenn in der ersten Zyklusphase keine Eizelle so weit heranreift, daß ihre Hülle platzen und das Ei freigeben kann – zum Beispiel, weil nicht genügend Östrogene oder zu wenig FSH gebildet werden. Manchmal bleibt der Follikel angeschwollen bestehen (*Follikelpersistenz*), statt sich nach Entlassen der Eizelle zum Gelbkörper umzuwandeln und Progesteron zu produzieren. Der Eierstock stellt dann ununterbrochen weiter Östrogene her, ohne ein Stoppsignal zu bekommen. Dabei schwillt die Gebärmutterschleimhaut unmäßig stark an, bis sie es »satt hat« und eine sogenannte *Durchbruchsblutung* verursacht: eine lange, manchmal sogar wochenlang anhaltende (und dann nicht ungefährliche) Blutung, bei der die Gebärmutter versucht, den ganzen »Überschuß« loszuwerden.

In anderen Fällen bleibt das hormonelle Signal für den Gelbkörper aus, sich zurückzubilden (oder es kommt viel zu früh); er produziert dann immer weiter Progesteron (oder zu kurze Zeit hindurch), was sich wiederum auf die anderen Hormone des Regelkreises auswirkt. Auch andere Botenstoffe – etwa Schilddrüsenhormone, Prostaglandine, Nebennierenrindenhormone usw. – können das Zusammenspiel der vier Haupt-Hormone im Monatszyklus stören, etwa bei Stoffwechselerkrankungen. Das gleiche gilt für jede Art von künstlichen Hormonen, vor allem, wenn sie über längere Zeiträume hinweg die natürliche Hormonproduktion überlagern. Zwischenblutungen bei Pillen-Einnahme oder Hormontherapie sind meist ein Zeichen dafür, daß das Präparat gewechselt (bzw. abgesetzt) oder die Dosierung justiert werden sollte.

Zur ärztlichen Untersuchung/Behandlung bei:
- allen obengenannten Zyklusstörungen (zur Abklärung der möglichen organischen Ursachen),
- primärer Amenorrhö oder sehr verfrühter Menarche,
- dringendem Kinderwunsch, der trotz wenig auffälliger Zyklen nicht in Erfüllung geht (→Unfruchtbarkeit).

Psychosomatik

Leider lernen die wenigsten Mädchen und Frauen in unserer Gesellschaft, sich wirklich gut mit ihrem Monatszyklus anzufreunden, ihn mit Stolz und Freude zu erleben und sich in ihren Aktivitäten nach diesen inneren Wellenbewegungen zu richten: Die Umwelt, an männlichen Werten orientiert, lehrt sie, zu menstruieren sei ein Zeichen von »Schwäche« oder »Unreinheit«, und ihr Zyklus mache sie nur »launisch« und »hormonabhängig«. Diese Erziehung beginnt unmerklich oder ganz offen bereits im Kindesalter, verstärkt sich kraß in der Pubertät und bleibt Frauen oft ihr Leben lang wie ein Stachel im Fleisch sitzen, so daß sie sich an ihre »weise Wunde Menstruation«[4)] bestenfalls achselzuckend gewöhnen, oft aber auch ein ganz miserables, von Ablehnung, Scham, Angst (»daß nur ja niemand etwas davon merkt«) oder gar Haß gekennzeichnetes Verhältnis zu ihr haben. Da die Psyche über Milliarden von Nervenzellen mit den hormonregulierenden Organen verbunden ist und jede negative Gemütsbewegung in Bezug auf den Monatszyklus sich mittel- oder unmittelbar im Zusammenspiel der Hormone niederschlagen kann, sind Zyklusstörungen, wie sie so viele Frauen beklagen, wahrlich kein Wunder. So manche Menstruationsblutung bleibt nur deshalb aus, weil die Frau sie tiefinnerlich »zum Teufel wünscht«, oder ist besonders lang und schwer, weil das Seelenselbst einen langen, schweren Kampf mit dem Körperselbst ausficht. Hinzu kommt, daß Psychostreß jeder Art – Kränkungen der Weiblichkeit, Streit in der Partnerschaft, Liebeskummer, Existenz- oder berufliche Sorgen, Probleme mit der Empfängnisverhütung, mit einem latenten Kinderwunsch, aber auch überbordende Freude bei einem unerwarteten Ereignis – die Hormone auf Hochtouren bringen bzw. lahmlegen kann. Manchmal merkt die Frau erst im nächsten Zyklus, daß etwas durcheinandergeraten ist. Oder es dauert relativ lange, bis der – bei vielen Frauen vergleichsweise stabile, nervlich gut »abgepolsterte« – Zyklus auf Dauerstreßreize mit einer Störung reagiert. Nicht immer liegen die Gründe dafür offen zutage, denn die Art, wie Verletzungen psychisch verarbeitet werden (oder eben nicht), ist mindestens ebenso komplex wie das Zyklusgeschehen selbst.

Natürliche Heilverfahren

Allgemeinverhalten:
»Abwarten und Teetrinken«, nach alter englischer Sitte, ist bei den meisten Zyklusstörungen ein guter Rat (siehe auch Heiltees und -tinkturen), denn viele geben sich ganz von allein bzw. regulieren sich mit Hilfe natürlicher Heilverfahren, vor allem, wenn keine organischen Erkrankungen dahinterstecken, die Störung also »nur funktionell« ist. Mit einer solchen Dysfunktion gibt Ihnen Ihr Körperselbst zu verstehen, daß etwas in Ihrem Leben schwer in Unordnung oder aus dem Takt geraten ist. Versuchen Sie, verstärkt Kontakt zu Ihrem Unbewußten aufzunehmen, um sich bewußt zu machen, worum es sich handelt. Das kann in Gesprächen mit Freundinnen, dem Partner, in einem →Bewußtseinstraining bzw. einer Körpertherapie, in Meditationen, beim Malen oder Schreiben, beim »freien Assoziieren« (= Aussprechen dessen, was Ihnen zum Stichwort Zyklus alles in den Sinn kommt,

und das Puzzle daraus zusammensetzen) oder auch in einer frauenorientierten Psychotherapie geschehen. Daneben sollten Sie sich so oft und so gut zu entspannen und entkrampfen versuchen, wie es irgend geht, damit auch Ihre Zyklusenergien wieder frei fließen können.

Akupressur:
Ein Punkt, über den Sie die Funktion der Eierstöcke stark anregen können, liegt einen Fingerbreit unterhalb Ihres Fußknöchels, etwas nach hinten versetzt (Punkt (13), siehe Abbildung S. 60f.) dreimal täglich 5 Minuten lang kräftig kreisend reiben. Je ein Punkt in der Mitte der linken Daumenkuppe (29) und inmitten der Kuppe des großen Zehs (30) ist für die Anregung der Hirnanhangdrüse zuständig; dreimal täglich 3-5 Minuten lang massieren. Starke oder überlange Blutungen können durch die Massage zweier Punkte auf beiden Bein-Innenseiten, eine Handbreit unterhalb der Knie (10), zum Stillstand gebracht werden; mehrmals täglich einige Minuten akupressieren, bis sich eine Wirkung zeigt.

Aromatherapie:
Eukalyptus stimuliert die Eireifung; Zitronenmelisse und Myrte regen die Hirnanhangsdrüse an; bei Zyklusschwäche – Unregelmäßigkeiten, schwache, kurze Blutung – ist Majoran oder Wacholder zu empfehlen; ein zu langer Zyklus spricht evtl. auf Muskatellersalbei an, ein zu kurzer auf Rosmarin. Bei langen und/oder schweren Blutungen: Zypresse und Rose; bei aussetzender Menstruation in den Wechseljahren: Zypresse und Beifuß. Anwendungen siehe ab S. 70.

Atemtherapie:
Der Fluß des Ein- und Ausatmens ist einer der ersten und lebenswichtigsten Rhythmen, die das Neugeborene »erlernt«, je weiter seine Lungenreifung fortschreitet (sie ist erst mit ca. einem Jahr ganz abgeschlossen). Kommt und geht der Atem in harmonisch an- und abschwellenden Wellenbewegungen und ist ausreichend tief, nämlich bis in den Bauch hinein, wirkt sich das auf das ge-

samte vegetative Nervensystem und damit auch auf den Hormonhaushalt ausgesprochen harmonisierend aus. Atemübungen sind daher gerade bei Zyklusstörungen sehr hilfreich, vorausgesetzt, sie werden über Wochen regelmäßig gemacht. Tiefenatmung erlernen Sie in einem guten →Yoga- oder Meditationskurs, beim Autogenen Training, in einer Atemtherapie oder auch in einem Kurs zur Sprech- oder Singerziehung. Anregend für die Hirnanhangsdrüse ist die auf S. 456 beschriebene Wechselatmung.

Bewegung:
Wer sich daran gewöhnt, sich zu bestimmten Tageszeiten harmonisch-rhythmisch zu bewegen – etwa mit tänzerischer Gymnastik, →Musik- oder Tanztherapie, Laufen, Schwimmen, Radfahren, Reiten oder anderen rhythmischen Bewegungsarten –, tut auch viel für die harmonische Monatsrhythmik, vorausgesetzt, es artet nicht in Hochleistungssport aus (er ist regelmäßigen Zyklen eher abträglich). Sehr gut für die Harmonisierung der weiblichen »Mitte« ist der Bauchtanz, aber auch das Schwingen mit Hula-Hoop-Reifen, denn beide erhöhen die Beweglichkeit und Durchblutung des Beckens. Viele Übungen des Hatha-Yoga wirken gezielt auf die Arbeit der Hormondrüsen und sind zudem ausgesprochen entspannend und kräftigend.

Chronobiotherapie:
Wie Sie mit dem Mond bzw. einer kleinen Lampe versuchen können, die Regel zu regeln, erfahren Sie auf S. 636. Ansonsten sollten Sie bei Zyklusstörungen alles vermeiden, was Ihre inneren biologischen Rhythmen noch mehr durcheinanderbringt (siehe ab S. 119). Achten Sie verstärkt auf die Phasen von Frau Luna, deren Licht auch Ihren Zyklus beeinflußt; machen Sie es sich zur Regel, jeden Abend einige Minuten ins Freie zu gehen und den Mond zu betrachten (vorausgesetzt, er ist nicht hinter dicken Wolken verborgen) oder ihn mit einem Teleskop »heranzuholen«. Setzen Sie sich bewußt seinem Licht aus; es hilft Ihnen, einen tieferen Zugang zu sich selbst zu bekommen. Beobachten Sie, wenn es sich einrichten läßt, auch das Meer mit seinen Gezeiten, und spüren Sie dabei den Gezeiten Ihres Organismus nach. Zeichnen Sie Ihre

Zyklen mehrere Monate lang in einem Menstruationskalender auf, in dem Sie ggf. auch die Basaltemperatur-Messungen, Ihre Zervixschleimstruktur (fest, flüssig, fadenziehend, klumpig), den Mittelschmerz, die Blutungsstärke und -dauer sowie alle Ihnen auffallenden Besonderheiten, auch Ihrer Stimmung, vermerken. So manche scheinbare Störung läßt sich dabei als Zyklus*schwankung*, nämlich als ganz natürliche Reaktion auf bestimmte Ereignisse interpretieren. Außerdem erfahren Sie dabei, ob Sie einen Eisprung hatten oder nicht, ob Ihre Lutealphase überlang bzw. zu kurz ist, und auf welche Streßsituationen Sie besonders empfindlich reagieren.

Ernährung, Vitamine, Mineralstoffe, Spurenelemente:
Grundsätzlich sollte die Ernährung den Regeln folgen, die unter →Prämenstruelles Syndrom beschrieben sind. Bestimmte Pflanzen haben eine östrogenähnliche Wirkung, können also in der ersten Zyklushälfte einen absoluten und in der zweiten Zyklushälfte einen relativen (d. h. im Verhältnis zur Progesteronausschüttung bestehenden) Östrogenmangel ausgleichen helfen. Dazu gehören: Granatapfel- und Brennesselsamen, zweimal täglich eine Messerspitze zermahlenen Samen unters Essen rühren; Silberkerze (Cimicifuga, auch Wanzenkraut genannt), als Fertigextrakt tropfenweise einnehmen. Progesteronähnlich wirkt Mönchspfeffer (Agnus castus), als Fertigextrakt allein oder in Kombinationen mit anderen hormonregulierenden Pflanzenextrakten (aus der Apotheke) einzunehmen. Weiteres siehe Heiltees und -tinkturen.

Farbtherapie:
Gelb ist stark, Orange etwas weniger drüsenanregend und bei Hormonschwächen, zu kurzen Zyklen, ausbleibendem Eisprung und sehr schwacher Blutung abwechselnd zu empfehlen, außerdem Rot zur Chakra-Bestrahlung (siehe S. 65). Violett dämpft starke, lange Blutungen, am besten alternierend mit Blau; Grün ist allgemein harmonisierend und entspannend, also gut bei Zyklusschwankungen und empfindlichem Nervenkostüm. Anwendungen siehe ab S. 155.

Heiltees und -tinkturen:
Bei Zyklusstörungen stehen sehr viele Pflanzen mit hormonregulierender Wirkung als Tee, Teemischung oder Tinktur bzw. Fertigextrakt zur Verfügung. Sie haben die Wahl zwischen: Heckenrose (Blüten und Blätter als Tee), Hagebutten (5–10 Früchte zerkleinern, 3 Min. kochen, Absud durchseihen), Salbei (Tee), Frauenmantel (Tee), Schafgarbe (Tee oder Fertigtinktur, kombiniert mit anderen Pflanzenextrakten), Hirtentäschel und Himbeerblätter (Tee, vor allem bei übermäßigen Blutungen), Eisenkraut (Tee oder Tinktur), Kreuzkraut und Petersilie (Tee, vor allem bei ausbleibender Menstruation, jedoch nicht bei Verdacht einer Schwangerschaft anwenden!), Gänsefingerkraut, Liebstöckel, Beifuß (Tee zur allgemeinen Hormonregulierung). Dosierung: von Tee oder Teemischung dreimal täglich 1 Tasse, mindestens 1–2 Wochen lang; Tinkturen: dreimal täglich 20 Tropfen oder nach Herstelleranweisung. Alle Kuren maximal 3 Wochen lang durchführen, dann 3-4 Wochen pausieren, dann vorzugsweise mit einem anderen, ähnlich wirkenden Mittel eine weitere Kur machen.

Kälte- oder Wärmetherapie:
Hinweise dazu unter →Eierstock- und Eileiterstörungen, →Gebärmutterprobleme und →Menstruationsbeschwerden.

Lichttherapie:
Bei saisonal bedingten →Depressionen sind Zyklusstörungen sehr häufig; Sie brauchen dann eine Lichttherapie wie auf S. 215 beschrieben. Wenn auch das nichts hilft, sollten Sie sich überlegen, im Interesse Ihrer Gesundheit in eine sonnenreichere Gegend zu ziehen oder in der dunklen Jahreszeit zumindest einen längeren Urlaub in etwas südlicheren Zonen einzuplanen (möglichst ohne Zeitzonenreise, also etwa nach Italien, Malta, Südfrankreich, Spanien). Gehen Sie außerdem möglichst jeden Tag in die Sonne bzw. ins helle Tageslicht, und gestalten Sie Ihre Wohnung und Ihren Arbeitsplatz so licht und freundlich wie möglich. Nachts hingegen für acht Stunden Dunkelheit sorgen – auch das hilft, den Zyklus zu einem guten Rhythmus zu stimulieren.

Massagen:
Bei Blutungsanomalien kann eine gezielte Fuß-Reflexzonen-Massage (→Reflexzonentherapien) helfen, schwachen Blutfluß anzuregen und starken zu stoppen. Tonisierend auf den gesamten Hormonhaushalt wirkt eine spezielle Bindegewebsmassage am Rücken, die allerdings von einer geschulten Fachkraft ausgeführt werden muß. Mit täglichen sanften Bauchmassagen, großflächig kreisend um den Bauchnabel, regen Sie sowohl Ihren Stoffwechsel samt Verdauung als auch Ihre inneren Fruchtbarkeitsorgane an.

Psychosomatische Hilfe:
Stehen Sie zu Ihrer Weiblichkeit: Sie ist viel flexibler und dadurch überlebensfähiger als männlicher Starr-Sinn. Behandeln Sie Ihren Organismus, also sich selbst, nicht wie eine Maschine! Überlegen Sie, was Ihr Zyklus für Sie bedeutet und welchen Einfluß er auf Ihr Leben hat. Würdigen Sie ihn angemessen? Wie ging Ihre Mutter damit um, und was haben Sie eventuell von ihr übernommen, das Ihre Harmonie jetzt stört? Welche Einstellung zur Menstruation ist Ihnen mitgegeben worden? In einem Frauengesundheitszentrum oder einer feministisch orientierten Frauengruppe können Sie lernen, Ihren Zyklus neu zu bewerten. Sind Sie zwischen Karriere- und Kinderwunsch hin- und hergerissen? Meditieren Sie darüber; lassen Sie alle Bilder zu, die in Ihnen aufsteigen, und achten Sie auf die Prioritäten Ihres Unbewußten. Es muß nicht in jeder Lebenssituation »recht haben«, läßt aber auch »mit sich reden«, wenn Sie es schaffen, eine mehr als halbherzige Entscheidung zu treffen.

Denken Sie bei Zyklusstörungen an folgendes Bild: Sie sind auf einem Boot in Küstennähe und fallen über Bord. Kämpfen Sie nun in Panik gegen die Wellen an, erschöpfen Sie Ihre Kräfte rasch und erreichen das rettende Ufer nicht. Lassen Sie sich hingegen ruhig von den Wellen (= Ihren Zyklusrhythmen) tragen, werden Sie bald an Land gespült.

Rituale mit Heilwirkung:
Besorgen Sie sich einen Mondkalender, vielleicht auch eine Uhr mit Mondphasen-Anzeige, oder fertigen Sie sich selber eine sol-

che Monduhr im Großformat, auf der Sie die Phasen täglich (mindestens aber wöchentlich) verfolgen und dem Mondstand angleichen können. Nehmen Sie sich dazu jedes Mal eine geruhsame Viertelstunde Zeit, und machen Sie eine Mond-und-Zyklus-Meditation daraus. (Interessante Anregungen dazu geben Bücher zum Thema Mond.) Sie lernen dabei, sich mit den kosmischen Kräften verbunden zu fühlen, und können selbst Kraft aus den natürlichen Rhythmen um Sie herum schöpfen.

Visualisieren:
Machen Sie eine Reise zu Ihrer Gebärmutter (siehe S. 274), schwimmen Sie täglich im Zaubersee (S. 273), oder stellen Sie sich vor, wie Sie an einem wunderschönen Meeresstrand liegen und immer wieder von den auslaufenden Wellen überspült werden. Jede ankommende Welle schenkt Ihnen neue Energie; läuft sie ins Meer zurück, zieht sie alle Schwäche, Erschöpfung und Unregelmäßigkeiten aus Ihnen heraus und läßt Sie jedesmal ein wenig harmonischer und gesünder zurück. Dann brandet die nächste Welle heran und bringt Ihnen Kraft. Lauschen Sie dem sanften, immer gleichen Rauschen; lassen Sie sich von dem Rhythmus der Wellen mittragen, bis er ganz zu dem Ihren wird. Die Flut setzt ein und spült Sie immer ein bißchen höher; dann kommt die Ebbe, und das Meer zieht sich zurück. Setzen Sie sich auf, ballen Sie die Fäuste, schütteln die Hände aus und öffnen die Augen. Wenn Sie die Übung abends machen, können Sie auch darüber einschlafen, statt sich wachzurütteln.

Wasseranwendungen, Wickel:
Ratschläge dazu finden Sie unter den bei *Kälte- und Wärmetherapie* (S. 705) genannten Beschwerdekomplexen.

Yoga:
Hirnanhangdrüse, Hypothalamus und Schilddrüse lassen sich mit allen Umkehrübungen anregen, bei denen der Kopf tiefer zu liegen kommt als das Gesäß, etwa bei der *Kerze* (siehe S. 656) oder dem Kopfstand. Eine gute Übung für alle Unterleibsorgane ist das auf S. 690 beschriebene *Krokodil.*

Zusätzliche Verfahren:
Bei allen Zyklusstörungen ist eine Behandlung mit Mitteln der →Homöopathie sehr empfehlenswert; falls Sie selbst sich in diesem Verfahren noch nicht gut auskennen, ziehen Sie eine gute Fachkraft zu Rate. Psychisch unterstützend und harmonisierend wirken Mittel der →Bach-Blüten-Therapie (doch nicht gemeinsam mit Homöopathika anwenden). Weiteres →Menstruationsbeschwerden und →Unfruchtbarkeit.

Genannte Literatur:

1) Minker, Margaret: Der Mondring. Feste und Geschenke zur ersten Menstruation. Deutscher Taschenbuch Verlag, München (erscheint im März 1996).
2) Minker, Margaret: Hormone und Psyche. Im Wechselbad der Gefühle. Verlag Antje Kunstmann, München 1990.
3) Cutler, Winnifred B.: Rhythmus der Liebe. Die Zyklen der weiblichen und männlichen Hormone und ihr Einfluß auf eine erfüllte Sexualität. Wilhelm Heyne Verlag, München 1994.
4) Shuttle, Penelope/Redgrove, Peter: Die weise Wunde Menstruation. Fischer Taschenbuch Verlag, Frankfurt am Main 1980.

Weitere Literaturempfehlungen:

Kast, Verena: Imagination als Raum der Freiheit. Dialog zwischen Ich und Unbewußtem. Deutscher Taschenbuch Verlag, München 1995.

Lockie, Dr. Andrew/Geddes, Dr. Nicola: Frauen-Handbuch der Homöopathie. Körperliche und seelische Störungen erkennen, behandeln, dauerhaft heilen. Verlag Zabert Sandmann, München 1994.

Nissim, Rina: Naturheilkunde in der Gynäkologie. Ein Handbuch für Frauen. Orlanda Frauenverlag, Berlin, 8. Aufl. 1992.

Louden, Jennifer: Tu dir gut! Das Wohlfühlbuch für Frauen. Bauer Verlag, Freiburg 1995.

Paungger, Johanna/Poppe, Thomas: Vom richtigen Zeitpunkt. Die Anwendung des Mondkalenders im täglichen Leben. Hugendubel Verlag, München, 22. Aufl. 1995.

Reinisch, June M./Beasley, Ruth: Der neue Kinsey-Institut-Report. Sexualität heute. Wilhelm Heyne Verlag, München 1991.

(Weitere Empfehlungen →Menstruationsbeschwerden.)

Anhang: Weiterführende Anschriften

Am Ende vieler einzelner Abschnitte im 3. und 4. Kapitel dieses Buches finden Sie Anschriften von Fach- und Selbsthilfeorganisationen sowie Anlaufstellen, auch in Österreich und der Schweiz, bei denen Sie weitere Auskünfte einholen können (bitte frankierten Rückumschlag nicht vergessen!).

Folgende Ratgeber halten weitere wichtige Adressen für Sie bereit:

Dick, Ulla: Netzwerke und Berufsverbände für Frauen. Ein Handbuch. Rowohlt Taschenbuch Verlag, Reinbek, überarbeitete Neuausgabe 1994.

Frauen-Adreßbuch Deutschland. 3000 Adressen von Frauenverbänden, Initiativen und Beratungsstellen von Frauen. Wilhelm Heyne Verlag, München 1994.

Neun, Heinz (Hrgs.): Psychosomatische Einrichtungen. Was sie (anders) machen und wie man sie finden kann. Vandenhoeck & Ruprecht, Göttingen 1990.

Informationen zu Naturheilkunde und Ganzheitsmedizin und/oder zu naturheilkundlich arbeitenden Fachleuten in Ihrer Nähe können Sie außerdem über folgende Anschriften bekommen:

Bundesverband
Deutscher Ärzte für Naturheilverfahren e. V.
Hainstr. 9
96047 Bamberg

Deutsche Gesellschaft für alternative Medizin
Alte Döhrener Str. 66
30173 Hannover

Internationale Gesellschaft für ganzheitliche Zahnmedizin e. V.
Franz-Knauff-Str. 2-4
69115 Heidelberg

Zentrum zur Dokumentation für Naturheilverfahren e. V.
Hufelandstr. 68
45147 Essen

Deutsche Gesellschaft
für Psychosomatische
Medizin e. V.
Geiselgasteigstr. 203
81545 München

Förderkreis alternative Medizin
Postfach 2172
24020 Kiel

Gesellschaft der Ärzte
für Erfahrungsheilkunde e. V.
Fritz-Frey-Str. 21
69121 Heidelberg

Arbeitskreis Frauengesundheit
in Medizin, Psychotherapie
und Gesellschaft e. V.
Hindenburgstr. 1 a
32257 Bünde

Ambulanz für Naturheilkunde
der Carstens-Stiftung
Universitäts-Frauenklinik
Voßstr. 9
69115 Heidelberg

Natur und Medizin e. V.
Fördergemeinschaft für
Erfahrungsheilkunde
Am Michelshof 6
53177 Bonn

Gesellschaft für Naturheilkunde
Deutschland (GfN) e. V.
Postfach 402027
80720 München

Deutsche Arbeitsgemeinschaft
Selbsthilfegruppen
Friedrichstr. 28
35392 Gießen

Bund Deutscher Heilpraktiker
e. V. (BDH)
Wiesener Str. 43
12101 Berlin

Fachverband Deutscher Heil-
praktiker e. V.
Bundesverband
Heilsbachstr. 30
53123 Bonn

Freie Heilpraktiker e. V.
Kölner Str. 369
40227 Düsseldorf

Kooperation Deutscher
Heilpraktikerverbände e. V.
Maarweg 10
53123 Bonn

Union Deutscher
Heilpraktiker e. V.
Ipfweg 5
73614 Schondorf

Verband Deutscher
Heilpraktiker e. V.
Bundesverband
Ernst-Grote-Str. 13
30916 Isernhagen-Altwarm-
büchen

Sprechstunde rund um die Uhr: dtv ratgeber gesundheit

Ärzte und führende Fachleute geben Ratschläge zur Vorbeugung sowie für Heil- und Behandlungsmethoden. Modernste, technisch fortgeschrittene Medizin steht neben altbewährten traditionellen Heilverfahren, denn die Menschen brauchen beides. Zu wissen, was hilft, dabei helfen unsere Ratgeber.

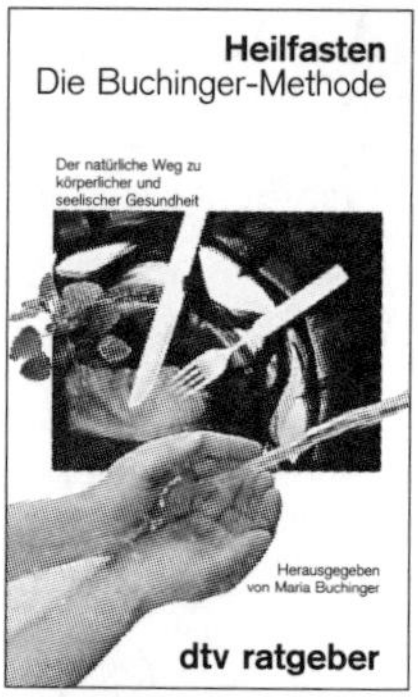

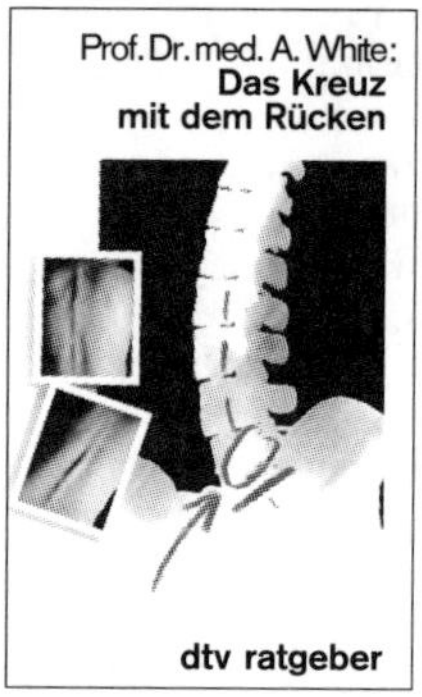

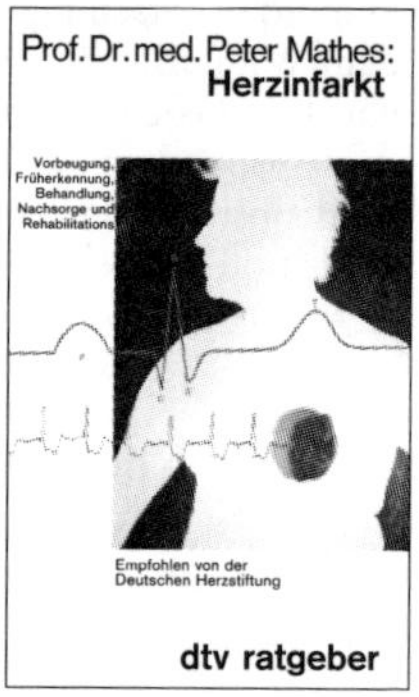

Heilfasten
Die Buchinger-Methode
Der natürliche Weg zu körperlicher und seelischer Gesundheit
Herausgegeben von Maria Buchinger
dtv 36504

Dr. med. Helmut Anemueller:
Richtig essen
Die Grundlagen der Vollwerternährung
dtv 36510

Prof. Dr. med. A. White:
Das Kreuz mit dem Rücken
Vorbeugen, Schmerzen lindern und behandeln
dtv 36506

Dr. med. Monika Gerlinghoff
Dr. med. Herbert Backmund:
Magersucht
Anstöße zur Krankheitsbewältigung
dtv 36511

Prof. Dr. med. Peter Mathes:
Herzinfarkt
Vorbeugung, Früherkennung, Behandlung, Nachsorge und Rehabilitation
Empfohlen von der Deutschen Herzstiftung
dtv 36502

Montague Ullman
Nan Zimmerman:
Mit Träumen arbeiten
dtv 36505

Gesundheit ist kein Zufall

Gesund bleiben und sich wohlfühlen: dafür kann jeder etwas tun. dtv ratgeber wissen, was hilft. Ärzte, Körpertherapeuten, Naturheilkundige geben Ratschläge zu Vorbeugung und Behandlung von Beschwerden und Krankheiten.

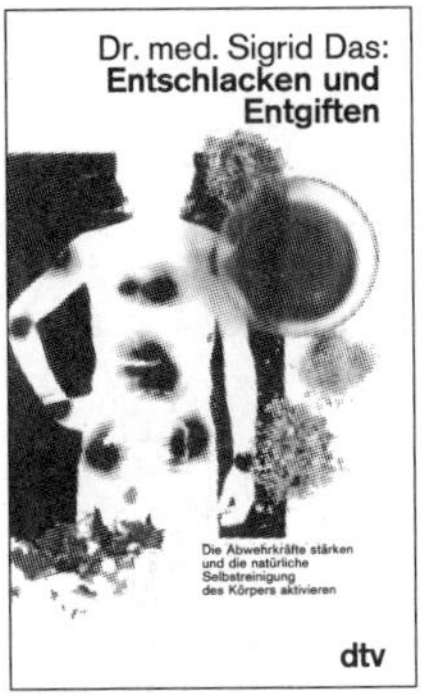

Magret Siemers:
Gesund mit natürlichen Haus- und Heilmitteln
Kräutertees, Säfte und Tinkturen, Dämpfe, Aromaöle und Einreibungen, Umschläge und Bäder
dtv 36518

Dr. med. Harald Kinadeter:
Gesund mit Vitaminen
Der tägliche Vitaminbedarf zum Schutz von Krankheiten und Umwelteinflüssen
dtv 36512

Dr. med. Hans Flury:
Die neue Leichtigkeit des Körpers
Grundlagen der normalen Bewegung. Übungen und Selbsthilfe für Alltag und Freizeit. Mit Zeichnungen und Photos
dtv 36507

Dr. med. Sigrid Das:
Entgiften und Entschlacken
Die Abwehrkräfte stärken und die natürliche Selbstreinigung des Körpers aktivieren
dtv 36516

Dr. med. Howard Robins/Gary Null:
Gut zu Fuß ein Leben lang
So bleiben Füße und Beine gesund
dtv 36513

Das ABC der Kindergesundheit

›Das große Kindergesundheits-Lexikon‹ ist so wichtig wie der Erste-Hilfe-Kasten und die Hausapotheke. Die Gesundheit der Kinder nämlich beginnt zu Hause. Eltern brauchen dieses umfassende Handbuch, um selbst zu helfen – aber auch, um den Ärzten ihrer Kinder mündige und kompetente Partner zu sein.

Das Buch, das hilft, wenn Kinder krank sind.

- informiert verständlich über 450 Krankheiten von A bis Z
- beschreibt klar Ursachen, Symptome, Diagnose, Behandlung und Vorbeugung
- klärt auf über die körperliche und seelische Entwicklung von Babys, Kindern und Jugendlichen
- berät Eltern bei der Wahl des Arztes, Untersuchungen und Impfungen
- gibt Ratschläge für Krankenpflege und Krankenhausaufenthalt
- zeigt Erste Hilfe bei Notfällen
- hilft weiter mit wichtigen Adressen von Selbsthilfegruppen, Beratungsstellen und Notfallzentralen

Herausgegeben vom Boston Children's Hospital. Mit Schwarzweiß-Abbildungen. Aus dem Amerikanischen übersetzt und bearbeitet von Dr. Sebastian Vogel, Dr. Susanne Kuhlmann-Krieg und Beate Bettenhausen.

dtv 36007

Das Boston Children's Hospital, die berühmte Kinderklinik der Harvard Medical School, ist das größte pädiatrische Forschungszentrum der Welt. 150 Ärzte und Mitarbeiter der Klinik aus allen medizinischen Fachgebieten haben an diesem Lexikon mitgearbeitet.